[개정판]

법학개론

김동근 김성태 이기원 정동근
김민규 김성수 최한결 김수진
공저

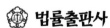 법률출판사

초판을 출간한 지도 2년이 훌쩍 넘는 시간이 흘렀다. 필자가 초판을 통하여 구현하고자 하였던 목적은 법률입문서로서 법률에 관심이 있는 학생들이나 독자들에게 다양한 법률의 방대한 내용 중 핵심적인 내용의 습득 및 그 관련된 핵심판례의 습득을 용이하게 하여 법률 전반의 내용을 이해하기 쉽도록 하는 학습서를 만드는 것이었다.

하지만 초판을 기초로 2년이 넘는 기간 강의를 하면서 애초 필자가 구현하려던 위와 같은 목적에는 초판이 여러 면에서 부족하다는 것을 느꼈다. 이에 개정판에서는 초판을 통하여 특히 부족하다고 느꼈던 민법의 이론적인 부분 및 행정법의 이론적인 부분들을 보강하거나 그에 관한 핵심사항을 정리한 도표 등을 추가·보강함으로써 초판에 비하여 민법 및 행정법에 대한 이해도를 높이는데 주안점을 두었다.

아무쪼록 본서가 법률입문서로서 법학을 처음 접하는 학생들 및 법학전반에 대한 관심을 가지고 법학을 연구하려는 분들에게 최적의 길라잡이 역할을 해낼 수 있기를 바라고, 다만, 다소 미흡하거나 부족한 점은 독자 분들의 지도편달을 바라며, 계속 판을 거듭하면서 이를 보완해 나가고자 한다.

마지막으로 본서의 출간을 위하여 여러 모로 아낌없이 조언 및 도움을 주신 여러분들께 이면을 빌어 고마움을 표하며, 어려운 가운데서도 본서의 출간을 위하여 불철주야 노력하신 법률출판사 김용성 사장님을 비롯하여 법률출판사의 편집자 및 여러 임직원들에게도 깊은 감사를 드리는 바이다.

2019. 7.

저자 김동근 씀

차 례

제1편 법의 기초이론

제2편 헌 법

제3편 행정법

제4편 형 법

제5편 국제법

제6편 민 법

제7편 상 법

제8편 노동법

제9편 사회보장법

제10편 헌법소송

제11편 형사소송

제12편 민사소송

제13편 가사소송

제14편 민사집행법

제1편
법의 기초이론

김동근

숭실대학교 대학원 법학과 졸업(법학박사), (現) 숭실대학교 초빙교수

제1장 법의 이론

제1절 법의 개념

I. 법의 개념

법이란 인간의 공동생활에서의 사회적인 행위준칙(행위규범)이자 분쟁해결의 기준(재판규범)으로 국가권력에 의하여 그 준수가 강제되는 필요불가결한 질서를 말한다. 국가권력에 의해 강제된다는 점에서 도덕, 종교 관습 등 그 밖의 사회규범과 구별된다.

법이기 위해서는 무엇보다도 내용적 정당성[1]을 갖추어야 한다. 내용적 정당성을 갖추지 못한 법의 존재를 인정한다면 법의 이름으로 불법이 자행될 위험성이 있기 때문이다.

II. 법의 어원

1. 동양에서의 법이란

법(法)이란 물수(水)와 갈거(去)라는 부분으로 이루어져 있지만 원래는 치(鳶)라는 부분으로 이루어져 있었는데 이 글자는 중국의 전설적인 동물인 해태에서 유래한 것으로 이 동물은 선과 악, 옳고 그름을 지혜롭게 분별하였다고 한다. 따라서 동양에서 법이란 옳고 그름을 분별하여 악을 제거하는 규범이라는 의미로 사용되어 왔었다.

2. 서양에서의 법이란

그리스의 'nomos'에서 법이 유래되었는데 이는 자연질서를 의미하는 'physis'에 대응하는 개념으로 인간의 행위를 규율하기 위한 규범을 의미하였다. 이는 오늘날 법이라는 표현인 'law'라는 말에 해당하는 것으로 올바름, 정의, 공평, 권리 등의 의미가 있다.

---

[1] 내용적 정당성이 무엇을 의미하는지에 관하여는 논란이 있지만 자의적으로 변경되어서는 안 되는 가치질서를 의미한다고 할 수 있다.

Ⅲ. 법의 요소

1. 법은 규범이다

사물을 지배하는 법칙에는 자연법칙과 규범법칙이 있다. 전자는 '높은 곳에서 낮은 곳으로 물이 흐른다'와 같이 원인과 그에 따른 결과가 지배하는 필연의 법칙을 의미하는데 반해 후자는 '살인하지 말라' '약속은 지켜져야 한다'와 같이 사람에게 작위 또는 부작위를 명하는 당위의 법칙을 의미한다.

2. 법은 사회규범이다

규범에는 개인규범과 사회규범이 있다. 개인규범은 개인의 신조 또는 좌우명과 같이 자신의 사생활을 위하여 정한 것으로 그 자신에게만 적용되는 규범을 의미하는 데 반해 사회규범은 사회가 유지되기 위해 사회일반에게 적용되는 규범을 의미한다. 법은 이중 개인규범이 아닌 사회규범을 의미한다.

3. 법은 강제규범이다

사회규범은 비강제규범과 강제규범이 있다. 도덕, 종교 등과 같이 규범에 위반하는 행위에 대해 외부적 제재가 가해지지 않는 것을 비강제규범이라 하고, 규범을 위반한자에 대하여 외부적 제재가 가해지는 것을 강제규범이라 한다. 법은 국가권력에 의해 승인되고 그 위반행위에 대해 일정한 제재를 가하여 집행되므로 강제규범에 속한다.

Ⅳ. 법과 도덕

1. 도덕과의 구별

도덕은 사람이 사회생활을 영위함에 있어서 마땅히 지켜야 하는 행위나 그 도리가 되는 규범으로서 법과 가장 가까운 사회규범을 의미한다. 법과 도덕은 강제성 여부에 의해 구별된다. 이 밖에 스스로 자각에 의하여 실전되는 도덕의 자율성과 달리 법은 외부의 강요에 의하여 규율되는 타율성을 가진다.

2. 구별의 곤란성

그러나 법과 도덕을 구별하는 것은 일반적인 경우를 기준으로 할 것일 뿐이고 실제로 양자를 구별하기는 매우 어려운 경우가 많다.

3. 법과 도덕의 관계

도덕이라는 사회 규범 중 가장 중요하고 필요한 것은 법에 의하여 강제함으로 실제적인 효력을 가지게 되는 것이고 법이라는 사회규범의 실요성은 법의 준수라는 도덕에 의하여 뒷받침되게 된다.

V. 법과 관습

관습은 일상생활 속에서 자연적으로 발생하여 반복적으로 행하여 온 관행으로서 풍속, 관례, 습속이라고도 한다. 원시사회에서는 법이나 도덕이 관습과 분화되지 않은 상태에서 관습으로 존재하고 있었다고 할 수 있다. 이러한 법과 도덕 및 관습의 관계에 대하여는 관습은 법과 마찬가지로 어느 정도 강제성을 띤 사회규범이지만 법은 관습과 달리 국가권력에 의하여 강행되는 사회규범이라는 점에서 본질적인 차이가 있다. 그러나 일상생활 속에서 자연적으로 발생하여 반복적으로 행하여온 관습이 불특정 다수인에 의하여 법적인식을 수반하게 되면 관습법이라는 불문법이 된다.

제2절 법의 구별개념과 법의 구조

I. 법과 구별되는 개념

1. 법률

법률은 흔히 법과 같은 뜻으로 사용되지만 좁은 의미로는 국회에서 의결되어 대통령이 공포한 것만을 뜻하며 그 효력에 있어서 헌법보다 하위에 놓인다.

2. 법규

법규는 일반적으로 전체 법규범 중 직접 국민의 권리, 의무와 관계에 있는 법규범만을 의미한다. 또한 법규라고 하면 불문법을 제외한 성문법만을 의미하는 경우도 있다.

3. 법령

법령은 일반적으로 전체 법규범 중 법률과 명령만을 의미한다. 이중 행정기관에 의하여 제정되는 법규를 명령이라 한다.

Ⅱ. 법의 구조

1. 의의

법은 일반적으로 사람에게 어떠한 행위를 명하는 행위규범으로서만 존재하는 이외에 재판규범, 조직규범이라는 다중구조를 가지고 있다.

2. 행위규범

일반인에게 일정한 행위 즉 작위 또는 부작위를 명하는 행위규범으로서의 구조를 가진다. 여기서 작위를 명하는 규범을 요구규범이라고 하고 부작위를 명하는 규범을 금지규범이라고 한다. 법은 '채무를 이행하라'와 같이 정언명령(누구나 따라야 할 명령)의 형식을 취한다. 법은 이 명령을 통하여 사회일반인의 준칙을 정하게 되므로 행위규범은 일반인을 대상으로 한다.

3. 재판 규범

법은 행위규범을 위반한 자에 대하여 재판을 통해서 일정한 제재를 명하는 규범으로서의 성격을 가지며 이를 재판규범이라고 한다. 법은 '채무를 이행하지 않은 자에게 손해배상을 부담시킨다'와 같이 가언명령(목적을 당성하기 위해서 내리는 조건부의 명령)의 형식을 취한다. 법은 이 명령을 통하여 일정한 요건이 충족되면 법관으로 하여금 일정한 법적효과를 부여하도록 명한다는 점에서 재판규범은 법관을 그 대상으로 한다.

4. 조직규범

법은 행위규범과 재판규범으로 되어 있는 것이 일반적이지만 법 중에는 국가 또는 공공단체의 설치, 조직, 권한 등을 정하는 규범이 있는데 이를 조직규범이라고 한다. 조직규범의 대표적인 모습으로는 헌법, 국회법, 정부조직법, 법원조직법 등이 있다.

제2장 법의 존재

제1절 법의 존재형식

Ⅰ. 법원(法源)의 의의

일반적으로 법원이란 법관이 재판을 함에 있어서 적용하여 할 기준 즉 법의 존재형식 내지 법을 인식하는 근거가 되는 자료를 말한다. 따라서 법원은 법관이 재판을 함에 있어서 적용하여야 할 기준 즉 법의 존재형식을 의미한다. 법원은 실질적으로는 법의 존재형식뿐만 아니라 관습, 전통, 도덕, 종교, 학설, 외국법 등과 그 외에 법을 구성하는 각종의 재료, 법전, 판례, 저서 등 각종의 자료, 법을 제정하는 힘등이 모두 포함된다.

Ⅱ. 법의 존재형식

종래 법원의 의미로 사용되어 온 것은 법의 존재형식인 바, 이는 법이 존재하고 있는 모습을 의미한다는 점에서 형식적 법원이라고 하는데 이는 성문법과 불문법으로 나누어진다.

제2절 성문법

Ⅰ. 의 의

성문법이란 제정법 즉 성문법원(成文法源)을 통칭하는데 이는 일정한 형식과 절차에 따라 만들어진 법을 의미한다. 이러한 성문법은 헌법을 비롯하여 법률, 명령, 조례, 규칙 등이 있다.

Ⅱ. 성문법 주의

법의 중심적 존재형식이 성문법으로 이루어져 있는 경우에 이를 성문법주의를 취하고 있다고 한다. 독일, 프랑스 등 대부분 대륙에 위치한 국가 등에서 취하고 있어서 대륙법주의라고도 한다. 우리나라도 대표적인 성문법주의를 취하고 있는 나라이다. 성문법주의는 법의 존재가 명확하고 그 통일 정비가 용이하므로 법적 질서 안정적이라는 장점을 가지고 있지만 사회현실의 변화에 바로바로 능동적으로 대응하지 못하는 단점이 있다. 따라서 그 단점을 보완하기 위해 관습법등의 불문법을 부분적으로 인정하고 있다.

Ⅲ. 종류

1. 헌법

헌법은 국민의 기본권과 통치기구 및 그 작용에 관한 것을 규율하는 최고기본법이다. 실질적 의미의 헌법에는 헌법이라는 이름을 갖고 있는 헌법전 이외에 관습헌법을 포함하여 국회법, 법원조직법, 국회법, 헌법재판소법 등 국가의 기본법을 구성하는 일체를 의미하나, 형식적 의미의 헌법은 헌법전을 의미한다.

2. 법률

법률은 흔히 법과 같은 뜻으로도 사용되지만, 좁은의미로는 국회에서 의결되어 대통령이 공포한 것만을 뜻하며 그 효력에 있어서 헌법보다 하위에 놓인다. 성문법으로서 가장 중요한 것은 두말한 것도 없이 형식적 의미의 법률 즉 법전이다.

3. 명령

(1) 의의

행정기관에 의하여 제정되는 법규인 명령도 법원(法源)으로 될 수 있다. 법률들의 시행령과 시행규칙이 부수적인 법원이지만 ,대통령의 긴급명령은 법률의 효력을 갖는다.

(2) 주체에 따른 분류

대통령령은 대통령이 법률에서 구체적으로 범위를 정하여 위임받은 사항과 법률을 집행하기 위하여 필요한 사항에 관하여 발하는 명령으로서 이는 명령의 중심을 이룬다. 또한 총리령과 부령은 국무총리와 행정각부의 장이 소관사무에 관하여 법률이나 대통령령의 위임 또는 직권으로 발하는 명령이다.

(3) 성질에 따른 분류

위임명령은 헌법에 근거하고 법률에서 구체적으로 범위를 정하여 위임받은 사항을 정하는 명령으로서 이는 법률의 내용을 보충하는 의미를 가지므로 보충명령이라 한다. 반면 집행명령은 헌법에 근거하여 법률을 집행하기 위하여 필요한 세칙에 관한 사항을 정하는 명령을 의미한다.

4. 규칙

규칙은 헌법에서 행정부 이외에 특별한 독립적 국가기관에 의하여 제정케 한 명령으로서의 성격을 띠는 성문법이다. 이는 명령과 같은 효력을 갖는 것이라는 점에서 조례와 더불어 자치법규로서 다루어지는 규칙과는 구별된다. 규칙은 헌법상 독립적 국가기관이 내부규율과 사무처리에 관하여 자율권을 위하여 인정되는 것으로서 국회규칙, 대법원규칙, 헌법재판소규칙 등을 들 수 있다.

5. 자치법규

지방자치단체가 법령의 범위 안에서 제정하는 성문법이다. 헌법 제117조 제1항은 '지방자치단체는 주민의 복리에 관한 사무를 처리하고 재산을 관리하며, 법령의 범위 안에서 자치에 관한 규정을 제정할 수 있다'고 규정하여 지방자치단체의 자치입법권을 인정하고 있으며 이에 따른 자치법규에는 조례와 규칙이 있다.

6. 조약

조약은 문서에 의한 국가와 국가 사이의 합의를 말하며 그 명칭이 조약은 물론이고 헌장, 협약, 의정서, 결정서, 협정 등의 어떠한 명칭에 의하든지 국가 사이의 합의는 모두 조약이다. 헌법에 의해 체결, 공포된 조약은 국내법과 동일한 효력을 가지므로(헌법 제6조 제1항), 조약은 성문법으로서 법원이 된다.

제3절 불문법

Ⅰ. 불문법의 개념

불문법은 일정한 형식과 절차에 따라 문자로 만들어지지 않은 법을 말한다. 이러한 불문법의 모습으로는 관습법, 조리, 판례법 등을 들수 있다.

Ⅱ. 불문법 주의

법의 중심적 존재형식이 불문법으로 이루어져 있는 경우에 그 나라의 입장을 불문법주의를 취한다고 한다. 이는 영국, 미국 및 이들 국가의 법문화에 영향을 받은 영연방 등의 나라에서 취하고 있어서 영미법주의라고도 한다. 불문법주의는 사회현실의 변화에 능동적으로 적응할 수 있어서 법이 경화되지 않는 장점이 있는 반면에 법이 문자로 표시되어 있지 않아서 법의 존재가 명확하지 못하고 그 정비가 용이하지 못하다는 단점이 있다.

Ⅲ. 종류

1. 관습법

(1) 의의

관습법이란 어떤 사항에 관하여 반복적으로 행하여진 관행이 사회구성원의 법적 확신을 얻어 법규범으로서의 지위를 가지게 되는 것을 말한다. 법의 가장 근원적인 발현형식인 관습법은 자연발생적 규범이어서 그 성립시기를 확정하기 어렵다는 특징을 가진다.

(2) 성립요건

1) 관행의 존재

관행이 존재하여야 한다. 즉 어떤 사항에 관하여 오랫동안 동일한 행위가 반복됨으로서 그 사항에 관해서 같은 행위가 행하여질 것이라고 일반적으로 예상할 수 있는 상태가 존재하여야 한다.

2) 법적확신

관습법이 법적구속력을 가지는 근거에 관하여 법적 확신설(다수설이자 판례의 입장이다 대판 1893. 6. 14. 80다3231)에 의하면 관행이 법적확신을 취득하여야 하는데 법적 확신을 취득한다는 것은 사람들이 그 관행을 법이라고 생각할 정도로(즉 그것을 따르는 것이 법을 따르는 것이라고 생각할 정도)에 이른 상태를 말한다. 그런데 관행이 법적 확신을 취득하였는지 여부는 종국적으로 법원의 재판에 의하여 확인 될 수밖에 없으므로 법원(法院)의 재판에 의하여 관습법의 존재 및 그 구체적 내용이 확인되며, 관행이 법적 확신을 취득한 때에 소급하여 관습법이 성립하였다고 인정된다.

3) 관행이 공서양속 및 강행법규에 합치될 것

법은 국가사회의 공공질서를 유지하기 위하여 존재하는 것이므로 관습법이 앞의 요건을 갖추었더라도 이것이 선량한 풍속 기타 사회질서에 어긋나는 것은 그 효력이 인정되지 않으므로, 관습법이 법의 존재형식으로 인정되기 위해서는 공서양속에 부합하여야 한다.

(3) 관습법의 효력

1) 민사관계에 있어서 성문법과의 우열

가. 원칙

법원으로서 성문법과 관습법의 효력상의 우열, 즉 관습법이 성문법과 대등한 효력을 가지며 성문법을 개폐할 수 있는지 아니면 성문법이 없는 사항에 한하여 이를 보충하는 범위에서만 가능하지에 관해서 견해의 대립이 있다.

나. 학설 및 판례의 태도

먼저 보충적 효력설은 성문법에 규정이 없는 경우에 관습법이 보충적으로 적용되므로 성문법과 다른 관습은 법으로서의 효력을 가지지 못한다고 한다. 이에 반해 대등적 효력설은 기존의 성문법과 다른 내용의 관습법이 성립한 경우에 양자의 효력상의 우열은 신법은 구법에 우선한다는 일반원칙에 따라 결정된다고 한다. 한편 판례는 보충적 효력설을 따른다. 즉 대판 1893. 6. 14. 80다3231은 "가정의례준칙 제13조의 규정과 배치되는 관습법의 효력을 인정하는 것은 관습법의 제정법에 대한 열후적 · 보충적 성격에 비추어 민법 제1조의 취지에 어긋나는 것"이라고 하였다.

다. 예외

상관습법은 일정한 경우 성문법을 변경하는 우월적 효력이 인정된다. 즉 상법 제1조는 "상사에 관하여 본법에 규정이 없으면 상관습에 의하고 상관습이 없으면 민법의 규정에 의한다"고 규정하고 있으므로 상관습법은 민법에 대하여 우월적 효력이 인정된다.

2) 형사관계에 있어서 성문법과의 우열

형법은 "법률 없으면 범죄 없고 법률 없으면 형벌 없다"는 죄형법정주의의 원칙을 최고의 지도원리로 하고 있으므로 어떠한 행위를 범죄로 하고 그에 대하여 형벌을 가할 것인가에 대하여 미리 성문법으로 규정하고 있어야 한다. 따라서 형법의 존재형식은 성문법에 한정되며, 관습법은 형법의 법원으로서 인정되지 않는 것이 원칙이다.

2. 판례법

(1) 의의

판례법이란 법원의 판결을 통하여 밝혀진 이론이나 법칙인 판례의 형태로 존재하는 법을 말한다. 불문법주의를 따르는 영미법계의 국가에서 가장 중요한 법원은 판례법이고 성문법은 이를 보충하거나 수정하는 2차적 법원이다.

(2) 판례의 구속력

원래 재판은 현존하는 법을 사안에 적용하는 것인데 불문법주의를 취하는 나라에서는 먼저 내려진 법원의 판결이 그 후 유사한 사건에 관하여 구속력을 갖게 되는 '선례구속의 원칙'이 적용되므로 판례의 법원성이 인정된다. 그러나 성문법주의를 취하는 나라에서는 원칙적으로 판례의 법원성을 부정하는 것이 다수설이다. 현행법상 인정할 근거규정이 없고 판례법에 법원성을 인정하면 법원에 입법권을 부여하는 결과가 되어 권력분립의 원칙에 어긋나기 때문이다.

3. 조리

(1) 의의

조리란 사물의 본성, 자연의 이치 또는 법의 일반원리를 말하며 경험칙, 사회통념 신의성실 등으로 표현되기도 한다. 조리는 그 자체가 일정한 구체적인 내용을 가지는 것이 아니지만 실정법 및 계약의 해석표준 그리고 법 흠결시 재판의 준거 등으로 기능한다.

(2) 조리의 법원성

1) 민사관계

민사관계에서 조리의 법원성을 인정할 것인가에 대해서는 학설이 대립되어 있다. 민법 제1조와 헌법 제103조를 근거로 법원성을 인정하는 견해와 재판의 준칙으로 되는 모든 것이 법이라고 할 수 없음을 이유로 법원성을 부정하는 견해가 대립한다.

2) 형사관계

형사에서는 죄형법정주의에 의하여 형벌법규는 그 구성요건과 법적 효과를 누구나 알 수 있도록 사전에 성문법에 의하여 명확하게 알 수 있도록 하는 명확성의 원칙이 인정되어야 한다. 따라서 형사관계에서는 조리의 법원성이 부정된다.

제3장 법의 분류와 체계

제1절 서론

사람의 일상생활을 규율하는 법은 보는 관점에 따라 국제법과 국내법으로 나누어 볼 수 있고, 국내법은 공법과 사법 및 사회법으로 다시 나눌 수 있다. 또한 법의 해석과 상호작용상의 혼란을 초래하지 않기 위하여는 일정한 기준에 따라 법은 일반법과 특별법, 실체법과 절차법, 강행법과 임의법 등으로 나누어 진다.

제2절 국제법과 국내법

Ⅰ. 국제법

국제법은 국제사회에서 국가, 국제조직, 개인 상호간의 권리, 의무를 규율하는 법이다. 여기에는 문자에 의한 명시적 합의인 조약과 국제사회의 관행에 대하여 법적 확신에 부여된 국제관습법의 형식으로 존재한다. 국제법은 국가, 국제조직만이 주체가 되고 개인은 수동적인 주체가 되는 것에 불과하다.

Ⅱ. 국내법

국내법은 한 국가안에서 인정되고 적용되는 법으로서 국가, 공공단체와 국민 또는 개인상호간의 권리·의무를 규율하는 법이다. 국내법은 헌법, 법률, 명령, 조례, 규칙 등의 성문법과 관습법, 판례법, 조리 등의 불문법으로 존재한다.

제3절 공법과 사법

Ⅰ. 의의

공법과 사법은 로마법 시대에서 국가와 관련된 법은 공법이고 개인의 이익과 관련된 법은 사법이라고 한데서 기인한다. 이와 같이 공법과 사법의 구별은 자본주의가 생성됨에 따라 법의 적용에 있어서 개인의 사적자치를 적용할 것인가의 여부를 기준으로 한다.

Ⅱ. 공법과 사법의 구별

1. 구별에 대한 학설

(1) 이익설

국가, 사회의 이익인 공익의 보호를 목적으로 하는 법이 공법이고 사익의 보호를 목적으로 하는 법을 사법이라고 하는 견해이다. 그러나 무엇이 사익이고 공익인지 구별자체가 어렵고 공익과 사익의 보호를 같이 도모하는 경우에는 그 구별이 용이하지 않다.

(2) 주체설

국가 또는 공공단체가 당사자가 되는 관계를 규율하는 법이 공법이고 사인이 당사자가 되는 관계를 규율하는 법은 사법이라는 견해이다. 그러나 이 견해는 국가 또는 공공단체가 사인과 같은 자격으로 사인과 계약을 하는 경우를 설명할 수 없는 단점이 있다.

(3) 법률관계설(성질설)

법이 규율하는 법률관계의 성질을 기준으로 명령, 복종의 불평등관계를 규율하는 법이 공법이고, 대등한 성질을 띠는 평등관계를 규율하는 법이 사법이라는 견해이다. 하지만 이 견해도 국가 사이의 대등한 관계를 규율하는 국제법을 사법으로 다루어야 하는 단점이 있다.

(4) 생활관계설

납세 병역 등 국가를 전제로 하는 국민의 생활관계를 규율하는 법이 공법이고 개인의 사회생활관계를 규율하는 법이 사법이라는 견해이다. 하지만 이 견해도 무엇이 국가생활이고 무엇이 사회생활인지 구별하는 것이 용이하지 않다는 문제점이 있다.

(5) 소결

공법과 사법의 절대적 기준을 찾는 것은 용이한 일이 아니다. 따라서 공법과 사법은 복수의 기준을 같이 고려하는 것이 타당할 것이나 대체로 통치관계를 그 핵심으로 하는 국가생활관계를 주로 규율대상으로 하는 법은 공법이고 그렇지 않은 법은 사법으로 이해하는 것이 좋을 것이다.

2. 구별에 따른 효과

(1) 사적 자치의 적용

공법은 일정한 목적 아래 국가생활 관계를 규율하게 되므로 일반적으로 사적자치의 원칙이 적용되지 않는 반면 사법은 개인 상호간의 생활관계를 규율하므로 대체로 사적자치의 원칙이 적용된다. 하지만 이는 절대적인 적용은 아니고 공법에서도 개인의 사적자치가 인정되는 경우도 있다(예를 들어 당사자가 1심 관할법원을 정할수 있도록 한 민사소송법 제28조의 임의 관할).

(2) 재판의 관할 결정

행정사건인가 민사사건인가에 따라 행정소송의 경우 제1심법원은 행정법원이 되고 소송전에 행정심판을 제기 한다. 그러나 민사사건은 지방법원이 제1심이 되고 소송을 제기전에 행정심판을 제기할 수 없다.

제4절 사회법

I. 사회법의 출현

자본주의가 고도로 발전하면서 빈익빈의 부조리 노사 간의 갈등 등이 심해짐에 따라 이를 완화하기 위해 소유권 등의 재산권과 사적자치에 대해 제한할 필요성이 대두되게 되었다. 자본주의를 유지하면서 이에 따른 모순 등을 수정하기 위해서 경제적 약자를 보호하고 노사 간의 대립을 완화하기 위해 국가의 간접과 조정을 인정함으로서 사법적인 영역에 공법적인 요소가 가미되는 것을 제3의 법의 영역인 사회법이라고 한다.

II. 종류

1. 노동법

근로자와 사용자 사이의 근로관계를 규율하는 법을 노동법이라 한다. 노동법은 근로자의 단결권, 단체교섭권, 단체행동권의 보장과 근로조건의 최저기준을 정하는 것을 그 내용으로 한다. 노동법으로는 근로기준법, 노동조합 및 노동관계조정법, 산업재해보상보험법, 최저임금법 등이 있다.

2. 경제법

국민경제의 균형 있는 경제발전을 꾀하기 위해 사적인 경제활동에 대하여 국가의 규제를 규율하기 위하여 제정된 법을 경제법이라 한다. 이의 대표적인 것으로는 독점규제 및 공정거래에 관한 법률, 물가안정에 관한 법률, 소비자기본법, 할부거래에 관한 법률, 제조물책임법, 약관의 규제에 관한 법률 등이 있다.

3. 사회보장법

사회보장법은 국가가 국민의 생존권을 확인하고 빈곤, 질병 등의 위험으로부터 국민의 생활을 보장하기 위한 국가의 정책을 수행하는 것을 목적으로 하는 법이다. 이의 대표적인 것으로는 사회보장기본법을 들 수 있다.

제5절 일반법과 특별법

I. 의의

법은 그 효력이 미치는 범위를 기준으로 하여 일반법과 특별법으로 나누어진다. 일반법은 법이 미치는 범위에 제한이 없이 적용되는 법이고, 특별법은 일정한 사항, 사람, 장소의 범위안에서만 제한적으로 적용되는 법이다.

Ⅱ. 구별의 표준

1. 사항을 표준으로 한 구별

어떤 사항 전반을 규율대상으로 하여 효력이 미치는 법이 일반법이고 특정한 사항만을 규율대상으로 하는 법이 특별법이다. 민법은 민사에 관한 일반사항을 규율대상으로 하는 일반법인데 반해 상법은 민사 중 특히 상인들의 거래인 상사만을 대상으로 하는 특별법이다.

2. 사람을 표준으로 한 구별

모든 국민에게 법의 효력이 미치는 법이 일반법이고, 어떤 특정한 신분을 가진 사람에게만 적용되는 법이 특별법이다. 민법은 모든 대한민국 국민에게 적용되는 일반법인데 군형법이나 상법은 군인, 상인 등 신분을 가진 자에게만 적용되는 특별법이다.

3. 장소를 표준으로 한 구별

법이 국가의 모든 지역에 적용되는 법이 일반법이고 국가의 일정지역에만 적용되는 법이 특별법이다. 지방자치법은 전국에 적용되는 일반법인데 반해 시도의 조례 및 규칙은 해당 시도에만 적용되는 특별법이다.

Ⅲ. 구별의 실익

양자를 구별하는 이유는 동일한 사안에 대하여 일반법과 특별법이 병존하는 경우에는 특별법이 일반법에 우선하여 적용된다는 것이다(특별법 우선의 원칙).

제6절 실체법과 절차법

Ⅰ. 의의

법은 그 규정내용을 표준으로 하여 실체법과 절차법으로 나누어진다. 실체법은 권리의무의 실체를 규율하는 법이고 이에 반해 절차법은 직접 권리의무의 실현절차를 규율하는 법이다.

Ⅱ. 유형

헌법, 민법, 형법, 상법. 각종 실체적 내용을 규정하는 행정법규 등은 실체법이고 민사소송법, 형사소송법 행정소송법 등은 절차법이다.

Ⅲ. 양자의 관계

분쟁이 발생하면 아무리 권리를 잘 규정하고 있더라도 이를 실현하기 위한 절차법이 없으면 그 권리는 유명무실하게 된다. 실체법이 있어도 절차법이 없으면 법원은 재판을 할 수 없게 된다. 따라서 분쟁이 발생하면 실체법의 내용은 절차법을 통하여 현실화함으로써 법은 비로소 그 목적을 달성하게 된다.

제7절 강행법과 임의법

Ⅰ. 의의

법은 그 효력이 절대적인 것인가 아니면 임의적인 것인가를 표준으로 하여 강행법과 임의법으로 나누어진다. 강행법은 법의 규정과 다른 의사표시를 하였을 때도 절대적으로 적용되는 법이고 이에 반해 임의규정은 당사자가 법의 규정과 다른 의사표시를 하지 않았을 때에만 적용되는 법으로 그 법의 규정을 임의규정 또는 임의법규라 한다.

Ⅱ. 유형

일반적으로 공법(헌법, 형법 등)은 강행법규이고 사법(민법 등)은 임의법이다. 그러나 이는 절대적인 것은 아니고 사법인 민법 중 물권법이나 가족법에 관한 규정은 강행규정이 다수 존재하고, 공법인 민사소송법 중 합의관할 등은 임의규정이다. 따라서 어떤 법이 강행규정인가 임의규정인가는 각 법을 기준으로 단정적으로 말할 수는 없고 각 조문을 개별적으로 평가하여야 한다.

Ⅲ. 구별

1. 구별의 기준

양자를 구별하는 기준은 쉽지 않으나 법조문에 "하여야 한다" 등으로 규정되어 있으면 강행법규이고 "다른 의사표시가 없으면" "달리 정한 바가 없으면" 등으로 규정하고 있으면 일반적으로 임의규정이다. 그리고 각 조문에 위와 같은 표현이 없으면 각 조문의 취지, 성질과 내용 등을 종합적으로 검토하여 판단하여야 한다.

2. 구별의 실익

임의법은 당사자가 법의 규정과 다른 의사표시를 하였을 경우에도 유효하나 강행법은 당사자가 법의 규정과 다른 의사표시를 하였을 때 그 효력이 발생하지 않는다. 또한 강행법은 법률행위의 해석의 표준이 되지 않으나 임의법은 법률행위를 해석함에 있어서 당사자의 의사와 관습에 이은 제3의 표준이 된다.

제4장의 법의 해석

제1절 법의 해석이란

규범이 갖는 의미와 그 내용을 명백히 확정하는 것을 말한다. 즉 법을 구체적인 사건에 적용하기 위해서 그 전제가 되는 법규의 의미와 내용을 확정하는 것이 법의 해석이다.

제2절 해석의 방법

I. 법의 해석의 방법과 종류

법의 해석의 방법은 국가기관에 의한 권한 있는 해석인 공권해석(유권해석)과 국가기관에 의하여 권한이 부여되지 않고 다만 학리적 사고에 의한 해석인 학리해석(무권해석)으로 나뉜다. 여기서 공권해석은 법을 해석하는 국가기관의 모습에 따라 입법해석, 사법해석, 행정해석으로 나누어지고 학리해석은 법조문의 의미를 어떻게 이해할 것인가에 따라 문리해석, 논리해석으로 나누어진다.

Ⅱ. 공권해석

1. 입법해석

입법해석은 법령의 용어를 법문 중에서 해석하는 경우이다[2]. 입법해석은 그 자체가 해석을 포함하는 독립한 법규라는 뜻에서 법규해석이라고 하고, 개념에 대한 정의를 다루고 있는 규정이라는 뜻에서 정의규정이라고 한다.

2. 사법해석

사법해석은 법관이 법을 적용함에 있어서 판결을 통하여 행하는 해석이다[3].주로 법원 판결을 통해 행하는 해석을 의미한다.

3. 행정해석

행정관청이 법을 집행함에 있어서 질의에 대한 회답, 훈령, 지령 등의 모습으로 내린 해석을 의미한다.[4]

Ⅲ. 학리해석

1. 문리해석

법조문의 문자가 가지는 의의에 따라서 법문의 자구에 얽매여서 법규의 의미를 확정하는 해석을 의미한다. 문리해석은 학리해석의 첫 단계이다.

2. 논리해석

법문의 자구에 얽매이지 않고 법질서 및 법전 전체와의 유기적 관련 하에 입법의 목적, 제정 당시의 사회사정 및 현실의 요구, 법규의 연혁 등을 참작하여 논리적인 타당성을 도모하는 해석이다. 논리해석은 학리해석의 두번째 단계이다.

---

[2] 예를 들어 민법 제98조에서 '본법에서 물건이라 함은 유체물 및 전기 기타 관리할 수 있는 자연력을 말한다'고 규정하고 있는 것이 그 예이다.
[3] 법원 조직법 제8조는'상급법원의 재판에 있어서의 판단은 당해 사건에 관하여 하급심을 기속한다'라고 규정하고 있으므로 대법원의 판결을 통한 당해 사건에 관한 법규범의 내용에 관하여는 하급심을 구속하는 권위를 가진게 된다
[4] 예를들어 한국공인중개사협회에서 변호사가 중개업을 할 수 있는지에 대해 법무부에 문의하자, 법무부가 중개는 법률사무에 포함되지 않는다고 판단된다고 회답한 경우 행정해석이 될 것이다.

(1) 확장해석

법규의 내용에 포함되는 개념을 문자 자체의 뜻보다 확장해서 효력을 인정함으로서 법의 타당성을 확보하려는 해석의 방법이다. 민법상 배우자의 개념을 법률상의 배우자뿐만 아니라 사실상 배우자도 포함시켜 해석하는 것이 그 예이다.

(2) 축소해석

확장해석의 반대개념으로 법규의 내용에 포함되는 개념을 문자 자체의 보통의 의미보다 축소시켜 해석함으로서 법의 타당성을 확보하려는 해석의 방법이다. 예를 들어 근로기준법상의 사용자의 개념을 사업주에 한정하여 그 범위를 해석하는 것이 그 예이다.

(3) 반대해석

서로 반대되는 두개의 사실 중 하나에 대해서만 규정되어 있는 경우에 법문과 반대되는 결과를 인정하는 해석의 방법을 반대해석이라 한다. 예를 들어 민법 제762조에서 '태아는 손해배상청구권에서 이미 출생한 것으로 본다'고 규정하고 있는데 반대로 불법행위가 아닌 채무불이행으로 인한 경우에는 태아에게 손해배상청구권을 인정하지 않는다고 해석하는 경우이다.

(4) 유추해석

두개의 사실 중 법규에 하나의 사실에 관하여 규정되어 있는 경우에 다른 사실에 대해서도 이와 같은 효과를 인정하는 해석방법을 말한다. 예를들어 인접한 부동산의 상호이용을 합리적으로 조절하기 위한 민법 제217조의 '매연 등에 의한 인지에 대한 방해금지'의 상린관계의 규정을 부동산소유자가 아닌 임차인 사이에도 적용하는 것이 그 예이다.

(5) 물론해석

어떤 사항에 관해 규정하고 있는 법문에 대하여 입법상의 취지로 미루어 다른 사항 즉 정황이 더욱 중하거나 넓은 사항에 관하여 그 성질상 더한층 강한 이유로 타당한 경우에 그 법문의 규정이 적용된다고 해석하는 방법이다.

예컨대 민법 제763조 '채권자에게 과실이 있는 경우는 손해배상의 책임 및 그 금액을 정함에 있어서 이를 참작하여야 한다'고 규정하고 있는데 이는 손해배상의공평 타당을 고려할 때 채권자에게 과실이 아닌 고의가 있는 경우에도 당연히 과실상계를 적용하는 것이 그 예이다.

(6) 연혁해석

입법자의 의도, 의사록 등 입법당시의 여러 사정을 두루 참작하여 법규의 의미를 보충하여 법규의 본래 뜻을 밝히는 해석방법을 말한다.

(7) 변경해석

법문의 용어에 명백한 착오나 잘못이 있는 경우 법문의 자구를 변경 또는 보정하여 법의 본래의 뜻에 합당하도록 해석하는 방법을 말한다. 예를들어 민법 제7조는 '법정대리인은 미성년자가 아직 법률행위를 하기 전에는 전2조의 동의와 허락을 취소할 수 있다'라고 규정하고 있지만 취소를 소급효가 없는 철회로 해석하는 것이 그 예이다.

제5장 법의 적용과 효력

제1절 법의 적용

Ⅰ. 의의

법의 적용이라함은 구체적인 법률관계를 해석에 의해 확정된 법규에 의하여 평가하여 판단하는 것을 말한다.

Ⅱ. 법적용의 단계

법적용의 단계를 보면 먼저 구체적 사건의 내용을 확정하고(사실문제), 다음에 당해사건에 관한 법규를 발견하여 그 의미나 내용을 명확히 한 후 일반적 추상적인 법규를 대전제로 하고 구체적인 사실을 소전제로 하여 법적 판단을 내리는 것을 말한다.

Ⅲ. 전문용어의 해석

1. 준용

준용은 입법기술상의 한 방법으로 법규를 제정할 때에 법률의 간격을 위하여 비슷한 사항에 관하여 유사한 다른 법규를 유추적용할 것을 규정한 것이다.

2. 의제

당사자에게 증거에 의하여 사실을 인정하는 입증에 대한 부담을 지우지 않게 하기 위하여 법의 규정에 의하여 사실을 인정하는 것을 말한다. 이에는 추정과 간주가 있다

3. 추정, 간주

추정은 법의 규정에 의하여 사실을 인정하는 것 중 반대의 증거가 제출되면 법 규정의 적용이 배제되는 의제의 방법이다. 이에 반해 간주는 반대의 증거제출을 허용하지 않고 바로 법률이 정한 효력을 당연히 생기게 하는 의제의 방법이다.

제2절 법의 효력

I. 때에 관한 효력

1. 의의

법이 언제부터 언제까지 효력을 갖는가의 시간적 한계에 관한 것을 의미한다. 성문법은 그 시행일로부터 폐지일까지 그 효력을 갖는다.

2. 법의 시행과 폐지

(1) 법의시행

법의 제정 또는 개정 공포와 동시에 효력을 발생하는 것이 아니라 원칙적으로 법이 공포된 후 국민들에게 이를 알리기 위한 일정 기간 즉 시행예정기간의 경과 후에 시행된다.

(2) 법의 폐지

1) 명시적 폐지

법이 처음부터 미리 시행기간을 정하여 두고 해당 기간의 만료로 법이 소멸하는 한시법을 예로 들 수 있다.

2) 묵시적 폐지

묵시적 폐지는 신법과 구법이 충돌하는 경우 신법우선의 원칙에 따라 구법이 폐지되는 경우가 그 예이다.

3. 법률불소급의 원칙

(1) 의의

법률불소급의 원칙이라 함은 그 시행기간 중에 발생한 사항에 관해서만 적용되고 그 시행일 이전에 발생한 사항에 대해서는 소급하여 적용하지 않는다는 원칙을 말한다. 이는 법의 안전성을 위하여 인정되는 원리이다.

(2) 예외

민법은 특별한 규정이 있는 경우 외에는 시행일전의 사항에 대해서도 이를 적용한다고 규정하여 소급효를 인정하고 있다. 반면 형법은 죄형법정주의 원칙으로 형벌불소급의 원칙이 적용되어 그 시행 이후의 행위에만 형법이 적용되고 시행이전의 행위에까지 소급하여 적용되지 않는다. 그러나 이 원칙도 행위자에게 불리한 소급효를 금지하며 피고인에게 유리한 경우에는 소급하여 적용이 허용된다.

II. 사람에 관한 효력

1. 원칙

법은 속인주의 효과로 국민이 자국 안에 있거나 타국에 있거나 불문하고 모든 한국인에게 적용된다. 다만 속지주의의 효과로 대한민국의 영토 안에 있는 모든 사람 즉 한국인은 물론이고 외국인에게도 적용되는 것을 원칙으로 한다.

2. 예외

그러나 위의 원칙 중 외국인에 관한 사람의 신분 능력에 관한 예외가 있다. 외국의 원수나 외교사절 및 그의 가족 등의 일정한 신분을 가진 자는 국제법상 현재 체류하는 나라의 재판권, 경찰권, 과세권에 복종하지 않는 외교상의 특권인 치외법권에 따라 대한민국의 법의 효력이 제한된다.

Ⅲ. 장소에 관한 효력

1. 원칙

대한민국의 법은 영토, 영해, 영공 등 대한민국의 모든 영역에 그 효력이 미친다(헌법 제3조).

2. 예외

국제법상 자국의 군함, 선박, 항공기가 공해 또는 타국에 있을 때에는 자국영토의 연장으로서 이곳에 대하여서도 대한민국의 법의 효력이 미친다. 또한 외교사절의 공관, 주한미군의 주둔지에는 치외법권에 따라 대한민국의 법의 효력이 제한된다. 국내법상으로는 자치법규인 조례와 규칙은 성격상 당해 지방자치단체에만 적용되고 다른 지역에는 적용되지 않는다.

제6장 법률관계와 권리의무

제1절 법률관계

Ⅰ. 의의

인간의 생활관계 중에 법에 의하여 규율되는 관계를 법률관계라 한다. 그런데 인간의 생활 관계 대부분이 법에 의하여 규율되므로 법률관계가 매우 중요한 의미를 가진다.

Ⅱ. 법률관계의 내용

법률관계는 사람과 사람의 관계(예를 들어 채권관계) 또는 사람과 물건 기타 재화의 관계(예를 들어 물권관계)로 나타나지만 궁극적으로 사람과 사람의 관계이다. 즉 사람과 사람의 관계는 특정한 사람과 다른 특정한 사람 사이의 관계이고 사람과 물건의 관계 역시 특정한 사람의 물건을 매개로 한 다른 모든 사람에 대한 관계이다. 그런데 법률관계는 법에 의해 구속되는 자와 법에 의해 보호되는 자의 관계로 나타나는데 전자를 의무, 후자를 권리라고 한다. 따라서 법률관계는 권리의무관계를 의미한다.

Ⅲ. 호의관계와의 구별

1. 호의관계란

호의관계란 법적으로 구속받으려는 의사가 없이 행하여진 생활관계를 말한다. 예를 들어 친구를 자신의 생일파티에 초대하고 이를 받아들인 경우와 같이 호의 관계는 법적으로 규율되는 관계가 아니므로 원칙적으로 법률상의 청구권이 발생하지 않는다. 따라서 파티에 참석할 권리를 가지지 않으면 파티를 열지 않더라도 채무불이행이 되지 않는다.

2. 법률관계와의 구별

호의관계는 법률관계가 아니므로 원칙적으로 법률상의 권리, 의무관계가 존재하지 않는다. 그러나 호의동승 중 자동차사고가 난 경우와 같이 호의관계를 통하여 손해가 발생한 경우에는 누가 그 손해를 부담할 것인가에 따라 법률관계가 적용된다.

제2절 권리와 의무

Ⅰ. 권리

1. 의의

권리란 일정한 구체적 이익을 누릴 수 있도록 법에 의하여 권리주체에게 주어진 힘을 말한다(법력설). 권리의 본질에 관하여 역사적으로 법에 의하여 주어진 의사의 힘 내지 의사의 지배라는 의사설, 법에 의해 보호되는 이익설 및 법력설이 주장되었지만 현재 주장되고 있는 것은 법력설뿐이다.

2. 구별개념

(1) 권한

권한이란 다른 사람을 위하여 그에게 일정한 법률효과를 발생케 하는 행위를 할 수 있는 법률상의 지위나 자격을 말한다(예를 들어 대리권, 이사의 대표권).

(2) 권능

권능이란 권리의 내용을 이루는 개개의 법률상의 힘을 말한다. 예를 들어 소유권이라는 권리의 내용인 사용, 수익권능과 처분권능이 그 예이다.

(3) 권원

권원이란 일정한 법률상 또는 사실상의 행위를 하는 것을 정당화하는 법률상의 원인을 말한다. 가령 타인의 권원에 의하여 부동산에 부속된 물건에 대하여 부합이 인정되지 않는데 여기서 권원은 지상권이나 임차권과 같이 다른 사람의 부동산에 자기의 물건을 부속시키거나 그 부동산을 이용할 수 있게 하는 법률상의 원인을 의미한다.

(4) 반사적 이익

반사적 이익이란 법이 일정한 사람에게 일정한 행위를 명하거나 금지함에 따라 다른 사람이 반사적으로 누리는 이익을 말한다. 가령 불법원인급여에 해당하는 경우 급여자는 급여의 반환청구를 할 수 없는데 그 결과 수익자가 그 급여의 소유권을 취득하는 것은 반사적 이익에 불과하다.

Ⅱ. 의무

1. 의의

일정한 행위를 하여야 할 또는 하지 않아야 할 법률상의 구속을 의무라 한다. 의무는 그 내용에 따라 어떤 행위를 하여야 할 작위의무와 하지 않아야 할 부작위의무로 나뉘며 부작위의무는 다시 가령 경업을 하지 않아야 할 단순부작위의무와 타인의 일정한 행위를 감수하고 방해하지 않아야 할 수인의무로 나뉜다.

2. 권리와의 관계

보통 의무는 권리의 반면으로 권리에 대응한다. 그러나 언제나 권리와 의무가 상응하는 것은 아니다. 즉 의무만 있고 권리는 없는 경우가 있는가 하면(공고의무, 감독의무 등), 권리만 있고 의무가 없는 경우(취소권, 추인권 등)도 있다.

3. 책무와 의무

책무란 그것을 지키지 않으면 그 부담자에게 법에 의한 일정한 불이익이 발생하지만, 상대방이 그것을 강제하거나 그 위반에 대하여 손해배상을 청구할 수 없는 것을 말한다. 예를 들어 증여자의 하자고지의무, 청약자의 승낙연착에 대한 통지의무 등이 있다.

제3절 권리의 분류

1. 개념

법률관계에서 존재하는 권리도 크게 공법상의 권리인 공권과 사법상의 권리인 사권 및 사회법상의 권리인 사회권으로 구별할 수 있다.

2. 공권

(1) 의의

공권은 공생활관계에서 당사자가 갖는 권리로서 크게 국제법상의 공권과 국내법상의 공권으로 나눌수 있고, 또 국내법상의 공권은 국가공권과 국민공권으로 나눌수 있다.

(2) 분류

1) 국제법상의 공권

국제법상의 공권은 국제법의 주체인 당사자가 갖는 권리이다. 예를 들어 독립권, 평등권, 자위권, 교통권이 있다.

2) 국내법상의 공권

가. 국가공권

국가공권은 통치관계를 핵심으로 하는 공생활관계에서 국가 또는 공공단체가 국민에 대하여 갖는 권리이며, 국가적 공권이라 한다. 그 작용에 따라 사법권 행정권으로 나눌 수 있고, 그 목적에 따라 형벌권, 경찰권, 재정권으로 나눌 수 있다.

나. 국민공권

국민공권은 통치관계를 핵심으로 하는 공생활관계에서 국민이 국가 또는 공공단체에 갖는 권리이며 개인적 공권이라고 한다.

3. 사권

(1) 의의

사권은 사생활관계에서 당사자가 갖는 권리를 의미한다.

(2) 분류

1) 내용에 따른 분류

사법상의 권리인 사권은 그 내용을 이루는 구체적 이익이 경제적 내지 재산적 가치를 가지느냐에 따라 재산권과 비재산권으로 나뉜다.

① 재산권

재산권은 그 내용인 이익이 경제적 가치를 가지며, 일반적으로 거래의 목적으로 될 수 있다. 재산권에 속하는 권리로 소유권, 전세권, 저당권 같은 물권, 매도인의 대금청구권 같은 채권, 특허권, 실용신안권, 저작권 같은 지적재산권 및 단체의 구성원이라는 지위에 가지는 사원권 등이 있다.

② 비재산권

그 내용을 이루는 주된 이익이 비재산적인 권리를 말한다. 비재산권에 속하는 권리로 생명, 신체, 자유, 명예 등과 같이 인격과 분리할 수 없는 이익, 즉 인격적 이익을 내용으로 하는 권리인 인격권과 부부, 친지 등의 가족공동체의 지위에 기한 권리인 가족권이 있다.

2) 작용에 의한 분류

① 지배권

권리의 객체를 직접 지배할 수 있는 권리를 말한다. 지배한다는 것은 권리의 내용인 이익을 실현하기 위하여 권리자 아닌 타인의 행위나 동의를 요하지 않는다는 의미이며, 이점에서 청구권과 구별된다. 대표적인 지배권은 물권이지만 그 밖에 준물권, 지적재산권, 친권, 인격권 등이 있다.

② 청구권

특정인이 다른 특정인에게 일정한 행위를 할 것을 청구할 수 있는 권리를 말한다. 채권, 소유물반환청구권, 상속회복청구권 등이 있다.

③ 형성권

형성권이란 권리자의 일방적인 의사표시에 의하여 법률관계의 변동을 일어나게 하는 권리를 말한다.

④ 항변권

항변권이란 청구권의 행사에 대하여 급부하기를 거절할 수 있는 권리를 말한다. 그런데 이는 타인의 청구권 자체를 소멸시킬 수 있는 권리가 아니라 그 작용을 일시적 또는 영구적으로 저지할 수 있는 권리이다.

3) 기타의 분류

① 절대권과 상대권

절대권은 특정의 상대방이 없고 누구에게 대해서도 주장할 수 있는 권리이고(물권, 인격권 등), 상대권은 특정인에 대해서만 주장할 수 있는 권리이다(채권 등).

② 일신전속권과 비전속권

일신전속권이란 권리가 고도로 인격적이기 때문에 타인에게 이전되어서는 의미가 없는 귀속상의 일신전속권(부양청구권 등)과 권리자 자신이 직접 행사하지 않으면 의미가 없기 때문에 타인이 권리자를 대리하여 또는 대위하여 행사할 수 없는 행사상의 일신전속권 두 가지가 있다(위자료 청구권 등).

③ 주된 권리와 종된 권리

다른 권리에 의존하는 권리를 종된 권리라 하고 그 다른 권리를 주된 권리라고 한다. 가령 원본채권은 주된 권리이고 이자채권은 원본채권에 종된 권리이다.

④ 기대권

권리가 발생하기 위한 요건 중 일부만을 갖추어 장래 남은 요건이 갖추어지면 권리를 취득할 수 있는 상태에 대하여 법이 보호해 주는 것을 기대권이라 한다. 조건부 권리, 기한부 권리 등이 그 예이다.

제2편
헌 법

김민규

서울시립대학교 법학전문대학원 졸업, (現) 법무법인 조율 변호사

제1장 헌법총론

제1절 헌법의 기초이론

I. 헌법의 의의

1. 헌법의 정의

(1) 헌법의 개괄적 정의

헌법의 정의는 곧 '헌법이 무엇이냐?'하는 문제인데 이 문제에 대해서는 다양한 견해들이 있다. 김철수 교수는 헌법은 국가의 근본법으로서 국민의 기본권을 보장하고 국가의 통치조직과 통치작용의 원리를 정하는 최고법이라고 정의하고 있고, 권영성 교수는 헌법은 국가적 공동체의 존재형태와 기본적 가치질서에 관한 국민적 합의를 법규범적인 논리체계로 정립한 국가의 기본법이라고 정의하고 있으며, 허영교수는 헌법은 공감대적인 가치를 바탕으로 국가사회의 동화적 통합을 실현하고 촉진시키기 위한 정치규범이라고 정의하고 있고, 정종섭 교수는 헌법은 국가와 공동체 및 공동체 구성원들의 생활의 근본과 그 질서를 형성하는 근본법이라고 정의하고 있으며, 성낙인 교수는 헌법은 국가의 조직과 구성에 관한 법이라고 정의하고 있다.

따라서 헌법은 국가의 가장 기본이 되는 기본법 내지는 근본법이라고 할 수 있는데 이는 영어로 헌법을 의미하는 constitutional law의 어원을 추적해 보면 더 명확해 진다. 영어로 constitution은 '놓다, 세우다'라는 라틴어에서 유래한 말로 이는 조직이나 체제를 구성하는 기본을 의미한다.

결론적으로, 현대의 헌법은 국가의 가장 기본이 되는 법으로서 국가의 통치제도와 국민의 기본권에 대한 규정을 하고 있는 최고법이라고 할 수 있다.

(2) 공법으로서의 헌법

헌법이 어떤 무엇이냐는 문제는 헌법과 다른 법과의 비교를 통해서 보다 명확해진다. 헌법은 공법과 사법 중 공법영역에 속하는 법으로 개인 간의 사적인 분쟁이나 개인 상호간의 법률관계를 규율하는 사법과는 반대되는 영역이라고 할 수 있다. 헌법은 국가와 개인 또는 국가기관 상호 간의 관계를 규율하는 법이라는 점에서 공법에 속한다.

공법에는 헌법과 행정법이 있고, 같은 공법이라고 해도 헌법과 행정법은 그 규율의 대상이 다르다. 헌법의 경우 국가의 기본법 내지 근본법인 만큼 국가의 통치구조 전반에 대해서 규율하고 있고, 국민의 기본권에 대해서 규율하고 있는 반면, 행정법의 경우에는 통치구조 전반에 대한 부분 중에서 주로 국가행정에 관한 내용에 대해 규율하고 있다는 차이점이 있다.

2. 헌법의 정의에 대한 구체적인 이해

(1) 헌법의 이중성

헌법이 무엇이냐에 대한 질문에 한 마디로 답하기는 매우 어렵다. 헌법의 개념은 역사적인 발전에 따라 그 접근방법을 달리하면서 다양한 의미로 정의되어 왔기 때문이다. 헌법은 어떤 면에서는 사실로서의 국가의 통치형태를 의미하기도 하고, 또 다른 면에서는 국가의 통치형태를 구체적으로 규율하는 법규범을 의미하기도 하는데 이를 헌법개념의 이중성이라고 하며, 사실로서의 헌법개념, 법규범으로서의 헌법개념이라는 말로 구분한다.

사실로서의 헌법개념은 사회학적 헌법개념이라고도 하며, 이를 주창한 학자들은 라살레, 스멘트, 슈미트가 있다. 라살레(Lassale,F.)는 국가에 존재하는 사실적 권력관계가 곧 헌법의 본질이라고 하였고, 스멘트(Smend,R.)는 국가 개념의 역동성을 강조하여 헌법을 국가 통합과정의 법질서 내지 생활형식이라 하였으며, 슈미트(Schmitt,C.)는 일종의 권력행위로서 헌법제정권력의 헌법제정 행위에 의해 이루어진 국가의 정치형태와 종류에 관한 근본적인 결단이라고 하였다. 사실로서의 헌법개념은 헌법을 단순한 법규범으로서 파악하는 것이 아니라 국가의 사회 질서나 정치적 형태를 통해 헌법 개념을 역동적으로 파악하는 방법으로 볼 수 있다.

법규범으로서의 헌법개념은 법학적 헌법개념이라고도 한다. 법규범으로서의 헌법을 주장한 학자는 켈젠, 스테른, 캐기가 있다. 켈젠(Kelsen,H.)은 헌법을 광의의 헌법과 협의의 헌법으로 구분하고, 헌법을 국가를 규율하는 법 중에서 최고의 근본규범으로 본다. 스테른(Stern,K.)은 국가의 통치질서와 가치질서의 기본원칙에 관한 최고위의 규범적 표현이라 하였고, 캐기(Kögi,W.)는 헌법을 국가를 규율하는 최고규범의 법체계로 국가의 통치구조와 국민의 기본권을 정하는 근본질서로 파악하였다.

이처럼, 헌법에 대해서 이해하기 위해서는 헌법이 가진 어느 한 가지 성격만을 염두에 두어서는 안 된다. 헌법은 현실의 통치구조나 그 현상을 반영하는 것이기도 하지만 동시에 하나의 법규범으로서의 의미도 가짐을 정확히 알고서 접근해야지만 보다 헌법에 대해서 구체적인 이해를 할 수 있다.

(2) 역사적 발전 과정에 따른 헌법의 변화

헌법은 시대의 산물이다. 즉, 헌법에는 시대의 정치적 이념과 사상이 그대로 녹아 들어가 있다. 이러한 관점에서 헌법을 역사적 발전 과정에 따라서 고유의 의미의 헌법, 근대입헌주의적 의미의 헌법, 현대복지국가적 의미의 헌법으로 구분하기도 한다.

고유의 의미의 헌법은 국가의 근본법을 의미한다. 고유의 의미의 헌법에 의하면 헌법은 국가의 통치기구로서 통치기구를 구성하는 방법, 각 국가기관들의 구체적인 통치행위의 방법 및 상호관계 등을 규정하는 법을 의미하고, 따라서, 어떠한 형태의 국가이든지 국가가 존재하는 이상 고유한 의미의 헌법도 존재하게 된다.

근대입헌주의적 헌법은 고유의 의미의 헌법에 비해 내용적으로 보다 발전을 이루었다. 근대입헌주의적 헌법은 두 가지 의미에서 이전의 고유의 의미의 헌법과는 다른 특질을 가지는데 권력 분립과 국민의 기본권 보장이 그것이다. 이는 국가권력을 통제하고 이를 통해 개인의 자유와 권리를 헌법을 통해 보장하고자 한 사상의 발전에 의해 이루어진 것이다.

현대복지국가적 의미의 헌법은 자본주의의 모순을 수정하기 위해 등장하였다. 자본주의는 구조적 모순을 가지고 있는데 개인의 경제활동의 자유를 강조하다 보니 부의 분배에 있어 불평등한 결과를 초래하였고, 이에, 국가는 각 개인들에게 실질적 평등을 보장해주면서 자본주의가 가진 한계점을 수정하려고 하였다. 이와 같은 이유로 출현한 현대복지국가적 의미의 헌법은 기본권 보장과 권력 분립의 특질 외에 실질적인 법치주의의 보장과 사회적 기본권 보장을 그 특질로 가진다.

(3) 실질적 의미의 헌법과 형식적 의미의 헌법

헌법은 존재방식에 따라서 실질적 의미의 헌법과 형식적 의미의 헌법으로 나뉜다. 헌법의 존재방식에 따른 구분은 헌법의 이중성과는 다른 개념으로 헌법의 이중성은 헌법이 동시에 가지고 있는 두 가지 특성 내지 본질을 의미하는 반면 실질적 의미의 헌법과 형식적 의미의 헌법은 헌법이 어떤 형태로 존재하고 있느냐에 따른 구분을 의미한다.

실질적 의미의 헌법은 헌법이 어떠한 형태로 존재하든 가리지 않고 그것이 국가의 통치구조, 국민의 기본권 등 국가 운영에 관한 기본적인 내용을 정하고 있는 것이면 헌법으로 본다. 영국의 경우 성문헌법이 없으나 실질적 의미의 헌법을 불문헌법으로 가지고 있다고 하겠다.

형식적 의미의 헌법은 헌법전이라는 특별한 형식으로 정해진 법률만을 헌법으로 본다. 오늘날에는 영국을 제외한 대부분의 국가들이 가지고 있는 헌법이 이에 해당한다고 보면 된다.

실질적 의미의 헌법과 형식적 의미의 헌법은 반드시 일치하지 않는다. 이는 실질적 의미의 헌법을 모두 형식적 의미의 헌법인 헌법전이라는 테두리 안에 기술하는 것이 불가능하고, 스위스 헌법 제25조의 도살조항, 미연방수정헌법 제18조의 금주조항, 바이마르헌법 제150조의 풍치조항과 같이 그 실질상 실질적 의미의 헌법에 해당하지 않더라도 법 개정을 어렵게 하기 위해 형식적 의미의 헌법에 포함시키는 경우도 있기 때문이다.

II. 헌법의 분류

1. 전통적 분류방법

(1) 존재형식에 따른 분류

헌법에는 성문헌법과 불문헌법이 있다. 헌법이 성문화된 형식적 법전의 형태로 존재하면 이를 성문헌법이라고 하고, 헌법이 성문화된 형식으로 존재하지 않지만 헌법의 역할을 하는 법이 존재하면 이를 불문헌법이라고 한다.

성문헌법은 근대 입헌주의 운동의 성과물로 법전 형태로 존재하기 때문에 헌법개정이 어려워 경성헌법이 대부분이고, 법적인 안정성과 명확성을 가지는 반면, 불문헌법은 법전이라는 형식이 존재하지 않기 때문에 특정한 규범형식이 없고, 헌법고유의 개정절차가 없으므로 필연적으로 연성헌법의 특질을 가지며, 헌법에 대한 법률우위의 원칙이 인정되지 않는다.

(2) 개정방법에 의한 분류

헌법은 해당 헌법에 대한 개정 난이도에 따라 경성헌법과 연성헌법으로 나뉜다. 경성헌법은 일반 법률의 개정절차보다 까다로운 헌법을 말하고, 우리나라를 포함한 대부분의 성문헌법 체계를 택하고 있는 국가의 헌법들이 이에 해당한다. 연성헌법은 헌법의 개정절차가 일반법률의 개정절차와 동일한 헌법을 말하고, 성문헌법이라고 해서 무조건 경성헌법에 해당하는 것은 아니기 때문에 주의할 필요가 있다.

(3) 그 외 분류방법

헌법을 존재형식이나 개정방법에 따라 분류하는 방법 외에도 헌법을 누가 제정하였느냐에 따라 분류하는 방법, 헌법의 독창성 여부에 따라 분류하는 방법이 있으나 사실 오늘날에는 중요성이 떨어진다.

제정권력에 따른 분류 방식에 의하면 군주 한 사람에 의해 헌법이 제정된 경우 이를 흠정헌법,

군주와 국민의 대표 간의 협약에 의해 헌법이 제정된 경우 이를 협약헌법, 국민의 대표에 의하여 헌법이 제정된 경우 이를 민정헌법이라고 한다. 오늘날 대부분의 국가들은 민정헌법을 가지고 있다.

독창성 여부에 따른 분류 방식에 의하면 헌법이 다른 나라 헌법 등을 모방하지 않고 그 자체로 창조된 경우 이를 독창적 헌법, 다른 나라의 헌법을 모방하여 제정된 경우 이를 모방적 헌법이라고 하는데 오늘날 대부분의 국가들은 다른 나라 헌법의 장점을 가져와서 이를 반영한 경우가 많다.

Ⅲ. 헌법의 특성

1. 헌법의 사실적 특성

(1) 헌법의 정치성

헌법은 정치적 투쟁의 결과에 의해 나온 산물이다. 즉, 헌법은 특정한 정치세력간의 정치적 투쟁이나 타협과정을 통해 이루어진 결과물로서 기본적으로 정치성을 띨 수밖에 없다. 정치세력 간의 투쟁과 타협과정에서 헌법의 근간을 이루는 통치구조, 기본권 보장의 형태 등에 대해서 구체적으로 정해지기 마련인 것이다.

(2) 헌법의 이념성

헌법은 특정한 시대의 이념상을 반영한다. 즉, 시대의 이념이나 가치 등이 투영된 결과물이다. 입헌주의적 헌법은 인권보장과 권력분립이라는 이념에 기반하여 등장을 하게 되었고, 현대복지국가적 헌법은 실질적 평등 이념을 강조하는 시대적 분위기에 의해 등장하게 되었다. 물론 이러한 이념의 반영은 앞서 설명한 정치세력 간의 정치 투쟁에 의한 이념갈등과 타협의 결과물이기도 하다.

(3) 헌법의 역사성

헌법은 역사 속에서 존재한다. 헌법은 시간의 흐름 속에 고정되어 있는 것이 아니라 시대 상황에 따른 이념과 정치세력의 투쟁에 영향을 받아 제정되기 때문이다. 봉건제가 무너지면서 이에 따른 정치적 투쟁의 결과로 인해 입헌군주제가 탄생하였고, 자본주의가 발전하면서 자본주의의 모순을 해결하기 위해 현대복지국가적 헌법이 탄생하였다. 이처럼, 시대의 흐름 속에서 헌법은 그 시대의 영향을 받아 제정되기 마련인데 이를 헌법의 역사성이라고 한다.

2. 헌법의 규범적 특성

(1) 최고규범성

헌법은 일반적으로 형식적 측면에서 법률, 명령, 규칙, 조례를 하위에 두는 최고법의 지위에 있다. 그리고 헌법에 의해서 하위법령들의 존재근거와 효력근거가 발생한다. 이 때문에 하위법령은 헌법에 반하는 내용으로 제정될 수가 없고, 만약, 하위법령이 헌법에 반하는 내용이 있으면 이는 곧 위헌법률심사의 대상이 되어 심사 후에 그 효력을 상실하게 된다.

헌법은 형식적 측면뿐 아니라, 실질적인 측면에서도 최고법의 위치에 있다. 헌법은 법 이념적으로 최고의 위치에 있고, 실질적으로 입법, 행정, 사법으로 이루어지는 3권 분립의 토대이면서 동시에 각 기관들의 권력관계를 규율하며, 모든 사법상의 법률관계에 직, 간접적으로 많은 영향을 준다는 측면에서 헌법은 실질적으로도 최고법의 지위에 있다고 할 수 있다.

(2) 개방성

헌법은 최고법의 지위에 있기 때문에 내용적으로 모든 사항에 대해서 구체적으로 규정을 하는 방식을 택할 수가 없다. 본질적으로 국가의 근간을 이루는 기본법으로서의 추상성을 가질 수밖에 없다. 그렇기 때문에, 이를 보충하기 위해 헌법 아래에 있는 하위 법령들에 의해 보충이 이루어지게 된다.

다만, 헌법이 개방성을 가진다고 해서 무한정의 개방성을 가질 수는 없다. 헌법 내에서도 헌법의 기본원리를 이루는 인간존엄, 자유와 평등 등 헌법의 기본가치는 그 어떤 이유로도 훼손될 수 없는 가치이기 때문이다.

(3) 자기보장성

헌법은 다른 하위법령과는 달리 그 효력을 보장해 줄 수 있는 외부 강제 수단이 없다. 즉, 하위법령은 헌법이 만들어 낸 국가권력에 의해 보장되지만, 헌법은 실질적, 형식적으로 국가권력을 구속하는 성격을 가지게 되므로 결론적으로 헌법은 스스로를 지켜야 한다.

헌법은 헌법에 의해 권력분립제도, 헌법재판제도를 두어 헌법파괴 세력으로부터 스스로를 보호하고 있지만 그 보다 중요한 것은 헌법이 추구하는 가치를 실현하고자 하는 국민의 합의 내지는 건전하고 민주적인 정치 질서라고 할 수 있다.

(4) 조직규범성

헌법은 조직을 구성하는 규범이다. 헌법에 의해 국가 조직이 구체적으로 구성되고, 국가 기관 사이에 권력 관계가 정해지기 때문이다. 우리나라 헌법은 3권 분립제를 택하고 있고, 입법권은 국회, 사법권은 법원, 행정권은 정부에 있다고 정하고 있다.

(5) 수권규범성과 권력제한규범성

한 국가의 모든 권력은 국민으로부터 나오고, 국민에 의해 제정된 법이 헌법이다. 따라서, 헌법은 국민으로부터 나온 권력에 기반하여 각 국가권력의 권력의 범위와 한계를 정하는 수권규범성을 갖는다. 즉, 헌법에 의해 각 국가권력이 가지는 권력의 정당성이 생기게 되는 것이다. 하지만, 헌법은 동시에 각 국가기관의 권력을 제한하기도 한다. 헌법은 국민의 자유와 권리, 실질적 평등을 보장하기 위해 각 국가권력을 3권으로 분리하여 행사하도록 규정하고 있고, 국가권력 상호 간에 권력 관계를 정하여 공권력의 자의적 행사에 의해 헌법적 가치가 침해당하는 일을 방지하기 위해 국가기관의 권력을 제한할 수밖에 없으며, 이러한 헌법의 특성을 헌법의 권력제한규범성이라고 한다.

Ⅳ. 헌법제정

1. 헌법제정의 의의

헌법의 제정이란 형식적으로 헌법제정권력에 의하여 헌법의 공백 상태에서 한 국가의 근간을 이루는 새로운 법질서 내지는 법체계 확립을 위한 성문헌법의 제정행위를 의미하고, 실질적으로 정치적 공동체의 합의에 의하여 국가의 기본 질서를 이루는 법을 창조하는 행위를 의미한다.

2. 헌법제정권력이란

(1) 헌법제정권력의 의의

헌법을 제정하는 권력이란 헌법을 시원적으로 만들어 내는 힘으로서 이는 사실상의 권력을 의미함과 동시에 창조된 헌법에 정당성을 부여하는 권위로서의 의미를 가진다.

헌법제정권력이론을 처음으로 체계화한 인물은 프랑스 대혁명 시기의 시예스(S.Sieyes)이다. 시예스는 '제3신분이란 무엇인가'라는 책을 발간하여 프랑스대혁명의 도화선이 되게 하였는데 이 책에서 시예스는 군주의 권력을 제한, 규제하기 위해 군주가 아닌 국민에게 헌법을 제정할 권력이 있다고 하면서 헌법제정권력이론을 체계화하였다.

(2) 헌법제정권력의 성격

헌법 제정권력은 사실성, 규범성, 창조성, 시원성, 자율성, 항구성, 불가분성, 불가양도성이라는 성격을 가진다.

보다 구체적으로 설명하면, 사실성은 헌법이란 실제하는 권력관계를 헌법질서로 변화시키는 매개체 역할을 한다는 측면에서, 규범성은 헌법이 한 국가 내지는 정치공동체가 가지고 있는 통일화된 의사를 하나의 규범으로 표출하였다는 측면에서, 창조성은 헌법에 의하여 국가기관이 만들어지고 실정법 질서가 만들어 진다는 측면에서, 시원성은 헌법은 헌법 스스로가 헌법을 정당화할 뿐 헌법을 정당화하는 상위의 실정법 규범이 존재하지 않는다는 측면에서, 자율성은 헌법은 헌법 스스로가 자신을 정당화하는 근원적인 힘일 뿐 아니라 스스로가 정한 법적 절차에 따라 헌법적 효력이 발동한다는 측면에서, 항구성은 견해의 차이는 있지만 헌법적 권력 내지는 힘을 한 번 행사하였다고 해서 그것이 소멸하는 것이 아니라 계속적으로 존재하고 있다는 측면에서, 불가분성은 헌법이 모든 국가권력의 기초가 되며 분리될 수 없는 권력이라는 측면에서, 불가양도성은 헌법 제정의 힘은 국민으로부터 나오고 이러한 힘은 그 누구에게도 양도 가능한 것이 아니라는 측면에서 설명될 수 있다.

V. 헌법개정

1. 헌법개정의 개념

헌법개정이란 헌법에서 정하고 있는 절차에 따라 헌법이 가지는 근본적인 가치를 훼손하지 않고, 기본적인 동일성을 유지하면서 헌법의 특정 조항을 수정 또는 삭제하거나 새로운 조항을 추가하는 행위를 말하며, 이러한 헌법개정은 성문헌법을 전제로 한다.

2. 헌법개정의 필요성

헌법은 일반적으로 하위 규범들에 비해서 개정과정이 어렵다. 이는 헌법이 국가의 근간을 이루는 근본법인 만큼 국가의 기본을 이루는 뿌리가 쉽게 흔들리거나 바뀌는 일을 방지하기 위해서다. 그런데, 헌법 역시 시대의 산물인 만큼 시대가 흐름에 따라 현실적응력이 떨어지게 되면 규범력이 약해질 수밖에 없고, 헌법도 필요에 따라 시대에 맞게 적절하게 수정될 필요가 있다.

다만, 헌법개정이 필요하다고 하더라도 헌법이 가지는 근본적인 가치를 훼손해서는 안 되고, 필요 최소한 부분에서만 헌법개정을 하여 헌법개정의 필요성과 안정성의 조화를 이루는 것이 중요하다.

3. 헌법개정의 형식과 방법

(1) 헌법개정의 형식

헌법개정은 일부개정의 형식이 있고, 전면개정의 형식이 있다. 일부개정은 의미 그대로 헌법 중 일부조항만 개정이 되는 경우를 말하고, 전면개정은 기존 헌법의 틀은 유지하여 그 일관성은 지키면서도 헌법 조항 대부분이 개정되는 경우를 말하며, 이를 헌법개혁이라고도 한다. 전면개정의 경우 기존 헌법의 틀을 유지하지 않고 아예 새로운 헌법을 제정하는 헌법제정과는 구별된다.

(2) 헌법개정의 방법

헌법개정의 방법은 입법부인 의회에 의해 개정이 이루어지는 방법이 있고, 헌법개정에 대한 국민들의 직접투표에 의한 방법이 있으며, 입법부가 아닌 헌법개정만을 위한 새로운 의회인 헌법의회를 소집하는 방법이 있다.

우리나라의 경우 헌법 개정절차는 헌법 제10장 제128조 내지 제130조에 그 내용이 규정되어 있다.

4. 헌법개정의 한계

(1) 한계부정설

법실증주의적 헌법관에 의하면 헌법개정에는 한계가 없다. 한계부정설은 헌법의 정치사회적 요소를 인정하지 않고, 헌법개정한계규정을 넘어 개정된 헌법조항이 있다고 하더라도 한계규정을 넘어 개정된 헌법조항은 자연법적 규범도 인정하지 않는다. 따라서, 헌법개정에는 한계가 없고, 개정이 불가능한 헌법조항도 있을 수 없으며, 헌법개정절차에 따라 모든 헌법조항들이 개정 가능하다고 보고, 헌법조항들 사이에 우열관계는 없다고 본다.

그러나, 법실증주의에 의하면 헌법개정의 한계규정까지도 헌법개정절차규정에 의하여 실질적으로 개정이 가능하게 되어 개정절차규정이 한계규정보다 사실상 상위의 규정이 되므로 논리모순적인 결론이 도출된다.

(2) 한계긍정설

결단주의적 헌법관에 의하면 헌법개정에는 한계가 있다. 한계긍정설은 헌법을 헌법제정권력에 의하여 내려지는 결단으로 보고, 헌법개정권력에 의해 헌법이 개정될 수는 있으나 헌법제정권력에 의하여 이루어진 근본결단으로서의 헌법은 개정이 불가능하다고 본다.

그러나, 결단주의적 헌법관에 의하면 헌법개정권력과 헌법제정권력이 동일한 경우 헌법개정의 한계가 존재하는 이유를 설명하기가 곤란하게 된다.

(3) 통합론적 헌법관

통합론적 헌법관은 헌법개정의 한계를 긍정한다. 통합론적 헌법관은 헌법을 국가의 통합과정에서 생성되는 동태적, 유동적 결과물로 파악하고, 헌법은 위와 같은 국가의 통합과정에서 적응력을 갖추기 위해 헌법개정을 필요로 하다고 보며, 변화의 과정 속에서도 변할 수 없는 기본적 동질성과 지속성이 요구된다고 본다.

그러나, 통합론적 헌법관에 의할 때 변하지 않는 근본적인 가치질서가 무엇인지 설명하기 힘들다는 한계가 있다.

VI. 헌법변천

1. 헌법변천의 개념

헌법변천은 헌법개정과는 구별되는 개념이다. 헌법개정은 헌법이 정한 일정한 절차에 따라 헌법개정권력이 헌법 조항의 일부 또는 전부를 변경하는 것을 말하고, 헌법변천은 이와 같은 특별한 절차 없이 헌법 조항의 형식적 측면에서는 아무런 변화가 없으나 규범과 현실 사이의 불일치 해소를 위해 특정 헌법 조항의 실질적 의미가 변화하는 것을 말한다.

2. 헌법변천의 실례

헌법변천의 실례는 가까이서 찾아 볼 수 있다. 의회나 정부, 법원이 헌법해석을 통해 특정 헌법조항의 내용을 시대의 가치에 맞게 변경하는 것도 헌법변천에 해당하고, 헌법상 인정되는 국가권력을 장기간 행사하지 않아 실질적으로 헌법의 규범력이 상실하게 된 경우도 헌법변천에 해당한다.

미국연방헌법에 의하면 대법원에는 위헌법률심사권을 부여하고 있지 않지만, 1803년 Marbury V. Madison 사건에서 Marshall 대법원장의 판결 이후 대법원에서 위헌법률심사권을 행사하게 된 경우, 영국 불문헌법에 의하면 국왕이 국가를 통치하여 왔으나 현재는 내각이 실질적인 국가통치의 권력을 행사하고 있는 경우 등은 모두 헌법변천의 예에 해당한다.

Ⅶ. 헌법수호

1. 헌법수호의 개념

헌법수호란 헌법이 가지고 있는 근본적 가치질서가 변질되거나 훼손되는 침해행위를 배제하는 것을 말한다.

2. 헌법수호의 방법

헌법수호는 평시와 비상시에 따라 그 방법이 나뉜다. 평시에는 사전예방적 수호방법으로서 정치적 측면에서는 민주주의 이념에 부합하는 정당정치 구현, 대의제의 확립, 국민의 민주적 가치질서에 대한 확고한 정치의식이 있고, 법적 측면에서는 헌법의 최고 규범성 확립, 3권 분립 확립, 공무원의 정치적 중립성 보장 등이 있으며, 사후교정적 수호방법으로서 위헌법률심판제도, 헌법소원제도, 국정조사제도, 대통령, 고위정치인에 대한 탄핵제도 등이 있다.

비상시에는 국가긴급권에 해당하는 대통령의 계엄선포, 긴급명령, 긴급재정경제처분, 저항권 행사 등의 헌법수호 방법이 있다.

제2장 대한민국헌법 총설

제1절 대한민국의 구성요소

흔히들, 국가의 3요소로 국민, 국가권력, 영역를 말한다. 아래에서는 이에 대해 살펴본다.

Ⅰ. 국민

1. 국민의 개념

국민은 국가를 전제로 한 개념으로 국가의 구성원으로서 해당 국가의 국적을 가진 사람을 칭하는 말이다. 국민이라는 단어는 한 국가에 소속된 국민 전체를 의미하기도 하고, 한 국가에 소속된 개인으로서의 국민을 의미하기도 한다.

비교개념으로 종족과 민족이 있는데 종족은 동일한 유전적 특성을 가진 집단을 칭하는 개념이고, 민족은 동일한 문화적 기반을 바탕으로 하는 집단을 칭하는 개념이다. 따라서, 국민 개념이 민족과 종족 개념과 반드시 일치하는 것은 아니다.

우리 헌법 제2조 제1항에서는 '대한민국의 국민이 되는 요건은 법률로 정한다.'고 하여 국민이 되는 자격을 법으로 정하고 있다.

2. 국민이 되는 자격으로서의 국적

위에서 살핀 바와 같이 우리나라는 우리 헌법의 국민이 되는 요건은 법률로 정한다는 국적법정주의에 따라 국적법을 두고 있다.

국적은 출생에 의해 곧바로 해당 국가의 국적을 취득하게 되는 선천적 취득의 방법에 의해 취득이 되는 경우도 있고, 출생과 관계없이 다른 사유에 의해 국적을 취득하게 되는 후천적 취득의 방법에 의해 취득이 되는 경우도 있다.

선천적취득에는 부모의 국적에 따라 자(子)의 국적이 결정되는 속인주의, 부모의 국적과 관계없이 출생한 지역에 따라 국적이 결정되는 출생지주의가 있고, 일본, 독일 등이 속인주의, 미국, 영국 등이 출생지주의를 택하고 있다.

Ⅱ. 국가권력

국가권력은 한 국가를 실제로 통치할 수 있는 힘이다. 이를 통치권이라고 한다. 통치권은 단순히 입법, 사법, 행정부와 같은 국가기관을 칭하는 말이 아니라 한 국가를 경영하는 힘 전체를 의미하는 추상적 개념이다. 그리고, 이와 같은 통치권은 주권으로부터 나오는데 오늘날 민주국가에서의 주권은 국민으로부터 나온다.

주권과 주권으로부터 나오는 통치권을 함께 칭하는 개념이 국가권력이다.

Ⅲ. 영역

영역은 한 국가의 공간적 존립기반으로서 영공, 영토, 영해로 구분되고, 한 국가의 통치권과 주권이 힘을 미치는 공간적 범위를 말한다. 국가는 영역권에 의하여 국가의 영역에 대한 배타적이고 독점적인 지배권을 행사할 수 있고, 영역에 대한 사용, 수익, 처분을 자유로이 할 수 있는 권력을 가지게 된다.

우리헌법은 제3조에서 대한민국의 영역 중 영토의 범위를 한반도와 그 부속도서로 정하고 있다. 위 헌법조항에 의하면 우리나라의 영토는 남한만이 아니라 북한을 포함한다.

제2절 헌법의 기본원리

Ⅰ. 헌법의 기본원리의 의의

헌법의 기본원리는 헌법을 지배하는 이념적 기초인 동시에 헌법을 지배하는 지도원리로서 기능한다. 헌법의 기본원리는 헌법에 의하여 형성되는 국가질서에 관한 기본적 사항을 정한다는 의미에서 헌법의 기본질서라고도 하고, 기본권의 해석 및 기본권 제한 입법의 합헌성 심사에 있어 해석기준의 하나로도 작용하며, 구체적인 정책이나 법률 제정의 방향을 제시하는 역할을 한다. 헌법의 기본원리에는 국민주권주의, 자유민주주의, 사회국가 원리, 법치국가 원리 등이 있다.

Ⅱ. 국민주권주의 원리

주권은 국가의 최고 의사를 결정할 수 있는 원동력이고, 모든 국가권력의 정당성의 근거이다. 근대에 이르기 전 국가의 의사를 결정하는 사람은 군주나 특정 귀족이었으나 시민혁명 이후 자유민주적 질서가 자리잡기 시작하면서 국민이 주권을 가진다는 개념이 확립되었다. 결국, 국가의 최고의사와 국가권력의 정당성은 국민으로부터 나온다는 사상적 투쟁의 결과물이 국민주권주의 원리인 셈이다.

Ⅲ. 자유민주주의

자유민주주의는 단어 모양 그대로 자유주의와 민주주의를 동시에 표현하는 정치원리이다. 자유주의는 근대의 태동과 함께 나온 사상으로 개인에 대한 국가의 무분별한 간섭을 배제하고, 개인의 사적 영역에서의 의사 결정의 자유를 존중하는 사상적 입장을 의미한다. 민주주의는 국가권력은 군주가 아닌 국민으로부터 나온다는 것을 내용적 특징으로 하는 정치원리로서 근대의 시작과 함께 오늘날 대부분 국가들이 선택하고 있는 정치원리이다.

Ⅳ. 사회국가 원리

사회국가 원리는 경제적 발전에 따른 부작용을 해소하기 위해 등장했다. 민주주의의 태동과 함께 등장한 자본주의는 개인의 자유로운 경제활동을 보장해 주었고, 각 개인은 경쟁을 통해 자신의 이익을 추구하였으며, 이에 따라 경쟁에 뒤쳐지는 사람들이 나타나 빈부격차가 발생하였고, 사회기반시설의 경우 개인의 자유로운 경제활동에 의해서 만들어지기만을 기대하기는 어려운 상황이 되었다. 사회국가 원리는 이러한 자본주의의 한계를 극복하기 위해 등장하게 되었고, 이는 모든 국민의 복지를 실현하려는 실질적 평등의 원리와 맞닿아 있다.

V. 법치국가 원리

법치국가 원리는 본래 민주주의와 함께 태동한 사상적 산물이다. 민주주의는 국가 권력이 국민으로부터 나온다는 기본 명제에서 출발한다. 그리고, 법치국가 원리는 민주주의라는 정치원리를 수호하려는 목적 하에 국가권력의 임의적 남용을 방지하기 위하여 국가권력으로 하여금 국민이 정한 법에 따라 통치권을 행사하도록 만든 것이다.

제3절 한국헌법의 제도적 장치

I. 정당제도

1. 정당제도의 의미

현대민주국가를 '정당국가'라고 부르기도 한다. 그만큼 정당정치가 현대민주주의 국가에서 필수적인 요소이기 때문이다. 우리나라 헌법도 제8조 제1항에서 정당의 설립의 자유와 복수정당제를 보장하고 있다. 정당정치는 곧 정치적 의사의 발현의 창구이자 통로이고, 단일창구에 의한 독재정치를 막기 위해 복수정당제도를 헌법에 의해 보장하고 있는 것이다.

정당의 본질에 대해서 학설은 정당은 국가기관이라는 국가기관설, 정당은 사인들의 결사라고 보는 사법상결사설 등이 있다. 사견으로는 정당은 그 본질이 자유로운 정치적 의사 표현에 있고, 이러한 특질을 고려할 때 사인들의 정치적 결사에 정당의 본질이 있다고 보는 사법상결사설이 보다 타당해 보인다.

2. 우리나라 정당제도의 특징

앞서 설명한 바와 같이, 우리헌법은 제8조 제1항에서 정당설립의 자유와 복수정당제도를 규정하고 있다. 그리고 우리헌법 제8조 제2항에서는 정당의 목적조직과 활동이 민주적이어야 할 것과 국민의 정치적 의사형성에 참여하는 데 필요한 조직을 가져야 함을 규정하고 있으며, 동조 제3항에서는 정당운영에 대한 국가의 재정적 보호를 규정하여 정당제도의 건전한 발전을 도모하고 있다. 한편, 이러한 정당이 악용되어 정당이 오히려 민주적 정치질서를 해할 우려가 있을 경우에는 동조 제4항에서 정부가 헌법재판소에 정당해산을 신청할 수 있고, 헌법재판소의 심판에 의하여 정당 해산을 결정할 수 있다고 규정하고 있어 정당제도의 악용을 막고 있으며, 지난 2014. 12. 19. 우리헌법재판소는 헌정사상 최초로 정당해산심판을 통해 통합진보당 해산을 결정한 바 있다.

II. 선거제도

1. 선거제도의 의의

'민주주의의 꽃은 선거'라는 말이 있다. 왜냐하면, 민주주의는 모든 국가권력이 국민으로부터 나온다는 정치원리인데 국민은 자신의 정치적 의사를 선거라는 방법을 통해 표출하기 때문이다. 이는 현대민주국가의 정치적 제도가 대의민주주제에 기반하는 데서 기인한다. 즉, 국민은 자신의 정치적 의사 또는 정치적 문제를 해결 해 줄 정당 내지는 대표자를 위해 투표를 하게 되고, 투표로 선출된 정당 내지는 대표자는 자신을 지지해 준 정치세력의 정치적 의사를 실현하기 위해 노력하게 되는데 이러한 선거제도를 통해 평화적인 민주질서와 정부구성이 가능해지게 되는 것이다.

2. 우리나라 선거제도의 특징

우리나라를 포함한 대부분의 현대 민주주의국가에서는 선거제도에 대한 악의적 세력의 침해를 선거의 기본원칙을 헌법에 명시하여 두고 있다. 선거제도에 관한 기본원칙으로는 보통, 평등, 직접, 비밀, 자유선거의 원칙이 있다.

여기서 보통선거는 일정 연령이상의 국민에게는 누구에게나 선거권을 부여하는 것을 의미하고, 평등선거는 한 사람이 한 표의 투표권을 행사할 수 있음을 의미하며, 직접선거는 다른 사람이 선거권을 대신행사 할 수 없고 선거권을 가진 사람이 직접 본인의 선거권을 행사하여야 함을 의미하고, 비밀선거는 투표인의 투표내용을 외부에서 알 지 못하도록 비밀을 보장하는 것을 의미하며, 자유선거는 강제가 아닌 본인의 의사에 의해 자유롭게 선거권을 행사할 수 있음을 의미한다.

우리나라는 선거와 관련된 구체적인 제도로 소선거구제, 상대다수대표제, 비례대표제, 선거구 법정주의를 두고 있다. 소선거구제는 하나의 선거구에서 1명의 의원을 선출하는 제도이고, 다수대표제는 최고득표자가 의원으로 선출되는 선거제도이며, 비례대표제는 정당의 총득표 수의 비례에 따라 당선자 수를 결정하는 선거제도이고, 선거구 법정주의는 선거구 획정이 선거 결과에 많은 영향을 주기 때문에 선거구 획정을 법률로 정하는 선거제도이다.

Ⅲ. 공무원제도

공무원은 직접 또는 간접적인 방법으로 국민에 의하여 선출되거나 또는 국민에 의하여 선출된 임용권자로부터 임용되어 국가의 공적인 업무를 담당하는 자를 의미한다. 우리 헌법도 마찬가지로 헌법 제7조 제1항에서 '공무원은 국민전체에 대한 봉사자이며, 국민에 대하여 책임을 진다.'고 하여 공무원의 역할과 의무에 대해서 규정하고 있다.

우리 헌법 제2항에서는 '공무원의 신분과 정치적 중립성은 법률이 정하는 바에 의하여 보장된다.'고 하여 직업공무원제도에 관하여 규정하고 있다. 공무원은 공적인 사무를 담당하고, 국민을 위해서 일하는 국민의 충복과도 같다. 따라서, 공무원이 정권교체 등에 의하여 그 신분을 유지할 수 없게 되면 국가를 위해 제대로 일을 할 수 없게 되고, 업무의 영속성이 없게 되므로 우리 헌법에서는 공무원의 신분과 공무원의 지위를 헌법에 규정하여 공무원 신분을 보장해 주고 있는 것이다.

Ⅳ. 지방자치제도

지방자치제도는 일정한 지역에서 해당 지역의 주민이 해당 지역을 통치하는 독자적인 자치기구를 구성하여 그들의 책임 하에 그 자치단체의 고유사무를 직접 처리하는 제도를 말한다. 이를 통해 소위 '풀뿌리 민주주의'를 강화할 수 있는 직접민주제적인 요소를 정착시켜 중앙정부에 과도한 권력이 집중되는 것을 막고, 지방자치행정의 민주성과 능률성을 높이고, 지방의 균형적인 발전을 도모하는 것을 목표로 한다. 오늘날 대부분 민주국가에서는 지방자치제도를 도입하고 있다. 우리 헌법도 제117조 제1항에서 '지방자치단체는 주민의 복리에 관한 사무를 처리하고 재산을 관리하여, 법령의 범위 안에서 자치에 관한 규정을 제정할 수 있다.'고 규정하고 있어 지방자치제도를 헌법적 차원에서 보장하고 있다.

제3장 기본권

제1절 기본권 총론

Ⅰ. 기본권의 의의

기본권의 본질에 대해서는 수많은 학설이 전개되었고, 학설이 대립하고 있지만 본 개론서에서 이를 모두 나열하는 것은 맞지 않다. 본 개론서에서는 학설을 소개하기보다는 기본권에 대한 개괄을 중심으로 설명하기로 하겠다.

기본권의 주체는 인간이다. 기본권은 '인간은 태어나면서부터 인간으로서의 기본적인 권리를 갖게 된다.'는 천부인권사상에서 출발한다. 즉, 인간은 태어나면서부터 생래적으로 인간의 존엄성을 보장받을 수 있는데 이러한 인간의 자연권을 보장하기 위해 국가적 차원에서 헌법의 규정에 의하여 보장해 주는 것이 기본권이다.

Ⅱ. 기본권의 내용

기본권의 내용으로 가장 오래된 것은 개인의 의사결정에 대한 국가권력의 간섭을 배제하는 자유권 내지는 방어권 측면의 기본권이다. 우리 헌법에서 이를 찾아보면 헌법 제12조에서 규정하고 있는 신체의 자유, 헌법 제14조에서 규정하고 있는 거주이전의 자유, 헌법 제15조에서 규정하고 있는 직업선택의 자유, 헌법 제16조에서 규정하고 있는 주거의 자유, 헌법 제17조에서 규정하고 있는 사생활의 비밀과 자유 등이 이에 해당한다.

자유권적 기본권은 인간의 의사결정과 양심의 자유를 기본으로 하여 인간이 자유롭게 그 사상을 표현하고, 종교를 선택하며, 자신이 주거할 곳을 마음대로 선택할 수 있는 것을 그 골자로 한다. 그 밖에 국가 정치에 대한 참정권으로서의 정치적 기본권, 기본권 보장을 위한 기본권으로서 청구권적 기본권, 국민의 생활에 필요한 최소한의 보장을 위한 기본권으로서 사회적 기본권이 있으며, 이러한 기본권들은 모두 헌법에 규정되어 있다.

Ⅲ. 기본권의 특성

기본권은 전술한 바와 같이 국가에 대한 방어권으로서의 특징을 갖는다. 기본권은 국가권력의 자의적인 행사로부터 개인이 가져야 할 최소한의 기본적 권리를 보장하기 위해 마련된 헌법적 안전장치라고 할 수 있다. 그러나, 기본은 단순한 방어권으로서의 특징만을 갖는 것은 아니다. 기본권은 헌법이 지향하는 기본적 가치를 내재하고 있는 규범적 성격도 가지고 있고, 헌법의 기본원리로 작용을 하기 때문이다. 그런데, 규범적 성격으로서의 기본권은 국가와 개인을 규율하면서 동시에 사인 간의 관계도 규율한다. 따라서 기본권은 국가에 의해 보장받는 최소한의 기본적 권리로서의 성격을 가지면서 동시에 하나의 실천규범 내지는 가치질서로서의 역할도 하게 된다.

Ⅳ. 기본권의 제한

1. 기본권 제한의 의의와 한계

기본권이 헌법적 가치로서 보호받는다고 해도 무제한적으로 보호되는 것은 아니다. 기본권은 타인의 기본권과의 충돌을 피하고 타인과의 조화를 위해서 또는 국가적 가치의 보호를 위해서 제한될 수밖에 없다. 이와 같이, 기본권을 필요한 경우에 제한하는 것을 기본권의 제한이라고 한다.

그러나, 기본권은 본질적으로 헌법에 의해 보장되는 가장 기본적인 권리이기 때문에 기본권의 본질적인 요소는 침해가 불가능하다.

그런데, 기본권이 무한정 제한될 수는 없다. 헌법적 가치의 보호나 국가적 가치의 보호 등 필요한 경우에만 최소한도로 제한을 해야 하고, 기본권의 제한도 헌법 또는 법률에 의해서만 이루어져야지 기본권 제한이라는 명목으로 기본권 침해가 이루어지는 것을 막을 수 있다.

2. 기본권 제한의 내용과 방식

기본권은 헌법 또는 법률에 의해서만 제한된다. 명시적인 규정을 통해 기본권을 제한하지 않으면 기본권 제한이라는 명목으로 기본권의 본질적인 영역이 침해될 가능성도 있기 때문이다. 헌법에 의한 제한은 기본권 일반이 헌법에 의하여 제한이 된다는 일반적 헌법유보 방식, 개별 기본권이 헌법에 의하여 제한이 된다는 개별적 헌법유보 방식이 있고, 법률에 의한 제한도 마찬가지로 일반적 법률유보에 의한 방식과 개별적 법률유보에 의한 방식으로 나뉜다.

기본권은 헌법 제37조 제2항에서 규정하고 있는 요건에 따라 제한되어야 한다. 기본권 제한이 국가안전보장, 질서유지, 공공복리라는 목적을 달성하기 위한 것이어야 되고, 기본권 제한을 위한 명문의 규정이 있어야 하며, 그 제한의 내용은 명확하고 구체적이어야 하고, 기본권 제한으로 인해 공익과 사익이 적절하게 균형을 이루어야 하며, 개인이 국가에 대해 가지는 신뢰를 일방적으로 침해하는 제한은 허용이 될 수 없다.

한편, 기본권이 침해된 경우 헌법에서 규정하고 있는 방법에 의하여 구제받을 수 있다. 헌법재판소에 헌법소원을 제기할 수도 있고, 기타 재판청구권, 국가배상청구권, 위헌법률심판제청권 등이 이에 해당하는 구제방법이다.

제2절 개별기본권

I. 인간의 존엄과 가치, 행복추구권, 평등권

1. 인간의 존엄과 가치

헌법 제10조는 '모든 국민은 인간으로서의 존엄과 가치를 가지며, 행복을 추구할 권리를 가진다. 국가는 개인이 가지는 불가침의 기본적 인권을 확인하고 이를 보장할 의무를 진다.'고 규정하여 인간의 존엄과 가치를 헌법 차원에서 보장하고 있고, 이를 국가가 개인에게 보장해 주어야 할 국가적 의무로 규정하고 있다.

인간의 존엄과 가치는 인간이면 누구나 태어날 때부터 가지게 되는 인간의 고유한 가치로서 그 무엇으로도 훼손될 수 없는 가장 기본적인 헌법원리이다. 이는, 어떠한 경우에도 타인에게 양도하거나 포기할 수 없는 절대적 인격권을 의미한다.

따라서, 인간의 존엄과 가치는 헌법적 근본규범으로서의 역할을 하게 되고, 다른 기본권의 방향을 결정하는 나침반과 같은 역할을 하게 된다. 나아가, 인간과 존엄과 가치는 국가 운영에 대한 기준점이 되고, 헌법 개정의 한계와 기본권 제한의 한계를 판단하는 기준선이 되며, 이를 통해 헌법에 열거되지 않은 기본권도 보장을 받게 된다.

2. 행복추구권

행복추구권은 헌법 제10조 후단에 규정되어 있다. 헌법 제10조 후단에서 '모든 국민은 행복을 추구할 권리를 가진다.'고 규정하고 있다. 행복추구권은 1776년 미국독립선언과 버지니아권리장전, 1946년 일본헌법에 규정되었었고, 우리나라의 경우 행복추구권은 제5공화국헌법에서 신설된 이래 현행 헌법에까지 이르고 있다.

헌법재판소 결정에 의하면 행복추구권은 "국민이 행복을 추구하기 위한 활동을 국가권력의 간섭없이 자유롭게 할 수 있다는 포괄적(包括的)인 의미의 자유권으로서의 성격"을 가진다(헌법재판소 결정 1995·7·2·93헌가14 전원재판부). 이는, 본질적으로 행복추구권은 다른 기본권을 보충하는 보충적 성격을 가지고 있기 때문이다. 즉, 행복추구권은 포괄적이고, 보충적 기본권으로서 일반적 행동자유권에서부터 자기결정권, 일조권 등을 포함한다.

3. 평등권

평등권은 헌법 제11조에 규정되어 있다. 헌법 제11조 제1항에 '모든 국민은 법 앞에 평등하다. 누구든지 성별·종교 또는 사회적 신분에 의하여 정치적·경제적·사회적·문화적 생활의 모든 영역에 있어서 차별을 받지 아니한다.'고 정하고 있는바 원칙적으로 모든 개인을 평등하게 취급하여야 한다.

그러나, 평등권은 무조건적인 평등을 의미하지는 않는다. 즉, 헌법에서 정하고 있는 평등권은 본질적으로 동일한 두 경우를 같은 것으로 취급하는 상대적 평등권을 의미하고, 무조건적인 평등인 절대적 평등을 의미하는 것은 아니다. 그리고, 경제적인 측면에서는 보다 더 나아가 적극적인 권리로서 실질적인 평등을 의미하기도 한다.

평등권은 인간의 존엄과 가치와 마찬가지로 헌법의 기본원리로서 다른 기본권이나 헌법 내지는 법을 해석하는 하나의 기준으로 역할을 하고, 평등권의 본질적 내용은 어떠한 경우에도 침범할 수 없다.

한편, 헌법재판소 결정에 의하면 평등위반 여부를 심사함에 있어서는 엄격한 심사와 완화된 심사를 적용할 지 여부를 해당 평등권의 성격에 의하여 결정하게 되고, 완화된 심사는 자의금지 원칙에 따라 합리적 차별의 이유 유무를 심사하는데 그치는 반면, 엄격한 심사는 비례성원칙에 따라 차별취급의 목적과 수단 간에 엄격한 비례관계가 성립하는지를 기준으로 심사를 하게 된다(헌법재판소결정 1999. 12. 23, 98헌마363).

II. 자유권적 기본권

1. 신체의 자유

우리 헌법은 제12조, 제13조에서 신체의 자유를 규정하고 있고, 특히, 제12조 제1항에서 '모든 국민은 신체의 자유를 가진다. 누구든지 법률에 의하지 아니하고는 체포·구속·압수·수색 또는 심문을 받지 아니하며, 법률과 적법한 절차에 의하지 아니하고는 처벌·보안처분 또는 강제노역을 받지 아니한다.'고 하여 신체의 자유의 일반적으로 규정하고 있다.

신체의 자유는 인간의 존엄과 가치 보장을 위한 기초적인 기본권으로서 역할을 한다. 이는, 가장 원초적인 측면에서 개인의 신체 자체와 그 신체활동을 포함한 신체적 자율성을 통합하는 개념으로서 주로 형사법적 측면에서 절차적인 보장에 중점을 두고 있다. 그래서, 헌법 제12조에서는 형사절차적 측면에서의 신체적 자유에 대해 규정하고 있고, 헌법 제13조에서는 제1항에서 이중처벌금지, 제2항에서 소급입법에 의한 불이익 금지, 제3항에서 연좌제 금지라는 형사처벌의 일반원칙을 추가하여 제12조를 보충하고 있다.

2. 거주 · 이전의 자유, 주거의 자유

모든 국민은 헌법 제14조에 의해 거주 · 이전의 자유, 헌법 제16조에 의해 주거의 자유를 보장받는다. 거주 · 이전의 자유는 자신이 거주할 공간을 자유로이 선택할 수 있는 자유를 의미한다. 즉, 거주 · 이전의 자유로 인해 우리는 자유롭게 주거 공간을 변경할 수 있게 된다. 국가 내에서 거주를 자유롭게 이동할 수 있고, 국가를 넘어서 다른 국가에 거주할 수도 있다. 단, 거주 · 이전의 자유가 무조건적으로 보장이 되는 것은 아니다. 국가적 목적과 사회질서를 위해 거주 · 이전의 자유가 제한 될 수 있는데 범죄자는 감옥에 수감되어 거주 · 이전의 자유를 제한 받고, 국방의 의무를 위해 입대를 하게 되면 역시 마찬가지로 제한 받는다.

주거의 자유는 공간적 측면에서의 사생활의 절대적 보장을 의미한다. 즉, 주거의 자유를 보장 받음으로써 우리는 우리가 거주할 공간을 자유롭게 선택할 수 있고, 그 공간에서는 거주자의 허락 없이 임의로 국가나 개인이 주거 공간에 침범하는 것이 금지된다. 주거의 자유 역시 거주 · 이전의 자유와 마찬가지로 일정한 경우에 제한된다. 적법한 영장발부에 의해 압수 · 수색이 이루어지는 경우 거주의 자유가 제한되고, 경찰관직무집행법 제7조에 의해 위험 방지를 위해 거주자의 승낙없이 거주지 침입이 이루어질 수 있다.

3. 직업선택의 자유

헌법 제15조에 의해 모든 국민은 직업 선택의 자유를 가진다. 직업은 사회적 동물로 불리는 인간의 사회 속 자아실현의 수단인 동시에 경제적 활동을 통해 생계를 이어 간다는 측면에서는 생계유지 수단으로서의 가장 원초적인 활동이다.

직업선택의 자유는 우리 헌법이 채택하고 있는 기본적인 시장질서인 자본주의시장경제제도와도 맞닿아 있는데 직업을 자유롭게 선택하고, 그 속에서 경쟁하는 것이 자본주의시장경제제도의 가장 기본적인 원리이기 때문이다. 따라서, 근본적으로 직업 선택의 자유는 엄격한 공공복리적 고려에 의해서만 제한이 되고, 필요 최소한 경우에만 제한이 이루어져야 하며, 원칙적으로는 매우 넓은 범위에서 인정될 수밖에 없다.

한편, 헌법에서 규정하고 있는 직업선택의 자유는 직업 선택의 자유와 직업행사의 자유를 모두 의미한다. 직업 선택의 자유란 말 그대로 자유로이 원하는 직업을 선택하는 자유를 말하고, 직업행사의 자유란 특정한 직업을 선택한 개인이 자유롭게 그 직업에서 필요@두 포함한다. 통신의 자유는 의사 표현의 자유의 연장선에 있다. 통신이라는 방법을 통해 각 개인의 의사를 자유롭게 전달할 자유를 의미하기 때문이다. 오늘날 통신기술의 발달은 의사전달의 편이성이 커졌지만 반대로 국가나 개인이 개인의 통신의 비밀을 침해할 가능성 또한 커졌다. 이를 막기 위해 제도적 측면에서는 통신비밀보호법이 제정되어 시행되고 있다.

4. 양심의 자유

헌법 제19조에 의해서 양심의 자유는 보호 받고 있다. 헌법에서 말하는 양심이란 '인간의 도덕적·윤리적 내면영역을 보호하는 기본권으로 세계관·인생관·주의·신조 등은 물론 이르지 않더라도 개인의 인격형성에 관계되는 내심에 있어서의 가치적·윤리적 판단(헌법재판소결정 1991. 4. 1. 89헌마160)'을 의미한다.

양심의 자유는 양심형성의 자유, 양심표현의 자유, 양심유지의 자유를 모두 포함한다. 일반적으로 양심은 곧 사상을 의미하고, 이는 다른 말로 신념으로 표현되기도 한다. 양심형성의 자유는 이러한 개인의 신념 내지는 사상을 형성하는 과정에서 내면적 자유를 통해 어떠한 외부적 강제나 간섭 없이 결정되는 내면적 확신을 의미하고, 양심유지의 자유는 이렇게 형성된 양심을 외부적 간섭에 의해 언어나 기타 외부 표명방법에 기해 강제적으로 표현하지 아니할 자유를 의미하며, 양심실현의 자유는 개인의 양심에 따라 보다 적극적으로 행동할 자유를 의미한다.

한편, 양심의 자유와 관련해서 일기장의 기재내용을 이유로 처벌할 수 없다는 대법원 판결이 있고(대법원 1975. 12. 9. 선고 73도3392), 양심적 병역거부는 허용될 수 없다는 헌법재판소 결정이 있다(헌법재판소결정 2004. 8. 26. 2002헌가1).

5. 종교의 자유

헌법 제20조는 종교의 자유를 규정하고 있다. 종교의 자유의 본질은 신앙의 자유다. 이는 헌법 제20조 제1항에 규정되어 있고, 동조 제2항에서는 정치와 종교의 분리를 규정하고 있다. 종교의 자유는 특정 신앙을 선택하고, 종교적 행사에 참여하며, 종교적 집회 및 결사를 자유롭게 할 자유, 포교의 자유, 종교교육의 자유를 모두 포함한다. 이는 적극적 측면에서의 종교의 자유를 의미하고, 소극적으로는 특정 신앙을 가지지 않고 무신론에 머무를 자유 역시 종교의 자유에 포함된다.

6. 언론 · 출판의 자유와 집회 · 결사의 자유

헌법 제21조는 언론 · 출판의 자유와 집회 · 결사의 자유를 보호하고 있다. 이는 표현의 자유의 다른 이름이기도 하다. 표현의 자유는 민주주의적 질서 형성과 유지에 필수적인 요소다. 개인은 자유롭게 의사를 표현하고, 집단적인 의사표시를 할 자유를 누리면서 정치질서, 나아가 헌법질서와 헌법의 기본원리를 형성해 나가게 된다. 즉, 언론 · 출판의 자유는 기본적으로 개별적 표현행위를 보호하는 기능을 하고, 집회 · 결사의 자유는 집단적 의사표출을 통해 집단 의사를 기성정치의 가장 윗부분까지 끌어올리는 역할을 한다.

따라서, 국가는 언론 · 출판에 대한 사전 허가나 검열을 해서는 안 되고, 건전한 표현의 자유가 보장될 수 있도록 최선의 노력을 해야 한다. 소위 독재국가에서 언론 · 출판의 자유가 절대적으로 제한되는 이유는 민주주의적 질서 형성의 기초의 한 축을 만드는 것이 언론 · 출판의 자유이기 때문이다. 그러나, 언론 · 출판의 자유가 무한정 보장되는 것은 아니다. 건전한 사회풍속과 사회윤리를 해치는 표현물이나 타인의 명예나 권리를 훼손하는 표현물은 언론 · 출판의 자유가 보호하는 영역 밖에 있다.

한편, 집회 · 결사의 자유는 오늘날 개인이 자신의 정치적 의사를 표현하는 가장 기본적인 방법이 되었다. 집회에는 소위 '시위'가 포함되고, 결사는 특정 의사의 지속성을 위한 정치적 조직을 의미한다. 집회도 언론 · 출판의 자유에서와 마찬가지로 사전검열은 금지된다(헌법재판소결정 2009. 9. 24. 2008헌가25). 검열이라는 이름으로 집회를 통한 원초적 의사표현이 전적으로 금지될 위험성이 너무 크기 때문이다. 하지만, 사전신고제도는 허용되고, 특정한 공공장소에서의 집회는 금지된다. 이는 집회로 인해 영향을 받게 될 사회 질서 유치 측면의 요소도 고려가 되어야 하기 때문이다. 결사의 자유도 집회의 자유처럼 사전허가제는 금지되고, 결사는 결사를 할 자유, 결사에 참여할 자유, 결사에서 탈퇴하거나 결사에 참여하지 않을 자유를 모두 포함한다.

7. 학문과 예술의 자유

학문과 예술의 자유는 헌법 제22조 제1항에서 보장하고 있다. 학문의 자유는 학문연구 및 관련 활동의 자유를 보호하는 것을 그 내용으로 한다. 학문의 자유는 단순히 학문을 자유롭게 할 자유를 의미하는 것에 그치지 않는다. 학문을 자유롭게 할 수 있는 연구시설 등 기본적인 토대를 국가가 나서서 마련해 주어야 할 의무도 포함하고 있다. 오늘날 학문적 연구활동은 주로 대학 내 교수들에 의해서 이루어지고 있고, 따라서, 학문의 자유는 교수의 자유를 의미하기도 한다. 뿐만 아니라, 자유로운 연구활동을 위한 대학의 자치도 포함한다.

예술의 자유는 예술작품의 창작과 전시 등 예술의 표현 등을 포함하는 자유이다.

한편, 학문의 자유와 예술의 자유는 모두 학문과 예술의 표현을 위한 집회·결사의 자유를 포함하고 있다. 학문과 예술 모두 결과물에 대한 자유로운 표현이 뒷받침되어야지만 보다 성숙한 학문과 예술이 탄생할 수 있기 때문이다.

8. 재산권

헌법 제23조는 재산권을 규정하고 있다. 재산권은 인간다운 생활을 위한 물적 기반보장을 의미한다. 재산권은 사유재산제의 인정을 전제로 하고, 이는 자본주의 시장경제질서의 기초적인 원리로서 기능한다. 오늘날 개인의 재산권은 특별한 사정이 없는 한 절대적으로 보호받는다.

헌법 제13조 제2항에서는 소급입법에 의한 재산권 침해를 금지하고 있고, 제22조 제2항에서는 지적재산권을 보장하고 있으며, 헌법 제126조에서는 사기업의 국유화를 원천적으로 금지하고 있다. 그러나, 이와 같은 재산권이 무한정 보장받는 것은 아니다.

헌법 제37조 제2항에 의하면 재산권은 국가안전보장·질서유지 또는 공공복리를 위해서 제한될 수 있고, 제23조 제3항에 의해 토지수용과 같은 공적 필요에 의해서도 제한될 수 있다. 즉, 재산권을 넘어선 권리남용은 허용되지 않고, 재산권의 행사는 더불어 사는 사회 질서 속에서 합리적인 범위 내로 그 행사가 이루어져야 하는 것이다. 하지만, 재산권의 본질적 내용은 절대로 침해할 수 없다. 예를 들어, 재산권 제한의 측면에서 토지가 수용된다고 하여도 해당 토지의 시가에 준하는 보상은 이루어지는 것을 생각해 볼 수 있다.

Ⅲ. 참정권

1. 선거권

선거권은 선거에서 투표를 할 수 있는 권리를 의미한다. 오늘날 국민들은 투표를 통해서 자신들을 대신해서 국가를 운영해 나갈 대표자를 선출한다. 즉, 투표를 통해 국민들은 대통령부터 국회의원, 지방의회의원, 지방자치단체의 장을 선임하게 되는바 투표행위가 곧 국가권력 형성 행위인 동시에 국가권력에 정당성을 부여하는 행위인 것이다.

2. 공무담임권

국민은 단순히 투표하는 행위를 넘어서 직접 공무원이 되어 국가 운영에 참여할 수도 있다. 공무담임권은 정부기관의 모든 국가공무원이 될 수 있는 포괄적인 권리를 의미하고, 여기서 말하는 공무원에는 선출직과 임명직을 모두 포함된다.

한편, 공무담임권은 위와 같이 공무원이 될 권리를 의미할 뿐 아니라 특별한 결격사유 없이 부당하게 공직을 박탈당하지 않을 권리도 포함한다.

3. 국민투표권

국민투표는 선거와는 다르다. 선거는 대의제 민주주의 하에서 국민으로부터 위임 받은 권력을 바탕으로 국가 의사 결정을 대신할 국민의 대표를 뽑는 것을 의미하고, 투표는 중요한 국정사안에 관하여 국민이 투표행위를 통해 직접 의사결정에 참여하는 것을 의미한다.

국민투표는 오늘날 대의제 민주주의의 약점을 직접민주제적 요소로 보완하는 의미를 가지고, 그 방식은 특정 사안에 대해 국민에게 찬성과 반대의사를 직접 묻는 협의의 국민표결방식이 있고, 집권자가 특정 사안에 대해서 자신의 자리를 걸고 신임 여부를 묻는 신임투표방식이 있다.

Ⅳ. 청구권적 기본권

1. 청원권

헌법 제26조에 규정된 청원권은 국가기관에 의한 개인의 권리침해를 구제하는 수단을 넘어서서 국정통제 수단으로서 기능한다. 청원권은 재판청구권과는 구별되는 개념으로서 국민이면 누구나 문서의 형식으로 할 수 있고, 국가 기관은 이를 심사할 의무를 지며, 개인의 청원권 행사를 방해해서는 안 된다. 이는 국민투표권과 마찬가지로 대의제 민주주의를 보완하는 역할을 한다.

다만, 재판에 간섭하기 위한 청원이나 허위 목적 또는 국가 원수를 비방하기 위한 청원은 허용되지 않는다.

2. 재판을 받을 권리

헌법 제27조는 법적 분쟁에 대해서 법원을 통해 재판을 받을 수 있음을 규정하고 있다. 보다 구체적으로 재판을 받을 권리는 법원을 통해 헌법과 법률이 정한 독립성이 보장되는 법관에 의해 법률에 의거한 신속하고 공정한 재판을 받을 권리를 의미한다.

이를 위해 국가는 각종 법원과 법관 임용에 관한 규정, 재판에 관한 규정 등을 법률로서 정하고 있다.

3. 형사보상청구권

헌법 제28조는 '형사피의자 또는 형사피고인으로서 구금되었던 자가 법률이 정하는 불기소처분을 받거나 무죄판결을 받은 때에는 법률이 정하는 바에 의하여 국가에 정당한 보상을 청구할 수 있다.'고 규정하고 있다. 이는 국가에 의하여 억울한 처벌을 받은 사람에 대한 물질적, 정신적 보상을 청구할 수 있는 권리로서 기능하나 그 실질에 있어서는 보상 범위가 크지는 않다. 형사보상을 위해 별도의 법률로 형사보상 및 명예회복에 관한 법률에서 구체적인 절차와 요건을 정하고 있다.

4. 국가배상청구권

헌법 제29조 제1항에서는 국가 권력에 의해 피해를 입은 국민이 국가로부터 보상을 받을 수 있도록 하고 있다. 그러나, 동조 제2항에서 일정한 경우에 국가배상청구권을 행사하지 못하도록 제한하고 있다. 즉, 군인 등이 다른 공무원의 불법행위로 인해 피해를 입은 경우 법에서 정한 보상을 받게 되면 국가배상청구권을 행사하지 못하도록 규정하고 있는 것이다. 그러나, 군인이라고 하여 일반 국민과 다르게 볼 이유는 없고, 도리어 국민에 대한 지나친 권리 행사의 제한이라고 할 것이어서 헌법 개정이 필요한 부분이라고 볼 여지가 있다.

5. 범죄피해자구조청구권

헌법 제30조에 의해서 모든 국민은 범죄피해자구조청구권을 가진다. 이는 범죄를 당한 국민이나 그 유족이 가해자로부터 충분한 피해보상을 받지 못한 경우 국가에 대해 일정한 보상을 청구할 수 있는 권리이다. 구체적인 내용은 범죄피해자보호법에서 규정하고 있다.

V. 사회적 기본권

1. 교육을 받을 권리

헌법 제31조에 의해서 모든 국민은 능력에 따라 균등하게 교육을 받을 권리가 있다. 국가는 교육을 통해 직업 선택의 기초가 되는 지식을 쌓게 하고, 민주 시민이 되기 위한 성숙한 시민의식이 함양되는 것을 목표로 하는 바 교육은 국가의 근간이다.

교육을 받을 권리는 개인의 수학능력이 아닌 다른 이유에 의해 차별 받지 아니하고 다른 이들과 동일한 내용의 교육을 받을 권리, 신분이나 경제적 능력에 관계 없이 균등하게 교육을 받을 수 있는 기회를 보장받는 것을 그 골자로 한다.

이를 위해 우리 나라는 초등학교와 중학교 무상의무 교육을 실시하고 있고, 나아가 지자체 별로 무상급식이나 급식보조를 해 줌으로써 실질적인 평등한 교육기회 제공을 위해 노력하고 있다.

2. 근로의 권리

근로의 권리는 헌법 제32조에 규정되어 있다. 근로는 인간 존엄과 가치의 실현을 위한 가장 원초적인 권리이다. 근로를 통해 생계를 해결하고 나아가 궁극적으로 인간의 존엄과 가치를 위한 권리를 행사하게 되기 때문이다.

근로의 권리는 자유롭게 자신이 원하는 노동을 제공하여 생계를 유지할 권리뿐 아니라 보다 적극적으로 국가에 대해 근로를 제공할 수 있는 기회를 보장해 달라고 요구할 수 있는 권리도 포함한다. 이를 위해서 국가는 노동자에게 헌법 제33조에서 규정하고 있는 노동3권인 단결권, 단체교섭권, 단체행동권을 보장해 주고, 근로기준법, 산업재해보상보험법, 각종 보험제도 등을 통해 근로자가 안심하고 일을 할 수 있는 환경을 제공하고 있다.

하지만, 사견으로는 현대 자본주의 사회에서는 거대 기업의 힘과 정치의 유대관계 속에 근로자의 목소리는 갈수록 작아지고 있어 보다 적극적인 근로권 보장이 필요하다고 생각한다.

3. 인간다운 생활을 할 권리

헌법 제34조에서는 모든 국민의 인간다운 생활을 할 권리를 보장하고 있다. 인간다운 생활은 최소한의 생계 보장에서부터 출발한다. 인간은 먹고 자는 문제에서 자유로울 수 없는 존재인데 현대 자본주의 사회의 빈부격차는 경제발전에도 불구하고 모든 인간의 생계문제를 해결하지는 못했다. 이를 위해 국가가 나서 최소한의 생계 보장을 해 주고 있고, 개인은 보다 적극적으로 국가에 생계 보장을 요구할 수 있는 헌법적 권리를 가지고 있다.

다만, 인간다운 생활을 할 권리는 최소한의 물질적 제공만을 의미하지는 않는다. 보다 적극적으로 사회국가 원리의 실현을 통해 모든 국민의 복지 향상을 위해 노력할 것을 요구한다.

4. 환경권

헌법 제35조에서는 환경권을 규정하고 있다. 오늘날 환경권의 중요성은 갈수록 증대되고 있다. 환경은 단순히 쾌적한 환경에서 생활하는 권리를 의미하지 않는다. 경제발전에 따라 나오게 되는 각종 오염물질들로 인해 환경은 이제 곧 생존의 문제가 되었다.

따라서, 오늘날에는 공해 문제를 사전예방적 차원에서 해결 할 수 있는 법과 제도를 정비할 필요성이 매우 커졌다.

제4장 국가기구의 조직과 기능

제1절 통치구조의 의의

I. 통치구조의 의미

통치구조는 정치형태 또는 정치제도로 발현된다. 통치구조는 국민주권주의와 기본권 실현을 위한 이념적 기초인 동시에 이를 실현하기 위한 제도적 장치라고 할 수 있기 때문이다. 따라서, 통치구조는 현실적으로는 권력분립의 방식, 집행부의 구조, 각 국가기관의 권력행사 방식과 이를 통제하기 위한 장치 등으로 보다 구체화 된다.

II. 통치구조의 분류

통치구조는 결국 어떤 정부형태를 가지고 있는지에 따라 분류가 이루어진다. 고전적인 방식의 분류는 뢰벤슈타인과 파이너의 분류방법을 통해 알아 볼 수 있다.

뢰벤슈타인(Karl Löwenstein)은 통치구조의 문제를 곧 권력통제의 문제로 보고 통치구조를 전제주의적 정부형태와 입헌주의적 정부형태로 분류하였다. 전제주의적 정부형태는 국가권력이 특정 개인이나 정당에 집중되어 통치권력 행사에 아무런 제한도 받지 않고, 정치적 책임도 지지 않는 정부형태를 말하고, 입헌주의적 정부형태는 국가권력의 분립과 권력상호간의 견제를 전제로 하는 정부형태를 말한다.

파이너(Herman Finer)는 정부형태를 자유민주주주의 국가의 정부와 전체주의국가의 정부로 구분한다. 자유민주주의국가의 정부형태는 선거에 의해 구성된 대의기관과 대의의 집행을 위한 집행부 사이의 권력 균형과 견제가 이루어지는 통치구조를 의미하고, 전체주의국가의 정부형태는 구소련의 연방정부와 같이 사회전체가 정치화되어 이를 사회를 구성하는 각 개인에게 환원시키는 방식의 통치구조를 의미한다.

제2절 정부형태

I. 의원내각제

의원내각제는 집행부가 대통령 또는 이에 해당하는 행정부수반과 내각의 두 기구로 구성되는 정부형태를 말한다. 집행부를 구성하는 내각은 입법부인 의회에서 선출되는데 의회에 대해 정치적 책임을 가진다. 의회는 내각불신임제도를 통해, 내각은 의회해산제도를 통해 상호 견제와 균형이 이루어 진다. 대표적으로 의원내각제 정부형태를 가지고 있는 국가는 영국이다.

II. 대통령제

대통령제는 대통령을 정점으로 하는 일원적인 구조의 집행부와 입법부, 사법부가 엄격하게 분리되어 있고, 이들 정부기관 상호 간의 권력적 균형이 유지되며, 집행권 행사는 대통령이 하는 정부형태를 말한다. 대통령제 정부형태를 가지고 있는 국가는 미국, 프랑스 등이 있고, 우리나라도 대통령제 정부형태를 가지고 있다.

제3절 입법부

I. 국회의 헌법적 지위

국회의 헌법상 지위는 헌법에 직접 규정되어 있다. 헌법 제40조에 의하면 입법권은 국회에 속해 있고, 헌법 제46조 제2항은 국회의원은 국가의 이익을 우선시하여 양심에 따라 업무를 수행하도록 하고 있으며, 헌법 제44조, 헌법 제45조에서는 국회의원의 불체포특권, 면책특권을 규정하여 불합리한 권력 등에 의한 국회의 기능이 침해 당하는 일이 없도록 헌법적 보장을 해주고 있다. 국회는 단순한 입법활동을 넘어서 국정조사, 국정감사, 각종 동의권, 예산심의 및 의결권을 행사하면서 다른 국가기관을 통제하는 역할도 하고 있다.

II. 국회의 구성과 조직운영방식

국회는 임기4년으로 국민에 의해 직접 선출되는 국회의원으로 구성된다. 국회의원으로 구성되는 국회는 의장과 2인의 부의장을 두고, 정기회와 임시회를 통해 활동을 하게 된다. 정기회는 매년 9월 1일에 개회하고, 임시회는 대통령과 재적의원 4분의 1이상의 요구에 의해서 개회되며, 회기는 정기회는 100일 임시회는 30일을 초과할 수가 없다. 회기 중 의사는 공개가 원칙이고, 헌법과 법률에 특별한 규정이 없는 한 재적의원 과반수의 출석과 출석의원 과반수의 찬성으로 의안이 통과되고, 의안이 회기 중 통과되지 못하였다고 해서 폐기되지 않으며, 한 번 부결된 의안은 동일회기 중에는 발의나 심의를 다시 하지 못한다.

Ⅲ. 국회의 기능

국회는 입법기능을 한다. 국회는 법률안을 심의, 의결하고, 헌법개정이 있을 경우 헌법개정안에 대한 심의, 의결을 하게 되며, 조약의 체결·비준에 대한 동의권 등을 가지고 있다.

국회는 예산안 심의확정권과 결산승인권을 갖는다. 예산은 정부가 집행을 하게 되나 정부가 예산 집행을 하기 전 국회에 예산안을 제출하게 되고, 국회는 예산안을 심의하게 되는 것이다. 그리고, 예산집행에 대한 결산심사를 통해 사후심사도 하게 된다.

국회는 헌법 제61조에 의해 국정감사권, 국정조사권을 가진다. 그 외 고위직 공무원의 직무집행에 대한 탄핵소추 발의 및 의결권, 대통령의 긴급재정경제명령 및 처분, 긴급명령 발동에 대해서 사후승인권, 계엄선포에 대한 해제요구권, 대통령의 일반사면권에 대한 동의권, 대통령의 외교, 국방에 대한 동의원, 국무총리와 국무위원에 대한 해임건의권, 국무총리, 대법원장, 대법관, 헌법재판소장, 감사원장의 임용에 대한 동의권을 통해 국정을 통제하는 기능을 한다.

제4절 행정부

Ⅰ. 대통령

대통령은 국가의 원수로서 국가를 대표한다. 대통령은 국민의 직접 선거에 의해 선출되고, 국정의 최고책임자로서 국가의 독립, 영토의 보전, 국가의 계속성과 헌법을 수호할 책무를 지며, 행정부 수반으로서 지위를 갖는다. 대통령은 단임제이고, 탄핵심판에 의하지 아니하고는 임기 중 정치적 책임을 지지 않고, 재직 중 형사상의 소추를 받지 않는 특권이 있다.

Ⅱ. 행정부

행정부는 대통령을 보좌하거나 자문하는 기관에 대한 통칭이다. 따라서, 행정부는 국무총리, 국무위원, 국무회의, 행정각부, 각종 자문회의 등으로 구성된다.

국무총리는 대통령에 대한 포괄적 보좌기관으로서 국회의 동의를 받아 대통령이 임명하며, 대통령 궐위시 권한대행권을 가진다. 국무총리는 행정각부를 통합하고, 행정각부의 장을 조율하는 역할을 한다.

국무위원은 주요 정책에 대한 심의권을 가진다. 대통령을 보좌하면서 대통령의 국무행위에 대해 부서할 권한과 의무가 있으며, 국무회의의 구성원이다.

제5절 사법부

Ⅰ. 사법부의 의의

사법부는 당사간의 법적 분쟁을 조율하는 기관으로, 분쟁에 대한 공정한 판단을 통해 기본권보장과 개인의 권리를 보호하는 역할을 한다. 그런데, 공정한 사법적용을 위해서는 법관의 독립성이 중요하고, 고도의 정치적 판단을 요구하는 행위에 해단 판단은 권력분립의 시각에서 이루어져야 한다.

Ⅱ. 사법권의 독립

헌법 제103조는 '법관은 헌법과 법률에 의하여 양심에 따라 독립하여 심판한다.'고 정하고 있다. 특히, 사법권은 이해당사자 사이에서 대립되는 사안에 대한 최종적인 판단이 요구되는 행위로서 이를 위해 헌법과 법률에 의해 사법권의 독립성은 철저하게 보장되고 있다.

법원의 조직에 대한 행정부의 간섭을 배제하기 위해 헌법은 법관의 자격과 법원조직을 법률로 정하도록 하고, 대법원장과 대법관은 국회의 동의를 얻어 대통령이 임명하며, 일반 법관은 대법원장이 임명한다. 그리고, 대법원은 법률이 정하는 범위 내에서 내부규율 및 사무처리에 관한 규칙제정권을 갖고, 법관의 신분은 법에 의해 보장이 되는데 법관은 임기를 정하여 임명되며, 임기 중 탄핵 또는 금고 이상의 형의 선고를 받지 않고는 파면되지 않으며, 징계처분에 의하지 않고는 정직이나 감봉 등 불이익한 처분을 받지 않는다.

제6절 헌법재판소

Ⅰ. 헌법재판소의 헌법적 지위

헌법재판소는 최후에 헌법을 수호하는 기관으로서 헌법에 대한 최종적인 해석권을 갖는다. 헌법재판소는 위헌적인 공권력 행사나 법률에 대해서 그 효력을 잃게 만듦으로써 결론적으로 헌법과 국가를 수호하면서 동시에 기본권을 보호하는 역할을 한다.

Ⅱ. 헌법재판소의 구성

헌법재판소는 대통령이 임명하는 9인의 재판관으로 구성되고, 이 중 3인은 국회에서 선출하는 자를, 3인은 대법원장이 지명하는 자를 임명하게 되며, 헌법재판소 소장은 국회의 동의를 얻어 대통령이 임명한다. 헌법재판소 재판관의 임기는 6년이고, 연임할 수 있다.

한편, 헌법재판소 재판관은 정치적 중립의 의무가 있고, 정당에 가입하거나 정치에 관여할 수 없으며, 탄핵이나 금고 이상의 형의 선고에 의하지 않고는 파면되지 않는다.

Ⅲ. 헌법재판소의 권한

1. 위헌법률심판

헌법재판소는 국회에서 제정한 법률이 헌법에 위반되는지 여부를 심판할 수 있다. 위헌법률심판을 하기 위해서는 재판의 전제가 된 법률에 대해 법원이 직권 혹은 당사자의 신청에 의해 위헌법률심판제청을 하여야 한다. 이 때 당사자의 신청이 법원에 의해 기각된 경우 당사자는 헌법소원심판을 청구할 수 있다.

2. 탄핵심판

헌법재판소는 고급공무원 등이 직무수행을 하면서 헌법이나 법률을 위반하여 국회가 해당 공무원에 대한 탄핵소추를 한 경우 탄핵심판을 할 수 있다. 탄핵이 결정되면 공무원은 공직에서 파면된다.

3. 정당해산심판

정당의 목적이나 활동이 민주적 기본질서에 위배될 때 헌법재판소는 정부의 제소에 의해 정당 해산을 결정하는 정당해산심판권을 가진다.

4. 권한쟁의심판

국가기관 상호간에 권한의 범위 등에 관해 다툼이 있을 경우 헌법재판소가 권한쟁의심판권을 갖는다.

5. 헌법소원심판

부당한 공권력 행사 또는 불행사에 의해 기본권이 침해된 경우 헌법재판소에 헌법소원을 제기할 수 있다. 헌법소원심판에는 부당한 공권력의 행사 또는 불행사에 의한 기본권 침해가 이루어진 경우 기본권 구제를 위한 기본권구제형 심판이 있고, 앞서 설명한 바와 같이 재판 중 법원에 위헌법률심판 제청신청을 하였으나 법원이 이를 기각한 경우 제청신청을 한 당사자가 직접 헌법재판소에 법률의 위헌여부를 청구하는 위헌심사형 헌법소원이 있다.

제3편
행정법

김동근

숭실대학교 대학원 법학과 졸업(법학박사), (現) 숭실대학교 초빙교수

제1절 행정법의 개념

Ⅰ. 의의 및 법적특수성

1. 의의

행정법은 행정권의 조직과 작용 및 구제에 관한 국내 공법으로서 행정에 관한 성문·불문법규를 포괄하는 개념이다. 행정법은 행정의 전 영역에 걸친 모든 법규나 행정에 관한 전체의 법규를 의미하는 것은 아니고 행정에 관하여 독자적인 체계와 고유적 체계를 가진 법만을 의미한다. 이러한 행정법은 통일된 법전이 없다는 것이 특징이지만, 통일된 법전이 없다고 하여 그 독자성과 고유성이 부정되는 것은 아니다.

2. 법적특수성

행정법은 통일된 법전이 없이 행정에 관련된 무수한 법령들로 구성되어 있다. 그러나 그 나름대로의 공통적이고 통일적인 체계를 가지고 있는데, 그 통일적인 체계로서 행정법이 갖는 특색이 행정법의 해석과 적용·운영의 기준이 된다. 행정법의 그러한 특색은 크게 규정내용상의 특수성(행정주체의 우월성, 공익우선성, 행정법의 집단성, 평등성 등), 규정형식상의 특수성(성문성, 형식의 다양성 등), 규정성질상의 특수성(행정법의 기술성, 행정법의 획일·강행성, 행정법의 재량행위성, 단속규범성, 행위규범성, 강행규범성 등)으로 나눌 수 있다.

Ⅱ. 행정

1. 행정의 개념

(1) 형식적·실질적의미의 행정

행정법에 의하여 규율되는 행정개념은 권력분립의 원칙이 성립됨에 따라 등장하고 역사적 발전과정에서 성립되었다. 여기서 형식적 의미의 행정이란 국가작용의 성질이나 내용과 상관없이 제도적인 측면에서 현실적인 국가기관(입법기관, 행정기관, 사법기관)의 권한을 기준으로 한 개념이며, 행정부에 속하는 기관에 의해 이루어지는 모든 작용을 의미한다. 반면, 실질적 의미의 행정이란 국가작용의 성질이나 내용상의 차이가 있음을 전제로 하여 그 성질에 따라 행정을 입법·사법과 구별하여 행정내용의 의의를 본질적 특성을 중심으로 구성하려는 개념이다.

형식적 의미의 행정	실질적 의미의 행정
행정기관에 의해 행해지는 모든 활동을 의미 가령, 대통령령 제정의 경우 형식적 의미의 행정에 속하나, 실질적 의미에서는 입법임	행정의 개념을 국가작용의 성질상의 차이를 표준으로 이론적 입장에서 입법, 사법과 구별하려는 것으로 실질적 개념규정이 가능하다는 견해(긍정설)와 불가능하다는 견해(부정설)로 나뉜다. 가령, 행정심판재결의 경우 형식적 의미에서는 행정이지만 실질적 의미에서는 사법이다.

(2) 통치행위

1) 개념

통치행위란 국가기관의 작용 중 고도의 정치성 때문에 법 이론상 법적 판단이 가능함에도 법치주의 원칙과 사법심사의 대상에서 제외되는 작용으로서 입법, 사법, 행정의 어느 것에도 포함되지 아니하는 제4의 작용을 말한다. 이러한 통치행위는 법치주의의 확립, 행정소송사항의 개괄주의 채택, 공권력 행사에 대한 사법심사의 고도 발달 등의 요건이 구비되어 있을 때 그 논의의 실익이 크다.

2) 통치행위의 이론적 근거

통치행위를 인정할 것인가에 관하여 학설은 긍정설과 부정설로 대립하고 있는데, 우리나라의 경우 통치행위가 가지고 있는 고도의 정치성을 고려하여 사법심사의 대상으로 하기보다는 정치적 비판의 대상으로 남겨놓는 것이 더욱 합목적적이라는 견지에서 이를 긍정(권력분립설 내지 내재적 한계설)하는 견해가 지배적이다.

	학설	내용
긍정설	권력분립설	· 권력분립원칙상 정치적 책임없는 사법부는 심사할 수 없다는 설 · 우리나라 행정법학계의 통설이다. · 미국은 Luther vs Borden 사건을 통해 통치행위가 최초로 이론화되었다.
	사법자제설	· 모든 국가작용은 심사가 가능하지만 사법부 스스로 자제하는 것이라는 설 · 이 설은 프랑스에서 행정재판에 대한 한계의 문제로 최고행정 재판소인 국참사원의 판례를 통하여 통치행위의 개념이 최초로 성립발전되었다.
	대권행위설	· 통치행위는 국와의 대권행위이기 때문에 사법심사의 대상에서 제외된다는 설(왕은 소추될 수 없다). · 영국에서 유래된 고전적인 학설

	재량행위설	· 통치행위는 정치문제에 속하며, 정치문제는 재량행위에 속하므로 당부당은 판단할 수 있으나, 위적법문제는 아니므로 사법심사에서 제외된다는 설 · 제2차 세계대전 후 독일의 행정재판제도는 열거주의를 탈피하고 개괄주의 취한 결과 행정재판의 대상으로부터 제외될 통치행위의 개념을 인정할 것인가가 비로소 문제되었다.
	부정설	· 개괄주의와 법치주의의 철저한 관철 · 개괄주의(헌법 제107조 제3항, 행정소송법 제27조)가 인정되는 이상 사법심사에서 제외되는 통치행위란 관념은 인정될 수 없다.
판례	대법원	계엄선포행위, 남북정상회담의 개최는 사법심사의 대상이 아님 대북송금행위, 계엄선포행위, 확대가 국헌문란의 목적인 경우 통치행위 부정되고 사법심사 대상이 됨.
	헌법재판소	· 통치행위 개념은 긍정 · 금융실명제에 관한 재정경제명령, 신행정수도건설문제에 대해 국민투표회의 여부에 관한 대통령의 의사결정이 국민의 기본권침해와 직접 관련되는 경우 헌법재판소의 심판대상이 됨 · 자이툰 부대사건에서는 각하 · 한미연합 군사훈련의 일종인 2007년 전시증원연습은 통치행위 아님

2. 행정의 종류

(1) 법적효과에 따른 분류

1) 수익적 행정

수익적 행정이란 국민에게 제한된 자유로 회복시켜 주거나 새로운 권리나 이익을 주는 행정을 말한다(예를 들어 각종 허가, 인가, 면제, 생계비 지급 등).

2) 침익적 행정(부담적 행정행위)

국민에게 의무를 부과하거나 기존의 권리나 이익을 박탈하거나 또는 각종 제재를 가하는 것을 내용으로 하는 국민에게 불이익한 행정을 말한다(허가의 취소, 철회, 행정강제 등).

3) 복효적 행정

수익적인 효과와 침익적인 효과를 동시에 갖는 행정을 말한다. 이에는 수익과 침익이 동일인에게 귀속하는 혼효적 행정이 있고(부담부 주점영업허가 등), 수익과 침익이 상이한 자에게 귀속하는 제3자효 있는 행정(유해물질을 배출하는 공장허가로 인근 주민이 공해에 시달리는)이 있다.

(2) 작용형식에 따른 분류

1) 침해행정

공익을 위해 명령이나 금지의 수단을 통해 개인의 자유와 재산의 영역을 침해하거나 제한하는 행정을 말한다(세금부과처분, 교통통제, 행정강제처분 등).

2) 급부행정

행정주체가 급부를 통하여 개인 또는 단체를 원조하고 그들의 이익추구를 촉진하여 주는 행정을 말한다(학교, 도서관, 병원 등 건립, 사회보험, 도로 항만의 건설 등).

(3) 주체와 목적에 따른 분류

주체	국가행정	국가가 직접 그 기관에 의하여 행하는 행정
	자치행정	지방자치단체, 기타 공공단체가 주체가 되어 그 기관 또는 사인에게 위임하여 행하는 행정
	위임행정	국가, 공공단체가 그 사무를 다른 공공단체나 그 기관 또는 사인에게 위임하여 행하는 행정
목적	질서행정	경찰행정 등 사회공공의 안녕과 질서를 유지하기 위한 행정
	급부행정	행정주체가 사회공공의 복리증진을 위하여 적극적으로 사회구성원의 생활여건 보장, 향상을 추구하는 행정
	유도행정	행정주체가 국민의 경제적, 사회적, 지역적 생활을 일정 방향으로 이끌어가며 촉진시키는 활동
	공과행정	조세나 부담금 등 부과, 징수하여 필요한 자금을 조달하는 활동
	조달행정	인적, 물적 수단을 확보하여 관리하는 활동
	계획행정	일정 목표달성을 위해행정수단을 종합하는 작용

(4) 법적 기속, 수단, 법적형식에 따른 분류

기속	기속적행위	행정청에 반드시 일정한 행정활동을 하여야 하는 의무부여
	재량적행위	행정청이 어떤 행정활동을 할 수도 안할 수도 있는자유, 선택할 수 있는 자유가 부여된 경우
수단	권력적행위	일방적 명령, 강제, 개인의 법적지위를 일방적으로 형성, 변경, 소멸시키는 행정
	비권력적행위	강제성을 띠지 않는 행정

형식	공법상 행정	권력행정, 관리행정
	사법상 행정	협의의 국고행정, 행정사법

Ⅲ. 법치행정의 원리

1. 의의

헌법상 법치국가원리의 행정면에서의 표현으로 전체 공행정은 의회가 제정한 합헌적 법률에 따라 수행되어야 하는 원칙을 말한다. 법률에 의한 행정의 내용으로 법률의 법규창조력, 법률의 우위, 법률의 유보 등이 있다.

2. 법률의 법규창조력

(1) 의의

국민의 권리의무에 관해 새로운 규율을 정하는 것은 국민의 대표기관인 국회만이 할 수 있으며 국민의 대표기관인 국회가 만든 법률만이 국민을 구속할 수 있다는 것을 말한다. 따라서 행정기관은 원칙적으로 법규를 창조할 수 없다.

(2) 의미의 변화

하지만 오늘날에는 의회 제정법률 외에 행정법의 일반원칙이나 관습법도 법규성을 가지며 법률적 효력을 갖는 명령을 행정부가 발할 수 있는 경우도 인정되는 바(긴급명령, 긴급재정명령 등), 이제는 법률만이 법규창조력을 갖는다고 말할 수는 없다. 따라서 현재는 행정의 법률적합성의 원칙의 내용으로 법률의 법규창조력은 그 의미가 퇴색되었다고 할 수 있다.

3. 법률우위의 원칙

(1) 의의

국가의 행정은 합헌적 절차에 따라 제정된 합헌적 내용의 법률에 위반되어서는 아니 된다는 것을 말한다. 그 법률에는 헌법, 법률, 법규명령, 행정법의 일반원칙 등이 포함된다.

(2) 적용범위

행정의 모든 영역에 적용된다. 따라서 그것이 수익적 행위인지, 침익적 행위인지, 공법형식인지, 사법형식인지 여부를 불문한다.

(3) 효과

법률의 우위의 원칙에 반하는 행정작용의 효과는 원칙적으로 무효이고 위반행위로 개인에게 손해가 발생한다면 국가는 배상책임을 지게 된다.

4. 법률의 유보의 원칙

(1) 의의

국가의 행정은 의회가 제정한 입법에 근거를 갖고서 또는 그러한 법률의 수권에 따라 이루어져야 한다는 원칙을 말한다.

(2) 적용범위

법률유보의 원칙이 문제되는 것은 조직법적 근거가 아니라 작용법적 근거이며, 특정의 행정영역에서만 문제된다. 법률우위의 원칙과 달리 법률유보의 원칙의 적용범위는 불분명하여 이에 대해서는 아래 표와 같은 견해의 대립이 있다

학설	내 용
침해 유보설	개인의 자유와 사유재산을 군주의 독단적 집행권으로부터 보호하기 위해 침해는 국민대표의 동의에 의할 것, 즉 법률의 형식에 의할 것이 요구된다는 견해이다. 그러나 이 견해는 입헌군주제 시절에 나온 견해로서 현재의 국민주권주의 아래에서 인정되기 어려운 견해이다.
전부 유보설	모든 행정작용은 국민의 대표기관인 국회가 제정한 법률에 근거해야 한다는 견해이다. 하지만 이 견해는 행정의 자유영역을 모두 부정하는 문제가 있다.
권력행정유 보설	침해적 행정이나 수익적 행정을 불문하고 모든 권력작용은 법률의 근거가 필요하다는 견해이다.
급부유보설	침해적, 급부행정작용은 법적 근거가 필요하다는 견해이다
중요사항 유보설	기본적인 규범영역에서 모든 중요한 사항 내지 본질적 사항은 적어도 입법자 스스로 법률로 정해야 한다는 견해로서 현재 대다수의 학자들이 인정하는 학설이다.

(3) 위반의 효과

법적 근거 없이 이루어진 행정행위는 무효가 아니라 취소할 수 있는 행위이다. 그러나 법규명령은 처음부터 무효이다.

Ⅳ 행정법의 법원

1. 법원(法源)이란

(1) 의의

법원이란 일반적으로 법생성 연원, 법인식 연원등의 의미로 사용되나, 행정법의 법원이란 행정권이 준수해야 할 행정권의 조직과 작용에 관한 행정법의 인식 근거 또는 존재형식을 의미한다.

(2) 종류

1) 성문법원

행정법의 성문법원에는 헌법, 법률, 법규명령과 행정규칙, 자치법규, 국제조약 국제법규 등이 있다

헌법	다른 규범의 해석규범 행정법의 헌법종속성(행정법은 헌법의 구체화법)
법률	형식적의미의 법률(국회가 제정한 법률) 법규명령과 자치법규보다 우월한 효력을 가짐 특별법우선의 원칙, 신법우선의 원칙 구법인 특별법이 신법인 일반법보다 우선
명령	법규명령: 법규성 인정, 위임명령과 집행명령 행정규칙: 법규성 부정
자치법규	지방자치단체가 법령의 범위 안에서 제정하는 자치규정, 조례(지방의회)와 규칙(지방자치단체장) 단계구조: 조례와 규칙은 헌법, 법률과 명령에 위반될 수 없음, 조례가 규칙보다 상위규범
조약	국가와 국가사이 또는 국가와 국제기구 사이의 문서에 의한 합의 국내행정에 관한사항을 정하고 있는 것은 행정법의 법원이 됨

2) 불문법

행정법의 미천한 역사성과 복잡다기한 현대행정의 특성으로 인하여 성문법의 불비와 흠결이 불가피하다. 따라서 이러한 성문법의 불비와 흠결을 보완하기 위해서 불문법이 필요하며, 그 종류는 다음 표와 같다.

관습법	오랜 관행이 사회의 법적 확신을 얻어 법적 규범으로 승인 된 것, 여기서 법적확신은 특정인이 아닌 일반인의 인식을 기준으로 한다(대법원 1994. 3. 25. 선고 93다45701 판결).
판례법	· 법원의 재판을 통하여 형성되는 법 · 영미법계는 판례법국가로서 판례의 법적 구속력을 긍정하지만, 대륙법계는 성문법국가로서 판례의 사실상 구속력은 인정하나 판례의 법원성은 부정 · 우리나라는 대륙법계에 속하며 법률상으로는 상급법원의 판결은 당해사건에 한하여 하급심을 구속하는 효력만 있다. 따라서 판례의 법원성이 있는가에 대하여 다툼이 있음
조리	· 조리란 사물의 본질적 또는 일반원칙을 말함 · 조리는 행정법 해석의 기본원리이며, 성문법, 관습법 및 판례법이 모두 없는 경우 적용되는 최후의 보충법원으로 중요한 의미가 있음 · 조리에는 비례의 원칙, 평등의 원칙, 행정의 자기구속의 원칙, 신뢰보호의 원칙, 신의성실의 원칙, 권리남용금지의 원칙, 과잉급부금지의 원칙, 보충성의 원칙, 부당결부금지의 원칙 등이 있음

2. 행정법의 일반원칙

(1) 개념

행정법의 일반원칙은 법원성을 가지므로 성문법과 마찬가지로 재판에서 직접 적용되며 행정법의 일반원칙을 위반하는 행위는 당연히 위법한 행위가 된다. 이를 위반한 행정행위는 항고소송의 대상이 되며, 경우에 따라서는 국가가 손해배상책임을 지게 된다.

(2) 행정의 자기구속의 원칙

1) 의의

행정권의 행사를 통해 동종 사안에 대해 제3자에게 이미 행한 행정결정 또는 행정규칙에 근거하여 미래에 행하는 행정권의 행사시에도 행정청이 동일한 결정을 하도록 스스로 구속한다는 원칙을 말한다.

2) 기능

이러한 원칙은 재량권, 판단여지의 행사에 있어서 행정권의 자의를 방지하여 그 행사가 적정하게 이루어지도록 하여 국민의 권리를 보호하고 행정의 적절한 통제를 가능하게 하는 기능을 한다.

3) 요건

동일한 생활관계, 의미와 목적에 있어서 동일한 사안(행정선례의 존재), 적법한 경우, 당해 처분청에만 적용된다.

(3) 비례의 원칙

1) 의의

행정의 목적과 그 목적을 실현하기 위한 수단과의 관계에서 그 수단이 목적을 실현하는 데에 적합하고, 최소한의 침해를 가져오는 것이어야 하며 그 수단의 도입으로 인해 생겨나는 권리 자유의 침해가 보호하려는 이익을 능가해서는 아니 된다는 원칙을 말한다(대법원 1997. 9. 26. 선고 96다10096 판결). 특히 오늘날에 급부행정 등 행정법 전 영역에 적용되는 법의 일반원칙 내지 헌법상의 법원칙이 되었다.

2) 내용

비례의 원칙은 세부적 구성내용으로 적합성의 원칙, 필요성의 원칙(최소침해의 원칙), 상당성의 원칙(협의의 비례원칙)으로 나누어지며, 이 3가지 원칙은 단계적 상승구조로 구성되어 있다.

적합성의 원칙	수단은 추구하는 공익목표의 달성에 법적으로나 사실상으로 유용한 것이어야 한다는 원칙
필요성의 원칙	공익상의 목표달성을 위해 채택된 수많은 다른 적합한 수단 중에서도 개인이나 공중에 최소한의 침해를 가져오는 것이어야 한다는 원칙, 최소 수단의 원칙 또는 최소 침해의 원칙이라고 한다.
협의의 비례의 원칙	공익상의 목표달성을 위해 사용하는 수단으로부터 나오는 침해의 정도가 목적하는 공익상의 필요의 정도를 능가하여서는 아니 된다는 원칙(상당성의 원칙).

3) 위반의 효과

헌법적 효력을 가지는 법의 일반원칙인 비례의 원칙에 위반한 처분 등을 위헌·위법이 된다. 따라서 비례의 원칙에 위반한 처분은 행정소송의 대상이 되고 나아가 손해배상이 청구 등을 통하여 구제받을 수 있다.

(4) 신뢰보호의 원칙

1) 의의

행정청의 어떠한 공적 견해(적극, 소극적, 명시적, 묵시적 포함)의 존속이나 정당성을 사인이 신뢰한 경우 보호할 만한 가치가 있는 사인의 신뢰를 보호하여 주는 원칙을 말한다.

2) 요건

① 공적견해 표명 - 행정청의 선행조치

사인의 신뢰가 형성될 수 있는 대상인 행정기관의 선행조치가 있어야 하며, 국민에게 신뢰의 대상이 되는 공적인 견해표명을 하여야 한다. 다만 단순한 민원봉사차원에서 상담에 응하여 안내한 것을 신뢰한 경우 신뢰보호의 원칙이 적용되지 아니한다(대법원 2003. 12. 26. 선고 2003두1875 판결).

② 보호가치가 있는 사인의 신뢰

행정청의 선행조치에 대한 사인의 신뢰는 보호할 만한 것이어야 한다. 즉 사인이 신뢰하게 된 데 대하여 어떠한 귀책사유가 없을 때 신뢰보호의 원칙이 인정되는 것이다. 여기서 귀책사유의 유무는 상대방과 그로부터 신청행위를 위임받은 수임인 등 관계자 모두를 기준으로 판단한다.

③ 사인의 처리

행정청의 선행조치에 대한 신뢰를 기반으로 사인이 어떠한 처리(자본투자 등)를 하여야 한다. 이렇듯 신뢰보호의 원칙은 행정청의 행위의 존속이 목적이 아니라 행정청의 조치를 믿고 그에 따른 사인의 행위를 보호기 위한 목적에서 인정되는 것이다.

④ 인과관계

신뢰보호원칙은 선행조치에 대한 사인의 신뢰와 사인의 처리 사이에 인과관계가 있을 것을 요구한다. 따라서 사인의 신뢰와 처리 사이에 어떠한 인과관계가 없는 경우에는 신뢰보호의 문제는 발생하지 않는다.

⑤ 선행조치에 반하는 처분 또는 부작위

선행조치에 반하는 행정청의 처분이 있어야 하며, 그로 인하여 선행조치를 신뢰한 개인의 권익이 침해된 경우에 인정된다.

3) 한계

신뢰보호의 원칙은 법적안정성을 위한 것인데 법적안정성만을 내세우면 행정의 법률적합성의 원칙과 충돌하게 된다. 양 원칙 중 무엇을 우선시킬 것인지에 관해 두 원칙이 모두 동위의 법원칙이라는 견해가 지배적이다.

(5) 신의성실의 원칙

1) 의의

행정청은 직무를 수행함에 있어서 신의에 따라 성실히 하여야 한다. 신의성실의 원칙은 공·사법을 불문하고 적용되는 법의 일반 원칙 중의 하나이다.

2) 내용

신의성실의 원칙은 ① 전후 모순되는 절차의 금지 ② 법규의 남용의 금지 ③ 행정청의 사인에 대한 보호의무 ④ 실효의 법리 ⑤ 행정청의 불성실로 인해 사인의 법적 지위가 악화되는 것의 금지로 구분해 볼 수 있다.

(6) 부당결부금지의 원칙

1) 의의

부당결부금지의 원칙이란 행정기관의 공권력적 조치와 사인이 부담하는 급부는 부당한 내적인 관련을 가져서는 아니되고 또한 상호 결부되어서도 아니 된다는 원칙을 말한다. 즉 행정기관의 공권력 행사와 상대방의 반대급부 사이에는 실질적 관련성이 있어야 한다는 것을 의미한다. 예컨대, 주택사업계획승인을 함에 있어서 관계없는 토지의 기부채납의 경우 부당결부금지의 원칙에 반하여 위법한 행정행위가 된다.

2) 요건

부당결부금지의 원칙이 적용되기 위해서는 ① 행정청의 행정작용이 있고, ② 그 행정작용은 상대방에 부과하는 반대급부와 결부되어 있고, ③ 그 행정작용과 사인의 급부가 부당한 내적 관련성을 가져야 한다.

제2절 행정법관계

Ⅰ. 행정법관계의 개념

1. 개념

(1) 의의

행정주체가 일방당사자인 법 관계를 행정상 법률관계라 한다. 행정상 법률관계에는 통상 사법이 지배하는 경우와 공법이 지배하는 경우가 있는데 전자를 행정상의 사법관계 또는 국고관계라 하고 후자를 행정법관계 또는 공법관계라 한다.

(2) 공법관계와 사법관계

1) 구별실익

공법관계와 사법관계는, 절차법상 공법 및 공법원리가 적용되는 공법관계와 사법 및 사법원리가 적용되는 사법관계가 적용된다는 점, 실체법상 상대방의 의무불이행에 대하여 공법관계에서는 자력집행이 가능하고, 사인의 불법행위에 대한 배상책임은 사법에 의하지만 공무원의 직무상불법행위에 대한 배상책임은 국가배상법(국가배상법 제2조, 제5조)에 의한다는 점, 소송법상 사인간의 분쟁에 대한 구제는 민사소송법에 의하지만, 행정주체와 사인간의 법적분쟁은 행정소송법에 의한다는 점 등에서 구별실익이 있다.

공법관계	공법 및 공법원리 적용, 행정소송, 자력집행, 행정벌의 대상이 될 수 있음
사법관계	사법 및 사법원리 적용, 민사소송, 자력집행, 행정벌이 인정될 수 없음

2) 구별기준

가. 1차적 기준 - 실정법에 의한 구분

사인 간의 법률관계는 사적 자치를 중심으로 하는 사법원리가 적용되고, 행정주체와 사인간의 법률관계는 공익실현을 중심으로 공법원리가 적용된다. 따라서 사법원리가 적용되는 영역에는 민법 등과 사법이, 공법원리가 적용되는 공적영역에서는 각종 행정법률 등과 같은 공법이 적용된다.

나. 2차적 기준 - 학설에 의한 구분

공법과 사법의 구별기준에 관한 전통적 견해로 아래 표에서 보는 바와 같이 주체설, 종속설,

이익설, 귀속설 등이 있다. 오늘날에는 신주체설이 유력하게 주장되고 있다.

구분	공법	사법	비판
주체설	국가, 공공단체 등을 일방 또는 쌍방 당사자로 하는 법률관계를 규율하는 법	당사자가 모두 사인인 경우의 법률관계	국고행위 설명곤란
종속설	상하관계에 적용	대등관계에 적용	부자관계, 공법상 계약 설명 곤란
이익설	공익에 봉사하는 법	사익에 봉사하는 법	실제상 공이과 사익의 구별이 명확한 것이 아님
귀속설	공권력의 주체에 대해서만 권리의무를 귀속시키는 법	모든 권리주체에게 공통적으로 권리의무를 귀속시키는 법	구체적 법률관계에서 행정주체가 공권력 주체의 지위를 가지는지 여부가 불분명한 경우가 있음

(3) 행정상 법률관계의 종류

행정상의 법률관계란 행정 주체를 당사자로 하는 모든 법률관계를 말한다. 이러한 행정작용법적 관계는 다시 공법관계인 권력관계와 관리관계 그리고 국고관계인 사법관계로 구분되며, 이 중에서 국고관계는 사법관계이지 행정법관계는 아니다.

1) 조직법적 관계

행정주체상호간의 관계(상급청과 하급청의 관계, 대등 관청 간의 관계. 권한 위임사무에 관한 관계, 행정주체와 공무원의 관계), 행정주체 내부관계(행정주체 내의 행정기관 상호관계)를 말한다.

2) 작용법적 관계

행정주체와 그 상대방인 국민 사이의 법률관계를 의미한다. 이는 다시 공법관계인 권력관계와 관리관계 그리고 행정상의 사법관계(국고관계)로 나누어진다.

공법관계	권력관계	행정주체에게 우월적 지위가 인정되는 법률관계
	관리관계	공권력주체가 아니라 공적재산 또는 사업의 관리주체로서 국민을 대하는 관계
사법관계	국고관계	행정주체가 일반사인과 같은 사법상의 재산권주체로서 사인과 맺는 관계
	행정사법관계	행정주체가 공행적작용을 수행하면서 사법적 형식으로 국민과 맺는 법률관계

① 권력관계

권력관계는 행정주체가 공권력의 주체로서 국민에 대하여 일방적으로 우월한 지위에서 명령,

강제하고 법률관계를 형성하는 관계로서 공정력, 불가쟁력, 강제력 등의 특별한 효력이 인정되는 관계이다. 권력관계는 본래적 의미의 행정법관계라 불린다. 좁은 의미의 권력관계라고 부르기도 한다. 권력관계에는 공법규정이 적용 되며 발생되는 분쟁은 행정소송에 의해 해결된다.

② 관리관계

종래의 통설은 공권력의 주체로서가 아니라 공적 재산이나 사업의 주체로서의 행정주체와 사인 간의 관계에서 성립하는 법 관계를 관리관계라 불렀다. 그리고 관리관계는 본질적으로 사법관계와 다른 것은 아니고 그 법 관계의 내용이 공공의 이익과 밀접한 관계가 있기 때문에 공법적 규율이 가해지는 관계라고 하였다. 그러나 현재는 권력관계와 대비되는 개념으로 단순권력행정관계 또는 비권력적 행정법관계라는 용어를 사용하는 것이 바람직하다는 견해도 있다.

2. 행정법관계의 주체

(1) 개념

1) 의의

행정행위의 법적효과의 통일적 계속적 귀속체를 행정주체라 한다. 행정주체는 행정권을 행사하고 그 법적 효과가 궁극적으로 귀속되는 당사자를 말하는데, 행정주체로는 국가, 지방자치단체, 공법상 법인, 공무수탁사인이 있다. 이와 구별해야 하는 개념으로 행정주체를 위하여 행정 사무를 수행하는 기관(대통령, 행정안부전부장관, 서울시장 등)은 행정주체가 아니다.

2) 행정기관과의 구별

행정주체와 구별해야 하는 개념으로 행정주체를 위하여 행정사무를 수행하는 기관(대통령, 행정안부전부장관, 서울시장 등)은 행정주체가 아니다.

	행정기관	행정주체
개념	행정을 실제로 수행하는 자	행정법관계에서 행정권을 행사하고 그 행위의 법적 효과가 궁극적으로 귀속되는 당사자
예	국가의 기관을 구성하는 장관 등	국가, 지방자치단체, 사단법인, 재단법인, 영조물법인, 공무수탁사인
법인격성	독립적인 법인격 없음—직무수행의 권한은 있으나 독자적인 권리는 없음	법인격 있음—행정기관이 한 행위의 법적효과의 귀속주체는 행정주체임
종류	행정청, 의결기관, 보조기관, 보좌기관	국가, 공공단체(지자체, 공공조합, 영조물법인, 공법상재단), 공무수탁사인

(2) 공무수탁사인

1) 개념

공무수탁사인이란 법률이나 법률에 근거한 행위로 특정의 공행정 사무를 자신의 이름으로 수행할 수 있도록 공적 권한을 부여받은 사인을 말한다. 이러한 공무수탁사인은 자연인일 수도 있고, 사법인 또는 법인격 없는 단체일 수도 있다. 그 예로는 학위를 수여하는 사립대학의 총장, 토지수용에 있어서 사업시행자, 선박 항해 중의 경찰사무, 별정우체국장, 강제집행을 하는 집행관, 공증사무를 수행하는 공증인, 교정업무를 위탁받은 민간교도소 등이 있다. 이는 단순 행정의 보조자인 아르바이트로 행정서류를 정리하는 사인 및 아르바이트로 우편업무를 수행하는 사인등과 구별된다.

2) 취지

정부의 비용을 절감하고 행정업무의 신속성을 도모하며 사인이 갖는 독창성, 전문지식, 재정수단 등을 활용하여 행정사무처리의 능률성을 확대하고자 하는데 있다. 다만 공권력의 행사를 사인에게 이전하는 제도이기 때문에 그에 대한 법적인 근거가 필요하다.

3) 국민과의 관계

공무수탁사인은 외부관계에서 독립적인 행정주체로서 활동한다. 수탁사인은 행정절차법 제2조 제1호의 의미에서 행정청이다. 공무수탁사인이 임무수행과 관련하여 사인의 권리를 침해하면 침해당한 자는 행정심판, 행정소송을 제기할 수 있다. 공무수탁사인과 국민과의 법률관계는 공법상의 법률관계이며 공무수탁사인은 자신의 권한의 범위 안에서 행정행위를 발령할 수 있고 기타 공법상 행위를 할 수 있다.

3. 행정법관계의 객체

(1) 의의

행정법관계의 객체란 행정주체에 의한 행정권행사의 대상이 되는 자를 말한다. 보통 행정의 상대방이라고 부른다.

(2) 유형

행정의 상대방은 자연인과 사법인인 것이 보통이나 지방자치단체 등 공법상 법인도 해당되는 경우가 있다. 예를 들어 지방자치단체는 구성원인 주민에 대한 관계에서 행정주체의 입장에 서지만, 국가 또는 광역지방자치단체와의 법률관계에서는 행정의 상대방의 지위에 놓이기도 한다.

Ⅱ. 행정법관계의 내용

1. 개인적 공권의 개념

(1) 의의

개인적 공권이란 개인이 공법상 자기의 고유한 이익을 추구하기 위해 국가 등 행정주체에 대하여 일정한 행위(작위, 부작위, 급부, 수인)를 요구할 수 있도록 개인에게 주어진 법적인 힘을 말한다. 개인적 공권은 행정권에 대하여 일정한 행위를 의무지우는 공법규정이 공익뿐만 아니라 사익에도 기여하는 것을 내용으로 하고 있을 때에 인정된다.

(2) 법률적 이익과의 관계

행정심판법상 법률상 이익과 동일한 개념인가 상이한 개념인가에 대해 견해가 나뉘고 있다. 전통적인 견해는 법률상의 이익을 공권과 법률상 보호이익을 내포하는 개념으로 이해하고 있다.

(3) 법률상 보호이익

1) 학설

공권과 법률상 보호이익이 상이하다는 구별긍정설은 종래와 같은 의미의 권리(공권)는 아니지만 그렇다고 단순한 반사적 이익이라고만 할 수도 없고 공권과 반사적 이익의 중간영역의 이익 즉 행정쟁송을 통해 구제되어야 할 이익이라는 의미로 법률상 보호이익이라는 개념을 사용하고 있다. 반면에 구별긍정설은 법률상 보호이익 또한 강제규범성과 사익보호성을 갖고 있기 때문에 양자는 같은 개념이며 권리라는 것이 본래 법의 보호를 받는 이익을 의미하며 그러한 의미에서 반사적 이익과 구분되므로 공권과 법률상 보호이익은 표현의 차이에 불과하다는 입장이다.

2) 판례

판례는 구별부정설을 취하는 것으로 보인다(대판 1975. 5. 13. 73누96).

(4) 반사적 이익

법규가 공익실현을 위해 행정주체 등에게 작위 또는 부작위의무를 부과하고 행정주체 등이 이를 실현함으로써 사인이 사실상의 이익을 얻는 경우 이를 반사적 이익이라고 한다. 양자의 구별필요성은 공권을 가진 자만이 행정심판이나 행정소송을 제기할 수 있고 반사적 이익을 가진 자는 소송이나 심판에 의하여 구제받을 수 없다는데 있다.

구분	구별기준	구별실익	
		원고적격 인정여부	손해배상청구권 인정여부
개인적공권	법규의 사익보호성 긍정	원고적격 긍정	손해배상청구권 인정
반사적이익	법규의 사익보호성 부정	원고적격 부정	손해배상청구권 부정

2. 법률의 규정에 의한 개인적 공권의 성립

(1) 개인적 공권의 성립

개인적 공권은 자연권으로 헌법에서 인정되는 것(피의자 접견권 등)도 있고, 법률의 규정에 의해 성립되는 것도 있고, 집행행위에 의해 성립되는 것(행정행위나 공법상 계약)도 있다. 행정법상 다투어 지는 것은 법률의 규정에 의해 성립하는 것으로 오늘날 공권의 성립요소로서 강행법규의 존재, 사익보호성의 존재를 들고 있다.

(2) 강행법규의 존재

공권이 성립하기 위해서는 국가 기타 행정주체에게 특정한 행위의무를 부과하는 강제규범이 존재해야 한다. 따라서 행정청의 재량이 인정되는 경우에는 원칙적으로 개인의 공권이 성립할 수 없다.

(3) 사익보호성

1) 의의

개인적 공권성립의 제2요소로는 관련법규가 공익보호뿐만 아니라 사익보호를 목적으로 하는 것이어야 한다는 것이다. 법규에는 성문법 외에 불문법이나 일반법 원칙도 포함된다.

2) 판단기준

판례는 사회보호목적의 존부 판단의 기준은 기본적으로 당해 처분의 근거되는 법률만을 고려하지만(대판 1971. 3. 23. 70누164), 경우에 따라서는 조리를 활용하기도 한다(대판 1999. 12. 7. 97누17568). 최근에는 근거법률 외에 관련 법률까지 고려하는 판례도 나타나고 있다(대판 2004. 8. 16. 2003두2175).

3) 제3자의 보호

제3자효 있는 행정행위의 경우에 제3자의 공권도 성립할 수 있는가의 문제에 있어서도 적용되는 법규범이 제3자의 이익의 보호를 목표로 하고 있는가의 여부가 역시 결정적인 기준이 된다.

3. 개인의 공권의 확대화 경향

개인적 공권의 내용은 표준으로 자유권·참정권·수익권 등을 나눌 수 있다. 그런데 오늘날에는 개인의 지위가 향상되고 권리보호가 확대됨에 따라 공권개념의 확대화 경향으로서 반사적 이익의 공권화, 무하자재량행사청구권, 행정개입청구권 및 정보청구권 등이 논해지고 있다.

제3절 행정의 행위형식

I. 행정입법

1. 개념

행정입법이란 국가 등의 행정기관이 일반적, 추상적인 규범을 정립하는 작용 또는 그에 따라 정립된 규범을 의미한다. 통설은 행정입법을 다시 법규의 성질을 갖는 법규명령과 법규의 성질을 갖지 않는 행정규칙(행정명령)으로 구분한다.

2. 법규명령

(1) 의의

법규명령이란 법령상의 수권에 근거하여 행정권이 정립하는 규범으로서 법규성[5]을 가지는 규범을 말한다. 전통적 견해는 법령의 근거와 법규성을 법규명령개념의 필수요소로 본다. 따라서 법령의 범위에 근거하여 제정되었으나 법규성을 갖지 않는 것은 법규명령에 해당하지 않는다.

(2) 종류

법규명령은 ① 수권의 범위, 효력에 따라서 비상명령[6], 법률대위명령[7], 법률종속명령[8] ② 법

---

5) 국민에 대한 직접구속력 재판규범성을 가지는 것을 말한다.
6) 유신헌법상의 비상조치 등
7) 헌법 제76조의 긴급재정·경제명령 및 긴급명령
8) 위임명령, 집행명령

적근거를 기준으로 직권명령, 위임명령, ③ 제정권자를 기준으로 대통령령, 총리령, 부령, 기타[9]로 구분된다.

1) 수권의 범위

법규명령은 수권의 범위, 근거에 따라 헌법대위명령(비상명령), 법률대위명령(독립명령과 유사), 법률종속명령으로 나뉜다.

헌법대위명령	헌법의 일부규정에 대한 효력을 정지시키는 등 헌법적 효력을 가짐 현행헌법에는 없음(예, 제4,5공화국 긴급조치권)
법률대위명령	법률과는 독립하여 헌법에 직접 근거하여 발하는 명령 법률과 대등한 효력(긴급명령, 긴급재정,경제명령) 위 명령은 지체없이 국회의 승인을 얻어야 하며, 승인을 얻지 못하면 그 명령은 그 순간부터 효력소멸
법률종속명령	일반적인 법규명령, 법률보다 하위의 효력을 가짐, 위임명령: 원칙적으로 법률 또는 상위명령에서 개별적 구체적 범위를 정하여 위임, 위임된 범위 내 새로이 국민의 권리의무에 관한 사항 규정 위임이 없거나 포괄적 위임은 위헌무효가 됨
	집행명령: 개별적, 구체적 법적 근거 불필요 새로운 법규사항의 규정 불가능

2) 법형식

법규명령은 법형식에 의해 긴급명령 및 긴급재정·경제명령, 대통령령, 총리령·부령, 중앙선거관리위원회규칙, 감사원규칙 등으로 나뉜다.

헌법명시 ○	대통령령	대통령이 제정하는 법규명령 총리령,부령보다 우월한 효력
	총리령,부령	국무총리, 행정각부의 장이 발하는 명령 대통령령 또는 법률로 정할 사항을 규정시 무효
	중앙선관위규칙	법령의 범위안에서 선거관리, 국민투표관리에 관한 규칙제정
헌법명시 ×	감사원규칙	감사원법에 따른 규칙 제정 가능
	법령보충규칙	법규명령성: 행정규칙의 형식으로 규정되어 있으나 실질은 법률 내용을 정함 행정규제기본법: 고시형식의 법규명령 가능성 인정

---

9) 국제법, 국회규칙, 법원규칙, 헌법재판소규칙, 중앙선거관리위원회규칙

(3) 근거 및 한계

1) 위임명령

① 근거

구체적 범위를 정하여 한 위임 없이 국민의 권리의무에 관한 사항을 새롭게 규정한 위임명령은 무효이며, 사후에 위임의 근거가 부여되더라도 그때부터 유효한 법규명령이 된다. 여기서 구체적이란 일반적·추상적이어서는 안 된다는 것이고, 범위를 정해서란 포괄적·전면적이어서는 안 된다는 것을 말한다(대법원 1995. 12. 8. 선고 95카기16 결정). 이의 판단은 당해 특정조항 하나만으로 판단하는 것은 아니고 관련 법조항 전체를 유기적·체계적으로 종합하여 판단하여야 한다(대법원 2007. 10. 26. 선고 2007두9884 판결).

② 한계

헌법 제75조, 제95조의 규정에 의해 법률이나 상위명령의 개별적인 수권규범이 있는 경우에만 가능하다.

상위법령의 위임의 한계	일반적 포괄위임금지: 구체적 범위를 정하여 위임하여야 함 국회전속적 입법사항의 위임금지 처벌규정의 위임문제: 형벌법규의 위임은 구성요건의 구체성, 형벌의 종류, 상한 폭을 명확히 규정해야 함
위임명령의 제정상 한계	재위임의 문제: 전면적 재위임의 금지 내용적 한계: 법률에서 수권되지 않은 사항에 대해서 규정할 수 없음

2) 집행명령의 근거 및 한계

상위명령의 개별적 구체적 수권규정이 없어도 가능하지만 새로운 입법사항을 규정할 수 없다. 또한 집행명령은 상위법령이 폐지되면 당연 폐지되며, 상위법령이 개정에 그치면 새로운 집행명령이 제정되기 전까지는 유효한 집행명령이 된다.

(4) 성질 및 효과

법규명령은 법규이므로 이에 반하는 행위는 위법행위가 된다. 법규명령의 성질은 입법이지만 법규명령을 통해서 개별적인 사건만을 규율하는 것이 아니라 다수의 사건과 다수인이 관련되는 사건을 통일적으로 규율할 수 있게 된다.

3. 행정규칙

(1) 의의

전통적으로 행정규칙이란 행정기관이 법률의 수권 없이 자신의 권한 내에서 행정조직내부 또는 특별한 공법상의 법률관계내부에서 그 조직과 활동을 규율하고자 정립하는 일반적·추상적인 명령으로서 법규적 성질을 갖지 않는 것을 말한다.

※ 법규명령과 행정규칙의 비교

구분	법규명령	행정규칙
법 형식	시행령, 시행규칙 등	훈령, 고시 등
권력적 기초	일반권력관계	특별행정법관계
법적 근거	위임명령:상위법령의 개별적 구체적 수권을 요함 집행명령:개별적, 구체적 수권 필요하지 않음	불필요
성질	법규성 긍정	법규성 부정
효력	양면적 구속력	일면적 구속력
위반효과	위법한 작용이 됨	바로 위법한 작용이 되지 않음
존재형식	조문의 형식	조문 또는 구술로도 가능
공포	필요	필요한 것은 아님
한계	법률유보, 법률우위의 원칙적용	법률우위의 원칙만 적용

(2) 형식

행정규칙은 그 형식과 관련하여 법령의 수권없이 발현되는 대통령령, 총리령, 부령형식의 행정규칙과 고시(훈령)형식의 행정규칙으로 구분될 수 있다. 그러나 행정규칙은 고시(훈령)형식의 행정규칙이 원칙이다.

(3) 종류

1) 내용에 따른 분류

내용에 따라 행정규칙은 조직규칙, 근무규칙, 법률해석규칙, 재량지도규칙, 법률대위규칙, 법률보충규칙으로 구분된다.

2) 형식에 따른 분류

실정법상 행정규칙은 통상 고시 또는 훈령의 형식으로 발령된다. 고시란 행정기관이 법령이 정하는 바에 따라 일정한 사항을 불특정다수의 일반인에게 알리는 행위를 말하고, 훈령은 다시 협의의 훈령 · 지시 · 예규 · 일일명령으로 세분된다.

(4) 행정규칙의 법규성

전통적인 견해는 행정규칙은 법규성이 없다고 한다. 다만 행정규칙이 내부적인 구속력은 갖는다고 보고 있다(내부 법으로서의 법규설). 이에 대하여 판례는 행정규칙의 외부 법으로서의 법규성을 부인하고 있다(대판1995. 3. 28. 64누6925).

(5) 효과
1) 내부적 효과

행정규칙은 행정규칙의 적용을 받는 내부의 상대방을 구속한다(대판 1994. 1. 28. 92구498). 행정규칙에 반한 행위를 한 내부의 구성원에게 징계책임 또는 징계벌이 가해질 수 있다(대판 2001. 8. 24. 2000두7704). 내부적 구속력 역시 일종의 법적인 구속력이다.

2) 외부적 효과
① 직접적 외부적 구속효의 부정

행정규칙은 직접적인 외부적 효과를 갖지 아니한다. 행정규칙은 행정조직내부의 규율일 뿐 외부의 일반사인의 권리, 의무를 규정하지 못하고 법원도 구속하지 못한다. 판례의 기본적인 입장이다(대판 1994. 1. 28. 92구498). 행정규칙은 법규가 아니므로 행정규칙위반은 위법이 아니다. 따라서 일반사인에 대해 행정기관이 규칙위반의 불이익처분을 하여도 사인은 행정기관의 규칙위반을 이유로 다툴 수 없다.

② 간접적, 외부적 구속효의 긍정

주로 재량준칙[10]과 관련하여 논의 되는 것으로 재량준칙이 있는 경우 행정청이 이에 따라 권한을 행사하게 되고 그 효과도 국민에게 미치게 된다. 행정의 실제상 평등의 원칙에 의거하여 행정규칙은 상황에 변동이 없는 한 영속적으로 누구에게나 동등하게 적용되어야 하기 때문에

---

10) 행정청의 처분, 감독권의 행사 기준을 정하는 행정규칙을 말한다.

이 경우 행정규칙은 외부적으로 간접적 구속효를 갖는다. 이것은 판례의 입장이기도 한다(대판 1993. 6. 29. 93누5635).

Ⅱ. 행정계획

1. 개념

행정주체가 일정한 행정활동을 위한 목표를 설정하고 상호관련성 있는 행정수단의 조정과 종합화의 과정을 통하여 장래의 시점에 있어서의 보다 좋은 질서를 실현할 것을 목적으로 하는 행정시책의 활동기준 또는 그 설정행위로 정의한다. 판례는 행정계획을 행정에 관한 전문적 기술적 판단을 기초로 하여 특정한 행정목표를 달성하기 위하여 서로 관련되는 행정수단을 종합, 조정함으로써 장래의 일정한 시점에 있어서 일정한 질서를 형성하기 위하여 설정된 활동기준으로 정의한다(대판 1996. 11. 22. 96누8567).

2. 법적성질

(1) 학설

행정계획의 법적성질과 관련하여 입법행위설, 행정행위설, 독자성설 등이 주장되어 왔으나 법적성질은 계획마다 개별적으로 검토되어야 할 것이다(개별검토설).

(2) 판례

판례는 도시계획결정과 관련하여 도시계획결정은 특정 개인의 권리 내지 법률상의 이익을 개별적이고 구체적으로 규제하는 효과를 가져오는 행정청의 처분이라 할 것이고 이는 행정소송의 대상이 된다(대판 1982. 3. 9. 80누105).

3. 효과

(1) 효력발생요건으로서 고시, 공람

개인의 자유와 권리에 직접 관련하는 계획은 법규형식에 의한 것이 아니어도 국민들에게 알려져야(공시, 공람되어야)만 효력을 발생한다.

(2) 구속효

행정계획의 효과는 계획마다 상이한데 특히 계획이 법적 구속력을 가지는가가 문제된다. 이에 관해 견해의 대립이 있으나 규범적 구속효를 가짐은 물론이다.

(3) 집중효

1) 의의

행정계획의 확정이 다른 관련법규에 규정되어 있는 승인 또는 허가 등을 대체시키는 효과를 집중효라 한다. 예를 들어 국토해양부장관이 실시계획의 승인을 고시한 때에는 관계법률에 의한 인·허가 등의 고시 또는 공고가 있는 것으로 보게 되어 있는 것과 같다.

2) 법적 근거

집중효제도는 행정기관의 권한에 변경을 가져오므로 행정조직법주의의 원리에 따라 개별 법률에서 명시적으로 규정되는 경우에 인정될 수 있다. 집중효가 발생하는 행위도 법률에서 명시적으로 규정된 것에 한정된다.

Ⅲ. 행정행위

1. 개념

(1) 학문상 용어로서 행정행위

행정행위라는 용어는 실정법상의 용어가 아니라 학문상의 용어이다. 실정법상으로는 허가, 인가, 면허, 특허, 확인, 면제 등의 다양한 용어가 사용된다. 학문상 이들이 가진 공통의 성질에 따라 이들을 포괄하는 개념으로 사용하는 것이 행정행위이다. 통설은 행정행위란 행정청이 법 아래서 구체적 사실에 대한 법집행으로서 행하는 권력적 단독행위로서 공법행위를 말한다.

(2) 실정법상 용어로서 처분개념과 비교

실정법상 처분이라는 용어의 정의는 행정절차법 제2조 제2호와 행정심판법 제2조 제1호, 행정소송법 제2조 제1항 제1호에 규정되어 있다. 이중 '행정청이 행하는 구체적 사실에 관한 법집행으로서의 공권력의 행사 또는 그 거부'의 부분은 학문상 행정행위의 개념과 그 의미가 동일하다. 그러나 '그 밖에 이에 준하는 행정작용'이라는 규정은 권력적 단독행위가 아니라 공권력 행사라고 표현하기 때문에 실체법상 행정행위 개념보다 그 의미가 더 넓다고 하겠다.

(3) 행정행위의 개념적 요소

행정행위는 행정청의 행위이고, 행정청의 법적 행위이며, 행정청의 공법행위이며, 행정청의 구체적 사실에 관한 법집행행위이고, 권력적 단독행위이며, 거부처분 또는 거부행위이다.

행정청의 행위	· 국회등의 기관 · 공무수탁 등의 경우: 공공단체뿐 아니라 일반사인도 공무를 위탁받은 경우 행정청이 됨
구체적사실에 관한 행위	일반처분: 구체적 사실과 관련하여 불특정 다수인을 대상으로 하여 발하여지는 행정청의 권력적, 단독적 규율행위
법적행위	외부적행위 상대방에 대해 직접적인 법적 효과가 발생하는 행위
권력적단독행위로서 공법행위	사법행위, 공법상 계약, 공법상 합동행위 등도 행정행위가 아님
거부행위	단순한 사실행위, 사법상 계약체결요구에 대한 거부 등은 행정행위 아님 신청인에게 법규상, 조리상 신청권 필요

(4) 행정행위의 종류

1) 수익적 행정행위와 침익적 행정행위

수익적 행정행위란 국민에게 권리·이익을 부여하거나 권리의 제한을 해소(허가, 면제, 인가, 특허, 부담적 행정행위 철회, 수익적 행정행위의 취소의 취소 등)하는 행위를 말하며, 부담적 행정행위란 국민에게 의무를 부과하거나 권리·이익을 거부·침해하는 등 불리한 효과를 발생시키는 행위(명령, 금지, 박탈행위, 수익적 행정행위 취소나 철회)를 말한다.

구분	수익적 행정행위	침익적 행정행위
법률의 유보	완화된다	엄격하다
신청	신청 전제로 함이 보통	신청과 무관
절차	절차 통제가 완화	절차 통제가 엄격
부관	친하다	거리가 멀다
취소, 철회	제한된다	원칙적으로 제한이 없다
강제집행	무관	있을 수 있다
구제수단	거부: 의무이행심판 또는 거부처분취소소송 부작위: 의무이행심판 또는 부작위위법확인 소송	취소심판 또는 취소소송

2) 대인적 행정행위와 대물적 행정행위

대인적 행정행위란 사람의 지식·지능·경험과 같은 개인적 사정에 착안하여 행해지는 행정행위를 말하고, 대물적 행정행위란 물건의 시설이나 설비, 구조 등의 객관적 사정을 고려하여 직접 물건에 대하여 법률상의 효과를 부여하며, 그에 법률관계를 형성하는 행정행위를 말한다.

대인적 행정행위	대물적 행정행위
상대방의 주관적 사정을 고려: 운전면허, 의사면허 −이전불가(일신전속적)	대상인 물건이나 시설의 객관적 사정을 고려: 자동차검사, 건축물의 준공공사−이전가능

2. 불확정개념, 기속행위, 재량행위

(1) 의의

행정법규는 보통 요건을 정하는 요건부분과 그 효과를 정하는 효과부분으로 나뉘는데[11], 행정법규의 요건부분이 불확정인 경우와 효과부분이 선택적인 경우가 있다. 하지만 법치국가원리상 규범의 구성요건은 객관적인 것으로서 요건충족의 판단은 국민 누구나가 예견 가능해야 하므로 요건 면에서 재량을 부여하게 되면 법적안정성이 침해되게 되므로 구성요건의 해석문제는 재량문제일 수가 없다. 따라서 요건부분이 불확정적인 경우와 효과부분이 선택적인 경우는 구분되어야 한다.

(2) 불확정개념과 판단여지

1) 의의

불확정개념이란 공익상 필요, 공적 질서, 위해 등의 용어와 같이 그 의미내용이 다의적인 것이어서 진정한 의미내용의 확정이 구체적 상황에 따라 주관적으로 판단되어지는 개념을 말한다.

2) 사법심사의 대상성

불확정개념은 원칙적으로 사법심사의 대상이 되어야 하며 법원이 최종결정을 내리게 된다. 그러나 현실적으로 구체적 사안에서 무엇이 하나의 정당한 해석인가와 관련하여 동일한 불확정개념을 적용함에 있어 법을 적용하는 기관마다 서로 다른 결정을 할 수도 있다. 이런 경우 예외적으로 법원은 행정청의 판단을 존중하여야 하는가, 즉 행정기관에 대해 법원은 불확정 개념의 해석, 적용 시 어느 정도 자유로운 판단의 여지를 인정할 것인가의 문제가 나타난다. 이것이 판단 여지의 문제이다.

---

11) 제21조(특정 식품등의 수입·판매 등 금지) ① 식품의약품안전처장은 특정 국가 또는 지역에서 채취·제조·가공·사용·조리 또는 저장된 식품등이 그 특정 국가 또는 지역에서 위해한 것으로 밝혀졌거나 위해의 우려가 있다고 인정되는 경우에는 그 식품등을 수입·판매하거나 판매할 목적으로 제조·가공·사용·조리·저장·소분·운반 또는 진열하는 것을 금지할 수 있다. 에서 "식품의약품안전처장은~인정되는 경우"부분이 요건부분이고, "식품등을~금지할 수 있다"부분이 효과부분이다.

3) 판단여지

① 판단여지설

세계 2차 대전 이후 독일에서 주장된 견해로서 불확정개념은 당연히 사법심사의 대상이지만 예외적으로 사법심사가 제한되는 행정청의 평가영역, 결정영역이 있고 이 영역에서는 하나의 올바른 결정만이 주어지지 않으며 법원은 다만 행정청이 그 영역의 한계를 준수하였는가의 여부만을 심사할 뿐이라는 견해로 판단여지설이라고 한다.

② 판단여지의 인정여부

우리의 경우 판단여지의 인정여부에 대해 학설이 나뉘고 있는데 부정설은 판단여지를 재량문제로 본다. 판례는 판단여지를 재량문제로 보고 있다(대판 2001. 4. 10. 99다33960).

(3) 기속행위와 재량행위

1) 개념

기속행위란 법규상에서 구성요건에서 정한 요건이 충족되면 행정청이 반드시 어떠한 행위를 행하거나 행하지 말아야 하는지를 일의적으로 규정해 놓은 행정행위 즉 행정청의 입장에서 법의 기계적인 집행으로서의 행정행위를 말한다. 반면에 재량행위란 법규상의 구성요건에서 정한 전제요건이 충족될 때 행정청이 다양한 행위가능성을 선택할 수 있도록 법 효과를 설정하고 있는데 여기서 행정청에 수권된 그리고 합목적성의 고려 하에 이루어지는 선택과 결정의 자유가 재량이고 이러한 재량에 따른 행위가 재량행위이다.

2) 구별기준

① 학설

가. 효과재량설

행정행위의 성질을 기준으로 침익적 행위는 기속재량행위이고, 수익적 행위는 법률의 제한이 없는 한 자유재량행위라고 한다.

나. 기본권기준설

행정행위의 공익성을 재량행위와 기속행위의 구분기준으로 한다. 따라서 기본권의 보장이 보다 강하게 요청되는 경우에는 사인의 기본권실현에 유리하게 판단하고 공익실현이 보다 강하게 요청되는 경우에는 공익실현에 유익하도록 판단하야야 한다.

② 판례

판례는 개별적으로 재량행위와 기속행위를 구분하는 것을 기본적인 기준으로 하면서(대판 1998. 9. 8. 98두8759) 효과재량설을 보충적인 기준으로 활용한다(대판 1996. 10. 11. 95누9020).

다. 요건재량성

행정청의 재량은 행정행위의 효과인정에 있을 수 없고 행정행위의 요건에 대한 사실인정과 인정사실의 해당 여부에 관한 판단에 있는 것으로 본다.

라. 판단여지설

불확정개념의 해석·적용은 법적인 문제이기 때문에 그것은 모두 사법심사의 대상이 되어야 한다. 다만, 예외적으로 행정청에 대하여도 판단의 여지를 인정할 수 있을 것인가가 문제되는데, 이와 관련하여 주장된 것이 바호프(O. Bachof)의 판단여설 및 올레(H. Ule)의 대체가능성설이다

3) 재량하자

① 의의

재량행사는 법이 재량권을 부여한 목적과 법이 허용한 한계 내에서 이루어져야 한다. 이러한 목적과 한계를 벗어나면 재량하자가 있는 것이 되고 위법한 것이 사법심사의 대상이 됨은 모두 인정하고 있다(대판 1984. 1. 31. 83누451).

② 유형

가. 재량권의 일탈

법령상 주어진 재량의 한계를 벗어난 재량하자를 말한다. 이는 결국 권한 없는 행정청의 행위로서 위법한 행위가 된다. 가령, 법령에서 정한 영업정지기간 이상의 영업정지를 부과하거나 법령은 과태료만을 예정하고 있으나 영업허가를 취소한 경우를 들 수 있다.

나. 재량권의 남용

법규가 허용한 재량의 범위 안에서라도 재량권 행사는 재량권을 부여한 목적에 타당하며 적합

해야 하는데, 이를 위반하여 재량권을 행사하면 조리상의 내적 한계를 벗어난 행위로서 위법이 되어 사법심사의 대상이 된다. 가령 행정법의 일반원칙에 위배되게 재량행사가 이루어지는 경우를 말한다. 평등원칙위반의 재량행사, 신뢰보호원칙에 반하는 재량행사, 부당결부금지원칙에 반하는 재량행사 등을 들 수 있고, 사실의 오인에 기인한 재량행사도 재량권의 남용에 해당한다(대판 2001. 7. 27. 99두2970).

다. 재량권의 불행사

재량권의 불행사란 행정청이 자신에게 부여된 재량권을 고려 가능한 모든 관점을 고려하여 행사한 것이 아닌 경우를 말한다. 이러한 경우에도 위법하여 사법심사의 대상이 된다.

3. 행정행위의 내용
(1) 법률행위적 행정행위
1) 명령적 행위

명령적 행위란 사인이 원래부터 갖고 있는 자연적 자유를 제한하여 일정한 행위를 할 의무를 부과하거나 또는 부과된 의무를 해제하는 행위를 말하는 것으로, 작위, 부작위, 급부, 수인의 의무를 명하거나, 이미 부과된 의무를 해제해주는 행위를 말한다.

① 하명

공익을 이유로 개인의 자연적 자유를 제한하거나 새로운 의무를 부과하는 것을 내용으로 하는 행정행위를 말한다. 즉, 작위(위법 건축물철거, 예비군훈련 소집 통지 등), 부작위(차량운행금지, 영업정지처분 등), 급부(조세부과처분, 사용료·수수료 납부처분 등), 수인(행정강제의 수인 등)을 명하는 행정행위를 말한다. 특히, 부작위하명을 금지라 부른다.

② 허가

허가란 행정목적의 달성을 위하여 법령에 의해 일반적으로 금지되어 있는 것을 특정한 경우에 그 제한을 해제하여 그 행위를 적법하게 행사할 수 있도록 회복하여 주는 일반적·상대적 금지를 해제하는 행정행위를 말한다.[12] 허가로 얻은 이익은 원칙적으로 반사적 이익에 해당한다(대법원 1963. 8. 22. 선고 63누97 판결).

---

12) 주점영업허가, 건축허가, 운전면허 등이 그 예이다.

③ 면제

면제라 함은 법령에 의해 부여된 작위의무, 수인의무, 급부의무를 특정한 경우에 해제하여 주는 행위를 말한다. 의무해제라는 점에서 면제는 허가와 같은 성질을 가지나 허가의 경우는 그 대상이 부작위의무라는 점이 다르다. 그 예로는 징집면제, 조세면제, 예방접종 면제 등이 있다.

2) 형성적 행위

형성적 행위는 사인에 대하여 본래부터 가지고 있지 아니한 특별한 권리, 능력 기타 법률상의 힘과 법적 지위를 설정, 변경, 박탈하는 행위를 말한다.

① 상대방을 위한 행위(권리설정행위)

권리설정행위란 특정인에게 특정한 권리를 새로이 설정하는 행위를 말한다. 좁은 의미의 특허 라고도 한다. 특허는 상대방에게 권리 등을 설정해 주는 행위인 점에서 형성적 행위이고, 재량 행위이며, 상대방의 출원을 요건으로 한다.

구분	허가	특허
성질	명령적 행정행위	형성적 행정행위
형식	법형식 – 안 됨 처분형식 – 일반처분도 가능	법형식 – 가능 처분형식 – 일반처분 안됨
효과	자연적 자유회복 – 법률상이익 경영상의 이익–사실상 이익 공법적 효과	자유회복 – 법률상이익 경영상의 이익– 법률상 이익 공법적·사법적 효과
사례	음식점 영업허가, 운전면허, 건축허가, 약사면허, 주류제조면허	하천점용허가, 도로점유허가, 귀화허가, 공무원임명, 개인택시면허, 버스면허

② 타자를 위한 행위

가. 인가(보충행위)

인가란 행정청이 일부 공익과 관련 있는 타자의 법률행위를 동의로써 보충하여 그 행위의 효력을 완성시켜 주는 행정행위를 말한다(타인 간의 법률행위 + 행정청의 동의·승낙·승인). 이러한 의미에 서 인가는 보충행위이다.

구분	허가	인가
성질	명령적 행정행위	형성적 행정행위
대상	사실행위, 법률행위	법률행위
효과	자연적 자유회복 공법적 효과	법률행위의 효과 완성 공법적/사법적 효과
형식	법규형식 - 안됨 처분형식 - 일반처분도 가능	법규형식 - 안됨 처분형식 - 일반처분 안됨

나. 대리

공법상 대리도 그 의미는 사법상의 경우와 같다. 다만 대리의 원인이 공법적이라는 점에서 다를 뿐이다. 즉 공법상 대리란 공법상 행정주체가 제3자가 할 행위를 대신하여 행한 경우에 그 효과를 직접 제3자에게 귀속시키는 제도를 말한다.

(2) 준법률행위적 행정행위

1) 의의

행정청의 효과의사의 표시가 아니라 행정청의 판단 내지 인식의 표시에 대해 법률에서 일정한 법적 효과를 부여하는 결과 행정행위가 되는 행위를 말한다. 이는 확인, 공증, 통지, 수리의 4가지로 구분된다.

2) 확인행위

특정의 사실 또는 법률관계의 존재 여부가 불확실하여 다투어지는 경우 공권적으로 판단하여 이것을 확정하는 행위를 말한다. 실정법상으로는 재결, 재정, 특허, 검정 등 여러 용어가 사용되고 있다. 예를 들어, 당선인 결정, 국가시험합격자 결정, 행정심판의 재결, 신체검사, 교과서의 검정 등의 이에 속한다.

3) 공증행위

의문 또는 다툼이 없는 행위 또는 법관계의 존재 여부를 공적으로 증명하는 행위이다. 예를 들어, 등기·등록, 증명서 발급, 교부(합격증, 졸업증, 특허증), 발급(여권), 검인 등이 이에 속한다.

4) 통지행위

통지행위란 특정인 또는 불특정 다수인에게 법적효과를 가져오는 어떠한 사실을 알리는 행위를 말한다. 예를 들어, 납세의 독촉, 특허출원 공고, 사업인정 고시, 대집행의 계고 등이 이에 속한다.

5) 수리행위

행정청이 타인의 행위를 유효한 행위로 받아들이는 행위를 말한다. 예를 들어, 혼인신고의 수리, 행정심판청구서의 수리, 원서 수리, 공무원 사표 수리 등이 이에 속한다.

4. 행정행위의 효력

(1) 구속력

행정행위가 성립요건·효력발생요건 등 적법요건을 갖추면 행위의 내용에 따른 법적 효과를 발생시키고 당사자인 행정청과 상대방을 구속하는 힘을 갖는데 이를 내용상구속력이라 한다. 모든 행정행위의 공통된 효력으로서 보통 행정행위의 효력이라 함은 구속력을 말한다.

(2) 공정력

1) 의의

행정행위는 그것이 당연 무효가 아닌 한 행정행위에 위법, 부당 등의 요건상의 하자가 있더라도 권한을 가진 기관에 의해 취소 될 때까지 행위의 상대방이나 제3자가 그 효력을 부인할 수 없는 일종의 구속력을 발생시키는 바, 이러한 구속력을 공정력이라 부른다(대판 1991. 4. 23. 90누8756).

2) 한계

공정력은 부당한 행위 또는 단순위법의 행정행위의 경우에 인정된다. 하자가 중대하고 명백하여 무효인 행정행위의 경우에는 공정력이 인정되지 아니한다. 무효인 경우에는 공정력의 인정을 위한 근거가 되는 행정의 안정성에 대한 침해가 존재하지 않으며 언제든지 현실적으로 행정심판이나 행정소송을 통해 무효 확인이 가능하기 때문이다.

(3) 구성요건적 효력

1) 의의

어떠한 행정행위가 비록 하자 있는 행정행위라 할지라도 무효가 아닌 한 모든 다른 행정기관과 법원은 그 행위와 관련이 있는 자신들의 결정에 그 행위의 존재와 법적 효과를 인정해야 하고 그 행정행위를 자신의 결정의 구성요건 내지 기초로 삼아야 하는 구속력을 말한다.

2) 성질

행정행위를 발한 행정청이 아닌 다른 행정청, 법원과 관련하여 의미를 갖는다.

3) 근거

다른 행정청에 구성요건효가 미치는 것은 각 행정기관의 권한 내지 관할은 상이하지만 전체로서 통일적인 행정이 요구되고 또한 기관 상호간의 권한 존중이 요구 되기 때문이다.

(4) 존속력

1) 형식적 존속력(불가쟁력)

① 의의

법적 구제수단의 포기, 쟁송기간의 도과, 판결을 통한 행정행위의 확정 등이 있게 되면 행정행위의 상대방이나 이해관계인은 더 이상 그 행정행위의 효력을 다툴 수 없게 되는 바, 행정행위가 갖는 이러한 효력을 형식적 존속력 또는 불가쟁력이라 한다.

② 성질

형식적 존속력이 생긴 행정행위에 대한 행정쟁송은 부적법한 것으로 각하된다. 무효의 행정행위에 대해서는 형식적 존속력이 문제되지 아니하고 언제든지 쟁송이 가능하다.

2) 실질적 존속력(불가변력)

① 의의

행정행위에 하자가 있으면 행정의 법률적합성의 원칙상 이를 취소, 철회 또는 변경할 수 있는 것이 원칙이다. 그러나 일부의 행정행위는 처분청 조차도 당해 행위에 구속되어 더 이상 직권으로 취소, 변경할 수 없는 경우가 있는데 이를 행정행위의 실질적 존속력 또는 불가변력이라 한다.

② 발생

모든 행정행위에 발생하는 것이 아니고 예외적으로 특별한 경우에만 인정된다(대판 1974. 12. 10. 73누129). 행정심판의 재결과 같은 준사법적 행위에 주로 발생한다. 실질적 존속력은 무효인 행정행위의 경우에는 문제되지 아니한다.

③ 위반의 효과

실질적 존속력이 있는 행정행위를 취소하거나 철회하면 그 것은 위법한 것이 된다.

구분	불가쟁력	불가변력
상대방	상대방 및 이해관계인 구속	처분청 등 행정기관 구속
성질	절차법적 효력	실체법적 효력
효력발생범위	모든 행정행위	일정한 행정행위
독립성	불가쟁력 발생:불가변력이 발생하는 것은 아님	불가변력발생:불가쟁력이 발생하는 것은 아님

(5) 강제력

1) 자력집행력

행정행위로 명령되거나 금지된 의무를 상대방이 불이행하는 경우 사법영역에서와는 달리 행정청이 법원의 원조를 받음이 없이 스스로 직접 의무의 내용을 실현할 수 있고(행정대집행법, 국세징수법 등) 또한 상대방에게 그것을 수인하도록 요구할 수 있는 행정행위의 효력을 집행력이라 한다.

2) 제재력

제재력이란 행정행위에 의해 부과된 의무를 위반하였을 경우 행정벌, 행정형벌, 질서법이 부과할 수 있는 효력을 말한다.

5. 행정행위의 하자

(1) 의의

행정행위의 적법요건을 완전하게 구비한 것이 아닌 행정행위를 하자 있는 행위라 부른다. 즉 행정행위의 적법요건의 흠결을 의미한다. 판례는 하자 있는 행정행위의 법적 효과를 행정행위의 부존재, 무효인 행정행위, 취소할 수 있는 행정행위로 구분하고 있다.

(2) 행정행위의 부존재

1) 의의

어떠한 행정행위가 성립요건의 중대한 결함을 가져 외관상 명백히 행정행위로 성립조차 하지 못하는 경우를 단순히 흠 있는 행위라기보다 오히려 행정행위가 존재하지 않는다고 하고 이를 행정행위의 부존재라 불러왔다.

2) 효과

이 경우 아무런 법적 효과도 발생하지 아니한다. 다만 그러한 행위들이 문제 될 때에는 문제되는 범위 안에서 부존재확인이나 폐지 등이 가능하다 다만 폐지된다고 하여도 원래 아무런 법적 효과를 가진 적이 없었으므로 이는 법적 외관을 폐기하는 것에 불과하다.

(3) 행정행위의 무효와 취소
1) 구별필요설

일반적으로 법률관계에서 위법한 행위는 무효인 것이 원칙이다 그러나 행정행위의 경우에는 상대방이 원칙적으로 사인이 국민이고 동시에 다수인이므로 행정행위의 하자의 효과는 공적 거래의 안전 내지 상대방의 신뢰보호를 고려하여 정하지 않을 수 없다 이 때문에 하자 있는 행정행위는 원칙적으로 이를 취소할 때까지는 일단 유효한 것으로 보고 다만 보충적으로 무효가 되게 할 필요가 있다.

※ 행정행위의 무효와 취소의 구별실익

구분	무효	취소
공정력 발생여부	×	0
불가쟁력 발생여부	×	0
선결문제의 판단여부	0	×
치유와 전환의 인정여부	전환인정	치유인정(전환은 견해대립)
신뢰보호원칙의 적용여부	×	0
쟁송형태의 구분	무효확인심판, 무효확인소송	취소심판, 취소소송
쟁송제기기간의 제한여부	×	0
시정판결,시정재결 인정여부	×	0
간접강제	×	0
예외적 행정심판전치주의의 적용여부	×	0
집행부정지원칙 적용여부	현재의 행정소송법에서는 무효확인소송에 행정소송법 제23조를 준용하고 있어 무효, 취소간에 집행부정지원칙이 적용되는 점에는 차이가 없다	

2) 구별의 기준

① 중대명백설

통설에 따르면 하자가 중대하고 동시에 명백한 행정행위는 무효가 되고 하자가 중대하지만 명백하지 않거나 명백하지만 중대하지 않은 행위는 행정청이나 법원에 의한 취소의 대상이 된다.

② 중대명백의 의미

하자가 중대하다는 것은 당해 행정행위의 적법요건의 면에서 하자가 중대하다는 의미이다. 명백하다는 것은 행정행위의 자체에 하자 있음이 외관상 명백하다는 것을 의미한다(대판 1992. 4. 28. 91누6863).

(4) 무효인 행정행위

1) 의의

행정행위의 적법요건에 중대하고도 명백한 하자가 있기 때문에 외관상 행정행위가 존재함에도 불구하고 법률적 효과가 전혀 발생하지 못하는 행정행위를 무효인 행정행위라 부른다. 이러한 무효의 경우에는 일정한 요건을 갖춘 경우 전환이 인정된다.

2) 구별

무효인 행정행위는 행위의 외관이 존재한다는 점에서 부존재와 구별되며, 처음부터 효력이 없다는 점에서 취소되기 전까지는 효력을 가지는 취소할 수 있는 행정행위와 구별된다. 그리고 일단 유효하게 성립하였다가 일정한 사유의 발생으로 효력이 소멸되는 실효와도 구별된다.

3) 효과

무효인 행정행위는 직권취소나 쟁송절차를 거치지 않아도 처음부터 아무런 권리나 의무도 생겨나지 아니한다. 따라서 공정력·확정력 등의 효력도 인정되지 않으며, 누구도 그 행위를 준수할 필요가 없다.

(5) 취소할 수 있는 행정행위

1) 의의

취소할 수 있는 행정행위는 그 성립에 하자가 있음에도 불구하고 권한 있는 행정청이나 법원에 의해 취소되기까지는 유효하고 취소가 되어야만 효력을 상실하는 행위를 말한다. 행정행위의 취소는 일단 유효하게 성립한 행정행위의 효력을 소급적으로 소멸시킨다는 점에서 처음부터 효력이 발생하지 않는 무효와 구별된다.

2) 효과

상대방은 물론 다른 행정청 기타의 국가기관도 구속되고 유효한 행정행위로 취급된다. 다만, 행정행위를 직권으로 취소함에 있어서 별도의 취소에 관한 명문의 근거가 필요한가에 대하여 견해 다툼이 있으나 다수설과 판례에 의하면 행정행위의 취소는 성립·효력요건을 구비하지 못한 하자를 이유로 그 효력을 소급적으로 소멸시키는 행위이므로 별도의 법적 근거를 요하지 않는다고 한다.

6. 행정행위의 폐지
(1) 행정행위의 직권취소
1) 의의

일단유효하게 발령된 행정행위를 처분청이나 감독청이 그 행위에 위법 또는 부당한 하자가 있음을 이유로 하여 행정청 스스로의 반성에 의거하여 직권으로 그 효력을 소멸시키는 것을 말한다. 직권취소는 유효하게 성립한 행위의 효과를 사후에 소멸시키는 점에서 처음부터 효력이 없는 무효행위를 확인하는 행위와 구별되고 행정행위의 성립과정에 흠이 있는 행위의 효과를 소멸시킨다는 점에서 사후의 새로운 사정을 이유로 효력을 소멸시키는 철회와 구별된다.

※ 구별개념

부존재	외관상 존재 자체가 없는 것
무효	외관은 존재하나 처음부터 아무런 효력이 없는 것
취소	행정행위시부터 존재한 하자를 이유로 효력을 소멸시킴, 취소되기 전까지는 유효하게 효력을 소멸시키기 위해 행정청의 별도의 의사표시가 필요함
철회	일단 발생한 효력이 후발적 사정에 의해 소멸되며 효력소멸을 위한 행정청으 의사표시가 필요함
실효	일정한 사정상의 발생으로 당연히 효력이 소멸되며 행정청이 별도의 의사표시를 할 필요가 없음

구분	쟁송취소	직권취소
동기	상대방 또는 이해관계인의 쟁송제기	행정청의 직권
취소권자	행정청 또는 법원	행정청
대상	주로 부담적 행정행위	수익적, 부담적 행정행위
사유	심판:위법 또는 부당 소송:위법	위법 또는 부당
기간	기간제한 있음	기간 제한이 원칙적으로 없음
절차	행정심판법:행정소송법에 따른 절차 당사자의 쟁송제기로 절차가 개시됨	행정절차에 따른 절차 행정청의 직권에 의해 개시됨
제한	취소사유가 있으면 취소해야 함	비교형량 함
효과	원칙 소급 불가변력 인정	수익적행정행위는 상대방에게 귀책 있는 경우외에는 원칙상 소급하지 않음 불가변력 부정
범위	행정소송에 의한 취소의 경우 적극적 변경이 불가능하나 행정심판의 경우 적극적 변경이 가능	적극적 변경이 가능

2) 취소권자

원칙적으로 처분청과 감독청(다수설)이다. 처분청은 명문의 근거가 없어도 당연히 직권취소할 수 있다(대판 1986.2. 25. 85누664). 다만, 감독청에 의한 직권취소에 대하여 명문규정이 있어야만 가능하다는 부정설과 명문규정이 없어도 가능하다는 긍정설의 견해 다툼이 있다.

3) 침익적 행위의 직권취소

위법하고 침익적인 행정행위의 취소는 그 취소가 관계자에게 수익적인 것일 뿐만 아니라 적법한 상태로의 회복을 의미하는 것이므로 법치국가적 요구에 합당하다는 점에서 그 취소가 비교적 자유롭다.

4) 수익적 행위의 직권취소

위법하나 수익적인 행정행위는 상대방의 신뢰보호와 관련하여 그 취소가 제한된다(대판 1986. 2. 25. 85누664). 이러한 제한은 ① 행정의 법률적합성의 원칙과 ② 법적 안정성 또는 신뢰보호원칙이라는 상충되는 두 원칙간의 조화의 결과이다. 상대방이 행정행위의 존속을 신뢰하였고 그 신뢰가 보호할 만하고 또한 보호되는 신뢰이익이 공익보다 큰 경우에는 취소가 제한되며 그렇지 않은 경우에는 취소가 자유롭다(대판 1991. 4. 12. 90누9520).

5) 취소의 효과

취소의 효과는 소급적인 것이 원칙이다(대판 1962. 3. 8. 4294민상1263). 그러나 취소되기까지 기존에 유효하였던 행정행위를 근거로 하여 새로운 행위들이 관련을 맺는 경우 이 모든 행위의 효력을 소급적으로 효력을 부인하게 되면 상당한 파급효과를 가져오게 된다. 이러한 경우에 취소의 효과는 장래적인 것으로 보는 것이 오히려 정당한 경우도 있다. 이 때문에 취소의 효과는 경우에 따라 소급적일 수도 있고 장래적일 수도 있다 대체적으로 보아 침익적 행위의 취소의 효과는 소급적이나 수익적 행위의 취소의 효과는 장래적인 경우가 많다 다만 쟁송취소는 소급이 원칙이다.(대판 1997. 1. 21. 96누3401).

(2) 행정행위의 철회

1) 의의

행정행위가 아무런 하자 없이 적법요건을 구비하여 효력을 발휘하고 있으나 사후적으로 공익상 그 효력의 존속이 불가한 새로운 사정의 발생으로 그 행위의 효력의 전부 또는 일부를 장래에 향해 소멸시키는 원행정행위와 독립된 별개의 의사표시를 행정행위의 철회라 부른다.

※ 취소와 철회의 공통점 및 차이점

구분	직권취소	철회
사유	원시적하자	후발적 하자
주체	처분청, 감독청	처분청
법적근거	판례에 의하면 필요 없음	판례에 의하면 필요 없음
소급효	원칙 소급효	장래효

2) 철회권자

처분청은 당연히 철회권을 갖는다. 그러나 감독청은 법률에 특별한 규정이 없는 한 철회권을 갖지 못한다.

3) 제한

철회사유가 발생하였을 경우, 법적 근거 없이도 철회가 가능할 것인지가 문제되는데, 부담적 행정행위는 비교적 자유로운데 반해, 수익적 행정행위에 대해서는 견해가 나뉜다.

① 부담적(침익적) 행위

부담적 행정행위의 철회는 상대방에게 수익적인 결과를 가져오므로 원칙적으로 법적 근거를 요하지 아니하며 비교적 자유롭다.

② 수익적 행위

수익적 행위의 철회는 침익적인 결과를 가져오므로 자유롭지 못하다. 따라서 수익적 행위의 철회는 침해 또는 적법한 사익과 실현코자 하는 공익간의 이익형량에 따라 해결된다(신뢰보호의 원칙, 보충성의 원칙, 비례의 원칙).

4) 철회의 효과 - 장래효

철회의 효과는 처음부터 적법한 행정행위에 대한 것이므로 장래적이다. 행정행위가 철회되면 원상회복, 손실보상 또는 원행정행위와 관련하여 지급한 물건의 반환을 청구할 수 있다.

(3) 행정행위의 실효

적법하게 성립한 행정행위의 효력이 행정청의 의사와 관계없는 일정한 사실 예를 들어 대상의 소멸, 기한의 도래, 해제조건의 성취 등으로 인해 장래를 향하여 당연히 소멸되는 것을 말한다. 실효는 일단 발생된 효력이 소멸되는 점에서 무효와 구별되고 효력의 소멸이 행정청의 의사와 무관하다는 점에서 행정행위의 취소, 철회와 구별된다.

제4절 행정절차법, 행정정보공개

Ⅰ. 행정절차법

1. 일반법

행정절차법은 행정절차에 관한 공통적인 사항을 규정하는 행정절차에 관한 일반법이다. 따라서 개별 법률에 특별한 규정이 없는 한 행정절차에 관해서는 당연히 행정절차법이 원칙적으로 적용된다.

2. 적용영역

행정절차법이 행정절차에 관한 일반법이지만 모든 행정작용에 적용되는 것은 아니다. 그것은 처분, 신고, 행정상 입법예고, 행정지도의 절차에 관하여 다른 법률에 특별한 규정이 없는 경우에 적용된다. 이중에서도 처분절차가 행정절차법의 중심을 이룬다.

3. 적용배제사항

처분, 신고, 행정상 입법예고, 행정예고 및 행정지도의 절차에 관한 사항이라 하여도 다음의 경우에는 행정절차법의 적용이 배제된다.

(1) 국회 또는 지방의회의 의결을 거치거나 동의 또는 승인을 얻어 행하는 사항

(2) 법원 또는 군사법원의 재판에 의하거나 그 집행으로 행하는 사항

(3) 헌법재판소의 심판을 거쳐 행하는 사항

(4) 각급 선거관리위원회의 의결을 거쳐 행하는 사항

(5) 감사원이 감사위원회의 의결을 거쳐 행하는 사항

(6) 형사, 행형 및 보안처분 관계법령에 의하여 행하는 사안

(7) 국가안전보장, 국방, 외교 또는 통일에 관한 사항 중 행정절차를 거칠 경우 국가의 중대한 이익을 현저히 해할 우려가 있는 사항

(8) 심사청구, 해양안전심판, 조세심판, 특허심판, 행정심판, 기타 불복절차에 의한 사항

(9) 병역법에 의한 징집, 소집, 외국인의 출입국, 난민인정, 귀화, 공무원 인사관계 법령에 의한 징계 기타 처분 또는 이해조정을 목적으로 법령에 의한 알선, 조정, 중재, 재정 기타 처분 또는 이해조정을 목적으로 법령에 의한 알선, 조정, 중재, 재정 기타 처분 등 당해행정작용의 성질상 행정절차를 거치기 곤란하거나 불필요하다고 인정되는 사항과 행정절차에 준하는 절차를 거친 사항으로서 대통령령으로 정하는 사항

II. 행정정보공개 청구권

1. 정보공제제도의 의의

정보공개제도란 국민이 국가가 보유한 정보에 접근하여 그것을 이용할 수 있게 하기 위하여 국민에게 국가나 지방자치단체 등의 기관이 보유하고 있는 정보나 정책결정과정을 공개하도록 정구할 수 있는 권리를 보장하고, 국가에 대하여 정보공개의 의무를 지도록 하는 제도이다.

2. 정보공개청구권자

모든 국민은 정보의 공개를 청구할 권리를 가진다. 즉 특정인의 특정사안에 대한 이해관련성의 유무를 불문하고 정보에 대한 공개청구를 일반적인 권리로서 보장하고 있다. 따라서 공개거부처분을 받은 국민은 행정소송을 통하여 그 공개거부처분의 취소를 구할 법률상 이익이 있다.

3. 공개대상정보

공개대상정보는 공공기관이 수집, 관리하고 있는 각종 정보를 말한다. 공공기관이 보유·관리하는 정보는 국민의 알 권리 보장 등을 위하여 이 법에서 정하는 바에 따라 적극적으로 공개해야 한다.

4. 공공기관의 정보공개 의무

(1) 정보공개의 원칙

공공기관이 보유 관리하는 정보는 정보공개법이 정하는 바에 따라 적극적으로 공개하여야 한다. 다만, 국가안전보장에 관련되는 정보 및 보안 업무를 관장하는 기관에서 국가안전보장과 관련된 정보의 분석을 목적으로 수집하거나 작성한 정법에 대해서는 이 법을 적용하지 아니한다.

(2) 공개대상 정보의 원문공개

공공기관 중 중앙행정기관 및 대통령령으로 정하는 기관은 전자적 형태로 보유, 관리하는 정보 중 공개대상인 정보는 공개청구가 없더라도 정보통신망을 활용한 정보공개시스템 등을 통하여 공개하여야 한다.

(3) 정보공개의무

정보공개의무는 국민의 알 권리 보장 등의 차원에서 특정의 정보에 대한 공개청구가 있는 경우에야 비로소 존재한다.

5. 정보공개절차

(1) 정보공개청구

정보의 공개를 청구하는 자는 당해 정보를 보유하거나 관리하고 있는 공공기관에 대하여 청구인의 성명, 주소, 주민번호, 연락처, 공개를 청구하는 정보의 내용 및 공개방법 등을 기재한 정보공개청구를 제출하거나 말로써 정보의 공재를 청구할 수 있고, 그에 따른 공개여부의 결정은 10일 이내에 한다.

(2) 정보공개의 방법

1) 부분공개

정보공개시 비공개대상정보와 공개가능한 정보가 혼합된 경우 공개청구의 취지에 어긋나지 아니하는 범위에서 두 부분을 분리할 수 있으면 법률로 비공개로 규정된 부분제외하고 공개가능한 부분에 대해 공개하여야 한다.

2) 정보의 전자적 공개

공공기관은 전자적 형태로 보유, 관리하는 정보에 대해 전자적 형태의 공개를 요청하는 경우 정상적인 업무수행에 현저한 지장을 초래하거나 그 정보의 성질이 훼손될 우려가 없으면 그에 응해야 한다.

3) 비용부담

정보의 공개 및 우송 등에 소요되는 실비의 범위 안에서 청구인이 부담한다. 다만, 공개를 청구하는 정보의 사용 목적이 공공복리의 유지·증진을 위하여 필요하다고 인정되는 경우에는 비용을 감면할 수 있다.

제5절 행정의 실효성 확보수단

Ⅰ. 행정벌

1. 의의

행정벌이란 행정의 상대방이 행정법상 의무를 위반한 경우에 국가 또는 지방자치단체가 행정의 상대방에 과하는 행정법상의 제재로서의 처벌을 말한다. 행정벌은 간접적으로 의무이행을 확보하는 수단으로서 행정법규의 실효성확보에 그 의의가 있다

2. 종류

행정벌이란 간접적으로 행정상 의무자에게 심리적 압박을 가하여 행정상 의무이행을 확보하는 제도로서 행정형벌과 행정질서벌로 되어 있다.

(1) 행정형벌

행정형벌이란 형법에 규정되어 있는 형벌(사형, 징역, 금고, 벌금, 구류, 과료)이 가해지는 행정벌을 의미하고 원칙적으로 형법총칙과 형사소송법이 적용된다.

(2) 행정질서벌

일반사회의 법익에 직접 영향을 미치지는 않으나 행정상의 질서에 장해를 야기할 우려가 있는 의무위반(각종 등록, 신고의무 불이행의 경우)에 대해 과태료가 가해지는 제재를 말하며, 여기에는 형법총칙과 형사소송법이 적용되지 않는다.

구분	행정형벌	행정질서벌
개념	형법에 정해져 있는 벌을 과하는 것	형법상의 벌이 아닌 과태료를 과하는 것
형법총칙적용 여부	원칙 형법총칙 적용	적용되지 않음
과벌절차	형사소송절차	질서위반행위규제법
대상행위	직접적으로 행정목적을 침해하는 행위	간접적으로 행정목적의 달성에 장해를 미칠 위험성이 있는 행위

II. 행정상 강제집행

1. 행정상 강제집행의 의의

행정상 강제집행이란 행정법상 의무(법령 또는 행정처분에의해 가해진 의무)의 불이행이 있는 경우에 행정청이 의무자의 신체 또는 재산에 직접 실력을 가하여 그 의무를 이행하게 하거나 또는 그 의무가 이행된 것 같은 상태를 실현하는 행정작용을 말한다.

2. 사법상 강제집행과의 비교

행정상 강제집행은 사법상 법률관계에서의 강제집행과 달리 자력집행이라는 점을 특색으로 갖는다. 행정법상 의무의 불이행의 경우에는 사법적 원조 없이 행정주체가 고유의 집행기관을 통해 사인에 대해 강제적으로 권리를 실현할 수 있다. 이를 행정권의 자력강제라 부르기도 한다.

3. 종류

행정상 강제집행의 방법으로는 대집행, 행정상 강제징수, 강제금, 직접강제 등이 있다. 이러한 의무의 불이행에 어떠한 강제방법이 도입되어야 할 것인가는 행정청이 불이행된 의무의 성질을 전제로 하여 판단 결정할 문제이다

(1) 대집행

대체적 작위의무 위반시 의무자가 해야 할일을 행정청 스스로 행하거나 제3자로 하여금 행하게 하고 의무자에게 비용을 징수하는 행정작용을 말한다. 대집행의 주체는 행정청이다. 즉, 당사자에 의해 불이행되고 있는 의무를 부과한 행정기관을 말한다. 감독청이나 행정청의 위임을 받아 대집행을 실행하는 제3자는 대집행의 주체가 아니다.

(2) 집행벌(이행강제금)

비대체적 작위의무 또는 부작위의무 불이행시 이행강제금 부과 뜻을 미리 알려 의무자에게 심리적 압박을 가하여 간접적으로 의무이행을 강제하는 것을 말한다. 집행벌은 장래에 그 의무를 이행하려는 간접적 강제수단이나, 행정벌은 과거의무위반에 대한 제재로서의 벌이라는 점에서 구별된다.

(3) 직접강제

행정법상 불이행이 있는 경우 행정기관이 직접 의무자의 신체, 재산에 실력을 가해 의무자가 의무를 이행한 것과 같은 상태를 실현하는 작용을 말한다. 직접강제는 의무부과와 그 의무불이행을 전제로 하나, 즉시강제는 의무불이행을 전제로 하지 않는 다는 점에서, 또한 대집행은 대체적 작위의무에 대해서만 가능하지만 직접강제는 대체적 작위의무뿐만 아니라 부작위의무, 수인의무에도 적용된다는 점에서 차이가 있다.

(4) 행정상 강제징수

행정법상 금전급부 불이행한 경우 의무자의 재산에 실력을 가해 의무이행이 있었던 것과 같은 상태를 실현한 행정작용을 말한다. 이에 대한 일반법으로 국제징수법이 있다.

Ⅲ. 행정상 즉시강제

1. 개념

(1) 의의

행정상 장해가 존재하거나 장해의 발생이 목전에 급박한 경우에 성질상 개인에게 의무를 명해서는 공행정 목적을 달성할 수 없거나 또는 미리 의무를 명할 시간적 여유가 없는 경우에 행정기관이 개인의 신체나 재산에 실력을 가해 행정상 필요한 상태를 실현하는 작용을 말한다.

(2) 성질

행정상의 즉시강제는 구체적 의무를 행하는 행위와 그 의무내용을 실현시키는 행위가 동시에 행사된다는 점에서 행정의 예측가능성과 법적 안정성을 침해하는 전형적인 권력적 사실행위로서 처분으로 법적근거가 필요하다

2. 수단

(1) 경찰관직무집행법상 수단

① 대인적 강제수단으로는 보호조치, 위험발생의 방지, 범죄의 예방과 제지, 장비의 사용, 무기의 사용, ② 대물적 강제수단으로는 무기 등 물건의 임시영치, ③ 대가택강제수단으로는 위험방지를 위한 출입이 있다.

(2) 개별법상 수단

식품위생법상 폐기처분, 전염병예방법상 강제격리 등을 들 수 있다.

구분	대인적 강제	대물적 강제	대가택 강제
경찰관직무집행법	보호조치, 장구 및 무기의 사용	무기, 흉기 등의 물건의 임시영치, 위해방지조치	위험방지를 위한 가택출입, 수색
개별법	강제격리, 소방기본법상의 화재현장에 있는 자에 대한 원조강제 등	소방대상물의 파괴, 불법게 임물의 수거, 폐기 등	조세범처벌절차법상 수색

3. 한계

즉시강제는 법적안정성과 예측가능성이라는 법치국가적 요청에 반하는 전형적 권력작용이므로, 행정상 즉시강제의 발동요건은 보다 엄격한 법적요건을 필요로 한다.

실체법적 한계	급박성 비례성의 원칙: 강제집행을 원칙으로 하고 즉시강제는 예외적 인정 보충성의 원칙 소극성의 원칙: 적극적 행정목적 달성을 위해 발동해서는 아니된다.
절차법적 한계	통설및판례: 원칙적으로 영장 필요하고 예외적으로 불필요

Ⅳ. 행정조사

1. 행정조사의 의의

행정조사란 적정하고도 효과적인 행정을 위해 행정기관이 필요한 자료, 정보를 수집하는 일체의 조사작용을 말한다.

2. 종류

① 조사의 성질에 따라 권력적 행정조사, 비권력적 행정조사, ② 조사의 대상에 따라 대인적 조사, 대물적 조사, 대가택 조사, ③ 조사 목적의 개별성과 일반성에 따라 개별조사, 일반조사, ④ 조사의 방법에 따라 직접조사, 간접조사, ⑤ 조사의 영역에 따라 경찰행정상 조사, 경제행정상 조사, 교육행정상 조사로 구분된다.

3. 한계

행정기관은 법령 등에서 행정조사를 규정하고 있는 경우에 한하여 행정조사를 실시할 수 있다. 또는 조사 시에도 목적범위 내에서 비례성, 보충성, 부당결부금지 등의 한계 내에서 이루어져야 할 것이다.

실체법적 한계	절차법적 한계
근거법에 규정된 한계를 준수	영장주의: 원칙적으로 영장 필요 예외적 불필요 증표의 제시 실력행사 부정설이 다수설

4. 조사의 시행

(1) 조사대상의 선정

행정기관의 장은 행정조사의 목적, 법령준수의 실적, 자율적인 준수를 위한 노력, 규모와 업종 등을 고려하여 객관적인 기준에 따라 행정조사의 대상을 선정하여야 한다.

(2) 조사의 방법

행정기관은 정책을 결정하거나 직무를 수행하는데 필요한 정보나 자료를 수집하기 위하여 현장조사, 문서열람, 시료채취 등을 하거나 조사대상자에게 보고요구, 자료제출 요구 및 출석, 진술요구 등의 행위를 할 수 있다.

1회출석의원칙	원칙적으로 조사원은 1회 출석으로 당해조사를 종결하여야 함
시료채취	행정기관의 장은 시료채취로 조사대상에게 손실을 입힐 때에는 대통령령으로 정하는 절차와 방법에 따라 손실을 보상
공동조사의 대상	행정기관내에 둘이상의 부서, 서로 다른 행정기관이 동일한 조사대상자에게 조사를 실시하는 경우 공동 조사하여야 함
중복조사의 제한	정기조사 또는 수시조사를 실시한 행정기관의 장은 동일한 사안에 대하여 동일한 대상자를 재조사하여서는 아니된다.

제6절 행정상 손해전보

I. 행정상 손해배상제도

1. 개념

(1) 의의

행정상 손해배상제도란 국가 등의 행정주체가 자신의 사무수행과 관련하여 위법하게 타인에게 손해를 가한 경우에 행정주체가 피해자에게 손해를 배상해주는 제도를 말한다.

(2) 헌법과 국가배상법상의 차이

구분	헌법	국가배상법
책임자	국가 또는 공공단체	국가 또는 지방자치단체
유형	직무행위로 인한 손해배상	직무행위, 영조물 하자로 인한 손해배상

2. 공무원의 위법한 직무집행행위로 인한 배상책임

(1) 배상책임의 요건

헌법 제29조 제1항에 근거하여 국가배상법 제2조는 공무원 또는 공무를 위탁받은 사인의 위법한 직무집행행위로 인하여 개인에게 손해를 가한 경우에 국가나 지방자치단체가 그 손해배상책임을 규정하고 있다.

1) 공무원

국가배상이 성립하기 위해서는 가해행위가 공무원의 행위이어야 한다. 이때 공무원은 최광의의 공무원으로서 국가공무원, 지방공무원뿐만 아니라 공무원의 신분이 아니더라도 널리 공무를 위탁받아 실질적으로 이에 종사하는 공무수탁사인이 포함된다. 예를 들어, 시의 청소차 운전수, 소집 중인 향토예비군, 전입신고서에 확인인을 찍는 통장, 파출소에 근무하는 방범대원 등을 판례에서 공무원으로 인정한다. 다만, 시영버스 운전자, 의용소방대원, 우체국에서 아르바이트를 하는 자 등을 공무원으로 인정되지 않는다.

① 국가기관의 구성자

공무원이란 행정부 및 지방자치단체소속의 공무원뿐만 아니라 입법부 및 사법부 소속의 공무원도 포함된다.

② 공무수탁사인

사인이라도 공무를 위탁받아 공무를 수행하는 한 그것이 일시적인 사무일지라도 여기의 공무원에 속한다(대판 1971. 7. 9. 91다5570).

2) 직무

행정뿐만 아니라 입법 및 사법의 모든 직무를 의미한다. 다만, 통치행위는 당연 무효가 아닌한 사법적 통제 밖에 놓이는 것이므로 국가배상법상의 직무로 보기는 곤란하다.

3) 집행에 당하여

직무는 객관적 외형주의에 따른다. 따라서 직무집행자체는 물론 직무수행을 위한 수단으로 행해진 행위뿐만 아니라 직무와 밀접한 관련을 가지는 행위도 포함한다. 직무행위인지 여부는 국민의 입장에서는 구별하는 것이 용이하지 않으므로 객관적으로 외형상 직무집행과 관련 있는 행위로 볼 수 있는지 여부를 기준으로 한다.

4) 고의 또는 과실

공무원이 직무집행시 고의 또는 과실로 타인에게 손해를 가한 경우에만 국가배상법이 인정된다. 이때 공무원은 당해 공무원 개인의 고의, 과실을 의미하며 국가의 공무원에 대한 선임, 감독상의 고의, 과실을 의미하는 것이 아니다.

5) 법령에 위반

법령위반이란 위법성을 의미한다. 그것은 반드시 엄격한 의미의 법령위반만을 의미하는 것은 아니며, 인권존중, 신의성실, 권리남용금지, 사회질서 등 여러 원칙의 위반도 포함하며 행위가 객관적으로 부당함을 의미하는 것이 통설이다.

6) 타인

타인이란 위법한 직무행위를 한 공무원과 그 행위에 가담한 자를 제외한 모든 피해자를 말한다. 즉, 가해공무원 외의 공무원도 포함된다.

7) 손해

가해행위로부터 발생한 일체의 손해를 말한다. 손해는 법익침해로서의 불이익을 의미한다. 반사적 이익의 침해는 여기의 손해에 해당하지 아니한다. 적극 소극적 손해인지 재산상의 손해인가 또는 생명 신체, 정신상의 손해인가를 가리지 않는다(대판 1998. 7. 10. 96다38791).

(2) 배상청구권자

1) 원칙

공무원이 그 직무를 집행함에 있어서 고의 또는 과실로 법령을 위반하여 타인에게 손해를 가한 경우 손해를 입은 자는 누구나 손해배상금의 지급을 청구할 수 있다

2) 예외 – 이중배상금지제도

국가배상법 제2조 제1항 단서는 군인 · 군무원 · 경찰공무원 또는 향토예비군대원이 전투 · 훈련 등 직무 집행과 관련하여 전사(戰死) · 순직(殉職)하거나 공상(公傷)을 입은 경우에 본인이나 그 유족이 다른 법령에 따라 재해보상금 · 유족연금 · 상이연금 등의 보상을 지급받을 수 있을 때에는 이 법 및 「민법」에 따른 손해배상을 청구할 수 없다.

(3) 배상책임자

국가배상법상 배상책임자는 국가 또는 지방자치단체이다. 헌법 제29조는 국가와 공공단체를 배

상책임자로 규정하고 있으나 국가배상법은 공공단체를 지방자치단체로 한정하고 있으므로 지방자치단체를 제외한 공공단체의 경우에는 다른 특별규정이 없는 한 민법규정에 의한 손해배상을 청구할 수밖에 없다.

3. 영조물의 하자로 인한 배상책임

(1) 배상책임의 요건

영조물의 설치·관리하자로 인한 배상책임은 헌법에서 규정하는 바가 없다. 그러나 입법자는 헌법 제29조 제1항의 취지를 고려하여 국가배상법에서 영조물의 하자로 인한 배상책임에 관해 규정하고 있다(국가배상법 제5조)[13].

※ 민법제758조와 구별

구분	민법 758조	국가배상법 5조
책임대상	공작물 책임에 한정	영조물로 책임대상이 넓음
면책규정	점유자의 면책규정 존재	점유자의 면책규정 없음

1) 도로 기타 공공의 영조물

영조물이란 행정주체에 의하여 공적목적에 제공된 물건, 즉 학문상의 공물을 의미한다(도로, 하천 등).

2) 설치 또는 관리에 하자

설치란 영조물의 설계에서 건조까지를 말하고, 관리란 영조물의 건조 후의 유지, 수선을 의미한다. 한편, 설치의 하자란 설계의 불비가 있었다거나 또는 불량원자재의 사용 등 안전성이 결여된 것을 말하며, 관리의 하자란 건조 후 영조물을 관리함에 있어서 유지, 수선 등에 안전성이 결여된 것을 말한다.

(2) 배상청구권자

영조물설치관리하자로 인한 손해배상청구에 있어서 배상청구권자는 국가배상법 제2조 공무원의 직무집행행위로 인한 배상책임과 같다.

---

13) 제5조 (공공시설 등의 하자로 인한 책임) ① 도로·하천, 그 밖의 공공의 영조물(營造物)의 설치나 관리에 하자(瑕疵)가 있기 때문에 타인에게 손해를 발생하게 하였을 때에는 국가나 지방자치단체는 그 손해를 배상하여야 한다. 이 경우 제2조제1항 단서, 제3조 및 제3조의2를 준용한다.

Ⅱ. 행정상 손실보상제도

1. 의의

국가나 지방자치단체가 공공의 필요에 따른 적법한 공권력행사로 인해 사인의 재산권에 특별한 희생을 가한 경우에 재산권보장과 공평부담이라는 관점에서 그 사인에게 조절적인 보상을 해주는 제도를 말한다.

2. 손실보상의 근거

(1) 이론적 근거

손실보상에 관한 이론적 근거로는 기득권설, 은혜설, 공용징수설 등이 있으나, 통설은 특별희생설을 취하고 있다.

(2) 실정법적 근거 - 헌법 제23조 제3항

헌법 제23조 제3항에서 공공필에 의한 재산권의 수용·사용·제한 및 그에 대한 보상은 법률로서 하되, 정당한 보상을 지급하여야 한다고 규정하고 있다. 헌법규정에 따라 국민의 재산권을 침해하는 행위 그 자체는 형식적 법률로 반드시 근거를 두어야 하고, 보상 등의 방법에 관하여도 법률로서 규정하여야하는 불가분 조항의 의미로 해석된다.

1) 헌법규정의 법적성질

위와 같은 헌법규정의 법적성질에 관하여는 아래와 같은 학설의 대립이 있다.

방침규정설	입법에 관한 방침규정에 불과하므로 보상여부는 입법자가 자유로이 결정
위헌무효설	재산권침해규정시 보상규정이 없으면 위헌, 무효의 법률이며 이에 근거한 재산권침해 행위는 위법한 행위가 되므로 국민은 손해배상청구권을 갖게 됨
직접효력설	직접 헌법상 보상규정에 근거하여 보상을 청구할 수 있음
유추적용설	헌법 제23조 제1항 및 제11조를 근거로 제23조 제3항을 유추적용하여 손실보상청구
보상입법부작 위위헌설	공용제한을 규정하는 법률이 보상규정을 정하지 않은 경우 손실보상을 규정하지 않은 입법부작위가 위헌이라는 견해

2) 판례

우리 판례는 일관된 입장을 취하는 것은 아니나 기본적으로 위헌무효설의 견해를 취하고 있다.

대 법 원	일관되어 있지 않음(유추적용설, 위헌무효설 등)
헌법재판소	일정한 경우 법률에 보상규정을 두지 않은 것은 위헌이라고 판시

3. 성립요건

(1) 공공필요

손실보상의 원인이 되는 재산권 침해는 공공의 필요에 의한 경우이어야 한다. 넓게 해석하여 무릇 일반 공익을 위한 것이면 공공필요에 해당하는 것으로 보아야 하며, 공공필요의 의미는 구체적 사안에 따라 개별적으로 확정되어야 하는데, 일반적으로 구체적 사안에 있어서 공용적 침해로 얻게 되는 공익과 침해되는 사익 간의 이익형량을 통하여 판단된다.

(2) 재산권

재산권에 대한 공권적 침해가 있어야 한다. 재산권의 종류는 물권인가 채권인가를 가리지 않으며(대판 1989. 6. 13. 88누5495), 공법상의 권리인지 사법상의 권리인지 가리지 않는다. 다만, 생명·신체적인 비재산적 침해나 기대이익, 영업기회 또는 이득가능성이나 자연·문화적인 학술가치는 포함되지 않는다.

(3) 침해

재산권을 박탈하는 수용, 재산권의 박탈에 이르지 않는 일시사용을 의미하는 사용, 개인의 사용, 수익을 한정하는 제한 등을 말한다.

(4) 특별한 희생

1) 학설

가. 특별희생설

특정된 개인이나 집단을 다른 개인, 집단에 비해 불평등하게 다루고 그들에게 통상적으로 수인을 요구할 수 없는 특별한 희생을 공익을 위해 강제하게 되는 경우의 재산권 침해행위를 수용이라 한다.

나. 중대설

침해의 중대성과 범위를 구분기준으로 하여 침해의 중대성과 범위에 비추어 사인이 수인할 수 없는 제한의 경우에만 보상이 주어져야 한다는 것이다.

다. 절충설

여러 견해들은 특별한 희생인지를 판단하는데 있어서 그 자체로는 완전한 기준이 되지 못하고, 일면성 타당성만을 가지고 있으므로 이를 종합하여 판단해야 한다는 견해이다.

4. 손실보상의 내용

헌법 제23조 제3항은 재산권의 수용, 사용, 제한 및 보상은 법률로서 하되 정당한 보상을 지급할 것을 규정하고 있다. 여기서 정당한 보상에 대해 견해가 나뉘고 있는데, 완전보상설이란 침해된 재산이 가지는 완전한 가치 전부를 보상해야 한다는 견해이고, 상당보상설은 그 침해의 공공성에 비추어 사회국가원리에 따른 객관적으로 공평한 기준에 따른 적정한 보상이면 족하다는 견해이다. 완전보상설이 다수설 및 판례의 입장이다.

제7절 행정쟁송

I. 행정심판법

1. 개념

(1) 의의

행정심판이란 행정청의 위법 또는 부당한 처분이나 부작위로 침해된 국민의 권리 또는 이익을 구제하기 위하여 행정기관이 행정상 법률관계의 분쟁을 심리, 재결하는 행정쟁송절차를 말한다.

(2) 구별

1) 행정심판과 이의신청

행정심판은 원칙적으로 처분청의 직근 상급행정청에 제기하는 행정소송임에 반해 이의신청은 처분청에 재심사를 구하는 행정쟁송이며, 행정심판은 개괄주의를 채택하므로 모든 위법·부당한 행정처분에 대하여 쟁송제기가 가능한 반면, 이의신청은 제한적 열거주의를 취하므로 개별법이 인정한 일정한 처분에 대해서만 쟁송제기가 가능하다는 등의 차이가 있다.

구분	행정심판	이의신청
청구기관	주로 상급행정청 소속 행정심판위원회	주로 처분청
대상	원칙적으로 모든 위법, 부당한 처분	개별법에 정하고 있는 처분

2) 행정심판과 행정소송 비교

행정심판은 행정청의 위법·부당한 처분을 이유로 행정기관에 그 취소나 변경을 구하는 행정쟁송임에 반해 행정소송은 행정작용이 위법한 경우에 법원에 그 취소·무효확인·부작위위법확인 등을 구하는 행정쟁송이라는 점 및 아래 표와 같은 내용의 차이가 있다.

구분	행정심판	행정소송
판정기관	행정심판위원회	법원
성질	약식쟁송	정식쟁송
종류	취소심판 무효확인심판 의무이행심판	취소소송 무효 등 확인소송 부작위위법확인소송
대상	위법,부당한 처분 또는 부작위	위법한 처분 또는 부작위
거부처분	취소심판, 무효확인심판, 의무이행심판	취소소송, 무효 등 확인소송
의무이행쟁송인정여부	긍정	부정
적극적 변경여부	가능	불가능
기간	처분이 있음을 안날 90일 처분이 있었던 날 180일	처분이 있음을 안날 90일 처분이 있은 날 1년
심리	구술심리 또는 서면심리 비공개원칙	구술심리 공개원칙
의무이행확보수단	행정심판위원회의 직접 처분권인정	간접강제제도
오고지,불고지에 관한규정	O	×
공통점	국민의 권리구제수단, 대심구조주의, 불고불리의 원칙, 집행부정지의 원칙 신청을 전제로 한 절차개시, 직권심리주의 가미, 불이익변경금지의 원칙	

2. 행정심판의 종류

(1) 취소심판

1) 의의

행정청의 위법 또는 부당한 처분의 취소 또는 변경을 구하는 행정심판을 말한다. 취소심판은 공정력 있는 행위의 효력을 제거하는 것을 주된 목적으로 한다.

2) 성질

취소심판은 당해 처분의 취소, 변경을 통하여 법률관계의 변경, 소멸을 가져오는 형성적 쟁송을 말한다.

(2) 무효확인의심판

1) 의의

행정청의 처분의 효력유무 또는 존재 여부에 대한 확인을 구하는 행정심판을 말한다.

2) 성질

실질적으로는 처분의 효력유무 또는 존재 여부를 공권적으로 확인하는 확인적 쟁송이나 형식적으로는 행정청이 우월적 지위에 행한 처분의 효력유무 등을 다투는 쟁송을 말한다.

(3) 의무이행심판

1) 의의

행정청의 위법 또는 부당한 거부처분이나 부작위에 대하여 일정한 처분을 하도록 하는 심판을 말한다. 취소심판이 행정청의 적극적인 행위로 인한 침해로부터 권익보호를 목적으로 하는 반해서 의무이행심판은 행정청의 소극적인 행위로 인한 국민의 권익보호를 목적으로 한다.

2) 성질

의무이행심판은 행정청으로 하여금 현재 법률상 의무 있는 행위가 이루어지고 있지 아니한 경우에 일정한 처분을 할 것을 구하는 심판이므로 이행쟁송의 성질을 갖는다.

3. 행정심판기관

(1) 당해 행정청 소속 행정심판위원회

감사원, 국가정보원장, 그 밖에 대통령령으로 정하는 대통령, 소속기관의 장, 국회사무총장, 법원행정처장, 헌법재판소사무처장, 중앙선거관리위원회사무총장 등의 처분 또는 부작위에 대한 행정심판의 청구에 대하여는 당해 행정청에 두는 행정심판위원회에서 심리, 재결한다.

(2) 국민권익위원회 소속 중앙행정심판위원회

국가행정기관의 장 또는 그 소속 행정청, 특별시장, 광역시장, 도지사, 특별자치도지사, 또는 특별시 광역시, 도, 특별자치도의 의회, 지방자치단체조합 등의 처분 또는 부작위에 대한 행정심판의 청구에 대하여는 국민권익위원회 소속 중앙행정심판위원회에서 심리, 재결한다.

구분	각급 행정심판위원회	중앙행정심판위원회
구성	위원장 1명을 포함한 30명 이내의 위원	위원장 1명을 포함한 50명 이내의 위원
위원장	해당 행정심판위원회가 소속된 행정청	국민권익위원회의 부위원장 중 1명
위원장의 직무대행	· 위원장이 사전에 지명한 위원 · 지명된 공무원인 위원	상임위원
회의	원칙:위원장+위원장이 회의마다 지정하는 위원	위원장, 상임위원, 비상임위원을 포함하여 9명 소속위원회 들 수 있음
의결	구성원과반수의 출석+출석위원 과반수의 찬성	구성원의 과반수의 출석과 출석위원 과반수의 찬성
임기	소속 공무원인 위원:재직하는 동안 재임 위촉된 위원: 2년임기, 2차에 한해 연임가능	상임위원:3년임기, 1차에 한해 연임가능 비상임위원:2년임기,2차에 한해 연임가능

4. 심판청구인과 피청구인

(1) 심판청구인

심판청구의 대상이 되는 처분 등에 불복하여 심판청구를 제기하는자를 말한다. 반드시 처분의 상대방만을 의미하는 것은 아니다. 제3자도 심판청구인이 될 수 있다.

(2) 심판청구인적격

취소심판의 경우에는 처분의 취소 또는 변경을 구할 법률상 이익이 있는 자이고, 무효 등 확인

심판의 경우에는 처분의 효력 유무 또는 존재여부에 대한 확인을 구할 법률상의 이익이 있는 자이며, 의무이행심판의 경우에는 행정청의 거부처분 또는 부작위에 대하여 일정한 처분을 구할 법률상 이익이 있는 자이다.

(3) 피청구인
행정심판의 상대방인 피청구인은 처분을 한 행정청, 의무이행심판의 경우에는 청구인의 신청을 받은 행정청이다.

5. 행정심판의 절차
(1) 행정심판의 청구
1) 청구
가. 대상과 방식
그 대상으로 처분 등이 존재하여야 된다. 처분 등은 행정청이 행하는 구체적 사실에 관한 법집행으로서의 공권력의 행사 또는 그 거부와 그 밖에 이에 준하는 행정작용을 말한다. 심판청구는 심판청구서를 작성하여 피청구인이나 행정심판위원회에 제출하여야 한다.

나. 기간
① 심판청구의 기간은 취소심판청구와 거부처분에 대한 의무이행심판청구에만 적용된다. 무효등 확인심판청구와 부작위에 대한 의무이행심판청구에는 적용되지 아니한다.

② 처분이 있음을 안날로부터 90일 이내에 제기하여야 한다. 그러나 이것도 정당한 사유가 없는 한 처분이 있은 날로부터 180일을 경과하면 제기하지 못한다. 다만 정당한 사유가 있으면 처분이 있는 날로부터 180일이 경과하여도 심판을 제기할 수 있다. 청구인이 천재, 지변, 전쟁, 사변, 그 밖의 불가항력으로 인하여 90일 이내에 심판을 청구할 수 있다

다. 효과
심판청구가 있어도 그것이 처분의 효력이나 그 집행 또는 절차의 속행에 영향을 미치지 않는다. 이를 집행부정지의 원칙이라 부른다.

(2) 행정심판의 재결

1) 의의

행정심판의 청구에 대하여 위에 언급한 행정심판기관인 각급 행정심판위원회가 행하는 판단을 말한다. 재결은 피청구인 또는 행정심판위원회가 심판청구서를 받은 날로부터 60일 이내에 하여야 한다.

2) 재결의 효력

재결도 행정행위의 일종으로 내용상 구속력, 공정력, 구성요건적 효력, 형식적 효력과 실질적 존속력 등의 효력을 갖는다.

Ⅱ. 행정소송

1. 개관

(1) 의의

행정소송이란 행정사건에 관하여 위법하게 권리가 침해된 자가 소송을 제기하여 법원이 이에 대해 심리 판단을 행하는 정식의 행정쟁송을 말한다.

(2) 종류

주관적 소송이란 개인의 권리의 구제를 주된 내용으로 하는 행정소송을 말하고 객관적 소송이란 개인의 권리가 아니라 행정법규의 적정한 적용의 보장을 주된 내용으로 하는 행정소송을 말한다. 주관적 소송은 다시 항고소송과 당사자소송으로, 객관적 소송은 민중소송과 기관소송으로 구분된다. 항고소송은 다시 취소소송, 무효등확인소송, 부작위위법확인소송으로 나누어진다.

2. 항고소송

(1) 취소소송

1) 의의

행정청의 위법한 처분 등을 취소 또는 변경하는 소송을 말한다. 취소소송의 대상인 처분 등은 처분과 재결을 의미하므로 취소소송은 다시 처분취소소송, 처분변경소송, 재결취소소송, 재결변경소송으로 구분된다.

2) 소송요건

① 처분 등의 존재

처분 등은 행정청이 행하는 구체적 사실에 관한 법집행으로서의 공권력의 행사 또는 그 거부와 그 밖에 이에 준하는 행정작용 및 행정심판에 대한 재결을 말한다.

② 관할법원

취소소송에 있어 제1심 관할법원은 원칙적으로 피고의 소재지를 관할하는 지방법원급의 행정법원이며, 예외적으로 중앙행정기관 또는 그 장이 피고인 경우의 관할은 대법원 소재지의 행정법원으로 할 수 있다.

③ 당사자

가. 원고적격

원고적격이란 행정소송에서 원고가 될 수 있는 자격을 의미하는데 취소소송은 처분등의 취소를 구할 법률상 이익이 있는 자가 제기할 수 있다.

나. 피고적격

다른 법률에 특별한 규정이 없는 한 취소소송에서는 그 처분 등을 행한 행정청이 피고가 된다. 행정권한의 위임·위탁이 있는 경우에는 그 위임 또는 위탁을 받은 행정청(수임청 또는 수탁청)이나 사인(공무수탁사인)이 피고가 된다.

④ 제소기간

가. 안 날로부터 90일

행정심판을 거치지 않은 경우 취소소송은 처분 등이 있음을 안날로부터 90일 이내에 제기하여야 하며 행정심판을 거친 경우는 재결서 정본을 송달 받은 날로부터 90일 이내에 제기하여야 한다. 이는 행정법관계를 신속히 확정하여 법적 안정성을 기하려는 데 그 취지가 있다.

나. 있은 날로부터 1년

행정심판을 거치지 않은 경우 취소소송 등은 처분 등이 있은 날로부터 1년을 경과하면 이를 제기하지 못한다. 이 두 기간 중 어느 하나라도 경과하면 취소소송을 제기하지 못한다.

3) 취소소송 판결

① 소송요건의 결여로 인하여 본안의 심리가 거부되는 경우 각하판결을 한다. ② 원고의 청구에 합리적인 이유가 없기 때문에 배척하는 경우 기각 판결을 한다. ③ 원고의 청구가 이유 있음이 인정되는 경우 처분 등의 취소, 변경을 행하는 판결을 한다(인용).

(2) 무효 등 확인소송

1) 의의

무효확인 등 소송(무효확인, 유효확인, 실효확인, 존재확인, 부존재확인소송)이란 행정청의 처분 등의 효력유무 또는 존재여부를 확인하는 소송을 말한다.

2) 소송요건

본안판단의 전제요건으로는 무효라고 주장하는 처분 등이 존재하고, 관할법원에 원고가 피고를 상대로 소장을 제출하여야 하고, 처분 등의 무효확인등의 확인을 구할 이익이 있어야 한다.

(3) 부작위위법확인소송

1) 의의

행정청이 당사자의 신청에 대해 상당한 기간내에 일정한 처분을 해야 할 법률상의 의무가 있음에도 불구하고 이를 행하지 않은 경우 그 부작위가 위법함의 확인을 구하는 소송을 말한다.

2) 소송요건

본안판단의 전제요건으로는 부작위가 존재하고, 관할법원에 원고가 피고를 상대로 경우에 따라서는 일정한 기간내에 소장을 제출하여야 하고, 때에 따라서는 행정심판을 먼저 거쳐야 하고, 원고에게는 부작위위법의 확인을 구할 이익이 있어야 한다.

3. 당사자소송

(1) 의의

행정청의 처분 등을 원인으로 하는 법률관계에 관한 소송, 그 밖에 공법상의 법률관계에 관한 소송으로 그 법률관계의 한쪽 당사자를 피고로 하는 소송을 말한다.

구분	당사자 소송	항고소송
소의 대상	처분 등을 원인으로 하는 법률관계 공법상의 법률관계	행정청의 처분등과 부작위
종류	실질적 당사자소송 형식적 당사자소송	취소소송 무효 등 확인소송 부작위위법확인소송
원고적격	행정소송법에 규정 없음	법률상 이익이 있는자
피고적격	국가, 공공단체 그 밖의 권리 주체	처분청등
제소기간	원칙적으로 제소기간의 제한 없음	처분 등이 있음을 안날로부터 90일, 처분 등이 있은 날로부터 1년 이내
행정심판 전치	행정심판전치주의가 적용되지 않음	원칙적으로 행정심판임의주의 적용됨
판결의 종류	기본적으로 취소소송과 동일 다만 사정판결제도 없음	소송판결, 본안판결

(2) 당사자

1) 원고적격

당사자소송은 민사소송에 유사한 것이므로 당사자소송에도 민사소송의 경우와 같이 권리보호 이익이 있는 자가 원고가 된다.

2) 피고적격

행정청이 피고가 아니다, 국가, 공공단체 그 밖의 권리주체가 당사자소송의 피고가 된다.

(3) 취소소송과의 차이점

취소소송과 비교하여 제소기간의 요건과 사정판결의 제도가 없다는 점이 다르다.

4. 객관적 소송

(1) 민중소송

1) 의의

국가 또는 공공단체의 기관이 법률에 위반되는 행위를 한 때에 직접 자기의 법률상 이익과 관계없이 그 시정을 구하기 위하여 제기하는 소송을 말한다.

2) 민중소송의 예

공직선거 및 선거부정방지법상 선거소송, 동법상의 당선소송, 국민투표법상 국민투표무효소송 등을 들 수 있다.

(2) 기관소송

1) 의의

국가 또는 공공단체의 기관 상호간에 있어서의 권한의 존부 또는 그 행사에 관한 다툼이 있을 때에 이에 대하여 제기하는 소송을 말한다.

2) 기관소송의 예

지방자치법상 지방자치단체장이 지방의회를 상대로 대법원에 제기하는 소송, 교육감이 시도의회 또는 교육위원회를 상대로 대법원에 제기하는 소송이 그 예이다.

제4편
형 법

이기원

숭실대학교 대학원 법학박사, (現) 광운대학교 외래교수 겸 월남시민문화연구소 연구위원.

제1장 형법의 개념과 죄형법정주의에 대해

제1절 형법의 개념

Ⅰ. 형법의 개념

1. 사회규범인 형법

우리가 사회생활을 함에 있어 최소한의 규칙이 필요할 것이다. 만약 어떠한 제재 조치 없이 개인이 하고 싶은 대로 행동에 옮긴다면 이 사회에는 심각한 혼란에 빠질 것이다. 이러한 심각한 혼란을 막기 위해서는 최소한의 사회질서를 유지하기 위한 최소한의 통제수단이 필요한 것이다. 이러한 통제수단에 의한 것이 바로 강제력을 가진 것이 법이다. 강제력을 가진 법 중 특히 형법은 범죄를 저지른 자에 대해서 형벌이라는 통제수단을 사용해 개인 범죄행위를 제재할 수 있는 국가적인 강행법규인 것이다. 결국 이러한 제재를 함으로써 결국에는 개인의 자유와 권리 또한 함께 보호될 수 있는 것이다.

2. 형법의 정의

형법이란 어떠한 행위가 범죄이고 이에 대한 법적 효과로서 어떠한 형벌 및 보안처분을 과할 것인지를 규정하는 법규범의 총체를 의미한다. 이에는 협의의 형법과 광의의 형법으로 구분되어 진다. 협의의 형법의 경우 형법이라는 명칭이 붙는 형법전(刑法典)을 의미한다. 협의의 형법, 즉 형법전은 총칙과 구분된다. 총칙은 범죄 및 형벌에 관한 일반적인 규정이다(입법례에 따라서는 보안처분14)). 우리 조문으로는 제1조에서 제86조까지의 규정에 해당된다. 각칙은 범죄의 유형과 이에 관련성이 있는 보충규정들이 포함된다. 우리 조문으로는 제87조에서 제372조까지의 규정이 여기에 해당된다. 광의의 형법은 협의의 형법을 비롯해서 형벌15)에 의한 제재를 그 법적 효과로 하는 모든 법규범16)을 의미한다. 학자에 따라서는 협의의 형법을 형식적 의

---

14) 보안처분이란 형벌이외에 범죄로부터 사회를 방위하기 위한 수단으로써 1972년 12월 21일 시행되었다. 헌법 제12조 제1항에서 "누구든지 법률과 적법한 절차에 의하지 아니하고는 … 보안처분 … 을 받지 아니한다"고 규정하여 보안처분에 관한 헌법적 근거를 제시하고 있다.

15) 형벌의 종류에 대해서는 형법 제41조(형의 종류)에 명시 되어 있다. 1. 사형, 2. 징역, 3. 금고, 4. 자격상실, 5. 자격정지, 6. 벌금, 7. 구류, 8. 과료, 9. 몰수

16) 예컨대 군형법, 국가보안법, 폭력행위 등 처벌에 관한 법률(폭처법), 특정범죄가중처벌법(특가법), 도로교통법, 관세법의 형벌구정 등이 이에 해당된다.

미의 형법, 광의의 형법을 실질적 의미의 형법으로 표현하기도 한다.

형사법(가장 넓은 의미의 형법)에는 형법, 형사소송법, 형집행(刑執行)에 관한 법이 모두 포함된다. 형사소송법은 형법에 근거하여 형벌을 부과하는 일에 필요한 절차를 규정한 법을 말한다. 예컨대 수사절차, 재판절차, 형집행 절차 등 형집행에 관한 법은 법에 의한 범죄 및 보안처분의 시행, 감독 등에 관한 일체의 법규를 의미한다.

II. 형법의 성격

1. 법체계상의 성격

형법을 공법(公法)과 사법(私法)으로 나눌 경우 공법에 속한다. 법을 입법법(立法法), 사법법(私法法), 행정법(行政法)으로 나누어 살펴 볼 경우에는 재판에 적용되는 법인 사법법에 해당된다. 또한 형법은 실체법(實體法)에 해당된다. 왜냐하면 형법은 형사사건의 실체에 대해 적용되는 법이기 때문이다.

2. 규범적 성격

1) 가설적 규범(假說的 規範)

형법은 종교·도덕규범과는 달리 내용의 판단에 있어서 가설적 형태를 취한다. 예컨대, 종교·도덕규범의 경우는 "~하지 말라 또는 ~해라"의 명령적 형식를 취하지만, 형법은 "사람을 살해한 자는 사형, 무기 또는 5년 이상의 징역에 처한다"는 가설적 형식을 취한다.

2) 행위규범(行爲規範) 및 재판규범(裁判規範)으로서의 성격(性格)

형법은 행위규범이자 재판규범이다. 행위규범은 금지와 명령을 통하여 일반인의 행태를 규제하고 행위의 척도를 제시해 주는 형법의 성격을 말한다. 예컨대, 절도죄는 절취행위를 하지 말 것(금지)이 포함되어 있고, 퇴거불응죄의 경우는 요구가 있으면 퇴거해야 한다는 명령규범의 경우. 재판규범은 법관, 검사 기타 사법관계자의 활동에 있어 무엇이 범죄이고 이에 대한 형벌을 어떻게 과할 것인가에 관하여 일정한 기준을 제시해주는 관점을 말한다.

3) 의사결정규범 및 평가규범으로서의 성격

형법은 형벌로써 금하는 무가치한 행위를 해서는 안된다는 의무를 일반인에게 부담시켜 의사결정에 있어 하나의 척도로서 작용해야 한다는 관점을 말한다. 평가규범은 일정한 금지나 명령을 준수할 것을 요구하고 만일 이에 반하여 범행을 하면 이에 대하여 형벌을 과함으로써 그러한 행위를 법률상 무가치한 것으로 평가한다는 관점을 말한다.

Ⅲ. 형법의 기능

형법의 기능이 무엇인가에 대해서는 관점에 따라 견해가 다양하나 대체로 다음과 같이 구분하여 살펴볼 수 있다.

1. 규제적(規制的) 기능(機能)

형법은 일정한 범죄에 대하여 일정한 형벌(또는 보안처분)을 과할 것을 예고한다. 이를 통하여 일반국민에게는 행위규범 내지 의사결정규범으로서 작용함과 동시에 사법관계자들에 대해서는 재판규범으로서 범죄인정 및 형벌적용의 지표로 삼게된다(형법의 행위규범 및 재판규범으로서의 기능). 이러한 기능을 규제적 기능이라고 한다.

2. 보호적(保護的) 기능(機能)

형법은 공동생활에 장애가 나타나는 모든 경우에 개입하는 것이 아니고 국가공동체 또는 사회질서의 근본적 가치의 보호에 필요한 경우에만 개입하게 된다. 따라서 형법의 보호적 기능은 법익뿐만 아니라 사회윤리적 행위가치도 포함된다.

(1) 법익(法益)의 보호(保護)

형법은 범죄로부터 법익을 보호한다. 일반국민들이 살아가는데 필요한 행복한 삶을 위해 필요한 조건을 법이 보호하는 것을 법익이라고 한다. 또한 법익은 공동체의 이익이나 가치를 의미하기도 하는데 모든 형벌규정의 근거에는 이러한 법익이 놓여 있다. 행위객체가 없는 범죄는 예외적으로 가능하지만(예컨대 다중불해산죄, 단순도주죄, 퇴거불응죄 등), 법익침해를 수반하지 아니하는 범죄는 있을 수 없다.

(2) 사회윤리적(社會倫理的) 행위가치(行爲價値)의 보호(保護)

형법적 가치판단은 법익의 침해나 위태화에만 관련되지 아니하고 비난받을 방법으로 이를 초래한 인간행위의 질과도 불가분의 관계를 맺는다. 형법에 의한 법익의 보호는 형법이 설정한 명령이나 금지의 침해를 제재하는 방법을 통하여 성취된다. 그러므로 형법의 기능은 법익의 보호뿐만 아니라 시회윤리적 행위가치에도 미친다.

(3) 형법과 보충성의 원칙

형법이 어떠한 법익을 보호할 것인지에 관해서는 사회논리적 행위가치을 기초로 한 형사정책의 문제라고 볼 수 있다. 형법은 강제력을 가진 형벌을 통해 법익을 보호하기 때문에 그 적용에 있어서 「보충성(補充性)」원칙의 제한을 받고 있다.

보충성원칙이란 형법 이외의 다른 수단에 의해 법익을 보호받을 수 없는 경우에 한해서 최후의 수단으로 형벌을 적용하는 것을 말한다.

3. 보장적 기능

형법은 국가가 행사할 형벌권의 한계를 명백히 규정하여 자의적(恣意的)형벌(형벌권의 남용)로부터 국민의 자유와 인권을 보장하는 기능을 보장적 기능이라고 부르는데 이는 죄형법정주의를 근본원리로 삼는 기능이기도 하다.

형법은 일반국민에 대해서는 형법에 규정된 범죄를 행하지 아니하는 한 어떠한 행위를 하더라도 범죄자로서 형벌을 받지 아니한다는 것을 보장한다.

이러한 의미에서 형법은 선량한 국민의 대헌장(시민의 Magna Charta)이라고 불리어진다.

제2절 죄형법정주의(罪刑法定主義)

I. 죄형법정주의의 의의

1. 죄형법정주의의 의의

어떠한 행위가 범죄가 되고 그 범죄에 대해서 어떠한 형벌을 과할 것인가에 대한 것을 미리 성문법에 정해 두어야 한다는 원칙으로써 국가의 자의적 형벌로부터 시민의 자유와 인권을 보호하기 위하여 주장되고 발전되어 온 근대형법의 지도원리이다.

'법률이 없으면 범죄도 형벌도 없다(nullum crimen, nulla poena sine lege)'는 표현은 죄형법정주의를 단적으로 표현하는 것이다.

2 연 혁

우리나라의 형법전은 죄형법정주의에 관한 특별한 규정을 두고 있지 않다. 그러나 1948년 건국헌법 제9조가 "모든 국민은 신체의 자유를 가진다. 법률에 의하지 아니하고는 체포, 구금, 심문·처벌과 강제노역을 받지 아니한다." 그리고 동법 제23조가 "모든 국민은 행위시의 법률에 의하여 범죄를 구성하지 아니하는 행위에 대하여 소추를 받지 아니하며 또 동일한 범죄에 대하여 두 번 처벌되지 아니한다"는 원칙을 선언한 이래 8차에 걸친 헌법개정 중에도 이것이 손상됨이 없이 오늘에 이르렀다. 그리하여 현행헌법 제12조 1항은 "모든 국민은 신체의 자유를 가진다. 누구든지 법률에 의하지 아니하고는 체포·구속·압수·수색 또는 심문을 받지 아니하며, 법률(法律)과 적법(適法)한 절차(節次)에 의하지 아니하고는 처벌·보안처분 또는 강제노역을 받지 아니한다"라고 규정하고 있다. 또한 형법 제1조 1항은 "범죄의 성립과 처벌은 행위시의 법률에 의한다"라고 규정하며,[17] 형사소송법 제323조(유죄판결에 명시된 이유) 1항은 "형의 선고를 하는 때에는 판결이유에 범죄 될 사실, 증거의 요지와 법령의 적용을 명시해야 한다"라고 규정한다. 이상과 같은 여러 규정에 비추어 볼 때에 우리의 형법도 당연히 죄형법정주의의 원칙을 예정하고 있는 것으로 보아야 한다.

II. 죄형법정주의의 파생적 원칙(派生的 原則)

"법률이 없으면 범죄도 없고 형벌도 없다"는 죄형법정주의의 명제는 그 당연한 결론으로서 다음과 같은 파생적 원칙을 필요로 한다.
죄형법정주의는 관습형법금지(慣習刑法禁止)의 원칙, 명확성(明確性)의 원칙, 유추해석금지(類推解釋禁止)의 원칙, 소급효금지(遡及效禁止)의 원칙을 내용으로 하고 있다.

1. 관습형법금지의 원칙(성문법주의: Lex scripta)

국회에서 제정된 형식적 의미의 법률인 성문(成文)의 법률(法律), 즉 성문법(成文法)에 국한되어 제정되어야 한다. 이를 법률주의라고 한다. 성문법이 아닌 관습법에 의해 처벌하거나 형을 가중할 경우에도 내용이나 범위가 불확실한 법에 의해 처벌하는 것은 죄형법정주의 정신에 반하는 것이다. 관습법은 법률공동체 내에서 오랫동안 법으로 인정되어 온 관습을 의미하나 그 내용과 범위가 명확하지 못하기 때문에 이에 따른 처벌은 범죄와 형벌을 미리 법률로써 정해야 한다는 죄형법정주의의 근본적 취지에 반하게 되는 것이다. 우리나라의 현행법에도 직접적으로 관습 또는 조리 등을 근거로 하는 형벌법규는 있지 아니하다. 관습형법금지의 원칙은 오늘날 법관습이 직접적으로

---

17) 형법 제1조 1항은 행위시법주의 못지않게 범죄의 성립과 처벌은 법률에 의한다는 것을 명문화하고 있는 의미에서 죄형법정주의를 규정하고 있는 것으로 볼 수 있다.

형법의 법원이 될 수 없다는 것을 의미함에 그치고 간접적으로는 특히 형법의 해석과 관련하여 범죄의 성립·불성립 등에 영향을 미칠 수 있다는 것이 인정되고 있다(보충적 관습법).

관습법금지의 원칙은 형벌을 근거 짓거나 가중하는 관습법을 금지하는 것이므로 관습법을 통하여 형벌을 완화하거나 제거하는 것은 배제되지 않는다고 보아야 할 것이다.

관련판례

총포·도검·화약류등단속법 제2조 제1항은 총포에 관하여 규정하면서 총에 대해서는 일정 종류의 총을 총포에 해당하는 것으로 규정하면서 그 외의 장약총이나 공기총도 금속성 탄알이나 가스 등을 쏠 수 있는 성능이 있는 것은 총포에 해당된다고 규정하고 있으므로, 여기서 말하는 총은 비록 모든 부품을 다 갖추지는 않았더라도 적어도 금속성 탄알 등을 발사하는 성능을 가지고 있는 것을 가리키는 것이고, 단순히 총의 부품에 불과하여 금속성 탄알 등을 발사하는 성능을 가지지 못한 것까지 총포로 규정하고 있는 것은 아님에도 불구하고 같은 법 시행령 제3조 제1항은 같은 법 제2조 제1항의 위임에 따라 총포의 범위를 구체적으로 정하면서도 제3호에서 모법의 위임 범위를 벗어나 총의 부품까지도 총포에 속하는 것으로 규정함으로써, 같은 법 제12조 제1항 및 제70조 제1항과 결합하여 모법보다 형사처벌의 대상을 확장하고 있는 것으로써 이는 위임입법의 한계를 벗어나고 죄형법정주의의 원칙에 위배된 것으로 무효라 하지 않을 수 없다(대판 1999. 2. 11, 98도2816).

2. 명확성의 원칙

명확성의 원칙은 어떠한 범죄가 어떠한 형벌에 의해 처벌되는가를 사전에 알 수 있도록 구성요건과 형벌 부분에 대해서 모두 형법전(성문헌법)에 명확히 규정되어야 함을 의미한다.

첫째, 형법에 의하여 금지 또는 요구된 행위가 무엇인가를 명확히 해야 한다. 예컨대 공공질서에 반하는 자는 처벌한다는 규정은 명확성이 결여된다. 형벌법규를 순수하게 기술적 요소로 한정하여 규정하는 것이 명확성의 원칙에는 가장 잘 합치되는 일이나 이것은 사실상 불가능할 뿐만 아니라 행위의 다양성과 개별적 특수성을 소홀히 할 위험성도 지닌다. 그러므로 일반적, 규범적 개념의 사용은 명확성의 원칙의 본질을 해할 정도가 아닌 이상 허용되어야 한다.

둘째, 명확성의 원칙은 형벌에 있어서도 유효하다. 형기를 전혀 확정짓지 아니하는 절대적(絶對的) 부정기형은 법적 안전성을 해치고 인권보장을 위태롭게 하기 때문에 이는 허용되지 않는다. 그러나 상대적 부정기형은 허용된다. 즉 법정형(法定刑)은 대부분 상대적 부정기형으로 규정되어져 있다. 우리나라 소년법(少年法)[18]은 상대적(相對的) 부정기형을 규정하고 있다. 예컨대 소년범(少年犯)에 대해 상대적 부정기형을 선고하는 경우이다. 상대적 부정기형은 범죄인의 교화상태에 따라 석방시기를 결정하도록 하는 특별예방적(特別豫防的) 목적이 반영된 것이라고 볼 수 있다.

3. 유추해석금지의 원칙

유추해석금지의 원칙이란 형법해석은 엄격하게 해야 하며 법문에 명시되지 아니한 다른 사실에 해석을 유추[19]해서는 안된다는 원칙을 말한다. 여기서의 예컨대 축산물가공처리법 소정의 수축중의 하나인 양의 개념 속에 염소가 포함된다고 보는 해석의 경우. 유추해석은 법문의 해석상 가능한 의미를 넘어 명문규정에 없는 사실에 대해 추리하는 것이므로 이는 법관에 의한 법창조에 해당된다고 할 것이다.[20]

유추해석을 금지하는 이유는 만일 이러한 유추해석을 허용할 경우 형법에 명시되지 아니한 행위까지 처벌되어 개인의 자유와 인원이 부당하게 침해되고 법적안정성이 침해될 위험성이 크기 때문이다. 하지만 범죄의 성립을 조각하거나 형벌을 감경하는 사유 등 행위자에게 유리한 경우에 해당되는 경우에는 유추가 허용된다.

> **관련판례**
> 죄형법정주의에 의거해서 살펴보면 형벌법규인 축산물가공처리법소정의 '수축' 중의 하나인 양의 개념에 염소가 당연히 포함된다고 보는 것은 유추해석할 수 없다고 보는 것이 상당하다(대판 1977. 9. 29, 77도405).

4. 소급효금지의 원칙

소급효금지의 원칙이란 범죄와 형벌은 행위시 법률에 의해 결정되고 형법이 제정되기 이전의 행위에 소급하여 적용시켜서는 안된다는 원칙을 말한다. 만일 소급효에 의한 처벌이 인정될 경우 법적 안정성이 침해되고 개인의 자유와 인권보장을 위태롭게 할 것이다. 우리 헌법 제13조 제1항은 "모든 국민은 행위시의 법률에 의하여 범죄를 구성하지 아니하는 행위로 소추되지 아

---

18) 소년법 제60조 제1항은 "소년이 법정형 장기(長期) 2년 이상의 유기형(有期刑)에 해당하는 죄를 범한 때에는 그 형의 범위 안에서 장기와 단기(短期)를 정하여 선고한다. 다만, 장기는 10년, 단기는 5년을 초과하지 못한다"고 규정하여 상대적 부정기형을 인정하고 있다.

19) '유추'가 의미하는 말은 어떠한 사안에 관해서 직접 적용할 어떠한 명문규정이 없는 경우에 그 사안과 비슷한 경우에까지 법률을 확대하여 적용 시키는 것을 말한다.

20) 이러한 의미에서 살펴보면 유추는 법해석의 한 방법이 아니므로, 일반적으로 사용하는 유추해석금지라는 표현보다는 유추적용금지라는 표현이 더 정확하다고 본다.

니하며"라고 규정하여 형벌불소급의 원칙을 밝히고 있고 형법 제1조 제1항은 범죄의 성립과 처벌은 행위시의 법률에 의하도록 규정하고 있다(행위시법주의). 소급효금지의 원칙은 행위자에 불이익으로 되는 사후법의 소급을 금지하는 것이지 행위자에게 유리한 경우까지 그 소급효를 배제하는 것은 아니다. 즉 행위자에게 유리한 경우는 이를 허용한다.

> **관련판례**
>
> 개정된 전자금융거래법에 의하면 위 법 시행일 이후 비로소 법 제6조 제3항 제1호 내지 제3호에 규정된 접근매체의 양도·양수하는 행위 등을 알선하는 행위가 처벌되는 것이므로 그 시행일 이전의 법 제6조 제3항 제1호에 규정된 접근매체 양도·양수의 알선행위를 처벌하는 것은 형벌법규의 소급효금지 원칙에 반한다(대판 2010. 6. 10, 2010도4416).

제3절 형법의 적용범위

I. 형법의 시간적(時間的) 적용범위(適用範圍)

형법은 어떠한 시기에 발생한 사실에 적용되느냐 하는 문제를 형법의 시간적 적용범위 또는 시제형법(時際刑法)의 문제라고 한다.

형법도 다른 모든 법률과 마찬가지로 시행시점에서 실효시까지 적용됨을 원칙으로 한다. 하지만 어떠한 범죄에 대해 행위시(行爲時)와 재판시(裁版時)사이에 법률의 변경이 있을 경우 어느 시점의 법률을 적용시킬 것인가에 대한 것이 문제시 될 것이다.

문제되는 경우는 행위시에 불가벌인 경우가 후에 범죄로 규정된 경우, 행위시에 유효한 처벌법규가 후에 폐지된 경우, 행위시와 재판시의 법률규정 사이에 형의 경중에 변화가 생긴 경우 등을 들 수 있다.

1. 행위시법주의(行爲時法主義)

(1) 관련조문

> **제1조(범죄의 성립과 처벌)** ① 범죄(犯罪)의 성립(成立)과 처벌(處罰)은 행위시(行爲時)의 법률(法律)에 의한다.
>
> **헌법 제13조 제1항(형벌불소급)** ① 모든 국민(國民)은 행위시(行爲時)의 법률(法律)에 의하여 범죄를 구성하지 아니하는 행위로 소추되지 아니하며, 동일한 범죄에 대하여 거듭 처벌받지 아니한다.

(2) 의의

형법 제1조 1항 "범죄의 성립과 처벌은 행위시의 법률에 의한다"의 규정과 헌법 제13조 1항 "모든 국민은 행위시의 법률에 의하여 범죄를 구성하지 아니하는 행위로 소추되지 아니하며, 동일한 범죄에 대하여 거듭 처벌받지 아니한다"고 규정하여 행위시법주의(行爲時法主義)원칙을 선언하고 있다. 이 원칙은 소급효금지(遡及效禁止)의 원칙(原則)[21]의 당연한 귀결인 것이다. 즉, 행위시법은 추급효(追及效)를 인정하는 것이다. 행위시와 재판시의 처벌 법규에 형의 경중에 대하여 변경이 생길 경우 구법인 행위시법과 신법인 재판시법 중 어느 법을 적용시킬 것인가가 문제시 되는데, 형법 제1조 제1항의 규정을 보면 "범죄의 성립과 처벌은 행위시의 법률에 의한다"의 규정으로 보아 우리 형법은 행위시법주의를 취하고 있음이 분명하다고 할 것이다.

> **관련판례**
> 1. 형법 제1조 1항 범죄의 성립과 처벌은 행위시의 법률에 의한다고 할 때의 '행위시'라 함은 범죄행위의 종료시를 의미한다(대판 1994. 5. 10, 94도563).
> 2. 골재채취법 시행 이후 피고인들이 허가 없이 골재를 채취한 경우에는 비록 행위당시에는 시행령이 제정되지 않았다고 하여도 골재채취법이 행위시에 유효한 법이기 때문에 골재채취법위반죄에 해당된다고 할 것이다(대판 1992. 12. 8, 92도407).

---

21) 이형국, 34~35은 "소급효금치 원칙이 본격적으로 거론된 것은 17C 이후 영국의 홉스(Hobbes)가 안전국가사상에 입각하여 이 원칙을 강조하였고, 몽테스키외(Montesquieu), 베까리아(Beccaria), 포이에르바하(Feuerbach) 등 계몽주의학자들이 주장하였는데, 그 결과 이 원칙은 죄형법정주의의 한 파생원칙으로서 확립되기에 이르렀다. 이 원칙은 입법과 사법의 양면에 적용되었다. 즉, 입법자에게는 사후입법에 의하여 처벌하거나 형을 가중하는 것을 금지하고 사법(司法)에 있어서는 법관에게 후일 공포된 법을 그 이전의 행위에 적용치 못하도록 한다."

2. 재판시법주의(裁判時法主義)

(1) 관련조문

> **제1조(범죄의 성립과 처벌)** ② 범죄후(犯罪後) 법률(法律)의 변경(變更)에 의하여 그 행위(行爲)가 범죄(犯罪)를 구성(構成)하지 아니하거나 형(刑)이 구법(舊法)보다 경(輕)한 때에는 신법(新法)에 의한다. ③ 재판확정후(裁判確定後) 법률(法律)의 변경(變更)에 의하여 그 행위(行爲)가 범죄(犯罪)를 구성(構成)하지 아니하는 때에는 형(刑)의 집행(執行)을 면제(免除)한다.

(2) 의의

형법이 행위시법주의를 원칙으로 규정하고 있는 것은 국가형벌권으로부터 자유와 권리를 보장하려는 것으로써 행위자에게 유리한 규범을 적용하는 경우에는 죄형법정주의의 원칙에 위배되지 않는 것이다. 따라서 재판시법(裁判時法)이 피고인에게 유리하게 적용될 때에는 행위시법의 예외인 재판시법인 신법(新法)을 적용할 수 있다. 재판시법주의는 행위시와 재판시의 처벌법규에 형의 경중에 변경이 생긴 경우 신법의 소급효(遡及效)를 인정하는 재판시법을 적용하는 것을 말한다. 제1조 제2항과 제3항의 경우는 행위시법주의에 대한 예외를 규정짓고 있다.

(3) 신법적용의 요건

형법 제1조 2항은 "범죄 후 법률의 변경에 의하여 그 행위가 범죄를 구성하지 아니하거나 형이 구법보다 경한 때에는 신법에 의한다"라고 규정하고 있다. 이에 대해서 살펴보면 다음과 같다. '범죄후'라 함은 구성요건에 해당되는 실행행위의 종료후 라는 의미하지만 반드시 결과 발생을 포함하는 것은 아니다. 예비죄에 있어서는 예비도 실행행위에 포함되는 것으로 보아야 할 것이다.

실행행위가 신·구법에 사이에 걸쳐서 행하여진 경우에는 실행행위가 신법 시행시에 비로소 종료된 것이므로 형법 제1조 제1항의 행위시법속에 신·구법이 모두 포함되므로 신법우선의 원칙에 따라 신법이 적용된다.

> **관련판례**
> 일반적으로 계속범의 경우 실행행위가 종료되는 시점에서의 법률이 적용되어야 하나 법률이 개정되면서 그 부칙에서 개정된 법 시행 전의 행위에 대한 벌칙의 적용에 있어서

'법률의 변경에 의하여'라고 할 때의 '법률'은 총체적 법률상태의 변경을 의미한다. 형식상의 법률이든 명령이든 불문한다. 예컨대 명령, 규칙, 백지형법에 있어서의 충전(또는 보충)규범의 변경, 형법적용에 영향을 미치는 친족의 범위에 관한 민법규정의 변경 등이 있다.

범죄 후 법률이 여러 차례 변경된 경우에는 행위시법과 재판시법 사이에 존재하는 또 다른 법률이 있을 수 있다. 이를 중간시법(中間時法)이라고 부른다. 이 중간시법도 재판시법과 아울러 범죄후 변경된 법률, 즉 신법에 해당될 수 있음은 물론이다.

관련판례

누설한 군사기밀사항이 모두 평문으로 저하되었다거나 군사기밀이 해체된 경우 이를 법률의 변경으로 볼 수는 없으므로 재판시법 적용 여부가 문제될 여지는 없는 것이다. 이는 기밀연한 결과로 인한 결과일 뿐이지 입법부의 입법작용에 의한 법률의 내용이 달라진 경우는 아니라고 본 것이다(대판 2000. 1. 28, 99도4022).

행위가 범죄를 구성하지 아니하는 때라고 함은 그 행위가 형법법규상 범죄구성요건에 해당하지 아니하게 된 때를 의미한다. 그리고 이러한 때에는 다음과 같은 결과가 나오게 된다. 즉 실행에 착수하여 실행행위가 끝나기 전에 법이 변경되어 신법상 그 행위가 구성요건에 해당하지 아니하는 경우에는 그 행위의 구성요건해당성 그 자체가 조각된다.

범죄후 법률의 변경에 의하여 형이 구법보다 경한 때에는 신법을 적용한다. 신·구법들 중에서 어떤 법이 가장 경한가를 판단함에 있어서는 구체적인 경우에 있어서 어떤 법이 가장 경한 판결을 허용하는가를 찾아내는 것이 중요하며, 형의 경중을 규정한 형법 제50조(법정형을 표준으로 함)가 그 경중판단의 척도가 될 수 있을 것으로 생각한다. 신·구법의 형의 경중을 비교함에 있어서 가중·감경할 형이 있는 경우에는 가중·감경을 비교해서 판단해야 한다는 것이 판례의 입장이며[22] 가장 경한 법을 적용하는 것은 법관이 반드시 해야 할 일이고 결코 그의 재량에 속하는 것이 아니다. 법정형의 경중을 비교하는 경우 주형 뿐만 아니라 부가형도 비교해야 한다(다수설).

---

22) 대판 1961.12. 28, 4293형상664.

범죄후 법률의 변경이 있더라도 구법과 신법의 형이 같은 경우에는 신법이 적용되지 아니한다. 따라서 이때에는 범행시의 법을 적용해야 되며 범행 후의 법(실행행위 이후의 법)을 적용시켜서는 안 된다.

관련판례

1. 형의 경중의 비교는 원칙적으로 법정형을 표준으로 할 것이고 법정형의 경중을 비교함에 있어서는 법정형 중 병과형 또는 선택형이 있을 경우에는 이 중 가장 중한 형을 기준으로 하여 다른 형과 경중을 정하는 것이 원칙이다(대판 1992. 11. 13, 92도2194).

2. 행위시와 재산시 사이에 수차 법령이 변경되어 행위시법과 재판시법 사이에 중간시법(中間時法)이 있는 경우(세 가지 규정에 의한 형의 경중을 비교) 그중 가장 형이 경한 법규정을 적용하여 심판해야 한다(대판 1968. 12. 17, 68도1324).

---

3. 한시법(限時法)

(1) 의의

한시법이란 폐지전에 미리 유효기간을 예정하여 그 기간이 지나면 당연히 실효되도록 한 형벌법규를 말한다. 즉 유효기간이 명시되어 있는 법률을 말한다.

한시법은 그 의미를 협의로 이해할 것인가 아니면 광의로 이해할 것인가에 따라 협의의 한시법과 광의의 한시법으로 나누어진다.

① 협의의 한시법(다수설)은 미리 일정한 유효기간이 명시된 법을 말한다. 즉 형벌법규의 폐지 이전에 유효기간이 정해진 법률을 의미한다. 예컨대 "본법은 1990년 1월 1일부터 동년 12월 1일 까지 유효하다"라고 규정한 것과 "이 법은 시행일로부터 3년간 유효하다"라고 규정한 경우가 이에 해당된다.

② 광의의 한시법(판례)은 전술한 협의의 한시법뿐만 아니라 법령의 내용이나 목적에 비추어 일시적인 특수한 사정에 대응시키기 위한 법도 한시법에 포함시킨다. 광의의 한시법은 확정적으로 유효기간이 명시되어 있지 않은 법률내용이나 목적이 일시적 사정에 대응하기 위한 것으로 사실상 유효기간이 제한된 경우(예컨대 "본법은 국가재건사업의 수행을 방해하는 행위를 처

벌함을 목적으로 한다"고 규정한 법률), 폐지기간이 일정치 않고 임시적인 성격을 띄고 있는 임시법의 경우도 이에 포함된다. 이러한 광의의 한시법개념을 인정할 것인가 아니면 협의의 한시법만을 인정할 것인가는 관점에 따라서 달라질 수 있는 문제이지만 일반적으로 우리나라에 있어서는 협의의 한시법을 인정하는 견해가 유력하다.[23]

> **관련판례**
>
> (구)의료법이 약효에 관한 광고에 대한 벌칙조항을 삭제하면서 부칙에 그 시행 전의 약효에 관한 광고행위에 대한 벌칙의 적용에 관하여 아무런 경과규정을 두지 않은 것은 약효에 대한 광고행위까지 처벌대상으로 삼은 종전의 조치가 부당하다는 반성적 고려에 의한 것이어서, 범죄 후 법률의 변경에 의해서 그 행위가 범죄를 구성하지 아니하는 경우에 해당하여 형법 제1조 1항에 따라 신법을 적용하여야 함에도 구법을 적용시킨 것은 위법한 것이다(대판 2009. 2. 26, 2006도9311).

4. 백지형법(白紙刑法): 백지형법과 고시의 변경

백지형법(Blankettstrafgesetz)이란 하나의 조문에 구성요건과 형벌을 모두 규정하고 있는 완전형법에 대응하는 개념으로써 일정한 형벌만을 규정하고 그 전제조건인 구성요건의 전부 또는 일부의 내용을 다른 법령이나 다른 시기에 독자적으로 선포되는 법률, 명령 또는 행정처분에 일임하는 형벌규정을 말한다. 예컨대 제112조(중립명령위반죄)는 "외국간의 교전에 있어서 중립에 관한 명령을 위반한 자는 3년 이하의 금고 또는 500만원 이하의 벌금에 처한다."라고 규정할 뿐 중립에 관한 명령의 내용이 무엇인가에 대해서는 백지상태로 두고 있다. 백지형법은 하나의 형벌규정 속에 구성요건과 형벌을 함께 규정하는 완전형법(Vollstrafgesetz)에 대칭하는 개념이다. 백지형법은 행정형법, 특히 경제형법의 영역에 많이 존재한다.

Ⅱ. 형법의 장소적(場所的) 적용범위

1. 장소적 효력에 관한 일반원칙

형법이 어떠한 장소에서 발생한 범죄에 적용되는가를 형법의 장소적 효력의 문제라고 한다. 대한민국에서 발생한 범죄에 대해서는 당연히 대한민국 형법을 적용하면 되는 것이다. 문제는 대한민국이 아닌 다른 지역에서 범죄가 발생한 경우이다. 이에 4가지의 장소적 적용범위를 두고

---

23) 김성천/김형준, 43면; 김일수/서보학, 47면; 박상기, 42면; 안동준, 24면; 정성근/박광민, 46면; 정영석, 66면; 진계호, 79면; 황산덕, 33명 등 다수설.

있다. 속지주의(屬地主義)·속인주의(屬人主義)·보호주의(保護主義)·세계주의(世界主義)가 바로 이것이다.

2. 속지주의

(1) 관련조문

> **제2조(국내범)** 본법은 대한민국영역 내에서 죄를 범한 내국인(內國人)과 외국인(外國人)에게 적용한다.
>
> **제4조(국외에 있는 내국선박(內國船舶)등에서 외국인이 범한 죄)** 본법은 대한민국영역 외에 있는 대한민국의 선박(船舶) 또는 항공기(航空機) 내에서 죄를 범한 외국인에게 적용한다.

(2) 의의

속지주의(Territorialprinzip)란 자국(自國)의 영역내에서 발생한 모든 범죄에 대하여 범죄인의 국적 여하에 관계없이 자국의 형법을 적용해야 한다는 원칙이다. 우리형법은 제2조에서 속지주의를 택하고 있다. 대한민국영역(大韓民國領域)에는 영토(領土), 영해(領海), 영공(領空)이 모두 포함된다. 여기서 영토(領土)는 헌법 제3조에 명시된 '한반도(韓半島)와 그 부속도서(附屬島嶼)를 의미하는 것이다. 문제는 북한의 영토도 우리나라의 영토의 일부에 속하는 것인가 인데 이에 대해서 판례는 북한의 영토도 우리나라의 영토의 일부에 속한다는 입장[24]이다. 학자의 경우 서로 의견이 나누어지고 있다.[25] 국외를 운항중인 자국의 선박 내지 항공기내에서 행한 범죄에 대해서는 속지주의의 한 특별한 경우로서 자국형법을 적용한다는 기국주의(Flagenstaatsprinzip)가 다수의 견해로 되어 있다. 예컨대 미국영해에 있는 우리 선박에 탑승해 일하는 미국인의 범죄에 대해서 우리 형법이 적용된다.

> **관련판례**
> 중국북경시에 소재한 대한민국 영사관 내부는 여전히 중국의 영토에 속하는 것이지 영사관 내부를 대한민국의 영토로서 볼 것은 아니다(대판 2006. 9. 22, 2066도5010).

---

24) 대판 1957.9.20., 4290형상228.
25) 긍정하는 입장은 이재상, 41면; 정성근, 90면; 오영근, 86면. 부정하는 입정은 김일수, 62면, 배종대, 105면.

3. 속인주의

(1) 관련조문

> **제3조(내국인의 국외범)** 본법은 대한민국영역 외(外)에서 죄를 범한 내국인에게 적용된다.

(2) 의의

속인주의(Personalprinzip)란 자국민의 범죄에 대하여서는 범죄지 여하를 불문하고 또 누구에게 범행을 했든지 자국의 형법을 적용한다는 원칙인데 자국민의 지위는 국적(國籍)에 의해 정해진다고 보는데 이를 '국적주의(國籍主義)'라고 한다.

내국인이라 함은 범행당시에 대한민국의 국적을 가진 자를 의미한다. 따라서 대한민국의 국적을 현재 가지고 있는 자가 범행 후에 국적을 이탈하여도 형법 제3조가 적용된다. 북한주민이 내국인이 될 수 있는 가에 대해서 판례는 북한지역도 대한민국 영토의 일부에 속하고 주권이 미친다고 보고 있으므로 북한주민도 내국민으로 보는 것에 대해서 문제될 것이 없다고 본다.[26]

형법은 국외에서 범한 내국인의 모든 범죄에 관하여 적용된다. 그러므로 내국인이 대한민국영역 밖에서 대한민국 형법상의 범죄를 범한 경우에는 비록 행위지의 법에 의하여 범죄를 구성하지 않아도 우리나라 형법이 적용된다.

> **관련판례**
>
> 형법 제3조는 형법의 적용범위에 관한 속인주의에 대해 규정하고 있고, 또한 국가 정책적 차원에서 도박죄의 보호법익보다 국가의 이익이 높은 경우에는 예외적으로 내국인의 출입을 허용하는 '폐광지역개발지원에관한 특별법' 등에 따라서 카지노에 출입하는 것은 법령에 의한 행위에 해당되어 위법성이 조각 되나, 도박죄를 처벌하지 않은 외국 카지노에서 도박한 사정만으로는 위법성이 조각된다고 볼 수 없다(대판 2004. 4. 23, 2002도2518).

---

26) 대판 1996. 11. 12, 96누1221 은 "북한국적인 자가 중국에 가서 중국주재 북한대사관으로부터 해외공민증과 외국인거류증을 발급받고, 후에 중국정부로부터도 여권을 발급 받아 우리나라에 입국한 경우라도 헌법에 명시하듯 북한지역은 대한민국 영토에 해당되므로 북한국적인자는 대한민국국적을 취득하고 유지함에 아무런 영향이 없다는 태도를 취하고 있다." 이에 대해 김일수 63면; 배종대, 106면은 우리형법의 적용을 받는 내국인은 우리나라 형사재판권의 영향 아래 있는 대한민국 국적을 가진 자로 국한시켜야 하므로 북한 주민의 경우 우리 형법을 적용함에 있어서는 내국인에 포함되지 않는다고 보고 있다.

4. 보호주의

(1) 관련조문

> **제5조(외국인의 국외범)** 본법은 대한민국영역외에서 다음에 기재한 죄를 범한 외국인에게 적용한다.
>
> 1. 내란의 죄
> 2. 외환의 죄
> 3. 국기(國旗)에 관한 죄
> 4. 통화에 관한 죄
> 5. 유가증권, 우표와 인지(印紙)에 관한 죄
> 6. 문서에 관한 죄중 제225조 내지 230조
> 7. 인장에 관한 죄중 제238조
>
> **제6조(대한민국과 대한민국국민에 대한 국외범)** 본법은 대한민국영역외에서 대한민국 또는 대한민국국민에 대하여 전조(前條)에 기재한 이외의 죄를 범한 외국인에게 적용한다. 단 행위지(行爲地)의 법률에 의하여 범죄를 구성하지 아니하거나 소추 또는 형의 집행을 면제할 경우에는 예외로 한다.

(2) 의의

보호주의(Schutzprinzip)란 자국 또는 자국민의 이익을 해치는 범행인 한 누구에 의하여 어느 곳에서 행하여졌는가에 상관없이 자국의 형법을 적용한다는 원칙을 말한다. 실질주의(Realprinzip)라고도 부른다.

이 원칙은 자국의 이익을 철저히 보호함과 아울러 속지주의와 속인주의의 결함을 보완해 주는 측면을 지닌다. 보호주의에 의할 경우 우리나라에서는 범죄로 성립되는 것이 외국에서는 범죄가 되지 않은 경우에도 우리나라 형법을 적용시키는 불합리하게 발생할 수 있다. 따라서 제6조에 의해 행위지의 법률에 의하여 범죄를 구성하지 않거나 소추 또는 형이 면제된 경우에는 예외적인 규정을 두고 있다.

> **관련판례**
> 파나마 선적의 페스카마 15호에서 중국 국적의 조선족들에 의해 남태평양 공해상에서 선장을 비롯한 일부 선원들을 살해하는 등의 방법으로 선박의 지배권을 장악하여 목적

지까지 항해한 후 선박을 매도하거나 침몰시키려고 한 경우에 선박에 대한 불법영득의 의사에 해당되므로 행상강도 살인죄가 인정되고 사람을 살해한 자가 그 사체를 다른 장소로 옮겨 유기한 경우에는 별도로 사체유기죄가 성립된다고 볼 것이다. 이와 같은 범행을 저지른 자들에게 우리나라의 형법을 적용한 것은 타당하다(대판 1997. 7. 25, 97도1142).

5. 세계주의

(1) 의의

세계주의(Weltprinzip 또는 Universalprinzip)란 어느 곳에서 누가 누구에게 행한 범죄이든지 그것이 자국법에 의할 경우 가별적인 행위이면 자국의 형법을 적용한다는 원칙을 말한다. 즉 주체, 장소, 객체에 상관없이 외국인이 외국에서 외국인에게 행한 범죄라도 인류의 공통적인 법익에 반한 행위라면 자국 형법을 적용시키는 원칙을 말한다. 대체로 반인류적이거나(예컨대 해적, 항공기 납치, 인신매매, 인종학살 등) 다수국가의 공동이익에 관계되는 범죄(예컨대 통화위조나 유가증권위조, 마약거래) 등이 세계주의의 대상이 된다. 이들 범죄를 극복하기 위하여 국가간의 조약(條約)이나 협약(協約) 등을 통해 상호간에 협력이 이루어져야 할 것이다.

관련판례

국제조(항공기운항안전법 제3조, "항공기내에서 범한 범죄 및 기타 행위에 관한 협약", "항공기의 불법납치 억제를 위한 협약")의 규정을 살펴보면 항공기등록약지국에 원칙적인 재판관할권이 있는 것은 물론 항공기 착륙국인 우리나라도 재판관할권을 인정하여 항공기 납치사건(중국민항기 납치)에 관해서 우리나라 항공기안전법에 의거해서 적용할 수 있다(대판 1984. 5. 22, 84도39).

6. 외국에서 형의 집행을 받은 경우

(1) 관련조문

제7조(외국에서 받은 형의 집행) 범죄에 의하여 외국에서 형의 전부 또는 일부의 집행을 받은 자에 대하여는 형을 감경 또는 면제할 수 있다.

(2) 의의

범죄에 의하여 외국에서 형의 전부 또는 일부의 집행을 받은 자에 대하여 형을 감경 또는 면제할 수 있는 원칙을 말한다. 형법은 같은 범죄로 이미 외국에서 형벌의 고통을 받은 점을 참작하여 이를 형의 임의적 감면사유로 인정하고 있다. 법원의 경우도 임의적 감면사유에 해당한다고 보아 법관의 재량에 의해 다시 형을 선고하여도 위법하지 않다고 판시하고 있다.[27] 즉 외국 형법에 의하여 처벌받은 자에 대해 우리 형법을 적용하여 처벌하는 것은 한국의 재판권에 의한 이중처벌이 아니므로 일사부재리(一事不再理)의 원칙에 반하지 않는다. 그리고 외국판결에서 몰수의 선고가 있는 경우 그 가액을 추징해야 한다는 것이 우리 대법원의 입장이다.[28]

관련판례

국내에서 밀수입하여 관세포탈을 기도하다가 외국에서 적발되어 압수된 물품이 그 후 몰수되지 않고 피고인의 소유 또는 점유로 환원되었으나 몰수 할 수 없게 되었다면 관세법 제198조에 의하여 범칙 당시의 국내 도매가격에 상당한 금액을 추징하여야 할 것이나, 동 물품이 외국에서 몰수되어 그 소유가 박탈됨으로서 몰수할 수 없게 된 경우는 위 법조에 의하여 추징할 수 없다(대판 1979. 4. 10, 78도831). → 몰수부정, 추징부정관련 판례

Ⅲ. 형법의 인적(人的) 적용범위

형법은 원칙적으로 시간적·장소적 적용범위의 모든 사람들에게 적용되지만 예외적으로 적용이 배제되는 사람의 범위가 인적 적용범위의 문제이다.

1. 국내법상(國際法上)의 예외

(1) 대통령(大統領)

대통령은 내란 또는 외환의 죄를 범한 경우를 제외하고는 재직중 형사상의 소추를 받지 아니한다(헌법 제84조). 이 규정은 대통령이 업무함에 있어 이를 원활하게 하기 위한 것으로 소추제한(訴追制限)일 뿐이고, 직위상실 후(퇴직 후)에 재직중의 행위에 대한 형사소추(刑事訴追)가 가능함은 물론이다.

---

27) 대판 1988. 1. 19, 87도2287; 대판 1979.4.19, 78도831은 형법 제7조의 취지는 외국에서 형의 전부 또는 일부를 받은 자에 대하여 법원의 재량으로 형을 감경 또는 면제할 수 있다는 것으로서 외국에서 형의 집행을 받은 자에 대하여 형을 선고한 것을 위법이라고 할 수 없다.
28) 대판 1977.5.24, 77도629.

(2) 국회의원(國會議員)

국회의원은 국회에서 직무상 행한 발언과 표결에 관하여 국회 외에서 책임을 지지 아니한다(헌법 제45조). 이러한 면책은 국회의원의 신분을 상실한 이후에도 유효하다. 다만 이러한 경우가 국회법에 의한 징계의 대상이 될 수 있음은 별개의 문제이다.

(3) 군인

> **군형법 제1조(피적용자)** 본법은 대한민국의 영역내외를 불문하고 이 법에 규정된 죄를 범한 대한민국군인에게 적용한다.

군인은 민간인과는 다른 특수한 집단으로 구성되었기 때문에 죄를 저지른 경우 일반형법이 아닌 군형법을 적용시킨다(군형법 제1조).

2. 국제법상(國際法上)의 예외

(1) 치외법권자(治外法權者)

외국의 원수(元首) 그 가족 및 내국인이 아닌 종자(從者), 신임된 외국의 대사, 공사, 부수원(참사관, 서기관, 외교관보, 대·공사관부무관, 서기), 그 가족 및 내국인이 아닌 종자에 대해서는 형사소추를 받지 아니한다(1961년 외교관에 관한 비엔나협약).

(2) 외국의 군대

승인을 얻고 체류하는 외국군인 및 군속에 대하여서는 일정한 협정(Status of Forces Agreement : SOFA[29]) 제22조(형사재판권)에 의하여 형법의 적용이 배제될 수 있다(다수설). 예컨대 SOFA(1967. 3. 9 발효)에 의하여 공무집행중에 발생된 미군범죄에 대하여 우리 형법이 적용되지 아니하는 경우.

그러나 SOFA는 재판관할권에 대한 것을 설정하는 것으로서 우리 형법의 적용범위에 대한 것을 정하는 것이 아니므로 재판권이 배제되는 것이라고 보는 것이 타당하다고 생각된다(부정설).

---

29) 정진연/신이철, 57면은 SOFA협정은 우리나라에 주둔 중인 미군이 우리나라에서 저지른 범죄에 대해서 미군 당국이 제1차적 재판관할권을 갖는 것에 대한 규정을 하고 있다.

관련판례

미합중국 국적 군대의 군속에 대한 형사재판권의 판례를 살펴보면 다음과 같다. 미합중국 군대의 군속인 피고인은 범행당시 대한민국에 10년 넘게 거주하면서 한국인 아내와 결혼하여 가정을 꾸리고 직장생활을 하는 등 삶의 주거지를 대한민국에 두고 있는 경우였다. 피고인은 대한민국과 미합중국 간 상호방위조약(제4조)에 근거하여 … 통상적으로 대한민국에 거주하는 자에 해당되기 때문에 피고인에게는 위 협정에서 정한 미합중국 군대의 군속에 관한 형사재판권 관련 조항이 적용될 여지가 없다. 한반도의 평시상태에서 미합중국 군 당국은 미합중국 군대의 군속에 대하여 형사재판권을 가지지 않으므로, 미합중국의 군속이 범한 범죄에 대하여 대한민국의 형사재판권과 미합중국 군 당국의 형사 재판권이 경합하는 문제는 발생할 여지가 없고, 대한민국은 미합중국과의 협정 제22조 제1항 (나)에 의하여 미합중국 군대의 군속이 대한민국 영역 안에서 저지른 범죄로서 대한민국 법령에 의하여 처벌 할 수 있는 범죄에 대한 형사재판권을 바로 행사 할 수 있다(대판 2006. 5. 11, 2005도798).

제2장 범죄

제1절 범죄의 의의

I. 범죄의 의의

범죄가 무엇인가에 대해서는 사회적 관점에서 실질적인 면을 내세우는 경우(범죄의 실질적 의의)도 있고 법률적 관점에서 형식적 성립요소를 내세우는 경우(범죄의 형식적 의의)도 있다.

1. 범죄의 실질적 의의

범죄의 실질적 의의는 형사입법 내지 형사정책과 밀접한 관련을 맺는다. 실질적 의의는 어떤 행위를 범죄로 할 것인가에 관한 형사입법상의 한 기준을 제시해주고 형사정책이 방지와 근절의 표적으로 삼는 대상으로서의 범죄에 합치된다. 이러한 이유 때문에 범죄의 실질적 의의는 범죄의 형사정책적 의의로 이해하기도 한다.

2. 범죄의 형식적 의의

범죄의 형식적 의의는 "범죄는 구성요건에 해당하는 위법, 유책한 행위이다"고 말한다. 이러한 범죄의 형식적 의의는 형법해석과 죄형법정주의의 보장적 기능의 기준이 되는 개념이다.

3. 범죄의 성립요건

어떠한 행위에 관해서 범죄가 성립했다고 평가하기 위해서는 구성요건해당성, 위법성, 책임이 있어야 하는데, 이 세 가지를 일반적으로 범죄의 성립요건이라고 한다.

① 구성요건해당성은 어떤 행위가 법규상 특정한 범죄형태로서 규정되어 있는 요소에 해당되는 것을 말한다. 즉 구체적인 사실이 범죄의 구성요건에 해당되는 것을 말한다. 구성요건과 구성요건해당성은 구별되는 개념이다. 구성요건해당성은 일정한 사회적 사실이 법률에 규정된 구성요건상의 객관적이고 주관적인 요소를 충족하는가에 대한 판단으로 구체적인 개념이다. 구성요건은 법률상의 정형적이고 추상적인 개념이다. 구성요건에는 객관적 구성요건과 주관적 구성요건이 있다.[30]

② 위법성은 행위가 법질서 전체로 보았을 때 그 법에 위배되는 것을 말한다. 또한 위법성은 형법상 가치평가의 한 단계로서 그 판단대상은 위법한 행위이고, 판단의 척도는 법질서 전체이다. 예컨대 범죄는 형법 각칙의 처벌규정(형벌을 규정하고 있는 조문: 형법 제250조의 살인죄, 제329조의 절도죄 등)에 해당되는 행위가 위법·유책하다고 판단되는 경우이다.

우리 형법은 위법성의 본질에 대해서는 적극적으로 규정하고 있지 않다. 대신 소극적으로 위법성조각사유에 관해 정당행위(제20조), 정당방위(제21조), 긴급피난(제22조), 자구행위(제23조), 피해자의 승낙(제24조) 등 5가지 규정을 두고 있다

③ 책임은 구성요건에 해당하고 위법한 행위에 대하여 그 행위자를 비난할 수 있는 것[31]을 말한다. 책임은 위법한 행위에 대해 행위자를 개인적으로 비난 할 수 있는가의 문제를 말한다. 책임은 어떠한 행위가 구성요건에 해당되고 그러한 행위에 의해 위법성이 확정된 후에 비로소 거론되는 문제이다.

II. 범죄의 처벌조건

범죄의 처벌조건에는 객관적 처벌조건과 인적 처벌조각사유가 있다. 객관적 처벌조건을 살펴보면 범죄의 성립여부와 상관없이 성립한 범죄에 대한 형벌권의 발생을 좌우하는 외부적·객관적 처벌조건을 말한다. 예컨대 파산범죄에 있어서 파산선고의 확정(파산법 제366조, 367조), 사전수뢰죄에 있어서 공무원 또는 중재인이 된 사실(형법 제129조 2항) 등의 경우이다.

인적 처벌조각사유를 살펴보면 이미 성립한 범죄에 대하여 행위자의 특수한 신분관계로 인하여 형벌권이 발생치 않는 경우를 말한다. 범죄는 성립되나 행위 당시에 존재하는 직계혈족·동거친족·가족 등과 같은 행위자의 일정한 신분관계로 인하여 행위의 가벌성이 처음부터 배제되는 것을 말한다. 예컨대 국회의원의 면책특권(헌법 제45조), 친족상도에 있어서의 직계혈족, 배우자, 동거친족, 호주, 가족 그 배우자(형법 제344조, 제328조) 등이 이에 해당된다.

III. 범죄의 소추조건

소추조건은 범죄가 성립하고 형벌권이 발생한 경우일지라도 그 범죄행위로 인한 범죄를 소추하

---

30) 객관적 구성요건은 행위주체, 행위객체, 행위수단, 결과의 발생 등이고, 주관적 구성요건은 고의, 과실 등이 이에 해당된다.
31) 비난가능성이고도 한다. 객관적으로 살펴보았을 때 구성요건에 해당되고 위법한 행위일지라도 그러한 행동을 한 행위자에게 책임이 없을 경우에는 범죄가 성립되지 않는다.

기 위한 소송법상 필요조건을 소추조건 또는 소송조건이라고 말한다. 소송조건은 범죄의 성립이나 형벌권의 발생과 관계없는 공소제기의 유효조건에 지나지 않는다는 점에서 범죄의 성립조건이나 처벌조건과는 구별된다. 처벌조건이 없는 경우에는 형면제의 실체판결을 해야 하지만 소송조건이 결여된 경우에는 공소기각 등의 형식재판을 한다. 친고죄는 범죄의 피해자 기타 법률이 정한 자의 고소와 고발이 있어야 공소할 수 있는 범죄를 말한다. 고소권자의 고소가 없을 경우 범죄 자체는 성립되지만 공소를 제기할 수 없다. 친고죄 중에 친족상도례의 경우와 같이 범인과 피해자 사이의 재산범죄는 일정한 신분관계가 있음으로써 친고죄의 경우에 있어서는 범죄 자체는 성립되지만 공소를 제기할 수 없다(강도죄, 손괴죄는 제외). 하지만 강간죄의 경우 전에는 친고죄의 성격이었으나 2013년 6월 19일에 법이 개정되어 친고죄가 폐지되어 친고죄의 적용을 받지 않고 있다(60년 만에 친고죄 조항이 폐지).

반의사불벌죄는 피해자의 명시한 의사에 반하여 논할 수 없는 범죄를 말한다. 즉 피해자의 의사와는 상관없이 공소를 제기할 수 있으나 피해자가 처벌을 원치 않는 경우의 의사표시를 한 경우에는 공소제기가 해제된다. 예컨대 폭행죄, 협박죄, 명예훼손죄, 과실치상죄 등의 경우이다.

제2절 구성요건해당성

I. 구성요건요소와 구성요건해당성

(1) 구성요건

구성요건은 18세기와 19세기에도 사용되었지만 이를 중요부분으로 등장시킨 학자는 벨린(Beling)이다. 구성요건은 법상 금지 또는 요구되는 행위의 내용을 추상적·일반적으로 기술한 것을 말한다. 범죄가 성립되기 위해서는 3요건이 필요하다. 즉 구성요건해당성 위법성 및 책임성이다. 구성요건은 그 첫째 기본이 되는 요건인 것이다.

예컨대 형법 제250조 1항(살인죄)의 구성요건은 '사람을 살해하는 것이고, 절도죄의 구성요건은 '타인의 재물을 절취하는 것'의 경우. 구성요건은 위법행위의 유형이기 때문에 구성요건에 해당하는 행위는 형법상 위법으로 판단된다. 그러나 특별한 위법성조각사유에 해당되는 경우에는 그러하지 아니하다. 이러한 구성요건을 세분화해서 살펴보면 객관적 구성요건요소와 주관적 구성요건요소로 나눌 수 있다. 객관적 구성요건요소란 행위자의 심리 밖에 있는 행위의 외적 현상을 기술한 것이고, 행위자의 외적 출현형상을 결정하는 제반정황을 말한다.

예컨대 행위주체, 행위객체, 행위양태 내지 수단, 행위의 외적 정황, 결과, 결과범에 있어서의 행위와 결과관의 인과관계가 이에 해당된다.

주관적 구성요건요소는 행위자의 심적요인을 기술하는 것으로서 형벌규정의 내용 중에서 행위자의 행위의사를 성격지우는 부분을 의미한다. 예컨대 고의범에 있어서의 고의, 목적범·경향범·표현범에 수반되는 주관적 불법요소, 재산죄와 관련하여 거론되는 불법영득 내지불법이득의 의사 등이 이에 해당된다.

Ⅱ. 주체와 객체

형법상 행위의 주체는 자연인인 사람이다. 모든 자연인은 연령, 정신상태, 정신질환 등에 관계없이 행위능력을 갖는다. 법인은 법률에 의해서 법인격이 부여된 사단 또는 재단을 말한다. 논란의 대상이 되는 것이 법인이다. 즉 법인에게 범죄능력이 있는가 하는 문제인데 이에 대해서는 많은 논란의 대상이지만 대체적으로 법인의 범죄능력은 현행법의 해석론과 관련해서 살펴볼 경우 일반형법에 있어서는 물론 특별형법에 있어서도 부정된다고 보는 것이 타당하다고 할 것이다. 즉 법인의 처벌은 일반적으로는 불가능하고 법인을 처벌한다는 예외규정이 있을 경우에만 가능하다. 만약 이러한 예외규정이 없음에도 불구하고 법인을 처벌할 경우에는 죄형법정주의의 원리에도 반하는 결과가 된다.

행위객체는 구성요건에 기술되어 있는 공격의 객체를 말한다. 예컨대 살인죄(제250조)에 있어서의 사람, 절도죄(제329조)에 있어서의 타인의 재물의 경우이다.

예외적이지만 행위개체가 규정되어 있지 않는 경우도 있다. 예컨대 다중불해산죄(제1165조), 단순도주죄(제145조 1항), 퇴거불응죄(제319조 2항)등의 경우이다.

Ⅲ. 구성요건적 행위

구성요건적 행위는 행위객체와 더불어 구성요건에 표현된다. 예컨대 강도죄는 강취행위, 폭행죄는 폭행행위, 사기죄는 사기행위 등 각 범죄에 해당되는 구성요건적 행위에 해당된다. ① 구성요건 중에는 일정한 외부적 요소에 의하여 결정된다는 규정의 경우가 있다. 예컨대 야간주거침입절도죄(제330조), 해상강도죄(제340조) 등의 경우. ② 구성요건 중에는 일정한 행위수단에 의하여 결정된다는 규정이 있다. 예컨대 특수절도죄(제331조)에 있어 "야간에 침입하여 건조물 일부를 손괴 주거에 침입하는 경우와 흉기를 휴대 또는 2인 이상이 합동하는 경우 등이다.

Ⅳ. 결과

범죄의 유형에 따라 구성요건이 결과발생을 필요로 하느냐의 여부에 의한 구별로 범죄는 구성요건상 행위로부터 외계에 대하여 일정한 결과의 발생을 구성요건으로 하는 것을 결과범(실질범)이라고 한다. 예컨대 살인죄(제250조)는 사람의 사망이라는 결과야기가 구성요건충족을 위한 전제로 되어 있는 경우이다. 만약에 구성요건적 행위는 있었지만 구성요건적 결과가 발생치 않은 경우에는 미수범이 된다. 예컨대 살인죄에서 사람을 죽이려고 칼로 살해행위를 실행하였으나 피해자의 사망이라는 결과가 발생치 않은 경우라면 살인죄가 아닌 살인미수죄가 성립하는 경우. 외계에의 결과야기가 전제되어 있지 않으며 법조문에 기술된 행위를 함으로써 그 불법구성요건을 충족하게 되는 것을 거동범(형식범)이라고 한다. 즉, 결과의 발생을 필요로 하지 않는 것을 말한다. 예컨대 무고죄(제156조)는 다만 일정한 목적으로 허위의 신고를 함으로써 곧 그 구성요건을 충족시키는 경우이다. 거동범은 구성요건적 결과발생을 요하지 않기 때문에 구성요건적 행위만 있으면 범죄가 성립된다. 예컨대 명예훼손죄(제307조)의 경우에 있어 공연히 사실을 적시하여 사람의 명예를 훼손하는 명예훼손행위를 한 경우이다.

Ⅴ. 인과관계

1. 인과관계

일정한 결과가 일정한 행위를 통하여 발생했다고 주장하기 위해서는 그 결과와 행위사이에 불가분의 관계가 있어야 하는데 이러한 관계를 인과성 또는 인과관계라 한다. 즉 발생된 결과를 행위자의 행위에 의한 것으로 귀속시키는 데에 필요로 하는 행위와 결과 사이의 연관관계를 말하는 것으로써 특히 결과의 발생을 필요로 하는 결과범(실질범)에 있어서만 문제되는 것이며, 구성요건의 내용으로서 결과의 발생을 필요로 하지 않는 거동범(형식범)에 있어서는 거론되지 않는다. 인과관계의 예를 들면 갑이 을을 살해할 의도로 흉기를 휘둘러 살해한 경우 갑의 살해행위와 을의 사망사이에 갑의 행위로 인한 을의 사망이라는 결과가 발생하는 경우에는 을의 사망을 갑의 행위로 귀속 시킬 수 있다. 이렇게 되어야 인과관계에 의해서 갑을 을의 살인죄로 처벌할 수 있는 것이다. 갑의 행위가 을의 사망사이의 인과관계에 해당되지 않을 경우 설령 을이 사망한 경우라도 갑을 살인죄로 처벌 할 수 없다. 결과범에 있어 인과관계가 인정될 경우 기수범으로 처벌할 수 있으며, 그렇지 않은 경우에는 미수범으로 처벌한다. 과실범의 경우는 미수범처벌규정이 없으므로 인과관계가 인정되지 않게 되어 무죄가 된다.

2. 인과관계에 관한 학설

인과관계와 관련되어 조건설, 합법칙적 조건설, 상당인과관계설, 기타학설(원인설, 중요설, 목적설, 인과관계중단론)이 있다.

상당인과관계설은 행위와 결과사이에 경험법칙상 상당성이 있는 경우에만 인과관계를 인정하는 설이다. 즉 사회생활상 일반적인 생활경험에 비추어 그러한 행위로부터 그러한 결과가 발생하는 것이 상당하다고 인정할 때 그 행위 결과 사이에는 인과관계가 있다는 설이다. 이처럼 상당인과관계설은 행위에 구성요건적 결과를 발생시킬 개연성이 있는 경우에만 인과관계를 인정하는 것이 특징이라고 할 수 있다. 우리나라 판례의 태도이기도 하다. 상당인과관계설은 무엇을 상당성판단의 기초로 할 것인가에 따라 주관설, 객관설, 절충설로 나누어진다. 이중 절충설[32]이 우리나라와 일본에 있어서 다수설로 되어 있다.

> **관련판례**
>
> 피고인이 자신이 경영하는 속셈학원의 강사로 피해자를 채용하고 학습교재를 설명하겠다는 구실로 피해자를 유인한 후 호텔객실에 감금하여 강간하려 하자, 피해자가 이에 반항하던 중 피고인이 대실시간 연장을 위해 전화를 거는 사이 객실 창문을 통해 탈출을 시도하려다가 지상에 추락하여 사망한 사안에서, 피고인의 강간미수죄와 피해자의 사망사이에 상단인과관계가 있다고 할 것이다(대판 1995. 5. 12, 95도425).

VI. 고의 또는 과실

형법의 경우 고의에 대해서는 처벌을 하지만 과실에 대해서는 불법과 책임이 고의범에 비해 가벼우므로 법률에 처벌규정이 있는 경우에 한하여 예외적으로 처벌된다.

1. 고의

고의란 일반적으로 자기의 행위가 불법구성요건을 실현함을 인식하고 인용하는 행위자의 심적 태도를 말한다. 고의는 인식적 요소와 의지적 요소를 동시에 포함된다고 보아야 할 것이다. 학설은 ① 의사설, ② 인식설, ③ 절충설이 있는데 그 중에서 절충설[33]이 타당하다고 본다. 객관

---

32) 절충설은 행위 당시 일반인이면 인식할 수 있었던 사정과 행위자가 특히 인식했던 사정도 다 같이 기초로 하여 상당성을 판단하려는 견해이다.

33) 절충설은 고의를 지적요소와 의지적요소의 통합이라는 견해로써 객관적 행위상황을 인식하고 구성요건을 실현하려는 의사로 정의할 수 있다.

적 요소 중 어느 하나의 요소에 해당되는 사실의 인식이 없는 경우에는 원칙적으로 고의는 성립되지 않으므로 구성요건해당성이 성립되지 않는다. 고의는 일반적으로 확정적 고의와 불확정적 고의로 나눈다.

확정적 고의는 구성요건적 결과발생에 대해서 확실히 인식하고 예견한 경우를 말한다.

관련판례

야간에 타인의 집의 창문을 열고 집 안으로 얼굴을 들이미는 행위를 하였다면 피고인이 자신의 신체의 일부가 집안으로 들어간다는 인식하에 하였더라도 주거침입죄의 범의(고의)는 인정되고, 또한 비록 신체의 일부만이 집안으로 들어갔다고 하더라도 사실상 주거의 평온을 해하였다면 주거침입죄는 기수에 이르렀다 할 것이다(대판 1995. 9. 15, 94도2561).

불확정적 고의는 구성요건적 결과발생에 대한 인식이나 예견이 불명확한 경우를 말한다. 불확정적 고의에는 미필적 고의, 택일적 고의, 개괄적 고의가 있다. 미필적 고의는 행위자가 객관적 구성요건 실현의 가능성을 충분히 인식하고 또한 그것을 감수하는 의사를 표시명한 경우의 고의이다. 즉 자기의 행위로 인하여 어떠한 범죄행위에 대한 결과의 발생가능성을 인식(예견)했음에도 불구하고 그 결과에 대한 발생을 인용한 심리상태를 말한다. 예컨대 보험금을 탈 목적으로 밤에 자기의 집에 방화를 함에 있어 자기 집 뿐만 아니라 혹 남의 집에 불이 나서, 잠자고 있던 사람이 불에 타 죽을 지도 모른다고 예견하면서도, 설령 사람이 타죽어도 어쩔 수 없다고 생각하고 방화를 한 경우이다.

관련판례

피고인들이 피조개양식장에 피해를 주지 아니하도록 할 의도에서 선박의 닻줄을 7샤클(175미터)에서 5샤클(125미터)로 감아놓았고 그 경우에 피조개양식장까지의 거리는 약 30미터까지 근접한다는 것이므로 닻줄을 50미터 더 늘여서 7샤클로 묘박하였다면 선박이 태풍에 밀려 피조개양식장을 침범하여 물적 손해를 입히리라는 것은 당연히 예상되는 것이고, 그럼에도 불구하고 태풍에 대비한 선박의 안전을 위하여 선박의 닻줄을 7샤클로 늘여 놓았다면 이는 피조개양식장의 물적피해를 인용한 것이라 할 것이어서 재물손괴의 점에 대한 미필적 고의를 인정할 수 있다(대판 1987. 1. 20, 85도221).[34]

---

34) 이 사건의 결론을 살펴보면 고인들의 행위는 태풍을 피하기 위한 행위로써 긴급피난에 해당되어 위법성이 조각된 사안이다.

택일적 고의는 결과발생은 확정적이지만 객체가 택일적이거나 둘 또는 그 이상의 객체나 구성요건 중 어느 것에 결과가 실현될 것인지를 알 수 없는 경우를 말한다. 예컨대 갑과 을 두 사람 가운데 아무나 죽어도 좋다고 생각하고 사격을 가한 경우와 상점에 투석하면서 점원에게 상해를 입히려 하나 재물만 손괴 되어도 좋다고 생각하는 경우이다.

개괄적 고의는 행위자가 자기가 해한 행위객체에 대해서 오인하지는 않았지만 행위의 경과를 오인한 것을 말한다. 예컨대 어떤 자가 사람을 살해했다고 오인하고 죄적을 숨기려고 물에 던진 결과 익사한 경우(제1의 행위에 의해서 결과가 발생한 것으로 생각하고 처음의 의도와는 다른 의도를 가지고 계속 제2의 행위를 한 결과 1의 행위에 의해 실현된 결과가 아닌 제2의 행위에 의해 실현된 경우)이다.

관련판례

정부 사이인 갑과 을은 함께 낙산비치호텔에 투숙한 갑이 결혼을 강요하다가 피해자가 말을 듣지 않자 말다툼을 하던 중에 을의 멱살을 잡고 머리를 벽에 수회 부딪치게 하고 바닥에 넘어진 뒤에도 가슴부위를 수회 밟아 을에게 늑골골절상 등의 상해를 가하였다. 문제는 갑은 을이 사망한 것으로 오인하고(사실은 사망한 것이 아니고 빈사상태의 상태) 범행을 은폐시키고자 을이 자살한 것처럼 가장하여 호텔 테라스 아래의 바닥으로 떨어뜨려 그에 따른 충격에 의한 뇌손상 및 뇌출혈 등으로 사망에 이른 사안이다(대판 1994. 11. 4, 94도2361).

---

2. 과실

과실은 정상의 주의를 태만함으로 인하여 죄의 성립요소인 사실을 인식하지 못한 경우로써 부주의에 의하여 법질서의 명령을 위반하는 것이다. 형법 제14조는 "정상의 주의를 태만함으로 인하여 죄의 성립요소인 사실을 인식하지 못한 행위는 법률에 특별한 규정이 있는 경우에 한하여 처벌한다"라고 규정하고 있다. 이는 형법은 원칙적으로는 고의에 대해서만 처벌하고 과실의 경우 일정한 요건을 충족한 경우에 한해서 처벌하고 있는 것이다. 예컨대 실화죄(제170조), 과실치사상죄(제266조 내지 제268조) 등의 경우이다. 과실은 주의의무위반으로 구성요건적 결과발생을 예견하고 그에 따라서 결과발생을 회피할 수 있음에도 불구하고 그렇게 하지 않는 법적 평가에 그 본질이 있다고 할 것이다. 주의의무와 관련하여 살펴보면 업무상과실 · 중과실 치사상죄가 있다(제268조) 업무상과실을 공부하면서 빼놓을 수 없는 이론이 바로 신뢰의 원칙이다. 신뢰의 원칙이란 "도로교통과 관련하여 주로 판례에 의해 형성된 원칙인데 자기스스로가 규칙을 준수하면서 도로교통의 운전에 참여한 운전자의 경우에는 특별한 다른 사정이 없는 한 다른 교통참여자도 마찬가지로 교통규칙을 준수하면서 행동할 것을 신뢰하여도 좋다는 원칙을 말한다."[35] 최근에는 이 원칙들이 도로교통 뿐만 아니라 의료행위, 공장의 작업과정 등과 같이 분업적 공동 작업이 필요한 모든 경우에 적용된다는 것이 보편화 되고 있다. 몇 가지 판례의 예를 살펴보면 다음과 같다. 횡단이 금지되어 있는 육교 밑에서 보행자가 뛰어 들어 올 것까지 예상하여 주의해야 할 의무가 없고,[36] 고속도로에서 운전하는 자에게는 도로상에 장애물이 나타날 것을 예견하여 제한속도 이하로 감속 서행할 주의의무가 없다.[37]

> **관련판례**
>
> 고속도로를 운행하는 자동차의 운전자로서는 일반적인 경우에 고속도로를 횡단하는 보행자가 있을 것 까지 예견하여 보행자와의 충돌사고를 예방하기 위하여 급정차 등의 조치를 취할 수 있도록 대비하면서 운전할 주의의무가 없고, 다만 고속도로를 무단횡단하는 보행자를 충격하여 사고를 발생시킨 경우라도 운전자가 상당한 거리에서 보해자의 무단횡단을 미리 예견할 수 있는 사정이 있었고, 그에 따라 즉시 감속하거나 급제동하는 등의 조치를 취하였다면 보행자와의 충돌을 피할 수 있었다는 등의 특별한 사정이 인정되는 경우에만 운전자의 과실이 인정될 수 있다(대판 2000. 9. 5, 2000도2671).

제3절 위법성

I. 위법성의 의의와 판단방법

위법성이란 구성요건에 해당하는 행위가 법질서 전체의 관점에서 객관적으로 행하여지는 부정적인 가치판단을 말한다. 여기서 법은 법질서 전체를 의미한다. 흔히 '법에 반하는 것'이라고도 정의한다. 형법상의 규정이나 그 해석원리는 물론 법의 일반원리도 판단의 기준이 될 수 있다. 형법에 있어서 위법성의 유무는 구성요건해당성을 전제로 행위시를 기준으로 하여 판단한다. 위법성과 불법을 동의어로 사용되기도 하는데 엄밀히 따지자면 양자를 구분하는 것이 타당하다고 생각된다. 불법은 위법행위가 살인 등과 같이 내용적으로 나타날 때 쓰이는 말이다. 즉 불

---

35) Vgl. Schönke/Schröder/Cramer, StGB, Kommemtar, § 15, Rn. 210.
36) 대판 1989. 2. 28, 88도1689.
37) 대판 1981. 12. 8, 81도1808.

법은 형법상의 구성요건에 해당되는 행위가 위법한 경우에 인정되는 것이다. 불법의 경우는 민법상 불법, 형법상의 불법과 같은 개별화도 가능하다. 형법상 위법성조각사유(정당화사유)란 구성요건에 해당되는 행위의 위법성을 배제하는 사유를 말하며 허용규범이라고도 한다. 우리 형법은 위법성조각사유로서 정당행위(제20조), 정당방위(제21조), 긴급피난(제22조), 자구행위(제23조), 피해자의 승낙(제24조)을 규정하고 있다. 이들 규정간의 관계는 일반법과 특별법의 관계에 있다고 할 수 있다. 즉 어떠한 행위에 대한 위법성을 검토할 경우에는 먼저 특별한 위법성조각사유에 해당되는지 여부를 검토하고 만약 이에 해당되지 않을 경우에는 일반적이고 포괄적 위법성조각사유를 검토하면 된다. 형법각칙과 기타 법률에 의해 규정된 위법성조각사유에는 명예훼손죄의 위법성조각사유(형법 제310조), 모자보건법상의 인공임신중절(모자보건법 8조), 형사소송법 중 현행범체포(제212조) 등이 있다.

Ⅱ. 정당방위

자기 또는 타인의 법익에 대한 현재의 부당한 침해를 방위하기 위한 상당한 이유가 있는 행위를 정당방위라고 한다(제21조). 정당방위는 긴급피난, 자구행위와 더불어 형법이 규정하고 있는 위법성조각사유 중 하나이다.

정당방위는 현재의 부당한 침해를 방위하기 위한 행위이므로 불법 대 법의 관계에 해당된다. 예컨대 갑이 을을 칼로 찔러 살해하려고 할 때, 을이 자신의 생명을 지키기 위해 옆에 있던 몽둥이를 이용하여 반격하여 갑을 제압한 행위의 경우이다.

싸움의 경우에 있어서는 원칙적으로 정당방위가 인정되지 아니한다.[38] 왜냐하면 서로 상대방의 공격과 방어를 유발하는 싸움에 있어서는 어느 한 편은 정당하고 다른 편은 부당하다는 판단을 내릴 수 없기 때문이다.

관련조문

형법 제21조(정당방위) ① 자기 또는 타인의 법익에 대한 현재의 부당한 침해를 방위하기 위한 행위는 상당한 이유가 있는 때에는 벌하지 아니한다. ② 방위행위가 그 정도를 초과할 대에는 정황에 의하여 그 형을 감경 또는 면제할 수 있다. ③ 전항의 경우에 그 행위가 야간 기타 불안스러운 상태하에서 공포, 경악, 흥분 또는 당황으로 인한 때에는 벌하지 아니한다.

---

38) 대판 1955. 6, 21, 4288 형상98; 대판 1960.9. 21, 4293형상 492; 대판 1986. 12. 23, 86도1491; 대판 1993. 8. 24, 92도1329; 대판 2000. 3. 18, 2000도228.

정당방위의 요건은 ① 현재의 부당한 침해가 있어야 한다. ② 자기 또는 타인을 법익을 방위하기 위하여 상당한 이유가 있어야 한다. ③ 방위행위는 상당한 이유가 있어야 한다.

> **관련판례**
>
> 의붓아버지의 강간행위에 의하여 정조를 유린당한 후 계속적으로 성관계를 강요받아온 피고인(김양)은 더 이상 참지 못하고 그의 남자친구와 의붓아버지를 죽일 생각으로 사전에 공모하여 범행에 사용할 여러 가지 물건들을 준비한 후 의붓아버지가 잠든 틈을 타 피고인은 남자친구가 들어오게끔 문을 열어주었다. 남자친구는 의붓아버지에게 더 이상 괴롭히지 말라는 말을 하고 제대로 반항할 수 없는 의붓아버지를 식칼로 심장을 찔러 살해하였다. 피고인들은 정당방위를 주장 하였다. 그러나 대법원은 이 행위에 대해서 사회통념상 상당성을 결여하여 정당방위가 성립할 수 없다고 판단하였다.(대법원 1992.12.22, 92도2540).

Ⅲ. 긴급피난

자기 또는 타인의 법익에 대한 현재의 위난을 피하기 위한 상당한 이유 있는 행위를 말한다(제22조 1항). 예컨대 갑이 미친개에 물리지 않으려고 을의 집 담벼락을 넘어 들어간 경우에는 갑은 주거침입죄의 구성요건에 해당되지만 현재의 위난을 피하기 위한 행위로서 위법성이 조각된다.

> **관련조문**
>
> 형법 제22조(긴급피난) ① 자기 또는 타인의 법익에 대한 현재의 위난을 피하기 위한 행위는 상당한 이유가 있는 때에는 벌하지 아니한다.

긴급피난의 성립요건은 ① 자기 또는 타인의 법익에 대한 현재의 침해가 있어야 한다. ② 피난의사가 있어야 한다. ③ 상당한 이유[39]가 있을 것을 요한다. 긴급피난은 보호되는 법익이 침해되는 법익보다 본질적으로 우월한 것이어야 한다.정당방위와 긴급피난은 비슷한 면이 있지만 분명 차이점을 가지고 있다. 긴급피난은 자기 또는 타인의 법익에 대한 현재의 침해가 있으면 되고 반드시 부당한 침해일 것을 요하지 않는 것이 차이점이다. 자초위난은 위난이 자기스스로의 귀책사유에 의해 발생한 경우를 말한다. 예컨대 지나가던 개에게 돌을 던져 맞아 성난 개가

---

39) 상당한 이유란 피난행위가 사회상규에 비추어 당연시될 수 있는 경우를 말한다.

공격하여 위험을 자초하는 경우이며, 자초위난의 경우에 있어서는 원칙적으로는 긴급피난이 성립될 수 없지만, 행위가 긴급피난권의 남용이 아닌 한 긴급피난의 성립가능성이 배제될 수는 없다. 급박한 위기에서 자신의 이익보호를 위해 타인의 이익을 침해하는 극한상황은 이른바 '카르네아데스(plank of Karneades)판자[40]'의 경우를 들 수 있다.

> **관련판례**
>
> 임신의 지속이 모체의 건강을 해칠 우려가 현저할뿐더러 기형아 내지 불구아를출산할 가능성마저도 없지 않다는 판단하에 부득이 취하게 된 산부인과 의사의 낙태수술행위는 정당행위 내지 긴급피난에 해당되어 위법성이 없는 경우에 해당된다(대판 1976. 7. 13, 75도1205).

Ⅳ. 자구행위

법정절차에 의하여 청구권을 보전하기 불능한 경우에 그 청구권의 실행불능 또는 현저한 실행곤란을 피하기 위한 상당한 이유가 있는 행위를 말한다(제23조 1항).

> **관련조문**
>
> 형법 제23조(자구행위) ① 법정절차에 의하여 청구권을 보전하기 불능한 경우에 그 청구권의 실행불능 또는 현저한 실행곤란을 피하기 위한 행위는 상당한 이유가 있는 때에는 벌하지 아니한다. ② 전항의 행위가 그 정도를 초과한 때에는 정황에 의하여 형을 감경 또는 면제할 수 있다.

자구행위는 권리자가 그 권리를 침해당한 때에 공권력의 발동에 의하지 않고 자력에 의하여 그 권리를 구제하고 실현하는 행위를 말한다. 법치국가는 원칙적으로 청구권의 실행을 위하여 사력을 사용하는 것을 금지하지만 법정절차가 적절한 시기에 이루어질 수 없는 상황 속에서 청구

---

40) 그리스 철학자 '카르네아데스(Karneades, BC 214129)'가 제시한 문제이다. 주로 형법에 긴급피난의 본질을 논할 때 자주 인용된다. 내용은 기원전 2세기 그리스에서 배가 난파되어 승무원 전원이 바다에 빠졌다. 혼자만이 매달릴 수 있는 판자 한 조각을 붙잡고 간신히 살아난 사람이 있었는데, 거기에 다른 한 사람이 나타나 그 판자에 매달리려 했다. 매달려 있던 사람은 두 사람이 매달릴 경우 널빤지가 가라 앉아 둘 다 죽게 된다고 판단하고 그 사람을 밀어내 빠져 죽게 만들었다. 이후 그는 구조되어 그에 따른 재판을 받게 되었는데, 이 재판에서 무죄선고를 받았다. 카르네아데스의 판자의 경우 사람의 목숨은 법적으로 가치가 동일하므로, 가한 해가 피하려는 해의 정도를 넘었다고 볼 수 없다. 그런 의미에서 긴급피난을 인정하기도 한다(생존자의 행위에 대한 평가문제).

권자의 즉각적인 개입 없이는 청구권의 실현이 무효화되거나 본질적으로 어렵게 되는 경우에 한해서 예외적으로 위법성이 조각된다. 예컨대 채무자가 채무를 변제하지 않고 외국으로 도망가기 위하여 비행기를 타는 것을 별견한 채권자가 채무자를 붙잡는 등의 경우.

자구행위의 성립요건은 ① 법정절차에 의하여 청구권을 보전하는 것이 불가능한 경우여야 한다. ② 청구권의 실행불능 또는 현저한 실행곤란을 피하기 위한 행위인 경우여야 한다. ③ 상당한 이유가 있는 경우여야 한다.

> **관련판례**
>
> 피고인이 피해자에게 석고를 납품한 대금을 받지 못하고 있던 중 피해자가 화랑을 폐쇄하고 도주하자, 피고인이 야간에 폐쇄된 화랑의 베니어판 문을 미리 준비한 드라이버로 뜯어 내고 피해자의 물건을 몰래 가지고 나왔다면, 위와 같은 피고인의 강제적 채권추심 내지 이를 목적으로 하는 물품의 취거행위는 형법 제23조
> 소정의 자구행위라고 볼 수 없다. 즉 피고인들의 행위는 청구권의 실행불능 또는 현저한 실행곤란을 피하기 위한 행위라기보다는 청구권의 실행행위에까지 이르렀다고 할 수 있어 자구행위로서의 요건을 갖추지 못했다고 할 수 있다(대판 1984. 12. 26, 84도2582).

V. 피해자의 승낙

피해자의 승낙이란 피해자가 가해자에 대하여 자기의 법익을 침해할 것을 허락하는 것을 말한다. 일정한 요건하에서 구성요건해당 행위의 위법성을 조각시키는 경우이다.

> **관련조문**
>
> 형법 제24조(피해자의 승낙) 처분할 수 있는 자의 승낙에 의하여 그 법익을 훼손한 행위는 법률에 특별한 규정이 없는 한 벌하지 아니한다.

예컨대 그 집의 집주인이 집에 들어오라고 승낙한 경우, 의사가 환자의 동의를 받아 수술한 경우 등의 경우이다.

피해자의 승낙은 자유의사에 의한 진지한 것이어야 한다. 따라서 의사를 함에 있어 흠결 또는 하자가 발생한 경우에는 유효한 승낙이 될 수 없다. 피해자의 승낙의 성립요건은 ① 법익을 처

분할 수 있는 자의 유효한 승낙이 있어야 한다. ② 행위자에게 승낙에 대한 인식이 있어야 한다. ③ 승낙에 의한 행위가 법질서 전체의 정신 내지 사회윤리에 비추어 용인될 수 있어야 한다. ④ 법률에 특별한 규정이 없을 것을 요한다. 이상의 요건을 갖춘 행위는 위법성이 조각되어 범죄를 구성치 않는다.

추정적 승낙은 피해자의 현실적인 승낙이 없었다고 하더라도 행위 당시 모든 객관적 사정에 비추어 볼 때, 만일 피해자가 행위의 내용을 알았다면 그리고 승낙을 하는 것이 가능했더라면 당연히 승낙했을 것으로 예견되는 경우를 말한다. 예컨대 부재중인 이웃집에 들어가 수돗물을 잠가주는 행위의 경우이다.

추정적 승낙의 이론은 우리나라의 경우 형법 제24조 피해자의 승낙과 관련하여 추정적 승낙이 위법성조각사유로 설명되고 있다.

> **관련판례**
>
> 피할만한 여유도 없는 좁은 장소에서 신체적으로 더 건강한 상급자인 피고인이 하급자인 피해자를 약 1분 이상 가슴과 배를 구타하여 사망에 이르게 한 경우라면 이는 사망의 결과에 대한 예견가능성을 부정할 수도 없을 것이며 위와 같은 상황에서 이루어진 폭행이 장난권투로서 피해자의 승낙에 의한 사회상규에 어긋나지 않는 것이라고 볼 수 없으므로 폭행치사죄가 성립한다고 할 것이다(대판 1989. 11. 28, 89도201)

VI. 정당행위

정당행위는 사회상규에 위배되지 아니하며 국가적·사회적으로 정당시 되는 행위를 말한다.

> **관련조문**
>
> 형법 제20조(정당행위) 법령에 의한 행위 또는 업무로 인한 행위 기타 사회상규에 위배되지 아니하는 행위는 벌하지 아니한다.

정당행위는 다른 위법성조각사유와는 달리 일반적이고 포괄적인 성격을 갖는다. 특히 "기타 사회상규에 위배되지 아니하는 행위는 벌하지 아니한다"는 규정은 초법규적 위법성조각사유를 법규적 위법성조각사유로 인정하는 것으로 이해된다.

법령에 의한 행위에 해당하는 구체적 유형으로는 공무원의 직무집행행위, 징계행위, 사인의 현행범인체포, 정신병자의 감호행위, 승마투표권, 주택복권의 발매, 노동쟁의행위, 모자보건법에 의한 임신중절수술, 전염병예방법에 의한 의사의 신고 등이 있으며, 업무로 인한 행위에 해당하는 구체적 유형으로는 의사의 치료행위, 변호사 또는 성직자의 직무집행행위, 운동경기를 통한 법익침해 등이 있으며, 기타 사회상규에 위배되지 않는 행위는 주로 판례에 의해 나타나고 있다. 법령상 징계권이 없는 자가 잘못을 저지르는 남의 자녀를 적절하게 징계하는 경우, 의사 아닌 자의 치료행위 등이 있다.

관련판례

갑은 대학 산부인과 전문의 수련과정 2년차 의사로, 환자 을을 진찰한 결과 복부에 혹이 만져지고 하혈을 하고 있어 자궁외 임신일 가능성도 있다고 생각하였다. 그러나 피해자가 10년 간 임신경험이 없었고, 다른 병원에서의 진단 소견이 자궁근종 또는 자궁체부암으로 되어 있자 을은 자궁외 임심이었음에도 이를 확인하는 별도 검사 없이 병명을 자궁근종으로 오진하고 이에 근거하여 의학에 대한 전문지식이 없는 피해자에게 자궁적출의 불가피성만을 강조하였을 뿐 위와 같은 진단상의 과오가 없었으면 당연히 설명 받았을 자궁외 임신에 관한 내용을 설명받지 못한 피해자로부터 수술승낙을 받았다면 위 승낙은 부정확 또는 불충분한 설명을 근거로 이루어진 것으로서 수술의 위법성을 조각할 유효한 승낙이라고 볼 수 없다(대판 1993. 7. 27, 92도2345).

제4절 책 임

I. 책임의 의의

책임은 적법한 행동을 결의할 수 있었음에도 불구하고 불법을 결의하고 위법하게 행위 하였다는데 대하여 행위자에게 가해지는 비난가능성을 말한다. 책임은 위법한 행위에 대하여 행위자를 개인적으로 비난할 수 있느냐라는 문제를 말한다. 즉 행위자가 행위를 함에 있어 합법적인 행위를 하지 않고 불법적인 행위를 한 것에 대해서 비난하는 것이 책임이라고 할 수 있다. 책임은 행위가 구성요건에 해당하고 위법성이 확정된 후에 비로소 제기되는 문제이다.

Ⅱ. 책임능력

1. 책임능력의 의의

관련조문

형법 제10조(심신장애자) ① 심신장애로 인하여 사물을 변별할 능력이 없거나 의사를 결정할 능력이 없는 자의 행위는 벌하지 아니한다. ② 심신장애로 인하여 전항의 능력이 미약한 자의 행위는 형을 감경한다. ③ 위험의 발생을 예견하고 자의로 심신장애를 야기한 자의 행위에는 전2항의 규정을 적용하지 아니한다.
형법 제11조(농아자) 농아자의 행위는 형을 감경한다.

일반적으로 행위의 불법을 통찰하거나 이에 따라 행위를 조종할 수 있는 행위자의 능력을 말한다. 행위시에 행위자에게 책임능력이 없을 경우에는 다른 요건이 설령 구비되어 있다 하더라도 행위자에게 형사책임을 지울 수 없다. 그러므로 형사책임을 논하기에 앞서 행위자에게 책임능력이 있는가에 대해서 살펴보아야 할 것이다.

형법은 책임능력의 의미에 관해서는 어떠한 규정도 두지 않고 단지 제9조(형사미성년자), 제10조(심신장애자), 제11조(농아자)에 걸쳐 책임능력결함자에 관한 규정만을 두고 있을 뿐이다. 현행법상 책임무능력자(형사미성년자 및 심신상실자)와 형을 감경 할 수 있는 한정책임능력자(심신미약자 및 농아자)의 두 가지를 인정하고 있다.

2. 형사미성년자

관련조문

형법 제9조(형사미성년자) 14세 되지 아니한 자의 행위는 벌하지 아니한다.

사람의 발육은 개인에 따라 차이가 있으나 형법은 이러한 개인에 따른 발육의 차이와 상관없이 14세 미만의 자를 책임무능력자로 취급하고 있다. 이러한 형법의 태도는 발육의 성장과정으로 보아 14세에도 이르지 아니한 자에게는 형사책임을 지울 수 없다는 형사정책적 고려에 기초한 것이다.

14세라는 연령을 산정함에 있어서는 역수에 따라 계산하고(형법 제83조 및 민법 제160조), 출생일을 산입한다(민법 제158조). 연령의 산정은 호적상의 연령이 절대적 기준은 아니고 실제연령을 기준으로 할 수 있다. 14세 되지 아니한 자는 벌하지 아니한다. '벌하지 아니한다'는 의미는 행위에 대한 책임이 배제되어 그 행위가 범죄로 되지 아니하고 따라서 처벌되지 아니한다는 의미로 해석될 수 있다. 따라서 10세 이상 14세 미만의 형사미성년자의 경우 형벌을 과할 수는 없고 소년법에 의한 보호처분만 가능하다. 14세 미만의 소년에게도 소년법에 의한 보호처분이 가능한 경우가 있다. 형벌법령에 저촉되는 행위를 한 10세 이상 14세 미만의 소년(촉법소년)과 장래 일정한 사유에 비추어 형벌법령에 저촉되는 행위를 할 우려가 있는 10세 이상의 소년(우범소년)에 대해서는 보호처분을 할 수 있다(소년법 제4조 1항 2~3호).

14세 이상의 소년(20세 미만의 자)에게는 책임능력이 인정되지만 소년법에 의한 특별한 취급을 받는다. 소년이 장기 2년 이상의 유기형에 해당하는 죄를 범한 때에는 장기는 10년, 단기는 5년을 초과하지 아니하는 범위 내에서 부정기형을 선고하고(소년법 제60조 1항)[41], 범행 당시 18세 미만인 소년에 대해서는 사형 또는 무기형으로 처할 것을 15년의 유기징역으로 한다(소년법 제59조).

3. 심신상실자

심신상실자는 심신장애로 인하여 사물변별능력이 없거나 의사결정능력이 없는 자로 책임무능력자를 말한다(제10조 1항). 이 규정에서 심신장애는 생물학적 요인으로서의 정신적 장애 또는 정신기능의 장애를 뜻한다. 구체적으로 무엇이 이 경우에 속하는 가에 대해서 우리 형법은 어떠한 규정을 두고 있지 아니하므로 결국 이 문제는 학설과 판례에 일임된 것으로 볼 수 있다. 독일 형법학에서 거론되고 있는 다음과 같은 유형적 설명이 가능하다. ① 병적 정신장애를 들 수 있다. 이는 정신병학상의 정신병과 일치하는 개념으로서 일정한 신체적 질병의 과정을 거치는 정신질환을 말한다. 예컨대 내인성 정신병인 정신분열증, 조울증, 간질 등과 외인성정신병인 창상성뇌손상, 알콜 등에 의한 중독, 기타 감염성 정신병환 등의 경우. 우리 판례는 간질,[42] 정신분열증[43] 등을 이유로 심신상실을 인정하고 있다. ② 심한 의식장애를 들 수 있다. 이는 장애가 아닌 이유에서 자아의식 또는 외계에 대한 의식에 심한 손상 내지 단절이 있는 경우로서, 예컨대 최면적 혼미상태, 심한 흥분이나 충격, 심한 과로상태, 음주에 의한 명정 등의 경우이다.

이들 중 가장 현실적 문제는 음주에 의한 명정의 문제이다. 알콜 부담 능력은 개인에 따라 다

---

41) 다만 형의 집행유예, 선고유예의 경우에는 정기형을 선고한다.
42) 대판 1969. 8. 26, 69도1121.
43) 대판 1970. 7. 28, 70도1358; 대판 1980. 5. 27, 80도656.

르기 때문에 책임능력이 배제될 정도의 명정이었는가에 대한 여부는 행위자의 개별적 특성과 구체적 행위와의 관계를 고려하여 종합적으로 판단할 수 밖에 없다. ③ 선천적 지능박약을 의미하는 정신박약을 들 수 있다. 예컨대 백치, 치우, 노둔의 경우. ④ 기타의 심한 정신 변성을 들 수 있다. 예컨대 타고난 성격 이상을 의미하는 정신병질, 심한 신경쇠약, 충동장애 등의 경우이다.

형법 제10조 1항은 심리적 요인으로서 사물을 변별할 능력이나 의사를 결정할 능력을 규정한다, 사물을 변별할 능력이란 일반적 의미로는 시비선악을 구별하는 능력, 합리적 판단력 등으로 이해되나, 형법상으로 볼 때는 행위의 불법을 통찰할 수 있는 능력을 의미한다. 이는 지적 능력에 해당된다. 의사를 결정할 능력이란 사물의 변별에 따라 자신의 행위를 조종할 수 있는 능력으로서 의지적 요소라고 할 수 있다. 지적요소와 의지적 요소가 모두 결여된 경우뿐만 아니라 이 중 어느 하나라도 결여될 때에는 심신상실자가 된다. 사물을 변별하거나 의사를 결정할 능력이 있는가의 여부는 행위시를 기준으로 모든 정황을 고려하여 판단해야 할 것이다.

> **관련판례**
> 범행 당시 그 심신장애의 정도가 단순히 사물을 변별할 능력이나 의사를 결정할 능력이 미약한 상태에 그쳤는지 아니면 그러한 능력이 상실된 상태이었는지 여부가 불분명한 경우에는, 먼저 피고인의 정신상태에 관하여 충실한 정보획득 및 관계상황의 포괄적인 조사·분석을 위하여 피고인의 정신장애의 내용 및 그 정도 등에 관하여 정신의로 하여금 감정을 하게 한 다음, 그 감정 결과를 중요한 참고자료로 삼아 범행의 경위, 수단, 범행 전후의 행동 등 제반 사정을 종합하여 범행 당시의 심신상실 여부를 경험칙에 비추어 규범적으로 판단해야 한다(대판 1998. 4. 10, 98도549).

4. 심신미약자와 농아자

형법 제10조 2항은 심신장애로 인하여 전항(1항을 말함)의 능력(사물을 변별할 능력이나 의사를 결정할 능력)이 미약한 자의 행위는 형을 감경한다고 규정하고 있다.

요건을 살펴보면 심신장애가 있어야 하지만 그 정도가 심신상실에 이르지 않아야 한다. 예컨대 중증 아닌 히스테리환자, 신경쇠약자, 알콜중독자 등의 경우이다.

사물변별능력 또는 의사결정능력의 미약(심리적 부분)이 미약해야 한다. 심신미약의 상태는 일시적이든 계속적이든 상관없으며 이러한 상태는 행위시에 존재해야 한다. 이러한 판단은 전문가의 감정을 기초로 하여 최종적으로는 법관이 판단해야 한다. 심신미약자는 한정책임능력자로서 그 형이 감경된다(형의 필요적 감경사유). 심신미약자도 보안처분의 대상이 될 수 있으며, 치료감호에 처할 수도 있다.

농아자는 청각과 언어기능에 장애가 있는 경우로써 이러한 농아자에 대해서는 형을 필요적으로 감경한다. 형법 제11조는 "농아자의 행위는 형을 감경한다"라고 규정하고 있다. 이런 농아자의 장애는 선척적이든 후천적이든 상관없다. 농아는 주로 신체장애로 이해되지만 정신발육의 경우에도 영향을 미치기 때문에 형법이 이를 특별 취급하여 형을 감경하고 있는 것이다(필요적 감경).

5. 원인에 있어서 자유로운 행위

원인에 있어 자유로운 행위란 책임능력 있는 행위자가 자의로 자기를 심신장애(심신상실 또는 심신미약)의 상태에 빠지게 한 후 이 상태에서 고의 또는 과실로 범죄를 실현하는 행위를 말한다. 예컨대 맨 정신으로 범죄를 행할 수 없으므로 술을 마셔 만취상태가 된 후에 상대방에게 범죄행위를 하는 경우이다.

원인에 있어서 자유로운 행위는 행위자 자신이 심신장애상태를 스스로 자유롭게 야기한다는 점에 본질이 있다. 즉 위험의 발생을 예견하고 자의로 심신장애를 야기하여 범행행위를 한 자에 대하여 책임능력을 인정하여 처벌하도록 입법적으로 해결 하였다(형법 제10조 3항). 결론적으로 원인에 있어서 자유로운 행위는 책임능력이 결여된 상태(심신상실의 상태)에서의 행위라 할지라도 면책되지 아니하며 한정책임능력의 상태(심신미약의 상태)에서의 행위라 할지라도 형이 감경되지 아니한다.

관련판례

형법 제10조 3항은 위험의 발생을 예견하고 자의로 심신장애를 야기한 자의 행위에는 전2항의 규정을 적용하지 아니한다고 규정하고 있는데, 이 규정은 고의에 의한 원인에 있어서의 자유로운 행위만이 아니라 과실에 의한 원인에 있어서의 자유로운 행위까지도 모두 포함되는 것으로서 위험의 발생을 예견할 수 있었는데도 자의로 심신장애를 야기한 경우도 그 적용 대상이 된다고 할 것이다. 피고인이 음주운전을 할 의사를 가지고 음주만취한 후 운전을 결행한 결과 교통사고를 일으킨 경우라면 피고인은 음주시에 교통사고를 일으킬 위험성에 대해서 예견했음에도 불구하고 자의로 심신장애를 야기한 경우에 해당되므로 위 법조항에 의거하여 심신장애로 인한 감경 등을 할 수 없다(대판 1992. 7. 28, 92도999).

Ⅲ. 위법성의 인식과 금지착오

위법성의 인식이란 일반적으로는 자신의 행위가 실질적으로 위법하다는 행위자의 의식이라고 말할 수 있다. 즉, 행위자가 자신의 행위가 공동사회의 질서에 반하고 법적으로 금지되어 있다는 것을 인식하는 것을 말한다. 위법성의 인식이 있어야 법규범을 알면서도 범죄를 결의하였다는 것에 대한 비난이 가능하기 때문에 위법성인식은 책임비난의 핵심이 된다. 만약 행위자 자신에게 고의나 과실의 경우가 있는 경우라도 위법성의 인식이 없을 경우에는 정당한 이유가 있는 경우에 한하여 형사책임을 묻지 않는다. 위법성인식의 체계적 지위에 관한 학설에는 고의설과 책임설이 대립되어 있다. 고의설에는 엄격고의설과 제한적 고의설이 있고 책임설에는 엄격책임설과 제한적 책임설이 있다. 이 학설 중 책임설이 타당하다고 보고 책임설 중에는 엄격책임설이 합당한 것으로 본다. 금지착오란 행위자가 무엇을 행하는가는 알았지만 그러한 행위가 위법함을 알지 못한 경우, 즉 위법성인식이 결여된 경우를 말한다. 금지착오를 위법성의 착오라고도 정의된다. 예컨대 국립대학교 교수에 대해서 증뢰죄가 성립되지 않는다고 믿고 뇌물을 준 경우이다. 금지착오를 함에 있어서 정당한 이유가 있는 경우에 한해서는 벌하지 아니한다. 우리 형법 제16조는 "자기의 행위가 법령에 의하여 죄가 되지 아니하는 것으로 오인한 행위는 그 오인에 정당한 이유가 있는 때에 한하여 벌하지 아니한다"고 규정하고 있다.

관련판례

피고인은 의정부에서 디스코클럽을 경영하는 자로서 1983년 12월 23일 20:00 경부터 같은 날 23:00 경까지 위 디스코클럽에 미성년자인 공소외인 등 10명을 출입시키고 맥주 등 주류를 판매한 사실은 이를 인정하고도 한편으로 1983년 4월 15일 14:00경 의정부경찰서 강당에서 개최된 청소년선도에 따른 관련 업주회의에서 업주측의 관심사라 할 수 있는 18세 이상자나 대학생인 미성년자들의 업소출입 가부에 관한 질의가 있었으나 그 확답을 얻지 못하였는데, 같은 달 26일 경기도 경찰국장 명의로 청소년 유해업소 출입단속대상자가 18세 미만자와 고등학생이라는 내용의 공문이 의정부경찰서에 하달되고 그 시경 관할지서와 파출소에 그러한 내용이 다시 하달됨으로써 업주들은 경찰서나 파출소에 직접 또는 전화상의 확인 방법으로 그 내용을 알게 되었고 위와 같은 사정을 알게 된 피고인은 종업원에게 단속 대상자가 18세 미만자와 고등학생임을 알려주고 그 기준에 맞추어서 만 18세 이상자이고 고등학생이 아닌 공소외인 등 10명을 출입시키고 주류를 판매하기에 이르렀다. 이 사안의 경우 유흥업객업소의 업주가 경찰당국의 단속 대상에서 제외되어 있는 만 18세 이상의 고등학생이 아닌 미성년자는 출입이 허용되는 것으로 알고 있었더라도 이는 미성년자보호법 규정을 알지 못한 단순한 법률의 부지에 해당한다 할 것이고, 피고인의 소위가 특히 법령에 의해서 허용된 행위로서 죄가 되지 아니한다고 적극적으로 그릇 인정한 경우는 아니므로 범죄의 성립에 아무런 지장이 될 바 아니고, 미성년자보호법 제4조 제1항과 2항에 위반되는 이상 경찰당국이 미성년자의 유흥접객업소 출입단속대상에서 고등학생이 아닌 18세 이상의 미성년자를 제외하였다 이를 법률의 착오에 기인한 행위라고 할 수는 없다(대판 1985. 4. 9, 85도25).

IV. 적법행위에 대한 기대가능성

행위시의 구체적 사정으로 보아 행위자가 범죄행위를 하지 않고 적법행위로 나올 것이 기대될 수 있는 경우를 말한다. 한편 적법행위에의 기대가능성이 없는 경우를 기대가능성 또는 기대가능성의 부존재라고 한다. 우리나라와 일본의 경우 모든 경우에 있어서 초법규적 책임조각사유로 인정하는 것이 다수설의 입장이다. 행위자에게 규범에 따른 적법행위를 기대할 수 없는 특수사정이 존재하는 경우에는 행위자가 불법행위를 한 경우라도 책임비난을 할 수 없다. 예컨대 수험생이 우연한 기회에 시험에 출제되는 문제를 알게 되어 암기하여 입학시험 당일 답안지에 기재한 행위의 경우이다. 기대가능성의 관념은 책임조각의 근거를 밝혀주는 기본적인 원리인데, 무엇보다도 개개의 형벌규정을 해석함에 있어서 보완과 교정의 기능을 담당하고, 재판관에게 구체적인 경우에 있어서 중요한 모든 정황에 대해서 정확한 판단을 할 수 있도록 도와주는 역할을 한다. 행위자가 책임능력이 인정되고, 자기행위에 대한 위법성을 인식한다고 할지라도 행위를 한자에게 적법행위에 대한 기대할 수 없는 사정이 있다고 평가되면 행위자를 비난할 가능성이 없다. 즉 책임이 조각된다. 예컨대 형법총칙과 관련하여 강요된 행위(제12조), 과잉방위(제21조 제3항), 과잉피난(제22조 제3항)은 기대불가능성에 근거하여 책임의 조각을 인정하고 있는 규정이다. 형법각칙과 관련하여 범인의 친족 등이 본인을 위하여 행한 범인은닉 또는 증거인멸(제151조 2항, 제155조 4항)은 기대불가능성과 관련하여 거론되는 경우이다.

관련판례

사용자가 모든 성의와 노력을 다하였어도 임금의 체불이나 미불을 방지할 수 없었다는 것이 사회통념상 긍정할 정도가 되어 사용자에게 더 이상 적법행위를 기대할 수 없었다거나 사용자가 퇴직금지급을 위하여 최선의 노력을 다하였으나 경영부진으로 인한 자금사정 등으로 도저히 지급기일 내에 퇴직금을 지급할 수 없었다는 등의 불가피한 사정이 인정되는 경우에는 근로기준법 제36조, 제43조 위반범죄의 책임조각사유로 된다(대판 2001. 2. 23, 2001도204).

V. 강요된 행위

강요된 행위(제12조)란 저항할 수 없는 폭력이나 자기 또는 친족의 생명, 신체에 대한 위해를 방어할 방법이 없는 협박에 의하여 강요된 행위는 기대가능성이 없어서 책임이 조각되어 벌하지 않는다. 예컨대 납북된 어부가 북한에 억류된 상태에서 북한 당국에 의해서 강제로 북한을 찬양하는 경우이다.

강요된 행위의 법적효과는 적법행위에 대한 기대가능성이 없기 때문에 피강요자의 책임이 조각된다. 강요자는 강요된 행위의 간접정범으로 처벌된다고 보는 것이 통설의 입장이다.

관련판례

1. 반국가단체의 지배하에 있는 북한지역으로 탈출하는 자는 특별한 사정이 없는한 북한집단구성원과의 회합이 있을 것이라는 사실을 예측하였을 것이라 함은 오늘의 사회통념상 당연한 결론이라 할 것이고 자의로 북한에 탈출한 이상 그 구성원과의 회합은 예측하였던 행위이므로 강요된 행위라고 인정될 수 없다(대판 1973. 1. 30, 72도2586).

2. 상관의 명령에 절대 복종해야 한다는 불문율이 있다는 것만으로는 고문치사와 같이 중대하고 명백한 위법명령에 따른 행위가 정당한 행위에 해당하거나 강요된 행위로서 적법행위에 대한 기대가능성이 없는 경우에 해당한다고 볼 수 없다(대판 1988. 2. 23, 87도2358). ⇒ 박종철 고문치사사건에 해당되는 사안이다.

제5절 미수범

I. 미수와 실행의 착수

1. 미수의 의의

범죄의 실행에 착수는 하였으나 행위를 종료하지 못하였거나 결과가 발생치 않은 경우를 말한다(형법 제25조). 미수범은 범죄의 실행에 착수한 점에서 예비·음모와 다르고 구성요건의 내용을 충족시키지 못한 단계에 속한다는 점에서 구성요건의 모든 내용의 충족을 의미하는 기수와 구분된다. 미수에는 장애미수(제25조), 중지미수(제26조), 불능미수(제27조)가 있다. 장애미수(제25조)는 범죄의 실행에 착수하여 행위를 종료하지 못하였거나, 종료하였어도 결과가 발생하지 않은 경우를 말한다. 형의 임의적 감경사유에 해당된다. 중지미수(제26조)는 범죄의 실행에 착수한 자가 자의로 그 행위를 중지하거나 그 행위로 인한 결과의 발생을 방지한 경우를 말한다. 형의 필요적 감면사유에 해당된다. 불능미수(제27조)는 행위의 성질상 행위자의 표상과는 달리 여러 정황 하에서도 기수가 될 수 없는 경우를 말한다. 즉 결과발생에 대한 것이 처음부터 불가능한 경우를 말한다. 형법각칙에 이에 대한 처벌규정이 있는 경우에 한해서 처벌을 할 수 있다.

관련판례

1. 피고인이 피해자를 강간하려다 피해자의 다음번에 만나 친해지면 응해 주겠다는 취지의 간곡한 부탁으로 인하여 그 목적을 이루지 못한 후 피해자를 자신의 차에 태워 집에까지 데려다 주었다면 피고인은 자의로 피해자에 대한 강간행위를 중지한 것이고 피해자의 다음에 만나 친해지면 응해 주겠다는 취지의 간곡한 부탁은 사회통념상 범죄실행에 대한 장애라고 여겨지지는 아니하므로 피고인의 행위는 중지미수에 해당될 것이다(대판 1993. 10. 12, 93도1851).

2. 범행당일 미리 제보를 받은 세관직원들이 범행장소 주변에 잠복근무를 하고 있어 그들이 왔다갔다 하는 것을 본 피고인이 범행의 발각을 두려워한 나머지 자신이 분담하기로 한 실행행위에 이르지 못한 경우, 이는 피고인의 자의에 의한 범행의 중지가 아니어서 형법 제26조 소정의 중지범에 해당된다고 볼 수 없다(대판 1986. 1. 21, 85도2339).

---

2. 실행의 착수와 예비

실행의 착수는 구성요건을 실현하는 행위를 개시함을 의미한다. 실행의 착수가 있는 경우에는 미수성립의 가능성이 높다고 본다. 실행의 착수는 미수와 예비·음모를 구분하는 척도이고 공범의 성립도 정범의 행위가 최소한도 실행의 착수단계에 이른 경우에 가능하게 된다. 실행의 착수에 관한 제 학설은 어떠한 시점에 실행의 착수가 있다고 볼 것인가에 대해서 객관설(형식적 객관설과 실질적 객관설), 주관설, 절충설의 대립이 있다. 객관설은 다시 형식적 객관설과 실질적 객관설로 나누어진다.

객관설은 객관적인 행위를 표준으로 하여 실행의 착수로 인정하려는 견해를 말한다. 여기에는 형식적 개관설과 실질적 객관설로 나누어진다.

오늘날 우리나라의 유력설이며 독일의 통설인 이 절충설(주관적인 관점과 객관적인 관점을 합한 견해)이 다른 설에 비하여 타당하다고 본다. 판례는 어느 설의 입장에서 실행의 착수를 인정하고 있는가에 관해서는 일률적이라고 딱히 단정을 지을 수 없다.

> **관련판례**
>
> 피고인이 야간에 소지하고 있던 손전등과 박스 포장용 노끈 등을 이용하여 도로에 주차된 차량의 문을 열고 그 안에 들어있는 현금 등을 절취할 것을 마음먹고 이 사건 승합차량의 문이 잠겨 있는지 확인하기 위해 양손으로 운전석 문의 손잡이를 잡고 열려고 하던 중 경찰관에게 발각된 사실이 인정되는데, 이러한 행위는 승합차량 내의 재물을 절취할 목적으로 승합차량 내에 침입하려는 행위에 착수한 것으로 볼 수 있고, 그로써 차량내에 있는 재물에 대한 피해자의 사실상의 지배를 침해하는 데에 밀접한 행위가 개시된 것으로 보아 절도죄의 실행의 착수에 해당되는 것으로 봄이 타당하다 할 것이다(대판 2009. 9. 24, 2009도5595).

예비는 범죄의 실현을 하기위한 준비행위로서 아직 실행의 착수에 이르지 않은 경우를 말한다. 예컨대 살인을 위해서 독약을 구입하는 경우, 범행하려는 장소를 미리 알아두기 위해 답사하는 등의 경우이다.

예비죄가 성립하려면 주관적으로 기본범죄(예컨대 살인예비죄에 있어서는 살인죄)를 범하려는 고의가 있어야 한다. 따라서 우리 형법의 해석상 기본범죄에 대한 고의가 없는 단지 예비행위만을 실행하려는 의사의 예비의 경우는 있을 수 없다. 이 경우에는 처벌하지 않는다. 그러나 형법상 이러한 예비행위가 범죄로 취급되는 경우는 드문 일이지만, 중요한 법익을 침해하는 범죄의 경우에 대해서만 인정되고 있다. 예컨대 내란예비죄(제90조), 외환예비죄(제102조), 살인예비죄(제255조) 등의 경우.

> **관련판례**
>
> 형법상 음모죄가 성립하는 경우의 음모란 2인 이상의 자 사이에 성립한 범죄실행의 합의를 말하는 것으로, 범죄실행의 합의가 있다고 하기 위해서는 단순히 범죄결심을 외부에 표시·전달하는 것만으로는 부족하고, 객관적으로 보아 특정한 범죄의 실행을 위한 준비행위라는 것이 명백히 인식되고, 그 합의에 실질적인 위험성이 인정될 때 비로소 음모죄가 성립한다(대판 1999. 11. 12, 99도3801).

제6절 부작위범

I. 작위와 부작위

작위(作爲)는 신체의 적극적인 동작에 한 태도를 말한다. 즉 사람이 의식적으로 한 행동이나 적극적인 행위를 말한다. 작위는 규범적으로 하지 말아야 할 것들을 하는 것을 말한다. 즉 규범적으로 금지되어 있는 것을 하는 것을 말한다.

부작위(不作爲)는 마땅히 해야 할 것으로 기대되는 행위를 하지 않는 것이다. 즉 소극적인 태도를 말한다. 부작위는 규범적으로 해야 될 행위를 행위자가 하지 않는 것을 말한다. 부작위에 의해 성립되는 범죄를 부작위범(不作爲犯)이라 한다. 형법 제18조(부작위범)에서는 "위험의 발생을 방지할 의무가 있거나, 자기 행위로 인해 위험이 발생했는데도 그것을 방지하지 않았을 경우 그 결과에 대해 처벌한다"고 규정한다. 즉, 법적으로 의무를 가진 사람이 어떤 행동을 하지 않아서 피해가 발생했다면, 적극적 행위를 한 것과 유사한 처벌을 받을 수 있는 말이다. 예컨대 숙부인 피의자가 살해할 목적을 갖고 10세 조카를 저수지로 유인한 뒤 조카가 물에 빠지자 조카를 구하지 않고 익사케 한 경우는 부작위에 의한 살인죄가 성립하는 경우[44]이다.

II. 부작위범

1. 진정부작위와 부진정부작위

부작위범에는 진정부작위범과 부진정부작위범이 있다. 진정부작위범은 구성요건적 행위 자체가 부작위의 형태로 규정되어 있는 것으로써 형법상 요구되는 행위를 하지 않는다는 것만으로도 처벌된다. 우리 형법의 진정부작위범의 규정은 전시군수계약불이행죄(제103조 1항), 전시공수계약불이행죄(제117조 2항), 다중불해산죄(제116조), 집합명령위반죄(제145조 2항), 퇴거불응죄(제319조 2항), 국가보안법 제10조의 불고지죄 등의 경우이다.

부진정부작위범은 작위로 실현될 것(작위구성요건)을 행위자가 부작위로 실현하는 것을 말한다. 부작위에 의한 작위범이라고 한다. 예컨대 수상구조대원이 물에 빠져 허우적대는 사람을 손을 뻗으면 금방 구할 수 있음에도 불구하고 구하지 않은 경우, 계모가 젖을 먹이지 않아 아기가 굶어 죽은 경우이다.

---

44) 대판 1991. 2. 11, 91도2951.

2. 보증인적 지위

보증인적 지위는 부진정부작위범에서 구성요건을 실현할 때 이의 회피를 위한 행위자의 특별한 지위를 말한다. 이것이 결여될 경우 구성요건이 조각된다. 보증인적 지위는 고의성립에 있어서 그 인식대상이 되며 보증인적 지위에 대한 착오는 구성요건적 착오가 된다. 보증인적 지위는 보호법익의 주체가 위협적 침해를 스스로 보호할 능력이 없고, 부작위범에게 그 위험으로부터 법익을 보호해야 할 의무가 있고, 부작위범이 이러한 보호기능에 의하여 법익침해를 일으킬 사태를 지배하고 있을 때에 인정된다.

위험발생을 방지해야 할 법적의무를 보증인의무라 하고, 보증인의무를 발생시키는 지위를 보증인지위라고 한다.

형법 제18조는 "위험의 발생을 방지할 의무가 있거나 자기의 행위로 인하여 위험발생의 원인을 야기한 자가 그 위험발생을 방지하지 아니한 때에는 그 발생된 결과에 의하여 처벌한다"고 규정하고 있다. 보증인의 지위에 있는 경우의 예를 들면 자동차운전자의 과실로 인해 지나가는 행인을 차로 친 경우 운전자는 행인(피해자)를 구조해야 할 보증인적 지위에 있게 된다. 이 밖에도 미성년자를 보호·감독해야 할 부모의 의무, 학생을 지도해야 할 교사의 감독의무 등이 해당된다.

에 빠져 익사할 위험을 방지하고 피해자가 물에 빠지는 경우 그를 구호하여 주어야 할 법적인 작위의무가 있다(대판 1992. 2. 11, 91도2951).

제7절 범죄의 가담형태에 따른 분류

I. 서설

구성요건 행위의 실현에 대해서는 범죄행위를 하는 주체에 따라 직접정범과 범죄가담형태(정범과 공범)로 나누어진다. 직접정범은 행위자 자신이 범죄를 직접 실행하는 경우로서 이에는 단독정범과 공동정범이 있다. 단독정범은 구성요건에 해당되는 행위를 단독(한 사람)으로 범죄를 저지르는 경우를 말한다. 범죄의 가담형태는 2인 이상의 서로 다른 행위의 기여도를 함으로써 서로 협력하여 구성요건을 실현하는 경우를 말하며 정범과 공범으로 구분한다. 정범은 범죄를 자기 스스로 실현하는 범죄를 말하고, 공범은 2인 이상이 협력하여 범죄를 실현하는 행위를 말한다. 정범에는 직접(단독)정범, 공동정범(제30조), 간접정범(제34조 1항)이 있고, 공범에는 교사범(제31조)과 종범(방조범: 제32조)이 이에 해당된다. 단독정범은 구성요건에 해당되는 행위를 단독(한 사람)으로 범죄를 저지르는 경우를 말한다. 공동정범은 수인이 공동하여 범죄를 실행하는 행위를 말한다. 간접정범은 행위자 자신이 범죄를 직접 행하지 않고 타인을 도구로 이용하여 간접적으로 행하는 범죄를 말한다. 교사범은 타인으로 하여금 범죄를 결의하여 실행케 하는 자를 말한다. 종범(방조범)은 타인의 범죄행위를 방조하는 자를 말한다.

II. 공동정범(共同正犯)

1. 의의

공동정범은 형법 제30조에 규정되어 있으며 일반적으로 2인 이상이 공동하여 범행계획에 따라 실행행위를 분담하여 이행함으로써 성립하는 행위지배에 근거한 정범의 형태를 말한다. 행위가 2인 이상에 의하여 공동으로 이루어진다는 점에서 단독정범과 구별된다. 공동정범에 있어서 공동행위자는 자기를 위하여 타자의 행위를 이용한다는 점에 있어서는 간접정범과 비슷하다. 공동정범은 각 공동행위자에게는 공동의 범행의사가 있어야 하므로 이것이 결여되어 있는 동시범과는 구별된다. 2인 이상이 기능적 행위지배를 통해서 정범을 실현한다는 관점에서 타인의 범죄에 가담하는 교사범과 종범과도 구별된다. 공동정범에 있어서 각 공동행위자는 혼자 구성요건을 충족시킬 사건을 모두 지배하는 것이 아니라 타공동행위자와 이를 분배한다. 그러나 각 공동자는 전체로서의 결과에 대한 책임을 진다(일부실행, 전부책임). 공동정범은 작업분담적 행동의 원리와 기능적 역할분담의 원리 위에 기초하고 있다. 즉 공동정범은 기능적 행위지배를 본질적 요소로 하며 실행행위의 일부만 분담했다 하더라도 발생된 결과에 대하여 전부 책임을 지운다는 점에 있다. 예컨대 갑과 을은 모 은행에서 돈을 훔치기로 결의하였는데, 만약 현장에서 여의치 않을 상황에 처할 경우 갖고 간 흉기를 사용하기로 합의를 한 후 강도현장에 갔는데 상황이 여의치 않자 갑은 은행직원을 칼로 찔러 상해를 입히고, 을은 창구에 있던 돈만 챙겨들고 도망친 경우에 있어서 일부실행, 전부책임의 원칙에 입각하여 을도 갑과 같이 강도상해죄의 공동정범이 되는 경우이다.

2. 성립요건

공동정범의 성립에는 고유한 요건으로서 주관적으로는 2인 이상이 주관적으로 실행행위를 공동으로 하려는 의사, 즉 공동실행의 의사(공동의 범행의사, 의사의 연락(공동가공의사)이 있어야 한다. 객관적으로는 공동으로 실행하는 행위, 즉 공동의 실행행위가 있어야 한다.

관련판례

1. 성수대교와 같은 교량이 그 수명을 유지하기 위해서는 건설업자의 완벽한 시공, 감독공무원들의 철저한 제작시공상의 감독 및 유지·관리를 담당하고 있는 공무원들의 철저한 유지·관리하는 조건이 합치되어야 하는 것이므로, 위 각 단계에서의 과실 그것만으로 붕괴원인이 되지 못한다고 하더라도, 그것이 합쳐지면 교량이 붕괴될 수 있다는 점은 쉽게 예상할 수 있고, 따라서 위 각 단계에 관여한 자는 전혀 과실이 없다거나 과실이 있다고 하여도 교량붕괴의 원인이 되지 않았다는 등의 특별한 사정이 있는 경우를 제외하고는 붕괴에 대한 공동책임을 면할 수 없다(대판 1997. 11. 28, 97도1740).

2. 부하들이 흉기를 들고 싸움을 하고 있는 도중에 폭력단체의 두목급 수괴의 지위에 있는 피고인이 현장에 모습을 나타내고 더욱이 부하들이 흉기들을 소지하고 있어 살상의 결과를 초래할 것을 예견하면서도 전부 죽이라는 고함을 친 행위는 부하들의 행위에 큰 영향을 미치는 것으로서 피고인은 이로써 위 싸움에 가세한 것이라고 보지 아니할 수 없고, 부하들이 칼, 야구방망이 등으로 피해자들을 난타, 난자하여 사

> 망케 한 것이라면 피고인은 살인죄의 공동정범으로서의 죄책을 면할 수 없다(대판 1987. 10. 13, 87도1240).

3. 공모공동정범이론

범죄를 공동으로 실행하려는 의사를 가지고 공동으로 모의한 자(공모자) 중에서 일부만이 실행행위를 했을 경우 여타의 자(공모에만 참여했던 자)도 공동정범으로 인정하는 경우를 말한다. 공동공모정범의 개념은 집단범과 관련하여 배후에서 범행을 계획하고 조종하는 거물을 실행행위에 가담하지 않았다고 하여 실행행위를 한 그의 부하들보다 결코 경하게 취급할 수 없다는 관점에서 거론된 것으로 보인다.

공모공동정범의 이론은 주로 일본의 판례와 학설에 의하여 전개되어 왔고 이것이 우리나라의 판례에도 영향을 미쳤다. 우리나라의 판례는 "범죄행위를 공모한 후 그 실행행위에 직접 가담하지 아니하더라도 다른 공모자가 분담 실행한 행위에 대하여 죄책을 면할 수 없다"고 하여 공모공동정범을 인정하고 있는데,[45] 지능범, 실력범 등 모든 범죄에 대하여 이를 인정하고 있다고 판단된다. 결론적으로 우리나라 판례는 동시대의 일본판례와 거의 같은 태도를 취하고 있는 것으로 보이며 우리나라 판례는 공모공동정범을 인정하고 있다.

관련판례

2인 이상이 공모하여 범죄에 공동 가공하는 공범관계에 있어서 공모는 법률상 어떤 정형을 요구하는 것이 아니고 범죄를 실현하려는 의사의 결합만 있으면 되는 것으로서, 비록 전체의 모의과정이 없었다 하더라도 수인 사이에 순차적으로 또는 암묵적으로 상통하여 그 의사의 결합이 이루어지면 공모관계가 성립한다 할 것이고, 이러한 공모가 이루어진 이상 실행행위에 관여하지 아니한 자라도 다른 공모자의 행위에 대하여 공동정범으로서의 형사책임을 진다(대판 1994. 3. 8, 93도3154).

Ⅲ. 간접정범

간접정범은 자연인인 타인을 도구로 이용하여 범죄를 실행하는 것을 말한다. 즉 생명 있는 도구를 통하여 범행하는 경우를 말한다. 간접정범은 스스로 범행을 하는 경우인 직접정범에 대응하는 개념이다. 우리형법 제34조 1항은 "어느 행위로 인하여 처벌되지 아니하는 자 또는 과

---

45) 대판 1988. 9. 13, 88도1114; 대판 1994. 3. 8, 93도3154; 대판 2002. 7. 26, 2001도4947 등.

실범으로 처벌되는 자를 교사 또는 방조하여 범죄행위의 결과를 발생하게 한 자는 교사 또는 방조의 예에 의하여 처벌한다"라고 규정하고 있다. 예컨대 정신이상자를 이용하여 방화를 하게 하는 경우, 내용을 모르는 간호사를 이용하여 환자에게 독약을 주어 살해하는 경우 등이다. 간접정범은 교사 또는 방조의 예에 의하여 처벌된다(제34조 1항). 이는 교사자는 정범과 동일한 형으로 방조자는 정범의 형보다 감경하여 처벌한다.

관련판례

피고인이 7세, 3세 남짓 된 어린자식들에 대하여 함께 죽자고 권유하여 물속에 따라 들어오게 하여 결국 익사하게 하였다면 비록 피해자들을 물속에 직접 밀어서 빠뜨리지는 않았다고 하더라도 자살의 의미를 이해할 능력이 없고 피고인의 말이라면 무엇이나 복종하는 어린 자식을 권유하여 익사하게 한 이상 살인죄의 범의는 있었음이 분명하다(대판 1987. 1. 20, 86도2395).

Ⅳ. 교사범, 종범(방조범)

1. 교사범

타인으로 하여금 범죄를 결의하여 실행하게 한 자를 말한다. 이미 범죄의 결의를 가지고 있는 자의 경우에는 교사범이 될 수 없다. 형법 제 31조 1항은 "타인을 교사하여 죄를 범하게 한 자는 실행한 자와 동일한 형으로 처벌한다"라고 규정한다. 예컨대 갑은 평상시에 주차문제로 자주 말다툼을 하는 을을 죽이기 위해 병에게 을을 죽이면 돈을 주겠다고 하고, 병은 돈을 벌기 위해 을을 살해할 것을 다짐하고 이 다짐에 의거해서 을을 살해한 경우이다.

교사범은 행위자에게 범행결의를 갖게 할 뿐 자기 스스로 실행행위(행위지배)를 분담하지 아니한다는 점에서 공동정범과 구별된다. 또한 타인에게 정범실행의 결의를 갖게 한다는 점에서 이미 이러한 결의를 가진 자의 범행을 방조하는 종범과도 구별된다. 교사범은 정범과 동일한 형으로 처벌한다(제31조 1항). 여기서의 동일한 형으로 처벌한다는 것은 피교사자가 행한 죄의 법정형으로 교사범을 처벌한다는 취지이다. 자기의 지휘, 감독을 받는 자를 교사한 경우에는 특수교사로서 제34조 제2항에 의하면 그 형이 정범에 정한 형의 장기 또는 다액의 2분의 1까지 가중된다.

2. 종범(방조범)

종범은 일반적으로 타인의 범행을 방조하는 것을 말한다. 형법 제32조 1항은 "타인의 범죄를 방조한 자는 종범으로 처벌한다"라고 규정하고 있다. 형법각칙상 일정한 범죄에 대한 방조행위가 특별히 규정된 경우가 있다. 예컨대 도주원조죄(제147조), 아편흡식 등 장소제공죄(제201조 2항), 자살방조죄(제252조) 등의 경우에는 총칙상의 종범의 규정이 적용되지 않는다. 종범이 성립하려면 방조자가 방조의 의사로써 정범의 범행을 방조해야 하고 정범의 실행행위가 있어야 한다. 더 나아가서 이러한 전제조건을 갖춘 방조행위가 위법해야 하고 방조자에게 면책사유가 없어야 한다. 여기서 방조행위는 정범의 범죄실행결의를 강화해 주거나 범죄실현을 가능 또는 용이하게 해주는 방조자의 행위를 말한다. 방조의 수단과 방법은 불문한다. 형법 제32조 2항은 "종범의 형은 정범의 형보다 감경한다"라고 규정하고 있다. 이는 정범에게 적용하는 법정형을 종범에게도 적용하지만 필요적으로 감경한다는 것을 의미한다. 종범을 필요적 감경사유로 하는 이유를 살펴보면 방조행위가 단지 정범의 범죄실행을 도와주는데 불과하고 범행의 결과에도 간접적으로 영향을 미치는 것이어서, 종범의 불법내용은 어느 경우에나 정범의 불법내용보다 경미하고 따라서 종범의 책임도 정범의 그것보다 가볍기 때문인 것이다. 정범의 행위가 미수에 그친 경우라면 종범의 미수범으로 처벌된다. 이 경우에는 종범으로서의 형의 필요적 감경을 받는다.

2. 이미 스스로 입영기피를 결심하고 집을 나서는 자에게 악수를 나누며 잘되겠지, 몸 조심하라고 말한 정도로는 범죄의사를 강화시킨 방조행위로 볼 수 없다(대판 1983. 4. 12, 82도43). ⇒ 이 사안의 경우 본범인 위 공소외인이 현역병 입영기피를 스스로의 결심에 의한 것이기 때문 방조행위가 될 수 없다.

제3장 형벌과 보안처분

제1절 서 론

우리나라의 경우 범죄에 대한 형사제재로는 형벌과 보안처분이라는 유형을 인정하고 있다. 형벌이란 광의로는 보안처분까지 포함되지만 협의(형식적 의의)로는 국가 형벌권에 기인하여 범죄에 대한 법률상의 효과로서 범죄자에게 과하는 법익의 박탈을 말한다. 형벌은 행위자의 책임을 기초로 한다. 형벌의 주체는 국가이며 국가에 의한 공형벌만이 인정된다. 그러므로 형벌은 개인에 의한 사적 제재나 개인사이의 민사상의 관계인 손해배상과도 구별된다. 예외적인 경우에 허용되는 사인에 의한 긴급행위(예컨대 정당방위, 자구행위 등)도 결코 형벌로서의 성격을 갖지 않는다.

형벌의 전제는 범죄이다. 범죄가 없으면 형벌은 존재할 수 없다. 죄형법정주의는 무엇이 범죄이고 그 범죄에 대한 법률적 효과로서 어떠한 형벌을 과할 것인가에 대해 명확히 할 것을 요구한다. 이에 의거해서 형법은 개인 각자가 행하는 범죄에 대응 하는 법적 효과로서 형벌을 규정하고 있는 것이다. 법률적 효과로서의 형벌을 범죄자에 대하여 과하여지며 일정한 법익(예컨대 생명, 신체의 자유, 명예, 재산 등)의 박탈이라는 결과를 가져오는 것이다.

제2절 형 벌

I. 서설

형벌은 박탈되는 법익의 종류에 따라 생명형, 자유형, 명예형 및 재산형의 4유형으로 구분된다. 형법 제41조(형의 종류)는 형벌의 종류로서 사형, 징역, 금고, 자격상실, 자격정지, 벌금,

구류, 과료 및 몰수의 9종을 인정하고 있다. 위의 유형에 따라 살펴보면 사형은 생명형이고, 징역·금고 및 구류는 자유형이며 자격상실·자격정지는 명예형이고, 벌금·과료 및 몰수는 재산형이다. 형벌이 근대화되기 이전에는 수형자의 신체를 훼손하는 신체형이 존재하였으나 오늘날의 경우 대부분은 폐지된 상태이다.

Ⅱ. 생명형(사형)

생명형 또는 사형은 수형자의 생명을 박탈하는 형벌로서 극형이라고도 한다. 형법사상 가장 오랜 역사를 지니고 있다. 근세 초에는 형벌 중 가장 중요한 위치를 차지하고 있었으나, 그 후 계몽사상, 프랑스혁명 등의 영향으로 민주주의가 발전되면서 각국 형법은 사형의 적용범위를 제한하고 집행에 있어서도 잔혹성을 줄였으며 점차 사형을 폐지시키기에 이르렀다. 사형의 본질에 대해서는 복수사상에 근거한 복수설, 사형의 위하적 효과에 중점을 둔 위하설, 범인의 생명을 영구적으로 말살함이 그 본질이라는 영구말살설 등이 있는데 이 중 '영구말살설'이 다른 설에 비해 유력하다고 볼 수 있다. 현행법상 사형을 과할 수 있는 범죄는 내란죄(제87조 1항 및 2항), 내란목적의 살인죄(제88조), 외환유치죄(제92조), 여적죄(제93조), 모병이적죄(제94조), 간첩죄(제98조), 폭발물사용죄(제119조), 현주건조물 등에의 방화치사죄(제164조), 살인죄(제250조), 강간살인죄(제301조의2), 인질살해죄(제324조의4), 강도살인죄(제338조), 해상강도살인·치사·강간죄(제340조3항)등이 있고, 이들 중 절대적 법정형으로 사형만이 규정된 범죄는 여적죄 뿐이며 그 이외의 범죄에 있어서는 사형이 상대적 법정형으로서 규정되어져 있다. 우리나라의 대법원은 사형제도의 합헌성을 인정하면서도 사형을 부득이하고 불가피한 경우에 한해서 실행해야 한다는 입장을 취하고 있고,[46] 헌법재판소도 사형은 제도적 살인의 성격을 갖지만 불가피한 것이라고 보고 사형의 합헌성에 대해서 인정하고 있다.[47]

---

46) 대판 2001. 3. 9, 2000도5736. 이 사안에 대한 대법원 판시는 다음과 같다. 교제하던 여자의 어머니와 임신중인 올케를 살해하고 그 오빠도 살해하려고 하였으나 미수에 그친 경우 피고인이 교화개선의 여지가 있고 범행이 우발적인 충동에서 비롯된 것이며 수사 및 재판과정에서 범행 모두를 시인하면서 용서를 빌고 참회하고 있는 점 등에 비추어 사형으로 처단하는 것은 형의 양정이 심히 부당하다 할 것이다.

47) 헌재 1966. 11. 28, 95헌바1. 사형제도가 헌법에 위반되는지 여부에 대해서 헌재는 다음과 같이 판시하고 있다. 생명권 역시 헌법 제37조 2항에 의한 일반적 법률유보의 대상이 될 수 밖에 없는 것이나, 생명권에 대한 제한은 곧 생명권의 완전한 박탈을 의미한다 할 것이므로, 사형이 비례의 원칙에 따라서 최소한 동등한 가치가 있는 다른 생명 또는 그에 못지아니한 공공의 이익을 보호하기 위한 불가피성이 충족되는 예외적인 경우에만 적용되는 한, 그것이 비록 생명을 빼앗는 형벌이라 하더라도 헌법 제37조 제2항 단서에 위반되는 것으로 볼 수 없다.

사형에 대해서 현재 존치할 것인가 아님 폐지할 것인가에 대해서 학자에 따라 의견이 나누어져 있다.

① 사형폐지론을 주장하는 학자들의 논거는 사형은 야만적이고 잔혹하여 인도주의적 견지에서 허용될 수 없으며 인간에게 생명을 부여할 수 없는 인간 또는 국가가 인간의 생명을 박탈할 수는 없다. 사형은 일반인이 기대하는 것보다 위하력이 적다. 사형집행 순간의 위하력도 지속적으로 작용하지 못하며 사형집행 후에도 사형에 처할 범죄는 계속적으로 발생하고 있다. 사형은 응보일 뿐 형벌의 개선적 기능 및 교육적 기능을 전혀 가지지 못한다. 재판은 인간이 행하는 것이고 하나의 제도이기 때문에 오판의 가능성을 배제할 수 없다. 오판에 의한 사형의 집행은 영원히 구제될 수 없는 결과를 야기 시킨다. 사형제도는 범인의 생명을 박탈하는 것에 중점이 있고 피해자의 구제를 고려하지 아니한다. 사형의 집행은 피해자의 감정에 대한 응보적 만족을 줄 수 있겠지만 피해자에 대한 손해배상 내지 구제를 함에 있어 어떠한 도움도 되지 못한다. 범죄가 발생하는 원인은 범인의 악성뿐만 아니라 환경적인 요인도 적지 아니하다. 그런데 사형은 범죄의 원인을 모두 범죄인 본인에게만 책임지우는 형벌인 것이다. 형벌의 목적은 개선과 교육에 있다고 볼 경우 사형은 이러한 목적을 실행하고 달성할 수 없다는 점도 들 수 있다.

② 사형존치론을 주장하는 학자들의 논거는 살인범 등 극악무도한 범인의 생명을 박탈하는 것은 일반국민의 법적 확신이다. 즉 사형은 일반국민의 응보관념 내지 정의관념에 합치한다는 것이다. 범인의 대부분은 극히 이기적이기 때문에 범인의 생명을 박탈하는 것은 위하적 효과가 크다고 볼 수 있다. 그러므로 흉악범 등 중대한 범죄는 사형으로써 위하해야만 법익을 보호할 수 있어 그에 따른 목적을 달성 할 수 있다. 사형존폐의 문제는 현실적인 정치적·사회적·문화적 기반과 관련하여 상대적으로 논의되어야 하므로 사형의 폐지는 아직 시기상조이므로 그 존치가 불가피하다는 주장도 있다.

Ⅲ. 자유형- 징역, 금고, 구류

1. 의의

자유형은 수형자의 신체적 자유를 박탈하는 형벌을 말하는데 근대적 형벌체계에 있어 가장 중요한 위치에 있다. 근대적인 자유형은 16세기 말 유럽의 도시에 설치된 노역장, 특히 네덜란드의 암스테르담에 세워진 교정원에서 그 유래를 찾아 볼 수 있다. 그 후 자유형은 점차 개량되어 수형자를 개선, 교화시키는 교육적인 내용을 중심으로 운영되어 오늘날에 이르게 되었다. 자유형의 주된 목적은 사람의 자유를 박탈을 통해서 개선하고 교화시켜 수형인을 사회에 복귀시키는데 목적이 있다. 형법은 자유형으로서 징역·금고·구류의 3종을 인정하고 있다.

2. 징역, 금고, 구류

(1) 징역

징역은 수형자를 교도소내에 구치하여 정역에 복무케 하는 형벌(제67조)로서 무기와 유기의 2종으로 되어 있다. 무기의 경우 기간의 제한이 없는 종신형을 의미하고 유기는 1월 이상 30년 이하의 기간인데 형을 가중하는 경우에는 50년까지로 한다(제42조).

(2) 금고

금고는 정치범의 경우처럼 범인의 명예를 존중할 필요가 있는 자에게 과한 다는 의미에서 명예적 구금이라고도 이해되기도 한다. 교도소내에서 구치하여 자유를 박탈한다는 점에서 징역과 동일하지만, 징역과의 차이는 정역을 과하지 않는 다는 점에서 차이가 있다. 다만 금고에 있어서도 수형자의 신청이 있으면 작업을 과할 수 있다(행형법 제38조).

(3) 구류

구류는 수형자를 교도소 내에 구치하는 것을 내용으로 하는 형벌로서 그 기간은 1일 이상 30일 미만이라는 점에서 징역이나 금고와 다르고 또한 구류는 정역에 복무하지 않는다는 점에서는 징역과 구분된다(제46조). 그러나 구류의 경우에도 수형자의 신청이 있으면 작업을 과할 수 있다(행형법 제38조). 구류는 형사소송법상의 강제처분인 구금(형사소송법 제69조 이하)이나 수형자가 벌금 또는 과료를 납부하지 않는 경우 환형처분으로서 행하여지는 노역장유치(형법 제69조 2항, 제70조, 제71조)와 구별된다. 주로 경범죄처벌법에 규정되어 있고 대체로 즉결심판절차에서 주로 부과된다.

Ⅳ. 재산형- 벌금, 과료, 몰수

1. 의의

재산형은 일정한 재산을 박탈할 것을 내용으로 하는 형벌을 말한다. 형법은 재산형으로서 벌금·과료 및 몰수의 3종을 인정하고 있다.

(1) 벌금

벌금형은 재산형 중 가장 중한 것으로서 5만원 이상의 금액의 지불의무를 수형자에게 강제적으로 부담시키는 것으로서 그 금액의 상한에는 제한이 없고 개개의 범죄에 대한 벌금액은 각칙에 개별적으로 규정되어져 있다. 벌금의 하한은 5만원이지만 감경하는 경우에는 5만원 미만으로 할 수 있다(제45조). 벌금은 판결확정일로부터 30일 이내에 납입을 해야 하며, 납입 하지 않을 경우에는 1일 이상 3년 이하의 기간 동안 노역장에 유치하여 작업에 복무케 할 수 있다(제69조).

(2) 과료

과료는 벌금에 비하여 그 금액이 적고 보다 경미한 범죄(제266조, 360조)[48]에 적용된다는 점에서 벌금과 구별될 뿐이고 다른 점에서는 차이가 없다. 과료는 2천원 이상 5만원 미만으로 한다(제47조). 과료는 형법상의 형벌이라는 점에서 행정법상의 제재인 과태료와 구별된다. 과료를 납입하지 않은 자는 1일 이상 30일 미만의 기간 노역장에 유치시켜 작업에 복무하게 한다(제69조).

---

48) 제266조(과실치사상) 1항은 과실로 인하여 사람의 신체를 상해에 이르게 한 자는 500만원 이하의 벌금, 구류 또는 과료에 처한다. 제360조(점유이탈물횡령) 1항은 유실물, 표류물 또는 타인의 점유를 이탈한 재물을 횡령한 자는 1년 이하의 징역이나 300만원 이하의 벌금 또는 과료에 처한다.

(3) 몰수

몰수는 유죄판결을 함에 있어 타형에 부가하여 과하는 것을 원칙으로 하는 재산형으로서(제49조) 일정한 물건을 국고에 귀속시키게 하는 형벌을 말한다. 예외적으로 행위자에게 유죄의 재판을 아니할 때에도 몰수의 요건이 있는 때에는 몰수만을 선고할 수 있다(제49조 단서). 몰수는 원칙적으로 다른 형에 부가하여 과한다. 몰수에는 임의적 몰수와 필요적 몰수가 있다. 몰수의 여부는 원칙적으로 법관의 자유재량에 속하지만, 예컨대 뇌물죄에 있어 몰수, 추징(제134조), 아편에관한 죄에 있어 본장에 제공한 아편, 몰핀이나 그 화합물 또는 아편흡식기구 몰수, 추징(제206조) 등의 경우는 필요적 몰수로서 반드시 몰수해야 한다.

몰수의 대상은 제48조 1항의 규정(몰수의 대상과 추징)에 의거하여 다음에 열거한 물건의 전부 또는 일부를 몰수 할 수 있다.

1. 범죄행위에 제공하였거나 제공하려고 한 물건. 범죄행위란 구성요건에 해당하는 위법한 행위를 말하며, 범죄행위에 제공하였던 물건이란 현실적으로 범죄행위에 사용치 못한 물건을 말한다.

2. 범죄로 인하여 생하였거나 이로 인하여 취득한 물건. 범죄행위로 인하여 생하였다는 것은 범죄행위 이전에는 없었으나 범죄행위로 인하여 비로소 생겨난 물건을 말한다. 예컨대 문서위조행위로 작성한 위조문서의 경우. 범죄행위로 인하여 취득한 물건이란 범행 당시 이미 존재했던 것을 범죄행위를 수단으로 하여 범인이 취득한 물건을 말한다. 예컨대 도박행위로 취득한 금품의 경우이다.

3. 전 2호의 대가로 취득한 물건. 3호 규정의 의미는 범죄로 인하여 취득된 물건 자체에 관해서는 형법 제48조 1항 1, 2호에 의해 시행을 하고, 1, 2호에 의해 몰수 할 수 없는 경우에는 범죄에 의한 부정한 이득을 박탈하자는데 취지가 있다.

   제48조 1항 각호에 기재한 물건에 대해서 몰수가 불가능한 경우에는 그 가액을 추징하고(제48조 2항), 문서, 도화, 전자기록 등 특수매체기록 또는 유가증권의 일부가 몰수에 해당하는 때에는 그 부분을 폐기한다(제48조 3항). 추징은 범죄로 인한 부당한 이익을 범인으로부터 박탈하려는 몰수의 취지를 관철시키기 위한 제도를 말하며 일종의 사법처분에 해당되고 형벌은 아니다. 몰수하기 불가능한 경우라 함은 판결당시에 사실상(예컨대 분실, 훼손 등) 또는 법률상(예컨대 선의의 제3자에게 양도 등)으로 몰수 할 수 없는 경우를 말한다.

V. 명예형 - 자격상실, 자격정지

명예형은 명예적으로 누릴 수 있는 권리를 박탈하거나 제한하는 형벌을 말한다. 자격형이라고도 한다. 형법이 인정하고 있는 명예형으로는 자격상실과 자격정지의 두 가지가 있다.

(1) 자격상실

자격상실은 일정한 형의 선고가 있으면 그 형의 효력으로서 당연히 일정한 자격이 상실되는 것인데 사형, 무기징역 또는 무기금고의 판결을 받은 경우가 이에 해당된다. 상실되는 자격은 다음과 같다(제43조1항).

① 공무원이 되는 자격

② 공법상의 선거권과 피선거권

③ 법률로 요건을 정한 공법상의 업무에 관한 자격

④ 법인의 이사·감사 또는 지배인 기타 법인의 업무에 관한 검사역이나 재산관리인이 되는 자격

(2) 자격정치

자격정지는 일정한 기간 일정한 자격의 전부 또는 일부에 대해서 정지시키는 경우를 말한다.

형법상 범죄의 성질에 따라 선택형과 병과형으로 되어 있다. 또한 자격정지는 일정한 형의 판결을 받은 자에게 당연히 적용되는 당연정지와 판결의 선고에 의하여 정지되는 선고정지로 구분되어 진다.

당연정지는 유기징역 또는 유기금고의 판결을 받은 자에게 그 형의 집행이 종료되거나 면제될 때까지 위의 ① 내지 ③의 자격이 당연히 정지되는 것을 말한다(제43조 2항). 선고정지란 판결의 선고로써 위의 ① 부터 ④ 까지의 자격의 정부 또는 일부의 자격을 정지시키는 경우로써 정지기간은 1년 이상 15년 이하이다(제44조 1항).

선고정지에 있어서 자격정지의 형이 다른 형과 선택형으로 되어 있는 경우에는 단독으로 과할 수 있다. 예컨대 제105조(국기, 국장의 모독), 제106조(국기, 국장의 비방), 제122조(직무유기), 제129조(수뢰, 사전수뢰), 제130조(제3자 뇌물제공)의 경우 등이 있다. 다른 형에 병과 할 수 있는 경우에는 타형에 병과한다. 예컨대 제114조(범죄단체의 조직), 제131조(수뢰후부정처사, 사후수뢰), 제204조(자격정지 또는 벌금의 병과), 유가증권, 우표와 인지에 관한 죄(제214조~제219조)의 경우. 병과형으로 과하는 경우에 자격정지기간은 징역 또는 금고의 집행을 종료하거나 면제된 날로부터 기산되며(제44조 2항), 자격정지가 선택형인 경우에는 타형과 마찬가지로 판결이 확정된 날로부터 기산된다(제84조 참조).

제3절 집행유예, 선고유예, 가석방

I. 집행유예

집행유예는 일단 유죄를 인정하여 형을 선고하고 정상을 참작하여 일정한 요건하에 일정한 기간 그 형의 집행을 유예한 후, 유예기간 중 특정한 사고 없이 그 기간을 경과하면 형의 선고의 효력을 상실시킴으로써 형의 선고가 없었던 것과 동일한 효과를 발생하게 하는 제도를 말한다. 단기자유형의 폐해를 제거하고, 형집행의 유예를 통해서 범죄인의 자발적이고 능동적인 사회복귀를 도모하기 위한 제도이다.

이 제도는 영미에서 발달된 보호관찰제도가 유럽대륙에 도입되면서 변형되어 발달된 것이다. 최초로 입법화한 것은 1888년 벨기에의 가석방 및 조건부유죄판결에 관한 법률(집행유예기간이 경과하면 행정기관의 사면처분에 의해 형의 집행만 면제하는 제도)이었고, 우리 형법이 규정하고 있는 집행유예는 바로 이에 해당된다.

집행유예의 요건을 살펴보면 다음과 같다(제62조). 3년 이하의 징역 또는 금고의 형을 선고할 경우라야 한다. 형법 제51조의 사항(양형의 조건)을 참작하여 그 정상에 참작할 만한 사유가 있는 때에는 1년 이상 5년 이하의 기간 형의 집행을 유예할 수 있다. 다만, 금고 이상의 형을 선고한 판결이 확정된 때부터 그 집행을 종료하거나 면제된 후 3년까지의 기간에 범한 죄에 대하여 형을 선고하는 경우에는 그러하지 않다. 예컨대 벌금형의 경우 집행유예가 불가능한 경우이다.

다만, 금고 이상의 형을 선고한 판결이 확정된 때부터 그 집행이 종료하거나 면제된 후 3년까지의 기간에 범한 죄에 대하여 형을 선고하는 경우에는 그러하지 아니하다. 형을 병과할 경우에는 그 형의 일부에 대하여 집행을 유예할 수 있다(제62조 2항). 형의 집행을 유예하는 경우에 법원은 피고인에게 보호관찰을 명하거나 사회봉사 또는 수강을 명할 수 있다(제62조의2 1항). 보호관찰의 기간은 집행유예기간으로 한다. 다만 유예기간의 범위 내에서 법원은 그 기간을 별도로 정할 수 있다(제62조의2 2항). 보호관찰과 사회봉사명령 및 수강명령을 동시에 명할 수 도 있다.[49]

사회봉사명령은 집행유예기간 내에 이를 집행한다(제62조의2 3항).[50] 수강명령은 집행기간 내에 집행한다(제62조의2 3항).[51] 집행유예의 선고를 받은 후 그 선고의 실효 또는 취소됨이 없이 유예기간을 경과한 때에는 형의 선고는 효력을 잃는다(제65조). 집행유예의 선고를 받은 자가 유예기간 중 금고 이상의 형의 선고를 받아 그 판결이 확정된 때에는 집행유예의 선고는 그 효력을 잃게 되며(제63조) 유예였던 형은 집행된다.

II. 선고유예

경미한 범행을 한 자에게 일정한 기간 형의 선고를 유예하고 그 기간을 특정한 사고 없이 경과하면 형의 선고를 면하게 하는 제도를 말한다. 형벌로 인한 문제점을 피하면서 범인의 사회복귀를 도모하려는 것이다. 선고유예의 요건은 다음과 같다(제59조 1항). 1년 이하의 징역이나 금고, 자격정지 또는 벌금을 선고할 경우라야 한다. 선고형이 상기와 같은 경우면 족하고 범죄의 종류 여하는 묻지 않는다. 형법 제51조의 사항(양형의 조건)을 참작하여 개전의 정상이 현저하

---

49) 대판 1998. 4. 24, 98도1562).
50) 사회봉사명령은 범죄자로 하여금 집행유예나 보호처분에 수반하는 조건으로서 일정 기간 내에 지정된 곳에서 지정된 시간 동안 보수 없이 일정한 누역에 종사케 하는 사회내 처우의 하나이다.
51) 수강명령은 경미한 범행이나 비행을 저지른 자에게 사회생활을 허용하면서 일정한 시간 지정된 장소에서 교육을 받게 함으로써 그 개선, 교화의 성과를 높이려는 사회내 처우의 하나이다.

다고 판단될 경우 그 선고를 유예할 수 있다. 이러한 판단은 법원의 재량에 해당되는 사항이다.[52] 단, 자격정지 이상의 형을 받은 전과가 없어야 한다. 형을 병과 할 경우에도 형의 전부 또는 일부에 대하여 그 선고를 유예할 수 있다(제59조 2항). 예컨대 징역형과 벌금형을 병과하면서 어느 한쪽에 대하여 선고를 유예하는 경우이다.

형의 선고를 유예하는 경우에 법원은 재범방지를 위하여 지도 및 원호가 필요한 때에는 보호관찰을 받을 것을 명할 수 있다(제59조의2 1항). 그 기간은 1년으로 한다(동조 2항). 형의 선고를 받은 날로부터 2년을 경과한 때에는 면소(免訴)된 것으로 간주한다(제60조). 형의 선고유예를 받은 자가 유예기간 중 자격정지 이상의 형에 처한 판결이 확정되거나 자격정지 이상의 형에 처한 전과가 발견된 때에는 유예한 형을 선고한다(제61조 1항). 또한 제59조2의 규정에 근거하여 보호관찰을 명하는 선고유예를 받은 자의 경우에는 보호관찰기간중에 준수사항을 위반하고 그 정도가 무거운 때에는 유예한 형을 선고한다(제61조 2항).

Ⅲ. 가석방

가석방은 자유형(징역이나 금고)의 수형자가 그 행상이 양호하여 개전의 정이 현저한 경우 형벌만료 전에 일정한 조건하에 석방하고 그 석방이 취소 또는 실효되지 아니하고 잔형기를 경과하면 형의 집행을 종료한 것과 같은 효과를 발생케 하는 행정처분을 말한다. 가석방의 제도적 의미는 이미 개전하고 있는 수형자에게는 특별예방의 견지에서 불필요한 구금을 되도록 피할 필요가 있고, 수형자에게 희망을 갖게 함과 아울러 형기만료후 사회복귀를 용이하게 한다는데 있다.

가석방제도는 18세기 말 오스트레일리아의 가출옥허가장제도에서 비롯되어 영국, 미국, 독일 등 각국에서 이 제도를 채택하게 되었다. 현행형법은 제72조 내지 76조에 걸쳐 가석방에 관한 규정을 두고 있다. 가석방의 요건은 다음과 같다(제72조). 무기에 있어서는 20년, 유기에 있어서는 형기의 3분의 1을 경화한 후 행정처분[53]으로 가석방을 할 수 있다(제72조 1항).

가석방의 기간은 무기형의 경우 10년, 유기형의 경우에 있어서는 남은 형기로 하되 그 기간은 10년을 초과할 수 없다(제73조의2 1항).

가석방된 자는 가석방기간 중 보호관찰을 받는다. 다만 가석방을 허가한 행정관청이 필요 없다

---

52) 대판 1979. 2. 27, 78도2246.
53) 행정처분은 행정주체인 정부 등이 법률에 의해서 구체적 사실에 대해 행사하는 공법행위를 말한다. 예컨대 조세부과 등의 경우.

고 인정한 경우에는 예외적으로 보호관찰을 받지 아니한다(제73조의2 2항). 가석방은 행정처분의 성격을 갖기 때문에 선고유예나 집행유예와는 성격이 다르다. 가석방의 처분을 받은 후 처분의 실효 또는 취소됨이 없이 가석방 기간을 경과한 때에는 형의 집행을 종료한 것으로 본다(제76조 1항). 가석방중 금고 이상의 형의 선고를 받아 그 판결이 확정된 때에는 가석방 처분은 그 효력을 상실한다. 단 과실로 인한 죄로 형의 선고를 받은 경우에는 예외로 한다(제74조). 가석방의 처분을 받은 자가 감시에 관한 규칙을 위반하거나 보호관찰의 준수사항을 위반하고 그 정도가 무거운 때에는 가석방처분을 취소할 수 있다(제75조).

제4절 보안처분

Ⅰ. 의의

보안처분은 형벌만으로는 형벌의 예방적 과제를 단지 제한된 범위내에서 수행할 수 있을 뿐 이를 충족시킬 수 없는 경우에 범죄로부터 사회를 보전해야 한다는 이유에서 그리고 행위자의 재사회화라는 근거에서 경우에 따라 형벌을 대체하거나 보완하는 사법처분을 말한다. 보안처분은 특별예방이라는 목적과 장래의 위험에 대처한다는 방향성에 특징을 가지고 있다. 보안처분은 사법처분이라는 점에서 행정처분과 구별되며, 사법처분이지만 형사처분이라는 점에서 손해배상과 같은 민사처분과 구별된다.

형벌과 구별되는 보안처분의 필요성은 18세기 말 독일의 클라인에 의해 처음 보안처분이론이 제기되고, 19세기 후반 이래 실증주의학파의 대두와 함께 그 가치가 주장되다가, 1893년 스위스 형법초안에 의해 처음 제도화 되었다. 그 후에 영국(1908), 러시아(1922), 스웨덴(1927), 벨기에(1930) 등 각국에서 채택되었으며, 특히 소년법에 대해서는 대부분의 국가가 보안처분을 채용하기에 이르렀다. 우리나라의 경우 소년법상의 보안처분, 국가보안법상의 감시, 보도 등이 인정되어 왔고 1975년의 사회안전법은 국가보안사범에 대한 보안처분을 규정하였으며, 1980년의 사회보호법은 일반적인 범죄에 대한 보안처분을 광범위하게 규정하고 있다.

Ⅱ. 보안처분의 종류

소년에 대한 보안처분과 성년에 대한 보안처분으로 나누고, 후자의 경우는 대인적 보안처분과 대물적 보안처분으로 구분된다.

대인적 보안처분은 책임무능력자, 음주 및 마약사용습벽자, 상습범, 누범 등에 적용되는데, 자유박탈을 수반하는 보안처분과 자유를 제한하는 보안처분으로 양분할 수 있다. 자유를 박탈을 수반하는 보안처분에는 치료감호처분, 보호감호처분, 교정처분, 노동개선처분, 사회치료처분 등이 있고, 자유박탈을 수반하지 아니하는 보안처분에는 보호관찰, 선행보증, 주거제한, 직업금지, 단종·거세, 국외추방, 음주점출입금지, 운전면허박탈 등이 있다. 대물적보안처분 범죄에 제공되거나 이용된 물건, 영업소 등이 다시 범죄에 관련될 위험성이 있을 때 이들에게 과하여지는 보안처분을 말한다. 이에는 몰수, 영업소의 폐쇄 및 법인의 해산 등이 있다.

Ⅲ. 치료감호

치료감호법은 심신장애 또는 마약류·알코올 그 밖에 약물중독 상태 등에서 범죄행위를 한 자로서 재범의 위험성이 있고 특수한 교육, 개선 및 치료가 필요하다고 인정되는 자에 대하여 적절한 보호와 치료를 함으로써 재범을 방지하고 사회복귀를 촉진하기 위한 것이다(제1조). 치료감호법은 사회보호법을 대체해서 2005년 8월 4일 법률 7655로 제정되었다. 치료감호는 다음의 각호의 1호에 해당하는 자로서 치료감호시설에서의 치료가 필요하고 재범의 위험성이 있는 자에게 행하여진다(제2조).

1. 형법 제10조 제1항의 규정에 의하여 벌할 수 없거나 동조 제2항의 규정에 의하여 형이 감경되는 심신장애자로서 금고 이상의 형에 해당하는 죄를 범한 자.

2. 마약·향정신성의 약품·대마 그 밖에 남용되거나 해독작용을 일으킬 우려가 있는 물질이나 알코올을 식음·섭취·흡입·흡연 또는 주입받은 습벽이 있거나 그 중에 중독된 자로서 금고 이상의 형에 해당하는 죄를 범한 자.

피치료감호자를 치료감호시설에 수용하여 치료를 위한 조치를 행한다(제16조 1항). 수용기간은 15년을 초과할 수 없고 제2조 1항 2호(마약중독자 등) 경우에는 2년을 초과할 수 없다(제16조 2항). 치료감호의 시설, 치료, 그 밖의 필요한 사항은 대통령령으로 정한다(제16조 3항). 치료감호의 내용과 실태는 대통령령이 정하는 바에 따라 공개하여야 한다(제20조). 피치료감호자가 다음 각호의 1에 해당하는 대에는 보호관찰이 개시된다(제32조). ① 피치료감호자에 대한 치료감호가 종료된 때, ② 피치료감호자가 치료감호시설 외에서의 치료를 위하여 법정대리인 등에게 위탁된 때

피보호관찰자는 보호관찰 등에 관한 법률 제32조 2항 소정의 준수사항(주거지 상주, 선행 등)을 성실히 이행해야 한다(제32조 1항). 보호관찰기간은 3년으로 하며(제32조 2항) 기간 만료전

이라도 치료감호심의위원회의 치료감호종료결정이 잇는 경우에는 보호관찰이 종료된다(제32조 3항 2호). 보호관찰기간이 만료되거나 치료감호심의위원회의 보호관찰종료결정이 있으면 치료 감호가 종료된다(제35조).

치료감호 및 보호관찰의 관리와 집행에 관한 사항을 심사, 결정하기 위하여 치료감호심의위원회를 두는데 이 위원회는 법무부차관을 위원장으로 하고 판사, 검사 또는 변호사의 자격이 있는 6인 이내의 위원과 정신과 등 전문의의 자격이 있는 3인 이내의 위원으로 구성된다(제37조).

Ⅳ. 위치추적 전자장치부착법

성폭력범죄자에 대한 위치추적 전자장치부착제도(이하 위치추적장치라 한다)는 13세 미만 아동 대상 성폭력범죄자 등 '특정 성폭력범죄자'에 대해 최장 10년 동안 24시간 위치추적을 하는 제도이다. 위치추적 전자장치를 부착하게 하는 이 제도 또한 법적 성격이 보안처분에 해당된다는 것이 판례의 태도이다. 이 법률은 2009년 5월 "특정 범죄자에 대한 위치추적 전자장치 부착 등에 관한 법률"로 개정되어 전자장치를 부착할 수 있는 대상범죄를 종전의 '성폭력범죄' 뿐만 아니라 '미성년자 대상 유괴범죄'와 '살인범죄'에 까지 폭 넓게 적용되었다.

성범죄자에게 위치추적전자장치(전자발찌)를 착용하게 하는 것은 성범죄를 억제하려는 것이나 문제는 위치추적전자장치를 찬 상태에서 재차 성범죄가 발생하고 있다는 것이다. 성범죄자에 대한 철저한 관리, 감독의 필요성이 강조되고 있다.

〈전자발찌 성범죄자 수〉

	전자발찌를 찬 상태에서 성범죄를 범한 건수(단위:건)	성범죄 때문에 전자발찌를 찬 사람수(단위:명)
2008	1	151
2009	0	127
2010	3	180
2011	14	484

전자발찌 위치추적 시스템의 작동원리 개요

① 위치추적: 발목에 전자발찌 부착 후 외출 시 단말기 휴대, 발찌와 단말기 거리 1m 이상 떨어지거나 발찌 강제 절단 시 경보음 발생)→ ② 이동통신망(경보음 발생시)→ ③ 중앙관제센터(경보울림)→ ④ 보호관찰소(보호관찰소 및 보호관찰관에게 문자 메시지 전송)

위치추적 전자장치부착법의 목적은 성폭력범죄자의 재범방지와 성행교정을 통한 재사회화를 위하여 그의 행적을 추적하여 위치를 확인할 수 있는 전자장치(위치추적 전자장치)[54]를 신체에 부착하게 하는 부가적인 조치를 취함으로써 성폭력범죄로부터 국민을 보호함을 목적으로 제정되었다.

적용범위는 만 19세 미만의 자에 대하여는 부착할 수 없다. 따라서 만 19세 미만의 자에 대하여 부착명령을 선고한 때에는 19세에 이르기까지 이 법에 따른 전자장치를 부착할 수 없다.

관련판례

특정 성폭력범죄자에 대한 위치추적 전자장치 부착에 관한 법률에 의한 전자감시제도는 성폭력범죄자의 재범방지와 성행교정을 통한 재사회화를 위하여 그의 행적을 추적하여 위치를 확인할 수 있는 전자장치를 신체에 부착하게 하는 부가적인 조치를 취함으로써 성폭력범죄로부터 국민을 보호함을 목적으로 하여, 징역형을 종료한 이후에도 성폭력범죄를 다시 범할 위험성이 있다고 인정되는 자에 대하여 일정한 요건 아래 검사의 청구에 의해 성폭력범죄사건의 판결과 동시에, 10년의 범위 내에서 부착기간을 정하여 선고되는 법원의 부착명령에 의해 이루지는 점에서 일종의 보안처분으로 볼 수 있고, 이러한 보안처분은 범죄행위를 한 자에 대한 응보를 주된 목적으로 그 책임을 추궁하는 사후적 처분인 형벌과 구별되어 그 본질을 달리하는 것으로서 형벌에 관한 일사부재리의 원칙이 그대로 적용되지 않으며, 성폭력범죄사건의 양형은 부착명령의 요건에 대한 심사, 그에 따른 부착명령의 선고 여부와 선고되는 부착기간의 결정 등과는 구별된다. 따라서 위 법률 제9조 제5항은 전자감시제도가 보안처분으로서 형벌과는 그 목적이나 심사대상 등을 달리하므로 이를 징역형의 대체수단으로 취급하여 함부로 형량을 감경하여서는 아니된다는 당연한 법리를 주의적·선언적으로 규정한 것에 불과한 것이어서, 위 조항이 평등원칙, 과잉금지의 원칙, 일사부재리의 원칙 등에 위배된다고 볼 수는 없다(대판 2009. 5. 14, 2009도1947, 2009전도5).

---

54) 위치주척 전자장치란 전자파를 발신하고 추적하는 원리를 이용하여 위치를 확인하거나 이동경로를 탐지하는 일련의 기계적설비로서 대통령령으로 정하는 것을 말한다.

제4장 형법각칙

제1절 서 설

Ⅰ. 형법총칙과 형법각칙

형법전에서 형법총칙은 제1조에서 제86조까지의 규정이 총칙에 해당되는 부분으로써 제1장 형법의 적용범위, 제2장 죄, 제3장 형, 제4장 기간으로 구성되어져 있다. 형법총칙은 범죄 및 형벌에 관한 일반적인 형사제재를 체계적으로 규정해놓은 것이다. 예컨대 범죄의 성립요소(구성요건해당성, 위법성, 책임)와 그 효과인 형벌·입법례에 따라서는 보안처분 등이다.

형법각칙은 개별적 범죄유형 그 자체를 기술하고 다른 범죄유형과 구분이 되도록 기준을 규정하고 있다. 형법각칙은 범죄의 성립에 있어서 심사해야 하는 위법성과 책임과 같은 범죄요소는 별도로 규정하지 않고 형법총칙의 규정을 따르고 있다. 제87조에서 제372조까지의 규정이 이에 해당된다. 총론과 각론은 수레바퀴의 톱니처럼 서로 긴밀한 연관성을 가지고 있다. 즉 총론의 일반적 원리는 각론의 개별적인 범죄를 토대로 추상화된 것이므로 총론이론은 각론을 전제로 할 경우에만 의미를 가질 수 있다.

Ⅱ. 보호법익과 각칙의 세계

형법각칙상 범죄의 요소 중 가장 중요한 것은 보호법익인데 우리는 대륙법계를 따르고 있다. 우리나라의 경우 국가적 법익을 해하는 죄, 사회적 법익을 해하는 죄, 사회적 법익을 해하는 죄, 개인적 법익을 해하는 죄로 구성되어져 있다. 이중에서 국가적 법익을 해하는 죄를 우선시하는 이유는 각 국이 취하고 있는 형법철학의 기본원리인 개인주의원리 및 법치국가사상에 합치시키는 의미에서 개인의 법익보호를 우선시하는 형법체계가 합당하다고 보기 때문이다. 국가적 법익을 해하는 죄는 국가의 존립과 권위 및 국가의 기능을 위태롭게 하는 범죄를 말한다. 유형별로는 제1장 내란의죄, 제2장 외환의 죄, 제3장 국기에 관한 죄, 제4장 국교에 관한 죄, 제7조 공무원의 직무에 관한 죄, 제8장 공무방해에 관한 죄, 제9장 도주와 범인은닉의 죄, 제10장 위증과 증거인멸의 죄, 제11장 무고의 죄 등이 이에 해당된다.

사회적 법익을 해하는 죄는 사회생활을 위한 기본적 법익을 침해하는 범죄를 말한다. 유형별로는 제5장 공안을 해하는 죄, 제6장 폭발물에 관한 죄, 제12장 신앙에 관한 죄, 제13장 방화와 실화의 죄, 제14장 일수와 수리에 관한 죄, 제15조 교통방해의 죄, 제16장 음용수에 관한 죄, 제17장 아편에 관한 죄, 제18장 통화에 관한 죄, 제19장 우표와 인지에 관한 죄, 제20장 문서에 관한 죄, 제21장 인장에 관한 죄, 제22장 성풍속에 관한 죄, 제23장 도박과 복표에 관한 죄 등이 이에 해당된다.

개인적 법익을 해하는 죄는 개인생활의 기본조건인 개인의 인격과 재산을 침해하는 범죄를 말한다. 유형별로 인격범죄와 재산범죄로 나눈다. 인격범죄는 유형별로 제24장 살인의 죄, 제25장 상해와 폭행의 죄, 제26장 과실치사상의 죄, 제27조 낙태의 죄, 제28장 유기와 학대의 죄, 제29장 체포와 감금의 죄, 제30장 협박의 죄, 제31장 강요죄, 약취, 유인 및 인신매매의 죄, 제32장 강간과 추행의 죄, 제33장 명예에 관한 죄, 제34장 신용, 업무와 경매에 관한 죄, 제35장 비밀침해의 죄, 제36 주거침입의 죄가 해당되고, 재산범죄는 유형별로 제38장 절도와 강도의 죄, 제39장 사기와 공갈의 죄, 제40장 횡령과 배임의 죄, 제41장 장물에 관한 죄, 제42장 손괴의 죄, 제37장 권리행사를 방해하는 죄 등이 이에 해당된다.

형법각칙은 개별적 범죄구성요건을 규정하고 있다. 형법각칙을 공부하는 학생들은 형법각칙에 규정된 각각의 개별적 범죄구성요건에 대해서 배우게 된다. 형법각칙의 교과서는 범죄구성요건에 대해서 각 장에서 각 죄에 대해서 하나씩 설명하는 방식으로 구성되어져 있다. 법학개론에서는 각칙의 죄 중에서 중요하다고 생각되는 몇 가지 죄에 대해서 소개하고자 한다.

제2절 형법각칙의 죄

1. 보통살인죄와 존속살인죄

(1) 보통살인죄

보통살인죄는 사람을 살해함으로써 다른 사람의 생명을 침해하는 것을 내용으로 하는 범죄를 말한다(형법 제250조 제 1항). 형법에만 법조항으로 규정된 것이 아니라 헌법 제10조[55]에서도 "인간의 존엄과 가치를 최고의 국가 규범으로 명시"하고 있다. 살인죄는 "인간의 존엄과 가치를 침해하는 가장 전형적이고 기본적인 범죄라고 할 수 있다."[56] 사람의 생명은 헌법적 체계에

---

55) 헌법 제10조[인간의 존엄성과 기본적 인권의 보장] 모든 국민은 인간으로서의 존엄과 가치를 가지며, 행복을 추구할 권리를 가진다. 국가는 개인이 가지는 불가침의 기본적 인권을 확인하고 이를 보장할 의무를 진다.
56) 이재상, 형법각론, 제8판, 박영사, 2012, 10면.

서 가장 높은 위치에 있기 때문에 형법은 사람의 생명을 보호함에 있어서 '절대적 생명보호의 원칙'에 입각하여 시작하고 있다. 즉, 사람의 생명은 그 사람의 나이, 건강상태, 사회적 지위 등을 불문하고 절대적으로 보호받아야 된다. 살인죄는 가장 오랜 역사를 지닌 범죄로서 "바빌로니아의 함무라비법전, 헤브라이법전, 중국고대의 법전, 고조선의 8조법 등에 그 규정이 있다.[57]" 본죄는 자연인(사람)만이 주체로 될 수 있고, 법인은 주체로 될 수 없다. 예컨대 살아 있는 사람이면 "불치의 병에 걸린 환자, 기형아, 사형판결이 확정된 자, 실종선고를 받은 자, 자살을 결행중인 자 등도 관계없다."[58] 행위는 사람을 살해하는 것이고, 설령 사람을 살해하려고 시도하였으나 살인에 실패한 미수도 처벌된다.

사람의 시기는 사람이 출생한 시점부터 사람이 사망한 시점까지로 보고 있는데 이에 대해서는 분만개시설(진통설), 일부노출설(두부노출설), 전부노출설, 독립호흡설의 네 가지로 나누어져 있다. 이중 분만개시설(진통설)이 현재 우리나라 판례의 입장이고 대법원도 이 설을 취하고 있다.

관련판례

형법에서 말하는 사람의 시기는 규칙적인 진통을 동반하면서 태아가 태반으로부터 이탈하기 시작한 때(분만개시설 또는 진통설)이며, 조산원이 분만 중인 태아를 질식시켜 사망에 이르게 한 경우에는 업무상 과실치사가 성립된다(대판 1982. 10. 12, 81도2621).

---

(2) 존속살해죄

존속살해죄는 자기 또는 배우자의 직계존속[59]을 살해함으로써 성립하는 범죄를 말한다.(제250조 제2항). 살해에 실패한 경우 즉 미수범의 경우도 처벌 한다.

존속살해죄는 동양에서 주로 법이 적용되고 있다. 즉, 직계존속을 살해한 경우 가중처벌을 하고 있으나 일본의 경우 1995년에 존속살해규정(제215조)의 조항을 삭제하였다. 살인죄(제250조 제1항)는 일반인을 살해함으로써 성립하는 것이지만 존속살해죄는 직계존속에 대한 직계비속의 패륜이라는 반 윤리성으로 말미암아 살인죄에 비해 형이 더 무겁게 가중하여 적용되고 있다. 본죄의 주체는 직계비속, 배우자이고, 객체는 직계존속이다. 예컨대, 아들이 아버지를 살해하는 경우에는 존속살해죄가 성립. 하지만 아버지가 아들을 살해하는 경우 존속살해죄가 성립되지 않고 보통살인죄가 성립한다.

---

57) 이형국, 형법각론, 법문사, 2007, 6면.
58) 대판, 1948. 5. 14, 4281형상38.
59) 증조부모, 조부모 등, 직계비속: 아들 ,딸, 손자 등이다.

2. 상해죄와 폭행죄

(1) 상해죄

상해죄는 고의적으로 사람의 신체를 상해함으로써 성립하는 범죄를 말한다(제257조 제1항). 상해죄의 주체는 자기 자신을 제외한 모든 자연인이다(자연인인 사람). 동물이나 행위자 자신의 신체, 태아는 본죄의 행위객체가 아니다. 행위는 사람을 상해하는 것이다. 여기서의 '상해'는 신체의 건강을 해치는 것이다.

상해를 가하는 수단·방법에는 어떻게 하든지 상관이 없다. 사람의 신체에 직접 타격을 가하는 유형적 방법은 물론 무형적 방법도 가능하다. 예컨대, 병균을 감염시키거나 정신적 충격을 주어 건강을 손상시키는 등의 경우이다.

'조선 8조법' 중에 상해한 자는 곡물로 갚게 한다는 규정(한서지리지)이 있다. 모발을 절단한 경우에 있어 상해죄가 성립되는가의 문제에 대해서 단순한 모발의 절단은 생리적 기능을 훼손시키는 것이 아니므로 상해죄가 성립되지 않으나 모발의 모근을 뽑는 행위, 모발의 절단으로 인해 충격을 받아 정신질환이 발생케 된 경우에 있어서는 상해죄에 해당된다고 본다. 주관적으로는 고의가 필요하다.

(2) 폭행죄

---

60) 왜냐하면 혼인외출생자와 생부와의 관계에서는 '인지(어떠한 사실을 이성이나 감각에 의하여 알게 되는 것)'를 하지 않은 이상은 자식 부모관계가 성립하지 않기 때문이다. 하지만 생모와의 관계는 출생자체만으로도 이미 법률상의 친족관계가 성립한다고 본다.

폭행죄는 사람의 신체에 대하여 폭행을 가함으로써 성립하는 범죄를 말한다(형법 제260조 제1항). 본죄의 주체는 모든 자연이고, 객체는 타인이다. 본죄의 행위는 사람의 신체에 대해서 폭행을 하는 것인데, 폭행에는 네 가지 종류로 나누어 살펴볼 수 있다. 폭행죄는 사람의 신체에 대한 유형력의 행사 즉 물리력의 행사라 할 수 있는데, 사람의 신체에 대한 행위라야 한다. 예컨대, 뺨을 때리거나 발로 차는 등의 구타행위, 밀거나 잡아당기거나 얼굴에 침을 뱉거나 모발을 절단하는 행위, 심한 소음이나 악취,고함 등도 해당된다. 그러나 "단순히 언어에 의하여 공포심을 갖게 하는 것은 협박의 행위에는 해당될지라도 폭행은 아니다." 상해죄와 폭행죄의 차이점을 살펴보면 다음과 같다.

	상해죄	폭행죄
보호법익	신체의 건강	신체의 건재
고의	타인의 건강을 훼손한다는 인식과 인용	타인의 건재를 해한다는 인식과 인용
범죄유형	실질범(결과범)	형식범(거동범)
행위수단	유형적, 무형적 방법(예컨대 언어적 방법)가능	유형적 방법에 의해서만 가능
처벌	미수범 처벌	미수범 처벌하지 못함
죄의 형태	친고죄, 반의사불벌죄와 상관없이 적용	반의사불벌죄[61]

> **관련판례**
>
> 안수기도를 하는데 있어서 안수기도를 하는 자의 행위가 가슴이나 배에 손을 얹거나 약간 누르는 정도의 행위가 아니라 도가 지나쳐 가슴과 배를 반복적으로 누르거나 때리는 행위를 함으로써 피해자가 사망에 이른 사건에서 대법원은 "도가 지나쳐 이러한 행위에 의해 피해자가 사망에 이른 정도라면, 이러한 행위는 사람의 신체에 대한 유형력의 행사에 해당되어 폭행에 해당되는 행위이다"라고 판결하였다(대판 1994. 8. 23, 94도1483).

3. 명예훼손죄

(1) 명예훼손죄(형법 제307조)

명예훼손죄는 공연히 사실을 적시하거나 허위의 사실을 적시하여 사람의 명예를 훼손함으로써 성립하는 범죄이다(형법 제307조 1항). 허위의 사실을 적시하는 경우에는 사실을 적시하는 경

---

61) 반의사불벌죄: 피해자의 명시한 의사에 반해서 공소를 제기할 수 없는 범죄를 말한다. 원칙적으로는 공소를 제기할 수는 있으나 피해자가 처벌을 희망하지 않는 의사를 명백히 한 경우 공소제기가 불가능한 범죄이다.

우에 비하여 행위불법이 크기 때문에 형이 더 가중된다.

자연인인 사람이며 이에는 자연인은 물론 법인, 법인격 없는 단체도 포함된다.

 i ⟩ 자연인은 모두 명예의 주체로 된다. 성별, 연령, 사회적 지위, 법적상태, 정신적 능력 등 불문한다. 예컨대, "유아, 정신병자, 범죄자, 백치, 실종선고를 받은 자 등의 경우에도 명예의 주체가 된다."

ii ⟩ "법인도 사회적 활동 활동과 연관되어 서는 명예의 주체가 된다. 해산 이후에도 청산이 종료되어 법인격을 상실할 때까지는 추제가 된다."

iii⟩ "법인격 없는 단체도 법적으로 인정된 사회적 기능을 행하고 통일된 의사를 형성할 수 있는 한 명예의 주체가 된다." 그러나 이러한 경우는 명예의 주체가 될 수 없다. 예컨대, 취미활동을 하기 위하여 결성된 낚시클럽이나 등산클럽의 경우.

명예훼손죄의 경우에는 반드시 '공연성'이 있어야 한다. 공연성의 정의를 쉽게 설명하면 다음과 같다. '불특정 또는 다수인이 인식할 수 있는 상태를 말한다.' 이것이 통설과 판례[62]의 태도이다.

 i ⟩ '불특정인'이란 어떤 특수한 관계로 인하여 특정되어 있는 자 이외의 사람을 말한다. '다수인'이란 모든 구체적인 정황에 비추어 그 정도의 대상자에게 알려질 경우 사회적으로 명예가 훼손된다고 판단할 수 있는 상당한 숫자의 인원을 말한다.

ii ⟩ 인식할 수 있는 상태란 "불특정 또는 다수인이 직접 인식할 수 있는 상태에 이르러야 공연성을 인정할 수 있는 것을 의미이다." 그러나 판례의 경우에는 순차적인 방법으로 불특정 또는 다수인에게 전파될 가능성만 있으면 족하다고 보고 있다.

iii⟩ 사실의적시란 "사람의 인격에 대한 사회적 가치 내지 평가를 저하 시킬만한 일체의 사실을 말한다." 예컨대, 나쁜 일 추한 일, 성격, 경력, 건강 등 대상에는 제한이 없다. 그러나 적시[63]되는 사실은 현재 또는 과거에 속하는 사실이어야 한다. 장차 일어날 일을 예언적으로 지적하는 것은 본죄가 성립되지 않는다.

또한 피해자가 특정되어 있어야 하지만 그렇다고 해서 성명을 명시할 필요는 없고, 그 표현이 당시 어떠했는가를 종합적으로 판단하여 명예를 훼손한 자가 누구인지 알 수 있으면 충분하다고 보았다.

---

62) 대판 1976. 4. 25, 75도273; 대판 1981. 8. 25, 81도149; 대판 1985. 11. 26, 85도2073; 대판 1996. 7. 12, 96도1007; 대판 2006. 9. 22, 2006도4407 등.
63) 적시란 "불특정 또는 다수인인 타인에게 특정인의 명예를 훼손할 만한 사실을 드러내는 일체의 행위를 말한다." 적시는 특정인의 명예가 훼손될 수 있을 정도로 구체성을 지니면 족하고 그 세부적인 사항까지 상세하게 들추어 낼 것을 요하지 않는다.

(2) 모욕죄

모욕죄는 공연히 사람을 모욕함으로써 성립하는 범죄를 말한다(제311조). 친고죄에 해당된다.

명예훼손죄와 다른 점은 '사실의 적시'가 모욕죄는 없다는 것이다.

자연인인 사람이다. 모욕이란 사실을 적시하는 것이 아니라 사람에 대한 '경멸의 의사표시'를 하는 것을 의미한다. 즉 추상적 관념을 사용하여 사람의 인격을 경멸하는 경우가 이에 해당된다고 본다. 예컨대, 개놈의 새끼들, 개같은 잡년, 창녀같은 년, 빨갱이 무당 년, 첩년이라고 말한 경우(대법원 1981. 11. 24, 81도2280).

모욕의 수단이나 방법에는 어떠한 제한이 없다. 예컨대 언어, 거동, 문서, 공개적인 연설 등. 모욕에 해당하는가는 구체적인 상황을 고려하여 객관적인 내용에 따라 판단해야 한다. 예컨대, "단순한 무례나 불친절 정도는 본죄가 성립하지 않으나"[64] 침을 뱉는다거나 사람의 뺨을 때리는 행위의 경우에는 거동에 의한 행위에 해당되므로 본죄가 성립한다고 본다.

---

64) 대판 1966. 7. 26, 66도469.

4. 성풍속에 관한 죄

(1) 강간죄

강간죄는 폭행 또는 협박으로 부녀를 강제적으로 강간함으로써 성립하는 범죄를 말한다(제297조). 예전에는 친고죄의 성격(고소가 있어야 처벌)이었으나 현재(2013년 6월 19일)는 법이 개정되어 친고죄가 폐지되어 친고죄의 적용을 하지 않고 있다(60년 만에 친고죄 조항이 폐지). 즉, 강간을 저지른 범죄인에 대해서는 피해자의 고소 및 합의 여부와 상관없이 무조건적으로 처벌을 할 수 있게 됐다. 본죄를 범한 경우에는 3년 이상의 유기징역에 처한다. 본죄의 범한 행위의 주체는 남성이었고 객체는 부녀였다. 그러나 법이 개정되면서 객체가 부녀에서 '사람'으로 확대되었다. 이렇게 법이 개정됨에 따라 남성도 강간죄의 피해자가 될 수 있게 되었다. 이미 독일, 프랑스, 오스트리아 등 선진국의 경우에는 성범죄의 객체에 남자를 포함하고 있는 등 성범죄의 대상을 여성을 의미하는 부녀에만 국한 되는 것이 아니라 남녀를 모두 포함하는 사람으로 확대하는 게 세계적인 추세이다. 또한 '성폭력범죄의 처벌 등에 관한 특례법(줄여서 성폭법)'상 13세 미만자에 대한 강간죄 등의 친고죄도 폐지되었다.

법이 개정되기 전에는 강간은 폭행·협박으로 상대방의 반항을 억압할 정도뿐만 아니라 현저히 곤란한 상태에 있는 상대방 부녀를 간음하는 것을 의미 하였는데, 법이 개정됨에 사람을 간음하는 것으로 조항이 변경되었다. 강간죄는 강간도 중 여의치 않아 실패한 경우라 할지라도 처벌을 하지 않는 것이 아니라 미수범으로써 처벌을 하고 있다.

관련판례

1. 처를 강제로 강간한 경우에 과연 부부강간죄가 성립할 수 있는가? 이에 대해서는 학자마다 생각하는 견해가 제각기 다르다고 볼 수 있는데 이에 대해 살펴보면 다음과 같다. 첫째, 부부관계가 해소되어 가는 경우는 물론 그렇지 않은 때에도 처에 대한 강간죄의 성립을 인정해야 한다는 견해. 둘째, 부부관계의 특수성과 법정형을 고려해볼 때 처는 본죄의 객체가 될 수 없다는 견해로 나누어지고 있다. 대법원의 경우는 다음과 같이 판시하고 있다. "처에 대해서는 본죄의 성립을 부정하고 있으나 혼인관계가 파탄되어 실질적인 부부관계가 인정될 수 없는 지경에 이른 경우에는 법률상의 배우자인 처도 본죄의 객체가 될 수 있다고 판시하고 있다(대판 2009.12.12, 2008도8601)."[65]

---

65) 법률개정과는 직접적인 관련은 없지만 최근의 대법원의 태도는 부부간 강간죄가 성립할 수 있다고 보았다. 예컨대, "이혼 절차가 진행 중이지 않고 동거하고 있는 부부 사이의 경우에는 강간죄가 성립된다고 판결하였다."

(2) 강제추행죄

강제추행죄는 폭행 또는 협박에 의해 사람을 추행함으로써 성립하는 범죄를 말한다(형법 제298조). 본죄 또한 강간죄와 마찬가지로 친고죄이다. 그러나 강제추행죄 또한 법이 개정됨에 따라 친고죄의 적용이 폐지되었다. 본죄를 범한 자는 10년 이하의 징역 또는 1,500만 원 이하의 벌금에 처한다. 본죄의 행위 주체는 강간죄와는 달리 아무런 제한을 두고 있지 않다. 즉 남자뿐만 아니라 여자도 본죄의 주체가 된다.

관련판례

피해자의 상의를 걷어올려 유방을 만지고 하의를 끌어내린 경우(대판 1994. 8. 23, 94도630), 피해자를 팔로 힘껏 껴안고 두 차례 강제로 입을 맞춘 경우(대판 1983. 6. 28, 83도399), 노래를 부르는 피해자를 뒤에서 껴안고 춤을 추면서 유방을 만진 행위(대판 2002. 4. 26, 2001도 2417) 등의 경우는 강제추행죄에 해당된다고 판시하였다.

---

5. 절도죄

단순절도죄는 타인이 점유하는 타인소유의 재물을 의사에 반하여 절취함으로써 성립하는 범죄를 말한다(제329조). 본죄의 미수범은 처벌한다(제342조). 타인이 점유하는 타인의 재물이다. 즉 객체인 재물의 소유권이 행위자 이외의 타인에게 속해 있어야 한다. 공유물의 경우에도 타인의 재물로 인정된다.[66] 타인이란 행위자 이외의 자연인, 법인 기타 소유의 주체가 될 수 있는 자를 의미한다.

절도죄의 행위는 절취이다. 절취는 타인이 점유하고 있는 재물을 그 의사에 반하여 폭행이나 협박이 아닌 수단을 통하여 침탈하고 이를 자기 또는 제3자의 점유로 옮김으로써 새로운 점유를 시작하는 것을 말한다. 절취는 점유의 침탈과 새로운 점유로 나누어 살펴볼 수 있다. 점유의 침탈이란 점유자의 자기 의사에 반하여 그 점유자가 재물에 대하여 사실상의 지배를 할 수 없도록 하는 행위를 말한다. 그러므로 점유자의 동의가 있는 경우에는 점유의 침탈이 될 수 없다. 점유침탈의 수단이나 방법은 불문한다. 다만 폭행이나 협박의 수단에 의한 경우에는 해당되지 않는다. 이외에는 예컨대, 동물을 수단으로 이용하여 절도하는 방법[67], 이삿짐을 운반해 주는 척하다가 물건을 영득하는 경우, 저기 큰 불 났다고 거짓말을 하여 한눈을 팔게 한 후 이틈을 이용하여 핸드백을 날치기 한 경우, 결혼예식장에서 신부 측 축의금 접수인인 것처럼 가

---

66) 대판, 1979. 10. 30, 79도1995.
67) RGSt. 53, 181; 70, 213.

장 행세하여 축의금을 내어 놓자 이를 교부받아 가로챈 경우68) 등이 이에 해당한다.

절도를 하는 그 시점이 언제인가에 대해서는 점유침탈을 개시하는 시점이다. 예컨대, 절도의 의사로 주거에 침입한 자가 절취한 재물에 접근하거나69), 물색한 때 등의 경우.70) 새로운 점유의 취득이란 절취행위를 한 행위자가 탈취한 재물에 대한 점유를 취득하거나 이를 제3자의 점유로 옮기는 것을 말한다. 일반적으로 점유의 침탈과 동시에 이루어지는 것이나 반드시 시간적으로 일치할 것을 요하지는 않는다. 예컨대, 자동차에 재물을 떨어뜨린 후 이를 찾아가는 경우

단순절도죄의 기수시기에 대해서는 재물에 대하여 자신이나 제3자가 점유를 취득한 때를 절취행위가 성취되는 것이다(취득설). 통설과 판례71)도 같은 입장이다.

> **관련판례**
>
> 피고인 갑은 피해자 을이 경영하는 주점에 잠겨 있는 셔터 문을 열고 들어가 주점 안에 있던 맥주 등을 꺼내어 맥주를 마신 죄로 구속되었다. 구속한 이유를 대법원은 다음과 같이 판시하고 있다. "피고인 갑은 타인의 재물에 대한 불법영득의 의사가 있었다고 할 것이고, 설령 이러한 갑의 행위가 주점 점원인 정의 초청에 의해 주점 안으로 들어가 술을 마시게 된 것이었다 하더라도 이는 절도죄를 구성한다."고 판시하였다(대판 1986. 9. 9, 86도1439).

6. 강도죄

강도죄는 폭행 또는 협박으로 타인의 재물을 강취하거나 재산상의 이익을 취득하거나 제3자로 하여금 이를 취득하게 함으로써 성립하는 범죄를 말한다(제333조). 객체는 타인의 재물72) 또는 재산상의 이익73)이다. 본죄의 미수범은 처벌한다(제342조). 특별법의 적용을 받는다(특가법 제5조의4 5항).

행위는 폭행 또는 협박으로 타인의 재물을 강취하거나 재산상의 이익을 취득하거나 제3자로 하

---

68) 대판, 1996. 10. 15, 96도2227.
69) 대판 1965. 6. 22, 65도427.
70) 대판 1966. 9. 22, 66도1108; 대판 1984. 3. 13, 84도71; 대판 1987. 1. 20, 86도2199; 대판 2003. 6. 24, 2003도1985.
71) 대판 1964. 4. 22, 64도112.
72) 재물은 절도죄에서 설명한 바와 동일하다. 부동산의 경우도 본죄의 객체가 되지만 재물로서가 아니라 '재산상의 이익'이라는 관점에서 이해한다고 본다.
73) 이형국, 349면은 재산상의 이익은 재산이 증가하는 것처럼 적극적 이익을 얻는 것 뿐만 아니라 채무의 면제나 채무이행의 연기 등과 같은 소극적 이익도 포함된다.

여금 취득하게 하는 것이다. 폭행·협박의 정도는 상대방의 반항을 억압할 정도라야 한다. 폭행은 타인에 대한 일체의 유형력의 행사를 말한다. 살상행위처럼 폭력을 사용하는 경우는 물론 마취제나 수면제를 복용시키는 경우처럼 폭력에 의하지 않더라도 폭행이 될 수 있다.[74] 폭행은 사람에 대하여 행사되어야 하고 최소한도 피해자의 신체에 대하여 간접적으로 작용해야 한다. 예컨대, 사람을 직접적으로 유형력을 행사하는 경우, 피해자가 타고 가는 자동차를 전복시키는 경우처럼 직접적으로는 물건에 대하여 유형력을 행사하였을지라도 간접적으로 사람에 대한 유형력행사라고 볼 수 있는 한 본죄의 폭행에 해당된다. 협박은 해악을 고지하여 상대방에게 공포심을 갖게 하는 것을 말한다. 폭행 또는 협박이 피해자의 반항을 억압할 정도에 이르렀는가를 판단하는 기준에 대해서 학설이 주관설과 객관설로 나누어져 있다. 통설과 판례[75]는 객관설 (피해자의 입장, 행위정황 등 구체적 사정을 종합적으로 검토하여 객관적으로 판단)과 같은 입장이다. 재물의 강취는 폭행 또는 협박에 의해 점유자의 의사에 반하여 재물을 자기 또는 제3자의 점유로 옮기는 것을 말한다. 즉 강제취거를 말한다. 재산상 이익의 취득 반항이 억압될 수 있는 정도의 폭행 또는 협박에 의하여 재산상의 이익을 취득하거나 제3자로 하여금 이를 취득하게 함을 말한다. 피해자의 의사에 반한 것이어야 한다. 실행의 착수시기와 기수시기 강도의 의사로 상대방의 반항을 억압할 정도의 폭행·협박을 개시하는 시점에 실행의 착수가 있다. 폭행·협박의 종료만으로는 기수가 될 수 없고 기수시기는 재물 또는 재산상의 이익을 취득한 때이다.

관련판례

갑은 대전역과 조치원역 사이를 운행하고 있는 부산발 서울행 제42 우등열차객실에서 을녀와 동석하게 됨을 기회로 그녀의 재물을 강취할 것을 마음먹고 미리 소지한 중독성이 있는 약품명 미상의 약을 오렌지주스에 혼입한 뒤 그녀에게 마시도록 권유하여 그녀가 이를 받아 마시고 깊은 잠에 빠져 항거불능상태에 이르자 그곳 선반위에 놓아 둔 그녀 소유의 가방 속에서 현금 50만원을 꺼내어 달아난 사건에서 대법원은 다음과 같은 판결을 하였다. "갑이 행한 을녀에 대한 강도행위에서 수면제 등을 먹이는 것은 강도죄의 수단인 폭행에 해당하고, 피해자가 깊은 잠에 빠진 것은 항거불능상태에 해당한다고 할 수 있다(대판 1984. 12. 11, 84도2324)."

---

74) 대판 1979. 9. 25, 79도1735는 "신경안정제 40알을 복용케 하여 졸음에 빠진 경우도 본죄의 폭행에 해당한다고 보았다(혼취강도)."
75) 대판 1956. 5. 8, 4389형상99; 대판 1976. 8. 24, 76도1932; 대판 1993. 3. 9, 92도2884; 대2001. 3. 23, 2001도359 등.

7. 사기죄

사기죄는 사람을 기망하여 재물의 교부를 받거나 재산상의 이익을 취득하거나 제3자로 하여금 이를 취득하게 함으로써 성립하는 범죄를 말한다(제347조). 재물죄이자 이득죄이다. 객체는 타인의 재물 또는 재산상의 이익이다. 재물은 타인이 점유하는 타인의 재물에 한정된다. 본죄의 재물은 예컨대, 부동산, 동산, 금전, 유가증권, 장물이나 불법원인급여물의 경우도 타인이 점유한 경우에는 재물이 된다. 본죄의 미수범은 처벌한다(제352조). 본죄를 범하여 유기징역에 처할 경우에는 10년 이하의 자격정지를 병과할 수 있다(제353조). 친족상도례의 적용을 받는다(제354조). 특별법의 적용(특정경제범죄가중처벌법 제3조)을 받는다.

재산상의 이익은 적극적 이익이든 소극적 이익이든, 일시적 이익이든 영구적 이익이든 불문한다. 예컨대, 소유권이나 채권취득, 채무의 변제, 채무이행의 연기 등이 포함된다. 기망행위에 의하여 취득한 이익이 '재산적 이익'이 아닌 경우에는 본죄가 성립되지 않는다. 예컨대, 공무원을 기망하여 여권을 발급받은 경우이다.

기망행위는 사람을 기망하여 재물의 교부를 받거나 재산상의 이익을 취득하거나 제3자로 하여금 교부 또는 취득하게 하는 것이다.

기망이란 사람을 착오에 빠지게 하는 일체의 행위를 말하는 것으로 이미 착오에 빠져 있는 상태를 이용하는 경우도 포함된다. 기망의 수단과 방법에는 제한이 없다. 일반인에게 착오를 일으키게 할 정도의 기망행위인한 문제되지 않는다. 예컨대, 문서나 언어를 통하여 허위의 주장을 내세움으로써 타인을 착오에 빠지게 하는 경우 등의 경우. 누구나 쉽게 진위를 판별할 수 있는 거짓말은 기망에 해당하지 않는다. 어느 정도 과장된 광고나 선전도 상관행상 시인되고 있는 범위 안에 들면 경우에 따라 경범죄처벌법이나 약사법에 의해 처벌될 수 있겠으나 본죄의 기망행위는 성립하지 않는다. 그러나 거래상 일반적으로 인정되는 신의성실의 원칙에 비추어 용인될 수 없는 허위선전으로 사람을 현혹하는 행위는 사기죄를 구성한다. 예컨대, 효과 없는 식품을 암 특효약이라고 거짓 선전하여 환자에게 판매하는 행위 등의 경우이다.

피기망자가 반드시 재물의 소유자나 점유자일 필요는 없으나 적어도 재물 또는 재산상의 이익에 대해 처분행위를 할 수 있는 권한 또는 지위가 있어야 한다. 예컨대, 등기공무원을 기망하였다고 할지라도 그 공무원이 문제되는 부동산에 대한 처분권을 가졌다고 볼 수 없는 한 사기죄는 성립되지 않는다. 기망행위의 상대방이 특정인일 필요도 없다. 예컨대, 광고사기의 경우이다.

재산적 처분행위의 직접적인 효과로서 재산적 손해가 발생해야 한다. 예컨대, 상품을 사겠다고 고르는 척 하다가 탈취한 경우는 사기죄가 아니라 절도죄가 성립하지만 상인을 사기하여 상품을 포기하게 한 후 이를 습득한 경우는 사기죄가 성립한다. 재산상의 손해란 재산적 처분행위에 의하여 이전의 재산보다 이후의 재산적 가치가 감소한 것을 말한다. 또한 선행이나 자선이라는 사회적 목적을 공허하게 하는 방법으로 타인을 기망하여 재물이나 재산상의 이익을 취득하는 경우도 있다. 예컨대, 구걸사기, 헌혈사기 등의 경우(사기죄 성립). 실행의 착수는 재산편취 또는 불법이득의 의사로서 기망행위를 개시한 때이고, 기수시기는 재산상의 손해가 발생한 때의 경우이다.

> **관련판례**
>
> 오리, 하명, 누에, 동성하초, 녹용 등 여러 가지 재료를 혼합하여 제조 또는 가공한 '녹동달오리골드'라는 제품이 당뇨병, 관절병, 신경통 등의 성인병 치료에 특별한 효능이 있는 좋은 약이라는 허위의 강의식 선전·광고행위를 하여 이에 속은 노인들로 하여금 위 제품을 고가에 구입하도록 한 것은 그 "사술의 정도가 사회적으로 용인될 수 있는 상술의 정도를 넘는 것이기 때문"에 이는 사기죄의 기망행위에 해당한다고 대법원은 판시하였다(대판 2004. 1. 15, 2001도1429).

8. 횡령죄

횡령죄는 타인의 재물을 보관하는 자가 그 재물을 횡령하거나 반환을 거부함으로써 성립되는 범죄를 말한다(제355조 1항). 본죄는 재물죄에 해당된다. 10년 이하의 자격정지를 병과할 수 있다(제358조). 본죄의 미수범은 처벌한다(제359조). 특별법(특정경제범죄가중처벌법 제3조)의 적용을 받는다. 위탁관계에 의하여 타인의 재물을 보관하는 자만이 본죄의 주체가 될 수 있다. 여기서 보관이란 점유(또는 소지)와 같은 의미이며 행위자의 신분요소로서 작용된다. 사실상의 보관자로서는 타인의 위탁을 받아 물건을 관리하는 점유보조자(민법 제195조)[76], 공금을 보관 중인 회사원, 단독으로 화물운송을 위탁받은 화물자동차 운전자 등과 같은 사실상의 보관자뿐만 아니라 부동산 점유에 있어서 등기명의인, 창고증권의 소지인 등 법률상의 보관자도 본죄의 주체가 될 수 있다. 행위객체를 살펴보면 보관은 자기(행위자)가 보관하는 타인의 재물이다. 보관이란 타인의 재물을 맡아서 관리하는 것으로 재물에 대한 사실상, 법률상 지배를 의미한다. 예컨대 위탁을 받아 타인의 돈을 은행에 예금한 경우 등이 해당된다.

본죄에 있어 보관은 위탁관계에 기초한 것이어야 한다. 위탁관계 없이 점유를 이탈한 타인의

---

76) 민법에서 점유보조자는 사실상 점유를 갖지 못하는 자로써 형법과는 구별된다.

재물을 영득하면 본죄가 성립되는 것이 아니라 '점유이탈물횡령죄'가 성립된다. 타인의 재물에서 타인은 행위자이 외의 자연인, 법인, 법인격 없는 단체, 조합 등이 모두 포함된다. 재물은 동산, 부동산도 포함되며 관리할 수 있는 동력 또한 재물로 간주된다(제361조). 실행행위는 횡령을 하거나 반환을 거부하는 것이다. 횡령은 타인의 재물을 보관하는 자가 그 물건에 대한 불법영득의 의사를 실현시키기 위한 행위를 말한다. 이러한 행위는 외부에서 객관적으로 인식을 할 수 있도록 표현되어야 한다. 횡령행위는 소비, 착복, 은닉 등과 같은 사실행위이건 매매, 증여 등 법률행위이건 불문한다. 반환의 거부는 소유자에 대하여 소유자의 권리를 배제하는 의사표시를 말한다. 일반적으로는 반환요구가 있을 시에 이에 대하여 거부의 표시로 나타나는 것이 일반적이지만 반환요구를 하지 않은 상태에서 보관자가 먼저 이러한 의사표시를 하는 것도 가능하다고 보고 있다.

단순히 반환을 거부했다는 사실만으로는 바로 횡령죄가 성립하는 것은 아니다. "반환거부의 이유, 주관적 의사 등을 종합적으로 고찰할 때 그 행위가 불법영득의사를 드러내는 것으로서 횡령행위와 같다고 볼 수 있을 정도에 이른 경우에 횡령죄가 성립된다. 따라서 불법영득의 의사가 없고 반환할 수 없는 사정이나 반환을 거부할 수 있는 정당한 이유가 있는 경우[77]에는 반환거부는 횡령죄가 되지는 않는다.

횡령죄의 미수범은 처벌한다(제359조). 기수는 불법영득의 의사가 행위에 의하여 객관적으로 실현된 때에 기수로 본다.[78]

관련판례

피고인 갑은 협회의 공금을 협회장의 승인하에 개인구좌에 입금시킨 후 위 돈을 수시로 인출하여 개인적 용도로 소비하였다면, 피고인 갑이 위 금원을 위 협회의 예금구좌로부터 피고인 개인구좌로 옮긴 것 자체는 협회장의 승인을 받았기 때문에 횡령죄가 되지 않지만 "이를 자기명의로 예금하여 보관중인 타인의 금원을 인출하여 소비한 행위"는 횡령죄에 해당된다고 할 것이다(대판 1984. 2. 14, 83도3207).

---

9. 배임죄

배임죄는 타인의 사무를 처리하는 자로써 그 임무에 위배하는 행위로써 재산상의 이익을 취득하거나 제3자로 하여금 이를 취득하게 하여 본인에게 손해를 가하는 범죄를 말한다(제355조 2

---

77) 대판 1983. 12. 13, 83도2642; 대판 1990. 3. 13, 89도1952; 대판 2005. 7. 29, 2005도685; 대판 2006. 2. 10, 2003도7487 등.
78) 다수설과 판례(대판 1985. 9. 10, 85도86)의 태도이다.

항). 본죄의 미수범은 처벌한다(제359조). 친족상도례의 적용을 받는다(제361조). 특별법(특정경제범죄가중처벌법 제3조)의 적용을 받는다. 주체는 타인의 사무를 처리하는 자이다. 타인의 사무를 처리하는 자란 "타인과의 신임관계에 기하여 타인의 재산보호 내지 관리의무가 있는 자를 말한다."[79] 타인의 사무를 처리하는 자라는 신분은 행위당시(행위시)에 있으면 족하다. 타인이란 행위자 이외의 자연인은 물론 법인, 법인격 없는 단체를 모두 포함한다. 타인의 사무란 신임관계에 근거하여 타인을 위하여 처리해야 할 사무로서 타인(피해자인 본인)을 위한 재산의 보호·관리 등의 사무가 신임관계의 전형적이고 본질적인 내용을 주된 임무로 하는 것임을 요한다. 사법상의 의무 예컨대 채권적 급부의무(돈을 꾼 사람이 돈을 빌려준 사람에게 갚아야 할 의무)의 경우에는 '타인의 사무'에 해당되지 않지만, 타인을 위한 사무가 전형적 본질적인 내용을 이루고 있는 한 자기의 사무로서의 성격을 동시에 갖고 있는 경우라도 타인의 사무로 보아야 한다.[80] 예컨대, 부동산의 이중매매에 있어서 매도인이 타인의 사무를 처리하는 자로 인정되는 경우. 사무는 공적 사무이든 사적 사무이든 불문한다. 그러나 사무가 재산상의 사무임을 요하는가에 대해서는 재산상의 사무임에 국한되는 것이 라고 본다. 다수설이자 판례의 태도이다.

사무는 계속적이든 일시적이든 사실적 사무 이(예컨대 심부름을 하는 경우, 말을 전달해주는 경우 등)든 법률적 사무(예컨대 계약 등)이든 불문한다.

본죄의 사무는 단순한 개별적 사무가 아니라 일정한 범위 내에서 어느 정도 사무처리 자에게 판단 내지 활동의 자유와 책임이 있다고 볼 수 있는 정도로 포괄적인 내용의 사무일 것을 요한다. 타인의 사무를 처리하게 된 근거에는 법령(예컨대 친권자, 후견인, 파산관리자 등)·계약(예컨대 위임, 고용, 도급 등) 뿐만 아니라 관습, 기타 사무관리에 의한 경우도 포함된다. 사무의 처리는 본인과 행위자 사이에 직접적·개인적으로 생긴 경우는 물론 객관적으로 인정되는 경우까지도 포함한다. 예컨대 부동산매매에 있어서 매수인이 소유권이전등기를 할 수 있도록 등기에 협력해야 할 매도인의 의무, 계주가 징수한 계금을 지정된 계원들에게 지급해야 할 의무[81] 등도 사무처리의 근거로서 이에 위반할 경우 배임죄가 성립된다고 보아야 한다.

객체는 재산상의 이익이다. 행위는 임무에 위배되는 행위, 즉 배임행위로써 재산상의 이익을 취득하거나 제3자로 하여금 이를 취득하게 하여 본인에게 손해를 가하는 것이다. 여기서 배임행위는 타인의 사무처리자로서의 임무에 위배되는 행위를 의미한다. 어떤 행위를 배임행위로 볼 것인가에 대해서는 당해 사무의 성질, 내용, 행위시의 정황 등을 고려하여 신의성실의 원칙

---

79) 대판 1999. 9. 17, 97도3219.
80) 대판 1982. 5. 25, 81도2618.
81) 대판 1967. 3. 7, 67도118; 대판 1987. 2. 24, 86도1744 등.

에 입각하여 판단해야 한다. 배임행위는 권한의 남용이건 법률상의 의무위반이건 불문한다. 예컨대, 은행간부가 권한을 남용하여 회수가능성이 없는 불량대출을 하는 경우, 공무원이 부당하게 국유재산을 불하가격을 낮게 결정하는 경우 등. 배임행위는 작위로도 가능하나 부작위에 의해서도 가능하다. 예컨대, 철도종사원이 고의로 무임승차를 방임하는 경우, 채권추심을 위탁받은 자가 추심을 게을리 하여 채권의 소멸시효가 완성되는 경우 등(부작위).

재산상 이익취득과 본인의 재산적 손해는 재산상 이익의 취득은 적극적 이익의 취득(예컨대 소유권의 이전)이든 소극적 이익의 취득(예컨대 채무이행의 연기)이든 불문하며 모든 불법한 이익의 취득을 의미한다. 그리고 스스로 이러한 이익을 취득하는 경우뿐만 아니라 제3자로 하여금 이를 취득하게 하는 경우도 포함한다. 여기서 제3자는 자기와 본인 이외의 모든 자연인 법, 법인·법인격 없는 단체도 포함된다. 그러나 "본인에게 손해를 가하였어도 이익을 취득한 사실이 없는 때에는 본죄가 성립되지 않는다."[82] 본인에게 손해를 가한다는 것은 배임행위로 인하여 본인에게 재산상의 손해를 주는 것을 의미한다. 재산상의 손해라 함은 "본인의 전체재산가치의 감소"를 말한다.[83] 손해는 적극적 손해(예컨대 기본재산의 감소)이든 소극적 손해(예컨대 장래 취득할 이익의 상실)이든 불문한다.

실행의 착수시기는 행위자가 불법영득의 의사로 배임행위를 개시하는 시점을 말하고, 기수시기는 배임행위의 결과로 인하여 본인에게 재산상의 손해를 발생시킨 때에 기수가 된다.

관련판례

1. 계가 정상적으로 운영되고 있는데도 불구하고 계주 갑은 그 동안 성실하게 계불입금을 지급하여 온 계원 을에게 계가 깨졌다고 거짓말로 속여 그 계원 을이 계에 참석하여 낙찰 받아 계금을 탈 수 있는 기회를 박탈하여 손해를 끼친 거에 대해서 대법원은 갑의 이러한 행위는 임무위배에 해당되기 때문에 그 계원 을에 대한 관계에 있어서 배임죄를 구성한다고 보았다(대판 1995. 9. 29, 95도1176).

2. 회사의 대표이사는 이사회 또는 주주총회의 결의가 설령 있다 하더라도 그 결의한 내용이 회사 채권자를 해하는 불법한 목적이 있는 경우에는 이사회 또는 주주총회의 결의에 따를 것이 아니라 회사를 위하여 성실한 직무수행을 할 의무가 있는데 그러한 의무에 따르지 않고 행위를 함으로써 주주 또는 회사 채권자에게 손해가 될 행위를 한 경우라면 대표이사의 이러한 행위는 배임행위가 정당화 될 수 없다(대판 2005. 10. 28, 2005도4915).

---

82) 대판 1975. 5. 14, 73도3208; 대판 1982. 2. 3, 81도2601 등.
83) 대판, 1972. 5. 23, 71도2334.

제5편
국제법

최한결

서울대학교 법학전문대학원 졸업, (現) 법무법인 조율 변호사

제1장 국제법의 개념

제1절 국제법의 정의

국제법이란 국가 간의 관계를 조정하고 규율하기 위한 법이다. 과거에는 국제법의 존재 자체를 부정하려는 움직임도 있었으나, 복잡다기한 현대국제사회에서 국제법의 필요성 및 중요성은 나날이 커지고 있다. 이처럼 국제사회의 관계가 밀접해지고 조직화됨에 따라 다양한 국제제도와 국제기구가 등장하고 있는 추세이다. 그러므로 현대국제사회의 법으로서 국제법은 국가, 국제기구, 국제주체, 나아가 개인 간의 관계도 규율하는 법이라고 정의할 수도 있을 것이다.

제2절 국제법의 법적 성격

역사적으로 국제법의 법적 성격에 관하여서는 많은 토론이 진행되어왔다. 국내법 질서 속에서는 법을 위반하면 국가권력에 의한 제재를 받지만, 국제법을 위반한 국가에 대해서는 정치역학적 관계가 강하게 지배될 때도 있기 때문에, 국제법을 법으로 인정하여야 하는가에 대한 여러 학설의 대립이 있다.

이에 대하여 극단적 견해 중 하나가 국제법을 부인하는 국제법부인론이다. 국제법의 법적 성격을 부인하는 근거는, 법이란 강제성을 지니기 위해 이를 집행할 상위권력을 가진 조직이 필요한데, 국제사회에는 국가보다 상위에 위치한 주체가 없다는 것이다.

그러나 국제법부인론의 주장은 시간이 갈수록 힘을 잃어가고 있다. 국제법을 위반한 주체에 대해 제재수단이 불충분하다는 이유만으로 국제법을 부인하는 것은 바람직하지 않으며, 현대 사회에 들어와 각국은 외교적 논쟁에서 국제법적 근거를 가지고 대응하려는 태도를 보이고 있기 때문이다.

또한 오늘날 각 국가들은 거의 대부분은 국내법상으로 국제법의 법적 존재 및 성격을 인정하고 있다. 대한민국의 경우, 헌법 제6조 제1항에서 "헌법에 의하여 체결·공포된 조약과 일반적으로 승인된 국제법규는 국내법과 같은 효력을 갖는다."고 규정하고 있다.

그리고 UN 등 국제사회에 큰 영향력을 미치는 국제기구 등은 국제법에 의하여 설립되었으며 그 회원국들에 대해 국제법을 준수하도록 요구하고 있기도 하다.

다시 말해 국제사회의 정의 실현에 있어서 어떠한 행위를 위법하다고 평가하고 그에 대한 법적 책임을 묻는 근거로서 국제법의 의의 및 성격은 충분히 인정될 수 있을 것이다.

제3절 국제법과 국내법의 관계

Ⅰ. 국제법과 국내법의 관계에 대한 이론

1. 서설

국제법과 국내법이 서로 어떠한 관계인가는 오랜 토론이 진행되어 왔다. 현대사회에서는 국내법적 문제에 대해 국제법적 근거가 적용되기도 하고, 국제 문제에 있어서 국내법이 참고되기도 하는 등 그 관계가 더욱 밀접해지는 경향을 보이고 있다. 시간이 지날수록 국제법의 규율대상과 국내법의 규율대상이 절대적·확정적으로 구분되는 것이 아님을 알 수 있다

2. 이원론

이원론의 체계를 세운 학자는 트리펠과 안질로티로, 이들은 국제법과 국내법은 완전히 별개의 법질서라고 보는 견해를 취하고 있다. 즉, 국제법의 주체는 국가이고 국내법의 주체는 개인이며, 국제법은 여러 국가의 공동의사에 의해 정립되며 국내법은 국가의 단독의사로써 정립되며, 국제법은 국가보다 상위기관이 없고 국내법은 개인보다 상위기관이 있다고 본다.

이에 따르면 국제법과 국내법은 근본적으로 다른 별개의 법질서이므로 서로 상대의 영역에 간섭할 일이 없고, 충돌의 문제도 발생할 수 없다. 왜냐하면 규범충돌은 서열화되어 있는 동일한 체계에 속하는 규범간에 발생하는 것이기 때문이다.

그러나 이에 따르면 한국을 포함한 많은 국가가 국내법적으로 국제법의 적용을 규정하고 있는 국가 현실이나, 국제관계의 발전에 따라 개인간의 관계에도 국제법이 적용될 수 있는 사례를 명확하게 설명할 수 없다는 비판이 제기된다.

3. 일원론

국내법을 우위로 삼는 일원론과 국제법을 우위로 삼는 일원론의 두 가지가 있으나, 국내법우위

의 일원론은 국제법부인론의 범주에 포함될 수 있어 여기서는 국제법 우위의 일원론을 설명하기로 한다.

국제법 우위의 일원론에 따르면 국제법이 국내법의 타당근거이며, 양자 충돌의 경우 국제법이 적용되어야 한다고 주장한다. 즉 국내법은 국제법에서 그 정당성을 위임받았으며, 양자가 저촉되는 경우 각국은 국내법을 이유로 국제법을 무시할 수 없으므로 국제법이 우위를 점하게 된다는 것이다.

그러나 국제 현실상 국제법에 위반되는 국내법이 자동적으로 무효화되는 체계는 존재하지 않는다는 비판이 제기되고 있다.

4. 검토

국제법과 국내법 간의 관계에 관한 여러 이론은 국제 현실에 완벽히 부합하는 것도 없지만, 국제 현실을 완벽히 무시하고 있는 것도 아니다. 국제 현실상 상당수의 국가들은 일원론과 이원론의 중간자적 입장을 취하고 있으며, 그 구체적 모습 또한 다양하다.

Ⅱ. 국제법상 국내법의 지위

오늘날 국제관계에서 국내법을 이유로 국제법의 불이행이 정당화되지는 않는다. 다만 국제법 역시 국내법을 존중하며, 국제법상 법의 일반원칙을 각국 국내법 속의 공통된 원칙에서 찾는다는 사실은 국내법이 국제법의 법원(法源)이 될 수도 있다는 것을 의미한다.

Ⅲ. 국내법상 국제법의 지위

세계 각국마다 국내법상 국제법의 지위에 대해서는 다른 태도를 보이고 있다. 이에 따라 주요 국가들의 모습을 살펴보기로 한다.

1. 한국

대한민국 헌법 제6조 제1항은 "헌법에 의하여 체결·공포된 조약과 일반적으로 승인된 국제법규는 국내법과 같은 효력을 가진다."고 규정하고 있다. 즉 법원은 조약을 직접 근거로 판결을 내릴 수 있다. 이 규정 중 "일반적으로 승인된 국제법규"란 국제관습법을 말하는 것으로 이해되고 있고, 이에 따라 조약, 국제관습법 등은 국내법과 동등한 효력으로 법률처럼 적용될 수 있다.

2. 미국

국제관습법은 조약이 존재하지 않거나 통제적 성격의 행정부 또는 입법부의 행위 등이 없는 경우에 한해, 자동적으로 미국법의 일부를 구성한다.

조약의 경우, 미국 연방헌법 제6조 제2항은 "이 헌법, 헌법에 의하여 제정된 합중국 법률 및 합중국의 권한에 의하여 체결된 또는 장래 체결될 모든 조약은 국가의 최고법"이라고 규정하고 있다.

한편 미국은 조약의 국내적 효력과 관련하여 '자기집행적 조약'과 '비자기집행적 조약'을 구분하고 있는데, 비자기집행적 조약은 그 자체로는 충돌되는 기존의 법률보다 우선적 효력을 발휘할 수 없다. 한편 자기집행적 조약은 의회의 효력이 없이도 법원이 직접 적용할 수 있으며, 법원이 조약의 최종적 실행책임을 진다.

3. 영국

영국은 관습국제법과 조약을 구별하고 있는데, 관습국제법은 바로 국내법으로서의 효력을 지닌다. 조약은 국제관습법과는 달리 의회가 법제정을 통해 국내적 효력을 부여해야 집행될 수 있다.

제2장 국제법의 연원 및 주체

제1절 국제법의 연원

Ⅰ. 의의

국제법의 연원(법원)은 국제법규가 만들어지는 법의 근거 내지 존재형식을 가리킨다. 국제사법재판소 규정 제38조 제1항은 "국제사법재판소(ICJ)는 재판소에 회부된 분쟁을 국제법에 따라 재판하는 것을 임무로 하며, 다음 사항을 적용해야 한다 : a. 분쟁국이 명백히 인정한 규칙을 확립하고 있는 일반 또는 특별 국제협약, b. 법으로 수락된 일반관행의 증거로서의 국제관습, c. 문명국들에 의하여 인정된 법의 일반원칙, d. 법칙결정의 보조수단으로서의 사법판결 및 제국의 가장 우수한 국제법학자의 학설. 단, 제59조의 규정에 따를 것을 조건으로 한다."고 규정하고 있는데, 이가 일반적으로 국제법의 법원을 가리키는 것으로 본다.

Ⅱ. 국제법의 연원의 종류

1. 조약

"조약법에 관한 비엔나 협약(1969)" 제2조 제1호는 조약에 관해 "단일의 문서 또는 2 또는 그 이상의 문서에 구현되고 있는가에 관계없이 또한 그 특정의 명칭에 관계없이 서면 형식으로 국가간에 체결되며 또한 국제법에 의하여 규율되는 국제적 합의"라고 규정하고 있다.

조약은 국가간의 명시적 합의로서 그 조약 당사자의 수에 따라 양자조약과 다자조약, 체결과정을 기준으로 정식조약과 약식조약 등으로 구분할 수 있다.

2. 관습

관습이란 "법으로서 수락된 일반적 관행"으로서, 국가간의 묵시적 합의에 의해 발생된다. 통설에 따르면 관습국제법이 성립하기 위해서는 관행의 일관성 및 일반성, 법적 확신 등이 요구된다.

3. 국제법의 일반원칙

국제법의 일반원칙이란 문명국들이 공통으로 승인하여 따르는 법의 보편적 원칙으로, 신의성실의 원칙, 권리남용금지의 원칙, 손해배상책임의 원칙 등이 있다.

4. 재판소의 판결과 학설

재판소의 판결과 학설은 법적 결정의 보조수단으로서, 한편 ICJ 규정 제59조는 "재판소의 결정은 당사국간 및 그 특정사건에 관한 경우 외에는 구속력이 없다."고 규정하고 있다.

5. 형평과 선

ICJ규정 제38조 제2항은 "당사국의 합의가 있는 경우에는 재판소과 형평과 선에 의하여 재판을 행할 권한을 해하지 않는다."고 규정하고 있다. 이는 재판관이 그의 양심에 따라 형평과 선을 결정하여 재판을 행할 수 있다는 의미이다.

제2절 국제법의 주체

Ⅰ. 의의

국제법의 주체란 국제법상 직접적 권리와 의무를 가지며, 국제청구를 제기하거나 제기당할 수 있으며, 국제법의 창설, 발전 및 이행에 참여할 수 있는 실체를 의미한다.

Ⅱ. 국제법의 주체의 종류

1. 국가

가. 의의

"국가의 권리 및 의무에 관한 몬테비데오 협약(1933)" 제1조에 의하면, 국제법상 인격체로서의 국가는 ① 영구적 인민, ② 일정하게 확정된 영토, ③ 정부, ④ 타국과 외교관계를 영위할 수 있는 능력이 갖춰져야 한다.

나. 국가의 승인

국가의 승인은 국제사회에 새로운 구가가 성립한 경우에 다른 기존의 국가들이 이를 승인하는 것을 의미한다. 국가승인이 인정되려면 ① 국가가 성립할 것, ② 새로운 국가가 국제법 준수의 의사와 능력을 갖추고 있을 것이 요구된다. 승인의 방법에는 명시적 승인과 묵시적 승인, 사실상의 승인과 법률상의 승인, 개별적 승인과 집단적 승인 등이 있다. 국가승인을 통해 성립이 확인된 국가는 승인국과의 관계에서 국제법 주체성이 확인되어 국제법상 권리·의무를 향유하게 된다.

2. 국제기구

국제기구란 두 개 이상의 국가가 설립조약을 기초로 사무국 총회 등 내부조직을 갖추고, 공동의 목적 수행을 위해 활동하는 단체를 의미한다. 대표적 예로 UN 등을 들 수 있다.

3. 개인

전통적으로 개인은 국제법의 객체로서 국가가 제정하는 법률의 범위 내에서 지위가 결정되었으나, 현대에 들어와 현대국제법은 개인에게도 완전하지는 못하지만 제한적으로 국제법적 주체성을 인정하려는 경향을 보이고 있다.

제3장 국가관할권 행사 및 면제

제1절 국가관할권

I. 의의

관할권이란 국제법에 의하여 제한받는 측면의 국가주권으로, 그 국가의 영역·국민·재산 등에 대하여 국가가 행사할 수 있는 권한의 총체를 의미한다.

II. 관할권의 유형

1. 입법관할권

입법관할권이란 법규를 제정할 수 있는 권한이다. 그 근거로는 모든 국가는 자국 영토 내의 모든 자연인 및 법인과 목적물에 대하여 관할권을 갖는다는 속지주의, 국가가 자국민의 해외에서의 범죄행위에 대하여 관할권을 행사할 수 있다는 속인주의, 외국에서 외국인에 의하여 자국민이 피해를 당한 경우 피해자의 국적국이 당해 외국인에 대해 관할권을 행사할 수 있다는 수동적 속인주의, 외국에서 외국인에 의하여 국가안보 등을 침해당한 경우 해당 국가가 관할권을 행사할 수 있다는 보호주의, 어떤 국가든지 특정한 범죄행위에 대하여 관할권을 행사할 수 있다는 보편주의 등이 있다.

2. 집행관할권

집행관할권은 법률을 집행·강제할 수 있는 권한을 의미한다. 집행관할권은 타국의 동의가 없는 한, 그 타국의 영역 내에서 행사될 수 없다는 것이 원칙이다. 상설국제사법재판소(PC I J)는 "관할권은 확실히 영역적이다. 그것은 국제관습이나 협약에서 유래되는 허용적 규칙에 의거하지 않는 한, 국가에 의하여 자신의 영역 밖에서 행사될 수 없다."고 판시한 바 있다.

제2절 국가면제

I. 의의

국가면제란 국가가 다른 국가의 관할권 행사로부터 일정한 면제 대상이 되는 것을 의미한다.

II. 국가면제

국가면제의 특징 중 하나인 재판관할권면제란, 재판과 관련된 영역국의 사법, 행정당국에 의한 사법, 행정권의 모든 측면에서 재판면제뿐만 아니라 판결의 강제집행으로부터의 면제 등을 의미한다. 또한 국가면제의 항변은 법원의 소송절차로부터의 면제를 의미하며, 이는 실체법으로부터의 면제가 아니기 때문에 면제를 포기하는 경우에는 그 사건에 관하여 실체법이 적용될 수 있다.

III. 외교면제

외교면제란 대외 외교업무를 수행하는 외교사절 등은 접수국에서 일정한 경우 관할권이 면제되는데, 이를 외교사절의 특권과 면제라 한다. 이에 관해 "외교관계에 관한 비엔나협약(1961)"이 존재한다.

외교사절의 신체 및 명예는 특별한 보호를 받으며, 그 공관 및 문서도 불가침이다. 또한 외교사절은 접수국의 형사재판관할권으로부터 면제되며, 접수국의 민사 및 행정재판관할권으로부터도 면제되며, 형사상·민사상 증인으로서 증언을 행할 의무를 지지 않으며, 접수국의 경찰 또는 행정관청의 강제처분으로부터 면제되므로 사절은 체포·구류되지 않는다.

한편 영사는 접수국에서 본국 및 재류자국민의 통상, 교통 등의 이득을 보호하기 위해 파견된 국제법상의 국가기관을 의미하는데, 영사는 외교사절과 다르므로 다른 국제법상의 규율을 받는다. 영사는 자신이 대표하는 활동 범위 내에서 국제관습법과 국제협정에 의하여 특권과 면제를 향유할 수 있지만, 원칙적으로 접수국의 민사 또는 형사관할권으로부터 면제되지 않는다.

제4장 국가책임

Ⅰ. 의의

한 국가의 국제위법행위는 국가책임을 유발하며, 이에 따른 국제법적 문제가 생길 수 있다. PC I J는 "조약의 위반은 충분한 배상의무를 동반하는 것으로서 동 원칙은 합의문에 명시할 필요가 없다"고 판시한 바도 있다.

Ⅱ. 요건

1. 국가의 행위

모든 국가기간의 행위는 그 국가의 행위로 간주되며, 국가기관이란 그 국가의 조직을 구성하고 국가를 위해 행동하는 모든 개인과 단체를 포함한다. 국가기관의 자격에서 한 행위라면 권한을 초과하여 한 행위라도 국제법상 국가의 행위로 간주된다.

한편 사인이나 민간단체의 행위는 국제법상 국가의 행위로 볼 수 없으나, 예외적으로 개인이나 집단의 행동이 사실상 국가의 지시 또는 통제 하에서 행동하고 있는 경우에는 그 책임이 국가에게 귀속된다.

국가가 책임을 지지 않는 경우에도 문제의 행위를 국가가 자신의 행위로 승인하고 채택하는 경우 국가행위로의 추인이 이뤄지므로 그 범위 내에서는 당해 행위가 그 국가의 행위로 간주된다. 또한 한 국가가 타국의 국제위법행위를 원조 또는 지원하는 경우, 타국에게 국제위법행위를 하도록 지시하고 통제한 국가의 경우, 국제위법행위가 타국을 강제한 결과 발생됐을 때의 강제국의 경우, 그 행위에 대하여 국제책임을 진다.

2. 국제의무의 위반

국제법상 국가책임이 성립하려면 국가의 국제의무 위반이 있어야 한다. 국제의무 위반은 국가의 행위가 국제의무에 의하여 요구되는 바와 합치되지 않을 때 발생한다. 국가책임이 성립하기 위해서는 행위시의 국제의무를 위반해야 하고, 소급법을 통한 국가책임의 추궁은 인정되지 아니한다.

3. 위법성 조각사유

UN국제법위원회(ILC)는 동의, 자위, 대응조치, 불가항력, 조난, 긴급피난의 6가지 사유를 위법성조각사유로 들고 있다.

Ⅲ. 위법행위에 대한 배상의무

국제위법행위가 발생하면 그에 대한 책임을 지는 국가는 원상회복의무를 지며, 원상회복이 불가능하거나 부적절한 경우 금전배상을 하여야 한다. 또한 그 피해가 원상회복이나 금전배상으로 전보될 수 없는 경우, 그에 대한 책임을 지는 국가는 이에 대하여 만족을 제공하여야 한다. ILC는 만족의 경우 위반사실의 인정, 육마의 표시, 공식 사과 또는 기타 적절한 방식을 취할 수 있다고 규정하고 있다.

Ⅳ. 국가책임의 추궁

국제의무 위반을 당한 피해국은 유책국에게 국가책임을 추궁할 수 있다. 동일한 행위에 의해 여러 국가가 피해를 입은 경우 각 피해국은 개별적으로 유책국의 국가책임을 추궁할 수 있으며, 그 의무이행을 강제하기 위하여 대응조치를 취할 수 있다.

제5장 조약법

제1절 의의

"조약법에 관한 비엔나 협약(1969)" 제2조 제1호는 조약에 관해 "단일의 문서 또는 2 또는 그 이상의 문서에 구현되고 있는가에 관계없이 또한 그 특정의 명칭에 관계없이 서면 형식으로 국가간에 체결되며 또한 국제법에 의하여 규율되는 국제적 합의"라고 규정하고 있다.

제2절 조약의 유형

Ⅰ. 조약

가장 격식을 따지는 정식의 문서로서 당사국간의 정치적, 외교적 기본관계나 지위에 관한 포괄적 합의를 기록하는데 사용된다. 한·미간 상호방위조약, 한·일간 기본관계에 관한 조약이 대표적이다.

Ⅱ. 헌장

주로 국제기구를 구성하거나 특정제도를 규율하는 국제적 합의에 사용된다. 국제연합헌장 등을 예로 들 수 있다.

Ⅲ. 협정

주로 정치적 요소가 포함되지 않은 전문적, 기술적 주제를 다룸으로써 조정하기가 어렵지 아니한 사안에 대한 합의에 많이 사용된다.

Ⅳ. 협약

특정분야 또는 기술적 사항에 관한 입법적 성격의 합의에 많이 채택된다. 외교관계에 관한 비엔나협약 등이 대표적이다.

V. 의정서

기본적 문서에 대한 개정이나 보충적 성격을 띠는 조약에 주로 사용된다. 오존층 파괴물질에 관한 몬트리올 의정서 등이 있다.

VI. 양해각서

합의각서는 이미 합의된 내용 또는 조약 본문에 사용된 용어의 개념들을 명확히 하기 위하여 당사자간 외교교섭의 결과 상호 양해된 사항을 확인, 기록하는 데 주로 사용된다.

제3절 조약의 체결 및 개정과 종료

I. 서명

일반적 관행에 따라 조약문이 채택되면 이를 정본으로 인증하는 절차로서 대표자가 서명을 하게 된다. "정부대표 및 특별사절의 임명과 권한에 관한 법률"에 따라 외교부장관은 대통령의 전권위임없이 서명권을 행사할 수 있으며, 기타의 자도 외교부장관의 상신에 따라 대통령에 의하여 조약서명을 위한 정부대표로 임명되면 서명할 수 있다.

조약문을 포함한 국제사회의 최종의정서에 서명하는 경우, 그 서명은 통상 조약문의 채택 및 정본인증의 효과만을 가지지만, 조약법에 관한 비엔나협약 제12조 제1항에 따라 ① 서명이 그러한 효과를 가지고 있는 것으로 그 조약이 규정하고 있는 경우, ② 서명이 그러한 효과를 가져야 하는 것으로 교섭국 간에 합의되었음이 달리 확정되는 경우, ③ 서명에 그러한 효과를 부여하고자 하는 국가의 의사가 그 대표의 전권위임장으로부터 나타나거나 또는 교섭중에 표시된 경우, 서명은 국가의 그 조약에 대한 기속적 동의의 표시를 의미한다.

II. 비준

정부대표가 서명한 조약을 조약체결권자 또는 조약체결권자로부터 비준의 권한을 위임받은 자가 확인함으로써 국가의 기속적 동의를 최종적으로 표시하는 행위다. 우리나라의 경우 헌법상의 비준권자는 대통령으로서 조약이 서명되고 국회동의를 받은 후 행해지는 최종적 절차다.

Ⅲ. 조약의 가입, 수락 및 승인

가입은 다자조약의 원서명국이 아닌 국가 등의 추후에 당사자가 되기 위한 절차로서 일반적으로 조약상에 명시된 규정에 따라 행해지고 있으나, 명시적 규정이 없는 경우에는 기존 당사자의 합의에 따라 이뤄지기도 한다.

수락은 서명절차를 거치지 않고 기속적 동의를 표시하게 되는 조약의 경우에는 가입과 유사하며, 기속적 동의 표시를 수반하지 않는 서명 후에 별도로 최종적 동의를 표명하는 방법으로 이용되는 경우에는 비준과 유사하다.

승인은 ① 인을 조건으로 사는 서명에 사용되는 경우에는 비준과 유사하며, ② 서명 또는 승인이 개방되어 있는 조약에 사용되는 경우에는 가입과 동일하다.

Ⅳ. 조약의 유보

유보란 다자조약 체결 시 행하는 일방적 선언으로, 그 조약의 특정 조항의 법적 효과를 자국에 대하여 배제하거나 제한·변경하기 위한 조치를 이른다. 조약법에 관한 비엔나협약은 당해 조약에 명시적으로 유보를 금지한 조항이 없을 경우, 그 조약의 대상 및 목적과 양립하는 유보사항은 일반적으로 인정한다.

조약법에 관한 비엔나협약 제21조에 따라, 유보는 ① 유보국과 다른 당사국과의 관계에 있어서는 유보에 관련되는 조약규정을 그 유보의 범위 내에서 변경하며, ② 유보국 이외의 타당사국 상호간에는 그 조약규정을 변경하지 아니하며, ③ 유보에 대하여 이의를 제기하는 국가와 유보국간에는 유보가 적용되지 아니한다.

Ⅴ. 조약의 폐기 및 종료

대다수의 조약은 그 유효기간의 종료, 폐기 등에 관한 규정을 포함하고 있으며, 그러한 규정이 없는 경우에도 모든 조약당사국의 합의에 의하여 또는 국제관습법에 의하여 조약의 종료나 탈퇴가 확정될 수 있다.

제6장 국가의 영역 및 해양법

제1절 국가의 영역

I. 서설

영토는 국가의 필수적 구성요소 중 하나이다. 전통적 학설에 따르면 국제법상 영토취득의 권원은 선점, 시효, 할양, 첨부, 정복의 다섯 가지를 들 수 있다.

II. 영토취득의 권원

1. 선점

선점은 무주지, 즉 어느 국가에 의해서도 영토주권이 확립되지 아니한 토지에 대해서는 실효적 점유를 확립한 국가가 영토주권을 취득하는 것을 의미한다.

2. 시효

타국의 영토를 장기간에 걸쳐 평온·공연하게 실효적으로 점유함으로써 확립되는 권원을 법적으로 취득하는 것이다.

3. 할양

할양이란 합의에 의해 한 국가로부터 타국가로 영역의 일부 또는 전부가 이전되는 것을 의미한다. 국가간의 조약 등에 의해 이루어질 수 있다.

4. 첨부

첨부란 자연현상에 의한 영토의 변경을 의미한다. 국제관습법상 첨부에 의한 영역의 증가나 침식에 의한 영역의 상실은 유효한 것으로 인정되지만, 홍수 등에 의해 발생한 영역의 급격한 전위는 인정되지 않는 것이 통상적이다.

5. 정복

전통 국제법 시대에는 정복을 영토취득이 권원으로 보기도 하였으나, 현대국제법하에서 정복에 의한 영토취득은 불법으로 판단될 가능성이 높다.

제2절 해양법

Ⅰ. UN해양법협약의 채택

1958년 제1차 해양법회의에서 ① 영해 및 접속수역에 관한 협약, ② 공해에 관한 협약, ③ 대륙붕에 관한 협약, ④ 어업 및 공해의 생물자원에 관한 협약이 채택되었다.

Ⅱ. UN해양법협약의 내용

1. 내수

내수는 해항, 하천, 호소, 운하, 만 및 내해로 구성된다.

2. 영해

영해는 영토와 내수 밖의, 군도국가의 경우 군도수역 밖의 인접수역으로 정의되며, 연안국의 주권은 영해뿐만 아니라 영해의 상공·해저 및 하층토에까지 미친다.

3. 접속수역

접속수역은 영해 바깥쪽에 접한 수역으로서 그 안에서 연안국은 일정한 자국 법령을 집행할 권한을 가진다. 접속수역의 폭은 1958년 영해 협약에서는 기선으로부터 12해리까지였지만 1982년 UN해양법협약에서는 24해리까지로 확장되었다.

4. 배타적 경제수역

배타적 경제수역은 영해 밖에 인접한 수역이다. 배타적 경제수역에서 연안국은 주권적 권리와 관할권을 가진다. 주권적 권리로는 해저·하층토 및 상부수역의 생물 또는 무생물 자원을 탐사·이용·보존 및 관리하기 위한 권리, 해수·해류 및 해풍을 이용한 에너지 생산과 같은 동 수역의 경제적 탐사 및 이용을 위한 기타 활동에 관한 권리 등이 있다.

UN 해양법 협약은 배타적 경제수역의 경계획정에 관한 일반원칙을 규정하고 있으며 같은 원칙이 대륙붕의 경계획정에도 적용되며, 이는 형평한 해결에 이르기 위해 ICJ 규정 제38조에 언급된 국제법을 기초로 하는 합의에 의하여 이뤄진다.

섬의 경우, 원칙적으로 모든 섬은 배타적 경제수역을 가진다. 다만 인간이 거주할 수 없거나 독자적 경제활동을 유지할 수 없는 암석은 배타적 경제수역을 가질 수 없다.

5. 공해

공해는 국가의 내수, 영해, 배타적 경제수역 또는 군도수역에 포함되지 않는 해양의 모든 부분을 일컫는다. 배타적 경제수역만 공해에서 제외되므로 배타적 어업수역은 여전히 공해의 일부이다. 어느 국가의 주권에도 속하지 않는 공해상에서는 선박 내에서 발생하는 모든 행위는 기국의 영토 내에서 발생한 행위로서 당해 기국의 국내법이 적용되는데, 국가와 선박 간에는 진정한 관련이 존재하여야 한다. 다만 기국주의의 예외로 해적행위, 공해로부터의 무허가방송, 임검권(선박 내에서 검사를 진행할 수 있는 권리), 추적권 등이 있다.

6. 대륙붕

대륙붕이란 영해이원으로 육지영토의 자연적 연장을 통하여 대륙변계의 외연까지 또는 대륙변계의 외연이 200해리까지 미치지 않는 경우에는 영해의 폭을 측정하는 기선으로부터 200해리까지의 해저지역의 해저 및 하층토로 이뤄진다. 배타적 경제수역과 마찬가지로, 인간이 거주할 수 없거나 독자적 경제활동을 유지할 수 없는 암석은 대륙붕을 가질 수 없다.

대륙붕은 육지영토의 자연적 연장으로서 이에 대한 연안국의 권리는 육지영토에 대한 주권으로부터 나오므로 대륙붕에 대한 권리를 연안국이 주장하기 위해 별도의 점유행위나 선언을 할 필요가 없다.

1958년 대륙붕 협약은 2개 이상의 국가가 동일한 대륙붕을 사이에 두고 마주보거나 동일한 대륙붕에 인접한 경우, 대륙붕의 경계획정은 우선 당해 국가 간의 합의에 의해 결정되고, 합의가 없는 경우 그리고 특별한 사정이 존재하지 않는 한 대향국의 경우에는 중간선 원칙, 인접국의 경우에는 등거리선 원칙에 의한다고 규정하고 있다.

7. 심해저

UN해양법협약상 심해저는 국가관할권 한계 밖의 해저, 해상, 그리고 그 하층토라고 정의된다.

심해저와 그 자원은 인류의 공동유산이며 국가 또는 개인의 영유대상이 될 수 없다.

8. 분쟁해결

UN해양법협약은 분쟁 당사자들이 선택한 평화적 수단을 중시하고, 조정절차와 강제절차로 분쟁해결제도를 규정하고 있다.

분쟁 당사자들이 합의에 의한 분쟁해결에 실패하면, 분쟁 당사자 일방은 조정절차를 요청할 수 있으며, 조정절차에 의해 분쟁이 해결되지 않을 경우 강제절차에 관한 규정이 적용된다.

제7장 국제기구

제1절 개념

국제법위원회의 2011년 국제기구의 책임에 관한 규정 초안은 국제기구를 "국제법에 의하여 지배를 받는 조약 등에 의해 창설되어 독자의 법인격을 갖는 기구"라고 정의하고 있다. 다시 말해 국가들이 조약으로 창설하고, 적법한 공통의 목적을 가지며, 국제기구를 창설하는 국가와는 구별되는 독자적 기관을 통해 활동을 하는 실체라고 볼 수 있다. 대표적인 예로 국제연합(UN)을 들 수 있다.

제2절 UN

I. 목적

UN헌장 제1조는 "1. 국제평화와 안전을 유지하고, 이를 위하여 평화에 대한 위협의 방지·제거 그리고 침략행위 또는 기타 평화의 파괴를 진압하기 위한 유효한 집단적 조치를 취하고 평화의 파괴로 이를 우려가 있는 국제적 분쟁이나 사태의 조정·해결을 평화적 수단에 의하여 또한 정의와 국제법의 원칙에 따라 실현한다. 2. 사람들의 평등권 및 자결의 원칙의 존중에 기초하여 국가 간의 우호관계를 발전시키며, 세계평화를 강화하기 위한 기타 적절한 조치를 취한다. 3. 경제적·사회적·문화적 또는 인도적 성격의 국제문제를 해결하고 또한 인종·성별·언어 또는 종교에 따른 차별 없이 모든 사람의 인권 및 기본적 자유에 대한 존중을 촉진하고 장려함에 있어 국제적 협력을 달성한다. 4. 이러한 공동의 목적을 달성함에 있어서 각국의 활동을 조화시키는 중심이 된다."고 규정하고 있다.

II. 기관

1. 서설
UN은 총회, 안전보장이사회, 경제사회이사회, 신탁통치이사회, 사무국을 주요기관으로 가지고 있다.

2. 총회

총회는 회원국 모두로 구성되는 기관으로 회원국은 총회에서 5인 이하의 대표를 가진다. 총회는 국제평화와 안전의 유지에 있어서의 협력의 일반원칙을, 군비축소 및 군비규제를 규율하는 원칙을 포함하여 심의하고, 그러한 원칙과 관련하여 회원국이나 안전보장이사회 또는 이 양자에 대하여 권고할 수 있다.

총회는 정치적 분야에 있어서 국제협력을 촉진하고, 국제법의 점진적 발달 및 그 법전화를 장려하며, 경제, 사회, 문화, 교육 및 보건 분야에 있어서 국제협력을 촉진하며 그리고 인종, 성별, 언어 또는 종교에 관한 차별 없이 모든 사람을 위하여 인권 및 기본적 자유를 실현하는 데 있어 원조하는 것을 목적으로 연구를 발의하고 권고할 수 있다.

3. 안전보장이사회

안전보장이사회는 미국 · 영국 · 중국 · 프랑스 · 러시아 5개의 상임이사국과 10개의 비상임이사국의 15개국으로 구성되며, 안전보장이사회의 가장 기본적 임무는 국제평화와 안전유지에 대한 책임이다.

국제연합회원국은 안전보장이사회의 결정을 수락하고 이행할 것을 동의하며, 안전보장이사회는 계속적으로 임무를 수행하도록 조직되며 정기회의를 개최한다.

안전보장이사회의 이사국이 아닌 어떠한 국제연합회원국도 안전보장이사회가 그 회원국의 이해에 특히 영향이 있다고 인정하는 때에는 언제든지 안전보장이사회에 회부된 어떤 문제의 토의에도 투표권 없이 참가할 수 있다.

4. 경제사회이사회

경제사회이사회는 총회가 선출하는 54개 이사국으로 구성되는데, 그 임기는 3년이다. 경제사회이사회는 경제, 사회, 문화, 교육, 보건 및 관련국제사항에 관한 연구 및 보고를 하거나 또는 발의할 수 있으며, 아울러 그러한 사항에 관하여 총회, 국제연합회원국 및 관계전문기구에 권고할 수 있다.

5. 사무국

사무국은 사무총장과 직원으로 구성되는데, 독자적 의사결정기구는 아니며, UN의 운영을 위한 사무적 준비나 집행을 목적으로 업무를 수행한다. 사무총장은 총회, 안전보장이사회, 경제사회이사회 및 신탁통치이사회의 모든 회의에 사무총장의 자격으로 활동하며, 이러한 기관에 의하여 그에게 위임된 다른 임무를 수행하며, 국제평화와 안전의 유지를 위협한다고 그 자신이 인정하는 어떠한 사항에도 안전보장이사회의 주의를 환기할 수 있다.

제3절 국제사법재판소

Ⅰ. 의의

국제사법재판소는 국제연합의 주요한 사법기관이며, 재판소는 부속된 규정에 따라 임무를 수행한다.

Ⅱ. 특징

모든 국제연합회원국은 국제사법재판소 규정의 당연당사국이며, 국제연합회원국이 아닌 국가는 안전보장이사회의 권고에 의하여 총회가 각 경우에 결정하는 조건으로 국제사법재판소 규정의 당사국이 될 수 있다.

피고 국가가 본안심리에 들어가기 전에 당해 사건에 대한 ICJ의 관할권을 부인하는 이의를 제기할 수 있는데, 이를 선결적 항변이라 한다. 선결적항변이 받아들여지는 경우 본안심리에 대한 재판소의 관할권을 배제할 수 있다.

총회 또는 안전보장이사회는 어떠한 법적 문제에 관하여도 권고적 의견을 줄 것을 국제사법재판소에 요청할 수 있고, 총회에 의하여 그러한 권한이 부여될 수 있는 국제연합의 다른 기관 및 전문기구도 언제든지 그 활동범위 안에서 발생하는 법적 문제에 관하여 재판소의 권고적 의견을 요청할 수 있다.

제6편
민 법

김성태

숭실대학교 대학원 법학과 졸업(법학박사), (現) 숭실대 법학연구소 연구교수

제1장 민법의 소개

I. 민법의 의의

1. 민법의 대상

민법은 사인들 사이의 생활관계를 규율하는 법의 총체로서 그 생활관계는 크게 재산관계와 신분관계로 나눌 수 있다.

그리고 개인들의 이러한 생활관계는 개개인의 자유로운 의사를 중심으로 하는 사적자치의 원리와 국가의 입법에 의하여 규율된다. 생활관계를 규율하는 민법은 이를 법률관계로 나타내며, 이는 주로 개인의 권리와 의무라는 형태로 구성되며, 사인들 사이에 발생한 사적분쟁을 해결하는데 주요한 기준으로 역할을 담당한다.

2. 민법의 법체계

(1) 민법은 사법이다.

사법(私法)은 사익보호를 목적으로(이익설) 평등한 개인들이 생활관계를 규율하는 법체계인 반면, 공법(公法)은 공익보호를 목적으로 상하관계 혹은 불평등관계에 있는 국가 및 공공단체 상호간의 관계나 이들과 개인들의 관계를 규율하는 법체계를 이루고 있다. 민법의 물권·채권편의 재산법은 이익사회를 규율하는 법으로서 합리적·타산적인데 반하여 친족·상속편의 가족법은 공동사회를 규율하는 법으로서 습속적(習俗的)·보수적인 성격을 가진다.

(2) 민법은 일반법이다.

민법이 사법의 일반법이라고 하는 것은 각종의 특별법의 영역에 공통적으로 적용되는 법규범의 의미를 가지는데, 대표적인 특별사법으로 상법은 민법에 비하여 기술적·합리적인 성격을 가진다고 할 수 있다.

(3) 민법은 실체법이다.

민법은 본질적으로 권리와 의무의 근거와 그 내용 등을 다루고 있는 실체법에 속하며, 이러한 민법이 규정하고 있는 법의 실체는 민사소송법, 민사집행법 그리고 가사소송법 등과 같은 절차법을 통하여 확인되거나 실현된다.

3. 민법전의 구성

우리 민법전(民法典)은 총 5개편 1,118개 조문 및 부칙으로 구성되어 있다.

제1편 총칙(§1 ~ §184)
제2편 물권(§185 ~ §372) ┐
                          ├ 재산관계(재산법)
제3편 채권(§373 ~ §766) ┘
제4편 친족(§767 ~ §996) ┐
                          ├ 신분관계(가족법)
제5편 상속(§997 ~ §1118) ┘

Ⅱ. 법원(法源)

1. 성문법주의

우리 민법은 성문법을 중심으로 민법의 모습을 취하며, 개인들 사이의 사적 분쟁을 해결하는데 이를 성문법주의라고 한다. 성문법주의는 법의 형식으로 성문법을 중심으로 하는 주의를 말한다.

2. 민법의 법원[84]

(1) 법률

형식적 의미의 민법뿐만 아니라 민사에 관한 특별법 및 법규 등을 포함하여 민사에 관한 법원으로서 역할을 담당한다.

(2) 관습법

관습법이란 자연적으로 발생한 관행이나 관례가 시민들에 의하여 인정된 법적 확인을 기초로 규범화된 법을 말한다.[85] 관습법이 성립되기 위해서는 법적 내용에 관하여 민사관행이 존재하고, 그 관행이 시간적·공간적으로 계속 존재해야 하며, 관행이 법규범으로서 법적 확신을 거쳐 승인됨과 동시에 그것이 헌법 및 법률, 그리고 공서양속에 반하지 않아야 하는데, 이러한 요건이 충족이 되면 관습법이 성립한다. 우리 판례에 의하여 인정된 관습법으로는 분묘기지권, 관습법상 법정지상권, 명인방법에 의한 공시, 명의신탁, 동산의 양도담보 등이 있다.

---

84) 민법 제1조(법원) 민사에 관하여 법률에 규정이 없으면 관습법에 의하고 관습법이 없으면 조리에 의한다.
85) 대법원 2005. 7. 21. 선고 2002다13850 전원합의체 판결

(3) 조리

통설에 따르면 조리(條理)란 '사물의 본성', '사물의 본질적 법칙', '사물의 도리', '사람의 이성에 기하여 생각되는 규범' 등으로 이해되며, 민법상 법률과 관습법이 존재하지 않는 경우에 보충적 법원성이 인정된다고 한다.

Ⅲ. 민법의 구성원리

1. 근대민법의 전제(권리능력 평등의 원칙)

근대민법 아래에서 모든 개인은 법률상 평등한 권리주체로서 인정된다. 즉 권리를 얻고 의무를 부담하는데 모든 자연인은 평등하게 취급되어야 한다는 것이다.

2. 소유권절대의 원칙과 변화

소유권은 물건을 배타적으로 지배하는 권리로써 소유자는 그의 소유물을 자유로이 사용·수익·처분할 수 있는 권리를 가진다.[86] 타인 뿐만 아니라 국가도 소유자의 이와 같은 권리행사를 침해할 수 없었고, 이러한 원칙 아래 자본주의적 시장경제질서가 발전하였으나 곧 여러 폐단이 발생하게 되어 소유권절대보장의 원칙에 대한 반성이 이어졌고 그 변화가 불가피하게 되었다. 그래서 소유권도 공공복리의 범위 내에서만 인정되며 그것에 반하는 것은 허용되지 않는다는 수정원리를 창출하게 되었다.

3. 계약자유의 원칙과 변화

계약은 개인들의 사적자치를 형성하기 위하여 그 체결·내용·방식 등 어느 분야에 있어서도 자유롭게 이루어져야 한다는 수단의 자유를 말한다. 이러한 사적자치의 원칙은 자유인격을 창출하고 인류문화의 진보에 커다란 공헌을 하였지만 경제적 강자에 의한 경제적 약자의 지배를 생성하게 되었고, 결국 국가는 인간의 평등한 생활을 실질적으로 확보하기 위하여 계약자유의 원칙에 적극적으로 개입하게 되어 수정원리가 생성되게 되었다.

4. 과실책임의 원칙과 변화

과실책임(過失責任)의 원칙은 자기의 행위에 대해서만 책임을 지며 나아가 자기의 행위에 대하

---

86) 민법 제211조(소유권의 내용) 소유자는 법률의 범위내에서 그 소유물을 사용, 수익, 처분할 권리가 있다.

여도 고의·과실이 있는 때에 한하여 책임을 진다는 원칙으로 과실과 관련해서 비난받을 만한 상태에 있는 자에 대해서만 책임을 부담하게 하는 것이다. 이 원칙은 특히 불법행위와 관련하여 개인의 자유로운 활동을 보장함으로써 생산력이 증대되는 데 크게 이바지하였으나 자본주의에 힘입어 기업이 왕성하게 활동하면서 일반으로서는 예견하기 어려운 위험으로 인하여 손해를 입는 사람이 생기면서 과실책임의 원칙에 대한 한계가 제시되었고, 과실이 없다고 해서 기업들이 책임을 부담하지 않는다는 것은 공평하지 않다는 반성의 목소리가 나왔다. 그래서 일부 특별법에서는 손해의 발생과 그 원인 사이의 인과관계만 입증되면 유책여부와 관계없이 책임을 인정하는 원리도 등장하였다.

Ⅳ. 법률관계의 형성과 변동

법률관계(권리의무관계)가 발생·변경·소멸되기 위해서는 기본적으로 법률관계의 주체(당사자), 법률관계의 객체, 법률사실이라는 3요소를 갖추어야 한다.

인간의 생활관계 속에서 법적인 의미가 있는 일정한 결과를 형성할 수 있는 요소를 법률사실이라고 하는데, 권리의무의 발생·변경·소멸이라는 법률효과를 발생하게 하는 원인을 법률요건이라 한다.

이러한 권리·의무의 발생과 변경 또는 소멸을 목적으로 하는 법률요건을 바로 법률행위라고 하는데, 법률행위는 의사표시라는 법률사실을 요건으로 한다.

제2장 총칙편

Ⅰ. 개요

1. 구성

민법의 총칙편에서 규율하고 있는 주된 내용은 권리·의무를 중심으로 하여 그 권리를 향유하고 의무를 부담하는 주체에 대하여 규정하고 있다. 그리고 권리의 대상이 되는 객체에 대하여 규정과 함께 권리의 주체가 권리를 취득하거나 상실하는 법률원인으로서 권리변동의 원인을 규정하고 있다. 또한 권리변동을 일으키는 법률상 원인인 법률행위에 대하여 당사자, 목적, 의사표시 등으로 나누어서 규율하고 있다. 그 밖에 대리제도와 시효제도 등의 규정을 통하여 민법의 기초를 이루는 개념들을 정리하고 있다.

2. 권리·의무의 주체

민법상의 권리를 향유하고 의무를 부담할 수 있는 자를 권리·의무의 주체라고 하는데, 민법은 권리·의무의 주체로서 "사람(人)"을 규정하여 사람만이 민법상의 권리·의무의 주체가 될 수 있도록 하였다. 여기의 사람에는 자연인 뿐만 아니라 법인격을 부여한 일정한 단체인 법인까지를 의미하는데, 이들과 관련된 보호규정 등을 포함하여 규정하고 있다.

3. 권리의 객체

가. 개념

권리의 대상이 되는 재화를 권리의 객체라고 하는데, 예를 들어 물권에서는 기본적으로 물건을 객체로 하는 권리이고, 채권에서는 사람의 행위를 객체로 하는 권리이다. 총칙편에서는 이러한 다양한 권리의 객체 일반을 규정하지 않고 물권의 객체가 되는 물건에 대해서만 규정하고 다른 권리의 객체에 대해서는 개별적으로 규정하거나 해석론에 맡기고 있다.

나. 분류

권리의 객체가 될 수 있는 물건은 여러 기준에 의해 분류될 수 있는데, 민법은 아래와 같이 분류하고 있다.

(1) 동산과 부동산

토지와 그 정착물은 부동산이며, 그 외의 물건은 모두 동산이다. 부동산이란 토지에 고정되어 움직일 수 없는 재산, 즉 토지나, 건물 등을 말하며, 동산이란 형질, 성질 등을 바꾸지 않고 옮길 수 있는 재산으로 돈, 증권, 자동차 등과 같은 것을 말한다.

(2) 주물과 종물

각각 독립된 두 개의 물건 사이에 한편이 다른 편의 효용을 돕는 관계가 있다. 배와 노, 자물쇠와 열쇠, 말과 인장, 주택과 창고 등의 관계가 그러하다. 이처럼 물건의 소유자가 그 물건의 경제적 효용을 높이기 위해 자기 소유의 다른 물건을 이에 부속시켜 보조적으로 이용하는 경우가 있는데, 이때 그 물건을 주물, 보조적인 물건을 종물이라 한다.

(3) 원물과 과실

과실을 생기게 하는 물건을 원물이라 하고, 원물로부터 생기는 경제적 이익을 과실이라고 한다. 여기에는 천연과실과 법정과실이 있는데, 천연과실이라 함은 물건의 용법(원물의 경제적 요도) 의하여 수취하는 산출물을 천연과실(과수의 열매, 젖소의 우유, 가축의 새끼 등)이라 하고, 물건의 사용대가로 받은 금전 기타의 물건을 법정과실(가옥의 임대료, 금전소비대차의 경우 이자 등)이라 한다.

4. 권리의 변동원인

권리의 주체가 권리를 취득·변경·상실하는 것을 총칭하여 권리의 변동이라고 하는데, 이러한 권리의 변동은 자연적이거나 우연히 일어나는 것이 아니고 반드시 권리변동을 있도록 하는 법률상의 원인에 기하여 일어나는 것이다. 권리변동을 일으키는 법률상 원인으로는 당사자의 의사에 기한 "법률행위"와 법정책에 의한 "법률의 규정"이 있다. 즉 법률행위에 의한 권리변동이거나 법률의 규정을 원인으로 하는 권리변동의 모습으로 권리변동이 일어나게 된다. 총칙편에서는 이러한 권리변동의 원인으로서 법률행위에 대한 규정을 두고 있다. 권리변동을 일으키는 법률규정은 민법총칙에 한정하지 않고 물권편이나 채권편, 친족편, 상속편 등에도 규정되어 있는데 총칙편에서는 "소멸시효제도"를 규정하고 있다.

5. 기간에 관한 규정

법률관계에서 기간을 계산하여야 하는 경우, 각자의 자의적 방법에 따라 계산하게 되면 그 결과가 불일치할 수 있고 혼란이 야기될 수 있기에 총칙편에서는 이러한 경우 일치된 기간계산 결과가 나올 수 있도록 기간계산방법에 관하여 규정하고 있다.

II. 법률행위에서의 당사자

1. 권리능력

권리능력이란 권리·의무의 주체가 될 수 있는 자격을 말한다. 따라서 권리능력은 자연인 및 법인을 권리주체로 인정할 수 있는 기준으로서 법률행위가 효력을 갖는데 있어서 필수적인 요건이라 할 수 있다.

(1) 자연인의 권리능력

사람은 생존하는 동안 권리와 의무의 주체가 된다. 생존하는 동안은 출생부터 사망까지를 의미하며, 출생은 태아가 모체로부터 완전히 노출된 때를 기준으로 하며, 사망은 심장박동이 정지한 때를 말한다(통설).

우리 민법에서는 태아의 권리능력은 원칙적으로 인정되지 않으나 태아를 보호하기 위하여 불법행위에 의한 손해배상청구와 상속 등의 경우에 태아의 권리능력을 인정하고 있다. 다만, 태아가 권리능력을 언제 취득하는가에 대하여 학설(해제조건설)과 판례(정지조건설)의 견해가 다르다.

모든 자연인은 국적을 불문하고 권리능력평등의 원칙에 따라 권리능력이 있으므로, 당연히 외국인에게도 권리능력이 인정되지만, 일부 내용(한국선박이나 한국항공기의 소유)에서는 제한된다.

자연인의 권리능력은 주소라는 공간에서 민법상 의미를 가지는데, 여기서 주소란 생활관계의 중심지이며, 생활의 근거지이다.

생사가 불명확한 부재자의 권리능력과 관련하여 실종선고제도를 마련하여, 실종선고가 확정되면 실종선고를 받은 사람은 실종기간이 만료한 때에 사망한 것으로 본다.

(2) 법인의 권리능력

법인이란 법률에 의하여 권리능력이 인정된 단체 또는 재산을 말하는데, 우리 민법에서는 학술, 종교, 자선, 기예, 사교 기타 영리아닌 사업을 목적으로 하는 사단 또는 재단인 경우에 주무관청의 허가를 얻어 이를 법인으로 할 수 있도록 하고 있다(비영리법인).

법인의 권리능력은 법률의 규정과 정관으로 정한 목적의 범위 내에서 인정된다.

2. 행위능력

의사능력을 가진 사람이 법률행위를 단독으로 할 수 있는 능력을 행위능력이라고 한다. 우리 민법은 19세가 된 성년자에게 행위능력을 부여하고 있다. 의사능력이 없는 자의 법률행위는 무효이지만 의사능력이 있더라도 행위능력이 없는 자의 법률행위는 취소될 수 있다.

19세에 달한 자라 할지라도 피성년후견, 피한정후견 또는 피특정후견의 심판을 받은 때에는 행위능력이 제한된다.

이러한 제한능력자제도는 미성년자 또는 법원으로부터 피성년후견, 피한정후견, 피특정후견 심판을 받은 사람의 법률행위는 의사능력이 완전하지 않은 상태에서 하였다는 입증을 하지 않터라도 이를 취소할 수 있게 함으로써 제한능력자를 보호하고, 거래상대방에게 불측의 손해를 주지 않게 하기 위하여 마련된 제도라고 할 수 있다.

(1) 미성년자의 행위능력

19세에 달하지 않은 자를 미성년자라고 하는데, 이러한 미성년자는 의사능력이 있으면 유효하게 법률행위를 할 수는 있으나, 법정대리인의 동의가 없는 법률행위는 미성년자 본인 또는 법정대리인이 이를 취소할 수 있다.

다만, ① 단순히 권리만을 얻거나 의무를 면하는 행위, ② 처분이 허락된 재산의 처분행위, ③ 허락된 영업에 관한 행위, ④ 대리인, ⑤ 17세에 달한자의 유언 등과 같은 경우에는 법정대리인의 동의 없이 단독으로 유효하게 할 수 있는 법률행위이다.

미성년자의 법정대리인이 될 수 있는 자는 친권자, 후견인의 순으로 법정대리인이 되며, 법정대리인은 동의권, 취소권, 대리권 등의 권한이 있다.

미성년자와 같은 제한능력자와 거래하는 상대방을 보호하기 위하여 우리 민법에서는 ① 확답을 촉구할 권리, ② 철회권, ③ 거절권 등의 권리를 상대방에서 부여하고 있다.

(2) 피성년후견인의 행위능력

피성년후견인이란 질병, 장애, 노령, 그 밖의 사유로 인한 정신적 제약으로 사무를 처리할 능력이 지속적으로 결여된 사람으로서 가정법원으로부터 성년후견개시의 심판을 받은 사람을 말하는데, 이러한 피성년후견인의 법률행위는 후견인의 동의를 얻고서 한 행위라도 언제든지 취소할 수 있다.

(3) 피한정후견인의 행위능력

피한정후견인이란 질병, 장애, 노령, 그 밖의 사유로 인한 정신적 제약으로 사무를 처리할 능력이 부족한 사람으로서 가정법원으로부터 한정후견개시의 심판을 받은 사람을 말하는데, 이러한 피한정후견인의 법률행위는 피성년후견인의 경우와 달리 한정후견인의 동의를 받은 경우 법률행위를 단독으로 할 수 있다.

(4) 피특정후견인의 행위능력

피특정후견인이란 질병, 장애, 노령, 그 밖의 사유로 인한 정신적 제약으로 일시적 후원 또는 특정한 사무에 관한 후원이 필요한 사람으로서 가정법원으로부터 특정후견의 심판을 받은 사람을 말하는데, 특정후견은 본인의 의사에 반하여 할 수 없으며, 특정후견의 심판을 하는 경우에는 특정후견의 기간 또는 사무의 범위를 정하여야 한다.

Ⅲ. 법률행위의 목적(내용)

1. 법률행위내용의 확정성

법률행위의 목적이 확정될 수 있어야 한다. 확정될 수 없는 법률행위는 무효이다. 따라서 법률행위의 효력이 인정되기 위해서는 법률행위의 목적과 내용이 확정되어야 한다.

2. 법률행위내용의 실현가능성

법률행위의 성립 당시에 그 목적을 실현할 수 없는 법률행위는 무효이다. 법률행위 성립시를 기준으로 법률행위 시점 전에 이미 그 목적의 달성이 불가능한 것을 원시적 불능이라고 하며, 법률행위 성립 후 그 이행 전에 불능인 것을 후발적 불능이라고 한다. 법률행위의 목적이 원시적 불능이면 그 법률행위는 무효이다. 다만, 채무자가 그 불능을 알았거나 알 수 있었을 때에는 그 상대방이 계약의 유효를 믿었기 때문에 받은 손해, 즉 신뢰이익을 이행이익의 범위 안에서 배상하여야 한다.

3. 법률행위내용의 적법성

선량한 풍속 기타 사회질서에 관한 규정을 강행규정이라 하고, 그렇지 않은 규정을 임의규정이라 하는데, 강행규정에 반하는 법률행위는 무효이며, 당사자가 추인하더라도 그 행위가 유효로 되지는 않는다. 무효여부는 법률행위의 성립 당시에 존재하는 강행규정이 그 기준이 되며, 차후에 강행규정의 내용이 변경 혹은 폐지되더라도 무효인 법률행위의 효력에는 영향이 없다.

4. 법률행위내용의 사회적 타당성

정의관념에 반하는 법률행위, 인륜에 반하는 법률행위, 개인의 자유를 크게 제한하는 법률행위, 생존에 필요한 기초재산의 처분행위, 지나치게 사행적인 법률행위 등은 무효이다.

5. 불공정한 법률행위

급부와 반대급부 사이의 현저한 불균형이 객관적으로 존재하고, 주관적으로 그러한 균형을 잃은 거래가 피해당사자의 궁박, 경솔, 무경험을 이용하여 이루어진 경우의 불공정한 법률행위는 무효이다.

Ⅳ. 법률행위에서의 의사표시

1. 의사표시의 의의

의사표시는 일정한 법률효과의 발생을 목적으로 하는 내심의 의사를 밖으로 표시하는 행위로서 법률사실이며, 의사의 요소와 표시행위의 요소로써 구성되는데, 표의자의 의사표시가 효력을 발생하기 위해서는 원칙적으로 수령능력이 있는 상대방에게 도달되어야 한다.

2. 비진의표시

표시행위가 표의자의 진의와 다른 의미로 이해된다는 것을 표의자가 스스로 알면서 하는 의사표시, 즉 표의자가 진의아님을 알고 한 의사표시를 비진의표시 또는 진의 아닌 의사표시라고 하는데, 비진의표시는 표시된 대로 효력을 가지지만 상대방이 표의자의 진의아님을 알았거나 이를 알 수 있었을 경우에는 무효이다. 가령, 사직의사 없는 사기업의 근로자가 사용자의 지시로 어쩔 수 없이 일괄사직서를 제출하는 형태의 의사표가 그 예이다.

3. 통정허위표시

표의자가 상대방과 통정한 허위의 의사표시를 통정허위표시라고 하며 이렇게 상대방과 통정한 허위의 의사표시는 무효로 한다. 이러한 통정허위표시는 당사자간에는 무효이지만 선의의 제3

자에게는 대항할 수 없다. 가령 상당한 채무를 부담하고 있는 자가 채권자의 강제집행을 면하기 위하여 그 소유의 부동산등기를 통모한 타인에게 이전하는 경우가 그 예이다.

4. 착오에 빠진 의사표시

의사표시에 있어서 법률행위의 내용의 중요부분에 착오가 있는 때에는 취소할 수 있다. 그러나 그 착오가 표의자의 중대한 과실로 인한 때에는 취소하지 못한다.

가. 표시상의 착오

표시행위 자체를 잘못하여 내심적 효과의사와 표시상의 의사와의 불일치를 말한다(10,000원이라고 기재할 것을 100,000원이라고 적은 경우).

나. 내용의 착오

표시행위 자체에는 착오가 없으나 표의자가 표시행위의 의미를 잘못 이해하는 것을 말한다(유로와 달러의 가치가 같다고 오해하여 유로 대신 달러를 표시한 경우).

다. 법률의 착오

법률상태(법률규정의 유무, 그 의미)에 관한 착오이다. 제109조는 법률의 착오를 제외하고 있지 아니하므로 착오의 일반이론에 따라 해결한다(통설·판례).

라. 동기의 착오

의사표시를 하게 된 동기에 착오가 있는 경우이다(철도가 부설되어 땅값이 상승할 것으로 오신하고 A가 B소유의 토지를 시세보다 더 비싸게 사는 경우). 이 유형도 착오처럼 취소할 수 있는가에 대하여 학설의 대립이 있지만 다수설은 동기가 표시되고 상대방이 알 수 있는 경우에는 의사표시의 내용이 되므로, 착오의 문제가 발생한다고 한다.

5. 사기 또는 강박에 의한 의사표시

사기나 강박에 의한 의사표시는 취소할 수 있다. 한편 상대방 있는 의사표시에 관하여 제3자가 사기나 강박을 행한 경우에는 상대방이 그 사실을 알았거나 알 수 있었을 경우에 한하여 그 의사표시를 취소할 수 있다. 「사기」는 고의로 사람을 속여서 착오에 빠지게 하는 위법행위이고, 「강박」은 고의로 해악을 고지하여 이에 공포심을 일으키게 하는 위법행위를 말한다.

Ⅴ. 법률행위의 대리

1. 대리제도

본인과 일정한 관계에 있는 타인, 즉 대리인이 본인의 이름으로 의사표시를 하고 그 법률효과가 전적으로 본인에게 귀속하는 제도가 대리이다. 의사표시의 효과는 이를 행한 표의자 자신에게 생기는 것이 원칙이므로 대리제도는 그 예외라고 할 수 있다.

대리제도는 법률행위를 대리하는 것이 원칙이며, 법률행위라고 하더라도 혼인, 입양 등 일신전속적인 행위와 같이 대리가 금지되거나 성질상 대리에 적합하지 않는 경우에는 대리가 허용되지 않는다.

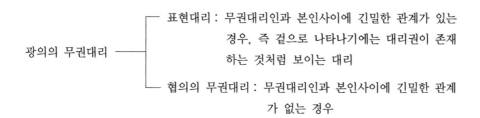

광의의 무권대리 ── 표현대리 : 무권대리인과 본인사이에 긴밀한 관계가 있는 경우, 즉 겉으로 나타나기에는 대리권이 존재하는 것처럼 보이는 대리

── 협의의 무권대리 : 무권대리인과 본인사이에 긴밀한 관계가 없는 경우

2. 유권대리

유권대리가 성립하기 위해서는 대리권을 본인의 의사표시나 법률에 의하여 적법하게 수여받은 대리인이 그 수권범위 안에서 본인의 이름으로 대리행위를 하여야 한다.

대리권을 수여받은 대리인이 대리적 법률행위를 할 경우에는 법률효과가 자신이 아니라 본인에게 발생한다는 것을 표시해야 한다. 이를 현명이라고 하는데, 민법은 민사상 대리에만 현명주의를 요구하고 상행위에는 이를 요구하지 않는다. 이러한 현명하지 않는 대리행위를 한 경우에는 그 의사표시는 대리인 자신을 위한 것으로 본다.

3. 무권대리

대리인이 대리의사를 가지고 본인을 위하여 대리행위를 하였음에도 불구하고 그 대리행위를 정당화할 수 있는 대리권이 존재하지 않으면 무권대리가 된다.

(1) 표현대리

대리인에게 정당한 대리권이 없음에도 불구하고 대리권이 있는 것과 같은 외관이 존재하며, 이에 대하여 본인이 어느 정도의 원인을 제공하고 상대방이 무권대리인을 정당한 대리인으로 신뢰하여 법률관계를 형성할 경우에 이를 신뢰한 상대방을 보호하고 거래안전을 도모하기 위하여 무권대리행위에 의한 법률효과를 정당한 대리행위에서와 같이 본인에게 귀속시키는 대리제도를 표현대리라고 한다.

(가) 대리권 수여의 표시에 의한 표현대리(민법 제125조)
대리권을 주었다는 뜻을 본인이 상대방에게 표시하였으나 사실은 대리권을 주지 않은 경우, 즉 제3자(대리행위의 상대방)에 대하여 타인에게 대리권을 수여함을 표시한 자는 그 대리권의 범위 내에서 행한 그 타인과 그 제3자간의 법률행위에 대하여 책임이 있다(A가 B에 대하여 A가 C에게 대리권을 수여했다고 했지만, 아직 C에게 대리권을 수여하지 않은 경우). 그러나 제3자가 대리권 없음을 알았거나 알 수 있었을 때에는 그러하지 아니하다.

(나) 권한을 넘은 표현대리(민법 제126조)
대리인이 권한 밖의 대리행위를 한 때, 즉 대리인이 그 권한 외의 법률행위를 한 경우에 제3자가 그 권한이 있다고 믿을 만한 정당한 이유가 있는 때에는 본인은 그 행위에 대하여 책임이 있다(A가 자신이 소유하는 주택에 대한 저당권(乙은행) 설정의 대리권을 B에게 수여했는데, B는 甲주택을 매도한 경우).

(다) 대리권 소멸후의 표현대리(민법 제129조)
대리인이 대리권이 소멸한 후에 대리행위를 한 경우이다. 대리권의 소멸은 선의의 제3자에 대항하지 못한다. 대리인이 이전에 대리권을 가지고 있었기 때문에 상대방이 대리행위시 그 대리권이 존속하는 것으로 믿고 법률행위를 한 경우에 제129조에 의해 표현대리가 성립한다.

(2) (협의의) 무권대리
무권대리행위는 본인에 대하여 원칙적으로 무효이다. 다만 본인은 추인에 의하여 무권대리행위를 유효로 할 수 있으므로 무권대리행위는 불확정(유동적)적 무효라고 할 수 있다. 반면 상대방은 불안정한 상태에서 벗어나기 위하여 철회권을 행사할 수 있어 본인의 추인과 상대방의 철회 중 먼저 행하여진 쪽에 의하여 무권대리행위의 효력이 좌우된다.

Ⅵ. 조건부 · 기한부 법률행위와 소멸시효

1. 조건부 · 기한부 법률행위

조건이란 그 성취여부가 불확실한 미래의 사실을 말하며, 법률행위효력의 발생 또는 소멸을 이러한 조건의 성취 여부에 의존하도록 하는 법률행위를 조건부 법률행위라고 한다. 이러한 조건부 법률행위의 효력은 아직 그 법률효과를 실현할 수 없지만 아직 무효로 확정되지 않은 이른바 '유동적 무효'의 상태에 있다고 볼 수 있다.

한편 법률행위의 당사자가 그 효력의 발생과 소멸을 의존하는 미래의 확실한 사실을 기한이라고 하며, 장래사실의 발생이 확정적이라는 점에서 불확정적인 조건과 구별된다. 이러한 기한이 붙은 법률행위를 기한부 법률행위라고 하고, 그 기한이 도래할 때까지 기한부 법률행위의 효력은 마찬가지로 '유동적 무효'가 된다.

2. 소멸시효

(1) 개념

시효란 일정한 사실상태가 일정기간 계속된 경우에 그 상태가 진실한 권리관계에 합치되는 가에 상관없이 그 사실관계를 존중하여 여기에 법률상 효과를 생기게 하는 법률요건이다. 소멸시효는 취득시효에 대비되는 개념으로 권리자가 권리행사를 할 수 있음에도 불구하고 일정기간 동안 권리를 행사하지 않은 상태가 계속된 경우에 그 권리를 소멸하게 하는 제도이다.

구분	소멸시효	제척기간
의의	일정한 사실상태가 일정기간 계속될 경우 사실상태대로 권리관계를 인정하려는 제도	일정한 권리에 관하여 법률이 예정하는 그 권리의 존속기간
존재이유	영속한 사실상태의 존중, 입증곤란의 구제.	권리관계의 신속한 확정.
중단제도	있다.	없다.
정지제도	있다.	천재 기타 사변으로 인한 시효정지에 관한 규정(제182조)이 유추적용될 수 있는지에 대해 학설 대립.
입증책임	소멸시효의 항변권을 주장하는 자에게 있다.	권리자가 제척기간을 경과하지 않았다는 것을 입증해야 함.
인정범위	채권, 소유권 이외의 재산권.	형성권인 경우가 많음.
재판상	변론주의 원칙상 주장이 있어야 참작 가능.	직권으로 참작해야 함.

참작여부		
포기제도	시효완성 후 포기 가능함.	인정되지 않음.
효과	① 기산일에 소급하여 효력발생 ② 시효완성으로 권리소멸의 효과가 생긴다는 소멸설(다수설·판례)과 권리소멸을 주장·원용할 권리가 생길 뿐이라는 상대적 소멸설의 대립이 있다.	기간이 경과한 때로부터 생긴다. 장래로 향해 권리 소멸의 효과

(2) 종류

(가) 취득시효

어떤 사람이 타인의 권리를 마치 자신이 권리자인 것처럼 장기간 권리를 행사하고 있는 경우, 권리자로서 권리를 행사하고 있다는 외관을 근거로 진정한 권리자의 여부를 묻지 않고, 처음부터 그를 진정한 권리자로 인정하자는 제도이다.

(나) 소멸시효

진정한 권리자가 자신의 권리를 행사할 수 있음에도 불구하고 오랫동안 행사하지 않고 방치한 상태에 있는 경우, 그 권리의 불행사 상태를 그대로 인정하여 권리자의 권리를 소멸시키는 제도를 말한다.

(3) 채권의 소멸시효기간

(가) 보통의 채권

민사상의 채권은 10년간 행사하지 않으면 소멸시효가 완성한다.

(나) 채권의 단기소멸시효

① 3년의 소멸시효에 걸리는 채권(제163조)

㉮ 이자·부양료·급료·사용료·기타 1년 이상의 기간을 정한 금전 또는 물건의 지급을 목적으로 하는 채권,

㉯ 의사·조산원·간호사 및 약사의 치료·근로 및 조제에 관한 채권

㉰ 도급받은 자, 기사 기타 공사의 설계 또는 감독에 종사하는 자의 공사에 관한 채권,

㉱ 변호사·변리사·공증인·보험계리인 및 법무사에 대한 직무상 보관한 서류의 반환을 청구하는 채권,

⑩ 변호사·변리사·공증인·보험계리인 및 법무사의 직무에 관한 채권,

⑪ 생산자 및 상인이 판매한 생산물 및 상품의 대가,

⑫ 수공업자 및 제조자의 업무에 관한 채권,

② 1년의 소멸시효에 걸리는 채권(제164조)

㉮ 여관·음식점·오락장의 숙박료·음식료·대석료·입장료·소비물의 대가 및 체당금의 채권,

㉯ 의복·장구·침구 기타 동산의 사용료의 채권

㉰ 노역인·연예인의 임금 및 그에 공급한 물건의 대금채권,

㉱ 학생 및 수업자의 교육·의식·유숙에 관한 교주·숙주·교사의 채권

(4) 소멸시효의 중단과 정지

소멸시효의 중단이란 소멸시효가 진행하는 도중에 권리의 불행사라는 소멸시효의 기초가 되는 사실을 깨뜨리는 특별한 사정이 발생한 경우에 소멸시효의 진행이 중단되는 제도를 말한다. 소멸시효가 중단되면 그 때부터 소멸시효는 새로이 진행되는데, 민법상 시효중단사유는 청구, 압류·가압류·가처분, 승인의 세 가지가 있다.

소멸시효의 정지란 시효기간이 거의 만료할 무렵 권리자가 시효의 완성을 중단시키려는 행위를 함에 상당히 곤란한 사정이 있어 시효중단 행위를 못하는 경우, 일시적으로 시효기간의 진행을 유예하기 위한 제도를 말한다. 민법상 정지사유로는 무능자력자를 위한 정지, 혼인관계의 종료에 의한 정지, 상속재산에 관한 정지, 사변에 의한 정지 등이 있다.

제3장 물권편

I. 물권의 소개

1. 물권의 의의

물권은 "물건에 대한 권리"로서, 물권법은 각종 재화에 대한 사람의 지배관계, 즉 사람의 물건에 대한 지배관계를 규율하는 사법(私法)이다. 평등한 권리주체들이 인간의 존엄에 기초한 자기 의사에 따라 계약 등의 법적 수단에 의하여 자유로운 거래관계 속에서 축적한 재산은 보호를 받는다.

	물권	채권
유형	소유권, 지상권, 전세권, 저당권, 지역권, 점유권, 유치권, 질권	임차권, 소유권이전청구권
성질	물권법정주의와 강행규정	사적자치와 임의규정
	지배권 : 특정 물건을 직접적/배타적으로 지배하여 이익을 얻을 수 있는 권리	청구권 : 채권자가 채무자에게 청구할 수 있는 권리
	대물권 : 특정 물건에 대한 권리	대인권 : 특정인에 대한 청구권
	절대권 : 모든 사람들에게 주장	상대권 : 특정인에게만 권리주장
	배타성 : 독점적인 권리	비배타성 : 독점적 권리주장을 할 수 없음

2. 물권법정주의(物權法定主義)

물권의 종류와 내용은 민법 기타 법률 또는 관습법에 의한 것에 한하여 인정되며, 당사자가 그 밖의 종류와 내용을 자유로이 창설하지 못한다. 배타적 지배권인 물권을 이처럼 법률로 엄격히 규제하는 것은, 공시원칙을 철저히 관철함으로써 제3자에게 발생할 수 있는 불측의 손해를 방지하고, 거래의 안전을 도모하기 위해서이다.

3. 물권의 종류와 분류

(1) 본권(本權)과 점유권(占有權)

본권은 물건을 사실상 지배하고 있느냐의 여부와 관계없이 물건을 '지배할 수 있는 권리'이다. 반면에 점유권은 물건을 지배할 수 있는 법률상의 권원의 유무에 관계없이 '사실상 지배하고 있는 상태' 그 자체를 보호하는 권리이다.

(2) 소유권(所有權)과 제한물권(制限物權)

소유권은 객체인 물건을 전면적으로 지배하는 권리, 즉 물건이 갖는 사용가치·교환가치의 전부를 지배할 수 있는 권리이다. 이에 반해서 제한물권은 소유권이 갖는 권능의 일부(사용가치 또는 교환가치)를 지배하는 권리이다.

(3) 용익물권(用益物權)과 담보물권(擔保物權)

제한물권은 용익물권과 담보물권으로 나누어진다. 용익물권은 물건이 갖는 '사용가치의 지배'를 목적으로 하나, 담보물권은 채권담보를 위하여 물건이 갖는 '교환가치의 지배'를 목적으로 한다.

(4) 부동산물권과 동산물권

물권의 객체가 부동산이냐 동산이냐에 따른 구별이다. 부동산물권은 등기(登記)에 의하여 공시되나, 동산물권은 점유로 공시된다는 점에서 상이하며, 이 이외에도 물권변동의 요건 등에서 여러 가지 차이가 있다.

4. 물권의 특성

물권은 특정의 독립된 물건을 직접 지배하여 이익을 얻는 배타적이며 절대적인 관념적 권리이다.

(1) 재산권으로서의 물권

물권은 특정의 독립된 물건 자체를 객체로 하여 권리를 실현하는 재산권이다. 반면 채권은 특정인의 행위를 객체로 하여 권리를 실현하는 재산권이다.

(2) 지배권으로서의 물권

물권은 타인의 행위를 매개하지 않고 권리주체가 권리의 객체인 물건을 직접 지배하여 이익을 향유할 수 있는 권리이다.

(3) 절대권으로서의 물권

절대권으로서 물권의 특성은 ① 물권자가 자신의 물권을 모든 사람들에게 주장할 수 있다는 점, ② 물권은 어느 누구의 침해로부터도 보호된다는 것으로, 이로부터 물권적 청구권이 인정된다는 2가지 의미가 있다.

5. 물권의 객체

원칙적으로 하나의 특정한 독립된 물건이 물권의 객체가 될 수 있다. 즉, 유체물 및 전기 기타 관리할 수 있는 자연력이 물권의 객체가 된다. 다만 채권 기타의 권리 등에 대해서도 예외적으로 물권이 성립할 수 있다.

6. 물권의 효력

물권에는 여러 종류가 있고, 각종의 물권에는 저마다의 특유한 효력이 있다. 그러나 물권은 물건에 대한 직접적 지배를 내용으로 하는 재산권이라는 공통된 성질을 가지고 있는데, 일반적 효력의 내용으로는 '우선적 효력'과 '물권적 청구권' 등이 있다.

(1) 우선적 효력
① 물권 상호간의 효력

두 개 이상의 소유권은 동일한 물건 위에 동시에 성립할 수 없기 때문에, 이때에는 시간적으로 우선한 소유권만이 성립한다. 반면 제한물권은 병존적 양립이 가능하며 이 경우에 시간적으로 먼저 성립한 제한물권이 후에 성립한 제한물권에 우선하게 된다. 저당권 상호간에는 그 성립의 선후에 따라 우선변제순위가 달라진다. 소유권과 제한물권이 병존하는 경우에는 그 성질상 제한물권이 우선한다.

② 물권과 채권 상호간의 효력

물권은 물건을 직접 지배하는 권리이지만, 채권은 급부의 이행을 청구할 수 있는 권리에 지나지 않기 때문에 동일물에 대하여 물권과 채권이 병존하는 경우에는 그 성립시기를 불문하고 항상 물권이 우선한다.

다만, 주택임대차보호법, 상가건물임대차보호법상의 소액임차보증금의 최우선변제 등과 같이 특별법의 규정에 의하여 예외적으로 물권보다 우선하는 경우도 있다.

(2) 물권적 청구권

물권의 효력을 확보하기 위하여, 물권의 내용인 물건에 대한 완전한 현실적 지배가 방해받거나 또는 방해받을 염려가 있는 경우에, 물권자가 방해자에 대하여 그 방해의 제거 또는 예방에 필요한 행위를 청구할 수 있는 권리를 물권적 청구권이라고 한다.

물권적 청구권은 방해의 모습과 내용에 따라서 3가지로 나눌 수 있다.

1) 물권적 반환청구권

물권의 객체인 목적물의 점유를 침탈당하거나 그 반환이 거부되는 경우에 물권의 침해를 받은 물권자가 점유자에 대하여 그 반환을 청구할 수 있는 권리이다.

2) 물권적 방해제거청구권

물권의 목적물에 대한 점유의 침탈 및 반환거부 이외의 방법으로 물권의 행사가 방해되는 경우에, 물권자가 방해자에 대하여 방해 제거를 청구하는 권리이다.

3) 물권적 방해예방청구권

물권의 침해가 현실적으로 발생하지 않았지만 장래 발생할 염려가 있는 때에, 그 발생을 방지하는 데 필요한 일체의 작위·부작위를 청구할 수 있는 권리이다.

7. 물권의 변동
(1) 물권변동의 의의

물권의 변동이란 물권의 발생·변경·소멸을 말한다. 법률상 물권변동이 일어나기 위해서는 그 원인이 필요하다. 이를 물권변동의 원인 또는 법률요건이라고 한다. 물권이 발생·변경·소멸하는 물권변동을 일으키는 원인인 법률요건으로는 법률행위에 의한 경우와 법률의 규정에 의한 경우 및 일정한 판결에 의한 경우 등이 있다.

(2) 물권의 변동과 공시

1) 공시제도

물권은 배타성이 있으므로 물권의 귀속과 내용, 즉 물권의 현상을 외부에서 인식할 수 있는 일정한 표상·인식이 필요하다. 이러한 기능을 수행하는 표상을 공시방법이라 하고, 이를 통해 물권의 현상을 공시하는 제도가 공시제도이다. 부동산물권에 관해서는 등기를, 동산물권에 관해서는 점유를 그 공시방법으로 하고 있으며, 그 밖에 판례는 수목의 집단·미분리의 과실 등의 공시방법으로 명인방법(明認方法)을 인정한다.

2) 공시(公示)의 원칙

물권의 변동에는 외부에서 인식할 수 있는 표상을 갖추어야 한다는 원칙이다. 이는 물건 위에 어떤 내용의 물권이 존재하는가를 외부에서 쉽게 알 수 있게 하여 거래의 안전을 보호하기 위한 것이다. 부동산물권에는 제도적으로 완비된 "등기"라는 공시방법을 통해 공시의 원칙이 관철되지만, 동산물권의 공시방법인 占有의 이전은 공시로서 불완전한 것이므로 보충적으로 공신의 원칙에 의하여 보완되고 있다.

3) 공신(公信)의 원칙

공시방법에 의하여 적정하게 공시된 물권을 신뢰하여 거래한 자가 있는 경우에, 비록 그 공시방법이 실체적 권리관계와 일치하지 않더라도 마치 그 공시된 대로의 권리가 존재하는 것처럼 다루어서, 그 자의 신뢰를 보호하는 원칙이다. 이는 공시의 원칙과는 별개로 물권거래의 안전과 신속을 위하여 인정된다. 민법은 동산에 관해서만 공신의 원칙을 인정하지만, 동산의 경우에도 도품이나 유실물에 대해서는 공신의 원칙에 대한 '예외'를 두고 있다

4) 양제도의 비교

공시원칙은 외관 보호 또는 동적 거래안전 보호제도가 아니다 단, 거래안전을 보호하는 기능이 있긴 한다(사전적 거래안전, 경고의 의미에서). 이에 반해 공시원칙은 추정력만을 부여하고(등기, 점유의 추정력), 공신의 원칙은 권리확정력을 부여한다.

Ⅱ. 물권의 내용

1. 기본물권

(1) 점유권

(가) 개념

점유권이란 '물건에 대한 사실상의 지배'에 부여되는 법적 지위를 말한다. 이러한 점유권에 기하여 구체적으로 점유보호청구권, 점유자의 적법한 권리보유의 추정 등의 법률효과가 발생한다.

(나) 점유의 유형

1) 자주점유와 타주점유

소유의 의사를 가지고 하는 점유가 자주점유(상세한 내용은 취득시효에서)이다. 이는 소유자로서 사실상 점유하려는 의사를 말하면, 반드시 소유권이 있다고 믿고서 하는 점유를 의미하는 것은 아니다.(通,判). 소유의 의사 유무는 점유취득의 원인이 된 사실, 즉 점유권원의 객관적 성질에 따라서 판단한다(通,判).

2) 점유보조자의 점유

가사상, 업무상 기타 유사한 관계에 의하여 타인의 지시를 받아 물건을 사실상 지배하는 자를 말한다(민법 195조). 점유보조자는 점유권을 취득하지 못하고 점유주만이 점유자이다.

3) 간접점유

지상권, 전세권, 질권, 사용대차, 임대차, 임치 기타의 관계로 타인으로 하여금 물건을 점유하게 한 자는 간접 점유권이 있다(민법 194조). 이때는 간접점유자에게도 점유권이 있고, 직접점유자에게도 점유권이 있다.

4) 선의점유와 악의점유

점유할 권리가 없음에도 불구하고 있다고 오신하면서 하는 점유를 선의점유라고 한다. 일반적인 선의 개념과는 달리 점유에 있어서는 선의 점유자를 강력하게 보호하기 때문에 의심을 품으면서 하는 점유는 악의의 점유로 본다. 그러나 선·악의가 불분명하면 선의 점유자로 추정된다(민법 197조).

(다) 점유의 효력

점유자는 소유의 의사로 선의, 평온 및 공연하게 점유한 것으로 추정한다. 또한 전·후 양 시에 점유사실이 인정되는 경우 그 기간 중 점유는 계속하고 있었던 것으로 추정되며, 점유자가 점유물에 대하여 행사하는 권리는 적법하게 보유한 것으로 추정된다.

(2) 소유권

(가) 개념

소유권은 소유물을 사용·수익·처분할 수 있는 권리이다. 소유권은 본질적으로 물건이 갖는 가치를 전면적으로 지배할 수 있는 완전물권이라는 점에서 물건이 갖는 가치의 일부만을 지배할 수 있는 제한물권과는 구별된다.

(나) 취득원인

법률행위에 의한 소유권의 취득이 가장 일반적이며, 그 외 취득시효, 선점·습득·발견, 첨부(부합·혼화·가공)에 의한 취득도 가능하다.

1) 취득시효

민법 제245조 1항은 '20년 간 소유의 의사로 평온·공연하게 부동산을 점유한 자는 등기함으로써 소유권을 취득한다'라고 규정하여 부동산에 대한 점유취득시효를 인정하고 있으며, 같은 조 제2항은 부동산의 소유자로서 등기한 자가 10년간 소유의 의사로 평온·공연하게 선의이며 과실 없이 그 부동산을 점유한 때에는 소유권을 취득한다고 규정하여 등기부취득시효를 인정하고 있다.

그 외 동산의 경우에도 취득시효를 인정하고 있는데 그 하나는 10년 간 소유의 의사로 평온·공연하게 동산을 점유한 자가 소유권을 취득하는 것이고, 또 하나는 점유가 선의·무과실로 개시된 경우 5년의 경과로 소유권을 취득하는 것이다(민법 제246조).

2) 선점·습득·발견

무주물선점이란 무주의 동산을 소유의 의사로 점유한 자는 그 소유권을 취득하는 제도이며(민법 제252조 제1항), 유실물 습득이란 유실물을 법률에 정한 바에 의하여 공고한 후 6개월 내에 그 소유자가 권리를 주장하지 아니하면 습득자가 그 소유권을 취득하는 제도이고(민법 제253

조), 매장물의 발견이란 매장물은 법률에 정한 바에 의하여 공고한 후 1년내에 그 소유자가 권리를 주장하지 아니하면 발견자가 그 소유권을 취득하는 제도이다(민법 제254조).

3) 첨부(부합·혼화·가공)

첨부는 부합·혼화·가공을 총칭하는 개념으로, 소유자를 각각 달리하는 두 개 이상의 물건이 결합하여 1개의 물건이 되어 사회통념상 분리하는 것이 불가능하게 된 것을 '부합, 혼화'라 하고, 물건과 이에 가하여진 노력이 결합하여 사회관념상 분리하는 것이 불가능하게 된 때를 '가공'이라 하는데, 이를 원래대로 회복시키는 것이 물리적으로 가능하다 하더라도 사회경제상 대단히 불리하므로 복구를 허용하지 않고 그것을 하나의 물건으로 어느 누구의 소유에 귀속시키려는 제도를 말한다.

2. 용익물권

용익물권이란 타인의 토지 또는 건물을 사용·수익할 것을 내용으로 하는 권리로, 여기에는 지상권, 지역권, 전세권이 있다.

(1) 지상권

지상권이란 '타인소유의 토지'에 '건물 기타의 공작물이나 수목을 소유하기 위하여' 그 '토지를 사용할 수 있는 물권'이다. 지상권은 부동산의 사용가치를 독점적으로 지배하는 것을 내용으로 하는 용익물권이라는 점에서 지역권 및 전세권과 공통되지만, 건물 기타 공작물이나 수목을 '소유'하기 위하여 타인의 토지를 사용한다는 점에서 소유를 목적으로 하지 않는 지역권이나 전세권과 다르다.

(가) 취득

지상권은 상속, 경매, 공용징수, 취득시효 등 기타 법률의 규정에 의해 취득할 수 있으며, 또는 법률상 당연히 지상권의 성립이 인정되는 법정지상권 및 관습법상의 지상권 성립도 인정된다.

(나) 법정지상권

토지와 그 지상의 건물이 동일인에게 속하는 경우에 건물에 대해서만 전세권을 설정한 후 토지 소유자가 변경된 경우 토지소유자는 전세권설정자에게 법정지상권을 설정한 것으로 본다 (305조 1항).

(다) 관습법상 법정지상권

동일인에게 속하였던 토지와 건물 중 어느 일방이 매매 기타 원인에 의해 각각 소유자를 달리하게 된 때에 그 건물을 철거한다는 특약이 없으면 건물소유자가 당연히 취득하게 되는 법정지상권을 말한다.

(라) 분묘기지권

분묘기지권은 타인의 승낙, 취득시효, 자기토지에 분묘설치하고 자신의 토지를 양도한 경우에 취득하는데 관습법상 인정되는 법률의 규정에 의한 물권취득이므로 어느 경우에나 등기는 필요치 않다.

(마) 존속기간

지상권의 존속기간은 당사자의 보통의 계약과 같이 당사자간의 약정에 따르지만 최단기간의 제한을 두고 있다. 가령 수목은 무조건 30년, 공작물은 무조건 5년, 건물은 30년 또는 15년(견고한 것이 30년)이다. 다만, 민법상 최장기간 제한이 없다.

(2) 지역권

지역권은 지역권설정행위에서 정한 일정한 목적을 위하여 타인의 토지를 자기의 토지의 편익에 이용하는 부동산용익물권의 일종으로, 편익을 얻는 토지를 요역지라 하며, 편익을 제공하는 토지를 승역지라고 한다. 지역권은 요역지의 이용가치를 높이기 위하여 승역지를 이용할 수 있는 권리이다.

(3) 전세권

전세권은 전세금을 지급하고 타인의 부동산을 점유하여 그 부동산의 용도에 좇아 사용 · 수익하는 용익물권으로서 전세권이 소멸하면 목적부동산으로부터 전세권자는 전세금의 우선변제를 받을 수 있다. 전세제도는 원래 채권관계로서 관행되어 온 이른바 전세를 물권의 일종으로 성문화한 것으로서 이는 외국의 입법례에서는 찾아볼 수 없는 우리나라의 특유한 제도이다.

전세권의 존속기간은 당사자 간에 임의로 정하지만 최장기간의 제한이 있기 때문에 10년을 넘지 못하고 10년 초과하여 약정하더라도 10년으로 단축한다. 다만 최단기간의 경우 1년으로서 그 기간을 1년 미만으로 정하더라도 1년으로 한다.

3. 담보물권

(1) 유치권

타인의 물건 또는 유가증권을 점유한 자가 그 물건이나 유가증권에 관하여 생긴 채권을 가지는 경우에 그 채권의 변제를 받을 때까지 그 물건 또는 유가증권을 유치함으로써 채무자의 변제를 간접적으로 강제하는 담보물권으로, 해당 물건에 관해서 생긴 채권의 채권자에게 법률상 당연히 주어지는 법정담보물권이지만, 우선변제권이 인정되지 않으므로 그러한 한도에서 담보적 효력이 상대적으로 약하다고 할 수 있다.

다만, 유치물에 대하여 간이변제 충당이 가능한데, 이때에는 반드시 법원에 청구하고 감정인의 평가에 의하며, 청구 전에 채무자에게 통지해야 한다. 이에 따라 유치권자는 직접 유치물의 소유권을 취득하지만 등기는 필요 없고 그 차액은 반환해야 한다. 그 외 유치권자는 유치물에 대하여 승낙에 의한 사용과 보존을 위한 사용이 가능한데, 이때는 그 사용 또는 보존에 선관주의의무를 부담한다. 여기서 선관주의의무란 그 법률관계에서 거래상 통상적으로 요구되는 정도의 주의의무를 말한다.

(2) 질권

질권이란 채권자가 그의 채권의 담보로서 채무자 또는 제3자인 물상보증인으로부터 받은 동산 또는 재산권을 채무의 변제가 있을 때까지 유치함으로써 채무의 변제를 간접적으로 강제하는 동시에, 변제가 없는 때에는 그 목적물로부터 우선적으로 변제를 받을 수 있는 권리이다

(3) 저당권

저당권은 채무자 또는 제3자(물상보증인)가 채무의 담보로 제공한 부동산, 기타의 목적물을 채권자가 이들로부터 인도받지 않고서도 채무의 변제가 없는 경우에 그 목적물로부터 우선변제를 받을 수 있는 담보물권이다. 목적물에 대하여 유치적 효력이 인정되는 질권과는 달리 저당권은 저당목적물에 대한 점유 및 사용·수익이 저당권자에게 있지 않고, 여전히 저당권설정자(소유자)에게 있다는 점에(전형적인 가치권) 특징이 있다.

제4장 채권편

Ⅰ. 채권총론

1. 채권의 의의

채권은 채권자라는 특정인이 채무자라는 특정인에 대하여 채무이행과 같은 특정한 행위를 요구하고 채무자의 이행을 통하여 그 목적을 실현하는 재산권이며 청구권의 전형적인 권리이다.

물권이 물건에 대한 지배권을 특징으로 한다면 채권은 사람에 대한 권리라는 점이 다르다. 사람의 행위를 목적으로 하는 권리이며 채무자라는 특정인에 대한 권리이다. 채무자의 행위 가운데 특히 채무이행행위를 목적으로 하는 권리이다. 채무자의 채무이행행위를 급여라고 한다면, 채권은 급여를 목적으로 하는 권리라고 할 수 있다.

채권·채무가 발생·변경·소멸하는 원인에는 크게 2가지가 있다. 계약 등과 같이 의사표시를 요소로 하는 법률행위에 의해서 발생하거나, 법률의 규정이나 관습법에 의한 경우 등이다. 채권·채무관계를 발생시키는 법률행위 중 으뜸은 계약이고, 법률의 규정 중에서 으뜸은 불법행위라고 할 수 있다.

2. 채권의 목적

(1) 약정채권관계

계약을 중심으로 하는 약정채권관계에서 채권의 목적은 원칙적으로 계약당사자들의 자유로운 의사에 따른다. 만약 계약내용에 관한 당사자들의 의사표시가 불명료하거나 내용이 애매하여 그에 관한 분쟁이 발생한 경우에는 의사표시의 해석과 임의법규인 민법의 채권법규정에 의하여 해결된다.

(2) 법정채권관계

법률행위가 아닌 법률 등이 정한 법적 사실요건들을 충족할 경우 법률은 그에 대하여 법률효과로서 채권·채무관계를 형성하는데, 이러한 채권들은 그 법률이 효과로서 규율하는 것을 목적으로 한다. 사무관리의 경우에는 관리자에게 일정한 관리비를 청구할 수 있는 채권, 부당이득의 경우에는 부당손실자에게 부당이득반환채권, 불법행위의 경우에는 피해자에게 손해배상채권을 효과로서 부여하고 있는 것이 대표적인 예이다.

3. 채권의 특성
(1) 채무자의 행위를 목적
채권의 목적이 채무자의 행위라는 점에서 물권의 목적이 특정·독립된 물건이라는 것과 구별된다고 할 수 있다.

(2) 상대적 권리
채권이 채무자의 행위를 청구하는 상대적 권리라고 한다면 물권은 목적물에 대한 직접접·배타적 지배를 내용으로 하는 권리이다.

(3) 권리의 평등성
채권은 그 발생원인, 발생시기의 선후 등과 관계없이 평등한 효력을 가지기 때문에 특정 채권자가 우선적으로 변제를 받거나 목적물을 강제집행할 수는 없다. 이에 반하여 물권은 시간적 순서에 따라서 효력에 차이가 있을 수 있고 강제집행에 있어서도 채권에 비하여 우선적 효력이 인정되고 있다.

(4) 권리의 양도성
신뢰관계나 인적관계를 기초로 형성되는 사용대차, 임대차, 고용 등의 경우를 제외하고는 채권 자체에 재산적 가치가 인정되기 때문에 채권은 그 동일성을 유지한 채 유통될 수 있는 것이 원칙이다.

4. 계약의 성립
(1) 계약의 의의
계약이란 수인의 당사자가 이행할 채무를 약속하는 합의 등을 말하는데, 계약의 당사자는 계약에 구속되기 위해서는 법적으로 구속될 의사를 가지고 있어야 한다. 그리고 복수의 당사자가 의사에 구속되기 위해서는 당사자 사이의 합의가 필요하다. 다만, 계약의 방식에 있어서 당사자의 합의 외에 그 밖의 요건은 요구되지 않는다.

(2) 청약과 승낙

1) 청약

청약은 상대방이 그 청약의 의사표시를 승낙한다면 계약이 되는 것이 의도되어야 하고 나아가 청약의 의사표시가 계약을 성립시키는데 충분히 확정적인 내용을 포함하여야 한다.[87]

청약은 상대방(승낙자)에게 도달한 후에는 철회하지 못한다.

2) 승낙

승낙이란 청약을 받아들이는 의사표시를 말한다. 청약을 받은 자가 청약자에 대하여 한 표시 또는 행위가 청약에 대한 동의를 나타낼 때에는 그 형태의 여하에 관계 없이 이를 승낙이라고 하는데, 청약에 대하여 아무런 응답이 없는 경우(침묵)에는 특별한 사정이 없는 한 승낙을 하지 않은 것으로 해석한다.

승낙이 청약자에게 도달한 때에 계약은 성립하며, 격지자 간의 계약은 승낙의 통지를 발송한 때에 성립한다.

5. 계약의 효력

(1) 채무의 이행

체결된 계약에 따라 계약 당사자가 자신의 의무를 이행하면 계약은 그 목적을 달성하고 소멸한다.

1) 변제

계약의무이행의 가장 일반적인 형태로서 변제란 채무자 또는 제3자의 급부행위에 의하여 채권이 만족을 얻어 채권의 소멸이라는 법률효과를 발생시키는 법률요건이다. 변제를 제공함으로써 채무불이행으로 인한 손해배상·지체이자·위약금의 책임을 부담하지 않으며, 계약의 해제를 당하거나 담보권을 실행당하지 않는다.

변제의 장소는 일반적으로 당사자의 의사표시 또는 채무의 성질에 따라 결정되는데, 종류채무의 특정, 채권자지체, 위험이전 등의 효력발생의 시점을 어느때로 볼 것인가에 관한 기준으로 매우 중요한 역할을 한다.

---

87) 청약의 유인이란 '계약의 체결을 수용할 의사가 있음'을 표시하여 타인으로 하여금 청약을 해 올 것을 촉구하는 행위이다. 청약은 상대방의 승낙만 있으면 계약을 성립시키겠다는 확정적 의사표시임에 비하여 청약의 유인은 이러한 '확정적 구속의사'가 없는 것으로, 구인광고, 주택의 임대광고 등이 대표적인 예이다.

2) 대물변제

채무자가 채권자의 승낙을 얻어 본래의 채무이행에 갈음하여 다른 급여를 한 때에는 변제와 같은 효력이 생기는데 이를 대물변제라고 한다.

3) 공탁

공탁이란 채권자가 변제를 받지 아니하거나 받을 수 없는 경우에 변제자가 채권자를 위하여 변제의 목적물을 공탁소에 임치함으로써 채무를 면하는 제도이다. 변제자의 변제제공이 있음에도 불구하고 채권자가 수령을 거부하거나 수령할 수 없을 경우에 채무자는 채무불이행책임을 면하고, 채권자는 채권자지체에 빠지게 되지만, 변제의 제공으로 채무 자체가 소멸하는 것은 아니기 때문에 여전히 채무이행의무를 부담하게 되는데, 여기서 채무자로 하여금 채무로부터 벗어나게 하기 위한 제도로서 변제공탁제도가 인정되고 있다.

(2) 동시이행항변권

동시이행의 항변권이란 쌍무계약상 상대방이 이행을 제공할 때까지 자기의 채무이행을 거절할 수 있는 권리이다. 쌍무계약에 있어서는 계약당사자가 서로 의무를 부담하기 때문에 일방 당사자가 타방 당사자에게 부담하는 의무는 타방 당사자의 의무부담과 맞물려 있다. 그래서 타방 당사자가 의무를 부담하지 않으면 그 상대방도 의무를 부담하지 않는 견련성이 있기 때문에 인정되는 권리라고 할 수 있다.

(3) 위험부담

유효하게 성립한 채권관계에 있어서 채무자의 귀책사유 없이 급부불능이 발생한 경우에 이에 따른 불이익을 누구에게 부담시켜야 할 것인가에 관한 문제가 위험부담문제인데, 우리 민법에서는 쌍무계약의 존속상의 견련관계를 고려하여 반대급부의 위험을 채무자에게 부담시키고 있어서 당사자 쌍방의 귀책사유 없이 급부가 불능인 경우 채무자는 자신의 채무를 면함과 동시에 반대급부청구권을 상실한다(채무자위험부담주의).

한편 채권자의 귀책사유에 의하여 또는 채권자의 수령지체 중에 급부가 불능이 된 경우에 채무자는 채권자에 대하여 반대급부청구권을 상실하지 않는다.

(4) 채권자지체

채무자가 이행기에 채무의 내용에 좇은 이행의 제공을 하였으나 채권자가 이를 수령하지 않거나 필요한 협력을 하지 않는 경우 채무자는 채무의 이행을 완료할 수 없게 되는데, 이러한 경우 채권관계의 구속으로부터 성실한 채무자를 보호·구제하기 위하여 마련된 제도가 채권자지체제도이다. 그래서 채권자지체 중에는 채무자는 고의 또는 중대한 과실이 있을 때에만 채무불이행책임을 진다.

6. 채무불이행에 대한 구제수단

우리 민법상 채무불이행이란 채무자의 귀책사유로 인하여 채무의 내용실현이 불가능하게 되거나, 지체되거나 불완전하게 되어 마땅히 행해져야 할 상태대로 이행되지 않는 상태를 의미하는데. 이러한 채무불이행에 대하여 채무의 이행은 가능한데, 채무자가 귀책사유 없이 그 이행을 지체하고 있는 경우에는 채권자는 강제이행을 청구할 수 있으며, 만약 채무자의 귀책사유가 있는 경우에는 강제이행과 함께 지연배상이나 전보배상을 청구할 수 있고, 채권의 목적까지 달성할 수 없는 상태라고 한다면 계약을 해제함과 동시에 손해배상청구까지도 가능하다. 채무불이행의 종류에는 이행지체, 이행불능, 불완전이행 등이 있다.

(1) 채무불이행의 종류

1) 이행지체

채무의 이행이 가능함에도 불구하고 이행기에 이행을 하지 않고 있는 경우에 인정된다. 그러나 채무자의 귀책사유로 이행기를 도과한 후 급부가 불능이 된 경우(392조)에는 이행불능으로 취급한다(통설). 이행지체는 확정기한이 도래한 때부터 지체책임을 부담하는데, 여기서 확정기한이 도래한 때란 도래한 그날을 의미하는 것이 아니라 그 익일을 의미한다(지연배상은 언제나 변제기 다음날부터).'채무자지체'라고도 한다.

2) 이행불능

이행불능이란 채권이 성립한 후 채무자에게 책임 있는 사유로 이행이 불가능하게 된 것을 말한다. 여기서 불능에는 사실상 불능뿐만 아니라 법률상 불능도 포함한다. 예를 들면 매매계약을 할 당시에는 채무자가 소유하고 있던 가옥이 매수인에게 인도되기 전에 매도인의 부주의로 소실한 경우나, 매도인이 제3자에게 이중으로 양도를 하고 등기이전을 한 경우이다.

3) 불완전이행

불완전이행이란 채무자가 채무의 이행으로서 급부를 하였지만 하자있는 급부를 이행하였고 그 하자에 기해 확대손해가 발생한 경우가 주로 문제된다. 예를 들면 책을 샀는데 중간에 페이지가 떨어져 나갔다거나, 50킬로그램의 쌀을 샀는데 40킬로그램밖에 되지 않았다거나, 정원사에게 정원수의 이식도급(移植都給)을 주었는데 오히려 나무가 죽은 경우이다.

4) 채권자지체

채무의 이행에 있어서 채권자의 협력행위가 필요한 경우(재료의 제공이나 목적물의 수취가 필요한 경우)가 있다. 이 경우에 채권자가 급부를 수령하지 않거나 수령할 수 없는 경우 채권자지체(수령지체)가 된다. 채권자가 이렇게 지체하고 있는 경우에도 채무자에게 계약상의 구속을 여전히 유지시킨다면 공평에 반하므로 이에 관하여 일정한 효과를 부여하고 있다.

(2) 채무불이행에 대한 구제

채무자가 고의나 과실 없이 채무를 이행하지 못하는 경우를 제외 한 나머지 상황에서 채무불이행 손해배상 소송(강제이행+지연배상, 본래의 급부청구+지연배상, 전보배상 등)을 진행할 수 있다.

7. 채무자 책임재산의 보전

(1) 채권자대위권

채권자는 자기 채권의 보전을 위하여 그의 채무자가 제3채무자에 대하여 가지는 채권을 채무자에 갈음하여 행사할 수 있는 권리를 가지는데 이러한 권리를 채권자대위권이라고 한다. 채권자는 채무자의 이름이 아니라 자기의 이름으로 채권자대위권을 행사하지만, 채권자대위권의 행사에 의하여 채권자는 채무자의 권리를 행사하는 것이므로 그 행사의 효과는 직접 채무자에게 귀속된다. 가령, 의료인이 치료비청구권을 보전하기 위하여 환자의 국가배상청구권을 대위행사하는 경우(80다1351)가 채권자대위권의 사례이다.

대위권 행사의 요건은 다음과 같다. 첫째, 채권자는 자기채권보전의 필요성이 있어야 한다. 둘째, 채무자가 그 권리를 행사하지 않아야 한다. 셋째, 채권자의 채권이 변제기에 있어야 한다. 그러나 법원의 허가에 의해서 하는 재판상 대위와 보존행위의 대위는 변제기 전에도 할 수 있다.

(2) 채권자취소권

채권의 공동담보인 채무자의 일반재산이 채무자의 법률행위에 의하여 부당하게 감소됨으로써 채무자의 변제능력이 부족하게 되는 경우에 일정한 요건하에서 채권자가 그 법률행위를 취소하고 채무자로부터 일탈된 재산을 회복할 수 있는 권리가 채권자취소권이다. 채권자취소권은 채권자가 수익자 또는 전득자를 피고로 하여 자신의 이름으로 재판상행사하여야 한다.

8. 채권양도와 채무인수

채권자의 변경은 보통 법률행위나 법률의 규정, 그리고 상속에 의하여 발생하는데, 이 중에서 채권의 동일성을 유지하면서 법률행위에 의하여 채권자가 바뀌는 것을 채권양도라고 한다.

채권양도는 계약당사자의 어느 쪽도 면책되는 것은 아니기 때문에 기초가 되는 계약에 규정되어 있지 않은 한 채권자의 동의는 필요하지 않다. 이에 비하여 채무인수는 채무의 동일성을 유지하면서 채무를 인수인에게 이전시키는 것을 말하는데, 채무인수는 주로 계약에 의하여 이루어지며, 채무인수를 통하여 전채무자는 채무를 면하는 것이 원칙이다.

9. 다수당사사의 채권관계

(1) 연대채무

우리 민법은 다수당사자 채권관계에서 분할채권관계를 원칙으로 하기 때문에 채권자나 채무자가 수인인 경우에 특별한 의사표시가 없는 한 각 채권자 또는 각 채무자는 균등한 비율로 권리와 의무를 부담한다. 그러나 수인의 채무자가 채무 전부를 각자 이행할 의무가 있고 채무자 1인의 이행으로 다른 채무자도 그 의무를 면하게 되는 경우에 그 채무를 연대채무라고 한다.

(2) 부진정연대채무

부진정연대채무는 하나의 동일한 급부에 관하여 수인의 채무자가 각자 독립해서 그 전부를 급부해야 할 의무를 부담하는 채무이다. 원칙적으로 각 채무자 사이에는 구상관계가 존재하지 않으며, 채무자 1인과 채권자 사이에서 발생한 사유 중에 변제와 같은 목적도달 이외의 사유는 다른 채무자에게 영향을 주지 않는다.

(3) 보증채무

보증채무란 주된 채무와 동일한 내용의 급부를 목적으로 하여, 주채무자의 이행이 없는 경우에 보증인이 그것을 보충적으로 이행함으로써 주된 채무를 담보하는 채무를 말한다. 보증채무는 채권자와 보증인 사이에 체결된 보증계약에 의하여 성립하는 채무로서 주채무와 운명을 같이한다는 큰 특징이 있다.

II. 채권각론

1. 약정채권관계

(1) 증여

증여계약은 당사자 일방이 무상으로 재산을 상대방에 수여하는 의사를 표시하고 상대방이 이를 승낙함으로써 그 효력이 생기는 계약이다. 증여계약은 편무·무상계약으로 수증자가 의무를 부담하거나 기타 부담을 진다고 하더라도 대가의 의미를 지니지 않는 경우에는 역시 무상성이 인정된다.

(2) 매매

매매는 매도인이 재산권을 상대방에게 이전할 것을 약정하고, 매수인은 이에 대하여 그 대금을 지급할 것을 약정함으로써 성립하는 계약으로 매매는 쌍무·유상계약인 동시에 낙성·불요식계약으로 매매에 관한 규정은 다른 유상계약에 준용된다.

(3) 교환

교환이란 당사자 쌍방이 금전 이외의 재산권을 서로 이전할 것을 약정함으로써 성립하는 계약으로, 교환계약에 기초해서 2개의 양도행위가 행하여지며 양자는 서로 상환성과 대가성을 갖는다. 매매에서는 물건이나 권리의 양도에 대한 반대급부가 대금인데 반하여 교환에서는 반대급부 역시 물건이나 권리의 양도라고 하는 점이 특징이라 할 수 있다.

(4) 소비대차

소비대차는 당사자의 일방이 금전 기타 대체물의 소유권을 상대방에게 이전할 것을 약정하고, 상대방은 동종·동질·동량의 물건을 반환할 것을 약정함으로써 성립하는 대차형 계약이다. 소비대차에서는 대체물을 반환하지만, 사용대차나 임대차에서는 빌린 물건 그 자체를 반환해야 한다는 점에서 차이가 있다.

(5) 사용대차

사용대차는 당사자 일방이 상대방에게 무상으로 사용·수익하게 하기 위하여 목적물을 인도할 것을 약정하고 상대방은 이를 사용, 수익한 후 그 물건을 반환할 것을 약정함으로써 그 효력이 생기는 계약이다. 사용대차는 임대차와 마찬가지로 낙성·불요식계약이나 임대차와는 달리 대가지급의무가 없으므로 편무계약이다.

(6) 임대차

임대차는 당사자 일방이 상대방에게 목적물을 사용·수익하게 할 것을 약정하고 상대방이 이에 대하여 차임을 지급할 것을 약정함으로써 그 효력이 생기는 계약이다.

임대차는 원칙적으로 당사자의 합의에 의하여 성립한다.

(7) 고용

고용은 당사자 일방(근로자)이 상대방(사용자)에 대하여 노무를 제공할 것을 약정하고 상대방이 이에 대하여 근로자에게 보수를 지급할 것을 약정함으로써 성립하는 계약이다.

타인의 노무의 이용을 목적으로 하는 계약들은 그 계약의 내용과 특성 및 목적에 따라 여러 가지 형태로 형성이 되는데, 민법은 고용·도급·위임 등과 같은 거래형태를 규율하는 규정들을 마련하고 있다.

(8) 도급

도급은 당사자 일방(수급인)이 어느 일을 완성할 것을 약정하고 상대방(도급인)이 그 일의 결과에 대하여 보수를 지급할 것을 약정함으로써 그 효력이 생기는 계약이다. 도급의 법적성질은 어떤 일의 완성을 목적으로 하는 낙성·불요식계약이며, 일의 완성에 대해 보수를 지급하므로 쌍무·유상계약이라 할 수 있다.

(9) 여행계약

여행계약은 당사자 한쪽이 상대방에게 운송, 숙박, 관광 또는 그 밖의 여행 관련 용역을 결합하여 제공하기로 약정하고 상대방이 그 대금을 지급하기로 약정함으로써 효력이 생기는 계약으로 2015년도에 새로 편입된 계약형태이다. 여행급부의 내용을 구체적으로 명시하는 한편, 여행계약의 성립에 있어서 적어도 2개 이상의 여행관련 급부가 결합될 것을 전제로 하고 있다.

(10) 현상광고

현상광고는 광고자가 어느 행위를 한 자에게 일정한 보수를 지급할 의사를 표시하고 이에 응한 자가 그 광고에 정한 행위를 완료함으로써 그 효력이 생긴다는 것을 말하는데, 신춘문예의 작품모집, 미아나 유실물을 찾는 경우 등이 대표적인 현상광고의 예라고 할 수 있다.

(11) 위임

위임은 당사자 일방(위임인)이 상대방(수임인)에 대하여 사무의 처리를 위탁하고 상대방이 이를 승낙함으로써 그 효력이 생기는 계약을 말한다. 우리 민법상의 위임은 무상을 원칙으로 하기 때문에 수임인은 특약이 있는 경우에만 보수를 청구할 수 있으나 대부분은 위임계약은 유상으로 행해지고 있다고 할 수 있다.

(12) 임치

임치는 당사자 일방(임치인)이 상대방(수치인)에 대하여 금전이나 유가증권 기타 물건의 보관을 위탁하고 상대방이 이를 승낙함으로써 효력이 생기는 계약이다. 창고업자에게 물건을 맡긴다거나, 은행 또는 증권회사에 금전, 주권, 기타 유가증권 등을 보관케 하거나, 주차장에서 자동차를 맡기는 경우 등이 여기에 해당한다.

(13) 조합

조합은 2인 이상이 상호 금전 기타 재산 또는 노무 등을 출자하여 공동사업을 경영할 것을 약정함으로써 그 효력이 생기는 상호간의 법률관계를 말한다. 조합관계는 조합원 상호간의 채권관계일 뿐 조합원 이외의 제3자에 대한 관계에 있어서는 조합이라는 독립된 주체로서의 공동체의 존재는 인정되지 않는다.

(14) 종신정기금

종신정기금계약은 당사자 일방이 자기, 상대방 또는 제삼자의 종신까지 정기로 금전 기타의 물건을 상대방 또는 제삼자에게 지급할 것을 약정함으로써 그 효력이 생기는 계속적 채권계약이다. 종신정기금관계는 계약이 아닌 채무자의 일방적 의사표시로서 발생할 수도 있지만, 보통 당사자의 합의에 의하여 종신정기금계약이 성립한다.

(15) 화해

화해는 당사자가 상호양보하여 당사자간의 분쟁을 종지할 것을 약정함으로써 그 효력이 생기는 계약이다. 화해계약의 목적은 당사자들이 그들의 자유로운 약정에 의하여 분쟁을 해결·종결하는데 그 목적이 있다.

2. 법정채권관계

(1) 사무관리

사무관리란 법적의무 없이 타인을 위하여 그의 사무를 처리하는 행위를 말하는데, 타인의 사무를 관리하는 자는 그 사무의 성질에 좇아 가장 본인에게 이익되는 방법으로 이를 관리하여야 한다. 그래서 사무관리가 본인의 이익이나 의사에 합치되는 경우에 본인은 관리자가 지출한 필요비 또는 유익비의 전액을 상환해야 한다. 사무관리는 위임과 비슷하나 법적인 의무가 없이 타인의사무를 처리한다는 점에서 차이가 있다.

1) 사무관리의 성립요건

사무관리가 성립하기 위해서는 우선 ⅰ) 그 사무가 타인의 사무이고, ⅱ) 타인을 위하여 사무를 처리할 의사, 즉 관리의 사실상의 이익을 타인에게 귀속시키려는 의사가 있어야 하며, ⅲ) 법률상 의무가 없어야 하고, ⅳ) 나아가 그 사무의 처리가 본인에게 불리하거나 본인의 의사에 반한다는 것이 명백하지 아니할 것을 요구한다. 여기서 타인을 위하여 사무를 처리하는 의사는 관리자 자신의 이익을 위한 의사와 병존할 수 있고, 반드시 외부적으로 표시될 필요가 없으며, 사무를 관리할 당시 확정되어 있을 필요도 없다(대법원 2010. 6. 10. 선고 2010다25124 판결).

2) 사무관리의 효과

사무관리가 성립되면 위법성은 조각되고 적법행위가 된다. 다라서 불법행위로 인한 손해배상책임을 부담하지 않는다. 또한, 사무관리가 성립하면 관리자는 법이 정한 바에 따라 사무관리개시 통지의무를 부담한다, 다만 관리자가 본인에게 통지를 하지 않았다고 하더라도 본인에게 손해가 발생하지 않은 때에는 관리비용 전부에 대해 그 상환을 청구 할 수 있다고 한다. 그 외 관리자가 관리를 개시한 이상, 본인측에서 그 사무를 관리하는 때가지 그 관리를 계속하여야 하며, 사무관리가 본인의 의사에 반하지 않은 경우에는 본인에게 지출한 비용 전부의 상환을 청구할 수 있고 사무관리가 본인의 의사에 반한 경우 지출한 비용의 상환청구와 채무의 대변제 및 담보제공청구는 본인의 '현존이익'을 한도로 하고, 본인도 비용상환의무 및 손해배상의무를 부담한다.

(2) 부당이득

법률상 원인없이 타인의 재산 또는 노무로 인하여 이익을 얻고 이로 인하여 타인에게 손해를 가한 자(수익자)는 그 이익을 반환해야 하는 것을 부당이득이라 한다. 즉, 수익자는 법률상 원인 없이 손실자의 재화나 노무를 통해 취득한 이득을 손실자에게 반환하는 것이다.

1) 성립요건

민법상 부당이득이 성립하려면, ⅰ) 타인의 재산 또는 노무로 인한 이득을 취득하고, ⅱ) 일방의 이득에 따른 손실이 발생하며, ⅲ) 이득과 손실사이에 인과관계가 있어야 하며, ⅳ) 법률상 원인이 없을 것 등의 요건을 갖추어야 한다.

2) 부당이득의 효과

가) 부당이득반환의무 발생

부당이득의 효과는 이득자가 손실자에 대하여 자신이 얻은 이득에 대한 반환의무를 부담하는 것이다. 여기서 반환하여야 할 부당이득의 반환범위는 이득자의 이득을 한도로 한 손실자의 손실이다(通, 判). 따라서 이득자가 손실이상의 이득을 얻은 경우에나 또는 손실자에게 이익을 초과하는 손실이 있어도 그 초과이익에 대하여는 그 반환을 청구할 수 없다. 즉, 부당이득의 반환은 수익과 손실을 비교하여 적은 쪽을 청구할 수밖에 없어, 그 반환범위가 매우 좁다

나) 부당이득반환범위

부당이득의 반환에 있어 선의의 수익자의 경우 현존이익의 한도에도 반환하며, 선의라 함은 법률상 원인이 없는 이득임을 알지 못함을 말하며, 과실 유무는 불문한다. 반면, 악의의 수익자의 경우 그가 받은 이익의 전부 및 이에 대한 이자를 반환하여야 하고, 손해가 있다면 손해도 배상하여야 한다.

(3) 불법행위

불법행위란 고의 또는 과실로 인한 위법행위로 타인에게 손해를 가하는 위법한 행위를 말한다. 이러한 불법행위가 있으면 가해자는 피해자에게 가해행위로 인한 손해를 배상하여야 한다. 불법행위 및 그에 따른 손해배상책임의 목적은 개인의 위법한 행위에 대한 응보를 1차적 목적으로 하는 형사책임과는 달리, 사회생활에서 생기는 손해를 적정하게 배분함에 있다. 따라서 불

법행위법에서는 사회적 판단에 의한 가해행위의 부당성과 배상책임의 정당성이 중요하다고 할 수 있다.

1) 불법행위의 성립요건

① 주관적 요건 — 고의·과실, 책임능력

과실책임주의의 표현으로서 고의 또는 과실이 있어야 하는데, 손해배상책임에서 고의와 과실은 동등하게 취급한다. 즉 행위자에게 고의가 없어도 과실이 있으면 고의가 있는 경우와 마찬가지로 그 행위자에게 손해배상책임이 귀속된다.

또한 행위자가 자기의 행위의 책임을 인식할 수 있는 능력을 책임능력이라 하는데, 불법행위로 인한 책임을 행위자에게 귀속시킬 수 있는 능력으로 고의·과실을 인정하는 전제가 된다. 따라서 자기행위의 책임을 변식할 능력이 없는 미성년자와 심신상실자는 불법행위책임을 부담하지 아니한다(제753, 754조).

② 객관적 요건 — 손해, 위법성, 인과관계

불법행위가 성립하기 위해서는 객관적으로 손해가 발생하여야 하며 위법성이 있어야 하고, 가해행위와 손해 사이에 인과관계가 있어야 한다. 다만, 특수한 불법행위에 대하여서는 타인의 행위에 대한 책임을 인정하고 또 고의·과실의 거증의 책임을 전환하거나 무과실책임을 인정하기도 하여 그 성립요건이 특수화되어 있다(제755~760조). 특수한 불법행위에는 민법상 다음 다섯가지이다. ㉮ 책임무능력자를 감독하는 자의 책임(민법 제755조), ㉯ 피용자의 행위에 대한 사용자의 책임(제756조), ㉰ 공작물을 점유 또는 소유하는 자의 책임(제758조), ㉱ 동물의 점유자의 책임(제759조), ㉲ 공동불법행위(제760조) 그리고 민법 이외의 특별법에 의한 특수불법행위로서는 근로기준법상의 재해보상, 광업법상의 광해배상 등이 있으며 여기에는 무과실책임이 인정된다.

2) 불법행위의 효과

불법행위에 의하여 피해를 당한 자는 손해배상청구권을 취득한다. 그 내용은 채무불이행으로 이한 손해배상청구권과 내용과 비슷하다. 배상의무자는 원칙적으로는 가해자인데, 특수불법행위에서는 가해자 이외의 사람(사용자, 감독자 등)에게 배상의무가 과하여질 경우가 있다. 배상의 방법은 금전배상을 원칙으로 하지만, 사죄광고의 방법과 원상회복을 인정하는 경우도 있다 (민법 제762조, 394조 준용, 764조·광업법 제93조).

3) 불법행위로 인한 손배배상청구권의 행사

불법행위로 인한 손해배상청구권은 피해자 등이 그 사실을 안날로부터 3년 이내에 또는 불법행위가 있었던 날로부터 10년이 지나면 시효로 소멸한다(민법 제766조).

제5장 친족편

Ⅰ. 친족과 가(家)

1. 친족의 유형과 범위

친족이란 배우자(配偶者), 혈족(血族) 및 인척(姻戚)을 말하며, 여기서 배우자란 혼인으로 결합된 남녀를 배우자(配偶者)라 하고, 배우자 사이에는 촌수(寸數)가 없다. 사실혼의 배우자나 첩은 배우자가 아니다. 또한 혈족에는 자연혈족(自然血族)과 법정혈족(法定血族, 법률이 입양 등의 사실에 입각하여 혈연관계가 없는 자(者) 상호간에 자연혈족과 동일한 관계가 있는 것으로 인정한 자(者))이 있으며 다시 자연혈족에는 직계혈족(直系血族)과 방계혈족(傍系血族)으로 나뉜다.

한편 인척이란 혈족의 배우자, 배우자의 혈족, 배우자의 혈족의 배우자를 인척으로 한다.

친족의 범위는 8촌 이내의 혈족, 4촌 이내의 인척, 배우자라고 할 수 있다.

2. 친족관계의 변동

친족관계가 발생되는 원인으로는 출생(出生), 혼인(婚姻), 인지(認知), 입양(入養), 친양자(親養子) 등이 있으며, 반대로 친족관계는 사망, 혼인의 취소, 이혼, 입양의 취소, 파양(罷養), 인지(認知)의 취소에 의하여 소멸한다.

3. 가족의 범위와 자의 성과 본

(1) 가족의 범위

배우자, 직계혈족 및 형제자매의 경우에는 생계를 같이 하지 않더라도 가족이 되며, 직계혈족의 배우자, 배우자의 직계혈족, 배우자의 형제자매의 경우에는 생계를 같이 하는 경우에 한하여 가족이 된다.

(2) 자(子)의 성(姓)과 본(本)

자는 부의 성과 본을 따른다(부계혈통주의). 다만, 부모가 혼인신고시 모의 성과 본을 따르기로 협의한 경우 등과 같이 민법 제781조 제1항 단서 등의 규정에 따라 예외적으로 모의 성과 본을 따를 수 있다. 자의 성과 본이 결정되면 이는 다음 예외를 제외하고는 변경할 수 없는 것이 원칙이다.

II. 혼인

1. 약혼

약혼(約婚)이란 장차 혼인하여 부부가 되기로 하는 남녀 사이의 합의를 말하는데, 판례에서는 혼약·혼인예약·약혼 등의 용어를 혼용하여 왔다. 우리나라는 약혼에 관하여 민법에 일부 규정을 두어 법적보호를 하고 있다.

2. 혼인

우리 민법상 혼인이 성립하려면 혼인의사와 혼인신고라는 2가지 요소가 충족되어야 한다(법률혼인주의). 그리고 혼인이 성립하더라도 혼인장애사유가 존재하면 성립한 혼인이 무효가 되거나 취소되기 때문에 이러한 소극적 요건도 충족하여야 완전한 혼인이라고 할 수 있다.

(1) 혼인의 무효

혼인의 무효가 되기 위한 사유에는 ① 당사자 사이에 혼인의 합의가 없는 때, ② 8촌 이내의 부계혈족 또는 모계혈족(친양자의 종전의 혈족을 포함한다) 사이의 혼인, ③ 당사자간에 직계인척관계가 있거나 있었던 때, ④ 당사자간에 양부모계의 직계혈족관계가 있었던 때 등이 있다.

(2) 혼인의 취소

혼인취소의 사유에는 ① 혼인연령위반, ② 동의를 요하는 혼인에서의 동의흠결, ③ 혼인무효사유 이외의 근친혼(민법 제809조 제2항, 제3항), ④ 중혼(重婚), ⑤ 부부생활을 계속할 수 없는 악질·기타 중대한 사유가 있는 혼인, ⑥ 사기·강박에 의한 혼인 등이 있다.

(3) 혼인의 효력

혼인의 효력에는 우선 친족관계가 발생되는데, 부부는 배우자로서 서로 친족이 되고, 상대방의 4촌 이내의 혈족과 4촌 이내의 혈족의 배우자 사이에 인척관계가 생긴다. 한편 부부의 성(姓)은 혼인 전 각자의 성이 그대로 유지되어 일부 외국의 경우처럼 변동되지 않는다.

배우자 상호간에는 일상가사대리권 등과 같은 권리도 발생하지만, 동거, 부양, 협조의 의무 등과 같은 의무도 발생한다.

3. 이혼

혼인의 해소원인에는 배우자의 사망(死亡), 실종선고(失踪宣告), 이혼(離婚) 등이 있다. 이혼은 법률상 이혼을 의미하며, 이혼은 소급효가 없다는 점에서 혼인의 취소와 유사하지만 그 사유가 다르고 특히 협의상 이혼은 제척기간이나 조정을 필요로 하지 않다는 점에서 혼인의 취소와 다르다고 할 수 있다. 우리 민법상의 이혼에는 협의이혼(協議離婚)과 재판상 이혼 2가지 방식이 있다.

(1) 협의이혼

부부는 협의에 의하여 이혼할 수 있다. 우리나라는 당사자들이 이혼의사 확인만으로도 이혼이 가능한 협의이혼을 중심으로 민법에 규정하고 있으며, 재판상 이혼을 보충하여 민법 및 가사소송법에 규정하고 있다.

협의이혼도 혼인과 마찬가지로 이혼의사의 합치와 협의이혼신고라는 2가지 요소를 갖추어야 한다. 특별히 협의이혼당사자들은 이혼절차에 들어가기 전에 ① 양육하여야 할 자(포태중인 자를 포함)가 있는 경우에는 3개월의 기간이 지난 후에, ② 양육할 자가 없는 경우에는 1개월의 기간이 지난 후에 이혼의사의 확인을 받을 수 있도록 하여 이혼숙려기간제도가 시행되고 있다.

(2) 재판상 이혼

부부의 일방은 ① 배우자에 부정한 행위가 있었을 때, ② 배우자가 악의로 다른 일방을 유기한 때, ③ 배우자 또는 그 직계존속으로부터 심히 부당한 대우를 받았을 때, ④ 자기의 직계존속이 배우자로부터 심히 부당한 대우를 받았을 때, ⑤ 배우자의 생사가 3년 이상 분명하지 아니한 때, ⑥ 기타 혼인을 계속하기 어려운 중대한 사유가 있을 때 등과 같은 사유가 있는 경우에는 가정법원에 이혼을 청구할 수 있다. 다만, 가사소송법의 규정에 의하여 재판상 이혼소송을 제기할 경우에는 먼저 조정을 신청하여야 하며 조정이 성립하지 않은 경우에야 비로소 이혼소송이 진행될 수 있다.

(3) 이혼의 효과

이혼으로 혼인관계는 종료하며 혼인의 존속을 전제로 배우자 사이에 존재했던 동거 · 협조 · 부양 의무, 부부재산관계 등은 장래를 향하여 소멸하고, 혼인을 전제로 존재하는 인척관계도 소멸한다.

이혼 후에는 얼마든지 재혼이 가능하지만, 전 배우자의 6촌 이내의 혈족, 배우자의 4촌 이내의 혈족의 배우자이거나 이었던 사람과 혼인하지 못한다(혼인취소사유).

양육해야할 미성년자가 존재하는 경우에는 친권과 양육에 관한 사항도 이혼의 내용(협의, 재판상)에 따라 이행해야 한다.

또한 재판상 이혼의 경우에 이혼피해자는 과실 있는 상대방에 대하여 재산상의 손해와 정신상의 고통에 대한 손해배상을 청구할 수 있고(위자료청구권), 협의상 · 재판상 이혼한 부부 일방은 타방배우자에 대하여 혼인중 취득한 재산의 분할을 요구할 수 있다.

Ⅲ. 부모와 자

민법상 친자관계에는 자연의 혈연관계에 있는 친자관계(친생자)와 법률상 친자관계가 의제되는 법정친자관계(양자)가 있다.

1. 친생자

모자관계는 포태와 분만이라고 하는 자연적 사실에 의하여 확정되므로 출생신고나 인지가 필요 없다. 민법은 모(母)의 인지나 모(母)를 상대로 한 인지청구를 규정하고 있으나, 이러한 민법의 규정은 기아(棄兒)가 성장하여 생모를 찾는 경우처럼 모자관계가 불분명한 특수한 경우에 모자관계의 확인을 구하는 확인의 소일 뿐이다.

그런데 부자관계도 모자관계의 경우처럼 자연적 관계이지만 모자관계와는 달리 일정한 요건을 갖추어야 법률상친자관계가 성립한다. 민법은 부자관계를 혼인중의 출생자, 혼인외의 출생자로 크게 나누어 규율하고 있다.

법률상 혼인관계가 있는 부모 사이에서 출생한 자(子)가 혼인중의 출생자(혼생자: 婚生子)이다. 혼생자에는 출생한 때부터 혼생자인 생래적 혼생자와 준정에 의한 혼생자가 있다. 생래적 혼생자는 다시 친생추정을 받는 혼생자와 그렇지 않는 혼생자로 분류할 수 있다.

한편 사실혼관계·무효혼관계·사통(私通)관계·부첩(夫妾)관계 등 법률혼관계가 없는 자들 사이에서 출생한 자(子), 혼인중의 출생자 중 판결에 의하여 친생부인 또는 친생자관계부존재가 확인된 자는 혼외자이다.

2. 양자

양자가 되기 위해서는 혼인의 경우와 마찬가지로 양친이 될 자와 양자 사이에 합의가 있어야 하며 또한 입양신고가 있어야 한다.

그리고 양친이 되는 사람은 성년자이어야 하는 것과 양자는 양친의 존속 또는 연장자가 아니어야 한다는 것 등과 같이 양친이 될 자와 양자가 되려는 자는 민법이 정한 일정한 요건을 충족시켜야 한다.

양자는 입양된 때부터 양부모의 친생자와 같은 지위를 가지며, 양자와 양부모 및 그 혈족, 인척 사이의 친계와 촌수는 입양한 때로부터 혼인중의 출생자와 동일한 것으로 본다.

입양에 의하여 양자와 양친 및 양친의 친족과도 친족관계가 발생하기 때문에 양친자관계는 당사자의 사망에 의해서 해소되는 것이 아니라 파양(罷養)에 의해서만 해소되며, 파양은 협의에 의한 파양과 재판에 의한 파양이 있다. 그리고 파양에 의하여 입양으로 인한 친족관계는 소멸하며, 양자가 미성년자이면 친생부모의 친권이 부활한다.

3. 친양자

친양자는 기존의 양자와는 달리 ① 양친과 양자를 친생자관계로 보아 친양자는 부부의 혼인중의 출생자가 되며 양친의 성과 본을 따르고, ② 종전의 친족관계는 친양자의 근친혼제한규정을 제외하고는 완전히 소멸하며, ③ 친양자입양은 사적인 계약이 아니라 가정법원의 허가를 받아야 성립한다는 특징이 있다. 다만, 친양자에 관하여 친양자에 관한 특별한 규정이 있는 경우를 제외하고는 그 성질에 반하지 아니하는 범위 안에서 양자에 관한 규정을 준용한다.

친양자 관계가 성립하기 위해서는 3년 이상 혼인중인 부부로서 공동으로 입양할 것과 친양자로 될 사람이 미성년자일 것 등과 같이 양자에 관한 규정보다 좀 더 엄격한 요건이 필요하다.

친양자는 입양에 의하여 양부모의 친생자가 되고 양부모의 친권에 복종하게 된다는 점에서 보통양자와 같다고 할 수 있으나, 보통양자는 종래의 친족관계가 그대로 유지된다는 점과 보통양자에 관한 규정 중 많은 부분이 친양자에는 적용되지 않는다는 점 등에서 다소 차이가 난다고 할 수 있다.

특히 친양자란 마치 친생부모와 친생자 사이와 동일한 혈연관계를 발생시키는 것을 그 목적으로 하므로 협의상 파양과 재판상 파양의 규정은 배제되고 원칙적으로 파양은 인정되지 않고, 양친이 친양자를 학대 또는 유기하거나 그 밖에 친양자의 복리를 현저히 해하는 때 등과 같이 몇가지 경우에 있어서만 예외적으로 인정된다.

4. 친권

친권은 미성년인 자(子)에 대한 부모의 권리를 말하는데, 친권은 자에 대한 지배권이 아닌 자를 보호하고 양육할 의무를 누구에게도 방해받지 않고 행사할 수 있는 권리이므로 친권은 자를 보호·감독하고 양육할 의무적 성격을 갖는다.

부모는 미성년자인 자의 친권자가 되고, 양자의 경우에는 양부모(養父母)가 친권자가 되며, 부모가 혼인중인 때에는 부모가 공동으로 친권을 행사하고, 부모의 의견이 일치하지 아니하는 경우에는 당사자의 청구에 의하여 가정법원이 이를 정한다. 한편 부모의 일방이 친권을 행사할 수 없는 때에는 다른 일방이 이를 행사한다.

친권의 효력은 자를 보호하거나 교양하는 것 등과 같이 양육과 같은 비재산적 사항에 대한 것과 자의 재산관리를 하는 것과 같은 재산에 관한 것으로 나눌 수 있다.

친권은 자가 사망하거나 성년자가 된 때, 또는 혼인한 때 등과 같은 경우에 친권이 절대적으로 소멸하거나, 친권자가 사망하거나 자가 다른 사람의 양자가 되었을 때 등과 같이 상대적으로 소멸한다.

Ⅳ. 후견제도

후견제도는 사적자치의 보충적으로 연령상 또는 정신상 등의 이유로 정상적인 재산상·신분상의 법률행위를 정상적으로 하기 힘든 자를 보호하기 위해 마련된 제도이다.

대표적으로 친권자가 없거나 기타의 사유로 친권에 의한 보호를 받지 못하는 미성년자후견과 정신상의 장애 등으로 보호할 필요성이 있는 자를 보호하기 위한 성년후견제도로 나누어 볼 수 있는데, 가족관계의 측면과 재산관계의 측면을 동시에 갖고 있는 제도이다.

대표적으로 미성년자에게 친권자가 없거나 친권자가 법률행위의 대리권과 재산관리권을 행사할 수 없는 경우에는 미성년후견인을 두어야 한다.

후견인의 수와 순위 등에 대해서 민법에 엄격하게 규정하고 있으며, 후견인은 피후견인의 법정대리인으로서 피후견인을 보호·감독하는데 필요한 임무를 수행하면서 그에 따르는 신분상·재산상의 권한을 갖고 의무를 부담한다.

V. 부양제도

민법은 부부 사이의 부양과 협조의무를 따로 규정함으로써 일반 친족부양과 구별하고 있다

부양청구권이 발행하려면 부양청구권자는 자기의 자력 또는 근로에 의하여 생활을 유지할 수 없어야 하고, 부양의무자는 자기의 생활을 꾸려나갈 자력과 요부양자의 생활을 도와줄 경제적 능력을 갖추어야 하는 등의 요건이 필요하다.

부양은 주로 경제적인 부조를 중심으로 하면서 기타 동거, 양육, 간호, 장례에 이르기까지 포괄적인 부조행위를 부양의 내용이라 할 수 있을 것이다.

부양당사자와 부양의 정도와 방법 등에 대하여 모두 민법에서 규율하고 있다.

※ 참고문헌

조승현·고영남, 『민법총칙』, 한국방송통신대학교 출판문화원, 2016년

조승현, 『물권법』, 한국방송통신대학교 출판문화원, 2014년

조승현, 『채권법』, 한국방송통신대학교 출판문화원, 2015년

조승현, 『친족상속』 제6판, 신조사, 2016년

노종천 외, 『법과사회』, 화산미디어, 2013년

김상용·박수곤, 『민법개론』, 화산미디어, 2015년

송덕수, 『신민법입문』 제7판, 박영사, 2016년

송덕수, 『신민법강의』 제9판, 박영사, 2016년

제6장 상속편

Ⅰ. 상속

1. 상속의 의의

상속이란 피상속인이 사망한 때로부터 상속인이 피상속인의 재산에 관한 포괄적 권리의무를 승계하는 것을 말한다. 우리 민법은 원칙적으로 포괄승계주의를 전제로 하면서 법정상속을 가미하고 있다.

2. 상속 · 유증 · 증여

상속은 사망이라고 하는 사실에 의하여 피상속인의 재산이 상속인에게 포괄적으로 승계되는 것을 말하는데 비하여 유증은 피상속인의 유언(단독행위)에 의하여 피상속인의 재산이 수유자에게 이전되는 것을 의미하고, 증여는 생전에 증여계약에 의해 증여자의 재산이 수증자에게 이전하는 것을 의미한다.

3. 상속의 개시

민법에서는 재산상속에 있어서 사망으로 상속이 개시된다고 규정하고 있다. 여기서의 사망이란 사실상의 사망뿐만 아니라 실종선고 · 부재선고 · 인정사망에 의한 사망을 포함한다.

상속개시의 시기를 확정하는 것은 ① 상속인의 자격 · 범위 · 순위 · 능력을 결정하는 기준이 되며, ② 상속회복청구권 · 재산분리청구권 · 유류분반환청구권 등에 있어서 상속에 관한 소권(訴權)과 청구권의 소멸시효 · 제척기간의 기산점, ③ 상속과 유언의 효력발생, 상속재산 또는 유류분의 산정의 기준이 되기 때문에 매우 중요하다고 할 수 있다.

4. 상속회복청구권

상속회복청구권이란 진정한 상속인이 그 상속권의 내용실현을 방해하고 있는 참칭상속인 또는 그 참칭상속인으로부터 상속재산을 취득한 제3취득자에 대하여 상속권을 주장함으로써 그 방해의 배제와 상속재산의 회복을 청구할 수 있는 권리를 말한다. 피상속인이 사망함과 동시에 상속인은 상속을 원인으로 한 소유권이전등기를 하지 않더라도 소유권을 갖기 때문에 상속권이 침해받는다고 하더라도 소유권에 기한 물권적 청구권을 행사할 수 있을 것임에도 불구하고 민법에서 상속회복청구권을 따로 규정한 이유는 상속인을 보호한다는 측면과 상속으로 인한 권리관계를 조속히 확정함으로써 거래안전을 꾀하는 데 그 목적이 있다고 할 수 있다.

5. 상속인

상속인이란 피상속인의 재산상의 법적 지위를 포괄적으로 승계한 자를 말하는데, 민법상 법정상속인이 될 수 있는 범위는 피상속인의 배우자 · 직계비속 · 직계존속 · 형제자매 · 4촌 이내의 방계혈족이다. 상속인의 범위에 있는 자가 없고, 특별연고자의 재산분여청구(財産分與請求)도 없는 경우에는 상속재산을 국가에 귀속한다.

한편 민법은 태아를 보호하기 위하여 태아는 상속순위에 관하여는 이미 출생한 것으로 본다.

6. 대습상속

대습상속인란 상속인이 될 직계비속 또는 형제자매가 상속개시 전에 사망하거나 결격자가 된 경우에 그 직계비속이나 배우자가 있는 때에는 그 직계비속이나 배우자가 사망하거나 결격된 자의 순위에 갈음하여 상속인이 된다.

7. 상속의 효과

상속이 개시된 때로부터 피상속인의 재산은 특별한 절차 없이 상속인에게 상속된다. 특히 상속재산이 부동산인 경우는 등기하지 않아도 상속인에게 물권이 귀속되며, 동산인 경우는 직접적인 점유의 이전이 없더라도 상속인이 물권을 당연 승계한다. 또한 채권 등 다른 기타의 재산권도 특별한 권리양도의 형식 없이 당연히 상속인에게 이전한다.

만약 상속권이 없는 자가 무단으로 개별적인 재산권을 침해하고 있다면 상속회복청구권이전에 소유권에 기한 물권적 청구권을 행사할 수 있다. 나아가 그러한 침해가 상속인의 포괄적인 법적 지위를 침해한 것이라면 상속인은 상속권에 기한 상속회복청구권도 행사할 수 있다.

한편, 인격권이나 친족법상의 권리 · 의무와 같이 일신전속성이 강한 권리는 상속되지 않는다. 그리고 공동상속인은 각자의 상속분에 의하여 피상속인의 권리의무를 승계하며 분할을 할 때까지는 상속재산을 공유한다.

8. 상속분

상속분이란 각 공동상속인이 상속재산에 대해서 갖는 권리의무의 법정 비율을 의미하는데, 각 상속인이 받을 구체적 법정상속재산가액은 적극·소극의 전 상속재산에 각자의 상속분을 곱하여 산정하게 된다.

피상속인의 의사에 의하여 상속분을 결정하는 것을 지정상속분이라 하고, 법률의 규정에 의하여 상속분이 정하여지는 것을 법정상속분이라고 한다.

먼저 지정상속분의 경우 피상속인은 유언에 의하여 포괄적 유증을 할 수 있으며, 포괄적 유증을 받은 자는 재산상속인과 동일한 권리·의무가 있다.

이러한 지정상속분이 없는 경우, 즉 피상속인이 공동상속인의 상속분을 지정하지 않았을 때에는 그 상속분은 민법이 규정한 바에 따라 균분상속의 원칙에 따른다.

(1) 특별수익자 상속분

우리 민법은 공동상속인 중에 피상속인으로부터 재산의 증여 또는 유증을 받은 특별수익자가 있는 경우에 공동상속인들 사이의 공평을 기하기 위하여 그 수증재산을 상속분의 선급으로 다루어 구체적인 상속분을 산정함에 있어 이를 참작하도록 하고 있다.

(2) 기여분제도

기여분제도는 공동상속인 가운데 상당한 기간 동거·간호, 그 밖의 방법으로 피상속인을 특별히 부양하거나 피상속인의 재산의 유지 또는 증가에 특별히 기여한 자가 있을 때, 상속분 산정에 그러한 특별한 기여나 부양 등을 고려하는 제도를 말한다.

9. 상속의 승인과 포기

(1) 의의

상속의 승인이란 상속의 개시에 의하여 피상속인에게 속하였던 재산상의 모든 권리·의무가 상속인에게 귀속되는 효과를 인정하는 것을 말하며, 이 권리·의무의 귀속을 전면적으로 승인한다면 단순승인(單純承認)이 되지만 제한적으로 승인한다면 한정승인이 된다.

그리고 상속개시에 의하여 발생하는 효과를 상속개시시에 소급하여 소멸시키는 의사표시를 하게 되면 상속을 포기하는 것이다.

(2) 기간

상속인은 상속인이 상속개시가 있음을 안 날로부터 3월 내에 상속의 승인 또는 포기를 하여야 하는데, 만약 상속인이 이 기간 내에 적극적인 승인을 하지 않고 기간이 경과하면 단순승인이 된다.

(3) 단순승인

피상속인의 상속재산에 대한 권리나 채무를 무제한·무조건으로 승계하는 것을 말한다. 단순승인의 의사표시는 별도의 신고를 요하지 않는 무방식 불요식행위이고 묵시적으로 가능하다.
단순승인을 하게 되면 상속인은 무제한으로 피상속인의 모든 재산상의 권리와 채무를 승계한다.

(4) 한정승인

한정승인이란 상속인이 상속으로 인하여 얻은 적극재산의 한도에서 피상속인의 채무와 유증을 변제하는 것을 조건으로 상속을 승인하는 것을 말한다. 한정승인은 상속인이 피상속인의 재산상태에 대해서 알지 못하는 경우 이용할 수 있는 상속승인 방식이다.
상속인은 상속에 의하여 얻은 재산의 한도에서 피상속인의 채무와 유증의 변제를 하면 된다. 한정승인을 하더라도 채무는 전부 존속하므로 한정승인 전에 보증을 하거나 물상보증을 한 자는 채무의 전액에 대하여 책임을 진다.

(5) 상속포기

상속포기란 상속으로 인하여 생기는 모든 권리·의무의 승계를 부인하고 처음부터 상속인이 아니었던 효력을 생기게 하는 단독의 의사표시로서 상속포기를 할 수 있는 자는 상속권이 있고 또 상속순위에 해당한 자만이 할 수 있다. 그러나 상속인이 제한능력자인 경우에는 법정대리인이 할 수 있다.
상속인이 상속을 포기할 때에는 이해관계인 또는 검사 등에 의하여 가정법원에 대한 기간연장의 청구가 없는 한, 상속이 개시된 것을 안 날로부터 3월 내에 가정법원에 포기의 신고를 하여야 한다.

Ⅱ. 유언

1. 유언제도의 의의

유언제도는 사유재산제도에 기한 재산처분의 자유의 한 형태로서 발전해온 것이며, 유언자가 남긴 최종의 의사를 존중하고, 사후에 그 의사의 실현을 보장하기 위하여 인정되는 제도이다. 유언은 재산관계에 한정되지 않으나 대부분은 상속이나 유증에 관한 것이며, 신분상의 유언사항인 인지의 경우에도 대부분 물질적인 것, 즉 상속이나 부양의무와 관련해서 행해지는 경우가 대부분이라고 할 수 있다.

2. 법적성질

유언은 일정한 방식에 따라 행하여지는 상대방 없는 단독행위로서 유언자의 사망과 동시에 법률효과가 발생하는데, 이러한 엄격한 요식성을 갖추어야 하기 때문에 법률이 정한 유언방식에 위반하는 유언은 무효이다.

그리고 유언은 상대방 없는 단독행위이기 때문에 가령 유증을 받을 자의 승낙은 물론 유증을 받을 자 등에 대한 의사표시도 요하지 않는다.

유언은 유언자 본인의 독립된 의사에 의하여 이루어져야 하기 때문에 대리가 허용되지 않기 때문에 제한능력자라 하더라도 법정대리인의 동의가 필요 없다.

유언은 유언자가 사망하기 전까지는 유언에 따른 법률상의 권리취득이 불가능할 뿐만 아니라 유언자는 언제든지 자신의 유언을 철회할 수도 있다

유언은 유언자의 진정한 의사표시를 그 본질적 구성요소로 하는 일신전속적 법률행위이기 때문에 우리 민법은 17세에 달한 때로부터 유언을 할 수 있다고 규정하면서, 제한능력자에 관한 규정은 유언에 관해서는 이를 적용하지 않고 있다.

3. 유언의 방식

표의자의 진의를 명확히 하고 분쟁과 혼란을 피하기 위하여 유언은 민법이 정한 바에 의하지 아니하면 효력이 생기지 않기 때문에 유언은 일정한 방식을 요구하며, 이 방식에 따르지 않는 유언은 유언자의 진정한 의사에 합치하더라도 무효이다. 유언방식에 관하여 민법은 5가지 방식에 의한 유언만을 인정하는 법정요식주의를 채택하고 있다.

(1) 자필증서에 의한 유언

자필증서에 의한 유언은 유언자가 그 전문과 연월일, 주소, 성명을 자서하고 날인하여야 한다. 자필증서에 의한 유언은 법률이 정한 사항을 자서(自書)하는 것이 절대적 요건이다. 따라서 타인에게 구수(口授)·필기(筆記)시킨 것이거나 타자나 복사한 것은 자필증서로 인정되지 않으므로 무효이다.

자필증서에 있어서 특히 연월일(年月日)은 유언의 중요한 요건이라 할 수 있는데, 유언의 성립시기는 유언능력의 유무를 판단하는 기준시가 될 뿐만 아니라, 내용이 서로 저촉되는 복수의 유언증서가 있는 경우에 그 우열을 판단하는 기준이 되기 때문이다.

(2) 녹음에 의한 유언

녹음이란 음향이나 영상 등 복사매체를 이용하여 표현자의 표현을 기록하는 것을 의미한다. 녹음에는 아날로그 방식이나 디지털 방식 등 아무런 제한이 없다.

여기서 녹음이란 음향이나 영상 등 복사매체를 이용하여 표현자의 표현을 기록하는 것을 의미하는데, 녹음에는 아날로그 방식이나 디지털 방식 등 아무런 제한이 없다.

(3) 공정증서에 의한 유언

공정증서에 의한 유언은 유언자가 증인 2인이 참여한 공증인의 면전에서 유언의 취지를 구수하고 공증인이 이를 필기 낭독하여 유언자와 증인이 그 정확함을 승인한 후 각자 서명 또는 기명날인하여야 한다.

공정증서에 의한 유언은 자기가 유언증서를 작성하지 않아도 할 수 있는 유언의 방식으로, 유언의 존재를 명확히 하고 내용의 진실성을 확보할 수 있다는 점이 특징이다.

(4) 비밀증서에 의한 유언

비밀증서에 의한 유언은 유언자가 필자의 성명을 기입한 증서를 엄봉날인하고 이를 2인 이상의 증인의 면전에 제출하여 자기의 유언서임을 표시한 후 그 봉서표면에 제출연월일을 기재하고 유언자와 증인이 각자 서명 또는 기명날인하여야 한다.

(5) 구수증서에 의한 유언

구수증서에 의한 유언은 질병 기타 급박한 사유로 인하여 전 4조의 방식에 의할 수 없는 경우에 유언자가 2인 이상의 증인의 참여로 그 1인에게 유언의 취지를 구수하고 그 구수를 받은 자가 이를 필기 낭독하여 유언자의 증인이 그 정확함을 승인한 후 각자 서명 또는 기명날인하여야 한다.

여기서 구수란 말로 표현하는 것을 받아서 듣는 것을 의미한다. 구수에 의한 방식은 급박한 상황에 처한 유언자의 유언을 청취하는 방식이기 때문에 다른 유언절차가 불가능할 때 보충적으로 이루어지는 유언방식이다.

4. 유언의 효력발생시기

유언은 유언증서를 작성한 시점에 성립하고 언제든지 철회할 수 있으며, 그 효력은 유언자가 사망한 때로부터 발생하는 것이 원칙이다.

다만, 조건·기한부유언, 유언인지, 친생부인, 재단법인의 설립행위 등의 경우에는 사망에 의한 효력발생이라는 원칙에는 예외로 취급한다.

Ⅲ. 유류분

1. 제도적 취지

개인의 사적 소유를 보장하는 헌법 아래에서 누구나 자기의 소유재산을 증여하거나 유증하는 자유를 가는데, 이러한 자유를 무제한 허용한다면 상속재산의 전부가 타인에게 넘어가 상속인의 생활기반이 붕괴할 우려가 있고, 특히 상속인이 노령의 생존배우자이거나 미성숙한 자(子)인 경우, 피상속인이 사망한 날로부터 생활이 곤궁하게 되거나 부양받을 가능성을 잃게 된다. 또한 피상속인의 재산이라 하더라도 실질적으로는 상속인의 재산이 혼재해 있거나, 상속인이 재산형성에 협력한 경우도 있을 수 있다. 그래서 우리 민법에서는 유류분제도를 둠으로써 개인의 재산처분의 자유와 상속인의 보호라는 양 측면을 조화시키고 있는 것이다.

2. 의의

상속이 개시되면 일정한 범위의 상속인이 피상속인의 재산의 일정한 비율을 확보할 수 있는 지위를 가지는데 이를 유류분권이라 한다.

피상속인의 생전증여나 유증이 상속인의 유류분을 침해하는 경우 유류를 침해당한 상속인은 유류분을 침해한 한도에서 수증자나 수유자에게 부족분의 반환을 요구할 수 있다.

유류분권은 일신전속권이 아니기 때문에 상속개시 후에는 유류분권의 상속과 양도도 가능하고 채권자대위권의 객체가 된다.

3. 유류분권리자

유류분권을 가지는 유류분권리자는 피상속인의 직계비속·배우자·직계존속·형제자매이다. 상속순위와 같이 선순위상속인이 있으면 후순위자에게는 유류분권이 없다.

태아도 살아서 출생하면 유류분권을 가지며, 대습상속인도 피대습자의 상속분의 범위 내에서 유류분을 갖는다.

유류분권리자의 유류분은 피상속인의 직계비속과 배우자의 경우에는 법정상속분의 2분의 1이고, 직계존속과 형제자매의 경우에는 법정상속분의 3분의 1이다

4. 유류분의 대상

유류분산정의 기초가 되는 재산이란 상속개시시에 있어서 가진 재산의 가액에 증여재산의 가액을 가산하고 채무의 전액을 공제한 재산이다. 재산평가의 방법은 상속분의 산정과 같지만, 조건부 권리 또는 존속기간이 불확정한 권리는 가정법원이 선임한 감정인의 평가에 의하여 그 가격을 정한다.

5. 유류분의 반환청구권

유류분권리자가 상속개시 후 현실적으로 받은 재산이 유류분에 미달한 때에, 유류분권리자 또는 그 승계인은 유류분을 보전하는데 필요한 한도에서 유증 또는 증여된 재산의 반환을 청구할 수 있다.

다만, 이러한 반환의 청구권은 유류분권리자가 상속의 개시와 반환하여야 할 증여 또는 유증을 한 사실을 안 때로부터 1년 내에 하지 아니하거나, 상속이 개시한 때로부터 10년을 경과한 때에는 시효에 의하여 소멸한다.

제7편
상 법

정동근

서울대 법대 졸. 사법연수원 40기. (現) 법무법인 조율 변호사.

제1장 총설

제1절 상법의 개념

경제생활 일반을 규율하는 일반사법인 민법에 대하여 상법은 기업을 중심으로 전개되는 생활관계를 규율하는 특별사법이다. 이러한 상법은 성문법인 상법전을 의미하는 형식적 의미의 상법과 상법전의 존재여부와 상관없이 기업생활관계를 규율하는 실질적 의미의 상법인 있다.

1. 형식적 의미의 상법

형식적 의미의 상법을 의미하는 상법전은 독일 · 프랑스 등 대륙법계 국가에서는 존재하나, 영국 · 스웨덴 등에는 존재하지 않는다. 우리나라는 상법전이 존재하는데, 이는 1962. 1. 20. 법률 제1000호로 공포되어 1963. 1. 1.부터 시행되어 왔다. 이러한 상법전은 제1법 총칙, 제2편 상행위, 제3편 회사, 제4편 보험, 제5편 해상으로 구성된 총 5편, 935개 조문 및 부칙으로 되어있다.

2. 실질적 의미의 상법

실질적 의미의 상법은 '기업에 관한 특별사법'이라고 정의할 수 있다.

가. '기업'에 관한 특별사법

기업이란 상인적 설비와 방법에 의하여 영리의 목적으로 경영활동을 하는 경제적 생활체를 말한다.

나. 기업에 '관한' 특별사법

기업의 주체만을 규율하는 것이 아니라, 기업주 아닌 일반인도 기업과 고래를 하는 한 상법의 적용을 받는다.

다. 기업생활에 관한 '특별사법'

상법은 기업을 중심으로 한 경제생활을 규율하는 법으로써, 일반의 경제생활과 관련된 민법과 다르다.

제2절 상법의 법원

1. 의의
상법의 법원이란 기업에 특유한 생활관계를 규율하는 법규범으로서의 상법의 존재형식을 말한다. 상사제정법, 상사조약, 상관습법, 상사자치법 등을 들 수 있다.

2. 적용순서
상법 제1조는 '상사에 관하여 본법에 규정이 없으면 상관습법에 의하고 상관습법이 없으면 민법에 의한다'라고 규정하고 있어, 법원의 적용순서는 상사자치법, 상사특별법령 및 상사조약, 상법전, 상관습법, 민사특별법령 및 민사조약, 민법전 및 민사관습법 이다.

제2장 총칙

제1절 상인

1. 의의
상인은 기업의 조직과 활동의 주체로서 기업조직 및 기업의 대외적 활동에서 생기는 법률관계의 당사자가 된다. 일반적으로 개인기업의 경우 '영업주'가, 회사기업의 경우 '회사' 자체가 상인이 된다.

2. 종류
가. 당연상인
자기명의로 상행위를 하는 자를 당연상인이라 한다. '자기명의'란 자기가 행위의 결과 발생하는 권리의무의 주체가 된다는 것이고, '상행위'란 상법 제46조의 기본적 상행위와 특별법의 상행위를 말한다.

나. 의제상인

상법 제5조는 '의제상인'이라 칭하고, '점포 기타 유사한 설비에 의하여 상인적 방법으로 영업을 하는 자는 상행위를 하지 아니하더라도 상인으로 본다. 회사는 상행위를 하지 아니하더라도 같다'라고 규정하고 있다. 여기서 전자를 설비상인이라 하고, 후자를 민사회사라 한다.

다. 소상인

소상인이란 자본금이 1,000만원 미만으로 회사가 아닌 자를 말한다. 이러한 소상인에게는 지배인, 상호, 상업장부, 상업등기에 관한 규정은 적용되지 않는다.

3. 상인자격의 득실

상인자격은 자연인뿐만 아니라 법인도 취득할 수 있는 것으로, 상법 제4조, 제5조의 요건을 구비하면 상인자격을 취득하고, 사실상의 영업종료로써 상실한다.

특히 영리법인의 경우는 설립등기에 의하여 상인자격을 취득하고 청산을 종료한 때 상인자격을 상실하며, 비영리법인인 공익법인의 경우에는 상인자격을 영업의 개시와 함께 취득하고 영업의 종료로 상인자격을 상실한다.

제2절 상업사용인

1. 의의

상업사용인이란 대내적으로 특정상인에 종속되어 그 상인의 영업에 관한 대외적 거래를 포괄적으로 대리하는 자로서, 자연인에 한한다.

2. 종류

가. 지배인

지배인은 영업주에 갈음하여 영업에 관한 재판상 또는 재판외의 모든 행위를 할 수 있는 권한을 가진 상업사용인이다. 이러한 지배인의 선임은 영업주의 의사표시로 족하나, 회사의 경우 단체법상 이사회 결의와 같은 특별한 절차가 요구되고, 지배인 지위는 계약의 종료, 지배인의 영업양수와 상속, 영업의 폐지, 회사의 해산, 지배인의 사망 등으로 종료되며, 상인은 지배인의 선임과 그 대리권의 소멸에 관하여 그 지배인을 둔 본점 또는 지점소재지에 등기하여야 한다.

또한 수인의 지배인이 있는 경우 원칙적으로 각자 대리권을 행사할 수 있으나, 상인은 수인의 지배인에게 공동으로 대리권을 행사하게 할 수 있는데, 이는 지배권의 행사방법상 제한으로, 영업주는 공동지배인의 선임·종임 및 그 변경을 등기하여야 한다.

나. 부분적 포괄대리권을 가진 상업사용인

영업주의 영업의 특정한 종류 또는 특정한 사항에 관하여 재판 외의 모든 행위를 할 수 있는 대리권을 가진 상업사용을 말하는 것으로, 이는 개별적 행위에 관한 것이 아니라 일정한 범위로 포괄적이고 불가제한적인 점에서는 민법상의 대리와 다르고 지배인의 지배권과 같다. 단 지배인의 경우와는 달리 재판상의 행위는 할 수 없다.

다. 물건판매점포사용인(의제상업사용인)

물건을 판매하는 점포의 사용인은 그 판매에 관한 모든 권한이 있는 것으로 의제되는 것으로, 영업주의 수권여부와 관계없이 동 사용인의 대리권을 의제하여 강력한 외관주의를 적용한 것이다.

3. 상업사용인의 의무

가. 경업금지의무

상업사용인은 영업주의 허락없이 자기 또는 제3자의 계산으로 영업주의 영업부류에 속하는 거래를 하지 못한다. 이러한 의무를 위반한 경우 그 거래행위 자체는 유효하나, 영업주는 대내적으로 상업사용인에 대하여 그 의무위반으로 인한 손해배상을 청구하거나 고용계약을 해지할 수 있다. 또한 영업주의 개입권을 인정함으로서, 경업거래를 사용인의 계산으로 한 경우 영업주의 계산으로 한 것으로 보고, 제3자의 계산으로 한 경우 그 사용인에 대하여 이로 인한 이득의 양도를 청구할 수 있다.

나. 겸직금지의무

상업사용인은 영업주의 허락없이 다른 회사의 무한책임사원, 이사 또는 다른 상인의 사용인이 되지 못한다. 이러한 의무 위반의 경우 그 취임행위 자체에는 영향을 미치지 못하나 영업주는 그 상업사용인에게 손해배상의 청구 또는 계약의 해지할 수 있다. 그러나 경업금지의무와는 달리 영업주의 개입권은 인정되지 못한다.

제3절 상호

1. 의의

상호란 상인이 영업상 자기를 표시하기 위하여 사용하는 명칭이다. 우리 상법은 제18조에서 상호선정의 자유에 대하여 규정함으로써 상호자유주의적인 태도를 취하고 있으나, 회사의 상호에는 그 종류에 따라 합명회사, 합자회사, 주식회사 또는 유한회사의 문자를 사용하여야 하고, 회사가 아니면 상호에 회사임을 표시하는 문자를 사용하지 못하게 하고 있다. 또한 동일한 영업에는 단일상호를 사용하여야 하고, 지점의 상호에는 본점과의 종속관계를 표시하게 하고 있다.

회사는 설립등기에 의하여 법인격을 취득함으로써 존속할 수 있고, 회사의 동일성을 나타내는 명칭은 상호가 유일하다는 점에서 회사의 상호는 반드시 등기하여야 한다.

2. 상호의 보호

가. 상호권

상호권이란 사인이 그가 적법하게 선정 또는 승계한 상호의 사용에 관한 경제적 이익을 할유할 권리를 말한다.

나. 상호권의 내용

1) 상호사용권

상인이 타인으로부터 방해를 받지 아니하고 상호를 자유롭게 선정하여 사용할 수 있는 것을 말한다.

2) 상호전용권

상호를 적법하게 선정·사용하는 상호권자에게는 타인이 자기 상호를 부정한 목적으로 사용할 때에 상호에 관한 독점적 권리로서 타인의 상호 사용을 배척할 수 있는 적극적 청구권이다. 그 내용으로는 상호를 부정한 목적으로 사용하는 타인에게 그 폐지를 청구할 수 있는 상호폐지청구권, 부정사용하고 있는 타인의 상호가 등기까지 된 경우에 그 말소를 구할 수 있는 상호등기말소청구권, 타인의 부정사용으로 인해 발생한 손해에 대하여 그 배상을 청구할 수 있는 손해배상청구권, 과태료의 제재 등이 있다.

3) 등기상호권자의 등기배척권

상법은 제22조에서 '타인이 등기한 상호는 동일한 특별시 · 광역시 · 시군에서 동종영업의 상호로 등기하지 못한다'라고 하여 등기상호권자에게 특별한 지위를 인정해주고 있다.

3. 상호의 이전과 폐지

가. 상호의 이전

상호는 영업을 폐지하거나 영업과 함께 하는 경우에 한하여 이를 양도할 수 있다. 또한 상호권은 재산권적 성질을 가지므로 상속도 가능한데, 이 경우 상호의 양도와 달리 대항요건으로서 그 등기를 요하지 않는다.

나. 상호의 폐지

상호를 등기한 자가 정당한 사유없이 2년간 상호를 사용하지 아니한 때에는 이를 폐지한 것으로 본다.

제4절 상업장부

상업장부는 상인이 영업상의 재산 및 손익의 상황을 명백하게 하기 위하여 상법상의 의무로서 작성하는 장부를 말하는 것으로, 재무제표와 동일하지 않다. 이는 상인이 영업상의 거래 기타 기업재산의 일상의 동적 상태를 기록하기 위한 장부인 회계장부와 일정시기에 있어서의 기업의 총재산을 자산 · 부채 · 자본의 항목으로 나누어 기업의 재무상태를 일목요연하게 나태내는 개괄표인 대차대조표로 구분된다.

제5절 상업등기

1. 의의

일정한 사항을 공시할 목적으로 상법규정에 의해 등기할 사항을 법원의 상업등기부에 기재하는 것을 말한다.

2. 등기사항

반드시 등기해야 하는 절대적 등기사항과 기업의 의사에 따라 등기할 것인지 여부를 결정할 수 있는 사항인 상대적 등기사항으로 나뉜다. 그러나 상대적 등기사항이라도 일단 등기한 경우 그 사항의 변경 및 소멸은 절대적 등기사항이다.

3. 상업등기의 효력

가. 등기 전의 효력(소극적 공시의 원칙)

등기사항을 등기하기 전에 그 사실을 주장할 수 있는가의 문제로, 등기신청권자는 선의의 제3자에게 사실대로의 법률효과를 주장하지 못한다.

나. 등기 후의 효력(적극적 공시의 원칙)

등기사항이 등기대로임을 선의의 제3자에게 대항할 수 있는 것이다.

다. 부실등기의 효력

고의 또는 과실로 인하여 사실과 상위한 사항을 등기한 자는 그 상위를 선의의 제3자에게 대항하지 못하는 것을 말한다.

제6절 영업양도

1. 의의

영업양도의 대상이 되는 영업이란, 객관적 의미의 영업으로서, 적극 내지 소극 재산으로 구성된 영업용 재산과 재산적 가치있는 사실관계를 합한 유기적 일체로서의 영업을 의미한다. 이에 따라 영업양도란 일정한 영업목적에 의하여 조직화된 유기적 일체로서의 기능적 재산을 일체로서 이전하는 채권계약을 의미한다. 이는 개별 재산권이 각각 이전되는 특정승계로서, 합병등기를 통한 포괄승계인 합병과는 구별된다.

2. 영업양도의 효과

가. 계약상 효과

1) 영업재산(물적 조직)의 이전의무

영업양도계약은 채권계약이므로 그 이행으로써 양도인은 영업재산을 이전할 의무를, 양수인은 양도인에게 양수대금을 지급할 의무를 부담하게 된다.

2) 종업원과의 고용관계(인적 조직) 이전의무

양도인은 종업원과의 고용관곌ㄹ 양수인에게 이전시켜 고용관계가 지속되도록 할 의무가 있다.

나. 대내적 효과(경업금지의무)

영업을 양도한 경우 다른 약정이 없으면 양도인은 10년간 동일한 특별시 · 광역시 · 시 · 군과 인접 특별시 · 광역시 · 군에서 동종영업을 하지 못하고, 양도인이 동종영업을 하지 아니할 것을 약정한 때에는 동일한 특별시 · 광역시 · 시 · 군과 인접 특별시 · 광역시 · 시 · 군에 한하여 20년을 초과하지 아니한 범위내에서 그 효력이 있다.

양도인이 경업금지의무를 위반한 경우 영업의 폐지 및 장래를 향한 적당한 처분을 청구할 수 있고, 채무불이행을 이유로 한 손해배상을 청구할 수 있다.

다. 대외적 효과(제3자 보호)

상법 제42조와 제44조에서는 채권자를 보호하기 위하여 상호를 속용하는 양수인의 책임으로 영업양수인이 양도인의 상호를 계속 사용하는 경우 양도인의 영업으로 인한 제3자의 채권에 대하여 양수인도 변제할 책임이 있고, 영업양수인이 양도인의 상호를 계속 사용하지 아니하는 경우에도 양도인의 영업으로 인한 채무를 인수할 것을 광고한 때에는 양수인도 변제할 책임이 있음을 규정하고 있다.

또한 상법 제43조는 채무자의 이중지급에 대한 위험을 보호하기 위하여 양도인의 영업으로 인한 채권에 대하여 채무자가 선의이며 중대한 과실 없이 양수인에게 변제한 때에는 그 효력이 있다고 규정하고 있다.

제3장 상행위

제1절 통칙

1. 상행위의 의의

실질적 의미의 상행위란 기업이 유통활동으로서 하는 영리행위라 할 수 있고, 형식적 의미의
상행위란 상법 및 특별법에서 상행위로 규정되어 있는 상행위를 말한다.

이러한 행위는 당사자에 따라 거래당사자 중 일방에 대해서만 상행위가 되는 일방적 상행위와
쌍방에 대하여 상행위가 되는 쌍방적 상행위가 있는데, 모두 상법이 적용됨이 원칙이다. 또한
내용에 따라 담보부사채신탁법에 의한 사채총액의 인수 행위를 말하는 절대적 상행위와 당연상
인이 영업으로 하는 상행위인 기본적 상행위, 의제상인이 영업으로 하는 준상행위, 상인이 영
업을 위하여 하는 보조적 상행위를 포함하는 상대적 상행위로 분류할 수 있다.

2. 상행위의 특칙

상법상 거래에서는 거래의 원활과 편리를 위하여 민법과는 달리 영리성·신속성·반복성·비개성
등이 강조되는 바, 이를 위해 민법과 달리 아래와 같은 특칙이 규정되어져 있다.

가. 민법총칙에 대한 특칙

상행위의 대리에 있어서 비현명주의, 위임의 본지에 반하지 아니하는 범위 내에서 위임을 받지
아니한 행위를 할 수 있다는 상행위의 위임, 본인의 사망으로 인하여 소멸하지 않는 대리권의
존속, 5년인 소멸시효 등이다.

나. 물권법에 대한 특칙

민사유치권에 비하여 개별적 견련관계를 요하지 않고 대신 채권자가 거래상 점유하게 된 채무
자의 소유물이라는 사실 즉 일반적 견련성만으로 족한 상사유치권, 질권설정 당시 또는 변제기
전의 계약으로 변제에 갈음하여 질권자에게 질물의 소유권을 취득하게하거나 기타 법률이 정한
방법에 의하지 않는 질물의 처분을 약정하는 유질계약의 금지에 대한 민법규정을 적용하지 않
는 상사질권 등이 있다.

다. 채권법에 대한 특칙

6%를 인정하는 법정이율, 수인이 그 1인 또는 전원에게 상행위가 되는 행위로 인하여 채무를 부담한 때의 연대채무, 보증인이 있는 경우 그 보증이 상행위이거나 주채무가 상행위로 인한 것인 때에는 주채무자와 보증인은 연대하여 변제할 책임이 있는 연대보증, 지점에서의 거래로 인한 채무이행의 장소가 그 행위의 성질 또는 당사자의 의사표시에 의하여 특정되지 아니한 경우에는 특정물의 인도 이외의 채무의 이행은 그 지점을 이행장소로 보는 것, 법령 또는 관습에 의하여 영업시간이 정하여져 있는 때에는 채무의 이행 또는 이행의 청구는 그 시간내에 해야하는 것, 상인이 그 영업범위 내에서 타인을 위하여 행위를 한 때에는 이에 대하여 상당한 보수를 청구할 수 있는 점, 보수를 받지 아니한 때에도 선량한 관리자의 주의를 해야하는 상사임치, 낙부통지의무(상법 제53조), 물건보관의무(상법 제60조) 등이 있다.

제2절 상사매매

상사매매란 상법이 적용되는 매매로, 일방적 상행위인 매매도 포함된다. 그러나 상법에서는 쌍방적 상행위에 대하여 매도인의 보호 및 분쟁예방의 취지상 아래와 같은 특칙을 두고 있다.

1. 매도인의 공탁권 및 경매권

매도인이 적법하게 이행의 제공을 함에도 불구하고 매수인이 수령을 거절 또는 지체하여 채권자지체 상태가 되면, 매도인은 매매의 목적물을 공탁하거나 경매할 수 있다. 법원의 허가 없이 경매할 수 있다는 점에서 매도인의 보호를 위한 특칙으로서의 의미를 갖는다.

2. 정기매매에서의 해제의 의제

정기매매에서 이행기가 경과하였음에도 매수인이 즉시 이행청구를 하지 않으면 매매계약이 해제된 것으로 간주(상법 제68조)하는 것으로, 이행지체만으로 해제의 의사표시 없이 해제된 것으로 의제된다는 점에서 특칙으로서의 의미를 갖는다.

3. 매수인의 목적물검사하자통지 의무

상법은 매수인에게 검사·통지의무를 부과함으로써 민법에 비하여 담보책임의 요건을 엄격하게 규정하고 있는데, 하자 또는 수량의 부족을 발견한 경우 즉시 매도인에게 그 통지를 발송하지 아니하면 이로 인한 계약해제, 대금감액 또는 손해배상을 청구하지 못한다. 즉시 발견할 수 없는 하자의 경우라도 6월 내에 통지하여야 한다.

4. 목적물보관 및 공탁의무

매수인이 계약을 해제한 경우 매수인은 매도인의 비용으로 매매목적물을 보관 또는 공탁하여야 한다. 이는 원격지 매매의 경우 매도인으로 하여금 운송물을 현지에서 처분할 수 있는 기회를 확보하여 주고 운송에 따른 위험보담의 최소화르를 통하여 매도인을 보호하고자 하는 취지이다.

제3절 상호계산

1. 의의

상호계산이란 상인간 또는 상인과 비상인간에 상시 거래관계가 있는 경우 일정한 기간의 거래로 인한 채권채무의 총액에 관하여 상계하고 그 잔액을 지급할 것을 약정하는 계약이다. 이는 결제의 간이화 기능, 신용제공기능, 담보기능이 있다. 어음 기타 유가증권상의 채권채무는 제시증권성·상환증권성으로 인해 특수한 행사방법을 요하므로 제외된다.

2. 효력

가. 상호계산기간 중의 효력

각 채권·채무는 상호계산기간 중에는 집단적으로 묶이게 되고 개별적 효력은 발생하지 않게 되어 그 독립성을 상실하고 계산폐쇄일에 하나의 채무로 된다. 당사자간 상계할 기간을 정하지 아니한 때에는 그 기간을 6월로 한다.

나. 상호계산기간 경과 후의 효력

잔액채권은 채권·채무의 각 항목을 기재한 계산서를 각 당사자가 승인함으로써 확정되고, 상계로 인한 잔액에 대하여는 채권자는 계산폐쇄일 이후의 법정이자를 청구할 수 있다.

3. 종료

상호계산의 종료의 일반적인 원인은 거래관계의 종료, 영업의 양도, 계약의 존속기간의 만료이다. 하지만 각 당사자는 언제든지 상호계산을 해지함으로써 상호계산은 종료되고, 즉시 계산을 폐쇄하고 잔액의 지급을 청구할 수 있다.

제4절 익명조합

1. 의의

익명조합은 당사자의 일방(익명조합원)이 상대방의 영업을 위하여 출자하고 상대방(영업주)은 그 영업으로 인한 이익을 분배할 것을 약정하는 계약을 말한다.

2. 내부관계

가. 출자

익명조합원만이 출자의무를 지며, 출자목적물은 재산에 한정되며 신용이나 노무는 그 대상이 되지 않는다.

나. 영업의 수행

영업자가 단독으로 한다.

다. 익명조합원의 감시권

익명조합원은 영업수행권이 없으므로, 그의 보호를 위해 영업감시권이 인정된다.

라. 손익분배

이익의 분배는 익명조합의 본질적인 요소로 영업성과에 따라 불확정적인 것이고, 이익분배의 비율은 민법의 조합에 관한 규정을 준용하여 첫째 당사자의 약정에 따르고, 둘째 손실분배비율이 있으면 이익분배비율로 추정되고, 셋째 출자액과 영업자의 투하재산에 비례하여 결정한다. 손실의 분담은 익명조합의 본질적인 요소는 아니므로, 특약에 의해 손실의 분담을 배제할 수 있다.

마. 지위의 전속성

익명조합원의 출자는 영업자에 대한 고도의 신뢰를 전제로 한 것이므로, 특약이 없는 한 영업자가 그 지위를 타인에게 양도할 수 없고, 상속·합병에 의해서도 승계될 수 없다.

3. 외부관계

익명조합원이 출자한 금전 기타의 재산은 영업자의 재산으로 보고, 익명조합원은 영업자의 행위에 관하여 제3자에 대하여 권리나 의무가 없다. 그러나 익명조합원이 자기의 성명을 영업자의 상호 중에 사용하게 하거나 자기의 상호를 영업자의 상호로 사용할 것을 허락한 때에는 명의대여자의 책임으로서 그 사용 이후의 채무에 대하여 영업자와 연대하여 변제할 책임이 있다.

4. 종료

익명조합의 종료원인으로는 먼저 계약의 해지가 있으며, 법정종료사유로 영업의 폐지 또는 양도, 영업자의 사망 또는 금치산, 영업자 또는 익명조합원의 파산이 있다. 익명조합계약이 종료한 때에는 영업자는 익명조합원에게 그 출자의 가액을 반환하여야 하나, 출자가 손실로 인하여 감소된 때에는 그 잔액을 반환하면 된다.

제5절 합자조합

합자조합은 조합의 업무집행자로서 조합의 채무에 대하여 무한책임을 지는 조합원과 출자가액을 한도로 하여 유한책임을 지는 조합원이 상호출자하여 공동사업을 경영할 것을 약정함으로써 그 효력이 생긴다.

제6절 대리상

1. 의의

대리상은 자기를 위해 상거래를 하는 자가 아니라 다른 상인을 위하여 그 상인의 영업거래를 대리 또는 중개하는 방법으로 보조하는 자이다.

2. 대리상과 본인의 관계

대리상은 본인에 대하여 대리상이 거래의 대리 또는 중개를 한 때 지체없이 본인에게 그 통지를 발송해야하는 통지의무, 본인의 허락없이 자기나 제3자의 계산으로 본인의 영업부류에 속한 거래를 하거나 동종영업을 목적으로 하는 회사의 무한책임사원 또는 이사가 되지 못하는 경업금지의무, 계약의 종류 후에도 계약과 관련하여 알게 된 본인의 영업상 비밀을 준수해야하는 영업비밀준수의무 등의 의무를 진다.

그러나 대리상은 보수청구권 외에 대리상의 활동으로 본인이 새로운 고객을 획득하거나 영업상의 거래가 현저하게 증가하고 이로 인하여 계약의 종료 후에도 본인이 이익을 얻고 있는 경우 상당한 보상을 청구할 수 있는 보상청구권, 거래의 대리 또는 중개로 인한 채권이 변제기에 있는 때에는 그 변제를 받을 때까지 본인을 위하여 점유하는 물건 또는 유가증권을 유치할 수는 유치권 등이 있다.

3. 대리상과 제3자의 관계
법률행위의 경우 체약대리상의 경우는 대리의 법리에 의해 본인에게 의무와 책임을 지고, 중개대리상의 경우 처음부터 대리상은 전혀 당사자로서 관여하지 않았으므로 책임을 부담하지 않는다.

4. 종료
당사자가 계약의 존속기간을 약정하지 아니한 때에는 각 당사자는 2월 전에 예고하고 계약을 해지할 수 있다. 또한 임의해지, 영업폐지, 대리상의 금치산선고 등이 계약해지의 원인이 될 수 있다.

제7절 중개업

1. 의의
타인간의 상행위의 중개를 영업으로 하는 자를 중개인이라고 한다.

2. 중개인의 의무
중개인은 선관주의의무를 부담하는 외에, 견품보관의무, 결약서교부의무, 장부작성의무, 성명·상호묵비의무를 진다. 만약 중개인이 당사자 일방의 성명·상호를 묵비한 경우 상대방은 현실적으로 이행을 청구할 상대를 찾을 수 없고, 또 이러한 경우 중개인에 대한 신용을 전제로 계약이 체결된다고 할 수 있으므로, 중개인은 그 상대방에게 스스로 이행할 책임을 진다.

3. 중개인의 권리
중개인은 보수청구권이 존재하나, 특약 또는 관습이 없는 한 비용상환청구권을 행사할 수 없다.

제8절 위탁매매업

1. 의의

위탁매매인이란 자기명의로써 타인의 계산으로 물건 또는 유가증권의 매매를 영업으로 하는 자이다.

2. 내부관계(위탁매매인과 위탁자의 관계)

가. 위탁매매인의 의무

위탁매매인은 위임에 관한 규정을 적용하는 외에, 통지의무, 계산서제출의무, 지정가액준수의무 외에 위탁자를 위한 매매에 관하여 상대방이 채무를 이행하지 아니하는 경우 위탁자에 대하여 이를 이행할 책임인 개입의무가 있다.

나. 위탁매매인의 권리

위탁매매인에게는 보수청구권, 유치권, 매수물의 공탁·경매권 및 위탁매매인이 거래소의 시세 있는 물건의 매매를 위탁받은 때에는 직접 그 매도인이나 매수인이 될 수 있는 개입권이 있다.

3. 외부관계

위탁매매인은 위탁자를 위한 매매로 인하여 상대방에 대하여 직접 권리를 취득하고 의무를 부담하며, 위탁자는 제3자와의 사이에 아무런 직접적인 법률관계가 생기지 않는다.

위탁매매인이 위탁자로부터 받은 물건 또는 유가증권이나 위탁매매로 인하여 취득한 물건, 유가증권 또는 채권은 위탁자와 위탁매매인 또는 위탁매매인의 채권자 간의 관계에서는 이를 위탁자의 소유 또는 채권으로 본다.

4. 준위탁매매인

자기명의로 타인의 계산으로 매매 아닌 행위를 영업으로 하는 자 중 운송주선인을 제외한 자를 말하는 것으로, 물건 또는 유가증권의 매매의 주선을 전제로 하는 위탁매매인의 개입권, 위탁물에 대한 통지·처분의무, 매수물의 공탁·경매권, 매수위탁자가 상인인 경우의 상사매매규정의 준용 등은 준용되지 않는다.

제9절 운송주선업

자기의 명의로 물건운송의 주선을 영업으로 하는 자를 운송주선인이라 한다. 물건운송의 주선만 영업의 목적으로 한다는 점에서 위탁매매인과 구별된다.

제10절 운송업

육상 또는 호천·항만에서 물건 또는 여객의 운송을 영업으로 하는 자를 운송인이라 한다. 이때 물건을 보내는 이를 송하인, 수령하는 이를 수하인이라고 한다.

제1항 물건운송

1. 운송인의 권리·의무

가. 운송인의 권리

운송인도 상인이므로 당연히 보수청구권 즉 운임청구권을 갖고, 운송물에 관하여 받을 보수, 운임, 기타 위탁자를 위한 체당금이나 선대금에 관하여서만 그 운송물을 유치할 수 있는 유치권이 있으며, 운송물에 대한 공탁·경매권 및 운송인은 송하인에게 화물명세서교부청구권을 갖는다.

나. 운송인의 손해배상책임

운송인은 운송물의 멸실, 훼손, 연착으로 인한 손해를 배상할 책임이 있다. 이 때 배상액에 대하여 상법은 정액배상주의를 택하여, 운송물이 전부멸실 또는 연착된 경우의 손해배상액은 인도할 날의 도착지의 가격으로, 운송물이 일부 멸실 또는 훼손된 경우의 손해배상액은 인도한 날의 도착지의 가격하고 있으며, 만약 운송물의 멸실, 훼손 또는 연착이 운송인의 고의나 중대한 과실로 인한 때에는 운송인은 모든 손해를 배상하여야 한다. 또한 운송물의 멸실 또는 훼손으로 인하여 지급을 요하지 아니하는 운임 기타 비용은 그 배상액에서 공제하여야 한다.

송하인이 화폐, 유가증권 기타 고가물에 대하여 운송을 위탁한 때에는 그 종류와 가액을 명시한 경우에 한하여 운송인이 손해를 배상할 책임이 있다.

또한 수인이 순차로 운송할 경우 각 운송인은 운송물의 멸실, 훼손 또는 연착으로 인한 손해를 연대하여 배상할 책임이 있다.

2. 수하인의 법적 지위

가. 화물상환증이 발행되지 않은 경우

운송계약의 당사자가 아니면서 운송의 진행에 따라 운송인에게 운송물의 인도를 청구할 권리를 가진다. 즉 운송물 도착전에는 운송인에게 권리·의무를 갖지 않고, 운송물이 도착한 때에는 송하인과 동일한 권리를 취득하고, 운송물 수령시에는 운송인에 대하여 운임 기타 운송에 관한 비용과 체당금을 지급할 의무를 부담한다.

나. 화물상환증이 발행된 경우

운송물에 관한 일체의 권리자는 증권소지인만이 된다.

3. 화물상환증

가. 의의

육상물건운송계약에 있어서 운송인이 운송물의 수령을 증명하고 도착지에서 이를 증권소지인에게 인도할 의무를 표창하는 유가증권을 말한다. 화물상환증에는 유가증권성, 채권증권성, 요인증권성, 상환증권성, 문언증권성, 지시증권성, 인도증권성을 가진다.

나. 효력

1) 채권적 효력

송하인, 화물상환증 소지인, 수하인들 간의 권리의무 관계를 말하는 것으로, 요인증권성에 비추어 당사자간에는 화물상환증은 운송계약 이상의 구속력은 없다. 즉 운송인과 송하인간의 운송에 관한 채권관계는 운송계약에 의해 결정됨이 원칙이고, 소지인과 운송인 간 운송에 고나한 사항은 증권에 기재된 바에 따른다.

2) 물권적 효력

화물상환증에 의해 운송물을 받을 수 있는 자에게 화물상환증을 교부한 때에는 운송물 위에 행사하는 권리의 취득에 관하여 운송물을 인도한 것과 동일한 효력을 일컫는다.

제2항 여객운송

운송인은 자기 또는 사용인이 운송에 관한 주의를 해태하지 아니하였음을 증명하지 아니하면 여객이 운송으로 인하여 받은 손해를 배상할 책임이 있으며, 여객으로부터 인도를 받은 수하물에 관하여는 운임을 받지 아니한 경우에도 물건운송인과 동일한 책임을 지나, 인도받지 않은 수하물에 대하여는 자기 또는 사용인의 과실이 있어야 손해배상책임을 부담한다.

제11절 공중접객업

1. 의의
공중접객업자란 극장, 여관, 음식점, 그 밖의 공중이 이용하는 시설에 의한 거래를 영업으로 하는 자를 말한다.

2. 책임
공중접객업자는 객으로부터 수치한 물건의 멸실 또는 훼손에 대하여 그것이 불가항력으로 인하였음을 증명하지 않으면 손해배상책임을 면하지 못하고, 임치를 받지 아니한 물건이라도 그 물건이 공중접객업자 또는 그 사용인의 과실로 인하여 그 시설내에서 멸실 또는 훼손된 때에는 공중접객업자는 그 손해를 배상할 책임을 진다. 또한 객의 휴대물에 대하여 책임이 없음을 게시한 때에도 공중접객업자는 그 책임을 면하지 못한다.
만약 화폐, 유가증권, 기타의 고가물에 대하여는 객이 그 종류와 가액을 명시하여 임치하지 아니하면 공중접객업자는 그 물건의 멸실 또는 훼손으로 인한 손해를 배상할 책임이 있다.

제12절 창고업

1. 의의
타인을 위하여 창고에 물건을 보관함을 영업으로 하는 자를 창고업자라고 한다.

2. 창고업자의 의무
창고업자는 보관의무, 임치인의 검사 등 수인의무, 임치물에 대한 하자통지·처분의무, 손해배상채무, 창고증권의 발행의무가 있다.
여기서 창고증권이란 창고업자에 대한 임치물반환청구권이 표창된 유가증권으로, 임치한 물건이 가분물인 경우 임치인은 임치물을 수개로 분할하여 각 부분에 대해 창고증권을 발행받을 수 있고, 발행된 창고증권의 소지인도 창고업자에게 증권을 반환하고 임치물을 분할하여 각 부분에 대한 창고증권의 교부를 청구할 수 있다.

3. 창고업자의 권리

창고업자는 보관료 · 비용상환청구권과 공탁 · 경매권이 있다.

4. 종료

당사자가 임치기간을 정하지 아니한 때에는 창고업자는 임치물을 받은 날로부터 6월을 경과한 후에는 언제든지 이를 반환할 수 있으며, 이는 2주간 전에 예고하여야 한다.

제13절 금융리스업

1. 의의

2010. 5. 14. 상법이 개정되면서 제12장에 신설되었다. 금융리스업자란 금융리스이용자가 선정한 기계, 시설, 그 밖의 재산을 제3자로부터 취득하거나 대여받아 금융리스이용자에게 이용하게 하는 것을 영업으로 하는 자를 말한다.

2. 금융리스업자와 금융리스이용자의 의무

금융리스업자는 금융리스이용자가 금융리스계약에서 정한 시기에 금융리스계약에 적합한 금융리스물건을 수령할 수 있도록 하여야 하고, 금융리스이용자는 금융리스물건을 수령함과 동시에 금융리스료를 지급하여야 한다. 금융리스물건수령증을 발급한 경우에는 금융리스계약 당사자 사이에 적합한 금융리스물건이 수령된 것으로 추정한다. 금융리스이용자는 금융리스물건을 수령한 이후에는 선량한 관리자의 주의로 금융리스물건을 유지 및 관리하여야 한다.

3. 공급자의 의무

금융리스물건의 공급자는 공급계약에서 정한 시기에 그 물건을 금융리스이용자에게 인도하여야 하는데, 금융리스물건이 공급계약에서 정한 시기와 내용에 따라 공급되지 아니한 경우 금융리스이용자는 공급자에게 직접 손해배상을 청구하거나 공급계약의 내용에 적합한 금융리스물건의 인도를 청구할 수 있다.

4. 금융리스계약의 해지

금융리스이용자의 책임 있는 사유로 금융리스계약을 해지하는 경우에는 금융리스업자는 잔존 금융리스료 상당액의 일시 지급 또는 금융리스물건의 반환을 청구할 수 있다. 또한 금융리스업 자의 청구는 금융리스업자의 금융리스이용자에 대한 손해배상청구에 영향을 미치지 아니한다. 금융리스이용자는 중대한 사정변경으로 인하여 금융리스물건을 계속 사용할 수 없는 경우에는 3개월 전에 예고하고 금융리스계약을 해지할 수 있다. 이 경우 금융리스이용자는 계약의 해지 로 인하여 금융리스업자에게 발생한 손해를 배상하여야 한다.

제14절 가맹업

1. 의의

2010. 5. 14. 상법이 개정되면서 제13장에 신설된 것으로, 가맹상이란 자신의 상호·상표 등 (이하 이 장에서 "상호 등"이라 한다)을 제공하는 것을 영업으로 하는 자[이하 "가맹업자"(가맹 업자)라 한다]로부터 그의 상호 등을 사용할 것을 허락받아 가맹업자가 지정하는 품질기준이나 영업방식에 따라 영업을 하는 자를 말한다.

2. 가맹업자의 의무

가맹업자는 가맹상의 영업을 위하여 필요한 지원을 하여야 하고, 가맹업자는 다른 약정이 없으 면 가맹상의 영업지역 내에서 동일 또는 유사한 업종의 영업을 하거나, 동일 또는 유사한 업종 의 가맹계약을 체결할 수 없다.

3. 가맹상의 의무

가맹상은 가맹업자의 영업에 관한 권리가 침해되지 아니하도록 하여야 하고, 가맹상은 계약이 종료한 후에도 가맹계약과 관련하여 알게 된 가맹업자의 영업상의 비밀을 준수하여야 한다.

4. 계약의 해지

가맹계약상 존속기간에 대한 약정의 유무와 관계없이 부득이한 사정이 있으면 각 당사자는 상당한 기간을 정하여 예고한 후 가맹계약을 해지할 수 있다.

제15절 채권매입업

1. 의의

2010. 5. 14. 상법이 개정되면서 제14장에 신설된 것으로, 채권매입업자란 타인이 물건·유가
증권의 판매, 용역의 제공 등에 의하여 취득하였거나 취득할 영업상의 채권(이하 이 장에서 "
영업채권"이라 한다)을 매입하여 회수하는 것을 영업으로 하는 자를 말한다.

2. 채권매입업자의 상환청구

영업채권의 채무자가 그 채무를 이행하지 아니하는 경우 채권매입업자는 채권매입계약의 채무
자에게 그 영업채권액의 상환을 청구할 수 있다. 다만, 채권매입계약에서 다르게 정한 경우에
는 그러하지 아니하다.

제4장 회사법

제1절 주식회사의 의의

주식회사란 자본이 주식으로 분할되어 주식의 인수를 통해 출자하거나 기발행주식을 취득함으로
써 주주가 되며, 주주는 주식의 인수가액의 한도에서 출자의무를 질 뿐 회사채무에 대해서는 직
접 책임을 지지 않는 형태의 회사를 뜻한다. 주식회사의 개념에서 도출되는 주식회사의 요소로는
① 자 본금, ② 주식, ③ 유한책임인데, 이러한 요소는 대륙법계에서 강조되는 것이고, 영미법계
에서는 ① 주식의 자유로운 양도, ② 소유와 경영의 분리와 같은 요소들이 강조되기도 한다.

I. 자본금

주식회사는 물적회사로서 무한책임을 지는 사원이 없기 때문에 회사 채권자가 강제집행을 할

수 있는 것은 회사의 재산밖에 없다. 상법은 주식회사로 하여금 채권자 보호를 위하여 일정한 금액을 회사의 재산으로 확보하도록 강제하고 있는데, 이를 자본금이라고 한다. 상법은 발행주식의 액면총액을 자본금으로 정하고 있는데(제451조 제1항), 액면가가 없는 무액면주식의 경우 이사회 또는 주주총회가 주식발행가액의 2분의 1 이상의 금액을 자본금이라고 정하게 된다(제451조 제2항).

자본금은 회사에 대하여 성립의 기초가 되며, 존속 중 자본충실의 위해 유지해야 할 순자산의 규범적 기준, 즉 법에 의해서 확보될 것이 강제되는 최소한의 금액이 된다.

주식회사의 자본금에 관한 3원칙으로는 ① 자본확정의 원칙, ② 자본유지(또는 자본충실)의 원칙, ③ 자본불변의 원칙이 있다.

[자본금에 관한 3원칙]

자본확정의 원칙	주식회사의 정관에 자본의 총액을 기재하고 회사설립 시에 그 전부에 대한 인수가 확정되어야 한다.
자본유지의 원칙	식회사는 그의 존속 중에 언제나 기업의 유지와 회사채권자 및 장래의 주식취득자의 보호를 위하여 회사의 자본액에 상당하는 재산을 확보하고 있어야 한다.
자본불변의 원칙	자본을 변경하기 우해서는 엄격한 법적 절차를 거쳐야 한다.

II. 주식

주식회사의 자본금은 주식으로 분할되므로, 주식은 자본금을 구성하는 단위 또는 출자의 단위가 된다. 주식은 등가치적인 단위로서 각 주식 간에 주식평등의 원칙이 지켜지므로 주주 권리의 크기는 보유주식 수에 따라 정해진다. 자본금을 주식으로 분할하는 이유는 자본금의 조달을 용이하게 하기 위함이다. 자본금을 소액의 단위로 분할함으로써 아주 영세한 자금을 가진 자도 출자에 참여할 수 있기 때문이다.

회사법상 주식은 주주가 회사에 대해서 가지는 권리의 총체, 즉 주주의 지위 또는 사원권을 의미하기도 한다. 주주는 회사에 대한 관계에서 그가 가진 주식의 수에 비례하여 다른 주주와 평등한 지위에 있으므로 회사는 주식수에 따른 차등 외에는 주주별로 다른 어떠한 차등도 둘 수 없는데, 이를 주주평등(주식평등)의 원칙이라고 부른다.

Ⅲ. 주주의 유한책임

주주는 회사에 대하여 주식의 인수가액을 한도로 출자의무를 부담할 뿐(제331조) 그 이상 회사에 출연할 책임을 부담하지 않는다. 이를 주주의 유한책임의 원칙이라고 한다. 주주의 유한책임은 다수의 일반투자자로부터 자금을 모으기 위해서 그 투자의 성격이 어떠하든 상관없이 투자자에게 유한책임을 인정하지 않을 수 없기 때문이다. 무한책임과 비교하여 유한책임은 주주가 투자에 수반하여 부담해야 하는 비용을 낮추는 효과가 있다.

주주의 유한책임은 주식회사의 가장 본질적인 특성이므로 정관이나 주주총회의 결의로 주주의 책임을 가중할 수 없다. 다만 주주가 사후에 개별적으로 유한책임원칙을 포기하는 것은 가능하다. '회사의 분할 또는 분할합병으로 인하여 분할 또는 분할합병에 관련되는 각 회사의 주주의 부담이 가중되는 경우에는 제1항 및 제436조의 결의 외에 그 주주 전원의 동의가 있어야 한다.'는 상법 제530조의 3 제6항의 취지도 위와 같은 예외를 반영한 규정이다. 판례도 '주주유한책임의 원칙은ㅇ 주주의 의사에 반하여 주식의 인수가액을 초과하는 새로운 부담을 시킬 수 없다는 취지에 불과하고 주주들의 동의 아래 회사채무를 주주들이 부담하는 것까지 금하는 취지는 아니다'는 입장에 있다(대법원 1983. 12. 13. 선고, 82도735 판결).

제2절 주식회사의 설립

상법은 회사 설립을 위한 일정한 요건을 법정하고 이 요건을 구비하면 누구나 회사를 설립할 수 있는 준칙주의를 취하고 있다. 금융업과 같이 특정 산업에서 진입규제로서 회사의 설립에 주무관청의 인가 또는 허가가 필요한 경우에도, 이러한 인가 또는 허가는 영업을 수행하기 위한 요건에 불과하고 회사의 설립과는 무관하다.

주식회사의 설립은 ① 단체의 근본규칙인 정관작성 → ② 주주확정 → ③ 물적 수단의 출자 → ④ 기관의 구성 → ⑤ 설립등기의 단계를 거치는데, 이는 정관작성과 설립등기 사이에 재산적 기초를 확보하는 것과 관련하여 복잡한 절차가 요구되는 특징을 가진다.

설립절차 가운데 사원이 될 자의 법률행위를 설립행위라고 하는데, 주식회사의 경우 물적회사의 재산적 기초형성이 중요하기 때문에 정관의 작성에 더하여 주식인수까지를 설립행위라고 보는 것이 다수의 견해이다.

Ⅰ. 발기설립과 모집설립

주식회사의 설립방법에는 발기설립과 모집설립이 있는데, 전자는 설립 시에 발행하는 주식의 총수를 발기인이 인수하여 설립하는 방식인 데 반해, 후자는 설립 시에 발행하는 주식 중 일부는 발기인이 인수하고 나머지는 주주를 모집하여 인수시켜 회사를 설립하는 방식을 말한다. 실제로 회사의 설립단계에서 투자자가 참여하지는 않기 때문에 사실상 모집설립 제도는 거의 이용되지 않고 있다.

[발기설립과 모집설립의 차이]

	발기설립	모집설립
기능	소규모의 회사설립에 용이	대규모의 자본을 조달하는 데 용이
주식인수방식	청약의 방식을 법정하지 않은 단순한 서면주의(제293조)	요식의 기재사항이 법정되어 있는 주식청약서로 청약(제302조 제1항).
출자의 불이행	민법의 일반원칙에 따라 강제이행	실권절차(제307조) 주식인수인이 제305조의 규정에 의한 납입을 하지 아니한 때에는 발기인은 일정한 기일을 정하여 그 기일 내에 납입을 하지 아니하면 그 권리를 잃는다는 뜻을 기일의 2주간 전에 그 주식인수인에게 통지하여야 한다. ② 전항의 통지를 받은 주식인수인이 그 기일 내에 납입의 이행을 하지 아니한 때에는 그 권리를 잃는다. 이 경우에는 발기인은 다시 그 주식에 대한 주주를 모집할 수 있다.
설립경과의 조사절차	① 이사와 감사는 취임 후 지체 없이 회사의 설립에 관한 모든 사항이 법령 또는 정관의 규정에 위반되지 아니하는지의 여부를 조사하여 발기인에게 보고(제298조 제1항). ② 변태설립사항이 있을 때에는 이사가 법원에 검사인의 선임을 청구(동조 제4항). ③ 검사인은 조사한 사항을 법원에 보고(제299조 제1항). ④ 부당한 변태설립사항에 대해 법원이 변경조치(제300조).	① 이사와 감사가 설립경과를 조사하여 창립총회에 보고(제313조 제1항) ② 변태설립사항이 있을 때에는 발기인이 법원에 검사인선임청구(제310조 제1항) ③ 검사인은 조사한 사항을 창립총회에 보고(동조 제2항) ④ 부당한 변태설립사항에 대해 창립총회가 변경조치(제314조)

Ⅱ. 변태설립사항

주식회사의 설립 시 자주 문제가 되는 부분이 변태설립사항이다. 변태설립사항이란 회사설립에 관련된 사항들 가운데 회사의 자본적 기초를 약화시킬 우려가 있는 것을 말한다. 상법은 변태설립사항에 대하여 정관에 기재된 때에만 효력이 인정되는 것으로 규정하고 있다(제290조). 상법에 열거도니 변태설립사항으로는 ① 발기인의 특별이익, ② 현물출자, ③ 재산인수, ④ 회사가 부담할 설립비용, ⑤ 발기인의 보수 다섯 가지가 있다.

제290조(변태설립사항) 다음의 사항은 정관에 기재함으로써 그 효력이 있다.

1. 발기인이 받을 특별이익과 이를 받을 자의 성명
2. 현물출자를 하는 자의 성명과 그 목적인 재산의 종류, 수량, 가격과 이에 대하여 부여할 주식의 종류와 수
3. 회사성립 후에 양수할 것을 약정한 재산의 종류, 수량, 가격과 그 양도인의 성명
4. 회사가 부담할 설립비용과 발기인이 받을 보수액

제3절 주식회사의 재무구조

제1관 주식과 주주

Ⅰ. 주식

주식회사의 사원인 주주가 출자자로서 회사에 대해서 가지는 지분을 주식이라고 한다. 주식은 다음과 같이 두 가지 의미를 가진다. 첫째, 자본금의 구성단위로서의 주식이다. 자본금을 균등하게 나누는 방법은 5,000원과 같이 금액으로 표시하는 방법이 있고(액면주식), 전체 자본금에 대한 비율로 표시하는 방법(무액면주식)이 있다. 둘째, 주식은 주식회사에서 사원으로서의 지위, 즉 사원권을 의미한다. 주주의 사원권이 주식에 표창되는 것이 아니라, 주식 자체가 사원권으로서 주식이 주권에 표창되어 유통되는 것이다. 사원권은 의결권이나 각종 소제기권과 같이 회사의 지배에 참여할 수 있는 권리인 공익권과 이익배당청구권이나 잔여재산분배청구권과 같이 회사의 현금흐름에 대한 권리인 자익권으로 구성된다.

주식은 1주의 금액이 정관에 정해지고 또 그것이 주권에 표시되는 액면주식과 주권에 1주의 금

액이 표시되지 않고 전체 자본금에 대한 비율만 표시된 무액면주식으로 나뉘고, 주주의 성명기재여부에 따라 기명주식과 무기명주식[88]으로 구분된다. 또한 종류주식으로 권리와 내용을 달리하는 우선주, 보통주, 혼합주가 있다(제344조 제1항). 그리고 특수한 주식으로 상환주식(제345조), 의결권 없는 주식, 전환주식(제346조)이 발행된다.

주식의 취득은 원칙적으로 자유이나, 상법은 자기주식의 취득과 자회사에 의한 모회사주식의 취득을 일정한 경우에만 허용하고 있다(제341조, 제342조의 2). 주식은 분할, 병합이 가능하다. 주식은 균일한 단위로서 주주는 출자액에 따라 그에 상응하는 수의 주식을 보유하게 된다. 그러나 하나의 단위를 더 잘게 나눌 수 없으며, 이를 주식불가분의 원칙이라고 한다.

주식을 나누는 것은 불가능하지만, 주식을 수인이 공유하는 것은 가능하다. 주식의 공유는 수인이 공동으로 주식을 인수하거나 상속한 경우, 발기인이나 이사가 인수담보책임을 지는 경우 등에 발생하며, 그 주주권의 행사에 관해서는 제333조의 특칙이 있다.

제333조(주식의 공유)

① 수인이 공동으로 주식을 인수한 자는 연대하여 납입할 책임이 있다.

② 주식이 수인의 공유에 속하는 때에는 공유자는 주주의 권리를 행사할 자 1인을 정하여야 한다.

③ 주주의 권리를 행사할 자가 없는 때에는 공유자에 대한 통지나 최고는 그 1인에 대하여 하면 된다.

실제로 주식의 공유는 상장회사 주식의 소유관계에서 나타나는데, 대부분의 상장회사 주식은 예탁결제원에 예탁되어 있다. 자본시장법은 예탁된 주식의 실질주주가 예탁된 동종의 주식에 대해서 공유지분을 가지는 것으로 추정한다(자본시장법 제312조 제1항). 그러나 이 경우에는 실질주주 상호간 아무 의사연락이 없고 단지 예탁의 법률관계를 합리적으로 구성하기 위해서 공유로 추정하는 것일 뿐이므로, 위 상법 제333조의 원칙과 달리 실질주주들이 각각 공유지분에 상당하는 주식을 가지고 각자 단독으로 주주권을 행사하는 것으로 규정하고 있다(자본시장법 제315조 제1항).

주식의 양도는 자유이나 정관이 정하는 바에 따라 이사회의 승인을 전제로 양도할 수도 있다(제335조). 주식의 양도는 주권의 교부와 함께 이루어진다(제336조). 하나의 주식을 둘로 나누

---

88) 2014년 상법 개정으로 종전의 무기명주식 제도가 폐지되었다. 따라서 상법상 모든 주식은 기명주식이 된다.

어 절반을 양도하는 것은 허용되지 않으며, 이익배당청구권이나 의결권 등 사원권의 일부만을 타인에게 양도하는 것도 불가능하다.

Ⅱ. 종류주식

종류주식이란 주주가 갖는 자익권 가운데 이익인아 이자의 배당 또는 잔여재산의 분배에 있어서 내용이 다른 주식을 말한다(제344조 제1항). 종류주식을 발행할 수 있도록 하는 이유는 각 투자자들이 선호에 따라 서로 다른 현금흐름을 선택할 수 있도록 함으로써 투자자들에게 투자의 유인을 제공하기 위함이다. 상법상 인정되는 종류주식으로는 이익배당·잔여재산의 분배에 관한 종류주식(제344조의 2), 의결권의 배제·제한에 관한 종류주식(제344조의 3), 상환주식(제345조), 전환주식(제346조) 등이 있다.

보통주와 내용이 다른 주식을 발행하는 것은 기존 및 장래의 주주의 이해관계에 중요한 영향을 미치기 때문에, 회사가 종류주식을 발행하기 위해서는 먼저 정관에 종류주식의 내용과 수가 정해져 있어야 한다(제344조 제2항). 또한 주식청약서(제302조 제2항 제4호), 신주인수권증서(제420조의2 제2항 제3호), 주주명부(제352조 제1항 제2호), 주권(제356조 제6호) 등에 기재하여 이해관계인에게 공시하고, 이를 상업등기부에 등기해야 한다(제317조 제2항 제3호). 종류주식을 발행하기로 하는 의사결정은 설립 시에는 발기인 전원의 동의가 필요하지만(제291조 제1호), 회사설립 후에는 정관에 주주총회의 권한으로 한다는 정함이 없는 이상 원칙적으로 이사회의 결의로 충분하다(제416조 제1호).

1. 우선주

우선주는 본래 보통주보다 많은 배당을 받는 주식이 아니라 이익이나 이자배당의 우선권을 가지는 주식이다. 우선주에 비하여 기준이 되는 다른 주식을 보통주라고 하고, 보통주보다 후순위로 배당받는 주식을 후배주라고 한다.[89] 우선주는 보통 재무상태가 좋지 않은 회사나 벤처회사가 재무적 투자자를 유치하는데 적합한 형태의 주식이다. 우선적 지위가 부여될 수 있는 것은 이익배당청구권, 이자배당청구권, 잔여재산분배청구권 등 세 가지의 자익권에 한정된다.

보통주에 앞서서 배당할 금액을 우선배당금이라고 하는데, 우선배당금은 보통주주에 앞서 우선주주에 배당해야 하는 금액으로 우리나라에서는 통산 권면액에 대한 비율인 우선배당률로 표시

---

[89] 후배주는 부실회사가 특별한 관계자에 대해서 발행하기에 적합한 형태의 주식이지만 실제로 발행되는 예를 거의 없다.

되고, 무액면주식의 경우에는 권면액이 없으므로 우선배당금으로 표시가 된다.

우선주는 특정연도의 배당금이 우선배당금에 미달한 경우 미달금액을 다음 연도의 배당에 추가로 누적하여 수취할 수 있는지 여부에 따라 누적적우선주와 비누적적우선주로, 우선배당금을 지급한 후에도 잔여이익이 있는 경우 보통주와 더불어 잔여이익의 배당에 참가할 수 있는지 여부에 따라 참가적우선주와 비참가적우선주로 나눌 수 있다.

2. 의결권의 배제·제한에 관한 종류주식

제344조의 3은 의결권이 없거나 배제되는 종류주식을 인정하고 있다. 보통주의 경우에도 25%의 한도 내에서 의결권의 배제나 제한을 허용된다. 이러한 주식은 회사의 경영에는 관심이 없고 이익배당에만 관심이 있는 투자자들을 유인하기 위함이다.

의결권이 제한되는 종류주식이란 특정한 안건에 관하여 의결권이 없는 주식을 의미한다. 따라서 의결권제한 종류주식은 이사선임에 관해서만 의결권이 없다는 식으로 발행할 수도 있고, 반대로 이사선임에만 의결권이 인정되는 식으로 발행할 수도 있다.

의결권을 배제·제한하는 종류주식은 의결권만 배제·제한되는 것이므로, 그 이외의 모든 주주권을 가지며, 자익권과 공익권을 불문한다. 다만 의결권을 전제로 하는 주주총회의 소집통지를 받은 권리(제363조 제7항)는 없다. 물론 특정 안건에 관해서만 의결권이 없는 의결권제한 종류주식은 다른 안건에 대해서는 의결권이 있기 때문에, 당해 주주총회에서 그 특정 안건만 다루어지는 특별한 사정이 없는 한, 주주총회의 소집통지를 받을 권리를 가진다.

의결권의 배제·제한 종류주식도 정관으로 의결권 행사 또는 부활의 조건을 정할 수 있고(제344조의 3 제1항), 종류주주총회에서는 의결권을 가진다(제435조, 제436조). 또한 이사·집행임원·감사·감사위원회 위원 등의 책임을 면제하기 위해서 총주주의 동의를 요하는 것은 주주의 재산권을 보호하기 위한 것이므로 무의결권 주주도 총주주에 포함되고(제400조, 제408조의9, 제415조, 제415조의2 제7항), 회사분할에서는 무의결권 주식도 의결권이 있다(제530조의3 제3항).

3. 상환주식

상환주식이란 발생 시부터 장차 회사가 이익으로 소각할 것이 예정된 종류주식을 말한다(제345조 제1항). 주식불가분의 원칙상 주금액의 일부에 대한 상환은 인정도지 않고, 상환의 경우에도 상환주식 상호간에 주주평등원칙이 적용된다. 상환주식과 사채는 자금조달 수단인 면에서 같은 기능을 하지만, 상환주식은 자기자본인 반면, 사채는 타인자본인 점, 상환주식은 이익이 있을 때에만 상환의무를 부담하지만 사채는 이익의 발생과 무관하게 상환의무를 부담한다는 점에서 다르다. 주식회사는 보통주만으로 자금조달이 곤란한 경우에는 우선주를 발행하고, 자금사정이 호전되거나 금리가 하락하는 경우 주식을 상환함으로써 배당압박을 피할 수 있다.

4. 전환주식

전환주식이란 회사가 종류주식을 발행한 경우 어느 종류의 주식으로부터 다른 종류의 주식으로 전환할 수 있는 권리가 부여된 주식을 말한다(제346조). "다른 종류주식으로 전환"하여야 하므로 사채로의 전환이 가능한 전환주식의 발행은 허용되지 않는다. 과거에는 일반적으로 보통주로 전환할 수 있는 권리가 붙어있는 우선주의 형태로 많이 발행되었는데, 투자자로서는 일단 안정적으로 우선배당을 받다가 회사의 성과가 좋아져 주가가 상승하면 보통주로 전환하여 시세차익을 얻을 수 있는 장점이 있고, 회사의 입장에서도 자금조달이 용이하게 되는 효과가 있다. 종래의 상법상 주주에게만 전환권이 인정되었으나, 2011년 개정상법은 회사에게도 전환권을 부여할 수 있는 것으로 규정하고 있다. 주주의 전환권, 회사의 전환권 모두 주주 또는 회사의 권리이지 의무는 아니다. 정관의 규정에 의하여 일정한 조건 선취 시 다른 종류주식으로 자동 전환되는 주식의 발행도 가능하나, 상법상 규정된 방식은 아니다.

실무상 우선주에 상환권과 전환권을 모두 붙인 상환전환우선주(redeemable covertible preferred stock: RCPS)가 널리 이용되고 있는데, 이것은 주주가 우선주를 가지고 있으면서 보통주로 전환할 수도 있고, 회사가 필요한 경우에는 상환할 수 있도록 한 것이다.

회사가 전환권의 가치를 실질적으로 감소시키는 행위(전환권을 희석시키는 행위를 하는 경우)를 하는 경우에는 전환 주식을 보유한 주주의 이익이 침해된다. 예컨대 저가의 신주발행이나 무상증자 등으로 인하여 주식의 실질적인 가치가 하락한 경우에는 전환권의 가치가 희석될 것이다. 상법은 이러한 전환권의 희석화에 대하여 특별규정을 두고 있지 않으므로, 정관에서 전환권을 보호하기 위하여 전환가액을 조정하는 특별규정을 두는 경우가 많다.

전환권의 행사 전에 회사의 합병 등에 의하여 전환권이 소멸하는 등 전환주주가 불이익을 입는 경우에는 종류주주총회의 결의에서 반대함으로써 자신의 이익을 보호할 수 있다. 또한 주식매수청구권을 행사함으로써 자신의 이익을 보호할 수 있다.

주주나 회사의 전환권은 일종의 형성권으로 전환기간 내에는 언제든지 행사할 수 있다.

Ⅲ. 주주의 권리

주주의 권리란 주주가 회사에 대하여 가지는 포괄적이고 추상적인 권리로서, 주주권의 내용이되는 권리를 말한다. 의결권이나 이익배당청구권과 같은 주주의 권리가 모여서 주주권 또는 사원권을 형성하고 이를 주식이라고 부른다. 주주의 권리는 주주의 지위를 전제로 하는 포괄적인것이기 때문에 주식과 분리하여 양도되거나 담보의 목적이 될 수 없으며 시효에도 걸리지 않는다. 다만, 주주총회에서 이익배당에 관한 승인이 있으면 추상적 이익배당청구권이 채권적 권리인 구체적 이익배당청구권으로 전환되는데, 이렇게 주주의 권리가 채권적 권리로 특정된 이후에는 주주의 지위와 별개로 독립적으로 양도되거나 압류의 대상이 될 수 있으며 시효에도 걸린다.

1. 자익권과 공익권

주주의 권리는 권리행사의 목적에 따라 자익권과 공익권으로 나뉜다.

자익권이란 주주가 회사로부터 경제적 이익을 받은 권리를 말하는데, ① 출자에 대한 수익을얻을 권리로는 이익배당청구권(제462조), 중간배당청구권(제462조의3), 신주인수권(제418조), ② 출자의 회수를 위한 권리로는 잔여재산분배청구권(제538조), 주식양도의 자유(제335조), 주권교부청구권(제355조), 명의개서청구권(제337조), 회사의 양도승인 거부나 합병과 같은 중요한 조직변경에서 인정되는 주식매수청구권(제335조의2, 제374조의 2) 등이 있다.

공익권은 자익권을 확보하기 위한 권리로서 주로 회사의 경영에 참여하거나 이를 감시하는 권리로서, ① 경영에 대한 참여를 위한 권리로 주주총회에서의 의결권(제369조), 주주제안권(제363조의2, 제542조의6 제2항), 집중투표청구권(제382조의2, 제542조의7), ② 경영의 감시를위한 권리로는 대표소송 제기권(제403조, 제542조의6 제6항) 등 각종 소의 제기권, 해산판결청구권(제520조), 임시주주총회의 소집청구권(제366조, 제542조의6 제1항), 이사·감사 등의해임청구권(제385조 제2항, 제415조, 제542조의6 제3항), 회계장부열람청구권(제466조, 제542조의6 제4항), 위법행위유지청구권(제402조, 제542조의6 제5항) 등이 있다.

2. 단독주주권과 소수주주권

주주의 권리는 1주의 주식을 가진 주주라도 행사할 수 있는 단독주주권과 일정 수의 주식을 보유한주주만 행사할 수 있는 소수주주권으로 나눌 수 있다. 자익권은 모두 단독주주권이고 공익권 가운데 대표소송 제기권 등 주로 경영에 대한 감시를 위한 권리가 소수주주권인데, 개별 주주가 불필요한 상황에서도 개인적 이익을 노리고 경영에 대한 간섭을 시도할 가능성을 방지하기 위함이다.

3%	주주제안권(제363조의2, 제542조의6 제2항), 임시주주총회의 소집청구권(제366조, 제542조의6 제1항), 집중투표청구권(제382조의2), 이사·감사 등의 해임청구권(제385조 제2항, 제415조, 제542조의6 제3항), 회계장부열람청구권(제466조, 제542조의6 제4항), 업무검사권(제467조)
1%	유지청구권(제402조), 대표소송 제기권(제403조)
10%	해산판결청구권(제520조)

Ⅳ. 주권

주권은 주식, 즉 주주의 지위를 표창한 사법상 유가증권을 가리킨다. 주식을 유가증권인 주권에 화체시키는 이유는 주식의 유통성을 높여 자금조달을 촉진하기 위해서이다. 주권의 점유자는 적법한 소지인으로 추정된다(제336조 제2항). 또한 주권의 교부에 의하여 주식을 양도하거나 입질할 수 있다(제336조 제1항, 제338조 제1항).

주권이 분실되는 경우에는 주주의 지위를 상실할 위험이 있어, 이러한 위험에 대비하기 위하여 상법은 주권불소지제도를 두고 있다(제358조의2). 다만 주권불소지 제도는 주식이 양도되지 않는 것을 전제로 한다는 점에서 전자등록이나 예탁결제 제도와 다르다. 전자등록과 예탁결제는 모두 주권 없이 주식이 양도될 수 있도록 한 것인데, 예탁결제는 주권의 발행을 전제로 하고 다만 계좌대체로 주권의 교부를 갈음하는 것임에 비하여, 전자등록은 아예 주권의 개념을 전제하지 않는다는 점에서 차이가 있다.

1. 주권의 기재사항

주권에는 다음 사항의 기재와 대표이사의 기명날인 또는 서명을 요한다(제356조).

> 1. 회사의 상호
> 2. 회사의 성립년월일
> 3. 회사가 발행할 주식의 총수
> 4. 액면주식을 발행하는 경우 1주의 금액
> 5. 회사의 성립후 발행된 주식에 관하여는 그 발행 연월일
> 6. 종류주식이 있는 경우에는 그 주식의 종류와 내용
> 6의2. 주식의 양도에 관하여 이사회의 승인을 얻도록 정한 때에는 그 규정

위 사항을 기재해야 한다는 점에서 주권은 주권은 요식증권이다. 대표이사의 기명날이나 회사의 상호 등과 같은 중요 사항은 반드시 기재해야 하지만 주주의 이름이나 발행일자와 같은 기재사항은 누락되어야 주권으로서의 효력에는 영향이 없다(대법원 1996. 1. 26. 94다24039 판결). 주권의 기재가 실제와 다른 경우에는 실제가 우선한다(비문언증권성).

2. 주권의 분실과 제권판결

주권이 분실 또는 도난 등의 사유로 상실되거나 멸실되는 경우에도 주주가 주주의 지위를 바로 상실하는 것은 아니다. 주권이 없으므로 주식의 양도나 입질은 불가능하지만 이미 명의개서가 되어 있다면 주주권은 행사할 수 있다. 그러나 제3자가 상실된 주권을 선의취득하는 경우에는 원래의 주주는 주주 지위를 상실한다. 따라서 선의취득을 막고 주식의 양도를 가능하게 하려면 기존 주권을 무효화하고 새로운 주권을 재발행 받을 필요가 있다. 주권의 무효화는 이해관계자의 이익을 해칠 수 있으므로 사적으로 할 수는 없고 반드시 법원의 공시최고절차를 거치도록 하고 있다(제360조 제1항). 공시최고절차에서 제권판결을 받은 후에는 회사에 주권의 재발행을 청구할 수 있다(제360조 제2항). 공시최고는 민사소송법상의 증권의 무효선언을 위한 공시최고 절차(민사소송법 제492조 내지 497조).

3. 주식의 전자등록

2011년 개정상법은 정보통신기술의 발전을 반영하여 유가증권 등의 전자등록 제도를 도입하였다. 전자등록이란 유가증권 또는 유가증권에 표창될 수 있는 권리를 전자등록기관이 관리하는 전자등록부에 등록하는 것을 말한다. 상법 제356조의2 주식의 전자등록도 그 가운데 하나이다.

제356조의2(주식의 전자등록) ① 회사는 주권을 발행하는 대신 정관으로 정하는 바에 따라 전자등록기관(유가증권 등의 전자등록 업무를 취급하는 기관을 말한다. 이하 같다)의 전자등록부에 주식을 등록할 수 있다.

② 전자등록부에 등록된 주식의 양도나 입질(入質)은 전자등록부에 등록하여야 효력이 발생한다.

③ 전자등록부에 주식을 등록한 자는 그 등록된 주식에 대한 권리를 적법하게 보유한 것으로 추정하며, 이러한 전자등록부를 선의(善意)로, 그리고 중대한 과실 없이 신뢰하고 제2항의 등록에 따라 권리를 취득한 자는 그 권리를 적법하게 취득한다.

④ 전자등록의 절차 · 방법 및 효과, 전자등록기관에 대한 감독, 그 밖에 주식의 전자등록 등에 필요한 사항은 따로 법률로 정한다.

주식의 전자등록은 종래의 주권에 해당하는 부분을 대체하는 것이지 주주명부까지 대체하는 것은 아니다. 예를 들어, 전자등록부에 주식의 양도를 등록하는 것은 종래의 주권의 교부의 효력만 있는 것이지 명의개서의 효력을 가지는 것은 아니다. 따라서 주식을 전자등록한 회사도 여전히 주주명부를 두어 관리해야 하고, 회사에 대하여 주주인지는 주주명부의 기재를 기준으로 한다. 다만 회사가 전자등록기관의 전자등록부를 이전받아 전자주주명부로 이용할 수 있고, 이렇게 되면 사실상 전자등록부가 주주명부로서의 기능을 담당하게 된다.

전자등록부에 양수인으로 기재된 자가 바로 회사에 대하여 주주권을 주장할 수는 없고, 회사에 대하여 명의개서를 청구할 수 있는 지위를 가질 뿐이다.

V. 주주명부와 명의개서

1. 주주명부

주주명부란 회사에 대하여 주주 및 주권에 관한 사항을 획일적으로 정하기 위해서 작성되는 장부를 말한다. 주주명부는 제352조에서 정하고 있는 사항을 기재하여 본점 또는 명의개서대리인의 영업소에 비치해야 한다(제396조 제1항). 주주명부는 전자문서로도 작성할 수 있다(제352조의2 제1항). 예탁결제원에 예탁된 주식의 경우에는 실질주주명부가 주주명부와 같은 기능을 한다(자본시장통합법 제316조 제2항).

제352조(주주명부의 기재사항) ① 주식을 발행한 때에는 주주명부에 다음의 사항을 기재하여야 한다.

1. 주주의 성명과 주소
2. 각 주주가 가진 주식의 종류와 그 수
2의2. 각 주주가 가진 주식의 주권을 발행한 때에는 그 주권의 번호
3. 각주식의 취득년월일

제352조의2(전자주주명부) ① 회사는 정관으로 정하는 바에 따라 전자문서로 주주명부(이하 "전자주주명부"라 한다)를 작성할 수 있다.
② 전자주주명부에는 제352조제1항의 기재사항 외에 전자우편주소를 적어야 한다.
③ 전자주주명부의 비치·공시 및 열람의 방법에 관하여 필요한 사항은 대통령령으로 정한다.

주주명부와 명의개서는 회사와의 관계에서 누구 주주인지를 인식하기 위해서 마련된 제도이지만, 명의개서가 되었다고 해서 주주임이 확정되는 것은 아니고 주주임이 추정되는 것에 불과하다.

2. 명의개서

명의개서란 주식이 양도된 경우 양수인의 성명과 주소를 이 주주명부에 기재하는 것을 말한다. 상법상 주식의 이전은 명의개서를 하지 않으면 회사에 대항할 수 없다(제337조 제1항). 명의개서는 주식을 취득하여 실질상 주주가 된 자가 회사에 대해서 단독으로 청구할 수 있다. 주식의 취득자는 원칙적으로 명의개서를 하지 않고 다시 타인에게 처분할 수 있으므로 다른 특별한 사정이 없는 한 주식을 양도한 자가 회사에 대하여 주식의 양수인 명의로 명의개서를 하여 달라고 청구할 권리는 없다(대법원 2010. 10. 14, 2009다89665 판결). 명의개서의 청구자가 주권을 제시하는 경우에는 적법한 권리자로 추정되므로 회사는 정당한 사유 없이 명의개서를 거부할 수 없다. 회사가 청구자의 실질적 권리유무에 대하여 조사할 권한이 있는지 여부에 대해서는 다툼이 있지만, 조사권을 긍정한다면 조사를 이유로 명의개서를 지연시킴으로써 주권의 점유에 따르는 자격수여적 효력이 약화될 우려가 있기 때문에 주정하는 것이 타당하다. 그러나 회사가 청구자가 실질적인 권리자가 아님을 증명한 때에는 명의개서의 청구를 거부할 수 있다. 주식의 양도는 주권의 교부에 의하여 효력이 발생되므로 주권을 교부받은 이상 명의개서를 하지 않더라도 양수인은 주주로서의 권리를 취득한다. 다만 명의개서가 이루어지면 다음과 같은 효력이 인정된다.

대항력	주식의 이전은 취득자의 성명과 주소를 주주명부에 기재하지 아니하면 회사에 대항하지 못한다(제337조 제1항). 따라서 실제 주식을 양수한 자도 명의개서를 하기 전에는 회사에 대해서 주주권을 행사할 수 없다. 그러나 명의개서는 주주와 회사와의 관계를 규율하는 것이므로 회사 이외의 제3자에 대한 관계에서는 명의개서의 유무와 상관없이 자신이 실질상의 주주임을 주장할 수 있다.
추정력	주주는 명의개서를 하면 회사에 대해서 따로 주권을 제시할 필요 없이 권리를 행사할 수 있다. 이를 주주명부 또는 명의개서의 추정력(또는 자격수여적 효력)이라고 한다. 명의개서는 추정력만을 가질 뿐이므로 적법한 소지인이 아닌 자가 명의개서를 했다고 해서 주주가 되는 것은 아니다(대법원 1989. 7. 11. 89다카5345 판결). 명의개서의 추정력을 번복하기 위해서는 주주권을 부인하는 측이 입증책임을 진다(대법원 2010. 3. 11, 2007다51505 판결).
면책력	회사로서도 명의주주에게 주주권을 행사시키면 그 자가 비록 진정한 주주가 아닌 경우에도 면책이 된다. 예컨대 주주명부상의 명의주주에게 주주총회에서의 의결권을 행사시키거나 이익배당을 한 경우에는 명의주주가 형식주주에 불과한 경우에도 회사는 면책된다. 그러나 회사가 주주명부상의 명의주주가 진정한 주주가 아님을 알고 이것을 용이하게 증명할 수

있는 경우 또는 그 사실을 모르지만 그러한 입증자료를 갖지 못한 것에 대하여 중과실이 있는 경우에 그 명의주주에게 주주권을 행사시킨 때에는 회사는 면책되지 않는다.

VI. 주식의 양도

주주의 지위는 인적회사의 사원인 지위와 달리 주식을 취득, 상실함으로써 발생, 소멸한다. 주식의 취득은 원시취득과 승계취득으로 분류되고, 주식의 상실은 절대적 상실(회사의 해산, 주식의 소각)과 상대적 상실(승계취득)로 분류된다.

주식의 양도란 "법률행위에 의한 주식의 이전"을 뜻한다. 주식의 양도에 의하여 양수인은 양도인으로부터 주주권을 특정승계한다. 주식회사에서는 민법상의 조합, 합명회사, 합자회사의 경우와는 달리 탈퇴나 퇴사에 의한 출자회수가 원칙적으로 허용되지 않는다(출자반환금지원칙). 따라서 주식양도는 주식회사의 주주가 출자를 회수할 수 있는 유일한 수단이라고 할 수 있다. 주식의 공익권과 자익권은 주식의 양도에 따라 함께 이전한다. 다만, 주주총회의 결의에 의한 구체적 이익배당청구권은 주주권과 분리된 권리이므로 함께 이전되지 않는다.

1. 주식양도의 방법

주식의 양도는 매매와 같은 원인행위와 주권의 교부(주권의 점유이전)가 필요하다. 주권의 교부는 주식양도의 대항요건이 아닌 효력요건이다. 예외적으로 주권의 교부 없이 주식이 이전되는 경우가 있다. 상속, 합병 등 포괄승계의 경우에는 주권의 교부가 필요하지 않다. 양도계약이 해지되거나 주식의 명의신탁계약이 해지되는 경우에는 주권의 교부가 없이도 주식이 당연히 이전한다. 다만 회사에 대해서 주주권을 행사하기 위해서는 명의개서가 필요하다. 예탁결제원에 예탁된 주식의 경우에는 주권이 직접 교부되는 것이 아니라 장부의 기재를 변경하는 방법으로 양도가 이루어지지만 법적 구성은 주권에 대한 간접점유가 이전되는 형식을 취하고 있다.

2. 주식양도의 제한

주식양도의 자유는 주주의 개성이 중요하지 않은 것을 전제로 한다. 그러나 실제로는 주주의 개성이 중요함에도 주식회사 형태를 택하는 경우가 많다. 상법은 그런 회사를 위하여 정관으로 주식의 양도성을 제한할 수 있도록 하고 있다(제335조의 제1항). 그 밖에 ① 주식의 취득·보유가 경쟁법적, 규제법적 관점에서 제한되는 경우, ② 자기주식취득(제341조, 제342조의2), ③ 권리주의 양도(제319조), ④ 주권발행 전 주식양도(제335조 제3항)의 경우 주식양도가 제한된다.

가. 정관에 의한 주식양도제한

양도제한은 정관에 정한 경우에 한해서 가능하다. 양도제한의 방법은 이사회의 승인을 얻도록 하는 것만이 가능하다. 특정인이나 주주총회의 승인을 얻도록 하는 것과 같이 이사회 승인 이외의 방법으로 제한하는 것은 허용되지 않는다.

양도제한은 원칙적으로 모든 주식을 대상으로 한다. 따라서 특정 주주가 보유하는 주식만을 제한대상으로 삼는 것은 허용되지 않는다. 주식의 양도를 제한하는 것은 주로 소규모의 폐쇄회사에서 그 필요성이 있는 것이므로, 상장회사의 주식은 양도제한의 필요성이 거의 없다. 거래소 시장의 유가증권 상장규정에서는 상장회사가 주식의 양도를 제한하는 경우에 이를 상장폐지의 사유로 삼고 있다.

양도제한은 법률행위에 의한 양도에만 적용되는 것이므로, 합병·상속 등 포괄승계, 입질이나 양도담보 등 주식의 담보제공, 주주의 채권자에 의한 주식의 압류와 같은 경우에는 이사회의 승인을 요하지 않는다. 양도제한은 주주의 이해관계에 중요한 사항이므로 등기해야 할 뿐 아니라(제317조 제2항 제3호의2), 주권(제356조 제6호의2)이나 주식청약서(제302조 제2항 제5호의2)에도 기재하여야 한다.

이사회는 재량에 따라 승인을 거부할 수 있고, 거절에 반드시 정당한 사유가 필요한 것은 아니다. 양도승인이 거절되는 경우 주주는 양도상대방의 지정이나 주식의 매수를 청구할 수 있으므로, 주주에게 특별히 불리한 점은 없다. 양도승인거부의 통지를 받은 주주는 20일 내에 양도의 상대방의 지정이나 주식의 매수를 청구할 수 있다(제335조의2 제4항, 제335조의7 제2항). 주식양도가 이사회의 승인을 얻지 않았다고 하더라도 양도인과 양수인 사이에서 채권적 효력은 인정된다(대법원 2008. 7. 10, 2007다14193 판결).

나. 주주간 계약에 의한 제한

주식양도를 제한하는 주주간 계약은 합작투자나 벤처투자에서 체결되는 것이 보통이다. 양도제한은 다양한 형태로 이루어진다. 대표적인 예로는 일정기간 양도를 금지하거나 양도에 상대방 주주의 동의를 얻도록 하거나 상대방 주주에게 우선매수권(right of first refusal)을 부여하는 경우를 들 수 있다.

1) 주주 사이의 효력

주주 사이의 주식양도 제한 약정이 주주의 투하자금 회수의 가능성을 전면적으로 부인하는 정도에 이르렀다면 무효가 된다. 판례도 "주주의 투하자본회수의 가능성을 전면적으로 부정하는 것이 아니고, 공서양속에 반하지 않는다면 당사자 사이에서는 원칙적으로 유효하다"는 입장이다(대법원 2008. 7. 10, 2007다14193 판결). 하지만 일부 주주가 회사설립 후 5년간 양도를 금하는 주주간 약정에 반하여 타인에게 주식을 양도하고 회사가 양수인의 명의개서청구를 거부한 사안에서 '주주의 투하자본회수의 가능성을 전면적으로 부정하는 것으로서 무효'라고 보았다(대법원 2000. 9. 26, 99다48429 판결).

반면 합작투자계약에서 주식양도에 상대방 주주의 동의를 얻도록 하거나 상대방 주주에게 우선매수권을 부여하는 약정은 합작상대방의 동일성에 대한 기대를 보호할 현실적 필요성이 있을 뿐 아니라 반드시 투하자본회수 가능성의 전면적 부정이라고 볼 수 없다는 점에서 공서양속에 반하지 않는다고 보아야 한다. 공서양속에 반하지 않는 주식양도제한약정은 유효하지만 그것은 주주 사이에서 채권적 효력을 가질 뿐이다. 양도제한약정에 위반한 주식양도는 양수인이 그러한 약정을 알고 있는 경우에도 유효하다. 다른 주주는 양도한 주주에 대해서 계약위반을 근거로 손해배상청구를 할 수 있다.

2) 회사에 대한 효력

주주간 주식의 양도제한 약정을 맺었다고 하더라도, 회사는 그 주식을 양수한 제3자에 대해서 명의개서를 거부할 수 없으며 주주로서의 모든 권리를 인정해야 한다. 다만 다른 주주는 주식을 양도한 주주에게 계약위반에 따른 손해배상책임을 물을 수 있을 따름이고, 양도제한 기간이 장기인 경우에는 이러한 책임추궁마저도 인정되지 않는다.

다. 우리사주조합규약상의 주식양도제한

회사의 종업원이 자사주를 보유하는 것을 촉진하기 위한 종업원지주제도를 채택한 회사에서는 통상 우리사주조합이 결정되고 조합의 규약이 제정된다. 조합규약에서는 종업원인 주주가 주식을 양도하고자 할 때에는 조합이나 다른 조합원으로 하고 일정한 양도가액에 우선적으로 매수할 수 있다는 규정을 두는 경우가 있다. 이러한 규정은 일종의 양도제한으로 볼 수 있지만 현실적인 필요성이 인정되므로 유효라고 볼 것이다.

라. 권리주의 양도제한

권리주란 주식인수인의 지위를 말한다. 회사설립 시 제319조, 신주발행 시 제425조 제1항은 권리주의 양도는 회사에 대해서 효력이 없다고 규정하고 있다. 아직 주주가 되기 전에 주식인수인의 지위를 자유롭게 양도할 수 있도록 하면 단기차익을 노리는 투기적 행위가 발생할 뿐만 아니라, 회사설립이나 신주발행의 절차가 번잡해지기 때문이다. 권리주 양도는 주권이 발행되지 않기 때문에 보통 주금납입영수증이나 청약증거금영수증에 백지위임장을 첨부하는 방식으로 이루어진다. 상법은 회사에 대하여 대항할 수 없다고 규정하고 있지 않고, 효력이 없다고 규정하고 있다. 따라서 양수인은 회사에 대항할 수 없음은 물론이고, 회사에서 양수인을 주주로 인정하는 것도 허용되지 않는다. 따라서 주금납입 전이라면 양도인이 주금을 납입하여야 한다. '양도'는 의사표시에 의한 특정승계를 의미하므로 포괄승계는 이에 포함되지 않는다.

권리주 양도가 회사에 대하여 효력이 없다고 해서 그것이 전적으로 무효는 아니다. 양도의 당사자 사이에서는 회사성립 후 주식을 양도하는 취지의 채권계약으로 유효하다. 따라서 양도인은 자신에게 발행된 주식을 양수인에게 양도해야 한다.

마. 주권발행 전의 주식양도

권리주가 회사의 설립등기나 신주발행의 효력발생에 의하여 주식이 된 후에도 "주권 발행 전에 한 주식의 양도는 회사에 대하여 효력이 없다"(제335조 제3항). 이 규정은 회사설립 시에 발행되는 주식과 회사성립 후 발행하는 모든 신주에 대해서 적용된다.

상법상 주식양도에도는 주권교부를 요하므로 주권발행 전에는 주식양도가 불가능하다. 그러나 회사가 주권발행을 미룸으로써 주식양도를 막을 수 있다면 주식양도자유의 원칙은 유명무실하게 될 것이다. 회사는 성립 후 또는 신주의 납입기일 후 지체 없이 주권을 발행하여야 하지만(제355조 제1항), 실제 중소기업의 경우에는 주권발행을 미루는 경우가 많다. 그런 회사에서는 지배주주가 일단 주식을 양도하고 나서는 사정이 변하면 후에 주권발행 전 양도라는 이유로 무효를 주장하는 경우도 있다. 상법은 회사성립 후 똔느 신주의 납입기일 후 6월이 경과한 후에도 주권을 발행하지 않은 경우에는 양도를 허용함으로써 무효인 양도의 범위를 제한하고 있다(제335조 제3항).

다만 자본시장법상 예탁결제원은 신주발행, 무상증자, 주식배당 등의 사유로 새로이 발행되는 주식에 대해서 주권이 발행되기 전에도 예탁된 것으로 기재할 수 있다. 이 경우 아직 주권에 표창되기 전의 권리가 예탁된 것이므로 권리예탁이라고 한다. 이러한 주식의 양도는 주권발행

전에도 계좌대체의 방법으로 결제하는 경우에는 회사에 대해서 유효하다(자본시장법 제311조 제4항).

주권발행 전 주식양도의 효력은 회사에 대해서 무효이다. 다만 양도가 6개월이 경과하기 전에 이루어진 경우에도 6개월이 경과할 때까지 주권이 발행되지 않은 경우에는 기존의 양도는 하자가 치유되어 유효가 된다. 주권발행 전 주식양도는 당사자 사이에서는 효력이 있다. 따라서 회사가 후에 양도인에게 주권을 발행하면 양수인이 양도인에 대해서 주권의 교부를 청구할 수 있을 뿐 아니라 양도인의 주권발행청구권을 대위행사하여 회사에 대하여 양도인에게 주권을 발행할 것을 청구할 수도 있다(대법원 1982. 9. 28, 82다카21 판결).

바. 자기주식취득의 제한

자기주식취득이란 회사가 당해 회사의 주식을 취득하여 스스로 주주가 되는 것을 말한다. 자기주식취득은 회사의 재산을 주주에게 반환한다는 점에서 이익배당과 다를 바가 없다. 경제적으로 본다면 자기주식취득은 유상감자나 이익배당과 동일하고, 자본금의 변화가 없다는 점에서 본다면 이익배당과 본질적 차이가 없다.

상법 제341조, 제341조의2는 예외적으로 자기주식취득을 할 수 있는 경우를 한정적으로 열거하고 있어, 이에 해당하지 않는 경우에는 위법한 자기주식취득이 된다. 회사가 타인명의로 자기주식을 취득했다고 하더라도 ① 그 주식의 취득대금이 회사로부터 출연된 것이고 ② 주식의 보유에 따른 손익이 회사에 귀속된다면 회사의 계산으로 자기주식을 취득한 것이 되므로 마찬가지고 위법하다(대법원 2003. 5. 16, 2001다44109).

위법한 자기주식취득행위의 효력에 대해서는 견해가 나뉘지만, 위법한 자기주식취득은 주식회사의 본질적 요청인 자본금충실의 원칙을 해치기 때문에 절대적으로 무효가 된다고 보아야 한다.

1) 배당가능이익으로 하는 자기주식취득

배당가능이익은 어차피 주주에게 반환이 허용된 부분이므로 자기주식취득의 방식으로 주주에게 반환되더라도 채권자의 이익을 해하는 것이 아니다. 취득방법은 주주평등의 원칙에 입각해야 한다. 상장회사는 증권시장에서의 매수 또는 자본시장법상 공개매수의 방법만이 인정되며(제341조 제1항 제1호, 상법 시행령 제9조 제1항 제2호), 비상장회사는 공개매수와 비슷하게 모든 주주로부터 균등한 조건으로 취득하는 방법만이 가능하다(제341조 제1항 제2호, 상법시행령 제9조 제1항 제1호, 제10조).

자기주식취득 결정은 원칙적으로 주주총회가 정하지만, 정관으로 이익배당을 이사회가 결정하도록 되어 있는 회사는 자기주식취득도 이사회의 권한으로 할 수 있다(제341조 제2항, 제462조 제2항). 주주총회 또는 이사회는 ① 매수할 주식의 종류와 수, ② 취득가액의 총액의 한도, ③ 자기주식을 취득할 수 있는 기간을 정하는데(제341조 제2항), 취득기간은 1년을 상한으로 한다.

2) 배당가능이익과 무관한 자기주식취득

제도의 운영상 회사가 자기주식을 취득하는 것이 예정되어 있는 경우가 있다(제341조의2). 그 이외에는 자기주식취득의 예외가 인정되지 않으며, 정관이나 내부규정으로도 자기주식취득이 허용되는 경우를 달리 정할 수 없다

> **제341조의2(특정목적에 의한 자기주식의 취득)** 회사는 다음 각 호의 어느 하나에 해당하는 경우에는 제341조에도 불구하고 자기의 주식을 취득할 수 있다.
> 1. 회사의 합병 또는 다른 회사의 영업전부의 양수로 인한 경우
> 2. 회사의 권리를 실행함에 있어 그 목적을 달성하기 위하여 필요한 경우
> 3. 단주(端株)의 처리를 위하여 필요한 경우
> 4. 주주가 주식매수청구권을 행사한 경우

사. 주식상호소유의 제한

주식의 상호소유란 두 회사가 서로 상대방 회사의 주식을 소유하고 있는 것을 뜻하며, 서로 소유하는 상대방의 주식을 상호주라고 한다. 상호소유의 형태는 크게 직접상호소유와 간접상호소유[90) 형태로 나눌 수 있는데, 상법은 직접상호소유에 대한 규정만을 두고 있다. 공정거래법은 일정규모이상의 자산 총액 등 대통령령이 정하는 기준에 해당되어 상호출자제한기업집단등으로 지정된 기업집단에 속하는 회사는 자기의 주식을 취득 또는 소유하고 있는 계열회사의 주식을 취득 또는 소유를 금지하여 재벌의 경제력 집중 억제의 차원에서 이 문제를 다루고 있다(공정거래법 제9조 제1항).

---

90) 간접상호소유는 순환형, 행렬형, 지주형 등으로 세분화 할 수 있다.

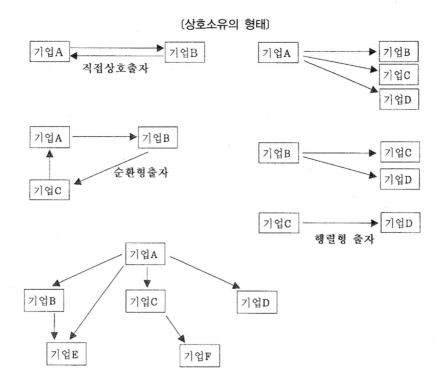

〔상호소유의 형태〕

상법상 상호소유금지 규정을 살펴보면, 자회사는 모회사의 주식을 취득할 수 없고, 모자회사 관계가 아니라면 주식의 취득이 금지되지는 않고, 다만 상호주의 의결권이 제한될 따름이다.

제342조의2(자회사에 의한 모회사주식의 취득)

① 다른 회사의 발행주식의 총수의 100분의 50을 초과하는 주식을 가진 회사(이하 "모회사"라 한다)의 주식은 다음의 경우를 제외하고는 그 다른 회사(이하 "자회사"라 한다)가 이를 취득할 수 없다.

  1. 주식의 포괄적 교환, 주식의 포괄적 이전, 회사의 합병 또는 다른 회사의 영업전부의 양수로 인한 때

  2. 회사의 권리를 실행함에 있어 그 목적을 달성하기 위하여 필요한 때

② 제1항 각호의 경우 자회사는 그 주식을 취득한 날로부터 6월 이내에 모회사의 주식을 처분하여야 한다.

③ 다른 회사의 발행주식의 총수의 100분의 50을 초과하는 주식을 모회사 및 자회사 또는 자회사가 가지고 있는 경우 그 다른 회사는 이 법의 적용에 있어 그 모회사의 자회사로 본다.

제342조의2 제1항의 발행주식총수에는 의결권이 배제·제한되는 종류주식도 포함된다. 자기주식취득의 경우와 마찬가지로, 자회사의 계산으로 취득하는 이상 타인명의로 취득하는 것도 금지된다. 또한 자회사가 모회사의 전환사채나 신주인수권부사채를 취득하는 것은 가능하나, 그 전환이나 신주인수권 행사 등을 통하여 신주를 취득하는 것은 금지된다. 그러나 B회사가 A회사의 50% 이하의 주식을 소유하고 있었던 상황에서 A회사가 B회사 주식을 50% 초과하여 취득함으로써 B회사가 A회사의 자회사가 된 것처럼 사후적으로 모자회사 관계가 성립된 경우에는 제342조의2 제1항이 적용되지 않는다. 다만 모자회사 관계가 발생하였으므로 제2항에 따라 B회사에게 6개월 이내에 A회사 주식을 처분할 의무가 발생할 뿐이다.

Ⅶ. 지배주주에 의한 소수주주의 전부취득

회사의 발행주식총수의 95% 이상을 보유한 지배주주가 나머지 소수주주의 주식을 강제로 매수할 수 있고, 반대로 소수주주는 지배주주에게 자신의 주식을 강제로 매도할 수 있다(제360조의24 이하). 소수주식의 강제매수·강제매도 제도는 회사의 주주관리비용의 절감 및 경영의 효율성 제고를 목적으로 한다.

2. 매도청구의 목적

　3. 매매가액의 산정 근거와 적정성에 관한 공인된 감정인의 평가

　4. 매매가액의 지급보증

⑤ 지배주주는 매도청구의 날 1개월 전까지 다음 각 호의 사실을 공고하고, 주주명부에 적힌 주주와 질권자에게 따로 그 통지를 하여야 한다.

　1. 소수주주는 매매가액의 수령과 동시에 주권을 지배주주에게 교부하여야 한다는 뜻

　2. 교부하지 아니할 경우 매매가액을 수령하거나 지배주주가 매매가액을
　　공탁(供託)한 날에 주권은 무효가 된다는 뜻

⑥ 제1항의 매도청구를 받은 소수주주는 매도청구를 받은 날부터 2개월 내에 지배주주에게 그 주식을 매도하여야 한다.

⑦ 제6항의 경우 그 매매가액은 매도청구를 받은 소수주주와 매도를 청구한 지배주주 간의 협의로 결정한다.

⑧ 제1항의 매도청구를 받은 날부터 30일 내에 제7항의 매매가액에 대한 협의가 이루어지지 아니한 경우에는 매도청구를 받은 소수주주 또는 매도청구를 한 지배주주는 법원에 매매가액의 결정을 청구할 수 있다.

⑨ 법원이 제8항에 따라 주식의 매매가액을 결정하는 경우에는 회사의 재산상태와 그 밖의 사정을 고려하여 공정한 가액으로 산정하여야 한다.

회사의 발행주식총수의 95% 이상을 자기의 계산으로 보유하고 있는 주주를 지배주주라고 하고, 그 나머지 주주를 소수주주라고 한다. 보유는 지배주주의 계산으로 하는 이상 누구의 명의로 하든지 상관없다. 반면 자기의 계산으로 보유하고 있어야 하므로 지배주주가 명의신탁을 받은 주식 등은 95% 계산에서 제외된다. 지배주주는 주주총회의 승인을 거쳐, 소수주주에게 그 보유하는 주식의 매도를 청구할 수 있는데, 이를 지배주주의 매도청구권이라고 한다. 지배주주로부터 매도청구를 받은 소수주주는 그로부터 2개월 내에 지배주주에게 주식을 매도해야 하는데, 그 가격에 간하여 협의가 이루어지지 않으면 법원이 매매가액을 결정한다.

Ⅷ. 주식의 소각, 병합, 분할

1. 주식의 소각

주식의 소각은 회사의 존속 중 일부 주식만을 절대적으로 소멸시키는 회사의 행위를 말한다. 일부 주식만을 소멸시킨다는 점에서 주식 전부의 소멸을 가져오는 회사의 해산과 구별된다. 상법상 주식의 소각은 ① 자본금감소에 의한 소각(제343조 제1항 본문), ② 자기주식의 소각 (제343조 제1항 단서), ③ 상환주식의 소각(제345조 제1항)의 경우에 가능하다. 주식의 소각은 소각되는 주식의 주주로부터 동의를 얻는지 여부에 따라 임의소각91)과 강제소각으로 구분할 수 있다. 또한 주주에게 대가를 지급하는지 여부에 다라 유상소각과 무상소각으로 구분할 수 있다. 유상소각은 주주에게 출자를 반환하는 수단으로 이용되고 무상소각은 결손으로 이익배당이 불가능한 상태를 벗어나기 위한 자본금감소의 수단으로 이용된다.

강제소각이자 무상소각의 대표적인 예인 자본금감소에 의한 소각은 자본금감소 절차를 밟아야 한다. 따라서 주주총회의 특별결의(제438조)와 채권자보호절차(439조 제2항, 제232조)를 거쳐야 한다. 또한 주식병합에 관한 일부 규정(제440조, 제441조)이 준용된다(제343조 제2항). 반대로 자기주식을 소각하는 경우에는 상환주식의 상환과 마찬가지로 발행주식수는 감소하지만 자본금은 변하지 않기 때문에, 자본금 감소의 규정을 따를 필요가 없다(제343조 제1항). 자기 주식의 소각은 이사회 결의만으로 이루어진다.

2. 주식의 병합

주식의 병합이란 2주를 합하여 1주로 하는 것처럼, 복수의 주식을 그보다 적은 수의 주식으로 합치는 회사의 행위를 말한다. 일반적으로 주식병합은 자본금감소를 위한 수단으로 이용하는 경우가 많고, 이러한 점에서 자본금에 변화를 가져오지 않는 주식분할과 차이가 있다. 액면주식의 경우 주식의 액면을 그대로 두면 주식병합으로 주식수가 줄기 때문에 자본금이 감소하게 된다. 주식병합이 자본금감소의 방법으로 이용되는 경우에는 주주총회 특별결의를 거쳐야하고(제438조 제1항), 채권자보호절차도 거쳐야 한다(제439조 제2항, 제232조). 액면주식의 액면을 그대로 합치면 주식수가 줄어들더라도 액면금액이 그에 상응하여 증가되기 때문에 자본금에는 변화가 없다. 이처럼 자본금에 변화가 없는 주식병합에서도, 액면은 정관의 절대적 기재사항으로서(제289조 제1항 제4호) 그 변경에는 주주총회 특별결의를 요하므로(제434조), 액면주식의 주식병합은 마찬가지로 주주총회의 특별결의를 거쳐야 한다. 하지만 무액면주식의 병

---

91) 임의소각의 대표적인 예는 매입소각이다.

합은 이러한 제약이 없으므로 이사회결의만으로 충분하다.

자본감소를 수반하는 위법한 주식병합은 감자무효의 소로 다툴 수 있다(제445조). 판례는 감자를 수반하지 않는 주식병합의 경우에도 제소권자나 제소기간에 재한이 없다면 "주식회사의 내부적 안정은 물론 대외적인 거래의 안전도 해칠 우려가 있다"는 이유로 감자무효의 소의 규정을 유추적용하여 제소기간을 변경등기가 있는 날로부터 6월로 제한하고 있다(대법원 2009. 12. 24, 2008다15520 판결).

3. 주식의 분할

주식의 분할이란 주식의 병합과는 반대로 회사의 자본금이나 자산을 변경시킴이 없이 기존의 주식을 세분화하여 발행주식 수를 증가시키는 것을 말한다. 주식분할은 소액투자자의 거래가 불편할 정도로 주가가 상승할 경우에 주로 발생한다. 이는 회사재산의 변동 없이 발행주식 수가 증가하지만 아울러 자본금 증가가 따르는 주식배당과 무상증자와도 구별된다. 주식배당이나 무상증자가 대규모로 일어나는 경우에는 실질적으로 주식이 분할되는 것과 같은 효과가 있다. 발행주식수가 증가하는 데 자본금이 증가하지 않기 위해서는 액면주식의 경우 액면이 낮아져야 하기 때문에, 액면주식의 주식분할은 결국 액면분할을 의미한다. 주식분할은 주주 이익을 해칠 위험이 있는 거래는 아니지만 액면은 정관의 절대적 기재사항으로서(제289조 제1항 제4호) 그 변경에는 주주총회 특별결의를 요하므로(제434조), 액면주식의 주식분할은 마찬가지로 주주총회의 특별결의를 거쳐야 한다. 다만 주식분할에는 주주총회의 특별결의가 필요하다는 별도의 규정이 있으므로(제329조의2 제1항), 두 결의를 따로 할 필요는 없다.

IX. 주식매수선택권

주식매수선택권은 회사의 주식을 일정한 기간(행사기간) 내에 미리 정한 가액(행사가액)에 매수할 수 있는 권리이다. 경영자의 인센티브와 주주의 이익을 일치시키기 위한 수단으로 활용되며, 스톡옵션(stock option)이라고 부른다. 주식매수선택권을 보유한 경영자는 주가 상승으로 이익을 얻기 때문에 주가를 상승시킬 인센티브가 있다.[92]

상법상 인정되는 주식매수선택권은 크게 세 가지로 나눌 수 있다. ① 행사가액으로 신주를 인

---

92) 주식매수선택권을 부여받은 시점에 소득으로 인식되는 경우에는 경영자에게 매력이 반감될 수밖에 없다. 대법원은 주식매수선택권은 부여 시점이 아니라 행사 시점에 해당주식의 시가와 주식매수선택권 행사가액의 차액에 상당하는 근로소득이 발생한 것으로 보고 있다(대법원 2007. 11. 15, 2007두5172 판결).

수할 수 있는 권리, ② 행사가액으로 자기주식을 매수할 수 있는 권리, ③ 행사가액이 주식의 실질가액에 미달하는 경우 그 차액을 금전이나 자기주식으로 받을 수 있는 권리(차액지급형).

1. 부여의 상대방

주식매수선택권은 회사의 설립·경영 및 기술혁신 등에 기여하거나 기여할 수 있는 회사의 이사·집행임원·감사·피용자에게 부여할 수 있다. '회사의 설립·경영 및 기술혁신 등에 기여' 정도를 판단함에 있어 회사는 폭넓은 재량을 가진다. 상장회사의 경우에는 일정한 관계회사 이사 등에 대해서도 부여할 수 있다(제542조의3 제1항).

미리 정한 가액(주식매수선택권의 행사가액)으로 신주를 인수하거나 자기의 주식을 매수할 수 있는 권리("주식매수선택권")를 부여할 수 있다. 사외이사에 주식매수선택권을 부여하는 것이 바람직한 것인지 논란은 있지만 적어도 법적으로 금지되는 것은 아니다. 다만 상법은 다음의 자를 부여대상에서 제외하고 있다(제340조의2 제2항).

> **제340조의2(주식매수선택권)** ② 다음 각 호의 어느 하나에 해당하는 자에게는 제1항의 주식매수선택권을 부여할 수 없다.
> 1. 의결권 없는 주식을 제외한 발행주식총수의 100분의 10 이상의 주식을 가진 주주
> 2. 이사·집행임원·감사의 선임과 해임 등 회사의 주요 경영사항에 대하여 사실상 영향력을 행사하는 자
> 3. 제1호와 제2호에 규정된 자의 배우자와 직계존비속

2. 부여와 행사절차

주식매수선택권은 정관 규정에 따라 주주총회 특별결의로 부여한다(제340조의2 제1항). 정관에 기재할 사항은 다음과 같다.

> **제340조의3(주식매수선택권의 부여)** ① 제340조의2제1항의 주식매수선택권에 관한 정관의 규정에는 다음 각호의 사항을 기재하여야 한다.
> 1. 일정한 경우 주식매수선택권을 부여할 수 있다는 뜻
> 2. 주식매수선택권의 행사로 발행하거나 양도할 주식의 종류와 수
> 3. 주식매수선택권을 부여받을 자의 자격요건
> 4. 주식매수선택권의 행사기간
> 5. 일정한 경우 이사회결의로 주식매수선택권의 부여를 취소할 수 있다는 뜻

주주총회 결의 시에는 다음 사항을 정해야 한다.

제340조의3(주식매수선택권의 부여) ② 제340조의2제1항의 주식매수선택권에 관한 주주총회의 결의에 있어서는 다음 각호의 사항을 정하여야 한다.
1. 주식매수선택권을 부여받을 자의 성명
2. 주식매수선택권의 부여방법
3. 주식매수선택권의 행사가액과 그 조정에 관한 사항
4. 주식매수선택권의 행사기간
5. 주식매수선택권을 부여받을 자 각각에 대하여 주식매수선택권의 행사로 발행하거나 양도할 주식의 종류와 수

주주총회 결의는 회사 내부의 의사결정에 불과하므로 부여가 효력이 발생하기 위해서는 회사가 주식매수선택권을 부여받은 자와 계약을 체결하고 상당한 기간 내에 그에 관한 계약서를 작성하여야 한다(제340조의3 제3항). 부여계약이 효력을 발생하려면 계약서 작성까지 마쳐야 한다. 회사는 계약서를 행사기간이 종료할 때까지 본점에 비치하고 주주가 열람할 수 있도록 해야 한다(제340조의3 제4항). 허위로 만들어낸 특별결의를 근거로 체결한 주식매수선택권 부여계약은 법률상 효력이 없다(대법원 2011. 11. 24, 2010도11394 판결).

주식매수선택권은 주주총회 결의일부터 2년 이상 재임 또는 재직하여야 이를 행사할 수 있다(제340조의4 제1항). 상장회사의 경우에는 사망 기타 본인의 책임이 아닌 사유로 퇴임하거나 퇴직한 경우에는 2년을 채우지 못한 경우에도 행사가 가능하다(제542조의3 제4항, 시행령 제30조 제5항). 정년으로 인한 퇴임 내지 퇴직은 본인의 책임이 아닌 사유에 포함되지 아니하므로 그로 인하여 2년을 채우지 못한 경우에는 주식매수선택권을 행사할 수 없다. 비상장회사의 경우에는 이런 예외에 대한 규정이 없기 때문에 본인의 책임 없는 사유로 퇴임하거나 퇴직한 경우에도 주식매수선택권을 행사할 수 없다. 비상장회사의 경우 정관이나 주주총회의 특별결의를 통해서도 2년 재임요건을 완화하는 것은 허용되지 않는다(대법원 2011. 3. 24, 2010다85027).

주식매수선택권 행사에 대해서는 신주인수권부사채의 신주인수권 행사에 관한 규정을 준용한다(제340조의5, 제516조의9 제1항). 따라서 주식매수선택권을 행사하려는 자는 청구서 2통을 회사에 제출하여야 하고, 차액지급형이 아닌 경우에는 행사가액 전액을 납입하여야 한다(제340조의5, 제516조의9 제1항). 신주인수형의 경우에는 납입을 한 때에 바로 주주가 된다(제340조의5, 제516조의10). 그러나 자기주식교부형의 경우에는 회사가 주식을 양도한 때에 비로소 주주가 될 수 있다.

3. 주식매수선택권에 관한 규제

주식매수선택권이 행사되면 기존 주주의 지분이 희석되는 효과가 있다. 따라서 상법은 주식매수선택권이 과도하게 부여되는 것을 막기 위해서 한도를 ㅂ라행주식총수의 10%로 제한하고 있다(제340조의2 제3항). 상장회사의 경우에는 그 한도가 15%까지 확대된다(제542조의3 제2항, 시행령 제30조 제3항).

주식매수선택권은 양도할 수 없다(제340조의4 제2항). 따라서 주식매수선택권 양도계약은 무효이다. 주식매수선택권을 양도하는 대신 주식매수선택권의 행사로 취득할 주식을 미리 양도하기로 하는 계약을 체결할 수도 있다.

상법상 주식매수선택권의 행사가액은 부여일 기준으로 주식의 실질가액 이상으로 하여야 한다(제340조의2 제4항). 신주발행형의 경우에는 실질가액이 권면액을 하회하면 행사가액을 권면액 이상으로 해야 한다.

제4절 신주의 발행

신주발행은 회사성립 후 정관에서 정한 발행예정주식총수의 범위 내에서 추가로 주식을 발행하는 것을 말한다. 신주발행은 자금조달을 목적으로 하는 통상의 신주발행과 재산증가가 없으므로 자금조달효과가 없는 특수한 신주발행으로 분류할 수 있다.

I. 통상의 신주발행과 특수한 신주발행

통상의 신주발행은 자금조달을 목적으로 하는 신주발행으로서 회사의 재산이 증가하므로 유상증자라고 한다. 액면주식 발행회사의 경우에는 발행주식수에 액면금액을 곱한 만큼 자본금이 증가하고 순자산도 증가한다. 발행가액이 액면금액보다 높으면 액면초과금액의 총액에 해당하는 자산증가액은 자본준비금으로 적립되고, 발행가액이 액면금액보다 낮으면 액면미달금액의 총액만큼 자산증가액이 자본금증가액보다 작다. 무액면주식 발행회사의 경우에는 이사회가 주식의 발행가액 중 자본금에 계상할 금액(발행가액의 2분의 1 이상의 금액)을 결정하고, 그를 초과하는 금액은 자본준비금으로 계상한다(제451조).

특수한 신주발행이란 통상의 신주발행 외의 신주발행을 의미한다. 신주발행에 따른 재산증가가 없어 신주의 인수절차와 납입절차가 없다.

준비금의 자본금전입 · 주식배당	준비금의 자본금전입 · 주식배당에 의하여 자본금은 증가하나 그만큼 준비금 또는 잉여금이 감소하므로 순자산에는 변동이 없다.
전환주식의 전환	전환비율에 따라 전환주식의 수가 신주식의 수보다 많으면 자본금이 증가하고, 적으면 자본금이 감소하나 순자산에는 변동이 없다.
전환사채의 전환, 신주인수권부사채의 신주인수권 행사	전환사채의 전환, 신주인수권부사채의 신주인수권 행사에 의하여 자본금이 증가하고, 부채의 감소로 순자산도 증가한다. 특수한 신주발행 중 예외적으로 순자산이 변동하는 경우이다.
주식의 포괄적 교환	주식교환에 의하여 완전자회사가 되는 회사의 주주가 가지는 그 회사의 주식은 주식을 교환하는 날에 주식교환에 의하여 완전모회사가 되는 회사에 이전하고, 그 완전자회사가 되는 회사의 주주는 그 완전모회사가 되는 회사가 주식교환을 위하여 발행하는 신주의 배정을 받음으로써 그 회사의 주주가 된다(제360조의2 제2항). 주식의 포괄적 교환에 의하여 완전모회사의 자본금과 순자산이 증가하나, 이는 주식교환의 효과이고 신주발행의 효과는 아니다.
주식의 병합	주식의 병합은 수개의 주식을 합하여 그보다 적은 수의 주식으로 하는 회사의 행위이다. 액면주식의 병합의 경우에는 자본금이 감소하면서 신주가 발행된다. 무액면주식은 주식수와 자본금과 무관하므로 병합에 의하여 자본금이 감소하는 것은 아니다. 어느 경우에나 회사의 자산에는 변동이 없다.
주식의 분할	주식분할의 경우에는 액면주식 · 무액면주식 모두 자본금에 변동이 없다. 즉, 주식의 분할은 회사의 자산과 자본금에는 변동이 없이 발행주식총수만 증가하는 것을 말한다.
회상절차상 신주발행	채무자회생 및 파산에 관한 법률에 의하면, 채무자가 회생채권자 · 회생담보권자 또는 주주에 대하여 새로 납입 또는 현물출자를 하게 하지 아니하고, 새로 납입 또는 현물출자를 하게하고 신주를 발행하는 경우(채무자회생법 제206조 제2항)에는 순자산이 증가한다.

Ⅱ. 신주인수권

신주인수권은 회사의 성립 후 신주를 발행하는 경우 주주 또는 제3자가 타인에 우선하여 신주를 인수할 수 있는 권리를 말한다. 신주인수권은 주주의 권리이지만 의무는 아니다. 신주인수권은 인수순위에서 타인에 우선한다는 것이지, 인수조건에서 우대받을 수는 없다. 신주인수권자는 청약과 배정을 거쳐 납입 또는 현물출자의 이행을 하면 납입기일의 다음 날부터 주주가 된다.

1. 주주의 신주인수권

주주의 신주인수권은 주주가 소유주식수에 비례하여 우선적으로 신주를 인수할 수 있는 권리이고, 주주의 신주인수권에 기하여 신주를 발행하는 것을 주주배정신주발행이라고 한다. 회사가 신주를 발행할 경우 주주는 정관에 다른 정함이 없으면 그가 가진 주식의 수에 따라서 우선적으로 신주의 배정을 받을 권리가 있다(제418조 제1항). 다만 자기주식은 성질상 신주인수권이 인정되지 않는다.

주주의 신주인수권은 ① 제3자의 신주인수권, ② 일반공모증자, ③ 현물출자 등이 있다. 제3자의 신주인수권은 다시, 법률에 의한 제3자의 신주인수권과 정관에 의한 제3자의 신주인수권으로 분류되고, 법률에 의한 제3자의 신주인수권에는 신주인수권부사채, 우리사주조합원의 우선배정권, 채무자회생법상 신주발행 등이 있고, 정관에 의한 제3자의 신주인수권은 통상 제3자배정 신주발행의 경우에 인정된다.

주권상장법인은 일반공모증자 방식으로 신주를 발행할 수 있는데(자본시장법 제165조의6 제1항), 일반공모증자도 정관에 근거규정이 있어야 한다는 점에서 제3자배정과 동일하나, 제3자배정은 신주를 배정받는 제3자가 주식 인수 전에 특정되는 경우이고, 일반공모증자는 불특정 다수인을 상대로 신주를 발행하는 점에서 구별된다.

주주의 신주인수권이 침해된 경우 주주는 사전예방조치로서 신주발행유지청구를 할 수 있고(제424조), 이사·집행임원에 대한 손해배상을 청구할 수 있다(제401조, 제408조의8 제2항). 신주가 발행된 후에는 신주발행무효의 소(제429조)를 제기할 수 있다.

> **제401조(제삼자에 대한 책임)** ① 이사가 고의 또는 중대한 과실로 그 임무를 게을리한 때에는 그 이사는 제3자에 대하여 연대하여 손해를 배상할 책임이 있다.
> ② 제399조제2항, 제3항의 규정은 전항의 경우에 준용한다.
>
> **제408조의8(집행임원의 책임)** ① 집행임원이 고의 또는 과실로 법령이나 정관을 위반한 행위를 하거나 그 임무를 게을리한 경우에는 그 집행임원은 집행임원 설치회사에 손해를 배상할 책임이 있다.
> ② 집행임원이 고의 또는 중대한 과실로 그 임무를 게을리한 경우에는 그 집행임원은 제3자에게 손해를 배상할 책임이 있다.
> ③ 집행임원이 집행임원 설치회사 또는 제3자에게 손해를 배상할 책임이 있는 경우에 다른 집행임원·이사 또는 감사도 그 책임이 있으면 다른 집행임원·이사 또는 감사와 연대하여 배상할 책임이 있다.

> **제424조(유지청구권)** 회사가 법령 또는 정관에 위반하거나 현저하게 불공정한 방법에 의하여 주식을 발행함으로써 주주가 불이익을 받을 염려가 있는 경우에는 그 주주는 회사에 대하여 그 발행을 유지할 것을 청구할 수 있다.
>
> **제429조(신주발행무효의 소)** 신주발행의 무효는 주주·이사 또는 감사에 한하여 신주를 발행한 날로부터 6월내에 소만으로 이를 주장할 수 있다.

2. 제3자의 신주인수권

제3자의 신주인수권은 주주 외의 자가 우선적으로 신주를 배정받을 수 있는 권리를 말한다. 그 제3자가 주주라 하더라도 주주의 지위에서 신주를 배정받는 것이 아니라면 제3자의 신주인수권에 해당한다. 일반인이 주식인수의 청약을 하고 회사가 배정을 하는 자본시장법상 일반공모증자의 경우에는 청약자(3자)에게 우선배정권이 없으므로 제3자의 신주인수권에 해당하지 않는다.

가. 법률에 의한 제3자의 신주인수권

전환사채권자·신주인수권부사채권자	전환사채권자·신주인수권부사채권자는 법률에 의하여 신주인수권을 가지는 제3자이다.
자본시장법상 우리사주조합원의 우선배정권	우리사주조합원은 근로복지기본법에 따른 우리사주조합원을 말한다. "대통령으로 정하는 주권상장법인 또는 주권을 대통령령으로 정하는 증권시장에 상장하려는 법인"이 주식을 모집하거나 매출하는 경우 상법 제418조에도 불구하고 해당 법인의 우리사주조합원에 대하여 모집하거나 매출하는 주식총수의 20%를 배정하여야 한다(자본시장통합법 제165조의7 제1항).
채무자회생법상 신주발행	채무자가 회생채권자·회생담보권자 또는 주주에 대하여 새로 납입 또는 현물출자를 하게 하지 아니하고, 새로 납입 또는 현물출자를 하게하고 신주를 발행하게 하고(채무자회생법 제206조 제2항) 신주를 발행할 수 있다.

나. 정관에 의한 제3자의 신주인수권

회사는 정관에 정하는 바에 따라 주주 외의 자에게 신주를 배정할 수 있다.[93] 다만, 이 경우에

---

93) 주주 외의 자에게 신주를 배정하는 경우 회사는 신주발행사항의 결정에 관한 규정인 상법 제416조에서 정하는 사항을 그 납입기일 2주 전까지 주주에게 통지하거나 공고하여야 한다(제418조 제4항). 이는 제418조 제2항의 요건을 갖추지 못한 경우 주주로 하여금 사전 구제절차(신주발행유지청구 및 신주발행금지가처분 등)를 할 기회를 주기 위함이다. 이러한 통지·공고 절차의 흠결은 신주발행무효사유가 된다. 다만, 이 규정은 전환사채와 신주인수권부사채의 경우에는 준용되지 않는다. 한편, 상장회사가 제165조의6 또는 상법 제418조 제2항의 방식으로 신주를 배정할 때 제161조 제1항 제5호에 따라 금융위원회에 제출한 주요사항보고서가 금융위원회와 거래소에 공시된 경우에는 상법 제418조 제4항을 적용하지 아니한다.

는 신기술의 도입, 재무구조의 개선 등 회사의 경영상 목적을 달성하기 위하여 필요한 경우에 한한다(제418조 제2항).

제3자의 신주인수권은 정관에 근거규정이 있어야 인정된다. 정관에 이러한 규정이 없는 경우에는 주주총회 특별결의에 의하여 정관변경을 먼저 하여야 제3자배정 신주발행이 가능하다. 회사가 주주배정방식에 의하여 신주를 발행하려는데, 주주가 인수를 포기하거나 청약을 하지 아니함으로써 그 인수권을 상실한 경우, 회사는 이사회 결의로 인수가 없는 부분에 대하여 자유로이 제3자에게 처분할 수 있고, 이 경우 실권된 신주를 제3자에게 발행하는 것에 관하여 정관에 반드시 근거 규정이 있어야 하는 것은 아니다(대법원 2012 2012. 11. 15, 선고 2010다49380 판결). 정관에 제3자의 신주인수권을 규정한 경우 정관의 효력이 당연히 제3자에게 미친다고 볼 수 없으므로 제3자는 정관의 규정만으로 신주인수권을 취득하는 것이 아니고 회사와의 별도의 계약에 의하여 취득한다.

회사가 제3자의 신주인수권을 무시하고 신주를 발행한 경우 제3자의 신주인수권을 계약상 권리이기 때문에, 제3자의 신주인수권이 무시된 경우에도 신주발행은 유효하고 회사는 제3자에게 채무불이행에 따른 손해배상책임을 진다. 따라서 제3자는 신주발행유지청구(제424조)를 하거나 신주발행무효의 소(제429조)를 제기할 수 없다. 다만 신주인수권이 침해된 제3자는 이사 · 집행임원에 대한 손해배상청구(제401조, 제408조의8 제2항)를 할 수 있다.

다. 자본시장법상 일반공모증자

주권상장법인은 상법 제418조 제1항(주주에 대한 신주배정) 및 제2항(제3자에 대한 신주배정) 단서에도 불구하고 정관으로 정하는 바에 따라 이사회 결의로써 대통령령으로 정하는 일반공모증자 방식으로 신주를 발행할 수 있다(자본시장법 제165조의6 제1항).[94]

증권발행공시규정은 주권상장법인이 일반공모증자방식 및 제3자배정증자방식으로 유상증자를 하는 경우의 발행가액결정에 관하여 상세히 규정하고 있다. 다만, 발행가격이 시가에 근접하여야 하므로 신속한 대규모 자금조달이 필요한 경우 자금조달에 제약이 되는 점은 있다.

---

94) 주식뿐만 아니라 전환사채의 공모사례도 적지 않지만, 자본시장법상 전환사채의 일반공모에 관한 근거규정은 없다.

Ⅲ. 변경등기

신주발행으로 인하여 등기사항은 자본금의 액(제317조 제2항 제2호), 발행주식의 총수, 그 종류와 각종주식의 내용과 수(제317조 제2항 제3호) 등이 증가하므로 변경등기를 하여야 한다(제317조 제4항, 제183조).

신주발행의 변경등기를 하면, 신주의 발행으로 인한 변경등기를 한 날로부터 1년을 경과한 후에는 신주를 인수한 자는 주식청약서 또는 신주인수권증서의 요건의 흠결을 이유로 하여 그 인수의 무효를 주장하거나 사기·강박·착오를 이유로 하여 그 인수를 취소하지 못한다. 그 주식에 대하여 주주의 권리를 행사한 때에도 같다(제427조). 그리고 이사의 자본금충실책임(제428조 제1항)이 발생한다.

Ⅳ. 신주발행과 이사 및 주식통모인수인의 책임

1. 이사의 책임

신주의 발행으로 인한 변경등기가 있은 후에 아직 인수하지 아니한 주식이 있거나 주식인수의 청약이 취소된 때에는 이사가 이를 공동으로 인수한 것으로 본다(제428조 제1항). 변경등기에 부합하는 자본금충실을 위하여 이사의 인수담보책임을 규정한 것이다. 이 규정은 이사에 대한 손해배상의 청구에 영향을 미치지 않으므로 회사에 손해가 발생한 경우 이사·집행임원은 회사에 대하여 손해배상책임을 진다(제399조, 제408조의8 제1항). 이사의 자본금충실책임은 무과실책임이고, 자본은 회사채권자를 위한 담보이기도 하므로 주주 전원의 동의로도 면제할 수 없다. 그러나 이사는 발기인과는 달리 인수담보책임만 부담하고 납입담보책임은 부담하지 않는다.

2. 주식통모인수인의 책임

이사와 통모하여 현저하게 불공정한 발행가액으로 주식을 인수한 자는 회사에 대하여 공정한 발행가액과의 차액에 상당한 금액을 지급할 의무가 있다(제424조의2 제1항). 회사는 통모인수인의 책임을 면제하거나 지급금액을 반환해 줄 수 없고, 통모인수인은 그 차액의 지급을 상계로써 대항할 수 없다.

현저하게 불공정한 발행가액은 이사회가 정한 발행가액(제416조 제2호)이 아니라 인수인이 실제로 납입한 인수가액(제421조 제1항)을 의미한다. 이사회가 정한 발행가액이 불공정하게 낮더라도 인수인이 실제로 납ㄴ입한 가액이 공정하다면 본조의 책임이 없다. 시가가 없는 주식은 주식의 순자산가치·수익가치 등을 참작하여 계산한 가액을 기준으로 삼아야 한다.

V. 위법한 신주발행 시 구제절차

1. 신주발행유지청구권

회사가 법령 또는 정관에 위반하거나 현저하게 불공정한 방법에 의하여 주식을 발행함으로써 주주가 불이익을 받을 염려가 있는 경우에는 그 주주는 회사에 대하여 그 발행을 유지할 것을 청구할 수 있다(제424조). 주주의 신주발행유지청구권은 단독주주권이므로 1주를 소유한 주주도 유지청구를 할 수 있다.[95] 신주발행유지청구권은 신주가 일단 발행된 후에는 원상회복청구나 손해배상청구 등 사후적 구제조치로는 회사의 구제에 불충분하기 때문에 인정된 것이다.

다만 신주발행유지청구의 소에 의한 경우 본안판결확정 전에 신주가 발행되면 의미가 없으므로, 신주발행유지청구권을 피보전권리로 하여 신주발행금지 가처분을 신청하는 것이 실효성이 있다.

2. 신주발행무효의 소

신주발행 무효는 주주 · 이사 · 감사에 한하여 신주를 발행한 날로부터 6개월 내에 소로써 주장할 수 있다(제429조). 신주발행무효의 소는 형성의 소로서 제소권자 · 제소기간 · 주장방법 등에 대한 제한이 있다. 신주발행무효의 소는 형성소송이므로 무효판결 확정 전까지는 신주발행절차가 일응 유효하다.

상법 제429조에는 그 무효원인이 따로 규정되어 있지 않으므로 신주발행유지청구의 요건으로 제424조에서 규정하는 "법령이나 정관의 위반 또는 현저하게 불공정한 방법에 의한 주식의 발행"을 신주발행의 무효원인으로 볼 수 있다.

3. 신주발행부존재확인의 소

신주발행의 부존재란 신주발행이라고 할 수 있는 회사행위의 실체가 존재한다고 할 수 없고 단지 신주발행으로 인한 변경등기와 같은 신주발행의 외관만이 존재하는 경우를 말한다. 신주발행부존재의 경우에는 처음부터 신주발행의 효력이 없고 신주인수인들의 주금납입의무도 발생하지 않으며 증자로 인한 자본 충실의 문제도 생기지 않는 것이어서 그 주금의 납입을 가장하였더라도 상법상 납입가장죄가 성립하지 않는다.

신주발행부존재확인의 소는 민사소송법상 일반 확인의 소이므로, 확인의 이익이 있어야 한다.

---

95) 이사의 위법행위유지청구권은 소수주주권이고, 법령 또는 정관에 위반한 경우만 대상이 되는 점에서 신주발행유지청구권과 차이점이 있다.

4. 신주발행 후의 가처분

가. 신주발행효력정지 가처분

신주발행금지 가처분의 본안은 위법한 발행에 대한 사전 구제수단인 신주발행유지의 소이고, 신주발행효력정지 가처분의 본안은 거래의 안전과 법적 안정성을 해칠 위험이 큰 신주발행무효의 소이다. 따라서 신주발행효력정지 가처분은 신주발행금지 가처분보다 그 요건을 훨씬 엄격하게 해석해야 한다.

나. 주권상장금지 가처분

주권상장법인은 유상증자, 전환사채권자의 전환청구, 신주인수권부사채권자의 신주인수권행사 등으로 인하여 신주가 발행되면 거래소에 신주의 상장신청을 하고 거래소는 유가증권시장 상장규정 또는 코스닥시장의 상장규정에 규정된 상장요건을 심사하여 상장을 한다. 그렇게 되면 신주의 소유자들은 증권시장을 통하여 신주를 매각할 수 있고, 이러한 경우 집중예탁, 혼합보관으로 인하여 신주발행무효사유가 있는 신주가 증권시장에서 누구에게 양도되었는지 확인이 불가능하다. 따라서 주권상장법인의 주주는 신주가 아직 상장되기 전이라면 상장금지 가처분을 신청할 실익이 있다.

다. 주식처분금지 · 의결권행사금지 가처분

신주발행무효청구권을 피보전권리로 하여 주식의 처분금지 가처분을 신청할 수도 있다. 주식처분금지 가처분을 받은 주주는 여전히 주주권자로서 주주총회에서 의결권을 행사할 수 있다. 따라서 이러한 주주의 의결권 행사를 금지시키려면 주식처분금지 가처분 외에 의결권 행사금지 가처분을 함께 신청할 필요가 있다.

제1관 사채

1. 총설

사채라 함은 주식회사가 일반 공중으로부터 비교적 장기의 자금을 집단적 · 대량적으로 조달하기 위하여 債券이라는 유가증권을 발행하여 부담하는 채무를 말한다. 회사는 債券을 발행하는 대신 정관에서 정하는 바에 따라 전자등록기고나의 전자등록부에 債權을 등록할 수 있다. 사채는 주식과 더불어 주식회사의 중요한 자금조달방법이 된다.

사채를 발행하는 회사가 특정인을 매개로 하지 않고 일반공중으로부터 직접 자금을 조달하는 방식을 직접발행이라 하는데, 직접모집과 매출발행이 있다. 이에 반해 사채를 발행하는 회사가 직접 사채를 모집하는 것이 아니라 중간에 특정인을 매개하여 사채를 모집하는 방식을 간접발행이라고 하는데, 위탁모집, 도급모집 및 총액인수가 있다.

사채는 자유롭게 양도할 수 있으며 주식의 경우와 달리 자기사채의 취득이 제한되지도 않는다. 사채의 양도방법에 대해서는 상법에 규정이 없으나 기명사채의 경우에는 그 법적 성질이 지명채권이라 할 것이므로 당사자 간의 의사표시만으로 양도할 수 있다. 그러나 기명사채에 대하여 債券이 발행된 경우에는 양도의 의사표시와 더불어 채권을 교부하여야만 양도의 효력이 발생하며, 취득자의 성명과 주소를 사채원부에 기재하고(명의개서) 그 성명을 채권에 기재하여야 회사 및 기타 제3자에게 대항할 수 있다(제479조 제1항).

2. 전환사채

전환사채(CB: convertible bonds)란 주식으로 전환할 수 있는 권리(전환권)가 사채권자에게 부여된 사채를 말한다. 전환사채권자는 사채권자로서 확정적인 이자를 지급받다가 발행회사의 영업이익이 증가하면 전환권을 행사하여 주주로서 이익배당을 받을 수도 있다.

가. 발행의 요건

전환사채는 상법이 정한 방법과 절차에 의하여 발행하여야 하고 그렇지 아니한 경우에는 무효로 된다. 전환사채발행에 관하여 아래의 사항으로서 정관에 규정이 없는 것은 이사회가 이를 결정한다. 그러나 정관의 규정에 의하여 주주총회에서 결정할 수도 있다(제513조 제2항).

제513조(전환사채의 발행) ① 회사는 전환사채를 발행할 수 있다.

② 제1항의 경우에 다음의 사항으로서 정관에 규정이 없는 것은 이사회가 이를 결정한다. 그러나 정관으로 주주총회에서 이를 결정하기로 정한 경우에는 그러하지 아니하다.

　　1. 전환사채의 총액
　　2. 전환의 조건
　　3. 전환으로 인하여 발행할 주식의 내용
　　4. 전환을 청구할 수 있는 기간
　　5. 주주에게 전환사채의 인수권을 준다는 뜻과 인수권의 목적인 전환사채의 액
　　6. 주주외의 자에게 전환사채를 발행하는 것과 이에 대하여 발행할 전환사채의 액

상법상 주주의 전환사채인수권에 관한 명문의 규정은 없는데, 제513조 제3항이 주주 외의 자에 대한 전환사채 발행요건을 규정하므로, 이러한 요건이 구비되지 않은 경우에는 주주에게 전환사채인수권이 인정된다.

상법 제513조 제3항은 "발행할 수 있는 전환사채의 액, 전환의 조건, 전환으로 인하여 발행할 주식의 내용과 전환을 청구할 수 있는 기간에 관하여 정관에 규정이 없으면 주주총회 특별결의에 의하여 정하여야 한다."고 규정하여 제3자의 전환사채인수권을 인정하고 있다. 제3자배정에 의하여 전환사채를 발행하기 위한 실체적 요건으로서, 제418조 제2항 단서의 "경영상 목적"이라는 실체적 요건이 충족되어야 한다. 경영상 목적은 전환청구권행사시점이 아닌 전환사채발행시점을 기준으로 판단한다.

회사가 전환사채를 발행한 때에는 납입이 완료된 날부터 2주 내에 본점의 소재지에서 전환사채의 등기를 하여야 한다(제514조의2 제1항). 변경등기는 본점 소재지에서는 2주 내, 지점 소재지에서는 3주 내에 하여야 한다(제514조의2 제3항, 제183조). 등기할 사항은 아래와 같다(514조의2 제2항).

제514조의2(전환사채의 등기) ① 회사가 전환사채를 발행한 때에는 제476조의 규정에 의한 납입이 완료된 날로부터 2주간 내에 본점의 소재지에서 전환사채의 등기를 하여야 한다.
② 제1항의 규정에 의하여 등기할 사항은 다음 각호와 같다.
  1. 전환사채의 총액
  2. 각 전환사채의 금액
  3. 각 전환사채의 납입금액
  4. 제514조제1호 내지 제4호에 정한 사항

제514조(전환사채발행의 절차) ① 전환사채에 관하여는 사채청약서, 채권과 사채원부에 다음의 사항을 기재하여야 한다.
  1. 사채를 주식으로 전환할 수 있다는 뜻
  2. 전환의 조건
  3. 전환으로 인하여 발행할 주식의 내용
  4. 전환을 청구할 수 있는 기간

나. 전환의 효력

전환권은 형성권이므로 사채권자의 일방적 의사표시로 당연히 전환의 효력이 발생하고(제516조 제2항, 제350조 제1항), 그에 따라 사채권자의 지위는 주주로 변경된다. 전환청구가 주주명부의 폐쇄기간 중에 있었다고 하더라도 역시 청구를 한 때 전환의 효력이 발생하지만 의결권의 행사는 폐쇄기간이 경과한 이후에 가능하다(제516조 제2항, 제350조 제2항).

영업연도 중간에 전환된 경우 사채에 대한 이자지급 혹은 신주에 대한 이익배당의 계산이 문제되는데, 원칙적으로 영업연도 말에 전환된 것으로 보아 이자를 지급하면 되지만, 정관에 규정이 있는 때에는 직전 영업연도 말에 전환된 것으로 보아 그 영업연도 전체기간의 이익배당을 할 수도 있다(제516조 제2항, 제350조 제3항).

다. 위법·불공정한 발행에 대한 조치

1) 전환사채발행유지청구권

회사가 법령 또는 정관에 위반하거나 현저하게 불공정한 방법에 의하여 전환사채를 발행함으로써 주주가 불이익을 받을 염려가 있는 경우에는 그 주주는 회사에 대하여 전환사채의 발행을 유지할 것을 청구할 수 있다(제516조 제1항, 제424조).

2) 통모인수인의 책임

이사와 통모하여 현저하게 불공정한 발행가액으로 전환사채를 인수한 자는 공정한 발행가액과의 차액에 상당한 금액을 회사에 지급할 의무가 있으며, 이때 이사도 회사에 대하여 손해배상 책임을 진다(제516조 제1항, 제424조의2).

3) 신주발행무효의 소의 유추 적용

전환사채의 효력이 이미 발생하였으나 그 발행절차에 중대한 하자가 있는 경우에 신주발행무효의 소에 관한 규정(제429조 내지 제432조)을 유추적용하여 전환사채발행의 효력을 다툴 수 있을지 문제된다. 판례는 "전환사채는 전환권의 행사에 의하여 장차 주식으로 전환될 수 있는 권리가 부여된 사채로서, 이러한 전환사채의 발행은 주식회사의 물적 기초와 기존 주주들의 이해관계에 영향을 미친다는 점에서 사실상 신주를 발행하는 것과 유사하므로, 전환사채의 발행의 경우에도 신주발행무효의 소에 관한 상법 제429조가 유추적용된다고 봄이 상당하"다고 판시하여 이를 긍정하고 있다(대법원 2004. 6. 25, 2000다37362 판결).

3. 신주인수권부사채

신주인수권부사채(BW: bond with warrant)는 사채권자에게 사채발행회사에 대한 신주인수권이 부여된 사채를 말한다. 신주인수권부사채에서의 신주인수권이란, 발행된 신주에 대하여 다른 사람보다 우선적으로 배정받을 수 있는 권리를 의미하는 것이 아니라, "사채발행회사에 신주발행을 청구하고 이에 따라 회사가 신주를 발행하면 그 신주에 대하여 당연히 주주가 되는 권리"를 뜻한다.

신주인수권부사채에는 분리형과 비분리형(결합형)이 있다. 전자는 신주인수권을 표창하는 신주인수권증권이 사채권과는 별도로 발행되어 신주인수권을 독립적으로 양도할 수 있는 유형이며, 후자는 사채 고유의 권리와 신주인수권이 동일한 사채권에 표창되어 양자를 분리해서 양도할 수 없는 유형이다. 우리 상법은 비분리형을 원칙으로 하지만 이사회에서 신주인수권만을 양도할 수 있도록 정한 때에는 분리형을 발행할 수 있게 하였다(제516조의2 제2항 제4호).

가. 발행

신주인수권부사채는 이사회의 결의로 발행하는 것이 원칙이지만 정관에 규정이 있는 경우에는 주주총회에서 그 발행을 결정할 수도 있다(제516조의2 제2항). 그러나 주주 외의 자에게 신주인수권부사채를 발행하기 위해서는 정관의 근거 또는 주주총회의 특별결의가 있어야 하며(제516조의2 제4항 전단), 신기술의 도입, 재무구조의 개선 등 회사의 경영상 목적을 달성하기 위하여 필요한 경우에 한정된다(제516조의2 제4항 후단).

각 신주인수권부사채에 부여된 신주인수권의 행사로 인하여 발행할 주식의 발행가액의 합계액은 각 신주인수권부사채의 금액을 초과할 수 없다(제516조의2 제3항). 회사는 신주인수권증권을 발행하는 대신 정관에서 정하는 바에 따라 공인된 전자등록기관의 전자등록부에 신주인수권을 등록할 수 있다(제516조의7).

나. 신주인수권의 행사 및 효력

신주인수권을 행사할 때에는 신주발행의 청구서 2통을 회사에 제출하여야 한다(제516조의9)
(신주인수권의 행사) ① 신주인수권을 행사하려는 자는 청구서 2통을 회사에 제출하고, 신주의 발행가액의 전액을 납입하여야 한다. 청구서를 제출하는 경우에 신주인수권증권이 발행된 때에는(분리형) 신주인수권증권을 첨부하고, 이를 발행하지 아니한 때에는(비분리형) 채권을 제시하여야 한다(동조 제2항). 다만, 제478조제3항 또는 제516조의7에 따라 채권(債券)이나 신주인수

권증권을 발행하는 대신 전자등록기관의 전자등록부에 채권(債權)이나 신주인수권을 등록한 경우에는 그 채권이나 신주인수권을 증명할 수 있는 자료를 첨부하여 회사에 제출하여야 한다. 신주인수권을 행사한 자는 신주의 발행가액의 납입을 한 때에 주주가 된다. 다만 이익이나 이자의 배당에 관하여는 원칙적으로 신주인수권을 행사한 때가 속하는 영업연도 말에 신주가 발행된 것으로 보지만, 정관에 규정이 있는 때에는 직전 영업연도 말에 발행된 것으로 할 수 있다(제516조의10).

다. 위법·불공정한 발행에 대한 조치

상법은 전환사채발행무효의 소와 같이 신주인수권부사채발행무효의 소에 관하여도 아무런 규정을 두지 않는다. 따라서 신주인수권부사채의 효력이 이미 발생하였으나 발행절차 또는 발행조건에 중대한 하자가 있는 경우 신주인수권부사채발행무효의 소를 제기할 수 있는지가 문제된다. 판례는 신주인수권부사채발행의 경우에도 전환사채발행의 경우와 같이 신주발행무효의 소에 관한 제429조가 유추적용된다는 입장이다(대법원 2015. 12. 10, 선고 2015다202919).

제2관 주식회사의 회계

기업회계는 일반적으로 기업의 재무상태와 경영성과를 정기적으로 평가, 기록, 보고하는 체계를 말한다. 회계정보는 주주가 경영자의 성과를 평가하고 투자자가 투자판단에 참고하는 가장 기본적인 요소이다. 기업회계법의 법원으로 가장 중요한 것은 상법과 주식회사의 외부감사에 관한 법률(외감법)에 따라 제정된 회계처리기준이다. 그 밖에 법인세법과 같은 세법상의 회계규정도 기업 회계실무에서 중요하게 작용한다.

Ⅰ. 결산과 공시

결산절차는 먼저 회계의 원칙에 따라 재무제표와 영업보고서를 작성하는 것으로부터 시작된다. 재무제표와 영업보고서는 이사회의 승인을 받아야 한다(제447조 제1항, 제447조의2 제1항). 또한 이들 회계관련서류는 감사(또는 감사위원회)의 감사를 거쳐야 하고(제447조의3, 제447조의4) 외감법상 외부감사인의 감사를 받아야 할 회사는 동시에 외부감사도 받아야 한다(외감법 2조). 감사를 마친 후 재무제표는 주주총회에서 승인을 받고, 영업보고서는 그 내용을 보고해야 한다(제449조 제1항 및 제2항). 재무제표와 영업보고서는 일정기간 동안 본점과 지점에 비치공시하고(제448조), 주주총회의 승인 후 대차대조표는 공고하여야 한다(제449조 제3항).

Ⅱ. 자본금과 준비금

1. 자본금

상법의 회계규정의 양도 목적 중 하나는 주주에게 지급하는 배당의 한도, 즉 배당가능이익을 제한하는 것이다. 상법상 배당가능이익은 대차대조표상의 순자산액에서 자본금과 법정준비금을 등을 공제하는 방식으로 산정한다(제462조 제1항).

기업회계상 자본은 자산에서 부채를 공제한 금액을 가리킨다. 일반기업회계기준상 자본은 자본금, 자본잉여금, 자본조정, 기타포괄손익누계액, 이익잉여금(또는 결손금)으로 구분되고 있다.

상법상 자본금은 원칙적으로 발행주식의 액면총액으로 한다(제451조 제1항). 주식의 액면총액으로 되어 있기 때문에 실제로 납입한 금액과는 관련이 없다. 자본금은 수권자본금과 구별된다. 상법은 '회사가 발행할 주식의 총수'를 정관에 기재하도록 하고 있다(제289조 제1항 제3호). 일반적으로 이러한 주식을 수권주식이라고 하고 수권주식의 액면총액을 수권자본금이라고 한다. 이사회는 수권자본금의 범위 내에서 주주총회 동의 없이 주식을 발행할 수 있다.

자본금은 배당가능이익 산정 시에 공제할 계산상 수치로 회사재산을 회사에 유보시킴으로써 회사채권자를 보호하는 기능을 수행한다. 자본금은 상업등기와 대차대조표에 의하여 공시될 뿐이고(제317조 제2항 제2호, 제449조 제3항), 수권자본금과 달리 정관에는 기재되지 않는다. 정관 기재사항이 아니기 때문에 신주발행은 수권자본금 범위 내에서는 정관변경을 거칠 필요가 없다.

2. 준비금

회사의 순자산액이 자본금을 초과하는 경우 그 초과액은 기업회계상 잉여금(surplus)이라고 한다. 준비금(reserve)은 잉여금의 일부를 회사에 유보시키기 위한 계산상 금액으로 대차대조표 자본의 부에 계상된다. 준비금의 액은 자본금과 달리 등기사항은 아니나 대차대조표의 공고에 의하여 공시된다.

준비금은 상법 기타 법률의 규정에 따라 적립이 강제되는 법정준비금과 정관 규정이나 주주총회의 결의에 따라 적립되는 임의준비금으로 구분된다. 상법상의 법정준비금으로서는 이익준비금(제458조)과 자본준비금(제459조)이 있다.

준비금 적립은 현실적으로 금전을 회사에 보관하는 것이 아니라 대차대조표 자본의 부에 일정 금액을 계상하는 것에 불과하다. 법정준비금은 법에 정한 목적으로만 사용할 수 있고 배당가능이익을 산출할 때 순자산액에서 공제하는 항목이다. 준비금을 감소시키는 경우에도 금전이 바로 현실적으로 지출되는 것이 아니라 감소된 금액만큼 배당가능이익을 증가시키는 것에 불과하다.

가. 자본준비금

상법상 자본준비금은 '자본거래에서 발생한 잉여금' 중 시행령이 정하는 것을 말한다(제459조 제1항). 자본거래란 증자나 감자 등 주주와의 거래로서 이익잉여금을 제외한 자본항목에 변동을 일으키는 거래를 말한다.[96] 시행령은 시행령 제15조상의 회계기준에 따른 자본잉여금을 자본준비금으로 적립하도록 하고 있다(시행령 제18조).

나. 이익준비금

이익준비금은 상법에 따라 매결산기 이익배당액의 1/10 이상을 적립하여 축적한 준비금을 말한다(제458조). 원래 이익잉여금은 모두 주주에게 배당하더라도 바로 채권자 이익을 해치는 것은 아니다. 상법이 이익준비금 적립을 강제하는 취지는 자본금 이외에 추가적인 안전판을 두도록 강제함으로써 채권자를 보호하기 위함이다. 이익준비금의 적립한도는 자본금의 1/2이다.

다. 법정준비금의 사용

자본준비금과 이익준비금은 자본금의 결손을 보전하는 것에 충당하는 것이 원칙이고(제460조) 예외적으로 자본금에 전입하거나 감액할 수 있다(제461조, 제461조의2). 자본금의 결손이란 사업연도 말 현재 회사의 순자산액이 자본금 및 법정준비금의 합계액에 미달되는 것을 말한다. 따라서 특정사업연도의 손실을 임의준비금과 전기이월이익잉여금으로 감당할 수 있는 경우에는 자본금의 결손은 아직 발생한 것으로 볼 수 없다. 법정준비금 전액으로도 결손금을 전부 보전할 수 없는 상태를 자본잠식이라고 한다.

라. 법정준비금의 자본금 전입

준비금의 자본금 전입은 자본의 부에 속하는 준비금 금액을 감소시킴과 동시에 자본금을 동일한 금액만큼 증가시키는 행위를 말한다. 법정준비금 중 이익준비금에는 적립한도가 법률로 정해져 있지만(제458조), 자본준비금에는 적립한도가 없다(제459조). 그리하여 자본금에 비하여 준비금이 과다하게 적립되는 경우가 있을 수 있다. 그 경우 1주의 주가가 너무 높아져 거래가 위축될 우려가 있으므로 회사는 준비금을 자본금에 전입하여 주식 수를 늘리고 주가를 적정수준으로 낮춤으로써 주식의 유동성을 높일 수 있다.

법정준비금을 자본금에 전입하면 그 결과 자본금이 증가한다. 자본금의 증가는 주식수나 주식

---

96) 이에 반해 손익거래는 이익잉여금의 증감변화를 일으키는 거래이다.

액면가액의 두 가지 중 하나를 증가시킴으로써 달성할 수 있다. 법정준비금의 자본금 전입은 준비금의 자본금 전입과 신주의 무상교부라는 두 가지 단계로 진행이 된다.

마. 법정준비금의 감소

자본금의 경우에는 회사가 감소절차(제438조 이하)를 통하여 회사재산을 주주에게 반환하는 것이 가능하다. 자본준비금과 이익준비금의 총액이 자본금의 1.5배를 초과하고(제461조의2), 주주총회의 결의(보통결의)를 거친 경우에는 법정준비금의 감소가 가능하다.

Ⅲ. 이익배당

1. 서설

주주이익 극대화를 위해서 회사는 부족한 자금을 조달하거나 잉여재산을 주주에게 반환할 필요가 있다. 회사가 존속 중에 회사재산을 주주에게 반환하는 방법으로는 이익배당, 자기주식 취득, 유상감자를 들 수 있다. 이익배당은 일반적으로 회사가 주주에 대해서 그 주식 수에 따라 회사재산을 무상으로 분배하는 행위를 말한다. 회사가 이익배당을 결정하기 위해서는 ① 배당가능이익의 범위 내일 것(제462조 제1항), ② 배당결정권한 있는 기관의 결정일 것(제462조 제2항), ③ 배당이 가능한 시기일 것, ④ 모든 주주에게 주식의 수에 따라 제공될 것(제464조) 등의 요건을 갖추어야 한다.

제462조(이익의 배당) ① 회사는 대차대조표의 순자산액으로부터 다음의 금액을 공제한 액을 한도로 하여 이익배당을 할 수 있다.

  1. 자본금의 액

  2. 그 결산기까지 적립된 자본준비금과 이익준비금의 합계액

  3. 그 결산기에 적립하여야 할 이익준비금의 액

  4. 대통령령으로 정하는 미실현이익

② 이익배당은 주주총회의 결의로 정한다. 다만, 제449조의2제1항에 따라 재무제표를 이사회가 승인하는 경우에는 이사회의 결의로 정한다.

제464조(이익배당의 기준) 이익배당은 각 주주가 가진 주식의 수에 따라 한다.

---

2. 주식배당

주식배당이란 배당가능이익의 일부를 자본금에 전입하여 발행한 신주를 주주에게 무상으로 분배하는 것으로 이익배당, 주식분할, 준비금의 자본금 전입에 의한 신주발행(무상증자)과 유사한 측면이 있다.

주식배당은 주주에게 금전 등 회사 재산을 이전하는 대신 신주를 발행하기 때문에 회사 재산이 감소하지 않는다는 점에서 이익배당과 구별된다. 주식배당은 회사재산에는 변동이 없이 발행주식 수가 증가한다는 점에서 주식분할과 같지만 아울러 자본금도 증가한다는 점에서 주식 수만 증가하는 주식분할과는 차이가 있다.

주식배당은 준비금의 자본금 전입에 의한 신주발행, 즉 무상증자와 유사하다. 무상증자도 회사 재산의 변동 없이 자본금이 증가하며 주주가 보유주식 수에 비례하여 신주를 무상으로 취득한다는 점(제461조 제2항)에서 주식배당과 동일하다. 그러나 무상증자의 경우에는 전입되는 재원이 법정준비금인데 비하여(제461조 제1항) 주식배당의 경우에는 배당가능이익이라는 점에서 차이가 있다. 또한 무상증자는 원칙적으로 이사회결의만으로 결정하는 것인데 비하여(제461조 제1항), 주식배당은 주주총회 결의가 필요하다는 점(제462조의2 제1항)도 차이라고 할 수 있다.

Ⅳ. 주주의 회계장부열람권

발행주식총수의 3% 이상을 보유하는 주주는 회계장보와 서류의 열람이나 등사를 청구할 수 있다(제466조 제1항). 상장회사의 경우에는 0.1%(자본금이 1천억원 이상인 상장회사에서는 0.05%)로 인하하는 대신 6월의 보유요건을 부과하고 있다(제542조의6 제4항). 상법상 주주는 이사해임청구권(제385조 제2항), 이사의 위법행위유지청구권(제402조), 대표소송제기권(제403조 내지 제406조)과 같은 이사에 대한 견제권을 갖는다. 그러나 주주의 이러한 견제권은 적절한 정보 없이는 실효를 거두기 어렵다. 회사의 회계정보는 회사에 비치된 재무제표를 열람하는 방법(제448조)으로도 얻을 수 있지만 재무제표에 포함된 정보는 극히 제한된다.

열람의 대상은 '회계의 장부와 서류'이다. 그 범위는 회계장부 및 이를 작성하는데 기록자료로 사용된 회계서류(계약서·영수증·인수증·서신 등)만이 열람·등사청구의 대상이 된다(대법원 2001. 10. 26, 선고 99다58051).

주주의 청구는 '이유를 붙인 서면으로' 하여야 한다. 따라서 구두에 의한 청구나 서면에 의하더라도 이유가 붙어 있지 않은 청구는 효력이 없다. 따라서 소소주주가 열람·등사를 청구하는 경우 회사의 부정을 조사하기 위하여 필요하다거나 주주의 경영감독을 위하여 필요하다는 등과 같은 개괄적인 이유만 기재한 경우에는 열람청구가 허용될 수 없고, 이사의 부정을 의심할 만한 구체적인 사유를 기재하여야 한다.

제5절 주식회사의 기관

제1관 주주총회

주주총회란 주주로 구성된 회사 최고의 의사결정기관으로서 상법 또는 정관에서 정한 사항을 의결하는 필요적 상설기관을 말한다.

상법에 의하면 주주총회의 소집은 다른 규정이 없는 한 이사회의 결의로 대표이사가 하나(제362조), 소수주주(제366조), 감사(제412의3), 청산인회(제542조), 법원의 명령에 의한 주주총회의 소집도 가능하다.

주주총회는 정관에 다른 정함이 없으면 본점소재지 또는 인접지에 소집하여야 한다. 정기총회는 매년 1회 일정한 시기에 소집되고, 연2회 이상의 결산기를 정한 회사는 매기에 총회를 소집하여야 하며, 필요한 경우는 임시총회의 소집이 가능하다(제365조). 소집절차로 우선 주주총회의 소집을 주주에게 통지하고 공고하여야 한다. 소집의 통지와 공고는 주주에게 출석의 기회와 준비의 시간을 주기 위한 것이다. 따라서 주주가 총회참여 여부를 충분히 고려하도록 하기 위해서 주주총회일 2주 전에는 서면 또는 전자문서로 소집통지를 발송하여야 하고, 주주총회일 3주 전에 소집의 뜻과 회의사항을 일간신문에 공고하여야 한다(제363조).

주주는 1주마다 1개의 의결권을 가진다(제369조). 하지만 1주 1의결권의 원칙에 대한 예외로 무의결권주식(제370조), 자기주식(제369조 제2항), 상호보유주식(제369조 제3항)은 의결권이 없다. 무기명주식은 공탁을 전제로 의결권이 인정된다. 의결권의 행사는 본인 또는 대리인에 의하며 서면으로도 가능하다(제368조의3).

2 이상의 의결권을 가진 주주는 의결권을 통일하지 아니하고 행사하는 것이 가능하다(제368조의2). 그리고 100분의 3을 초과한 대주주의 의결권은 감사선임 시에 제한된다. 또한 특정한 의안에 대한 특별이해관계인의 의결권 역시 행사가 제한된다.

주주총회의 결의사항에는 보통결의사항, 특별결의, 특수결의사항이 있다. 보통결의사항은 발행주식의 4분의 1 이상과 출석한 주주의 의결권의 과반수 이상이면 족하다(제368조). 특별결의사항으로 정관변경, 자본감소, 주식의 분할, 영업양도, 양수, 임대, 회사의 해산, 합병 등이 있고, 이 경우에 발행주식의 3분의 1 이상과 출석한 주주의 의결권의 3분의 2 이상이 필요하다. 특수결의사항으로서 갈기인, 이사, 감사, 청산인의 회사에 대한 책임면제, 주식회사의 유한회사의 조직변경은 총사원의 동의를 요한다. 또 다른 특수결의사항인 모집설립, 신설, 합병시 창립총회의 결의사항은 인수된 주식총수의 과반수 결의와 출석 주식인수인의 3분의 2 이상의 동의를 필요로 한다.

주주총회의 소집절차 또는 결의방법이 법령 또는 정관에 위반하거나 현저하게 불공정한 때 또는 그 결의의 내용이 정관에 위반한 때에는 주주, 이사 또는 감사는 결의의 날로부터 2개월 내에 결의취소의 소를 제기할 수 있다(제376조 제1항). 주주총회결의에 하자가 있는 경우 주주총회결의취소의 소, 주주총회결의무효확인의 소, 주주총회결의부존재확인의 소, 주주총회부당결의 취소와 변경의 소의 제기가 가능하다.

제2관 업무집행기관

이사는 이사회의 구성원이다. 상법에 의하면 이사는 이사회가 회사의 업무집행에 대한 의사결정을 하고 대표이사 등의 직무집행을 감독하는데 참여하는 권한을 가진다. 상법상 이사는 충실의무와 비밀유지의무가 있고(제382의3, 제382의4), 또한 경업피지의무(제397조)와 자기거래금지의무(제3398조), 보고 및 감시의무(제412조의2)가 있다. 이사는 한편으로 회사에 대한 손해배상책임(제399조)과 자본충실책임을 지고, 다른 한편으로 제3자에 대하여 손해배상책임이 있다(제401조 제1항).

이사는 주주총회에서 선임되는데(제382조), 이사의 선임은 주주총회의 보통결의사항이고, 선임방식은 집중투표제이다(제382조의2). 이사는 3인 이상이어야 하나, 다만 자본의 총액이 5억 원 미만인 회사는 1인 또는 2인으로 할 수 있다(제383조 제1항). 이사의 임기는 3년을 초과하지 못하나, 정관으로 그 임기 중의 최종의 결산기에 관한 정기주주총회의 종결에 이르기까지 연장할 수 있다(제383조 제 2항과 제3항). 이사의 해임은 주주총회의 특별결의사항이다. 주주총회는 중대한 사유가 없어도 특별결의로 언제나 해임할 수 있다.

이사회는 회사의 업무집행에 대해서 의사결정을 하고 직무집행을 감독하는 필요적 상설기관이다. 이사회의 소집권자는 각 이사이나, 이사회의 결의로 소집할 이사를 정할 수 있다(제390조). 이사회의 결의사항은 이사 과반수의 출석과 출석이사의 과반수로 결정되나, 정관으로 그 비율을 높게 정할 수 있다(제391조). 상법은 이사회의 결의에 절차상 또는 내용상 하자가 있는 경우에 그 결의의 효력에 대한 규정을 두고 있지 않으나 통설과 판례에 의하면 민법의 일반원칙에 의거한다. 이사회의 의사결정을 필요로 하는 업무집행으로는 중요한 자산의 처분 및 양도, 대규모 재산의 차입, 지배인의 선임 또는 해임과 지점의 설치, 이전 또는 폐지 등이 있다(제393조 제1항). 이사회는 정관이 정하는 바에 따라 위원회를 두고 전문적인 사항을 다룰 수 있다(제393조의2).

대표이사는 대내적으로 업무집행을 담당하고, 대외적으로 회사를 대표하는 필요적 상설기관이다. 대표이사의 선임은 이사회의 결의사항이나, 정관으로 주주총회에서 이를 정할 것으로 할 수 있다(제389조 제1항). 이사회의 결의로 공동대표이사를 선임할 수 있다(제389조 제2항). 표현대표이사의 행위, 즉 사장, 부사장, 전무, 상무 기타 회사를 대표할 권한이 있는 것으로 인정될 만한 명칭을 사용한 이사의 행위에 대하여는 그 이사가 회사를 대표할 권한이 없는 경우에도 회사는 선의의 제3자에 대하여 책임을 진다(제395조).

제3관 감사기관

감사는 이사의 업무집행과 회계를 감사할 권한을 가진 필요적 상설기관이다. 감사는 주주총회에서 선임되며(제409조 제1항), 감사의 임기는 취임 후 3년 내의 초종의 결산기에 관한 정기총회의 종결 시까지로 한다(제410조). 감사의 종임사유로 임기만료, 사망, 파산, 금치산, 사임, 위임의 종료가 있다. 해산은 당연종임사유가 아니다. 상법에 의하면 감사는 회사 및 자회사의 이사 또는 지배인의 기타의 사용인의 직무를 겸하지 못한다(제411조).

감사의 권한으로 업무 및 회계감사권(제412조), 보고 요구와 조사권(제412조의2), 총회소집청구권(제412조의3), 자회사의 조사권(제412조의4), 해임에 관한 의견진술권(제409조의2), 이사의 위법행위 유지청구권, 이사회에의 출석, 의견진술, 기명, 날인 또는 서명권이 있다. 또한 회사가 이사에 대하여 또는 이사가 회사에 대하여 소송을 하는 경우에는 감사가 소송에 관해 회사를 대표한다(제394조).

감사의 의무로서 이사회에 대한 보고의무(제391조의2), 주주총회에 대한 의견 진술의무(제413조), 감사록 작성의무(제413조의2), 감사보고서 작성과 제출의무(제447조의4)가 있다. 감사가 임무를 태만한 때에는 회사에 대하여 연대하여 손해를 배상할 책임이 있다(제414조 제1항). 또한 감사가 악의 또는 중대한 과실로 인하여 그 임무를 태만한 때에는 제3자에 대하여 연대하여 손해를 배상할 책임이 있다(제414조 제2항).

회사는 감사위원회를 설치할 수 있다. 그러나 감사위원회를 설치한 경우에는 감사를 둘 수 없다(제415조의2 제2항).

제6절 주식회사의 구조개편

기업은 유기체와 같이 경영환경 변화에 맞추어 끊임없이 변모한다. 기업의 변모는 무궁무진하지만 가장 극적인 형태는 기업의 구조개편에서 찾을 수 있다. 기업의 구조개편은 크게 ① 실질적 개편과 ② 형식적 개편의 두 가지로 나누어 볼 수 있다. 실질적 개편이란 기업이 새로 사업을 인수하거나 사업일부를 처분함으로써 기존 사업영역을 확장하거나 축소하는 변화를 가리키는 것으로 흔히 M&A라 불리는 기업인수가 이에 속한다. 이에 반해 형식적 개편이란 기업의 실질에는 변함이 없이 기업의 법적 구조만을 변경하는 경우를 가리킨다.

기업인수의 기본적인 형태로는 주식매수, 영업양도, 합병의 3가지를 들 수 있다. 주식의 포괄적 교환은 위 3가지 형태 중 주식매수와 합병의 중간적 형태이다. 현재 절차가 가장 간편한 인수형태인 주식매수 방식이 널리 이용되고 있다. 반면에 가장 완전한 기업결합형태인 합병은 동일한 기업집단에 속하는 회사 사이에서가 아니면 거의 이용되지 않고 있다.

인수형태의 결정은 세법상 효과, 인수회사의 자금부담, 부외부채[97)에 대한 우려, 인수회사의 경영권 안정 등의 요소를 고려하게 된다.

제1관 영업양도

기업인수를 위한 영업양도는 대상회사가 영업을 인수회사에 양도하는 방법으로 행한다. 영업양도란 기존의 영업을 동일성을 유지하며 양도하는 거래를 뜻한다. 자산양도도 대상자산의 규모가 큰 경우에는 계약법적 측면에서는 영업양도와 사실상 별 차이가 없다. 영업양도의 대가는 금전인 것이 보통이지만 인수회사가 신주나 사채를 발행하는 경우도 없지 않다. 인수회사가 인수대가로 신주를 발행하는 경우에는 실질적으로 합병과 비슷한 효과를 거둘 수도 있다.

영업양도 시 ① 양도인에게 경업금지의무를 부과하거나(제41조), 일정한 경우 양수인에게 양도인의 영업으로 인한 채무에 대해서 연대책임을 지움으로써(제42조, 제45조) 당사자 상호간 그리고 제3자에 대한 법률관계를 규율한다. ② 소수주주 보호를 위하여 영업양도를 주주총회의 특별결의사항으로 삼는 동시에 주식매수청구권을 부여한다(제374조, 제374의2).

---

97) 부외부채(unrecorded liability, liability out of books)란 대차대조표일 현재 기업의 채무가 존재하고 있음에도 불구하고 회사의 장부에 계상되지 않은 부채를 의미한다. 대상회사의 부외부채가 존재하는지 여부에 대해서 확신이 없는 경우에는 합병이나 주식매수 대신 대상회사의 채무를 제외한 적극재산만을 인수할 수 있는 영업양도 방식의 매력이 높아진다.

I. 영업양도와 주주총회 특별결의

대상회사는 회사의 영업전부나 중요한 일부를 양도하는 경우, 인수회사는 회사 영업에 중대한 영향을 미치는 다른 회사의 영업전부나 일부를 양수하는 경우에 각각 주주총회 특별결의를 얻어야 한다. 주주총회의 특별결의를 요하는 영업양도의 범위를 확정할 때에는 주주이익에 중대한 영향을 미치는 것인지 여부를 기준으로 삼아야 한다.

> **제374조(영업양도, 양수, 임대 등)** ① 회사가 다음 각 호의 어느 하나에 해당하는 행위를 할 때에는 제434조에 따른 결의가 있어야 한다.
> 1. 영업의 전부 또는 중요한 일부의 양도
> 2. 영업 전부의 임대 또는 경영위임, 타인과 영업의 손익 전부를 같이 하는 계약, 그 밖에 이에 준하는 계약의 체결·변경 또는 해약
> 3. 회사의 영업에 중대한 영향을 미치는 다른 회사의 영업 전부 또는 일부의 양수

영업양도는 영업을 '총체적으로 양도하는 것'을 의미한다(대법원 1994. 5. 10, 93다47615 판결 등). 영업을 구성하는 재산 일부를 제외하고 양도한 경우에도 사회관념상 종래의 영업조직이 그대로 이전되는 것으로 인정되면 영업양도로 볼 수 있다(대법원 2009. 1. 15, 2007다17123, 17130 판결). 회사는 영업의 전부를 양도할 때만이 아니라 '중요한 일부'를 양도할 때에도 주주총회 특별결의를 요한다(제374조 제1항 제1호). 원칙적으로 영업용재산의 양도는 자산양도에 불과하므로 주주총회 특별결의를 요하지 않는다. 그러나 대법원은 회사존속의 기초가 되는 중요재산을 양도하는 경우에는 영업양도와 마찬가지로 주주총회 결의를 요한다고 본다(대법원 1988. 4. 12, 87다카1662판결 등).

영업양도 시, 회사의 총주주의 동의가 있거나 그 회사의 발행주식총수의 100분의 90 이상을 해당 행위의 상대방이 소유하고 있는 경우에는 그 회사의 주주총회의 승인은 이를 이사회의 승인으로 갈음할 수 있다(제374조의3 제1항). 이를 간이영업양도라고 한다. 이때 회사는 영업양도, 양수, 임대 등의 계약서 작성 일부터 2주 이내에 주주총회의 승인을 받지 아니하고 영업양도, 양수, 임대 등을 한다는 뜻을 공고하거나 주주에게 통지하여야 한다(제374조의3 제2항). 다만, 총주주의 동의가 있는 경우에는 그러하지 아니하다. 회사가 공고 또는 통지를 한 날부터 2주 이내에 회사에 대하여 서면으로 영업양도, 양수, 임대 등에 반대하는 의사를 통지한 주주는 그 기간이 경과한 날부터 20일 이내에 주식의 종류와 수를 기재한 서면으로 회사에 대하여 자기가 소유하고 있는 주식의 매수를 청구할 수 있다(제374조의3 제3항).

Ⅱ. 영업양도의 효과

영업양도에 반대하는 주주는 주식매수청구권이 있다(제374조의2).

영업을 양도한 경우에 다른 약정이 없으면 양도인은 10년간 동일한 특별시·광역시·시·군과 인접 특별시·광역시·시·군에서 동종영업을 하지 못한다(경업금지의무, 제41조 제1항). 양도인이 동종영업을 하지 아니할 것을 약정한 때에는 동일한 특별시·광역시·시·군과 인접 특별시·광역시·시·군에 한하여 20년을 초과하지 아니한 범위 내에서 그 효력이 있다(동조 제2항). 영업양수인이 양도인의 상호를 계속 사용하는 경우에는 양도인의 영업으로 인한 제3자의 채권에 대하여 양수인도 변제할 책임이 있다(제42조 제1항). 판례는 '대상회사의 상호를 자신의 영업 명칭 내지 영업 표지로서 속용하는 경우'이거나(대법원 2009. 1. 15, 2007다17123, 17130 판결), '대상회사의 옥호 또는 영업표지를 속용하는 경우'도(대법원 2010. 9. 20, 2010다 351398 판결). 상호속용에 포함된다고 본다. 판례는 또한 "채무승계의 사실 등이 없다는 것을 알고 있는 악의의 채권자가 아닌 한, 당해 채권자가 비록 영업의 양도가 이루어진 것을 알고 있었다고 하더라도 그러한 사정만으로 보호의 적격이 없다고는 할 수 없고, 이 경우 당해 채권자가 악의라는 점에 대한 주장·증명책임은 책임을 면하려는 영업양수인에게 있다"는 입장이다(대법원 2009. 1. 15, 2007다17123, 17130 판결).

제2관 주식매수

기업인수 형태 중 가장 실행이 용이한 것은 대상회사 주식을 매수하는 것이다. 기업인수를 위해서 반드시 대상회사 주식을 전부 매수해야 하는 것은 아니고, 경영권 확보에 충분한 지배주식만을 취득하더라도 기업인수의 효과를 거둘 수 있다. 상법상 대상회사의 지배주주로부터 지배주식을 매수하는 인수회사는 대상회사의 나머지 주주로부터 주식을 매수할 의무가 없다. 실무상 폐쇄회사에 소수주주로 참여하는 투자자는 투자회수를 보장받기 위하여 지배주식매도 시 지배주주가 자신에게도 같은 조건으로 처분할 수 있는 기회를 제공하도록 주주간 계약에 명시하는 경우가 많다(tag-along권리).

1. 차입매수(LBO, Leveraged Buy-Out)

주식을 대규모로 인수하는 데는 막대한 자금이 소요된다. 기업인수자금을 조달하기 위하여 널리 활용되는 수단이 LBO(Leveraged Buy-Out: 차입매수)이다. LBO는 '대상회사의 기업가치를 이용하여 인수자금을 조달하는 기업인수'라고 정의된다.

담보제공형	대상회사가 자산을 인수자금을 제공하는 금융기관에 담보로 제공하거나 보증을 서주는 형태
합병형	인수자금을 차입한 인수회사(또는 SPC, 특수목적회사)와 대상회사의 합병을 통해서 대상회사의 재산을 차입채무에 대한 사실상 담보로 삼는 형태
분배형	인수회사가 대상회사 주식을 인수한 후 배당이나 유상감자 등을 통하여 상환자금을 확보하는 형태

LBO의 경우 대상회사 이사의 행위가 배임에 해당하는지 여부가 문제된다. 판례는 담보제공형의 사안에서 배임죄를 인정한 적이 있지만(대법원 2006. 11. 9, 2004도7027 판결), 대상회사 주식 100%를 인수하는 인수회사를 위해 대상회사 자산을 담보로 제공한 경우 이사의 배임죄의 고의가 부인되었다(대법원 2015. 3. 12, 2012도9148 판결). 또한 인수회사와 대상회사가 합병하는 합병형 LBO의 사안에서는 합병의 실질이나 절차에 하자가 없다는 이유로 배임죄 성립을 부정하였다(대법원 2010. 4. 15, 2009도6634 판결).

2. 공개매수를 통한 매수

공개매수란 대상회사 주주를 상대로 일정한 매수가액을 제시하고 그에 응하여 매도의사를 표시한 주주의 주식을 거래소 외에서 매수함으로써 단기간 내에 대상회사 주식을 대규모로 취득하는 일련의 행위를 말한다. 공개매수의 대가로 현금은 물론이고 인수회사의 주식이나 사채를 이용하는 교환공개매수도 가능하다(자본시장법 제133조 제1항).

자본시장법은 거래소 외에서 6개월 사이에 10인 이상의 주주로부터 5%의 주식을 취득하는 경우에는 공개매수절차를 밟도록 강제하고 있다(자본시장법 제133조 제3항). 공개매수를 하는 자는 공개매수에 관한 주요 사항을 일간신문에 공고해야 한다(자본시장법 제134조 제1항). 공개매수자는 공고일에 공개매수에 관한 상세한 사항을 담은 공개매수신고서를 금융위원회와 거래소에 제출하고(자본시장법 제134조 제2항).

제3관 합병

상법상 회사의 합병은, '상법의 절차에 따라 둘 이상의 회사가 그 중 하나의 회사를 제외하고 소멸하거나 전부 소멸하되 청산절차를 거치지 아니하고, 소멸하는 회사의 모든 권리의무를 존속회사 또느 신설회사가 포괄적으로 승계하고 사원을 수용하는 회사법상의 법률사실'이다.

합병은 합병당사회사 중 하나만 존속하고 나머지는 소멸하는 흡수합병과, 합병당사회사가 모두 소멸하고 새로운 회사를 설립하는 실설합병으로 나눌 수 있다.

I. 합병의 제한

합병할 수 있는 회사의 종류는 제한하지 않지만, 합병을 하는 회사의 일방 또는 쌍방이 주식회사 · 유한회사 · 유한책임회사인 경우에는 존속회사나 신설회사는 주식회사 · 유한회사 · 유한책임회사이어야 한다(제174조 제2항).

공정거래법에 의하여, 직접 또는 특수관계인을 통하여 일정한 거래분야에서 경쟁을 실질적으로 제한하는 다른 회사와의 합병은 원칙적으로 금지된다(공정거래법 제7조 제1항 제3호). 이에 위반한 합병에 대하여는 공정거래위원회가 합병무효의 소를 제기할 수 있다(공정거래법 제16조 제2항).

채무자회생법상 회생절차가 진행 중인 회사는 회생계획에 의하여서만 합병을 할 수 있다(채무자회생법 제193조 제2항).

II. 간이합병과 소유

주식회사의 합병은 주주들에게 중대한 영향을 미치므로 각 합병당사회사의 주주총회가 합병을 승인하도록 하는 것이 원칙이다. 그러나 주주들에게 미치는 영향이 그리 중대하지 않은 합병의 경우에는 막대한 시간과 비용이 드는 주주총회의 승인을 굳이 요구할 필요가 없으므로, 주주총회의 승인으로 갈음하는 제도로서 상법에 도입된 제도가 간이합병과 소규모합병이다.

간이합병은 합병할 회사의 일방이 합병 후 존속하는 경우에 소멸회사의 주주 전원의 동의가 있거나, 존속회사 소멸회사 발행주식총수의 90% 이상을 소유하고 있는 경우의 합병을 간이합병이라 한다(제527조의2 제1항). "주주 전원"은 무의결권주의 주주를 포함한 주주 전원을 의미한다. 간이합병의 경우에도 존속회사의 주주총회의 승인은 요구된다. 다만, 소멸회사의 주주총회의 승인은 이사회의 승인으로 갈음할 수 있다. 따라서 소멸회사가 소규모회사이고 이사가 2인 이하인 경우에는 상법상 이사회가 존재하지 아니하므로 간이합병을 할 수 없다.

소규모합병은 존속회사가 합병으로 인하여 발행하는 신주 및 이전하는 자기주식의 총수가 그 회사의 발행주식총수의 10%를 초과하지 아니하는 경우를 뜻한다. 소규모합병은 존속회사의 주주에게 미치는 영향이 작기 때문에 존속회사 주주총회의 승인을 이사회의 승인으로 갈음하는 제도이다. 다만, 신주발행규모만을 기준으로 소규모합병대상 여부가 결정되므로 존속회사가 거액의 채무를 승계하는 경우와 같이 주주들에게 이해관계가 큰 상황에서도 주주들은 의결권이나 주식매수청구권을 행사하지 못한다는 문제가 있다.

Ⅲ. 합병비율

상법은 합병비율에 관하여 합병계약서의 절대적 기재사항으로 규정한다(제523조, 제524조). 합병비율은 합병계약의 가장 중요한 내용이고, 만일 합병비율이 합병할 각 회사의 일방에게 불리하게 정해진 경우에는 그 회사의 주주가 합병 전 회사의 재산에 대하여 가지고 있던 지분비율을 합병 후에 유지할 수 없게 됨으로써 실질적으로 주식의 일부를 상실하게 되는 결과를 초래하므로, 합병당사회사의 이사로서는 합병비율이 합병할 각 회사의 재산 상태와 그에 따른 주식의 실제적 가치에 비추어 공정하게 정하여졌는지를 판단하여 회사가 합병에 동의할 것이지를 결정하여야 한다(대법원 2015. 7. 23, 선고 2013다62278 판결).

상법은 합병비율을 공정하게 산정하는 방법에 대하여는 규정하고 있지 않다. 반면, 자본시장법은 합병당사회사 중 어느 하나라도 주권상장법인인 경우에 합병가액(합병비율)을 산정하는 방법을 명문으로 규정하고 있다(자본시장법 시행령 제176조의5 제1항).

Ⅳ. 합병승인결의와 주식매수청구권

회사가 합병을 하려면 합병계약서를 작성하여 주주총회의 승인을 받아야 한다(제522조 제2항). 주주총회에서의 합병승인결의는 특별결의에 의하여야 한다(제522조 제3항). 회사가 종류주식을 발행한 경우에 합병으로 인하여 어느 종류주식의 주주에게 손해를 미치게 될 경우에도 종류주주총회결의가 필요하다(제436조).

합병승인을 위한 주주총회 결의사항에 관하여 이사회결의가 있는 때에 그 결의에 반대하는 주주(의결권이 없거나 제한되는 주주도 포함)는 주주총회 전에 회사에 대하여 서면으로 그 결의에 반대하는 의사를 통지한 경우에는 그 총회의 결의일부터 20일 이내에 주식의 종류와 수를 기재한 서면으로 회사에 대하여 자기가 소유하고 있는 주식의 매수를 청구할 수 있다(제522조의3 제1항). 상법은 소규모합병의 경우에는 존속회사의 합병 전후의 상태에 큰 변화가 없으므로 주주에게 주식매수청구권을 인정하지 않는다.

제4관 회사분할

상법상 회사의 분할은 단순분할과 분할합병의 두 가지로 나눌 수 있다. 합병과 마찬가지로 분할합병도 흡수분할합병과 신설분할합병으로 나눌 수 있다. 흡수분할합병은 분할회사의 일부를 존립중의 회사에 포괄적으로 승계시키는 경우를 말한다. 신설분할합병은 분할회사의 일부와 존립중의 회사가 분할합병을 통해서 새로운 회사를 설립하는 경우를 말한다.

제5관 주식의 포괄적 교환·이전

상법상 주식의 포괄적 교환(주식교환)과 포괄적 이전(주식이전)은 기존의 주식회사 A를 주식회사 B의 완전자회사로 전환하여 A와 B 사이에 완전모자회사관계를 창설하는 것을 목적으로 하는 조직법상의 행위를 말한다.

모자회사관계를 형성하는 방법은 크게 대상회사 주식을 매수하는 방법(매수형)과 회사신설을 통하는 방법(신설형)의 두 가지로 나눌 수 있다. 매수형의 경우 모회사가 될 A회사가 나서서 대상회사인 B회사 주식을 공개매수 등의 방법으로 매수함로써 모자관계를 형성한다. 그러나 B회사 주주가 일부라도 매수에 응하지 않으면 B회사 소수주주로 남게 된다. 주식교환은 바로 매수형에서 B회사에 소수주주가 생길 여지를 제거하기 위해서 도입된 제도이다. 신설형은 ① 완전자회사를 설립하면서 자신의 영업 전부를 현물출자하는 방식인 자회사 신설형과 ② B회사 주주가 주식을 현물출자함으로써 모회사인 A회사를 신설하는 방식은 모회사 신설형으로 나눌 수 있다.

주식교환이나 주식이전을 실행하는 경우 자회사가 되는 B회사의 원래 주주는 모회사인 A회사 주주가 된다. 주주는 B회사의 재산에 대한 지배를 완전히 상실하는 것은 아니지만 일단 한 단계 위인 모회사의 주주로 올라가고, A회사 이사를 통해 간접적으로 B회사에 관여할 수밖에 없는 지위에 서게 되므로 주주권이 감축되는 것으로 볼 수 있다.

제5장 보험

제1절 통칙

제1관 보험제도

1. 보험의 의의

보험이란 동질의 경제상 위험에 놓여 있는 다수인이 하나의 단체를 구성하여, 미리 통계적 기초에 의하여 산출된 일정한 금액을 갹출하여 일정한 공동자금을 만들고, 현실적으로 우연한 사고를 입은 사람에게 이 공동자금에서 일정한 금액을 지급하여 경제생활상의 불안에 대비하는 기술적 제도이다.

2. 보험법의 법원

이러한 보험에 대하여 규율하는 법원으로 가장 중요한 법원은 상법 제4편이다. 이외 보통보험약관이 있는데, 보통보험약관이란 보통거래약관의 일종으로서 보험자가 다수의 동질의 보험계약을 체결하기 위하여 미리 작성한 일반적 · 정형적 · 표준적인 계약조항을 말한다.

이러한 약관에 대하여는 보험자가 보험계약을 체결할 때에 보험계약자에게 보험약관을 교부하고 그 약관의 중요한 내용을 알려주어야 하는 교부 · 명시의무를 지는데, 의무를 위반한 때에는 보험계약자는 계약 성립일부터 1월내에 그 계약을 취소할 수 있다.

제2관 보험계약

제1항 개념

상법에 의하면 보험계약은 당사자 일방이 약정한 보험료를 지급하고 상대방이 재산 또는 생명이나 신체에 관하여 불확정한 사고가 생길 경우에 일정한 보험금액 기타의 급여를 지급할 것을 약정함으로써 효력이 생기는 계약이다.

제2항 보험계약의 당사자

보험사고 발생시 보험금지급의무를 지는 보험자와 보험료납부의무를 가진 보험계약자가 있다.

또한 보험자를 위하여 보험계약의 체결을 중개하는 보험자의 종속적 사용인으로 보험설계사가 있는데, 보험설계사에게는 제1회 보험료의 수령권한이 인정된다.

제3항 보험계약의 효과

보험계약의 성립으로 인해 보험자는 보험약관 교부의무와 설명의무가 있고, 또한 보험료증감청구권과 보험료지급청구권이 있따. 반면 보험계약자는 보험료지급의무, 고지의무, 통지의무 등이 있고, 권리로서 보험금청구권과 보험료감액청구권 등이 있다.

제4항 타인을 위한 보험계약

보험계약자가 특정 또는 불특정의 타인의 이익을 위하여 자기명의로 체결한 보험계약을 타인을 위한 보험계약이라고 하는데, 손해보험에서는 피보험자가, 인보험에서는 보험수익자가 타인인 보험계약이다.

제2절 손해보험

제1항 통칙

1. 의의

손해보험계약이란 당사자 일방이 약정한 보험료를 지급하고 타방은 보험사고로 인하여 야기되는 피보험자의 재산상의 손해를 보상하는 보험계약을 말한다. 손해보험은 인보험과 달리 피보험자가 보험의 목적을 양도한 때에는 양수인은 보험계약상의 권리와 의무를 승계한 것으로 추정한다.

2. 피보험자와 피보험이익

손해보험에서 피보험자는 피보험이이그이 주체로서 손해의 보상을 받을 권리를 가진 자를 말한다. 그리고 손해의 보상을 목적으로 하므로 그 전제로서 피보험이익의 존재가 필요하고, 이로 인해 보험사고가 발생할 경우 보험자가 지급하기로 약정한 금액인 보험금액의 관계에 따라 초과보험, 중복보험, 일부보험의 문제가 생긴다.

3. 효과

기본적으로 보험자의 손해배상의무(보험금지급의무) 외에 보험계약자·피보험자의 손해방지·경감의무가 발생하며, 보험자가 보험금을 지급한 경우 피보험자 또는 보험계약자가 보험의 목적이나 제3자에 대하여 갖는 권리를 보험자가 취득하는 보험자대위가 발생한다.

제2항 화재보험

화재로 인하여 생기는 손해를 전보하는 보험으로, 화재보험계약의 보험자는 화재로 인하여 생긴 손해를 보상할 책임이 있다.

제3항 운송보험

육상운송에 관한 사고로 인하여 운송되는 화물에 생기는 손해를 보상하기 위한 손해보험으로, 해상운송의 화물인 경우에는 해상보험이 이에 갈음한다. 운송보험계약의 보험자는 다른 약정이 없으면 운송인이 운송물을 수령한 때로부터 수하인에게 인도할 때까지 생길 손해를 보상할 책임이 있다.

제4항 해상보험

항해에 따르는 사고로 인하여 생긴 손해를 전보하는 손해보험으로, 해상보험은 많은 종류의 위험을 종합적으로 담보하고, 보험가액은 미리 보험자(보험회사)와 보험계약자 사이에 보험증권에 의하여 협정된다. 이 점에서 단일위험만이 담보되며, 보험가액은 손해발생시의 시가에 의하여 산출되는 화재보험과 다르다. 해상보험계약의 보험자는 해상사업에 관한 사고로 인하여 생길 손해를 보상할 책임이 있다.

제5항 책임보험

피보험자가 보험기간 중의 사고로 인하여 제3자에게 손해배상책임을 진 경우에 보험자가 이로 인한 손해를 보상할 것을 목적으로 하는 일종의 손해보험이다. 이것은 피보험자가 보험사고로 인하여 직접 입은 재산상의 손해를 보상하는 것이 아니고, 제3자에 대한 손해배상책임을 짐으로써 입은 이른바 간접손해를 보상할 것을 목적으로 하는 점에서 일반 손해보험과 다르다. 즉 책임보험계약의 보험자는 피보험자가 보험기간 중의 사고로 인하여 제3자에게 배상할 책임을 진 경우에 이를 보상할 책임이 있다.

제6항 자동차보험

자동차보험은 자동차를 소유, 사용, 관리하는 동안 발생한 사고에 대하여 보상하는 보험으로, 자동차보험계약의 보험자는 피보험자가 자동차를 소유, 사용 또는 관리하는 동안에 발생한 사고로 인하여 생긴 손해를 보상할 책임이 있다.

이는 대인배상 I, 대인배상 II, 대물배상, 자기신체사고, 무보험자동차에 의한 상해, 자기차량손해의 6가지 담보종목과 특별약관으로 구성되어 있다. 담보대상은 대한민국(북한지역 포함) 안에서 생긴 사고에 대하여 보험계약자가 가입한 담보내용에 따라 보상하며, 보상대상에 따라 자동차 사고로 인한 타인의 피해를 보상하는 담보(배상책임담보 - 대인배상 I, 대인배상 II. 및 대물배상)와 자동차 사고로 인한 피보험자의 피해를 보상하는 담보(자기신체사고, 무보험차에 의한 상해 및 자기차량손해)로 구분할 수 있다.

제7항 보증보험

보증보험이란 채무자를 보험계약자, 채권자를 피보험자로 하는 손해보험의 한 종류로 보증보험계약의 보험자는 보험계약자가 피보험자에게 계약상의 채무불이행 또는 법령상의 의무불이행으로 입힌 손해를 보상할 책임이 있다. 즉, 횡령·배임·절취 등의 불법행위를 보험사고로 하거나 매매·고용·도급과 그 밖의 계약에서 채무불이행으로 사용자나 채권자가 입게 되는 손해를 보상받기 위한 보험이다. 보증보험의 형식에는 일람표보증과 포괄보증이 있는데, 일람표보증은 일람표에 피보험자인 피사용인의 성명·인원·보험금액 등을 기입하고 인사이동 시에는 이를 수정하는 형식이다. 포괄보증은 은행 등의 직장에서 일람표를 사용하지 않고 신규 채용자는 자동적으로 보증의 대상이 되는 형식이다. 보증보험은 성격상 손해보험 중 책임보험에 속하므로 책임보험에 관한 상법 규정이 적용된다. 현재 우리나라에서 판매되는 보증보험으로는 신원보증보험, 계약이행보증보험, 납세보증보험, 인허가보증보험, 지급보증보험, 할부판매보증보험 등이 있다.

제3절 인보험

제1항 통칙

1. 의의

인보험계약이란 보험자가 피보험자의 생명 또는 신체에 관하여 보험사고가 생길 경우 계약의 정하는 바에 따라 보험금액 기타 급여를 할 것을 약정하고, 보험계약자가 이에 대하여 보험료를 지급할 것을 약정함으로써 효력이 생기는 보험계약을 말한다.

2. 피보험자와 피보험이익

생명이나 신체에 관하여 보험이 붙여진 자이다. 일반적으로 인보험의 경우 피보험자는 보험의 목적에 불과하여 보험계약에 의하여 아무런 권리를 취득하지 못한다. 또한 인보험은 보험의 목적이 사람의 생명이나 신체에 관한 것이므로 이에 대한 금전적 평가가 있을 수 없으므로 피보험이익의 존재가 필요하지 않다.

제2항 생명보험

1. 의의

인보험의 대표적인 것으로, 보험자가 보험계약자 또는 제3자의 생사에 관하여 일정한 금액(보험금액)을 지급할 것을 약정하고, 보험계약자가 보험자에게 보험료를 지급할 것을 약정하는 보험이다. 즉 생명보험계약의 보험자는 피보험자의 사망, 생존, 사망과 생존에 관한 보험사고가 발생할 경우에 약정한 보험금을 지급할 책임이 있다.

보험계약자는 자연인이건 법인이건 불문하며, 피보험자가 될 수 있는 자에 대한 제한은 없으나, 피보험자는 반드시 정하여 두어야 한다. 15세 미만자·심신상실자·심신박약자의 사망을 보험사고로 하는 보험계약은 무효이다.

생명보험은 손해보험과는 달리 손해의 유무·대소에 관계없이 사고가 발생하면 일정한 금액을 지급하는 정액보험이고, 피보험이익의 개념이 일반적으로 인정되지 않는다.

2. 효과

생명보험계약의 특유한 효과로서 보험자는 계약해지 또는 보험금액의 지급책임이 면제된 때의 보험료 적립금의 반환의무와 이익배당부보험에 있어서의 이익배당의무를 진다. 또한 보험계약자는 보험수익자의 지정·변경권을 가지는 동시에, 보험계약체결 후에 보험수익자를 지정·변경하였을 때에는 보험자에 대한 통지의무를 진다.

제3항 상해보험

피보험자가 우연한 외부적 사고로 인하여 신체에 상해를 입고 그 결과 사망하거나, 불구·폐질이 된다거나 또는 치료를 요한다거나 업무능력에 지장을 가져왔을 때, 그 상해의 정도에 따라 미리 규정된 비율에 의하여 보험금이 지급된다. 즉 상해보험계약의 보험자는 신체의 상해에 관한 보험사고가 생길 경우에 보험금액 기타의 급여를 할 책임이 있다.

상해보험에는 상해의 양태에 따라 일정한 보험금액을 지급하는 정액보험과 의료비 기타의 비용을 부담하는 부정액보험의 경우가 있다. 부정액보험은 손해보험의 성격을 가지고 있으나, 손해보험에서와 같은 보험가액·초과보험·일부보험 등의 문제는 일어나지 않는다.

보험사고가 보험계약자 또는 피보험자·보험수익자의 사고 또는 중대한 과실로 인하여 생긴 때 보험자는 보험금액을 지급할 책임이 없다. 상해보험은 인보험에 속하므로 15세 미만자 등에 대한 계약의 금지규정을 제외하고는 생명보험에 관한 규정을 준용한다.

제4항 질병보험

1. 의의

질병의 이환을 보험사고로 하여 치료비 또는 휴업으로 인한 소득의 상실을 고려한 일정금액의 급부를 보장하는 보험으로, 질병보험계약의 보험자는 피보험자의 질병에 관한 보험사고가 발생할 경우 보험금이나 그 밖의 급여를 지급할 책임이 있다.

2. 종류

그 종류는 국가에서 사회보험으로 부보하는 의료보험과 민간보험업체의 판매상품으로 크게 나눌 수 있다. 의료보험은 질병·부상·분만 등을 대상으로 한 보험이며, 수입에 따라 보험료를 납입하고 질병 또는 부상이 나을 때까지 치료받을 수 있는 사회적 제도이다. 민간보험업체의 상품은 일반적 질병과 상해·사망을 보장하여 주는 질병보험과 암·성인병·부 등 특정 질병을 대상으로 하는 상품 등 종류가 많고, 보장내용도 계약자의 경제적 여건과 희망에 따라 다양하다.

제6장 어음 · 수표

제1절 어음 · 수표의 의의

1. 환어음

어음의 발행인이 지급인에게 만기에 일정한 어음금액을 수취인 또는 그로부터 어음을 취득한 자에게 지급할 것을 무조건으로 위탁하는 유가증권이다. 즉 발행인이 수취인에게 어음을 발행하면서 수취인 또는 수취인으로부터 어음상 권리를 이전받은 어음소지인에게 어음금액을 지급해 줄 것을 제3자인 지급인에게 위탁하는 관계이다. 이 때 발행인과 지급인의 내부관계를 자금관계라 한다.

한편 지급인은 어음상 의사표시가 없는 자이므로 지급인의 지위만으로 어음소지인에게 어음상 채무를 부담하는 것이 아니고, 나아가 지급인이 추후에 어음상 채무를 부담하겠다는 인수의 의사표시를 하면 그 때부터 인수인으로서 어음상 채무자가 된다.

2. 약속어음

발행인이 직접 만기에 일정한 어음금액을 수취인 또는 그로부터 어음을 취득한 자에게 지급할 것을 무조건으로 약속하는 유가증권이다. 약속어음의 발행인은 발행 즉시 어음상 주채무자가 되고 환어음과 달리 지급인이 존재하지 않는다.

3. 수표

발행인이 지급은행에게 수표상의 금액을 수표의 소지인과 같은 권리자에게 지급하도록 무조건으로 위탁하는 유가증권이다. 환어음과 달리 만기가 없어 일람출급만이 가능하고, 수취인의 기재가 임의적이어서 백지발행이 가능하며 지급인이 은행으로 한정된다.

제2절 발행

1. 의의

어음·수표는 발행에 의해 탄생된다. 즉 발행은 어음·수표관계를 최초로 창설하는 발행인의 법률행위로서 이에 의해 상대방인 수취인이 어음·수표상의 권리를 원시취득한다.

2. 기재사항

어음·수표는 엄격한 요식증권이므로 발행인이 어음의 표면에 소정의 사항을 기재하고 기명날인 또는 서명을 하여야 한다. 즉 어음이 효력을 발생하기 위해서는 ① 증권의 본문 중에 그 증권을 작성할 때 사용하는 국어로 환어음임을 표시하는 글자, ② 조건 없이 일정한 금액을 지급할 것을 위탁하는 뜻, ③ 지급인의 명칭, ④ 만기으 표시, ⑤ 지급인, ⑥ 지급을 받을 자 또는 지급을 받을 자를 지시할 자의 명칭, ⑦ 발행일과 발행지, ⑧ 발행인의 기명날인 또는 서명을 기재하여야 한다. 이러한 기재사항이 모두 기재된 어음을 완전어음이라고 하고 그 유효성이 인정되나, 어음의 요건이 흠결된 경우에는 어음으로서의 효력이 인정되지 않는다. 다만 발행시에는 어음요건이 흠결된 경우라도 후에 어음소지인에게 보충시킬 의사로 일부러 기재하지 않고 발행한 어음을 백지어음이라 하고, 이와 달리 어음요건을 과실로 흠결한 경우를 불완전어음이라고 한다. 백지어음은 아직 어음은 아니나 미완성어음으로서 특수한 유가증권으로서 유효하지만, 불완전어음은 특별히 보충규정으로 보충되는 경우가 아닌 한 무효인 어음이다.

제3절 인수

1. 의의

환어음의 지급인은 발행인에 의해 일방적으로 기재되는 자이므로 지급인으로 기재되었다고 해서 그가 어음금을 지급할 채무를 부담하는 것은 아니다. 심지어 지급인은 자신이 지급인이 되었다는 사실조차 모르는 경우도 있을 수 있다. 따라서 지급인이 과연 만기에 이르러 어음금을 지급할 것인지는 발행 당시에 수취인이 확신할 수 없으므로 만기에 이르기까지 수취인 또는 그 이후의 소지인의 지위는 매우 불안하다. 그러므로 지급인의 지급의사를 보다 일찍 확정하여 지급채무를 지급인에게 귀속시키고, 지급인에게 지급의사가 없다면 소지인이 속히 발행인이나 배서인을 상대로 어음상 권리행사할 수 있는 길을 마련할 필요가 있다. 이러한 목적에서 고안된 것이 환어음의 경우에 특유한 인수라는 제도이다.

2. 인수제시

어음의 소지인은 만기에 이르기 전에 지급인에게 어음을 제시하고 지급의사의 유무를 확인할 수 있는데 이를 인수제시라고 한다. 이에 대해 지급인이 지급채무를 부담한다는 의사표시를 인수라고 한다. 이러한 인수에 의해 지급인은 그 환어음의 주된 그리고 종국적인 채무자인 인수인이 되고, 그 결과 인수 이후에는 발행인과의 관계에서 자금관계가 어떠한지 여부는 지급인의 채무에 영향이 없다.

반면 지급인이 인수를 거절한다면 지급인은 당해 어음에 대해 아무런 의무도 부담하지 아니하고, 그 결과 어음소지인은 일정한 절차에 의해 배서인·발행인 등의 소구의무를 물을 수 있을 뿐이다.

제4절 양도(배서 또는 교부)

1. 의의

어음의 배서는 어음에 특유한 권리의 양도방법으로 어음이면에 피지배인에게 지급할 뜻을 기재하여 자기의 권리를 양도하는 어음행위이다.

2. 배서의 방식

배서에 의한 양도는 어음을 지시식으로 발행하지 아니한 경우에도 양도할 수 있게 하고 있고, 배서는 무조건이며, 배서에 붙인 조건은 기재하지 아니한 것으로 보고, 일부의 배서는 무효이다. 또한 배성의 방식으로 배서를 환어음이나 이에 결합한 보충지에 기재하도록 하고 배서인이 기명날인 또는 서명하여야 한다.

3. 효력

배서는 권리수여적 효력과 담보적 효력, 자격수여적 효력이 있고, 선의취득, 인적 항변의 절단이라는 특성이 있다.

제5절 보증

어음·수표상의 채무자가 책임을 이행하지 못할 경우를 대비하여 제3자가 대신 이행할 책임을 부담하는 어음·수표상의 행위를 보증이라고 한다. 어음·수표상 채무자가 무자력이 되더라도 보증인의 자력을 통해 피지급성이 담보되므로 어음·수표의 신용도는 더욱 강화된다. 이러한 어음·수표의 보증은 부종성이 제한될 뿐만 아니라 보증인의 최고·검색의 항변권이 인정되지 않는 점 등에서 민법상의 보증보다 책임이 엄격하다.

제6절 어음·수표상 권리의 행사

제1항 지급제시

어음은 만기에, 그리고 수표는 발행 후 제시와 동시에 어음·수표금이 지급될 것을 목적으로 발행되고 수령된다. 지급인 또는 발행인에 의해 행해지는 지급은 그 기본적 법리가 민법상 변제와 동일하지만, 유통증권으로서의 어음·수표는 다수인을 거쳐 전전유통되는 까닭에 지급인은 누가 권리자인지를 알 수 없다는 점에서, 누가 어느 시기에 어떤 방법으로 권리를 증명하여 청구할 수 있는지 여부 문제된다.

어음·수표의 소지인이 어음·수표금을 지급받기 위한 적법한 지급제시가 되기 위해서는 어음상 주채무자나 수표상 주채무자를 상대로, 또는 어음·수표상의 채무를 부담하지는 않지만 지급인 또는 이들을 위한 지급담당자를 상대로, 지급제시기간 내에, 원칙적으로 지급지 내에 존재하는 발행인이나 지급인의 영업소 또는 주소에서, 예외적으로 제3자방지급어음의 경우에는 지급장소에서, 어음요건을 모두 갖춘 완전어음으로써 제시하여야 한다.

제2항 소구

어음·수표를 취득하는 자들은 지급인 또는 발행인과 직접적인 관계가 없는 상태에서 취득하는 것이 보통이고, 더욱이 수표의 지급인이나 인수를 하지 아니한 환어음의 지급인에 대하여는 소지인이 법적인 청구권을 갖지 아니하므로 어음의 만기 또는 수표의 제시 당시에 어음·수표금의 지급이 확실하다는 보장이 없다. 이처럼 어음·수표의 피지급성이 담보되지 않는 한 어음·

수표는 그 유통성을 실질적으로 확보하기 어렵다는 점에서, 법은 일정한 요건 하에 어음·수표행위를 한 자들의 담보책임을 인정하고 있다. 즉, 어음·수표의 정당한 소지인이 지급인 또는 발행인에게 적법하게 어음·수표를 제시하였음에도 불구하고 어음·수표금이 지급되지 아니할 경우에는 소지인은 차선의 방법으로 다른 어음·수표행위자(환어음과 수표의 경우 발행인·배서인·보증인 등이고, 약속어음의 경우에는 배서인과 보증인)들을 상대로 어음·수표금의 지급을 청구할 수 있는데, 이러한 청구를 소구 또는 상환청구라 한다.

제8편
노동법

최한결

서울대학교 법학전문대학원 졸업, (現) 법무법인 조율 변호사

제1장 노동법 총설

제1절 노동법의 배경

노동법이 제정되기 전가지 노동관계에 대하여는 민법이 그대로 적용되고 있었다. 그러나 자본주의 체제에서 자본가들의 목적은 최소한의 비용으로 최대한의 이윤을 획득하는 것이었으므로, 노동자들을 착취하는 구조가 자연스럽게 형성되었다. 장시간 노동, 저임금 문제에 시달린 노동자들은 자발적으로 단결하여 노동운동을 시작하였고, 이가 노동법이 탄생하는 계기가 되었다. 노동법은 민법상의 계약자유원칙, 소유권절대보장의 원칙, 과실책임의 원칙을 수정함으로써 근로자를 보호하고자 하나 이가 민법을 무시한다는 뜻은 아니며, 서로간에 조화를 꾀한다.

제2절 노동 관련 기본권

I. 의의

우리 헌법은 근로자에 대한 생존권을 보장하기 위하여 제32조에서 근로의 권리를, 제33조에서 노동3권을 규정하고 있다. 노동기본권은 밀접한 상호관련 하에서 근로자의 생존확보를 위한 수단으로 보호된다.

II. 근로의 권리

근로의 권리는 사회적 기본권으로, 우리 헌법재판소는 "근로의 권리의 구체적 내용에 따라, 국가에 대하여 고용증진을 위한 사회적·경제적 정책을 요구할 수 있는 권리는 사회권적 기본권으로서 국민에 대하여만 인정하여야 하지만, 자본주의 경제질서하에서 근로자가 기본적 생활수단을 확보하고 인간의 존엄성을 보장받기 위하여 최소한의 근로조건을 요구할 수 있는 권리는 자유권적 기본권의 성격도 아울러 가지므로 이러한 경우 외국인 근로자에게도 그 기본권 주체성을 인정함이 타당하다."고 본 바 있다(2007. 8. 30. 2004헌마670)

대한민국 헌법 제32조에 따르면, 모든 국민은 근로의 권리를 가진다. 국가는 사회적·경제적 방법으로 근로자의 고용의 증진과 적정임금의 보장에 노력하여야 하며, 법률이 정하는 바에 의하여 최저임금제를 시행하여야 한다. 한편 모든 국민은 근로의 의무를 지며, 국가는 근로의 의무의 내용과 조건을 민주주의원칙에 따라 법률로 정한다. 근로조건의 기준은 인간의 존엄성을 보장하도록 법률로 정한다. 여자의 근로는 특별한 보호를 받으며, 고용·임금 및 근로조건에 있어서 부당한 차별을 받지 아니한다. 연소자의 근로는 특별한 보호를 받으며, 국가유공자·상이군경 및 전몰군경의 유가족은 법률이 정하는 바에 의하여 우선적으로 근로의 기회를 부여받는다.

Ⅲ. 노동3권

노동3권이란 근로자의 근로조건의 향상과 인간다운 생활을 보장하기 위한 권리로 단결권, 단체교섭권, 단체행동권을 의미하며, 우리 헌법은 제33조에서 노동3권을 정의하고 있다.

단결권이란 근로조건의 향상을 위하여 근로자 개인이 단체를 형성하거나 그에 가입하여 활동할 수 있는 권리를 의미한다. 소극적 단결권은 근로자가 자유로이 단결하지 않을 수 있는 권리를 말한다.

단체교섭권이란 근로자가 단결하여 근로조건, 기타 근로자의 대우에 관한 사항과 당사자 간의 권리·의무에 관한 사항에 대하여 사용자와 단체교섭할 수 있는 권리를 의미한다.

단체행동권은 근로자의 근로조건 등의 향상을 위하여 사용자에 대하여 집단적으로 실력행사하고 투쟁할 수 있는 권리를 의미한다. 정당한 단체행동권을 행사할 경우 민·형사상 책임이 면제된다.

제3절 노동법의 체계와 구성

우리 노동법은 크게 개별적 근로관계법과 집단적 노사관계법으로 나눠볼 수 있다.

개별적 근로관계법은 근로관계가 성립한 근로자와 사용자 간의 개별적 권리·의무 관계에 대하여 종래의 시민법 원리를 수정함으로써 근로관계에 있어서 실질적 평등을 실현하는 법이다. 개별적 근로관계법에는 근로기준법, 고용정책기본법 등이 있다.

집단적 노사관계법은 근로자가 자주적으로 형성한 단결체를 통하여 사용자와 노사관계를 형성할 수 있는 법이다. 헌법 제33조와 연관이 있고, 집단적 노사관계법의 대표적 예로 노동조합 및 노동관계조정법이 있다.

제2장 개별적 근로관계법

제1절 근로기준법

Ⅰ. 총칙

이 법은 헌법에 따라 근로조건의 기준을 정함으로써 근로자의 기본적 생활을 보장, 향상시키며 균형 있는 국민경제의 발전을 꾀하는 것을 목적으로 한다.

Ⅱ. 관련 정의(제2조)

이 법 제2조에서는 근로기준법 용어에 관한 정의를 내리고 있다.

'근로자'란 직업의 종류와 관계없이 임금을 목적으로 사업이나 사업장에 근로를 제공하는 자를 말한다.

'사용자'란 사업주 또는 사업 경영 담당자, 그 밖에 근로자에 관한 사항에 대하여 사업주를 위하여 행위하는 자를 말한다.

'근로'란 정신노동과 육체노동을 말하며, '근로계약'이란 근로자가 사용자에게 근로를 제공하고 사용자는 이에 대하여 임금을 지급하는 것을 목적으로 체결된 계약을 말한다.

'임금'이란 사용자가 근로의 대가로 근로자에게 임금, 봉급, 그 밖에 어떠한 명칭으로든지 지급하는 일체의 금품을 말하며, '평균임금'이란 이를 산정하여야 할 사유가 발생한 날 이전 3개월 동안에 그 근로자에게 지급된 임금의 총액을 그 기간의 총일수로 나눈 금액을 말한다. 근로자가 취업한 후 3개월 미만인 경우도 이에 준한다.

'소정근로시간'이란 제50조, 제69조 본문 또는 「산업안전보건법」 제46조에 따른 근로시간의 범위에서 근로자와 사용자 사이에 정한 근로시간을 말한다.

'단시간근로자'란 1주 동안의 소정근로시간이 그 사업장에서 같은 종류의 업무에 종사하는 통상근로자의 1주 동안의 소정근로시간에 비하여 짧은 근로자를 말한다.

Ⅲ. 근로조건의 기본원칙(제3조~제10조)

이 법에서 정하는 근로조건은 최저기준이므로 근로관계 당사자는 이 기준을 이유로 근로조건을 낮출 수 없으며, 근로조건은 근로자와 사용자가 동등한 지위에서 자유의사에 따라 결정하여야 한다. 또한 근로자와 사용자는 각자가 단체협약, 취업규칙과 근로계약을 지키고 성실하게 이행할 의무가 있다.

사용자는 근로자에 대하여 남녀의 성(性), 국적·신앙 또는 사회적 신분을 이유로 근로조건에 대한 차별적 처우를 하지 못한다. 사용자는 폭행, 협박, 감금 그 밖에 정신상 또는 신체상의 자유를 부당하게 구속하는 수단으로써 근로자의 자유의사에 어긋나는 근로를 강요하지 못하며, 사고의 발생이나 그 밖의 어떠한 이유로도 근로자에게 폭행을 하지 못한다.

Ⅳ. 근로계약(제15조~제42조)

이 법에서 정하는 기준에 미치지 못하는 근로조건을 정한 근로계약은 그 부분에 한하여 무효가 된다.

사용자는 근로계약을 체결 및 변경할 때에 근로자에게 임금, 소정근로시간, 휴일, 연차유급휴가 등의 사항을 명시하여야 한다. 이에 따라 명시된 근로조건이 사실과 다를 경우에 근로자는 근로조건 위반을 이유로 손해배상을 청구할 수 있으며 즉시 근로계약을 해제할 수 있다. 근로자가 손해배상을 청구할 때에는 노동위원회에 신청할 수 있으며, 근로계약이 해제되었을 경우에는 사용자는 취업을 목적으로 거주를 변경하는 근로자에게 귀향 여비를 지급하여야 한다.

근로계약 체결에 있어 사용자는 근로계약 불이행에 대한 위약금 또는 손해배상액을 예정하는 계약을 체결하지 못하고, 전차금이나 그 밖에 근로할 것을 조건으로 하는 전대채권과 임금을 상계하지 못하며, 근로계약에 덧붙여 강제 저축 또는 저축금의 관리를 규정하는 계약을 체결하지 못한다.

사용자는 근로자에게 정당한 이유 없이 해고, 휴직, 정직, 전직, 감봉, 그 밖의 징벌을 하지 못하며, 사용자가 경영상 이유에 의하여 근로자를 해고하려면 긴박한 경영상의 필요가 있어야 한다. 긴박한 경영상의 필요가 있는 경우, 사용자는 해고를 피하기 위한 노력을 다하여야 하며, 합리적이고 공정한 해고의 기준을 정하고 이에 따라 그 대상자를 선정하여야 한다.

사용자는 근로자를 해고하려면 적어도 30일 전에 예고를 하여야 하고, 30일 전에 예고를 하지 아니하였을 때는 30일분 이상의 통상임금을 지급하여야 한다. 근로자에 대한 해고는 서면으로 통지하여야 효력이 있다.

사용자가 근로자에게 부당해고 등을 하면 근로자는 노동위원회에 구제를 신청할 수 있다. 노동위원회는 구제신청을 받으면 지체없이 필요한 조사를 하여야 하며 관계 당사자를 심문하여야 한다. 노동위원회는 심문을 끝내고 부당해고 등이 성립한다고 판정하면 사용자에게 구제명령을 하여야 하며, 부당해고 등이 성립하지 아니한다고 판정하면 구제신청을 기각하는 결정을 하여야 한다.

임금, 재해보상금, 그밖에 근로 관계로 인한 채권은 사용자의 총재산에 대하여 질권·저당권 또는 '동산·채권 등의 담보에 관한 법률'에 따른 담보권에 따라 담보된 채권 외에는 조세·공과금 및 다른 채권에 우선하여 변제되어야 한다. 다만, 질권·저당권 또는 '동산·채권 등의 담보에 관한 법률'에 따른 담보권에 우선하는 조세·공과금에 대하여는 그러하지 아니하다.

V. 임금(제43조~제49조)

임금이란 사용자가 근로의 대가로 근로자에게 임금, 봉급 그 밖에 어떠한 명칭으로든지 지급하는 일체의 금품을 말한다.

임금은 통화로 직접 근로자에게 그 전액을 지급하여야 하고, 매월 1회 이상 일정한 날짜를 정하여 지급하여야 한다. 사용자의 귀책사유로 휴업하는 경우에 사용자는 휴업기간 동안 그 근로자에게 평균임금의 100분의 70 이상의 수당을 지급하여야 한다. 다만, 평균임금의 100분의 70에 해당하는 금액이 통상임금을 초과하는 경우에는 통상임금을 휴업수당으로 지급할 수 있다.

임금채권은 3년간 행사하지 아니하면 시효로 소멸한다.

VI. 근로시간과 휴식(제50조~제63조)

1주간의 근로시간은 휴게시간을 제외하고 40시간을 초과할 수 없으며, 1일의 근로시간은 휴게시간을 제외하고 8시간을 초과할 수 없다.

탄력적 근로시간제란, 사용자는 취업규칙에서 정하는 바에 따라 2주 이내의 일정한 단위기간을 평균하여 1주간의 근로시간이 40시간을 초과하지 아니하는 범위에서 특정한 주에 40시간을, 특정한 날에 8시간을 초과하여 근로하게 할 수 있는 제도를 말한다. 다만, 특정한 수의 근로시간은 48시간을 초과할 수 없다.

선택적 근로시간제란, 사용자가 취업규칙에 따라 업무의 시작 및 종료 시각을 근로자의 결정에 맡기기로 한 근로자에 대하여 근로자 대표와의 서면 합의에 따라 대상근로자의 범위, 정산기간, 정산기간의 총 근로시간, 반드시 근로하여야 할 시간대를 정하는 경우에는 그 시작 및 종료 시각, 근로자가 그의 결정에 따라 근로할 수 있는 시간대를 정하는 경우에는 그 시작 및 종료 시각 등을 정하면 1개월 이내의 정산기간을 평균하여 1주간의 근로시간이 40시간을 초과하지 아니하는 범위에서 1주간에 40시간, 1일에 8시간의 근로시간을 초과하여 근로하게 할 수 있는 제도를 일컫는다.

사용자는 근로시간이 4시간인 경우에는 30분 이상, 8시간인 경우에는 1시간 이상의 휴게시간을 근로시간 도중에 주어야 하며, 사용자는 근로자에게 1주일에 평균 1회 이상의 유급휴일을 주어야 한다. 또한 사용자는 1년간 80퍼센트 이상 출근한 근로자에게 15일의 유급휴가를 주어야 한다.

Ⅶ. 여성과 소년(제64조~제75조)

15세 미만인 자는 근로자로 사용하지 못하며, 다만 대통령령으로 정하는 기준에 따라 고용노동부장관이 발급한 취직인허증을 지닌 자는 근로자로 사용할 수 있다. 또한 사용자는 임신중이거나 산후 1년이 지나지 아니한 여성과 18세 미만의 자를 도덕상 또는 보건상 유해·위험한 사업에 사용하지 못한다.

15세 이상 18세 미만인 자의 근로시간은 1일에 7시간, 1주일에 40시간을 초과하지 못하며, 사용자는 산후 1년이 지나지 아니한 여성에 대해서는 단체협약이 있는 경우라도 1일에 2시간, 1주일에 6시간, 1년에 150시간을 초과하는 시간외근로를 시키지 못한다.

Ⅷ. 재해보상(제78조~제92조)

근로자가 업무상 부상 또는 질병에 걸리면 사용자는 그 비용으로 필요한 요양을 행하거나 필요한 요양비를 부담하여야 한다. 사용자는 요양 중에 있는 근로자에게 그 근로자의 요양 중 100분의 60의 휴업보상을 하여야 한다. 또 근로자가 업무상 부상 또는 질병에 걸리고, 완치된 후 신체에 장해가 있으면 사용자는 그 장해 정도에 따라 평균임금에 일정 일수를 곱한 금액의 장해보상을 하여야 한다. 다만, 근로자가 중대한 과실로 업무상 부상 또는 질병에 걸리고 또한 사용자가 그 과실에 대하여 노동위원회의 인정을 받으면 휴업보상이나 장해보상을 하지 아니하여도 된다.

근로자가 업무상 사망한 경우에는 사용자는 근로자가 사망한 후 지체없이 그 유족에게 평균임금 1,000일분의 유족보상을 하여야 한다. 근로자가 업무상 사망한 경우에는 사용자는 근로자가 사망한 후 지체 없이 평균임금 80일분의 장의비를 지급하여야 한다. 보상을 받을 권리는 퇴직으로 인하여 변경되지 아니하고, 양도나 압류하지 못한다. 보상을 받게 될 자가 동일한 사유에 대하여 민법이나 그 밖의 법령에 따라 이 법의 재해보상에 상당한 금품을 받으면 그 가액의 한도에서 사용자는 보상의 책임을 면한다.

이 법의 규정에 따른 재해보상청구권은 3년간 행사하지 아니하면 시효로 소멸한다.

Ⅸ. 취업규칙(제93조~제97조)

상시 10명 이상의 근로자를 사용하는 사용자는 1. 업무의 시작과 종료 시각, 휴게시간, 휴일, 휴가 및 교대 근로에 관한 사항, 2. 임금의 결정·계산·지급방법, 임금의 산정기간·지급시기 및 승급에 관한 사항, 3. 가족수당의 계산·지급 방법에 관한 사항, 4. 퇴직에 관한 사항, 5. 근로자퇴직급여보장법 제4조에 따라 설정된 퇴직급여, 상여 및 최저임금에 관한 사항, 6. 근로자의 식비, 작업 용품 등의 부담에 관한 사항, 7. 근로자를 위한 교육시설에 관한 사항, 8. 출산전후휴가·육아휴직 등 근로자의 모성 보호 및 일·가정 양립 지원에 관한 사항, 9. 안전과 보건에 관한 사항, 9-2. 근로자의 성별·연령 또는 신체적 조건 등의 특성에 따른 사업장 환경의 개선에 관한 사항, 10. 업무상과 업무 외의 재해부조에 관한 사항, 11. 표창과 제재에 관한 사항, 12. 그 밖에 해당 사업 또는 사업장의 근로자 전체에 적용될 사항에 관한 취업규칙을 작성하여 고용노동부장관에게 신고하여야 한다.

사용자는 취업규칙의 작성 또는 변경에 관하여 해당 사업 또는 사업장에 근로자의 과반수로 조직된 노동조합이 있는 경우에는 그 노동조합, 근로자의 과반수로 조직된 노동조합이 없는 경우에는 근로자의 과반수의 의견을 들어야 한다. 다만, 취업규칙을 근로자에게 불리하게 변경하는 경우에는 그 동의를 받아야 한다.

취업규칙은 법령이나 해당 사업 또는 사업장에 대하여 적용되는 단체협약과 어긋나서는 아니 되며, 고용노동부장관은 법령이나 단체협약에 어긋나는 취업규칙의 변경을 명할 수 있다.

취업규칙에서 정한 기준에 미달하는 근로조건을 정한 근로계약은 그 부분에 관하여는 무효로 한다.

제2절 고용정책기본법

Ⅰ. 목적(제1조)

이 법은 국가가 고용에 관한 정책을 수립·시행하여 국민 개개인이 평생에 걸쳐 직업능력을 개발하고 더 많은 취업기회를 가질 수 있도록 하는 한편, 근로자의 고용안정, 기업의 일자리 창출과 원활한 인력 확보를 지원하고 노동시장의 효율성과 인력수급의 균형을 도모함으로써 국민의 삶의 질 향상과 지속가능한 경제성장 및 고용을 통한 사회통합에 이바지함을 목적으로 한다.

Ⅱ. 총칙(제3조~제7조)

국가는 이 법에 따라 고용정책을 수립·시행하는 경우 1. 근로자의 직업선택의 자유와 근로의 권리가 확보되도록 할 것 2. 사업주의 자율적 고용관리를 존중할 것 3. 구직자의 자발적 취업 노력을 촉진할 것 4. 고용정책은 효율적이고 성과지향적으로 수립·시행할 것 5. 고용정책은 노동시장의 여건과 경제정책 및 사회정책을 고려하여 균형 있게 수립·시행할 것 5. 고용정책은 노동시장의 여건과 경제정책 및 사회정책을 고려하여 균형있게 수립·시행할 것 6. 고용정책은 국가·지자체 간, 공공부문·민간부문 간 근로자·사업주·정부 간의 협력을 바탕으로 수립·시행하는 것이 실현되도록 하여야 하고, 고용정책에 관한 다른 법률을 제정하거나 개정하는 경우에는 이 법의 목적과 기본원칙에 맞도록 하여야 한다.

근로자는 자신의 적성과 능력에 맞는 직업을 선택하여 직업생활을 하는 기간 동안 끊임없이 직업에 필요한 능력을 개발하여야 하며, 사업주는 사업에 필요한 인력을 스스로 양성하고, 자기가 고용하는 근로자의 직업능력을 개발하기 위하여 노력하여야 한다. 노동조합과 사업주단체는 근로자의 직업능력개발을 위한 노력과 사업주의 근로자 직업능력 개발, 고용관리 개선 등에 협조하여야 하며, 국가 및 지자체는 국민 각자의 능력과 적성에 맞는 직업의 선택을 돕기 위해 필요한 시책을 수립·시행하여야 한다.

Ⅲ. 고용정책의 수립 및 추진체계(제8조~제14조)

고용노동부장관은 관계 중앙행정기관의 장과 협의하여 5년마다 국가의 고용정책에 관한 기본계획을 수립하여야 한다. 고용정책 기본계획에는 1. 고용에 관한 중장기 정책목표 및 방향 2. 인력의 수요와 공급에 영향을 미치는 경제, 산업, 교육, 복지 또는 인구정책 등의 동향에 관한 사항, 3. 고용 동향과 인력 수급 전망에 관한 사항, 5. 그 밖의 고용 관련 주요 시책에 관한 사항 등이 포함되어야 한다.

중앙행정기관의 장과 지방자치단체의 장은 소관정책이 일자리 증감 및 고용의 질 등에 미치는 영향을 분석·평가하고, 그 결과를 정책의 수립 및 시행에 반영하도록 노력하여야 한다.

Ⅳ. 기타

고용노동부장관은 구직과 구인이 신속하고 적절하게 연결될 수 있도록 구직·구인 정보, 노동시장 정보 및 그 밖의 정보를 수집·관리하여야 하며(제15조), 국가는 직업능력개발을 촉진·지원하기 위하여 1. 직업능력개발에 관한 표준 설정, 2. 직업능력개발훈련 시설·장비의 확충, 3. 직업능력개발훈련의 내용 및 훈련 방법의 연구·개발 등의 시책을 수립·시행하여야 한다(제19조).

직업안정기관의 장은 구직자가 그 적성·능력·경험 등에 맞게 취업할 수 있도록 구직자 개개인의 적성·능력 등을 고려하여 그 구직자에게 적합하도록 체계적 고용서비스를 제공하여야 한다(제23조).

제3절 남녀고용평등과 일·가정 양립 지원에 관한 법률

Ⅰ. 목적(제1조)

이 법은 대한민국헌법의 평등이념에 따라 고용에서 남녀의 평등한 기회와 대우를 보장하고 모성 보호와 여성 고용을 촉진하여 남녀고용평등을 실현함과 아울러 근로자의 일과 가정의 양립을 지원함으로써 모든 국민의 삶의 질 향상에 이바지하는 것을 목적으로 한다.

Ⅱ. 각 주체들의 책무(제4조~제5조)

국가와 지방자치단체는 이 법의 목적을 실현하기 위하여 국민의 관심과 이해를 증진시키고 여성의 직업능력 개발 및 고용 촉진을 지원하여야 하며, 남녀고용평등의 실현에 방해가 되는 모든 요인을 없애기 위하여 필요한 노력을 하여야 한다.

근로자는 상호 이해를 바탕으로 남녀가 동등하게 존중받는 직장문화를 조성하기 위하여 노력하여야 한다. 사업주는 해당 사업장의 남녀고용평등의 실현에 방해가 되는 관행과 제도를 개선하여 남녀근로자가 동등한 여건에서 자신의 능력을 발휘할 수 있는 근로환경을 조성하기 위하여 노력하여야 한다.

Ⅲ. 기본계획(제6조의2)

고용노동부장관은 남녀고용평등 실현과 일·가정의 양립에 관한 기본계획을 5년마다 수립하여야 하고, 기본계획에는 1. 여성취업의 촉진에 관한 사항, 2. 남녀의 평등한 기회보장 및 대우에 관한 사항, 3. 동일 가치 노동에 대한 동일 임금 지급의 정착에 관한 사항, 4. 여성의 직업 능력 개발에 관한 사항, 5. 여성 근로자의 모성 보호에 관한 사항, 6. 일·가정의 양립 지원에 관한 사항, 7. 여성 근로자를 위한 복지시설의 설치 및 운영에 관한 사항, 8. 직전 기본계획에 대한 평가, 9. 그 밖에 남녀고용평등의 실현과 일·가정의 양립 지원을 위하여 고용노동부장관이 필요하고 인정하는 사항이 포함되어야 한다.

Ⅳ. 고용에 있어서 남녀의 평등한 기회보장 및 대우(제7조~제17조)

사업주는 근로자를 모집하거나 채용할 때 남녀를 차별하여서는 아니 되며, 동일한 사업 내의 동일 가치 노동에 대하여는 동일한 임금을 지급하여야 하고, 근로자의 정년·퇴직 및 해고에서 남녀를 차별하여서는 아니 된다.

직장 내 성희롱 문제에 있어, 사업주, 상급자 근로자는 직장 내 성희롱을 하여서는 아니 되고 직장 내 성희롱을 예방하기 위해 노력하여야 한다.

한편 여성의 직업능력 개발 및 고용촉진을 위해 직업안정기관은 고용정보와 직업에 관한 조사 및 연구 자료를 제공하고, 국가·지방자치단체 및 사업주는 여성의 직업능력 개발 및 향상을 위하여 모든 직업능력 개발 훈련에서 남녀에게 평등한 기회를 보장하여야 한다.

또한 고용노동부장관은 적극적 고용개선조치의 일환으로 직종별 여성 근로자의 비율이 고용노동부령으로 정하는 고용 기준에 미달하는 사업주에 대하여는 차별적 고용관행 및 제도 개선을 위한 적극적 고용개선조치 시행계획을 수립하여 제출할 것을 요구할 수 있다.

V. 기타

국가는 근로기준법에 따른 출산전후휴가 또는 유산·사산 휴가를 사용한 근로자 중 일정한 요건에 해당하는 자에게 그 휴가기간에 대하여 통상임금에 상당하는 금액을 지급할 수 있다. 사업주는 근로자가 배우자의 출산을 이유로 휴가를 청구하는 경우에 5일의 범위에서 3일 이상의 휴가를 주어야 한다. 이 경우 사용한 휴가기간 중 최초 3일은 유급으로 한다.

육아휴직에 있어, 사업주는 근로자가 만 8세 이하 또는 초등학교 2학년 이하의 자녀를 양육하기 위하여 휴직을 신청하는 경우에 이를 허용하여야 한다. 육아휴직의 기간은 1년 이내로 하며, 사업주는 육아휴직을 이유로 해고나 그 밖의 불리한 처우를 하여서는 아니되며, 육아휴직기간에는 그 근로자를 해고하지 못한다.

제3장 집단적 노사관계법

제1절 노동조합 및 노동관계조정법

I. 노동조합

1. 의의 및 요건

'노동조합'이라 함은 근로자가 주체가 되어 자주적으로 단결하여 근로조건의 유지·개선 기타 근로자의 경제적·사회적 지위의 향상을 도모함을 목적으로 조직하는 단체 또는 그 연합단체를 말한다.

이때 ① '근로자가 주체가 되어'라는 것은 노동조합의 운영과 활동에 있어 근로자가 주도적 지위를 점하고 있어야 한다는 것이며, ② '자주적으로 단결하여'라는 뜻은 근로자가 스스로의 의사에 의하여 조직하고 대외적으로 사용자, 국가, 정당으로부터 간섭이나 지배를 받지 않아야 한다는 것이다. ③ '근로조건의 유지·개선 기타 근로자의 경제적·사회적 지위의 향상을 도모함을 목적으로'는 노동조합의 목적성을 의미하며, ④ '조직하는 단체 또는 그 연합단체'는 노동조합은 일정한 조직적 실체를 갖추고 있어야 하고 조합규약이 마련되어야 한다는 것을 일컫는다.

2. 노동조합의 활동

노동조합은 그 조직의 자주적·민주적 운영을 보장하기 위하여 규약을 작성한다. 근로자들은 조합에 가입함으로써 노동조합의 구성원이 될 수 있다.

조합원은 차별대우를 받지 않을 권리, 조합운영에 대한 균등한 참여권, 임시총회소집요구권, 임원으로 선출될 수 있는 권리, 결산결과와 운영상황에 대한 공개요구권 등을 가지며, 노동조합의 모든 문제에 참여할 의무, 조합비 납부 의무, 조합통제에 복종할 의무 등을 가진다.

Ⅱ. 단체교섭

1. 의의

단체교섭이란 노동조합과 사용자 또는 사용자단체간에 근로조건에 관한 사항, 기타 노사관계의 제반 사항에 대하여 집단적으로 교섭하는 것을 말한다.

2. 단체교섭의 당사자

단체교섭의 당사자란 자기의 이름으로 단체교섭을 행하고 그 법적 효과가 귀속되는 단체교섭의 주체를 의미한다.

근로자 측 단체교섭의 당사자는 개별 근로자가 아니라 노동조합이며, 노동조합의 상부단체도 그 단위노동조합에 대해 통제력을 갖는 경우에는 단체교섭의 당사자가 될 수 있다.

단체교섭권은 근로자에게 보장된 권리이므로 원칙적으로 사용자는 단체교섭권의 주체가 될 수 없으며, 단체교섭의 상대방으로서 단체교섭 응낙의무자의 지위만 가진다.

3. 단체교섭의 대상

단체교섭의 대상이란 단체교섭에서 노사당사자가 교섭할 수 있는 사항을 말한다. 단체교섭의 대상이 되는 단체교섭사항에 해당하는지 여부는 헌법 제33조 제1항과 노동조합및노동관계조정법 제29조에서 근로자에게 단체교섭권을 보장한 취지에 비춰 판단한다(대법원 2003. 12. 2.6. 선고 2003두8906).

4. 단체교섭의 방법 및 위반에 대한 구제수단

노동조합과 사용자 또는 사용자단체는 신의에 따라 성실히 교섭하고 단체협약을 체결하여야 하며 그 권한을 남용하여서는 아니 된다.

단체교섭의무 위반에 대한 구제수단은 노동위원회에 부당노동행위 구제신청을 하는 방법, 법원에 대해 민사소송을 제기하는 방법 등이 있다.

Ⅲ. 단체협약

1. 의의

단체협약이란 노동조합과 사용자 또는 사용자단체간의 단체교섭의 결과로서 근로조건, 기타 근로자의 대우에 관한 사항과 노사 간의 제반 권리 · 의무에 관한 사항을 합의하여 서면화한 것을 말한다.

2. 내용 및 효력

단체협약의 규범적 부분은 근로조건, 기타 근로자의 대우에 관한 '기준'을 정한 것이어야 하므로 근로조건, 기타 근로자의 대우에 관한 사항이 조합원 모두에게 일률적으로 적용될 수 있는 것이어야 한다. 단체협약의 규범적 효력은 협약체결당사자인 노동조합의 구성원인 조합원과 그 상대방 당사자인 사용자 또는 사용자단체의 구성원인 사용자 사이의 개별적 근로관계에서의 권리 · 의무관계를 규율하는 데에 미치게 된다. 단체협약에 정한 근로조건 기타 근로자의 대우에 관한 기준에 위반하는 취업규칙 또는 근로계약의 부분은 무효로 한다.

단체협약의 내용 중에서 노동조합과 사용자가 권리 · 의무의 주체가 되는 집단적 노동관계에 관련된 조항은 협약체결당사자 사이의 계약일반의 효력만 인정되므로 이를 채무적 부분이라고 한다. 조합비 공제제도, 단체교섭과 쟁의행위에 관한 조항 등이 채무적 부분에 속한다.

행정관청은 단체협약 중 위법한 내용이 있는 경우에는 노동위원회의 의결을 얻어 그 시정을 명할 수 있다.

Ⅳ. 쟁의행위

쟁의행위란 파업 · 태업 · 직장폐쇄 기타 노동관계 당사자가 그 주장을 관철할 목적으로 행하는 행위와 이에 대항하는 행위로서 업무의 정상적 운영을 저해하는 행위를 말한다.

쟁의행위는 헌법상 보장된 단체행동권을 실현하는 행위로 헌법상 보장된 근로자의 기본권이다. 이에 따라 근로자는 쟁의행위 기간 중에는 현행범 외에는 노조법 위반을 이유로 구속되지 아니하며, 사용자는 쟁의행위 기간 중 그 쟁의행위로 중단된 업무의 수행을 위하여 당해 사업과 관계없는 자를 채용 또는 대체할 수 없으며, 사용자는 근로자가 정당한 단체행위에 참가한 것을 이유로 그 근로자를 해고하거나 그 근로자에게 불이익을 주는 행위를 하지 못한다.

정당성 없는 쟁의행위는 민사면책이 인정되지 않으므로, 근로계약상 의무위반 책임을 질 수 있다.

V. 부당노동행위

부당노동행위란 근로자 또는 근로자단체가 헌법이 보장하고 있는 노동3권을 행사하지 못하도록 방해하거나 개입하는 사용자의 행위를 말한다.

노동조합및노동관계조정법에 따라 사용자는 ① 근로자가 노동조합에 가입 또는 가입하려고 하였거나 노동조합을 조직하려고 하였거나 기타 노동조합의 업무를 위한 정당한 행위를 한 것을 이유로 그 근로자를 해고하거나 그 근로자에게 불이익을 주는 행위, ② 근로자가 어느 노동조합에 가입하지 아니할 것 또는 탈퇴할 것을 고용조건으로 하거나 특정한 노동조합의 조합원이 될 것을 고용조건으로 하는 행위, ③ 노동조합의 대표자 또는 노동조합으로부터 위임을 받은 자와의 단체협약체결 기타의 단체교섭을 정당한 이유 없이 거부하거나 해태하는 행위, ④ 근로자가 노동조합을 조직 또는 운영하는 것을 지배하거나 이에 개입하는 행위와 노동조합의 전임자에게 급여를 지원하거나 노동조합의 운영비를 원조하는 행위, ⑤ 근로자가 정당한 단체행위에 참가한 것을 이유로 하거나 또는 노동위원회에 대하여 사용자가 이 조의 규정에 위반한 것을 신고하거나 그에 관한 증언을 하거나 기타 행정관청에 증거를 제출한 것을 이유로 그 근로자를 해고하거나 그 근로자에게 불이익을 주는 행위를 할 수 없다.

제2절 노동위원회법

I. 목적

이 법은 노동관계에 관한 판정 및 조정 업무를 신속·공정하게 수행하기 위하여 노동위원회를 설치하고 그 운영에 관한 사항을 규정함으로써 노동관계의 안정과 발전에 이바지함을 목적으로 한다.

II. 관장업무

지방노동위원회는 해당 관할구역에서 발생하는 사건을 관장하며, 중앙노동위원회는 지방노동위원회 및 특별노동위원회의 처분에 대한 재심사건, 둘 이상의 지방노동위원회의 관할구역에 걸친 노동쟁의의 조정 사건, 다른 법률에서 그 권한에 속하는 것으로 규정된 사건을 관장한다. 특별노동위원회는 관계법률에서 정하는 바에 따라 그 설치목적으로 규정된 특정사건에 관한 사건을 관장한다.

III. 분쟁의 해결

노사 당사자는 노동쟁의가 발생할시 노동위원회에 조정을 신청하며, 조정을 거치지 아니하면 쟁의행위를 할 수 없다.

한편 노동위원회는 관계 당사자의 쌍방이 함께 중재를 신청한 때나 관계 당사자의 일방이 단체협약에 의하여 중재를 신청한 때 중재를 행한다. 중재재정이나 재심결정이 확정된 때에는 관계 당사자는 이에 따라야 하며, 중재재정의 내용은 단체협약과 동일한 효력을 가진다.

제9편

사회보장법

김수진

서울시립대학교 법학전문대학원 졸업, (現) 법무법인 조율 변호사.

제1장 사회보장법과 국가

제1절 사회보장의 의의 및 기본 이념

1. 사회적 위험

사회보장기본법 제2조는 "사회보장은 모든 국민이 다양한 사회적 위험으로부터 벗어나 행복하고 인간다운 생활을 향유할 수 있도록 자립을 지원하며, 사회참여·자아실현에 필요한 제도와 여건을 조성하여 사회통합과 행복한 복지사회를 실현하는 것을 기본 이념으로 한다"라고 사회보장의 기본이념을 정의한다. 즉 사회보장은 사회적 위험에 대한 국가적·제도적 대응을 의미하는 것으로서, 사회적 위험에 대한 정의는 시대마다 변화를 보이고 있으나 현재는 노령문제, 자연재해 등을 폭넓게 포괄한다. 이와 관련하여 국제노동기구(ILO)에서는 사회보장을 "사회 구성원이 부딪히는 일정한 위험에 대해서 사회가 적절한 조직을 통해 부여하는 보장"이라고 정의하는 한편 그 세부적 구성요소에 대하여는 "질병, 분만, 산업재해, 실업, 고령, 폐질(장애), 사망 등에 의한 소득의 중단 또는 감소가 미치는 경제 사회적 불안을 공적 대책을 통해 대처하기 위하여 사회가 그 구성원에게 제공하는 보호"로 규정하고 있다.

2. 사회보장의 의의

사회보장기본법 제3조 제1호는 "사회보장"이란 "출산, 양육, 실업, 노령, 장애, 질병, 빈곤 및 사망 등의 사회적 위험으로부터 모든 국민을 보호하고 국민 삶의 질을 향상시키는 데 필요한 소득·서비스를 보장하는 사회보험, 공공부조, 사회서비스"를 말한다고 규정하고 있다. 사회보장의 정의에 대하여는 각국마다 일부 차이가 존재하나 국민생활의 불의의 위험 등에 대하여 생활의 보장수단을 국가가 책임지고 수행하는 제도라는 점에서는 공통된 시각을 보인다.

3. 사회보장의 기본이념

사회보장의 실질적 제도의 내용은 1880년대 독일의 사회입법에서 이미 드러난다. 개인의 삶의 질 향상 및 인간다운 삶의 보장, 복지국가의 실현 등은 사회보장의 기본 이념은 현재까지 유지되고 있으며, 우리나라 사회보장기본법 제2조 역시 같은 이념에 근간을 두고 있다.

헌재 2002. 12. 18. 2002헌마52 : 사회국가원리의 헌법적 수용

우리 헌법은 사회국가원리를 명문으로 규정하고 있지는 않지만, 헌법의 전문, 사회적 기본권의 보장(헌법 제31조 내지 제36조), 경제 영역에서 적극적으로 계획하고 유도하고 재분배하여야 할 국가의 의무를 규정하는 경제에 관한 조항(헌법 제119조 제2항 이하) 등과 같이 사회국가원리의 구체화된 여러 표현을 통하여 사회국가원리를 수용하였다. 사회국가란 한마디로, 사회정의의 이념을 헌법에 수용한 국가, 사회현상에 대하여 방관적인 국가가 아니라 경제·사회·문화의 모든 영역에서 정의로운 사회질서의 형성을 위하여 사회현상에 관여하고 간섭하고 분배하고 조정하는 국가이며, 궁극적으로는 국민 각자가 실제로 자유를 행사할 수 있는 그 실질적 조건을 마련해 줄 의무가 있는 국가이다.

제2절 우리나라의 사회보장

1. 사회보험
사회보장기본법 제3조 제2호는 사회보험을 "국민에게 발생하는 사회적 위험을 보험의 방식으로 대처함으로써 국민의 건강과 소득을 보장하는 제도"로 규정한다. 사회보험은 국민이 질병, 사망, 실업 등으로 활동능력을 상실하고 소득이 감소되었을 때 보험을 통하여 보장을 꾀하는 제도로서 대표적으로 산업재해보상보험, 연금보험, 고용보험, 건강보험 등을 꼽을 수 있다. 다만 현재 국내의 사회보험 제도에는 수혜에서 제외되는 사각지대가 다수 존재하여 보완이 요구되고 있는 실정이다.

2. 공공부조
사회보장기본법 제3조 제3호는 공공부조를 "국가와 지방자치단체의 책임 하에 생활 유지 능력이 없거나 생활이 어려운 국민의 최저생활을 보장하고 자립을 지원하는 제도"로 규정하고 있다. 2001년 국민기초생활보장법이 제정되면서 실업자, 빈곤자 등에게 최저생계비를 지원하는 공공부조 시스템이 마련되었으나, 수급액이 적고 국민기초생활수급자 선정 요건이 까다롭다는 점이 한계로 작용하고 있다.

3. 사회복지서비스
사회보장기본법 제3조 제4호는 사회복지서비스에 대하여 "국가·지방자치단체 및 민간부문의 도움이 필요한 모든 국민에게 복지, 보건의료, 교육, 고용, 주거, 문화, 환경 등의 분야에서 인간다운 생활을 보장하고 상담, 재활, 돌봄, 정보의 제공, 관련 시설의 이용, 역량 개발, 사회참여 지원 등을 통하여 국민의 삶의 질이 향상되도록 지원하는 제도"라고 정의하고 있다. 국내에서는 사회복지사업법, 장애인복지법, 노인복지법, 아동복지법 등이 사회복지서비스를 구성하고 운영하는 제도적 기초로 작동한다. 사회복지서비스의 수혜 대상은 점차 확대되고 있으나 아직까지 혜택이 미흡하여 제도적 보완은 물론 실질적 수혜 대상을 세밀하게 확정할 수 있어야 한다는 요구가 지속적으로 이어지고 있다.

제2장 사회보장기본법

제1절 사회보장기본법의 연혁 및 목적

1963년 제정된 '사회보장에 관한 법률'은 우리나라 최초로 사회보장에 대한 기본사항을 규정한 법이었다. 다만 위 법률은 단 7개 조항으로 구성되어 실제 사회보장적 기능을 수행하기에는 미흡한 점이 컸고, 이에 1995년 '사회보장기본법'이 입법 · 제정되기에 이른다. 사회보장기본법은 2005년 일부 개정, 2012년 전부 개정을 거쳐 현재에 이르고 있다.

사회보장기본법은 제2조에서 그 목적을 "사회보장에 관한 국민의 권리와 국가 및 지방 자치단체의 책임을 정하고 사회보장제도에 관한 기본적인 사항 을 규정함으로써 국민의 복지증진에 기여함"으로 규정하고 있다. 즉 사회보장기본법은 사회보장에 관한 국민의 권리와 국가 및 지방자치단체의 책임을 정하는 한편 국민의 생존권적 기본권을 실현하고 사회보장제도에 관한 기본적 사항을 정하는 법이다.

제2절 사회보장기본법의 특성

사회보장기본법은 헌법 제34조에 규정된 인간다운 생활을 할 권리를 구체적으로 실현키 위하여 국가의 권리와 국민의 의무를 규정하였다는 기본법적 특성을 지닌다. 한편 사회보장기본법은 헌법의 하위법인 동시에 기타 구체적인 사회보장 관련 법령들의 기본법으로서 중간적인 역할을 하고 있다.

제3절 사회보장기본법의 내용

Ⅰ. 사회보장의 형태

1. 사회보험

사회보험은 국민에게 발생하는 사회적 위험을 보험의 방식으로 대처함으로써 국민의 건강과 소득을 보장하는 제도이다. 국민건강보험법과 고용보험법, 산업재해보상법, 국민연금법 등이 사회보험의 영역에 속한다.

2. 공공부조

국가와 지방자치단체의 책임 하에 생활 유지 능력이 없거나 생활이 어려운 국민의 최저생활을 보장하고 자립 을 지원하는 제도이다. 종전의 '생활보호법'이 '국민기초생활보장법'으로 확대개정되어 대표적인 공공부조 관련 법령으로 기능하고 있으며 기타 의료급여법 등이 있다.

3. 사회복지서비스

정부나 민간의 도움을 필요로 하는 모든 국민에게 상담·재활·직업소개 및 지도·사회복지시설 이용들을 제공하여 정상적 사회생활이 가능하도록 지원하는 제도이다. 사회보험이나 공공부조가 직접적이고 경제적인 서비스를 제공하는 것과 달리 비경제적인 서비스를 제공하는 것이 특징이다. 사회복지사업법, 아동복지법, 노인복지법 등이 사회복지서비스에 포함된다.

4. 사회보장관련 복지제도

이밖에도 사회보장기본법은 제3조 제5호에서 "평생사회안전망"이라고 하여 "생애주기에 걸쳐 보편적으로 충족되어야 하는 기본욕구와 특정한 사회위험에 의하여 발생하는 특수욕구를 동시에 고려하여 소득·서비스를 보장하는 맞춤형 사회보장제도"까지 사회보장기본법이 보장하는 영역으로 규정하고 있다.

Ⅱ. 사회보장수급권

사회보장기본법은 제9조에서 "모든 국민은 사회보장 관계 법령에서 정하는 바에 따라 사회보장 급여를 받을 권리를 가진다"고 하여 사회보장수급권을 규정하고 있다. 이에 대하여 국가가 국민의 인간다운 생활을 할 권리를 위해 구체적이고 직접적인 사회보장 실시 의무를 진다는 구체적 권리설과 사회보장의무에 대한 구체적 입법이 존재해야 국가에 의무이행의 책임을 물을 수 있다는 추상적 권리설이 대립하고 있다.

Ⅲ. 국가 및 지방자치단체의 책임

사회보장기본법에서 규정하고 있는 국가 및 지방자치단체의 책임은 5조에서의 지속가능한 사회보장제도 확립 및 재원조달의 책임, 제6조 제2항에서의 자발적 복지활동 촉진 의무, 제 30조에서의 사회보장관련 정보 공개 의무 등을 들 수 있다.

Ⅳ. 사회보장기구의 체계 및 추진

사회보장기본법은 국가와 지방자치단체의 사회보장기구 체계 및 역할을 규정하고 이에 대하여 국민참여를 유도하는 내용까지 포함하고 있다.

제3장 사회보험법

제1절 국민연금법

I. 국민연금법의 의의

국민연금은 국민의 노령, 장애, 사망 등으로 소득능력의 감소 또는 상실과 같은 사회적 위험 발생을 대비하기 위한 사회보험의 일종이다. 가입자의 연금보험료를 재원으로 장기적 소득보장을 통해 국민의 생활안정과 복지증진에 기여하는 것을 목표로 하고 있다. 한편 군인이나 공무원, 사립학교교직원들은 각 군인연금법, 공무원연금법, 사립학교교직원연금법 등을 통하여 수혜를 받게 된다.

II. 가입자

1. 가입대상자

국민연금법 제6조는 가입대상자에 대하여 국내에 거주하는 국민으로서 18세 이상 60세 미만인 자는 국민연금 가입 대상이 된다고 규정하고 있다. 다만, 「공무원연금법」, 「군인연금법」 및 「사립학교교직원 연금법」을 적용받는 공무원, 군인 및 사립학교 교직원, 그 밖에 대통령령으로 정하는 자는 제외한다.

2. 가입대상자의 종류

(1) 사업장가입자

사업의 종류, 근로자의 수 등을 고려하여 대통령령으로 정하는 사업장(이하 "당연적용사업장"이라 한다)의 18세 이상 60세 미만인 근로자와 사용자는 당연히 사업장가입자가 된다(국민연금법 제8조 제1항). 국민연금법 가입 사업장은 1인 이상의 근로자를 사용하는 사업자 또는 주한외국기관이며 국민연금가입여부는 의무사항이다.

「공무원연금법」, 「사립학교교직원 연금법」 또는 「별정우체국법」에 따른 퇴직연금, 장해연금 또는 퇴직연금일시금이나 「군인연금법」에 따른 퇴역연금, 상이연금, 퇴역연금일시금을 받을 권리를 얻은 자는 가입대상자에서 제외된다(국민연금법 제8조 제2항). 18세 미만 근로자라고 하더라도 국민연금에 가입된 사업장에 종사하는 경우 사업장가입자가 되며, 다만 본인이 원하지 않을 경우에는 사업장가입자가 되지 않을 수 있다(국민연금법 제8조 제2항). 한편 「국민기초생활 보장법」 제7조제1항제1호에 따른 생계급여 수급자 또는 같은 항 제3호에 따른 의료급여 수급자는 본인의 희망에 따라 사업장가입자가 되지 아니할 수 있다(국민연금법 제8조 제3항).

(2) 지역가입자

국민연금법 제8조에 따른 사업장가입자가 아닌 자로서 18세 이상 60세 미만인 자는 당연히 지역가입자가 된다. 다만, 다음 각 호의 어느 하나에 해당하는 자는 제외한다.

국민연금법 제9조

1. 다음 각 목의 어느 하나에 해당하는 자의 배우자로서 별도의 소득이 없는 자
   가. 제6조 단서에 따라 국민연금 가입 대상에서 제외되는 자
   나. 사업장가입자, 지역가입자 및 임의계속가입자
   다. 별정우체국 직원
   라. 노령연금 수급권자 및 퇴직연금등수급권자
2. 퇴직연금등수급권자. 다만, 퇴직연금등수급권자가 「국민연금과 직역연금의 연계에 관한 법률」 제8조에 따라 연계 신청을 한 경우에는 그러하지 아니하다.
3. 18세 이상 27세 미만인 자로서 학생이거나 군 복무 등의 이유로 소득이 없는 자 (연금보험료를 납부한 사실이 있는 자는 제외한다)
4. 「국민기초생활 보장법」 제7조제1항제1호에 따른 생계급여 수급자 또는 같은 항 제3호에 따른 의료급여 수급자
5. 1년 이상 행방불명된 자. 이 경우 행방불명된 자에 대한 인정 기준 및 방법은 대통령령으로 정한다.

---

(3) 임의가입자, 임의계속가입자

임의가입자는 18세 이상 60세 미만인 자로서 사업장가입자나 지역가입자에 해당하지 않으나 국민연금공단에 가입신청을 한 자를 가리킨다(국민연금법 제10조). 임의계속가입자는 60세에 달하여 국민연금가입자의 자격을 상실하였으나 국민연금공단에 계속가입을 신청한 자를 가리키는데, 국민연금 가입자 또는 가입자였거나 전체 국민연금 가입기간 5분의 3이상을 대통령령으로 정하는 직종의 근로자로 국민연금에 가입하거나 가입했던 사람이어야 한다(국민연금법 제13조).

Ⅲ. 국민연금급여의 종류

1. 노령연금

국민연금 가입자가 나이가 들어 소득활동에 종사하지 못할 경우 생활안정과 복지증진을 위하여 지급되는 급여이다. 최소 10년 이상 국민연금에 가입한 후 연금수급개시연령에 도달하였을 때부터 평생 매월 수급할 수 있으며 완전노령연금, 감액노령연금, 조기노령연금 등으로 구분된다.

2. 장애연금

국민연금 가입 중에 생긴 질병이나 부상으로 완치된 후에도 신체상 또는 정신상의 장애가 있는 경우 장애등급에 따라 일정한 급여를 지급하여 장애로 인한 소득 감소부분을 보전함으로서 자신과 가족의 안정된 생활을 보장하는 제도이다. 장애등급에 따라 지급 급여의 수준이 나뉘어진다.

3. 유족연금

국민연금 가입자나 가입자였던 자 또는 연금을 지급 받던 사람이 사망할 경우 그에 의해 생계를 유지하던 유족에게 급여를 지급하여 안정된 삶을 살아갈 수 있도록 하기 위해 지급되는 급여이다. 유족의 범위는 배우자, 자녀, 부모, 손자녀, 조부모의 순으로 가입자 또는 가입자였던 자가 사망할 당시 그에 의하여 생계를 유지하는 자로 본다.

4. 분할연금

이혼한 자가 배우자였던 자의 노령연금액 중 혼인기간을 산정하여 지급받는 금액이다. 혼인기간 중 국민연금에 가입하여 납부한 기간이 5년을 초과해야 한다.

5. 반환일시금

60세 도달이나 사망, 국외이주 등으로 국민연금 자격 상실사유가 발생하였으나 연금급여를 받을 수 있는 요건을 충족하지 못한 경우 납부한 연금 보험료에 이자를 더해 일시에 지급하는 급여

헌재 2001. 2. 22. 헌마365 국민연금제도의 행복추구권 침해 여부

강제가입과 연금보험료의 강제징수를 전제로 한 국민연금 제도는 자신 스스로 사회적 위험에 대처하고자 하는 개인들의 행복추구권을 침해한다고 볼 수 있다. 그러나 국민의 노령·폐질 또는 사망에 대하여 연금급여를 실시함으로써 국민의 생활안정과 복지증진에 기여할 것을 그 목

적으로 하는 국민연금법의 입법목적에 정당성이 있으며, 국가적인 보험기술을 통하여 사회적 위험을 대량으로 분산시킴으로써 구제를 도모하는 사회보험제도의 일종으로서 그 방법 또한 적정하고, 필요한 최소한도로 개인의 선택권이 제한되며, 국민연금제도를 통하여 달성하고자 하는 공익이 개별적인 내용의 저축에 대한 선택권이라는 개인적 사익보다 월등히 크다고 보아야 할 것이어서 과잉금지의 원칙에 위배되지 아니하므로, 결국 위 행복추구권 침해는 헌법에 위반된다고 할 수 없다.

제2절 국민건강보험법

Ⅰ. 국민건강보험법의 의의

국민건강보험법은 국민의 질병·부상에 대한 예방·진단·치료·재활과 출산·사망 및 건강증진에 대하여 보험급여를 실시함으로써 국민보건 향상과 사회보장 증진에 이바지함을 목적으로 한다.

Ⅱ. 적용대상

1. 직장가입자

모든 사업장의 근로자 및 사용자와 공무원 및 교직원은 직장가입자가 된다(국민건강보험법 제6조 제2항). 즉 근로를 제공하고 임금을 지급받는 근로자는 모두 직장가입자가 된다.

2. 지역가입자.

지역가입자는 직장가입자와 그 피부양자를 제외한 가입자를 말한다(국민건강보험법 제6조 제3항). 자영업자 등이 대표적인 지역가입 대상이다.

Ⅲ. 국민건강보험의 운영

국민건강보험법 제13조는 국민건강보험의 보험자는 국민건강보험공단이라고 규정한다. 공단은 가입자 및 피부양자의 자격 관리, 보험료와 그 밖에 이 법에 따른 징수금의 부과·징수, 보험급여의 관리, 가입자 및 피부양자의 건강 유지와 증진을 위하여 필요한 예방사업, 보험급여 비용의 지급 등을 관장한다.

한편 건강보험심사평가원은 요양급여비용을 심사하고 요양급여의 적정성을 평가하기 위하여 국민건강보험법 제62조에 근거하여 설립된 기관으로 요양급여비용의 심사와 요양급여 적정성 평가를 맡고 심사기준 및 평가기준 개발 등의 업무를 관장하게 된다.

Ⅳ. 국민건강보험의 급여 및 재정

1. 국민건강보험의 급여

건강보험 가입자 및 피부양자가 요양기관(병·의원 및 약국 등)을 이용하면서 제공받을 수 있는 보험급여로는 요양급여가 있다(국민건강보험법 제41조 제1항). 요양급여를 통하여 질병, 부상, 출산 등에 대하여 진찰 및 검사, 처치·수술 및 그 밖의 치료 등에 대하여 보장받을 수 있다. 한편 건강보험 가입자 및 피부양자는 건강검진기관에서 실시하는 건강검진을 받을 수 있고(국민건강보험법 제52조), 현물급여의 보충적 수단으로서 임신·출산 진료비, 장애인보장구 급여비 등의 현금급여가 이루어진다.

2. 재정

(1) 보험료

국민건강보험의 재정은 우선적으로 가입자와 사용자가 부담하는 국민건강보험료로 구성된다. 이밖에도 정부의 일반회계예산과 국민건강증진기금이 주요한 재원이 되고 있다.

(2) 정부보조금

국가는 매년 예산의 범위에서 해당 연도 보험료 예상 수입액의 100분의 14에 상당하는 금액을 국고에서 공단에 지원해야 한다. 또한 공단은 「국민건강증진법」에서 정하는 바에 따라 같은 법에 따른 국민건강증진기금에서 자금을 지원받을 수 있다.

제3절 고용보험법

Ⅰ. 고용보험법의 의의

고용보험법은 실업의 예방, 고용의 촉진 및 근로자의 직업능력의 개발과 향상을 꾀하고, 국가의 직업지도와 직업소개 기능을 강화하며, 근로자가 실업한 경우에 생활에 필요한 급여를 실시하여 근로자의 생활안정과 구직 활동을 촉진함으로써 경제·사회 발전에 이바지하는 것을 목표로 하고 있다(고용보험법 제1조)

Ⅱ. 고용보험법의 적용 대상

고용보험법은 근로자를 사용하는 모든 사업 또는 사업장에 적용된다. 다만 산업별 특성 및 규모 등을 고려하여 대통령령으로 정하는 사업에 대하여는 적용되지 않는다(고용보험법 제8조). 한편 고용보험법 제10조 각호는 65세 이후에 고용되거나 자영업을 개시한 자, 소정근로시간이 대통령령으로 정하는 시간 미만인 자, 국가공무원법과 지방공무원법에 따른 공무원, 사립학교 교직원연금법의 적용을 받는 자 및 그 밖의 대통령령으로 정하는 자는 고용보험법의 적용 대상에서 제외한다고 규정한다.

Ⅲ. 고용보험법의 보장 내용

1. 고용보험사업

고용보험사업은 고용안정사업과 직업능력개발사업으로 구분된다. 고용안정사업은 고용창출지원, 고용조정지원, 고령자 등 고용촉진지원을 통하여 고용기회 확대와 고용의 안정을 꾀한다. 한편 직업능력개발사업은 사업주에 대한 직업능력개발훈련 지원 및 대체인력 채용지원, 근로자에 대한 근로자 직무수행 능력향상 지원 등을 통하여 직업능력 향상의 기회를 제공하고 있다.

2. 보장급여
(1) 실업급여

실업급여란 근로자가 실업한 상태에 있는 경우에 근로자의 생활안정과 구직활동을 촉진하기 위해서 고용보험사업의 하나로 실시되고 있는 제도이다(고용보험법 제1조, 제4조). 실업은 근로의 의사와 능력이 있음에도 불구하고 취업하지 못한 상태에 있는 것을 가리킨다(고용보험법 제2조 제3호). 실업급여는 크게 구직급여와 취업촉진수당으로 구분된다.

(2) 육아휴직급여

출산전후휴가 기간을 제외하고 육아휴직을 30일 이상 부여받은 근로자 중 일정요건을 갖춘 근로자는 육아휴직 급여를 지급받을 수 있다(고용보험법 제70조 제1항).

(3) 산전후휴가급여

근로기준법상 출산전후휴가 중 최초 60일은 유급휴가로 급여를 받을 수 있다(근로기준법 제74조 제4항 본문). 이 때 급여의 신청 및 지급은 고용보험법을 통하여 보장되며, 급여지급 요건 역시 고용보험법에 규정되어 있다(고용보험법 제75조, 고용보험법 시행령 제100조 및 제94조).

제4절 산업재해보상보험법

Ⅰ. 산업재해보상보험법의 의의

산업재해보상보험법은 근로자의 업무상의 재해를 신속하고 공정하게 보상하며, 재해근로자의 재활 및 사회 복귀를 촉진하기 위하여 이에 필요한 보험시설을 설치·운영하고, 재해 예방과 그 밖에 근로자의 복지 증진을 위한 사업을 시행하여 근로자 보호에 이바지하는 것을 목적으로 하고 있다(산업재해보상보험법 제1조).

Ⅱ. 산업재해보상보험법의 적용 대상

산업재해보상보험법은 근로자를 사용하는 모든 사업 또는 사업장에 적용된다. 다만 위험률이나 규모, 장소 등을 고려하여 대통령령으로 정하는 사업에 대해서는 적용되지 않는다(산업재해보상보험법 제6조). 근로자가 아닌 사람도 산재보험법에서 특별히 정한 사람은 산재보험의 혜택을 받을 수 있는데, 현재 산재보험법에 특별히 정하고 있는 사람은 현장실습생, 산업연수생, 해외에 근무를 하는 근로자, 중소기업의 사업주 등이다.

Ⅲ. 산업재해보상보험법의 급여 및 재정

산업재해보상급여는 요양급여와 휴업급여, 장해급여, 간병급여, 유족급여, 상병보상연금 등으로 나눠진다. 업무상 재해를 당한 산재보험에 가입된 사업의 근로자는 산재보험의 수급자가 되며, 이 때 업무상 재해는 업무상의 사유에 따른 근로자의 부상, 질병, 장해 또는 사망을 가리킨다. 만약 근로자가 업무상 사고 또는 업무상 질병으로 부상·질병 또는 장해가 발생하거나 사망하면 업무상 재해로 보는데, 업무상 사고 또는 업무상 질병으로 부상·질병 또는 장해가 발생하거나 사망하더라도 업무와 재해 사이에 상당인과 관계가 없는 경우에는 업무상 재해로 보지 않는다.

1. 재정

산재보험의 재정은 사업주가 부담하는 보험료로 충당된다. 이밖에도 고용노동부장관은 보험사업, 산업재해 예방 사업에 필요한 재원을 확보하고, 보험급여에 충당하기 위하여 산업재해보상보험및예방기금을 설치하여야 하며(산업재해보상보험법 제95조), 기타 국고의 부담이 이루어진다.

대판 2007. 9. 28. 2005두12572 산업재해보상보험법상 '업무상 재해'의 의미

구 산업재해보상보험법(2007. 4. 11. 법률 제8373호로 전문 개정되기 전의 것) 제4조 제1호에 정한 '업무상의 재해'란 근로자와 사업주 사이의 근로계약에 터 잡아 사업주의 지배·관리하에서 당해 근로업무의 수행 또는 그에 수반되는 통상적인 활동을 하는 과정에서 이러한 업무에 기인하여 발생한 재해를 말한다. 그런데 비록 근로자의 출·퇴근이 노무의 제공이라는 업무와 밀접·불가분의 관계에 있다 하더라도, 일반적으로 출·퇴근 방법과 경로의 선택이 근로자에게 유보되어 있어 통상 사업주의 지배·관리하에 있다고 할 수 없고, 산업재해보상보험법에서 근로자가 통상적인 방법과 경로에 의하여 출·퇴근하는 중에 발생한 사고를 업무상 재해로 인정한다는 특별한 규정을 따로 두고 있지 않은 이상, 근로자가 선택한 출·퇴근 방법과 경로의 선택이 통상적이라는 이유만으로 출·퇴근 중에 발생한 재해가 업무상의 재해로 될 수는 없다. 따라서 출·퇴근 중에 발생한 재해가 업무상의 재해로 되기 위해서는 사업주가 제공한 교통수단을 근로자가 이용하거나 또는 사업주가 이에 준하는 교통수단을 이용하도록 하는 등 근로자의 출·퇴근 과정이 사업주의 지배·관리 하에 있다고 볼 수 있는 경우라야 한다.

제4장 공공부조법

제1절 국민기초생활보장법

Ⅰ. 국민기초생활보장법의 의의

국민기초생활보장법은 생활이 어려운 사람에게 필요한 급여를 실시하여 이들의 최저생활을 보장하고 자활을 돕는 것을 목적으로 하고 있다(국민기초생활보장법 제1조). 한편 국민기초생활법은 제3조에서 급여의 기본 원칙에 대하여 수급자가 자신의 생활의 유지·향상을 위하여 그의 소득, 재산, 근로능력 등을 활용하여 최대한 노력하는 것을 전제로 이를 보충·발전시키는 것을 기본원칙으로 한다는 입장을 밝히는 한편 부양의무자의 부양과 다른 법령에 따른 보호는 이 법에 따른 급여에 우선하여 행하여지는 것으로 규정했다. 다만, 다른 법령에 따른 보호의 수준이 이 법에서 정하는 수준에 이르지 아니하는 경우에는 나머지 부분에 관하여 이 법에 따른 급여를 받을 권리를 잃지 않는다.

Ⅱ. 국민기초보장생활법의 급여 및 재정

국민기초생활보장법상 급여는 수급자의 생계를 유지하기 위해 일상생활에 기본적으로 필요한 의복비, 음식물비 및 연료비 등을 지원하는 생계급여, 수급자의 주거 안정에 필요한 임차료, 수선유지비 등을 지원하는 주거급여, 조산을 했거나 분만하기 전후로 조치와 보호가 필요한 수급자에게 지급하는 해산급여 등을 비롯하여 의료급여, 장제급여, 자활급여 등으로 구성된다. 한편 국민기초생활보장법의 재정은 국가 또는 당해 지방자치단체가 부담하는데, 국가 또는 시·도가 직접 수행하는 보장업무에 드는 비용은 국가 또는 해당 시·도가 부담하는 것이 원칙이다.

헌재 2004. 10. 28. 2002헌마328 국민기초생활보장최저생계비 위헌확인
국가가 인간다운 생활을 보장하기 위한 헌법적 의무를 다하였는지의 여부가 사법적 심사의 대상이 된 경우에는, 국가가 최저생활보장에 관한 입법을 전혀 하지 아니하였다든가 그 내용이 현저히 불합리하여 헌법상 용인될 수 있는 재량의 범위를 명백히 일탈한 경우에 한하여 헌법에 위반된다고 할 수 있다.

제2절 의료급여법

Ⅰ. 의료급여법의 의의

의료급여법은 생활이 어려운 사람에게 의료급여를 함으로써 국민보건의 향상과 사회복지의 증진에 이바지함을 목적으로 한다(의료급여법 제1조).

Ⅱ. 의료급여법의 적용대상

의료급여법의 적용대상은 다음과 같다(의료급여법 제3조 제1항).

1. 「국민기초생활 보장법」에 따른 의료급여 수급자

2. 「재해구호법」에 따른 이재민으로서 보건복지부장관이 의료급여가 필요하다고 인정한 사람

3. 「의사상자 등 예우 및 지원에 관한 법률」에 따라 의료급여를 받는 사람

4. 「입양특례법」에 따라 국내에 입양된 18세 미만의 아동

5. 「독립유공자예우에 관한 법률」, 「국가유공자 등 예우 및 지원에 관한 법률」 및 「보훈보상대상자 지원에 관한 법률」의 적용을 받고 있는 사람과 그 가족으로서 국가보훈처장이 의료급여가 필요하다고 추천한 사람 중에서 보건복지부장관이 의료급여가 필요하다고 인정한 사람

6. 「무형문화재 보전 및 진흥에 관한 법률」에 따라 지정된 국가무형문화재의 보유자(명예보유자를 포함한다)와 그 가족으로서 문화재청장이 의료급여가 필요하다고 추천한 사람 중에서 보건복지부장관이 의료급여가 필요하다고 인정한 사람

7. 「북한이탈주민의 보호 및 정착지원에 관한 법률」의 적용을 받고 있는 사람과 그 가족으로서 보건복지부장관이 의료급여가 필요하다고 인정한 사람

8. 「5·18민주화운동 관련자 보상 등에 관한 법률」 제8조에 따라 보상금등을 받은 사람과 그 가족으로서 보건복지부장관이 의료급여가 필요하다고 인정한 사람

9. 「노숙인 등의 복지 및 자립지원에 관한 법률」에 따른 노숙인 등으로서 보건복지부장관이 의료급여가 필요하다고 인정한 사람

10. 그 밖에 생활유지 능력이 없거나 생활이 어려운 사람으로서 대통령령으로 정하는 사람

Ⅲ. 의료급여법의 급여 및 재정

의료급여는 진찰 및 검사, 약제와 치료재료의 지급, 처치·수술과 그 밖의 치료 등을 위하여 지급되는 의료급여와 요양비로 구성된다. 의료급여는 전부 또는 일부를 시·도에 설치한 의료급여기금에서 부담하는데 기금은 국고보조금과 지방자치단체 출연금 등으로 조성되고 있다. 의료급여기금에서 일부를 부담하는 경우 그 나머지 비용은 본인이 부담해야 한다.

제5장 사회복지서비스법

제1절 장애인복지법

Ⅰ. 장애인복지법의 의의

장애인의 인간다운 삶과 권리보장을 위한 국가와 지방자치단체 등의 책임을 명백히 하고, 장애발생 예방과 장애인의 의료·교육·직업재활·생활환경개선 등에 관한 사업을 정하여 장애인복지대책을 종합적으로 추진하며, 장애인의 자립생활·보호 및 수당지급 등에 관하여 필요한 사항을 정하여 장애인의 생활안정에 기여하는 등 장애인의 복지와 사회활동 참여증진을 통하여 사회통합에 이바지함을 목적으로 하고 있다(장애인복지법 제1조).

Ⅱ. 장애인복지법의 적용 대상

장애인은 신체적·정신적 장애로 오랫동안 일상생활이나 사회생활에서 상당한 제약을 받는 자를 가리킨다. 장애인복지법을 적용받기 위하여는 신체적이거나 정신적 장애가 있는 자로서 대통령령으로 정하는 장애의 종류 및 기준에 해당하여야 한다.

Ⅲ. 장애인복지서비스의 내용

장애인복지법은 장애인이 건강하고 인간다운 삶을 누릴 수 있도록 의료, 교육, 직업재활, 생활환경개선, 자립생활보호 및 수당지급 등의 생활안정과 관련된 사항을 규율하고 있다.

(1) 장애인 재활치료 지원

국가와 지방자치단체는 장애인이 생활기능을 익히거나 되찾을 수 있도록 필요한 기능치료와 심리치료 등 재활의료를 제공하고 장애인의 장애를 보완할 수 있는 장애인보조기구를 제공하는 등 필요한 정책을 강구하여야 한다(장애인복지법 제18조). 한편 보건복지부장관, 특별시장·광역시장·특별자치시장·도지사·특별자치도지사 또는 시장·군수·구청장 은 장애인에 대한 검진 및 재활상담을 하고, 필요하다고 인정되면 국·공립병원, 보건소, 보건지소, 그 밖의 의료기관에 의뢰하여 의료와 보건지도를 받게 하거나 국가 또는 지방자치단체가 설치한 장애인복지시설에서 주거편의·상담·치료·훈련 등의 필요한 서비스를 받도록 해야 한다(장애인복지법 제34조).

(2) 생활환경개선 지원

국가와 지방자치단체는 장애인의 문화생활과 체육활동을 늘리기 위하여 관련 시설 및 설비, 그 밖의 환경을 정비하고 문화생활과 체육활동 등을 지원하도록 노력하여야 한다(장애인복지법 제28조). 또한 국가와 지방자치단체가 장애인이 공공시설과 교통수단 등을 안전하고 편리하게 이용할 수 있도록 편의시설의 설치와 운영에 필요한 정책을 강구하도록 하는 등(장애인복지법 제23조) 장애인의 교육환경 및 편의시설이용, 안전환경 개선에 대한 구체적 의무가 규정되어 있다.

(3) 경제적 지원

국가와 지방자치단체는 장애인의 장애 정도와 경제적 수준을 고려하여 장애로 인한 추가적 비용을 보전하게 하기 위하여 장애수당을 지급할 수 있다(장애인보호법 제49조). 한편 국가와 지방자치단체는 공공주택등 주택을 건설할 경우에는 장애인에게 장애 정도를 고려하여 우선 분양 또는 임대할 수 있도록 노력하여야 하고(장애인보호법 제27조), 장애인이 이동수단인 자동차 등을 편리하게 사용할 수 있도록 하고 경제적 부담을 줄여 주기 위하여 조세감면 등 필요한 지원정책을 강구하여야 한다(장애인보호법 제39조).

(4) 사회활동 지원

국가와 지방자치단체는 장애인이 적성과 능력에 맞는 직업에 종사할 수 있도록 직업 지도, 직업능력 평가, 직업 적응훈련, 직업훈련, 취업 알선, 고용 및 취업 후 지도 등 필요한 정책을 강구하여야 한다(장애인복지법 제21조).

(5) 활동보조서비스 지원

국가와 지방자치단체는 중증장애인의 자기결정에 의한 자립생활을 위하여 활동보조인의 파견 등 활동보조서비스 또는 장애인보조기구의 제공, 그 밖의 각종 편의 및 정보제공 등 필요한 시책을 강구하여야 한다(장애인복지법 제53조).

1. 장애인복지법의 재정

의료비 지급, 자녀교육비 지급, 자립훈련비 지급, 장애수당 지급, 장애인보조기구의 교부 등은 예산의 범위 안에서 대통령령으로 정하는 바에 따라 장애인복지실시기관이 부담하게 할 수 있다(장애인복지법 제79조). 한편 국가와 지방자치단체는 대통령령으로 정하는 바에 따라 장애인 복지시설의 설치 및 운영에 필요한 비용의 전부 또는 일부를 보조할 수 있다.

제2절 노인복지법

Ⅰ. 노인복지법의 의의

노인복지법은 노인의 질환을 사전예방 또는 조기발견하고 질환상태에 따른 적절한 치료·요양으로 심신의 건강을 유지하고, 노후의 생활안정을 위하여 필요한 조치를 강구함으로써 노인의 보건복지증진에 기여함을 목적으로 한다(노인복지법 제1조).

Ⅱ. 노인복지법의 내용

노인복지법은 원칙적으로 65세 이상인 자를 노인으로 규정한다. 한편 노인복지법은 노인은 후손의 양육과 국가 및 사회의 발전에 기여하여 온 자로서 존경받으며 건전하고 안정된 생활을 보장받는다는 기본 이념 아래 노인의 보건복지증진, 보건 및 복지에 대한 실태조사, 사회참여 지원, 능력과 적성에 맞는 일자리지원사업 등이 규정되어 있다. 노인복지시설의 설치, 운영 등에 대한 재정은 국가나 지방자치단체가 충당한다.

제3절 아동복지법

I. 아동복지법의 의의

아동복지법은 아동이 건강하게 출생하여 행복하고 안전하게 자랄 수 있도록 아동의 복지를 보장하는 것을 목적으로 한다(아동복지법 제1조). 아동복지법은 아동이 자신 또는 부모의 성별, 연령, 종교, 사회적 신분, 재산, 장애유무, 출생지역, 인종 등에 따른 어떠한 종류의 차별도 받지 아니하고 자라나야 한다는 점, 아동은 완전하고 조화로운 인격발달을 위하여 안정된 가정환경에서 행복하게 자라나야 한다는 점 등을 기본 이념으로 삼고 있다(아동복지법 제2조).

II. 아동복지법의 적용대상

아동복지법의 적용 대상인 '아동'은 18세 미만인 자를 의미한다(아동복지법 제3조 제1호).

III. 아동복지서비스의 내용 및 재정

아동복지법에 따르면 보건복지부장관은 아동정책의 효율적인 추진을 위하여 5년마다 아동정책기본계획을 수립하여야 한다. 한편 국가는 아동학대예방사업을 활성화하고 지역 간 연계체계를 구축하기 위하여 중앙아동보호전문기관을 두고, 지방자치단체는 학대받은 아동의 발견, 보호, 치료에 대한 신속처리 및 아동학대예방을 담당하는 지역아동보호전문기관을 시·도 및 시·군·구에 1개소 이상 두어야 한다(아동복지법 제45조). 국가 또는 지방자치단체는 아동복지시설을 설치할 수 있다(아동복지법 제50조).

아동복지서비스를 위한 재정은 국가 또는 지방자치단체의 보조로 이루어지며, 필요한 비용의 일부나 전부를 아동의 부양의무자로부터 징수할 수 있다.

제10편
헌법소송

김민규

서울시립대 법학전문대학원 졸, (現) 법무법인 조율 변호사.

제1장 헌법소송의 일반이론

제1절 헌법재판부의 구성

I. 헌법재판부의 구성

1. 전원재판부와 지정재판부

헌법재판부는 지정재판부와 전원재판부로 구정이 된다. 전원재판부는 재판관 9인 전원으로 구성되고, 지정재판부는 3인으로 구성이 된다. 지정재판부는 헌법재판소법 제72조에서 정하고 있는 사전심사가 필요할 경우에 그 사전심사를 담당하기 위해 구성이 되는 재판부이다.

2. 재판관의 제척, 기피, 회피

헌법재판소법 제24조에서는 일정한 경우에 재판관은 그 직무집행에서 제척된다고 정하고 있다. 제척이란 당해 사건의 재판부 구성에서 해당 재판관이 제외되는 것을 의미하고, 이는 공정한 헌법적 판단을 위한 것으로서 재판관이 당해 사건과 특수한 관계에 있는 경우에 당해 재판관을 제척한다.

기피란 재판관에게 공정한 재판을 하기 어려운 사정이 있는 경우 당사자의 신청에 의하여 재판에서 재판관을 배제하는 것을 말하고, 회피란 재판관 스스로 특정 사건의 심판에 관여하지 않는 것을 말한다.

II. 심판의 방식

헌법재판소의 심판청구는 심판절차별로 정해진 청구서를 헌법재판소에 제출함으로써 하고, 청구서에는 참고자료를 첨부할 수 있다. 탄핵의 심판, 정당해산의 심판 및 권한쟁의의 심판은 구두변론에 의하고, 위헌법률의 심판과 헌법소원에 관한 심판은 서면심리에 의해서 심리한다. 다만, 위헌법률의 심판과 헌법소원에 관한 심판의 경우에도 재판부가 필요하다고 판단할 경우에는 변론을 열어 당사자들의 진술을 들을 수 있다.

제2장 헌법소송의 유형

제1절 위헌법률심판

I. 위헌법률심판의 대상

위헌법률심판의 대상은 법률에 한정된다. 이 때 법률은 국회에서 제정한 형식적 법률을 의미하고, 법규명령이나 기타 행정규칙 등은 심판의 대상이 될 수 없다. 단, 국제 조약이나 대통령의 긴급명령과 같이 법률적 효력이 있는 규범들은 심판의 대상이 된다.

II. 심판의 제청

법률이 헌법에 위반되는지 여부가 재판의 전제가 된 경우에는 당해 사건을 담당하는 법원은 직권 또는 당사자의 신청에 의한 결정으로 헌법재판소에 위헌 여부 심판을 제청한다. 이 때 당해 재판은 위헌 여부의 결정이 있을 때까지 정지되고, 법원이 긴급하다고 인정하는 경우 종국재판 외의 소송절차를 진행할 수 있다. 한편, 당사자가 위헌법률심판제청 신청을 하였으나 법원이 이 신청에 대해 기각한다고 하더라도 당사자는 법원의 결정에 불복할 수 없고, 헌법소원의 방식으로 헌법재판소에 직접 법률의 위헌여부 심사를 청구할 수 있다.

III. 위헌결정과 결정의 효력

헌법재판소는 제청된 법률 또는 법률 조항의 위헌 여부만을 결정한다. 다만, 법률 조항의 위헌 결정으로 인해 해당 법률 전부를 시행할 수 없다고 인정도리 때는 그 전부에 대해 위헌결정을 할 수 있다. 위헌여부를 결정한 결정서는 결정일로부터 14일 내 결정서 정본을 제청한 법원에 송달하게 된다. 법률의 위헌결정이 있게 되면 법원과 그 밖의 국가기관 및 지방자치단체는 그 결정에 기속되고, 위헌으로 결정된 법률 또는 법률의 조항은 결정이 있는 날부터 효력을 상실한다. 다만, 형벌에 관한 법률 또는 법률의 조항은 소급하여 그 효력을 상실하게 되고, 이 경우에도 해당 법률 또는 법률의 조항에 대해 종전 합헌 결정이 있는 때에는 그 결정이 있는 날의 다음 날로 소급하여 효력을 상실하게 된다. 위헌으로 결정된 법률 또는 법률의 조항에 근거한 유죄의 확정판결에 대해서는 재심을 청구할 수 있다.

Ⅳ. 위헌심사형 헌법소원

위헌심사형 헌법소원은 앞서 설명한 바와 같이 법원이 당사자의 위헌법률심판제청 신청을 기각한 경우에 당사자의 헌법소원 청구를 통해 해당 법률의 위헌성 여부에 대한 판단이 이루어지는 것을 말한다. 이는 그 형식은 헌법소원이지만 그 실질은 위헌법률심판으로서 이와 같은 헌법소원을 소위 위헌심사형 헌법소원이라고 한다.

위헌심사형 헌법소원이 인용된 경우 당해 헌법소송과 관련된 소송사건이 이미 확정된 때에는 위헌법률심판제청으로 인해 당해 법률에 대하여 위헌결정이 이루어진 경우 마찬가지로 당사자는 재심을 청구할 수 있다.

제2절 탄핵심판

Ⅰ. 탄핵심판의 대상

대통령, 국무총리, 국무위원 및 행정각부의 장, 헌법재판소 재판관, 법관 및 중앙선거관리위원회 위원, 감사원장 및 감사위원, 그 밖에 법률에서 정한 공무원이 그 직무집행 과정에서 헌법이나 법률을 위반한 경우에는 국회는 탄핵소추 의결을 통해 헌법재판소에서 해당 공무원에 대한 탄핵심판을 하게 된다.

Ⅱ. 탄핵소추 의결의 요건

탄핵소추 발의는 국회의원 재적 3분의 1이상의 요구가 있어야 하고, 탄핵소추 의결은 재적의원 과반수의 찬성이 있어야 한다. 단, 대통령에 대한 탄핵소추발의는 국회의원재적 과반수, 의결은 재적 3분의 2 찬성이 있어야 한다. 탄핵소추 의결이 있게 되면 해당 공무원은 탄핵심판이 있을 때까지 그 권한행사가 정지된다.

Ⅲ. 탄핵결정의 효력

탄핵심판은 당사자의 출석 없이도 이루어지나 원칙적으로는 당사자의 출석 하에 구두변론을 하게 된다. 탄핵심판을 통해 탄핵심판 청구가 이유가 있는 경우에는 헌법재판소는 당사자를 공직에서 파면하는 결정을 선고하게 되고, 결정 선고 전 이미 공직에서 파면되었을 경우에는 헌법재판소는 심판청구를 기각하게 된다.

탄핵결정이 이루어졌다고 해서 당사자의 민사상 또는 형사상의 책임이 면제되는 것은 아니고, 탄핵결정에 의해 파면된 사람은 결정 선고가 있은 날로부터 5년이 지나지 않으면 공무원이 될 수가 없다.

제3절 정당해산심판

I. 정당해산심판의 대상

정당의 목적이나 활동이 민주적 기본질서에 위배될 때 정부는 국무회의의 심의를 거쳐 헌법재판소에 정당해산심판을 청구할 수 있다. 이는 정당설립의 자유와 이에 따른 정치적 기본권을 헌법이 보호하나 헌법의 기본원리가 되는 자유민주주의적 질서를 전복하려는 세력에 의해 헌법질서가 파괴되는 것을 사전에 막으려고 하는 제도적 장치이다.

II. 심판 절차 및 결정의 효력

정당해산 심판청구는 정부가 하게 된다. 이 때 심판청구는 현저한 잘못이 없는 한 원칙적으로 사후에 심판청구를 취하할 수가 없다. 심판청구서에는 해산을 요구하는 정당의 이름, 해산청구 이유가 포함되어야 하고, 헌법재판소가 정당해산심판의 청구를 받은 때 직권 또는 청구인의 신청에 의해 결정이 내려지기 전까지 해당 정당의 활동을 정지하는 가처분 결정을 할 수 있다.

정당해산을 명하는 결정이 내려지게 되면 그 때 정당은 해산되게 되고, 결정이 내려지면 중앙선거관리위원회가 정당법에 따라 정당해산 집행을 하게 된다.

우리나라의 경우 2014년 12월 헌법재판소가 헌정 사상 최초로 통합진보당 해산 결정을 내렸다. 헌법재판소 결정에 따라 통합진보당은 바로 해산되었고, 향후 유사한 강령과 기조를 하는 정당의 창당이 금지되는 것은 물론 통합진보당이라는 명칭도 영구적으로 사용할 수 없게 되었다.

제4절 권한쟁의심판

I. 청구사유 및 청구기간

국가기관 상호간, 국가기관과 지방자치단체 간 및 지방자치단체 상호간에 권한의 유무 또는 범위에 관하여 다툼이 있을 때에는 해당 국가기관 또는 지방자치단체는 헌법재판소에 권한쟁의심판을 청구할 수 있다. 이 때 심판청구는 피청구인의 처분 또는 부작위가 헌법 또는 법률에 의하여 부여받은 청구인의 권한을 침해하였거나 침해할 현저한 위험이 있는 경우에만 할 수 있다.

권한쟁의심판은 그 사유가 있음을 안 날로부터 60일 이내에 그 사유가 발생한 날로부터 180일 이내에 청구해야 하고, 이 기간은 불변기간이다.

II. 권한쟁의심판의 종류

권한쟁의심판은 국회, 정부, 법원 및 중앙선거관리위우원회 상호간의 권한쟁의 심판인 국가기관 상호간의 권한쟁의심판, 정부와 특별시, 광역시, 도 또는 특별자치도 간이나 정부와 시, 군 또는 지방자치단체인 구 간의 권한쟁의심판인 국가기관과 지방자치단체 간의 권한쟁의심판, 특별시, 광역시, 도 또는 특별자치도 상호간, 시, 군 또는 자치구 상호간, 특별시, 광역시, 도 또는 특별자치도와 시, 군 도는 자치구 간의 권한쟁의심판인 지방자치단체 상호간의 권한쟁의 심판으로 나뉜다.

III. 결정의 효력

헌법재판소는 권한쟁의심판의 청구를 받았을 때 직권 또는 당사자의 신청에 의해 결정 전까지 심판 대상이 된 피청구인의 처분의 효력을 정지하는 결정을 할 수 있다. 권한쟁의심판을 통해 헌법재판소는 심판의 대상이 된 기관의 권한의 유무와 범위에 관해 판단하게 되는데 이 때 헌법재판소는 권한침해행위의 원인이 된 피청구인인의 처분을 취소하거나 그 무효를 확인할 수 있고, 헌법재판소가 부작위에 대한 심판청구를 인용하는 결정을 한 때는 피청구인은 결정 취지에 따른 처분을 해야 한다.

헌법재판소의 권한쟁의심판의 결정은 모든 국가기관과 지방자치단체를 기속하고, 국가기관 또는 지방자치단체의 처분을 취소하는 결정은 그 처분의 상대방에 대해 이미 생긴 효력에 영향을 미치지 않는다.

제5절 헌법소원심판

I. 청구사유 및 청구기간

공권력의 행사 또는 불행사로 인해 헌법상 보장된 기본권을 침해받은 자는 법원의 재판을 제외하고는 헌법재판소에 헌법소원심판을 청구할 수 있다. 다만, 이 때 다른 법률에 구제절차가 있는 경우 그 절차를 모두 거친 후에 청구할 수 있다.

헌법소원심판 청구기간은 그 사유가 있음을 안 날부터 90일 이내에, 그 사유가 있는 날부터 1년 이내에 청구하여야 하고, 다만, 다른 법률에 따른 구제절차를 거친 경우에는 그 최종결정의 통지를 받은 날부터 30일 이내에 청구하여야 한다.

II. 심판의 방식

헌법소원심판을 청구하려는 자가 변호사를 대리인으로 선임할 자력이 없는 경우에는 헌법재판소에서 국선대리인을 선임해 줄 것을 신청할 수 있고, 헌법재판소는 공익상 필요하다고 인정되는 경우 국선대리인을 선임할 수 있다. 단, 그 심판청구가 명백히 부적법하거나 이유 없는 경우 또는 남용이라고 인정되는 경우 헌법재판소는 국선대리인을 선정하지 않을 수 있다.

심판청구서에는 침해된 권리, 침행의 원인이 되는 공권력의 행사 또는 불행사 내용이 명백하게 기재되어야 하고, 헌법재판소는 3인으로 구성되는 지정재판부를 통해 헌법소원심판의 사전심사를 할 수 있다. 사전심사를 통해 다른 법률의 구제절차를 거치지 않고 청구가 된 경우, 법원의 재판에 대해 헌법소원의 심판이 청구된 경우, 청구기간이 지난 경우, 대리인의 선임이 없이 청구된 경우에는 헌법재판소는 심판청구를 각하하게 된다. 지정재판부에서 각하결정을 하지 않는 경우 결정으로 헌법소원을 재판부의 심판에 회부하게 되고, 심판청구일로부터 30일이 지날 때까지 각하결정이 없게 되면 심판에 회부하는 결정이 있는 것으로 본다.

Ⅲ. 심판의 요건

헌법소원 심판의 요건이 성립되기 위해서는 먼저, 기본권 침해가 있어야 한다. 이 때 기본권 침해가 전제되어야 함은 물론 어떠한 기본권이 침해되었는지 구체적으로 설명을 해야 된다. 다음으로 기본권 침해와 청구인과의 직접적인 자기관련성이 있어야 하고, 침해가 공권력의 행사 또는 불행사로 인해 직접 발생하여야 하며, 침해 현상이 해소되지 않고 현재도 그 침해가 계속 있어야 한다.

그리고, 헌법소원심판청구는 최종적 구제수단으로서의 역할을 하기 때문에 다른 법률에 구제절차가 있는 경우 이 절차를 모두 거쳐야 하는 보충성의 원칙이 적용되고, 침해된 기본권을 구제하였을 경우 기본권 구제에 따른 권리보호이유가 있어야 한다. 마지막으로, 앞서 설명한 청구기간을 준수하여 심판청구가 이루어져야 한다.

Ⅳ. 인용결정의 효력

헌법소원의 인용결정은 모든 국가기관과 지방자치단체를 기속한다. 헌법소원을 인용할 때는 인용결정서 주문에 침해된 기본권과 침해의 원인이 되는 공권력의 행사 또는 불행사를 특정하여야 하고, 헌법재판소는 기본권 침해의 원인이 된 공권력의 행사를 취소하거나 그 불행사가 위헌임을 확인할 수 있다. 헌법재판소가 공권력의 불행사에 대한 헌법소원을 인용하는 결정을 하게 되면 피청구인은 결정 취지에 따라 새로운 처분을 하여야 한다.

제11편
형사소송

이기원

숭실대학교 법학박사, (現) 광운대학교 외래교수 겸 월남시민문화연구소 연구위원.

제1장 형사소송의 기초

제1절 형사소송의 의의

Ⅰ. 형사소송의 의의

1. 형사소송법의 개념

범죄가 행해지면 범인에 대해서 국가가 재판을 해서 형벌을 과하게 된다. 형법은 어떠한 행위를 범죄로 하고 이에 대하여 어떠한 형벌이나 보안처분을 과할 것인가를 추상적으로 규정하는 법률체제인데, 이러한 형법의 적용·실현을 목적으로 하는 절차를 규정하는 법률체계를 형사소송법이라고 한다. 그러므로 형법의 적용·실현은 반드시 형사소송법이 규정하는 절차에 따라 행해져야 한다. 이러한 형사소송법은 형식적 의의의 형사소송법과 실질적 의의의 형사소송법의 두 가지로 나누어 설명 할 수 있다. 형식적 의의의 형사소송법은 국가가 형사소송법이라고 칭하고 하고 공포·실시한 법전을 말한다. 이를 형사소송법전이라고 한다(1954년 9월23일 법률 제341호). 예컨대, 제1편 총칙, 제2편 1심, 제3편 상소 등.

실질적 의의의 형사소송법은 형사사법의 조직, 특별절차, 소송비용 등 형사소송을 규율하는 법규범의 총체를 말한다. 즉 형사절차에 관한 법규범의 총체를 말한다. 예컨대, 소년법, 관세법, 변호사법, 법원조직법 등.

2. 형사절차법정주의

헌법 제12조 1항은 "모든 국민은 신체의 자유를 가진다. 누구든지 법률에 의하지 아니하고는 체포·구속·압수·수색 또는 심문을 받지 아니하며, 법률과 적법한 절차에 의하지 아니하고는 처벌·보안처분 또는 강제노역을 받지 아니한다"라고 규정하여 이러한 형사절차는 국회에서 제정하는 법률에 근거하여 정해질 것을 요구하고 있다.

Ⅱ. 형사소송법의 성격

형사소송법의 성격은 국가의 모든 법률체계에 있어 형사소송법이 어떠한 지위를 차지하고 있으며 다른 법률영역과 어떠한 관계에 있는가를 고찰하는 것이다.

(1) 형사소송법은 사법권작용에 관하여 규정하고 있기 때문에 공법에 속한다.

(2) 형사사법권의 행사에 관한 절차를 규정하고 있는 법률이므로 형사소송법은 사법법(司法法)에 속한다.

(3) 형사소송법은 국가의 형사사법권의 행사에 대한 법적 규제를 통하여 국가기관에 의한 인권 침해의 방지를 그 이념으로 하는 형사법에 속한다.

(4) 형사소송법은 형벌권 실현의 방법과 절차를 규정하고 있는 법이므로 동적·발전적 성격을 가진 절차법(節次法)에 속한다.

제2절 형사소송의 이념과 구조

Ⅰ. 형사소송의 지도이념

1. 형사소송의 목적과 기본이념

형사소송법은 국가의 형벌권을 구체적으로 실현시키기 위한 절차를 규율하는 법이다. 다른 법과 마찬가지로 궁극적으로는 정의를 실현하는데 목적이 있다. 즉, 형사소송법은 죄 있는 자에 대해서는 처벌을 하고 죄 없는 자에 대해서는 무고하게 벌 받는 일이 없도록 함으로써, 형사사법을 통한 정의를 실현시키려는 데 목적이 있다.

이러한 목적을 추구함 에 있어 형사소송법은 공정하고 신속한 재판을 보장하고, 다

른 한편으로는 공공복지의 유지와 개인의 기본적 인권의 보장이라는 두 가지 특면을 잘 조화시켜 나가야 한다. 이러한 측면에서 살펴 볼 때 형사소송법의 기본이념은 공정한 재판을 통한 실체적 진실의 발견, 기본적 인권의 보장을 위한 법에 따른 적정한 절차의 실현, 신속한 재판의 보장으로 요약될 수 있다.

2. 실체적 진실주의

실체적 진실주의란 법원이 당사자의 사실상의 주장, 사실의 인부 또는 제출한 증거에 구속되지 아니하고 실질적으로 사안의 진상을 밝혀 진실한 사실을 인정하는 주의를 말한다. 형사소송법의 목적은 형벌권의 존부와 범위를 확정하여 형벌권을 정당하게 실현하는 데 있으므로 형사소송법에서는 진상의 규명을 당사자의 자유로운 처분에 맡길 수 없고 실체적 진실주의를 그 이념으로 하고 있다.

3. 적정절차의 원리

적정절차의 원리란 우리 헌법이 근간으로 하고 있는 법치국가의 원리를 바탕으로 하여 개인의 기본권 보장을 위하여 공정한 법적절차에 따라 형벌권이 실현되어야 함을 의미하는 원칙을 말한다. 헌법 제12조 1항 후단이 규정하고 있는 것은 적정절차의 원칙을 규정하고 있는 일반조항이라고 볼 수 있다.

4. 신속한 재판의 원칙

신속한 재판의 원칙이란 형사재판절차가 진행되면 일정한 기간 내에 신속한 재판을 하고 종료해야한다는 원칙을 말한다. 헌법 제27조 3항에 규정하고 있다.

신속한 재판은 헌법상 국민의 기본권 보장과 사법자체의 내재적 요청에 의하여 요구되는 것으로서, 각국에서 공통적으로 형사소송법의 목적 가운데 하나로 자리잡고 있다.

Ⅱ. 형사소송의 기본구조

1. 소송구조론

소송의 주체는 누구이고 소송의 주도적 지위는 누구에게 있는가의 관계에 대해 어떻게 볼 것인가에 대한 이론을 말한다. 소송의 이념을 달성하기 위해서는 소송구조에 대한 기본적 지식이 확립되어야 한다. 형사소송의 기본구조에는 탄핵주의, 규문주의, 직권주의. 당사자주의가 있다.

2. 탄핵주의와 규문주의

1) 탄핵주의(彈劾主義)

탄핵주의란 재판기관인 법원이 재판기관 이외의 자(원고)의 소추에 의하여 재판절차를 개시하는 주의를 말한다. 즉, 형사사건의 심판에 있어서 소추기관과 피고인을 대립시키고 양 당사자에게 공격과 방어의 권리를 주어 양 당사자가 법원에 대하여 변론을 하고 증거를 제출하면 법원은 양자의 주장과 입증을 들어 공평한 심리·재판을 하는 것을 말한다. 현대의 형사소송법은 탄핵주의를 채택하고 있다.

2) 규문주의(糾問主義)

규문주의란 소추기관의 소추를 기다리지 않고 법원이 직권으로 심리를 개시하여 재판을 할 수 있는 주의를 말한다. 규문주의에 의하면 소송당사자를 인정하지 않고(소추기관이나 피고인 없음) 소송은 모두 직권에 의하여 법원이 행한다.

3. 대륙의 직권주의와 영미의 당사자주의

1) 직권주의(職權主義)

직권주의란 법원에 주도적 지위를 인정하여 당사자 기타 소송관계인의 의사 여하를 불문하고 그 직권에 기하여 소송을 진행시키고 심판을 하는 주의를 말한다.

2) 당사자주의(當事者主義)

당사자주의란 소송의 당사자인 검사와 피고인에게 주도적 지위를 인정하는 주의를 말한다. 소송은 당사자에 의하여 진행된다. 법원의 경우는 당사자의 주장과 입증에 대한 판단을 하는 제3자적 입장이다.

4. 우리나라의 형사소송법의 기본구조

우리나라 현행 형사소송법은 직권주의와 당사자주의의 양 체계 중 어느 체계에 해당되는 가에 대해서 요약해서 말하면 직권주의적인 대륙법체계와 당사자주의인 영미법체계를 절충한 체계라 할 수 있다.

제2장 소송의 주체

제1절 소송의 주체

Ⅰ. 소송의 주체

소송의 주체는 소송의 인적 구성요소로소 그 구성원의 행위에 의하여 소송이 개시되고 발전되며 종료되는 주체이며, 다른 한편으로는 절차의 기초로 되는 기본적 소송법률관계를 구성하는 주체를 말한다. 형사소송법은 국가소추주의를 채택하고 있는 이상 법원, 검사(원고), 피고인의 3자가 소송주체이다.

Ⅱ. 소송관계인

소송당사자인 검사와 피고인 그리고 보조자인 대리인, 변호인, 보조인을 합하여 소송송관계인이라고 한다. 법원의 서기관, 집행관, 감정인, 고소인, 고발인 등의 경우를 소송관계자라고 한다. 이들은 소송주체도 아니고 또 엄격한 의미에 있어서도 소송관계인과도 구별된다.

제2절 법원

Ⅰ. 법원의 의의와 종류

1. 법원의 의의

사법권은 법률상의 쟁송에 관하여 심리 재판하는 권한 및 이에 부수하는 권한을 말한다. 즉, 사법권은 재판권을 뜻한다. 우리헌법 제101조 1항은 "사법권은 법관으로 구성된 법원에 속한다"라고 규정하여 사법권은 법원이 행한다는 것을 명시하고 있다. 이와 같이 사법권은 사법법원에 속하는 일체의 법률상의 쟁송을 재판하는 권한을 가지고 있다. 공정한 재판을 통해서 개인의 자유와 권리를 보호하기 위해서는 사법권의 절대적인 독립이 보장되어야 한다.

2. 법원의 종류

현행법상 법원에는 최고법원으로서 대법원(서울특별시에만 위치)이 있고 하급법원으로서는 고등법원과 특허법원, 지방법원, 가정법원, 행정법원이 있다. 그리고 지방법원 및 가정법원의지원은 2개를 합하여 1개의 지원으로 할 수 있다. 대법원을 1개소로 한 것은 한 것은 사법행정의 최고기관인 동시에 법령의 해석에 통일을 기하기 위한 것이다. 이상의 내용은 보통법원이고, 특별법원으로서는 군사재판을 관할하기 위한 군사법원이 있다. 군사법원의 종류로는 고등군사법원과 보통군사법원이 있으며 그 상고심을 하는 곳은 대법원에서 관할하고 있다.

Ⅱ. 법원의 구성

법원을 구성하는 방법에는 단독제, 즉 1인의 법관으로 구성되는 경우와 합의제, 즉 2인 이상의 법관으로 구성되는 경우가 있다. 단독제의 경우에는 소송절차를 신속하게 진행시키고 법관의 책임감을 강하게 하는 장점이 있다. 합의제의 경우에는 심판을 신중히 하여 과오가 없음을 기할 수 있다. 지방법원, 가정법원, 지방법원지원, 소년부지원, 가정법원지원은 단독제와 합의제를 병용하고 있으나 원칙적으로는 단독제이다(제1심법원). 고등법원(항소)은 3인의 판사로써 구성된 합의부에서 심판한다. 원칙적으로 단기 1년 이상의 징역에 해당하는 사건의 경우에는 합의부의 관할에 해당된다.

대법원(상고)은 원칙적으로 대법관 전원의 3분의 2이상의 합의체에서 이를 행하며 대법원장이 재판장이 된다.

Ⅲ. 법원의 관할

1. 관할의 의의와 종류

(1) 관할의 의의

법원의 관할이란 재판권의 행사에 관하여 각 법원에 분배될 직무의 분권을 말한다. 그러므로 법원 내부에 있어서의 사무의 분배는 사법행정사무 일뿐 관할이 아닌 것이다. 재판권과 관할권은 동일한 개념이 아니다. 재판권은 일반적·추상적 권한이고, 이 재판권이 구체적으로 각 법원에 분배되어 현실적으로 특정한 법원이 재판권을 행사 할 수 있는 한계가 관할권이다.

(2) 관할의 종류

관할에는 법정관할과 재정관할이 있다. 법정관할에는 사물관할, 토지관할, 심급관할과 관련사건의 관할이 있고, 재정관할에는 관할의 지정·이전 및 창설이 있다.

2. 법정관할

1) 사물관할

사건의 경중 또는 성질에 의한 제1심 관할의 분배를 말한다. 제1심 관할은 지방법원 또는 동지원의 단독판사 또는 합의부에 속한다. 제1심의 사물관할은 원칙적으로 지방법원과 지방법원지원 및 가정법원과 그 지원, 지방법원소년부지원 및 시·군법원의 단독판사에 속한다. 그러나 사형·무기 또는 단기 1년 이상의 징역이나 금고에 해당하는 사건과 이와 동시에 심한할 공범사건, 지방법원판사에 대한 제척·기피사건, 법률에 의하여 지방법원합의부의 권한에 속하는 사건, 합의부에서 심판할 것으로 합의부가 스스로 결정한 사건은 지방법원 및 지방법원지원의 합의부에서 심판한다.

2) 토지관할

사건의 토지적관계에 의한 동등한 법원간에 있어서의 관할적 분배를 말한다. 이를 재판적(裁判籍)이라고도 한다. 토지관할은 사건처리의 능률성과 피고인의 편의를 고려하여 결정함을 원칙적으로 한다.

토지관할은 범죄지, 피고인의 주소·거소 또는 현재지로 한다. 따라서 각 법원은 그 관할구역 내에 범죄지, 피고인의 주소·거소 또는 현재지가 존재하는 사건에 대하여 토지관할권을 가진다.

3) 심급관할

상소절차에 있어서 소송사건의 분배를 말한다. 지방법원본원합의부는 지방법원단독판사의 판결에 대한 항소사건 및 지방법원단독판사의 결정·명령에 대한 항고사건에 대하여 제2심으로 관할권을 가진다. 고등법원은 지방법원합의부·가정법원합의부 또는 행정법원의 제1심 판결에 대한 항소사건 및 지방법원합의부·가정법원합의부 또는 행정법원의 제1심 심판·결정·명령에 대한 항고사건, 다른 법률에 의하여 고등법원의 권한에 속하는 사건에 대하여 관할권을 가진다.

대법원은 고등법원 또는 항소법원·특허법원의 판결에 대한 상고사건과 항고법원·고등법원 또는 항소법원·특허법원의 결정·명령에 대한 재항고사건 등의 관할권을 가진다.

(3) 관련사건의 관할

법정관할의 경우 사건 일반에 대한 추상적이고 획일적으로 정해져 있기 때문에 이를 지나치게 고수할 경우에는 도리어 그 목적으로 하는 기술적 요구에도 반하게 되고 또 피고인의 이익의 보호에도 배치가 되기 때문에 관할을 탄력성 있게 구체적 요청에 응하도록 완화할 필요성이 있다. 관련사건이란 수개의 사건이 서로 관련되어 것으로서 다음과 같은 경우를 말한다. ① 1인이 범한 수죄 예컨대, 경합범, ② 수인이 공동으로 범한 죄 예컨대, 형법총직상의 공범(공동정범, 교사범, 종범), ③ 수인이 동시에 동일장소에서 범촫 죄 예컨대, 동시범, ④ 범죄은닉죄, 증거인멸죄, 위증죄, 허위감정통역죄 또는 장물에 관한 죄와 그 본범의 죄를 관련사건으로 인정하고 있다.

3. 재정관할

법원의 재판에 의하여 정하여지는 관할로서 법정관할이 없는 경우에 그 사건에 한하여 관할을 창설하든가 또는 법정관할은 있으나 구체적 사정에 의하여 그 사건에 한하여 이를 변경하는 제도를 말한다. 재정관할에는 관할의 지정·관할의 이전이 해당된다. 관할의 지정사유로는 법원의 관할이 명확하지 않을 때, 관할위반을 선고한 재판이 확정된 사건에 관하여 다른 관할법원이 없는 때는 검사는 관계있는 제1심법원에 공통되는 직근상급법원에 관할지정을 신청해야 한다.
관할의 이전사유로는 관할법원이 법률상의 이유 또는 특별한 사정으로 재판권을 행사할 수 없는 경우, 범죄의 성질, 지방의 민심, 소송의 상황 기타 사정으로 재판의 공평을 유지하기 어려운 염려가 있는 때에는 검사는 직근상급법원에 관할이전을 신청해야 한다.

4. 관할위반의 효과

관할권의 존재는 소송조건이다. 따라서 법원은 그 법원에 계속된 사건에 대하여 관할권의 존부를 항상 직권으로써 조사해야 한다. 그리고 관할권이 없는 것이 명백한 때에는 사물관할이든 토지관할이든 불문하고, 법원은 원칙적으로 판결로써 관할위반의 선고를 해야 한다. 따라서 관할위반인데도 불구하고 법원이 소송절차를 진행시킨다면 그 절차는 적법이라 할 수 없고, 관할을 위반하여 선고한 판결의 경우 항소사유 또는 상고이유가 된다.

Ⅳ. 제척·기피·회피

1. 제척·기피·회피

제척·기피·회피의 제도는 재판의 공정과 위신을 보장받기 위한 취지하에서 법원구성에 있어 공정성의 확보와 재판의 객관성에 대한 국민의 신뢰고양을 위하여 설정된 것이라고 할 수 있다. 즉 법관이 자기가 담당하는 직무에 대하여 어떠한 개인적인 특수관계를 가진다든가, 선입견 기타의 사유로 인하여 공정한 재판을 기대할 수 없다고 인정될 때에는 그 법관으로 하여금 직무의 집행으로부터 탈퇴케 하는 것이다.

2. 제척

법률에 규정된 불공평한 재판을 할 염려가 잇는 현저한 사유가 특정한 법관에게 존재할 경우에 당해 법관은 당연히 그 사건의 심판으로부터 배제되는 제도이다.

제척의 원인으로는 다음과 같다. ① 법관이 피해자인 때(직접피해자에 한함), ② 법관이 피고인 또는 피해자의 친족, 호주, 가족 또는 이러한 관계가 있었던 자인 때(범위는 민법에 의함), ③ 법관이 피고인 또는 피해자의 법정대리인, 후견감독인 때(범위는 민법에 의함), ④ 법관이 사건에 관하여 증인, 감정인, 피해자의 대리인으로 된 때(여기서 사건이란 법관이 담당하는 당해 사건을 의미), ⑤ 법관이 사건에 관하여 피고인의 대리인, 변호인, 보조인으로 된 때, ⑥ 법관이 사건에 관하여 검사 또는 사법경찰관의 직무를 행한 때(이것은 법관이 임관전에 한하여 생길 수 있는 경우로써 예컨대, 범죄수사, 공소제기 등)이다.

3. 기피

법관에게 제척사유가 있음에도 불구하고 재판에 관여하거나 기타 불공평한 재판을 할 사정이 있는 경우에 당사자의 신청에 의하여 그 법관을 당해 사건의 직무집행으로부터 탈퇴케 하는 제도이다. 기피의 원인으로는 다음과 같다. ① 법관이 제척의 원인에 해당하는 때, ② 법관이 불공평한 재판을 할 염려가 있는 때이다.

4. 회피

법관이 스스로 기피의 원인이 있다고 생각될 경우 그 신청에 의하여 그 법관을 직무집행으로부터 탈퇴케 하는 제도이다. 즉 법관이 스스로 기피사유가 있다고 판단될 경우에는 사건의 재분배, 합의부원의 재구성 등 법원의 내부적인 해결에 의하여 그 사건의 직무집행으로부터 탈퇴할 수 있지만, 이러한 내부적 해결이 원만이 이루어지지 않는 경우에는 소속법원에 회피신청을 하여 법원의 결정에 의하여 직무집행으로부터 탈퇴할 수 있도록 한 것이다. 회피의 신청은 소속법원에 서면으로 신청해야 한다.

제3절 검사

Ⅰ. 검사의 의의

검사는 널리 경찰사무를 담당하는 국가기관이다. 즉 검사는 형사에 관하여 공익의 대표자로서 범죄수사, 공소제기와 그 유기에 관한 필요한 행위를 화고, 범죄수사에 관하여 사법경찰관리를 지휘·감독하며, 법원에 대한 법령의 정당한 적용의 청구 및 재판집행의 지휘·감독을 하는 것이 중요한 직무에 해당된다.

Ⅱ. 검사의 성격

검사는 비록 행정기관에 속하지만 그 직무에 있어서는 사법권과 불가분의 관계에 있기 때문에 사법권독립의 정신은 검사에게도 요구되는 사항이며 이러한 관점에 입각해서 검사는 준사법기관으로 이해된다. 이 때문에 검사에게는 법관에 준하는 임용자격이 요구되고 신분보장도 인정되고 있다. 그러나 행정부에 소속하는 검사에게는 법관과 같은 정도의 독립성을 기대하기는 어렵고, 검사의 처분이나 결정은 법관의 재판과는 다른 성격을 갖는다. 즉 검사는 법관과는 달리 검사동일체의 원칙에 의거 검찰사무에 관하여 상사의 명령에 복종해야 하며, 검사의 수사종결처분이나 결정은 법관의 재판에 부여되는 일사부재리의 효력이 없다. 또한 검사의 처분이나 결정은 법관의 재판과는 달리 헌법소원의 대상이 된다. 검사는 단독제의 관청으로서 한 사람 한 사람이 검찰권을 행사하며 검찰총장이나 검사장의 보조기관으로서 행하지 않는다. 검찰권행사에 합의제는 존재치 않는다.

Ⅲ. 검사의 소송법상의 지위

검사는 형사사건에 관하여 범죄를 수사하고, 공소를 제기·수행하고, 법령의 정당한 적용을 청구하고, 재판의 집행을 지휘·감독하는 권한을 갖는다.

제4절 피고인

Ⅰ. 피고인의 의의

피고인이란 검사에 의하여 공소가 제기된 자 또는 공소가 제기된 자로서 취급되어 있는 자를 말한다. 따라서 피고인은 반드시 유효한 공소의 제기를 당한자 또는 강제처분을 받은 자에 한하지 아니한다. 피고인의 소송법상 지위는 탄핵주의 절차가 도입되면서부터 소송의 주체로서의 지위를 가지게 되었다. 특히 직권주의에서 당사자주의의 소송구조로 바뀌어지면서 피곤인의 여러 지위가 향상되었다.

Ⅱ. 피고인의 소송법상 지위

현행 형사소송법은 당사자주의를 강화함으로써 피고인의 당사자로서의 지위를 높이고 능동적 당사자인 검사의 공격(소추)에 대하여 자기의 이익을 방어(변호)하기 위하여 소송법상 많은 권리가 인정되어 있다. 현행 형사소송법상 피고인의 지위는 1. 당사자로서의 지위, 2. 증거방법으로서의 지위, 3. 절차의 대상으로서의 지위로 구분할 수 있다. 이 세 가지의 지위 중 가장 본질적이고 근본적인 피고인의 지위는 당사자로서의 지위[98]이다.

제5절 변호인

Ⅰ. 변호인제도의 의의

변호인이란 피고인 또는 피의자의 방어권을 보충하기 위하여 선임된 보조자를 말한다. 형사소송법은 당사자소송주의에 입각하여 피고인에게 소송주체(변호권의 주체) 원고관인 검사(소송권의 주체)와 대립하여 공격·방어하는 당사자로서의 지위를 보장하고, 검사의 공격에 대해서 자기의 정당한 이익을 보호하기 위하여 자기를 변호하는 권리를 인정하고, 공정한 재판을 실현시키기 위한 제도이다.

---

[98] 형사소송법상 피고인은 소추권자인 검사와 대립하는 소송의 주체로서, 능동적 당사자인 검사의 공격에 대하여 자신의 정당한 이익을 방어하는 수동적인 소송당사자로서의 지위가 보장되어야 한다. 이러한 소송당사자로서의 권리를 방어권이라고 한다. 피고인은 당사자의 지위에 기인하여 방어권과 소송행위를 할 수 있는 권리가 인정되고 있다.

Ⅱ. 변호인의 선임

변호인의 선임은 사선변호와 국선변호로 구별되어 있고 변호인이 소송절차에 관여함에는 그 선임을 필요로 한다.

1. 사선변호인

피고인(또는 피의자) 기타의 관계인(사인)이 자기의 비용으로써 임의로 선임하는 변호인이라고 한다.

2. 국선변호인

(1) 의의

형사피고인이 자기 스스로 선임할 수 없는 경우에 일정한 요건하에서 국가에 의한 선임된 변호인을 말한다. 관선변호인이라고도 한다.

(2) 국선변호인 선정사유

형사소송법상 다음의 경우 변호인이 없는 때 법원은 직권으로 국선변호인을 선임하여야 한다. ① 피고인이 미성년자, 70세 이상인 자, 농아자, 심신장애의 의심이 있는 자일 경우와 빈곤, 기타 사유로 변호인을 선임할 수 없는 때(이 경우에는 피고인의 청구가 있는 때에 한함)이다 (제33조). ② 피고사건이 사형·무기 또는 단기 3년 이상의 징역이나 금고에 해당하는 필요적 변호사건의 경우에도 변호인이 없는 때에는 국선변호인을 선임하여야 한다(제282, 283조). ③ 형사소송법은 피의자에 대해서는 국선변호인을 인정하지 않고 있는데 예외적으로 피의자가 구속적부심사를 청구한 경우에 변호인이 없는 때에는 국선변호인을 선정해야 한다(제214조의 2 제6항). ④ 영장실질심사에서 심문할 피의자에게 변호인이 없는 때에는 변호인을 선정해야 한다(제201조의2 8항). 국선변호인은 원칙적으로 변호사 또는 사법연수생 중에서 선정해야 하나 변호사 또는 사법연수생이 없거나 기타 부득이한 때에는 법원의 관할구역 안에서 거주하는 변호사 아닌 자 중에서 선정할 수 있다(형사소송규칙 제14조).

제3장 수사와 공소

제1절 수사

Ⅰ. 수사와 수사기관

1. 수사의 개념

형사절차는 수사에 의하여 개시된다. 종래의 통설은 수사의 개념에 대해서 형사사건에 관하여 공소를 제기하고 이를 유지·수행하기 위한 준비로서 범죄사실을 조사하고 범인과 증거를 발견·수집하는 수사기관의 활동을 수사라고 정의하였으나 현재 수사의 개념은 범죄의 혐의 유무를 명백히 하여서 공소제기와 유지 여부를 결정하기 위하여 범인을 발견·확보하고 증거를 수집·보존하는 수사기관의 활동이라고 개념정의를 내리고 있다. 수사는 수사기관인 검사 및 사법경찰관에 의하여 행하여진다. 수사는 수사기관이 범죄혐의가 있다고 판단할 때 개시되며 방법이 임의적인가 강제적인가에 따라 임의수사와 강제수사로 구분된다(후술에서 논의).

2. 수사기관

수사기관이란 법규상 범죄의 수사를 할 수 있는 권한이 인정되어 있는 자를 말한다. 현행법상 인정되어 있는 수사기관으로는 검사 및 사법경찰관리[99)가 있다.

Ⅱ. 수사의 조건

수사는 어떤 형태가 되든지 간에 인권에 대한 일정한 제한이 따르기 때문에 수사를 수사기관의 자의에 맡기게 될 경우 인권에 대한 침해를 방치하는 결과가 발생하게 된다. 이러한 이유로 수사를 개시하고 진행하기 위해서는 그 방법이 강제적이든 임의적이든 불문하고 일정한 전제조건이 요구된다. 그렇다면 수사의 조건은 무엇인가에 대해서는 형사소송법 제199조 "수사에 관하여는 그 목적을 달성하기 위하여 필요한 조사를 할 수 있다"고 규정하고 있다. 이를 바꾸어 생

---

99) 사법경찰관리에는 일반사법경찰관리와 특별사법경찰관리가 있다. 일반사법경찰관리는 사법경찰관과 사법경찰리로 구분된다. 사법경찰관은 경'무관, 총경, 경감, 경위, 경정 등'이고, 사법경찰리는 경사, 경찰, 순경이라고 할 수 있다. 특별사법경찰관리는 그 권한의 범위가 지역적으로 제한되어 있는데, 이에는 산림, 세무, 해사, 군수사기관 기타 특별한 사항에 대하여 사법경찰관리의 직무를 행하는 자이다. 예컨대, 검찰서기, 교도소장, 구치소장, 세관공무원 등이다.

각하면 수사는 그 목적달성을 위하여 필요한 경우에 최소한도의 범위 내에서만 인정된다는 의미로 이해 할 수 있다.

그런데 수사의 궁극적 목적이 범죄혐의의 유무를 명확히 하는데 있다고 본다면, 적어도 수사는 범죄의 혐의가 존재한다는 인식에서 출발해야 하고 수사의 목적달성을 위하여 필요한 경우에 한해서(수사의 필요성), 상당한 범위 내에서만(수사의 상당성)허용된다고 할 수 있다. 수사의 조건을 위반하여 행한 위법수사의 경우는 개별적으로 법령에 따른 제한을 받게 됨은 물론이고 (예컨대 구속이 위법하게 이루어진 경우에 구속의 취소를 하는 것), 상당한 범위 내에서만(수사의 상당성)허용된다고 할 수 있다.

1. 수사의 필요성

(1) 의의

수사는 수사의 목적을 달성함에 필요한 경우에 한해서 허용된다. 따라서 피의자의 구속(제201조), 압수, 수색, 검증(제215조)과 같은 강제수사의 경우는 물론이고 피의자신문(제200조), 참고인조사(제221조) 등과 같은 임의수사의 경우에도 수사의 필요성이 수사의 조건이 된다.

(2) 범죄의 혐의와 수사

수사는 수사기관에 의한 주관적 범죄혐의에서 시작된다. 주관적 혐의란 구체적 사실에 근거를 두면서, 수사경험에 비추어 범죄행위가 존재한다는 개연성을 인식한 경우를 의미한다고 할 수 있으므로, 단순한 추측만으로는 주관적 혐의가 존재한다고 할 수 없다. 혐의 없음이 명백한 사건의 경우 수사가 허용되지 않는다.

(3) 소송조건의 존재와 수사의 필요성

소송조건은 공소제기의 유효요건이기도 하므로 공소제기 시에 소송조건이 구비되어야 함은 물론이다. 수사는 공소제기의 가능성이 있음을 요건으로 하고 있기 때문에 공소제기의 가능성이 없는 사건의 경우에 대해서는 수사자체가 허용되지 않는다. 친고죄에 있어서 고소는 소송조건이므로 고소가 없으면 공소를 제기할 수 없다.

2. 수사의 상당성

(1) 의의

수사의 수단은 수사의 목적을 달성하는 데에 있어 상당해야 한다는 원칙을 말한다. 수사의 신의칙과 수사비례의 원칙을 내용으로 한다.

(2) 수사비례의 원칙

수사는 그 목적달성을 위하여 필요한 최소한도에 그쳐야 하며, 수사를 위하여 불가피하게 침해될 개인이나 공공의 이익과 수사활동을 통하여 얻은 형사사법적 이익이 형평을 이루지 않으면 안된다는 원칙을 말한다. 이 원칙은 강제수사의 경우 그 허용 여부와 범위를 판단하는 기준으로서 중요한 의미를 가지고 있다.

(3) 수사의 신의칙과 함정수사

수사의 신의칙과 관련지어 문제시되는 것이 함정수사이다. 함정수사란 수사기관 또는 그 하수인이 신분을 숨기고 범죄를 교사한 후 그 실행을 기다려 범인을 체포하는 수사방법을 말한다. 함정수사에는 이미 범의를 가지고 있는 자에 대하여 범죄에 나갈 기회를 제공한 기회제공형 함정수사와 범의 없는 자에게 범죄를 유발한 경우를 범죄유발형 함정수사라 하는데, 학설과 판례는 기회제공형의 수사의 상당성은 긍정하지만 범의유발형에 관하여는 위법수사로 보고 있다.

(4) 수사의 비례성

수사처분은 그 목적을 달성하기 위한 최소한도에서 그쳐야 한다는 원칙을 말한다. 경미사건의 피의자에 대한 구속은 수사의 상당성이라는 관점에서 그 허용성을 부정해야 한다(제201조 제1항). 이 원칙은 강제수사를 하기 위한 요건으로서 의미를 가지게 된다.

Ⅲ. 수사의 개시

1. 수사의 단서

수사기관은 범죄의 혐의가 있다고 사료하는 때에는 언제든지 수사를 개시할 수 있다(제195조, 제196조). 즉 수사는 수사기관의 주관적 혐의에 기하여 개시된다. 현행 형사소송법은 수사개시의 단서로서 현행범, 고소, 고발, 자백 및 변사자의 검시를 규정하고 있으나 반드시 이에 한하지 않고, 예컨대 피해자의 신고(전화), 피해자 이외의 신고(투서, 밀고), 신문기사의 열람, 수사기관의 인지 등 그 원인의 여하는 불문한다.

2. 변사자의 검시

변사자[100] 또는 변사의 의심이 있는 사체가 있는 때에는 그 소재지를 관할하는 지방경찰청검사가 검시[101]하여야 한다(제222조 1항). 이 경우에 검시로 범죄의 혐의를 인정하고 긴급을 요할 때에는 영장 이 검증할 수 있다(동조 2항).

변사자는 범죄발견의 단서로 되는 경우가 적지 아니하므로 검시의 제도를 인정하고 있다. 그러나 변사자가 있더라도 반드시 범죄의 혐의가 있다고는 할 수 없으므로 검시는 엄격한 의미에서는 수사가 아니고 수사전의 처분, 즉 수사의 단서에 지나지 않는다.

3. 불심검문(직무질문)

(1) 의의

불심검문(직무질문)이란 경찰관이 거동이 수상한 자를 정지시켜 질문하는 것을 말한다(경찰관직무집행법 제3조 1항[102]).

불심검문(직무질문)은 범죄의 혐의가 있는 자나 범죄수사에 필요한 자를 발견하는 중요한 계기가 된다는 점에서는 수사와 관련성이 있으나, 그 자체가 범죄예방에 주된 목적이 있다는 점에서 볼 경우에는 수사 자체라고 볼 수 없고 수사개시의 단서에 속하는 것이라 하겠다.

(2) 방법

불심검문(직무질문)을 한 수단으로서 정지요구를 할 수 있다. 그 불심검문 장소에서 질문하는 것이 그 사람에게 불리하거나 교통의 방해가 된다고 인정되는 경우에는 부근의 경찰관서에 동행할 것을 요구할 수 있다(경찰법 제3조 2항). 이러한 경우 동행을 요구 받은 사람은 경찰관의

---

100) 변사자라 함은 자연사가 아닌 사망자를 말한다. 그러나 검시의 성질상, 예컨대, 화재로 인한 사망 등의 경우는 범죄로 인한 사망이 아니라는 것이 명백한 경우에는 제외된다고 본다. 그러나 변사자뿐만 아니라 변사의 의심이 있는 경우, 즉 자연사인지 변사인지 불분명한 경우에도 검시를 해야 한다.
101) 검시는 변사자 또는 변사의 의심이 있는 사체의 상황을 조사하여 그 사망이 범죄로 인한 것인가의 여부를 판정하는 처분이다. 검시는 수사개시의 단서에 지나지 않으므로 법관의 영장을 요하지 않는다.
102) 경찰관직무집행법 제3조 1항은 "경찰관은 수상한 거동 기타 주위의 사정을 합리적으로 판단하여 어떠한 죄를 범하였거나 범하려 하고 있다고 의심할 말한 상당한 이유가 있는 자 또는 이미 행하여진 범죄나 행하여지려고 하는 범죄행위에 관하여 그 사실을 안다고 인정되는 자를 정지시켜 질문할 수 있다"고 규정하고 있다.

동행요구를 거절할 수 있다. 이를 임의동행이라고 한다.

질문하거나 동행을 요구한 경우 경찰관은 그 사람에게 자신의 신분을 표시하는 증표를 제시하면서 소속과 성명을 밝히고 그 목적과 이유에 대하여 설명해야 하며, 동행의 경우에는 동행장소를 밝혀야 한다(동조4항). 또 동행을 한 경우 경찰관은 그 사람의 가족 또는 진지 등에게 동행한 경찰관의 신분, 동행장소, 동행목적과 이유를 고지하거나 본인으로 하여금 즉시 연락할 수 있는 기회를 부여해야 하며, 변호인의 조력을 받을 권리가 있음을 고지해야 한다(동조5항). 그리고 동행을 한 경우 경찰관은 그 사람을 6시간을 초과하여 경찰관서에 머물게 할 수 없다(동조 6항).

4. 고소

(1) 고소의 의의

고소란 범죄의 피해자 기타의 고소권자가 수사기관에 대하여 범죄사실을 신고하여 범인의 소추를 구하는 의사표시를 말한다. 따라서 고소는 고소권자에 의해서 이루어져야 하며, 수사기관에 대한 것이어야 하므로 법원에 대하여 진술서를 제출하거나 피고인의 처벌을 바란다고 증언하는 것은 고소가 아니다.[103]

범죄사실의 신고이므로 범인이 누구인가에 대해서는 적시할 필요성은 없으나, 범죄사실은 어느 정도 특정되어져 있을 것을 요한다.

고소는 수사개시의 단서로 되며, 친고죄의 경우에는 소송조건으로 된다. 다라서 친고죄의 경우 고소가 없을 시에는 검사는 공소를 제기할 수 없다.

(2) 고소의 방법

고소는 서면 또는 구술로서 검사 또는 사법경찰관에게 해야 한다(제237조 1항). 검사 또는 사법경찰관이 구술에 의한 고소(또는 고발)를 받은 때에는 조서를 작성해야 한다(동조2항). 사법경찰관이 고소를 받은 대에는 신속이 조사하여 관계서류와 증거물을 검사에게 송부해야 한다(제238조). 고소는 대리인으로 하여금 하게 할 수 있다(제238조).

(3) 친고죄의 고소시기

친고죄에 대해서는 범인을 알게 된 날로부터 6월(성폭력범죄의 경우 1년, 성폭력범죄 등 처벌

---

103) 대법원 1984. 6. 26, 84도 709.

법 제19조)을 경과하면 고소하지 못한다(제230조 1항). 고소권이 있는 자일 경우에도 자기 또는 배우자의 직계존속을 고소할 수 없다(제224조). 그러나 성폭력범죄에 대해서는 자기 또는 배우자의 직계존속을 고소할 수 있다(성폭력범죄의 처벌 등에 관한 특례법 제17조).

(4) 고소의 취소

고소는 제1심판결선고전까지 취소할 수 있다(제232조 1항). 여기서도 친고죄의 고소에 한한다. 고소의 취소는 제1심판결 후까지도 형사사법권의 발동이 사인의 의사에 좌우되지 않도록 하려는 취지에서 인정된 것이다.

고소의 취소도 대리인으로 하여금 하게 할 수 있다(제236조). 고소의 취소의 효력으로서, 고소를 취소한 자는 다시 고소하지 못한다(제232조 2항).

5. 고발

(1) 의의

고발은 범인 및 고소권자 이외의 제3자가 수사기관에 대하여 범죄사실을 신고하여 범인의 소추를 구하는 의사표시를 말한다.[104) 누구든지 범죄가 있다고 사료되는 때에는 고발할 수 있다(제234조 1항). 공무원은 그 직무를 행함에 있어 범죄가 있다고 사료되는 때에는 고발하여야 한다(동조2항). 고발도 고소와 같이 자기 또는 배우자의 직계존속을 고발하지 못한다(제235조, 제224조).

(2) 방법

고소는 서면 또는 구술로서 검사 또는 사법경찰관에게 해야 한다(제237조 1항). 검사 또는 사법경찰관이 구술에 의한 고소(또는 고발)를 받은 때에는 조서를 작성해야 한다(동조2항). 사법경찰관이 고소를 받은 대에는 신속이 조사하여 관계서류와 증거물을 검사에게 송부해야 한다(제238조).

---

104) 고발이란 범죄사실을 수사기관에 고하여 그 소추를 촉구하는 것으로서 범인을 지적할 필요가 없는 것이고, 또한 고발에서 지정한 범인이 진범인이 아니더라도 고발의 효력에는 영향이 없다(대법원 1994. 5. 13, 94도 458).

구 분	고 소	고 발
주체	고소권자(본인 및 직계가족 등)	제3자
기간	친고죄는 범인을 안날로부터 6개월	제한 없음
대리	허용	불허
취소시기	제1심판결 선고전	부제한
취소 후의 재고소와 재고발	불허	허용

6. 자수

(1) 의의

자수는 범인이 스스로 수사기관에 대하여 자기의 범죄사실을 신고하여 그 수사 및 소추를 구하는 의사표시이다. 자수는 형사소송법상으로는 범죄수사의 유력한 단서로 되는데 불과하나, 형법상으로는 형의 감면사유로 되어 있다(형법 제52조 1항).

(2) 방법

자수는 대리인에 의하여 할 수 없으나, 예컨대, 살인을 저지른 살인범이 부상으로 인해 움직일 수 없는 경우에는 다른 사람에게 부탁하여 자수할 수 있다고 본다. 자수의 절차는 고소·고발의 방법에 관한 제237조, 제238조의 규정을 준용한다.

Ⅳ. 임의수사

1. 임의수사와 강제수사

(1) 의의

수사의 방법에는 임의수사와 강제수사가 있다. 수사의 목적, 즉 범인 및 증거를 발견하고 공소제기의 여부 및 유지여부의 자료를 얻기 위해서는 수사를 받는 상대방의 동의, 승낙을 전제로 하여 이에 필요한 수사를 할 수 있는데 이를 보통의 수사 또는 임의수사라고 한다(제199조 1항 참조).

(2) 임의수사의 원칙과 강제수사의 규제

강제의 처분, 즉 상대방의 의사여하를 불문하고 강제적으로 실시하는 수사를 강제수사[105]라고

하고, 이 강제수사의 경우는 형사소송법에 특별규정이 있는 경우에 한해서, 필요한 최소범위 안에서만 해야 한다(동조단서). 또한 강제수사의 경우에는 인권에 대한 여러 가지를 제한하기 때문에 사전에 강제수사를 해야 하는 필요와 상당한 이유 등에 대해 심사를 받아야 한다. 수사의 단계과정에 있어서 범인으로 취급되는 자는 피고인이 아닌 피의자에 불과하므로 범죄의 수사에 있어서는 강제력을 행사하지 않는 것(임의수사)이 이상적이라고 할 수 있다. 이와 같이 현행 형사소송법 하에서는 임의수사를 원칙으로 하고 강제수사는 형사소송법이 특히 허용되는 경우에 한해서 행사할 수 있다.

2. 피의자 신문의 방법

검사 또는 사법경찰관은 수사에 필요한 때에는 피의자의 출석을 요구하여 진술을 들을 수 있다(제200조 1항). 검사 또는 사법경찰관은 피의자를 신문하기 전에 피의자에게 진술거부권과 변호인의 피의자신문참여권을 고지하여야 한다(제244조의3 1항). 진술거부권을 고지하지 않고 신문한 진술을 기재한 피의자신문조서는 증거능력이 없다. 검사 또는 사법경찰관이 피의자를 신문함에는 먼저 그 성명·연령·본적·주거와 직업을 물어 피의자임에 틀림없음을 확인하여야 한다(제241조). 검사가 피의자를 신문함에는 검찰청수사관 또는 서기관이나 서기를 참여하게 하여야 하고, 사법경찰관이 피의자를 신문함에는 사법경찰관리를 참여하게 하여야 한다(제243조).

검사 또는 사법경찰관은 피의자에 대하여 범죄사실과 정상에 관한 필요사항을 신문해야 하며 그 이익이 되는 사실을 진술할 기회를 주어야 한다(제242조). 피의자의 진술은 조서에 기재해야 한다(제244조 1항). 이 조서는 피의자에게 열람하게 하거나 읽어 들려야 하며, 오기가 있고 없음을 물어 피의자가 증감 또는 변경의 청구를 하였을 때에는 그 진술을 조서에 기재해야 한다(동조2항). 피의자가 조서에 오기가 없음을 진술한 때에는 피의자로 하여금 조서에 간인한 후 서명 또는 기명날인하게 한다(동조3항). 이상과 같은 방법에 의해서 수사기관(검사)이 작성한 피의자신문조서는 일정한 조건을 충족해야 하고, 사법경찰관이 작성한 피의자신문조서는 공판준비 또는 공판기일에 그 피의자였던 피고인이나 변호인이 그 내용을 인정할 때에 한하여 증거로 할 수 있다. 다만 검사에 의해 작성한 피의자신문조서의 경우 진술에 있어 신빙할 수 있는 상태에서 행하여진 경우에 한하여 그 피의자였던 피고인의 공판준비 또는 공판기일에서의 진술에 불구하고 증거로 할 수 있다.

---

105) 강제주사의 종류에는 사전영장에 의한 강제수사(체포·구속·압수·수색·검증)와 사후영장에 의한 강제수사(현행범인의 체포, 준현행범인의 체포, 긴급체포)가 있다.

제2절 강제처분과 강제수사

Ⅰ. 체포와 구속

1. 체포

(1) 체포의 의의

체포란 상당한 범죄의 혐의가 있고 체포할 사유가 있는 경우에 구속에 앞서 일정한 시간동안 피의자의 신체를 보전하기 위하여 행하는 대인적 강제처분을 말한다. 이 체포제도는 수사초기에 간편하게 피의자의 신병을 확보할 수 있게 하면서 구속을 신중하게하기 위한 것이다.

(2) 체포의 요건

① 피의자가 죄를 범하였다고 의심할 만한 상당한 이유가 있어야 한다(범죄혐의의 상당성). 즉 범죄혐의가 존재해야 하며 수사기관이 피의자에 대한 혐의에 있어 객관적인 혐의를 입증해야 한다. ② 정당한 이유 없이 제200조의 출석요구(임의수사로서의 피의자에 대한 출석요구)에 응하지 아니하거나 응하지 아니할 우려가 있는 때106)이다(제200조의 2 1항, 체포의 필요성). 다액 50만원 이하의 벌금, 구류 또는 과료에 해당하는 사건에 관하여는 피의자가 일정한 주거가 없는 경우 또는 정당한 이유 없이 제200조의 규정에 의한 출석요구에 응하지 아니한 경우에 한하여 체포할 수 있다(제200조의 1항). 이는 경미한 범죄에 대해서 강제력의 행사를 제한함으로써 수사기관의 체포권의 남용을 억제하려는데 목적이 있다.

(3) 체포절차

① 체포영장의 청구

검사는 관할지방법원판사에게 청구하여 체포영장을 발부받아 피의자를 체포할 수 있고, 사법경찰관은 검사에게 신청하여 검사의 청구로 관할지방법원판사의 체포영장을 발부받아 피의자를 체포할 수 있다(제200조의2 제1항). 즉 체포영장의 청구권은 체포권의 남용을 사전에 방지하기 위해서 검사에게만 인정되고 있다.

---

106) 도망이나 증거인멸의 염려를 판단하는 기준에 불과한 것으로 보아야 하고, 도망이나 증거인멸의 염려가 없는 경우에는 체포할 수 없다는 의미이다.

② 체포영장의 발부

체포영장의 청구를 받은 지방법원판사는 상당하다고 인정할 때에는 체포영장을 발부한다. 다만, 명백히 체포의 필요가 인정되지 아니한 경우[107]에는 그러하지 아니하다(동조 2항). 체포영장에는 구속영장에서와 같은 일정한 기재요건(피의자의 성명, 주거, 죄명 등)이 구비되어야 하며(제200조의5, 제75조), 수통을 작성하여 사법경찰관리 수인에게 교부할 수 있고 이 경우에는 그 사유를 체포영장에 기재해야 한다(제200조의5, 제82조).

③ 체포영장의 집행

체포영장은 검사의 지휘에 의하여 사법경찰관리가 집행한다(제200조의5, 제81조 1항 본문). 교도소 또는 구치소에 있는 피의자에 대하여 발부된 체포영장은 검사의 지휘에 의하여 교도관리가 집행한다(제200조의5, 제81조3항).

검사는 필요에 의하여 관할구역 외에서 체포영장의 집행을 지휘할 수 있고 또는 당해 관할구역의 검사에 집행지휘를 촉탁할 수 있다(제200조의5, 제83조의 1항).

체포영장의 집행절차에 있어서는 피의자에게 영장의 제시를 요한다든가 긴급집행이 허용된다는 등 구속영장의 집행절차가 준용된다(제200조의5, 제85조). 피의자를 체포할 때에는 체포전에 범죄사실의 요지, 체포의 이유와 변호인을 선임할 수 있음을 고지하여 변명할 기회를 제공해야 한다(제200조의5, 제72조).

④ 집행후의 절차

체포한 피의자를 구속하고자 할 때에는 체포한 때로부터 48시간 이내에 제201조(구속)의 규정에 의하여 구속영장을 청구하여야 하고 그 시간 이내에 구속영장을 청구하지 아니하는 때에는 피의자를 즉시 석방하여야 한다(재200조의2 제5항).

체포후 구속영장을 발부받아 피의자를 구속한 경우에 구속기간은 피의자를 체포한 날로부터 기산한다(제203조의2).

(4) 긴급체포
1) 의의

긴급체포는 수사기관이 범죄가 중대하고 범죄혐의가 충분하다고 인정되며, 또 법관의 체포영장

---

107) 이 의미는 피의자가 출석요구에 응하지 않은 정당한 이유가 있거나 도망이나 증거인멸의 우려가 없는 경우를 말한다.

을 발부받을 시간적 영유가 없는 경우에 현행범인이 아닌 피의자를 먼저 체포하여 놓고 그 후에 구속영장의 발부를 받는 제도를 말한다(헌법 제12조 3항 단서 참조). 긴급체포는 과거의 긴급구속(구법 제206조)에 대체하여 신설된 제도로서, 개정형사소송법이 체포제도를 도입함에 따라 긴급구속을 그 성격상 긴급체포로 변경한 것이다. 현행범인 체포와 함께 영장주의의 예외가 인정되는 경우이다.

2) 긴급체포의 요건

현행 형사소송법은 긴급체포의 요건으로 제200조의 3 제1항에 다음과 같이 규정되어 있다. 검사 또는 사법경찰관은 피의자가 사형·무기 또는 장기 3년 이상의 징역이나 금고에 해당하는 죄를 범하였다고 의심할 만한 상당한 이유가 있어야 한다(범죄의 중대성). 제70조(구속의 사유) 1항 제2호, 제3호에 해당하는 사유가 있는 경우(즉 피의자가 증거를 인멸할 염려가 있거나 도망하거나 도망할 염려가 있는 경우)가 있어야 한다(체포의 필요성). 긴급을 요하여 지방법원판사의 체포영장을 받을 수 없는 때에는 그 사유를 알리고 영장없이 피의자를 체포할 수 있다(체포의 긴급성). 이 경우 긴급을 요한다 함은 피의자를 우연히 발견한 경우 등과 같이 체포영장을 받을 시간적 여유가 없는 때를 말한다(동조 1항). 사법경찰관이 피의자를 긴급체포한 경우에는 즉시 검사의 승인을 얻어야 한다(동조2항).

3) 긴급체포 및 체포후의 절차

긴급체포의 경우에도 제72조(구속과 이유의 고지)가 준용된다. 피의자에게 범죄사실의 요지, 체포의 이유와 변호인선임권을 고지하고 변명할 기회를 준 뒤에 체포하여야 한다(제200조의 5). 검사 또는 사법경찰관이 피의자를 긴급체포한 경우에는 즉시 긴급체포서를 작성하여야 하며(동조 3항), 긴급체포서에는 범죄사실의 요지, 긴급체포의 사유 등을 기재하여야 한다(동조4항). 그리고 긴급체포한 피의자를 구속하고자 할 때에는 체포한 때로부터 48시간 이내에 검사는 관할 지방법원판사에게 구속영장을 청구해야 하고, 사법경찰관은 검사에게 신청하여 검사의 청구로 관할지방법원판사에게 구속영장을 청구하여야 한다. 검사가 구속영장을 청구하거나, 사법경찰관이 구속영장을 신청할 때에는 긴급체포서를 첨부하여야 한다(제200조의 4 제1항). 구속영장을 청구하지 아니하거나 발부받지 못한 때에는 피의자를 즉시 석방해야 한다(동조2항). 이 규정에 의하여 석방된 자는 영장없이는 동일한 범죄사실에 관하여 체포하지 못한다(동조3항).

(5) 현행범인의 체포

1) 현행범인의과 준현행범인의 의의

범의 실행중[108]이거나 실행의 즉후[109]인 자를 말한다(제211조 1항). 현행범인은 아니나 다음과 같은 경우에는 준현행범인으로서 현행범인으로 간주하여 현행범과 동일하게 취급된다(제211조 2항). ① 범인으로 호창되어 추적되고 있을 때, ② 장물이나 범죄에 사용되었다고 인정함에 충분한 흉기 기타의 물건을 소지하고 있는 때, ③ 신체 또는 의복류에 현저한 증적이 있는 때, ④ 누구임을 물음에 대하여 도망하려 하는 때(사인이 묻는 경우도 포함)를 준현행범인으로 간주하고 있다.

2) 요건

① 형식상 죄를 범한 것처럼 보여도 위법성조각사유나 책임조각사유로 인하여 범죄가 성립하지 아니한 것이 명백한 경우에는 현행범인으로 체포할 수 없다. ② 현행범인이라도 경미한 범죄에 강제력을 행사하는 것은 인권을 보장하는 취지와 부합하지 않는다는 전지에서 다액 50만원 이하의 벌금, 구류 또는 과료에 해당하는 죄의 현행범인에 대하여는 범인의 주거가 분명하지 아니한 때에 한하여 현행범인으로 체포할 수 있다(제214조).

3) 체포절차

현행범인(준현행범인)의 구속의 필요성이 인정되는 한 누구든지(사인도) 영장 없이 체포할 수 있다(제212조). 이처럼 현행범인에 대하여 영장 없이 체포할 수 있고 일반인에게도 체포권을 인정한 근거로서는 긴급을 요할 뿐만 아니라, 범인이 명백하고 죄증이 역연하기 때문에 부당한 인권침해의 염려가 없다는 점에 있다.[110]

수사기관이 현행범인을 체포한 경우에는 사인과 달리 범죄사실의 요지, 체포의 이유와 변호인을 선임할 수 있음을 말하고 변명할 기회를 준 후가 아니면 체포할 수 없다(제213조의2, 제72조).

---

108) 이 의미는 범죄의 실행에 착수하여 실행 중에 있고 아직 종료하지 아니한 자를 말한다. 여기서의 범죄에는 공범도 포함된다.
109) 이 의미는 범죄가 방금 종료하여 시간경과가 얼마 되지 아니한 경우(극히 근접한 시간 내에 한한다)를 말한다.
110) 현행범인을 체포함에 있어 실력행사가 가능한가에 대한 여러 논의가 있으나, 체포의 목적을 달성하기 위하여 필요한 최소한의 범위 내인 경우에는 실력행사를 인정하지 않을 수 없을 것이다. 그러나 체포를 한다는 명목으로 사람의 생명이나 신체에 대한 침해 행위를 하는 것은 허용되지 않는다고 보아야 할 것이다.

검사 또는 사법경찰관리가 아닌 자가 현행범인을 체포한 때에는 즉시 검사 또는 사법경찰관리에게 인도해야 한다(제213조 1항). 사법경찰관리가 현행범인의 인도를 받은 때에는 체포자의 성명·주거, 체포의 사유를 물어야 하고, 필요한 때에는 체포자에 대하여 경찰관서에 동행함을 요구할 수 있다(동조2항).

현행범인으로 체포된 자에게도 변호인선임권 등 통상의 절차로 구속된 자에게 적용되는 규정(제72조, 제87조 내지 제90조)이 준용되며, 현행범인의 체포후의 절차는 체포영장에 의한 체포 후의 절차(제200조의2 5항)와 동일하다(제213조의2).

따라서 현행범으로 체포된 자를 구속하고자 할 때에는 48시간 이내에 구속영장을 청구해야 하고 그 시간 이내에 구속영장을 청구하지 아니하는 때에는 즉시 석방해야 한다. 현행범인을 체포한 후 구속영장을 발부받아 피고인을 구속한 경우에 구속기간은 현행범인을 체포한 날로부터 기산한다(제200조의2).

2. 구속

(1) 구속의 의의와 목적

구속이란 피고인 또는 피의자의 신체의 자유를 제한하는 것으로써 체포에 비하여 장기간에 걸쳐 제한하는 대인적 강제처분을 말한다. 구속에는 구인과 구금을 포함한다(제69조). 구인이란 피고인 등을 법원 또는 일정한 장소에 실력을 행사하여 인치하는 강제처분을 말한다. 구인한 피고인을 법원에 인치한 경우에 구금할 필요가 없다고 인정한 때에는 그 인치한 때로부터 24시간 내에 석방해야 한다(제71조).

구속은 피의자와 피고인의 형사소송에의 출석을 보장하는 역할을 하고, 중요증거의 인멸로 인한 수사의 방해를 사전에 제거하며, 확정된 형벌에 대한 집행을 확보하기 위한 것을 목적으로 하고 있다.

(2) 구속의 요건

1) 범죄혐의[111]

피의자·피고인이 죄를 범하였다고 의심할 만한 상당한 이유가 있어야 한다(제201조 1항, 제70조 1항).

---

111) 범죄혐의는 수사기관의 주관적 혐의로는 부족하고 무죄를 깨뜨릴 정도로 유죄판결에 대한 고도의 개연성이 있어야 한다. 위법성조각사유나 책임조각사유가 있는 때 또는 소송조건의 흠결이 명백히 있는 경우에는 구속할 수 없다.

2) 구속사유

① 일정한 주거가 없는 때, ② 증거를 인멸할 염려가 있을 때, ③ 도망 또는 도망할 염려가 있는 때의 어느 하나에 해당하는 경우이다(제70조 1항, 제201조 1항).

다만, 법정형이 다액 50만원 이하의 벌금, 구류 또는 과료에 해당하는 사건에 관하여는 피고인 또는 피의자가 일정한 주거가 없는 때에 한하여 구속할 수 있다(제70조 2항, 제201조 1항 단서).

3) 비례성의 원칙

국가형벌권의 실현을 위한 수단으로서 강제처분은 범죄혐의의 정도에 비추어 상당해야 한다는 원칙이다. 형사소송에서 구속에 의해서 개인의 자유권이 침해와의 사이에 비례성의 원칙이 문제시 될 수 있다. 따라서 기대되는 형벌보다 구속에 의한 자유권의 침해가 더 중대한 상황인 경우에는 구속할 수 없다(균형성의 원칙). 그리고 구속의 경우 다른 방법에 의해서는 형사소송을 확보할 수 없는 경우에 한해서 허용된다(보충성의 원칙)

(3) 구속절차(구속영장의 발부와 그 집행)

1) 구속영장의 청구

검사는 관할지방법원 판사에게 청구하여 구속영장을 받아 피의자를 구속할 수 있고, 사법경찰관은 검사에게 신청하여 검사의 청구로 관할지방법원 판사의 구속영장을 받아 피의자를 구속할 수 있다(제201조 1항).

2) 구속전 피의자심문제도

구속에 의해 피의자의 권리가 부당하게 침해되지 않도록 판사가 구속영장을 발부함에 있어 피의자를 직접 법원으로 불러 구속사유를 판단하는 제도를 말하며 영장실질심사제라고도 한다(제201조의2). 검사가 법관에게 구속영장 발부[112]를 청구한 경우에 법관은 피의자에게 구속영장을 발부할 필요가 있는지를 살펴보기 위하여 '영장실질심사'를 하게 된다.

3) 구속영장의 발부

구속영장의 청구를 받은 지방법원판사는 신속히 구속영장의 발부여부를 결정해야 한다(제201조

---

112) 구속영장 발부를 위한 사유: ① 피의자가 일정한 주거가 없는 경우 ② 피의자가 증거를 인멸할 염려가 있는 경우 ③ 피의자가 도망하거나 도망할 염려가 있는 경우 중 어느 하나에 해당하여야 한다.

3항). 상당하다고 인정될 때에는 구속영장을 발부하며, 이를 발부하지 아니한 때에는 청구서에 그 취지 및 이유를 기재하고 서명날인하여 청구한 검사에게 교부한다. 구속영장 청구가 기각된 경우에는 피의자를 즉시 석방시켜야 한다(제200조의4 2항, 규칙 제100조 3항).

4) 구속영장의 집행

구속영장은 검사의 지휘에 의하여 사법경찰관리가 집행한다(제81조 1항 본문, 규칙 제48조 참조). 단, 피고인의 구속에 있어서 긴급을 요하는 경우에는 재판장·수명법관 또는 수탁판사가 그 집행을 지휘할 수 있다(제81조 1항 단서).

5) 구속후의 처치

피고인 또는 피의자를 구속한 때에는 즉시 공소사실의 요지와 변호인을 선임할 수 있음을 알려야 한다(제88조, 제209조). 또 피고인 또는 피의자를 구속한 때에는 지체없이 서면으로 변호인이 있는 경우에는 변호인에게, 변호인이 없는 경우에는 피고인 또는 피의자의 법정대리인, 배우자, 직계존속, 형제자매와 호주 중 피고인 또는 피의자가 지정한 자에게 피고사건명, 구속일시·장소, 범죄사실의 요지, 구속의 이유와 변호인을 선임할 수 있는 취지를 알려야 한다(제87조, 제209조).

6) 구속기간

피고인 또는 피의자를 구제하는 방법에는 두 가지가 있다. 첫째는 영미법계의 제도를 인정하는 방법이고, 둘째는 대륙법계의 구속기간을 법정하는 방법이다. 구형사소송법은 대륙법의 방법에 의하였으나, 현재의 형사소송법은 양자를 병용하고 있다.

① 피고인의 구속기간

피고인의 구속기간은 2월로 한다. 특히 계속할 필요가 있는 경우에는 심급마다 2차에 한하여 결정으로 갱신할 수 있다(제 92조 1항). 그리고 갱신한 기간도 2월로 한다(동조2항). 특히 계속할 필요가 있는 경우에는 심급마다 2차에 한해서 결정으로 2개월의 한도에서 연장할 수 있다. 상소심은 부득이한 경우에 3차에 한하여 갱신할 수 있다(제92조 1항).

② 피의자의 구속기간

사법경찰관이 피의자를 구속한 때에는 10일 이내에 피의자를 검사에게 인치하지 아니하면 석방하여야 한다(제202조). 검사가 피의자를 구속한 때 또는 사법경찰관으로부터 피의자의 인치를 받은 때에는 10일 이내에 공소를 제기하지 아니하면 석방하여야 한다(제203조). 지방법원판사는 검사의 신청에 의하여 수사를 계속함에 상당한 이유가 있다고 인정한 때에는 10일을 초과하지 아니하는 한도에서 검사의 구속기간의 연장을 1차에 한하여 허가할 수 있다(제205조 1항). 이 신청에는 구속기간의 연장의 필요를 인정할 수 있는 자료를 제출해야 한다(동조 2항).

7) 재구속의 제한

검사 또는 사법경찰관에 의하여 구속되었다가 석방된 자는 다른 중요한 증거를 발견한 경우를 제외하고는 동일한 범죄사실에 관하여 다시 구속하지 못한다(제208조 1항, 재구속영장청구권의 기재사항에 관하여는 규칙 제99조 참조).

II. 속된 피고인 또는 피의자의 접견교통권

1. 의의 및 보장의 내용

구속된 피고인 또는 피의자는 법률의 범위 내에서 타인과 접견하고, 서류 또는 물건을 수수하며, 의사의 진료를 받을 수 있는 권리를 접견교통권이라 한다.[113] 법원은 도망하거나 또는 죄증을 인멸할 염려가 있다고 인정할 만한 상당한 이유가 있는 때에는 직권 또는 검사의 청구에 의하여 결정으로 구속된 피고인 또는 피의자와 제34조(변호인 또는 변호인이 되려는 자)에 규정한 이외의 타인과의 접견을 금하거나 수수할 서류 기타 물건의 검열, 수수의 금지 또는 압수를 할 수 있다. 단 의류, 양식, 의료품의 수수를 금지 또는 압수할 수 없다(제91조: 비변호인과의 접견, 교통의 접견). 변호인 또는 변호인이 되려는 자는 신체구속을 당한 피고인 또는 피의자와 접견하고 서류 또는 물건을 수수할 수 있으며 의사로 하여금 진료하게 할 수 있다(제34조). 변호인과의 접견교통권은 신체구속을 당한 피고인이나 피의자의 인권보장과 방어준비를 위해서 필요불가결한 권리에 속하므로 법령에 의해 제한을 하지 않는 한, 수사기관의 처분은 물론 법원의 결정에 의해서도 이를 제한할 수는 없다.[114] 따라서 수사기관이 구속된 피의자와 그 변호인과의 접견교통권을 불법으로 제한하고 그 기간 중에 피의자를 심문하여 얻어낸 자백은 위법한 절차에 의하여 얻은 자백에 해당되므로 그 증거능력은 부정된다.[115]

---

113) 구속된 피의자 또는 피고인이 갖는 변호인 아닌 자와의 접견교통권은 헌법 제10조의 행복추구권에 근거하여 인정되는 일반적 행동자유권, 헌법 제14조 4항의 변호인의 조력을 받을 권리, 헌법 제27조 제4항의 무죄추정의 원칙에서 도출되는 헌법상의 기본권이다.

114) 대법원 1990. 2. 13, 89모 37.

2. 변호인과의 접견교통권

(1) 주체 및 상대방

변호인 또는 변호인이 되려는 자는 신체구속을 당한 피고인 또는 피의자와 접견하고 서류 또는 물건을 수수할 수 있으며 의사로 하여금 지료하게 할 수 있다(제34조). 그리고 체포·구속된 피의자·피고인도 변호인[116]과의 접견교통권을 가진다(제89조, 제209조). 접견교통의 상대방은 현행범으로 체포된 자, 감정유치에 의하여 구속된 자 및 구속된 피의자와 피고인을 포함한다.

(2) 접견교통권의 내용

변호인과의 접견교통권은 어떠한 방해·감시 없이 자유롭게 접견교통을 본질로 하고 있다. 따라서 체포 또는 구속된 피의자 또는 피고인과의 변호인의 접견내용에 대해서는 비밀의 보장이 되어야 한다. 변호인과의 접견교통권에는 피고인 또는 피의자와 접견하고 서류 또는 물건을 수수할 수 있는 권리를 포함한다. 수수한 서류의 검열이나 수수한 물건의 압수는 허용될 수 없다. 다만 미결수용시설의 질서를 유지하기 위해서 필요한 조치에 대해서는 허용할 수 있다. 예컨대 마약내지 위험한 물건의 반입을 금지시키는 경우

관련판례

① 헌법 제12조 제4항 전문을 살펴보면 "누구든지 체포 또는 구속을 당한 때에는 즉시 변호인의 조력을 받을 권리를 가진다"라고 규정하고 있고, 형사소송법 제89조, 제90조, 제91조 등의 규정도 구속된 피고인 또는 피의자에 대하여 즉시 변호인과 접견 교통할 수 있는 권리를 보장하고 있다. 이러한 관계법령의 규정 취지에 비추어 볼 때 접견신청이 경과하도록 접견이 이루어지지 아니한 접견지연도 실질적으로 접견불허가 처분이 있는 것과 동일시된다고 할 것이다(대결 1991. 2. 28, 91모 24).

② 신체구속을 당한 피의자 또는 피고인이 범한 것으로 의심받고 있는 범죄행위에 해당 변호인이 관련되어 있다는 등의 사유에 기하여 그 변호인의 변호활동을 광범위하게 규제하는 변호인의 제척(除斥)과 같은 제도를 두고 있지 아니한 우리 법제 아래에서는, 변호인의 접견교통의 상대방인 신체구속을 당한 사람이 그 변호인을 자신의 범죄행위에 공범으로 가담시키려고 하였다는 등의 사정만으로 그 변호인의 신체구속을 당한 사람과의 접견교통권을 금지하는 것이 정당화될 수는 없다(대법원 2007. 1. 31, 2006모 654 결정).

---

115) 대법원 1990. 8. 24, 90도 1285.
116) 여기의 변호인은 사선변호인, 국선변호인, 특별변호인(제31조 단서)도 포함된다.

3. 비변호인과의 접견교통권

(1) 주체 및 상대방

체포 또는 구속된 피의자 또는 피고인은 법률의 범위 내에서 타인과 접견하고 서류 또는 물건을 수수하며 의사의 진료를 받을 수 있다(제89조, 제200조의6, 제209조).

(2) 접견교통권의 제한

1) 근거

① 법률에 의한 제한

구속된 피고인 또는 피의자의 접견교통권은 행형법과 동법 시행령에 의해 제한되고 있다(행형법 제18조 내지 19조, 동법 시행형 제54조 이하). 교도소나 경찰서 유치장에 미결수용자로서 구속된 피고인 또는 피의자의 접견교통권은 "형의 집행 및 수용자의 처우에 관한 법률"과 동법 시행령에 의해서 제한되고 있다(동법 제41조 이하, 동법 제68조).

② 법원 또는 수사기관의 결정에 의한 제한

법원은 도망하거나 또는 죄증을 인멸할 염려가 있다고 인정할 만한 상당한 이유가 있는 때에는 직권 또는 검사의 청구에 의하여 결정으로 구속된 피고인과 변호인외의 타인과의 접견을 금하거나 수수한 서류 기타 물건의 검열, 수수의 금지 또는 압수를 할 수 있다. 단, 의류, 양식, 의료품의 수수를 금지 또는 압수할 수 없다(제91조). 이규정의 경우 피의자의 체포 또는 구속에 대해서도 준용된다(제200조의6, 제209조).

2) 제한 범위

제한되는 내용은 타인과의 접견금지, 서류의 검열, 물건의 압수, 수수의 금지 등이다(제91조). 단, 의류, 양식 또는 의약품은 수수를 금지하거나 압수하는 것은 허용되지 않는다(동조 단서).

4. 접견교통권의 침해에 대한 구제

(1) 항고, 준항고

공소가 제기된 이후 법원의 결정에 의한 접견교통의 제한의 결정에 대해서는 보통항고를 할 수 있다(제402조 또는 제403조 단서). 그리고 수사절차에서 수사기관(검사 또는 사법경찰관)에 의해 접견교통권이 침해된 경우에는 준항고를 제기할 수 있다(제417조).

(2) 증거능력의 배제

수사기관이 다른 사람과의 접견을 금지한 상태 하에서 한 피의자진술은 설령 자유로운 분위기 속에서 이루어졌다고 하더라도 그 진술의 증거능력에 대해서는 부정되어야 할 것이다.

Ⅲ. 체포·구속적부심사제도

1. 의의

수사기관에 의하여 체포·구속된 피의자에 대하여 법원이 그 체포·구속의 적법 여부와 그 계속의 필요성을 심사하여 체포·구속이 위법·부당하다고 인정된 경우에 체포·구속된 피의자를 석방하는 제도를 말한다(제214조의 1항).

2. 연혁

이 제도는 본래 영미에서 발달한 인신보호절차(Habeas Corpus[117])의 하나로서, 관권의 진단으로부터 개인이 인신을 보호한다는 의미를 갖는다.

3. 체포·구속적부심사의 청구

① 청구권자

체포·구속적부심사의 청구권자의 범위는 체포영장 또는 구속영장에 의하여 체포 또는 구속된 피의자, 법정대리인·배우자·직계친족·형제자매·호주·가족·동거인 또는 고용주이다(제214조의2 1항).

② 청구사유

청구사유는 체포 또는 구속의 적부이다. 즉 체포 또는 구속이 실질적 혹은 절차적으로 불법 혹은 부당하다고 인정될 수 있는 모든 경우에 체포·구속적부심사를 청구할 수 있다. 예컨대 구속기간을 경과한 구속, 재구속 제한에 위반한 경우 등. 체포·구속적부심사의 청구를 받은 법원은 청구서가 접수된 때부터 48시간 이내에 피의자를 심문하고 수사관계서류와 증거물을 조사한다(제214조의2 4항).

---

117) 헤이비어스 코퍼스(Habeas Corpus)란 "본인의 인신을 체출하라"는 뜻이고, 이건은 적법절차에 의하지 아니하거나 권한없는 자에 의하여 불법으로 구속된 자를 구제하기 위하여 법원에 인신보호령장(writ of Habeas Coupus)을 신청하는 제도이다.

③ 청구의 방법

체포·구속적부심사의 청구는 서면에 의하여 해야 하며, 그 서면(체포 또는 구속적부심사청구권)에는 구속된 피의자의 성명·생년월일·성별·주거, (체포영장 또는) 구속영장의발부일자, 청구의 취지와 청구사유, 청구인의 성명과 구속된 피의자와의 관계를 기재해야 한다(규칙 제102조). 청구권자는 (체포영장 또는) 구속영장을 보관하고 있는 검사 또는 사법경찰관에게 (체포영장 또는) 구속영장 등본의 교본을 청구할 수 있다(규칙 제10조).

④ 법원의 심사 및 결정

체포·구속적부심사청구사건은 지방법원합의부 또는 단독판사가 관할한다. 그러나 체포영장 또는 구속영장을 발부한 법관은 심사에 관여하지 못한다(제214조의2 11항).

법원은 청구일로부터 3일 이내에 지체없이 심사기일을 정하여(규칙 제103조), 체포 또는 구속된 피의자를 심문하고 심사관계서류와 증거물을 조사하여야 한다(제214조의2 3항). 법원은 (체포 또는) 구속된 피의자에 대한 심문이 종료된 때부터 24시간 이내에 청구에 대하여 결정을 하여야 한다(규칙 제106조).

체포·구속적부심에 관한 법원의 결정에 대하여는 결정의 종류를 불문하고 항고가 허용되지 않는다(제214조의2 7항). 왜냐하면 항고로 인한 수사의 지연과 심사의 장기화를 피한다는 취지에서 둔 규정이라고 할 수 있다.

제3절 수사의 종결

I. 검사의 수사종결

1. 수사의 종결의 의의

검사는 공소제기의 준비절차에 해당하므로 사법경찰관이 범죄를 수사하였을 때에는 신속히 관계서류와 증거물을 검사에게 송부하여야 한다(제238조 참조). 또 사법경찰관이 피의자를 구속할 대에는 10일 이내에 피의자를 검사에게 인치하지 아니하면 석방하여야 한다(제202조). 왜냐하면 현행법상 피의자에 대한 수사의체는 검사이기 때문이고, 사법경찰관리는 검사의 지휘를 받아 수사를 할 수 있다.

2. 수사종결처분의 종류

(1) 공소제기

피의사건에 관하여 범죄의 객관적 혐의가 충분하고 소송조건 및 처벌조건을 구비하여 유죄의 판결을 얻을 수 있는 경우에 공소를 제기한다(제246조). 공소제기는 수사종결의 가장 전형적인 것이다.

(2) 불기소처분

불기소처분이란 수사의 결과 피의사건의 피의자에 대하여 공소를 제기하지 않는 처분을 말한다. 피의사건이 범죄를 구성하지 않거나 공소를 제기함에 충분한 혐의가 없거나 기타 소송조건이 구비되지 아니하여 적법한 공소제기를 할 수 없는 경우뿐만 아니라(불기소처분), 범죄의 객관적 혐의가 충분하고 소송조건이 구비되어 있더라도 검사의 재량에 의하여 공소를 제기하지 않는 경우도 포함한다(기소유예처분). 검사는 피의자의 소재불명 등의 사유로 수사를 종결할 수 없는 경우에는 그 사유가 해소될 때 까지 기소중지처분을 할 수 있다(검찰사무사건 규칙 제56조).

Ⅱ. 불기소처분에 대한 불복

검사의 불기소처분에 대한 고소인 또는 고발이 불복하는 방법으로는 재정신청과 검찰청 법에 의한 항고 · 재항고가 있다.

1. 재정신청

형법 제123조 내지 제125조의 죄에 대하여 고소 또는 고발한 자는 검사로부터 공소를 제기하지 아니한다는 통지를 받은 때에는 그 검사 소속의 고등검찰청에 대응한 고등법원에 불기소처분의 당부에 관한 재정을 신청할 수 있다(제260조 1항).

2. 항고 · 재항고

(1) 항고

검사의 불기소처분에 불복이 있는 고소인 또는 고발인은 그 검사가 속하는 지방검찰청 또는 지청을 거쳐 서면으로 관할고등검찰청의 검사장에게 항고할 수 있다. 이 경우 지방검찰청 또는 지청의 검사는 항고가 이유 있다고 인정하는 때에는 그 처분을 시정하여야 한다(검찰청법 제10조 1항).

(2) 재항고

항고를 기각하는 처분에 대하여는 검찰총장에게 재항고 할 수 있다(동조 2항).

3. 헌법소원

검사의 공소제기 또는 불기소처분으로 인하여 헌법상 보장된 기본권을 침해받은 자는 헌법재판소에 헌법소원을 제기[118]할 수 있다.

제4절 공소의 제기

Ⅰ. 공소제기의 기본원칙

형사소송법은 제246조(국가소추주의)에 "공소는 검사가 제기하여 수행한다"라고 규정하여 국가소추주의와 기소독점주의를 채용하고 있다.

1. 국가소추주의

공소제기의 권한을 국가기관에게 전담하게 하는 것을 국가소추주의라고 한다. 국가소추주의는 공형벌권의 실현수단으로서 가장 적합한 방식이라고 볼 수 있다.

2. 기소독점주의

국가기관 중에서 검사만이 공소를 제기하고 수행할 권한을 갖는 것을 검사의 기속독점주의라고 한다. 기소독점주의는 기소의 적정을 보장하고 기소, 불기소 및 구형의 기준이 지역마다 다르게 되는 것을 방지할 수 있다.

3. 기소편의주의

공소제기와 관련하여 검사에게 기소, 불기소에 관한 재량을 인정하는 주의를 말한다. 형사소송법은 제247조 1항이 이를 채용하고 있다.

---

118) 헌법소원의 제기기간은 검찰항고 또는 재정신청에 대한 최종결정을 통지받은 후 30일 이내에 청구해야 한다(헌법재판소법 제69조 1항).

4. 공소의 취소

공소제기후에는 공소를 취소할 수 없는 주의를 공소불변경주의라고 하고, 공소의 취소를 인정하는 주의를 공소변경주의라고 한다. 현행 형사소송법은 공소변경주의를 채용하고 있다. 즉 공소는 제1심 판결선고전까지 취소할 수 있다(제255조 1항).

공소의 취소는 이유를 기재한 서면으로 하여야 한다. 단, 공판정에서는 구술로써 할 수 있다(동조2항). 공소가 취소된 때에는 결정으로 공소를 기각한다(제238조 1항 1호).

Ⅱ. 공소제기의 방식

1. 공소장의 제출 및 필요적 기재사항

공소를 제기함에는 공소장을 관할법원에 제출하여야 한다(제254조 1항). 공소장에는 피고인수에 상응한 부본을 첨부하여야 하고(제254조 2항), 법원은 공소의 제기가 있는 때에는 지체없이 (늦어도 제1회 공판기일전 5일까지) 공소장의 부본을 피고인 또는 변호인에게 송달해야 한다 (제266조)고 규정하고 있다. 이러한 이유는 피고인에게 방어준비의 편의를 주기 위함이다.[119]

공소장에는 다음사항을 기재해야 한다(제254조 3항). ① 피고인의 성명 기타 피고인을 특정할 수 있는 사항(동항 1호), ② 죄면(동항 2호), ③ 공소사실(동항3호), ④ 적용법조(동항 4호)

2. 공소장일본주의

공소장일본주의란 공소장의 기재사항과 관련하여, 공소장에는 사건에 관하여 법원의 예단을 생기게 할 수 있는 서류 기타의 물건을 첨부해서는 안된다는 원칙을 말한다(규칙 제118조 2항). 이 원칙은 공판중심주의, 변론주의, 직접심리주의에 기초하여 공정한 재판을 기하기 위하여 형사소송규칙에 명문화 한 것이다.

Ⅲ. 공소제기의 효과

공소제기의 효과로는 소송계속, 사건범위의 한정 및 공소시효 정지를 들 수 있다.

즉 공소제기에 의해 법원의 공판절차가 개시되고 공소제기로 인해 피의자에서 피고인으로 그 명칭이 전환되고 소송의 주체로서의 지위를 가지게 된다. 시효는 공소의 제기로 진행이 정지되고 공소

---

119) 판례는 이해대해 "피고인에 대하여 공소장의 부본이 송달되지 아니하였다 하여도 피고인이 법정에서 기소사실에 관하여 충분히 진술, 변론한 이상 판결결과에는 영향이 없다 할 것이므로 위와 같은 사유는 상고이유가 되지 못하는 것"이라고 판시하고 있다(대법원 1962. 11. 2, 62도 155).

기각 또는 관할위반의 재판이 확정된 때로부터 진행한다(제253조 1항).

Ⅳ. 공소시효

1. 의의
공소시효란 확정판결전에 일정한 시간의 경과에 의하여 형벌권이 소멸되는 것을 말한다.

2. 공소시효의 기간
공소시효의 기간은 범죄의 경중에 따라 장단이 있으며, 공소시효는 다음의 기간을 경과함으로 써 완성한다(제249조 1항).
① 사형에 해당하는 범죄에는 25년
② 무기징역 또는 무기금고에 해당하는 범죄는 15년
③ 장기 10년 이상의 징역 또는 금고에 해당하는 범죄는 10년
④ 장기 10년 미만의 징역 또는 금고에 해당하는 범죄는 7년
⑤ 장기 5년 미만의 징역 또는 금고, 장기 10년 이상의 자격정지 꼬는 벌금에 해당하는 범죄는 5년
⑥ 장기 5년 이상의 자격정지에 해당하는 범죄는 3년
⑦ 장기 5년 미만의 자격정지, 다액 1만원 미만의 벌금 · 구류 · 과료 또는 몰수에 해당하는 범죄는 1년이다.

3. 공소시효의 기산점
시효의 기산점에 관하여는 시효기간은 범죄행위가 종료한 때부터 진행하고(제252조 1항), 공범의 경우에는 최종행위가 종료한 때부터 공범전체에 대한 시효기간을 기산한다(동조 2항).

4. 공소시효의 정지
시효는 공소의 제기로 진행이 정지되고 공소기각 또는 관할위반의 판결이 확정된 때부터 진행한다(제253조 1항). 공소시효정지의 효력은 공소제기된 피고인에 대하여만 미친다. 공범의 1인에 대한 시효정지는 다른 공범자에 대하여 효력이 미치고, 당해 사건의 재판이 확정된 때로부터 진행한다(동조 2항). 또한 범인이 형사처분을 면할 목적으로 국외에 있는 경우 그 기간 동안 공소시효는 정지된다(동조 3항).

5. 공소시효완성의 효과

공소의 제기없이 공소시효기간이 경과하거나 공소가 제기되었더라도 판결의 확정 없이 25년을 경과한 경우 또는 공소제기 후 공소기각 또는 관할위반의 재판이 확정된 때로부터 다시 공소시효가 진행하여 나머지 공소시효기간을 경과한 경우에는 공소시효가 완성된다.

제4장 공 판

제1절 공판절차

Ⅰ. 공판절차의 기본원칙

1. 의의

공판절차란 광의의 공판절차는 공소가 제기되어 사건이 법원에 계속된 이후 그 소송절차가 종결될 때까지의 전절차, 즉 법원이 피고사건에 대하여 심리·재판하고 당사자가 변론을 행하는 절차단계를 말한다. 절차 중 특히 공판기일에서의 절차만을 가리키는 경우를 협의의 공판절차라 한다.

〈형사소송절차〉

(1) 기소전의 소송 흐름도

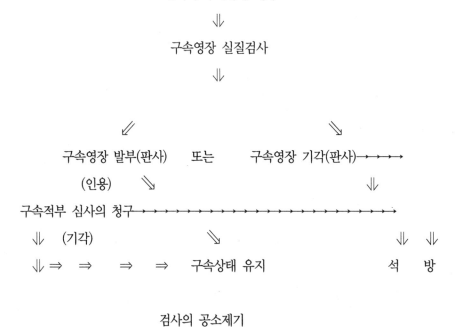

(2) 기소후의 소송 흐름도

공판절차

모두절차 ⇒   진술거부권의 고지
                              ⇓
                     인정신문(피고인의   성명,   연령,   등
                     록기준지,   주거와   직업을
                     물어서 본인임을 확인함)
                              ⇓
                         검사의 모두진술
                              ⇓
                    피고인, 변호인의 모두진술
                              ⇓
사실심리의 절차 ⇒   쟁점정리 및 증거관계의 진술
                              ⇓
                           증거조사
                              ⇓
                         피고인 신문
                              ⇓
                        검사의 의견진술
                              ⇓
               피고인과 변호인의 최후진술
                              ⇓
판결선고절차 ⇒   판결선고

(3) 재판결과에 불복할 경우

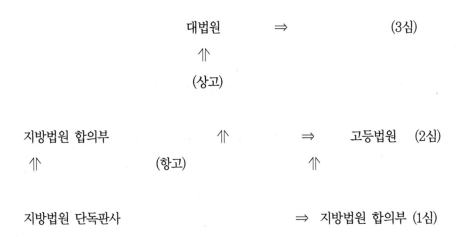

2. 공판절차의 기본원칙

공판절차는 주로 양 당사자의 공격·방어를 중심으로 하여 전개되는 이론으로써 당사자소송의
구조를 가지고 있으며 구두변론주의(口頭辯論主義), 직접주의(直接主義), 공개주의(公開主義) 및
집중심리주의(集中審理主義).

(1) 구두변론주의

구두변론주의란 법원이 당사자의 구두에 의한 공격·방어에 기하여 심판하여야 한다는 주의를
말한다. 가장 중요한 재판의 형식인 판결에 대하여 형사소송법은 "판결은 법률에 다른 규정이
없으면 구두변론에 의거해서 한다"(제37조 1항)라고 규정하고 있다.

(2) 직접주의(직접심리주의)

집적주의란 공판정에서 직접 조사한 증거에 한하여 재판의 기초로 할 수 있다는 주의를 말한
다. 즉 법원은 원칙적으로 공판정에서 증인을 신문을 한다든가 증거서류 또는 증거물의 조사를
하여 이를 기초로 해서만 재판을 할 수 있다는 것이다.

(3) 공개주의

공개주의란 일반 국민에게 심판의 방청을 허용하는 주의를 말한다.

우리나라 헌법은 재판의 심리와 판결은 공개한다(헌법 제109조)라고 규정하고 있고, 형사피고인은 상당한 이유가 없는 한 지체없이 공개재판을 받을 권리를 가진다(동법 제27조 3항 후단)라고 규정하여 '공개재판을 받을 권리'를 국민의 기본적 권리로 보장하고 있다. 또한 법원조직법 제57조의 경우도 재판의 심리와 판결은 공개한다고 하여 공개주의에 대한 규정을 하고 있다.

(4) 집중심리주의
집중심리주의란 법원은 사건을 계속적으로 집중하여 심리해야 한다는 주의를 말한다. 우리나라 헌법은 모든 국민은 신속한 재판을 받을 권리를 가진다(제27조 3항)라고 규정하고 있다. 이는 신속한 재판을 실현하고 신선하고 확실한 심증에 기하여 법원이 공정한 재판을 하기 위해서 요구되는 원칙이다.

Ⅱ. 공판심리의 범위

1. 심판의 범위
심판의 범위는 공소제기에 의하여 한정된다. 즉 심판의 범위는 공소의 범위와 일치하므로 검사가 공소를 제기함에 공소장에 기재한 피고인 및 공소사실에 관하여 사건의 단일성·동일성이 있는 한 그 전부에 미치고 그 이외에는 미치지 아니한다.

2. 공소장 변경
공소장변경이란 검사가 공소사실의 동일성을 해하지 않는 한도 내에서 법원의 허가를 얻어 공소장에 기재한 공소사실 또는 적용법조를 추가·철회 또는 변경하는 공소장변경이라고 한다(제298조). 이 경우에는 피고인에게 그 가·철회 또는 변경의 내용을 명확히 고지하여 그 방어에 있어서 유감이 없도록 해야 한다.

공소장변경은 공소사실의 동일성을 해하지 아니하는 한도 내에서 허용된다(제298조 1항). 따라서 공소사실의 동일성은 공소제기의 효력과 기판력[120]이 미치는 범위를 결정할 뿐만 아니라, 공소장변경의 한계를 결정하는 기준이 된다.

검사는 법원의 허가를 얻어 공소장에 기재한 공소사실 또는 적용법조의 추가·철회 또는 변경을 할 수 있다(제298조 1항 전단).

---

120) 기판력이란 확정된 재판의 판단 내용이 소송 당사자 및 같은 사항을 다루는 다른 법원을 구속하여, 그 판단 내용에 어긋나는 주장이나 판단을 할 수 없게 하는 소송법적인 효력을 말한다.

Ⅲ. 공판준비절차

1. 의의

공판준비절차란 공판기일의 절차를 준비하기 위해 수탁법원(공판법원) 도는 재판장, 수명법관, 수탁판사에 의하여 행하여지는 공판기일 외의 절차를 말한다. 그러므로 증거보전의 절차, 수사기관의 요구에 의하여 판사가 행하는 강제처분, 영장의 발부 등은 수소법원과 관계없이 행해지는 것이므로 공판준비의 절차에 포함시키지 아니한다.

2. 공판기일전의 절차

(1) 공소장부본의 송달

법원은 공소의 제기가 있는 경우에는 지체없이 공소장의 부본을 피고인 또는 변호인에게 송달해야 한다. 단, 제1회 공판기일전 5일까지 송달하여야 한다(제266조). 공소장부본을 우체(郵遞)에 부친 경우에는 도달된 때에 송달된 것으로 간주한다(제61조 2항).

(2) 공판기일의 지정·변경·통지·피고인 등의 소환

1) 공판기일의 지정·변경·통지

재판장은 공판기일을 정하여야 한다(제267조 1항). 재판장은 직권 또는 검사, 피고인이나 변호인의 신청에 의하여 공판기일을 변경할 수 있다(제270조 1항). 공판기일변경신청에는 공판기일의 변경을 필요로 하는 사유와 그 사유가 계속되리라고 예상되는 기간을 명시하여야 하며 진단서 기타의 자료로써 이를 소명해야 한다(규칙 제125조). 공판기일변경신청을 기각한 명령은 송달하지 아니한다(제270조 2항). 지정 또는 변경된 공판기일은 검사, 변호인과 보조인에게 통지하여야 한다(제267조 3항).

2) 피고인 등의 소환

소환이란피고인에 대하여 일정한 시일에 법원 기타의 지정한 장소에 출석할 것을 명하는 강제처분을 의미한다.[121] 법원은 피고인을 소환할 수 있다(제68조). 피고인을 소환함에는 소환장을 발부하여야 한다(제73조). 소환장에는 피고인의 성명, 주거, 죄명, 출석일시, 장소와 정당한 이유 없이 출석하지 아니하는 때에는 도망할 염려가 있다고 인정하여 구속영장을 발부할 수 있음

---

121) 피고인의 경우와는 달리 피의자의 경우에는 소환이 인정되지 않는다. 출석요구는 임의수사에 해당되며 이 경우에 출석을 강제할 수 있는 방법은 일정한 요건하에 체포·구속을 할 수 있는 경우일 때만 가능하다.

을 기재하고 재판장 또는 수명법관이 기명날인하여야 한다(제74조). 소환장은 늦어도 출석할 일시 12시간 이전에 송달하여야 한다(제76조 1항, 규칙 제45조).

(3) 공판기일전 증거조사 · 증거제출

법원은 검사, 피고인 또는 변호인의 신청에 의하여 공판준비에 필요하다고 인정한 때에는 공판기일전에 피고인 또는 증인을 신문할 수 있고, 검증 · 감정 또는 번역을 명할 수 있다(제273조 1항). 재판장은 수명법관으로 하여금 이러한 행위를 하게 할 수 있다(동조 2항). 이 증거조사의 신청을 기각함에는 결정으로 하여야 한다(동조 3항). 검사, 피고인 또는 변호인은 공판기일전에 서류나 물건을 증거로 법원에 제출할 수 있다(제274조).

(4) 공무소 등에 대한 조회

법원은 직권 또는 검사, 피고인이나 변호인의 신청에 의하여 공판준비로서 공무소 또는 공사단체에 조회하여 필요한 사항의 보고 또는 보관서류의 송부를 요구할 수 있다(제272조 3항). 이 신청을 기각함에는 결정으로 하여야 한다(동조 2항).

Ⅳ. 공판정의 심리

공판정의 구성과 당사자의 출석

공판기일에는 공판정에서 심리한다(제275조 1항). 공판정이란 공판을 행하는 법정을 의미한다. 이 법정은 원칙적으로 법원에서 개정한다(법조법 제56조 참조).

(1) 판사, 법원서기관(또는 서기) 및 검사의 출석

공판정은 판사와 서기관 또는 서기가 열석하고 검사가 출석하여 개정한다(제275조 2항). 검사의 좌석은 변호인의 좌석과 대등하며 피고인은 재판장의 정면에 좌석한다(동조 3항). 변호인의 좌석은 검사의 좌석과 대등하게 한다. 검사의 출석 없이는 원칙적으로는 개정할 수 없다.[122] 그러나 공판기일의 통지를 2회 이상 받고 출석하지 아니하거나 판결만을 선고하는 때에는 검사의 출석 없이 개정할 수 있다(제278조).

---

122) 대판 1966. 5. 17, 66도 276.

(2) 피고인의 출석

피고인은 소송당사자로서 공판기일에 출석하여 공소사실에 대하여 진술할권리가 있으므로 피고인이 출석하지 아니한 때에는 특별한 규정이 없으면 개정하지 못한다(제276조). 피고인은 재판장의 허가 없이 퇴정하지 못한다(제281조 1항). 이를 피고인의 재정의무라고 한다.

(3) 변호인의 출석

변호인의 출석은 반드시 공판개정의 요건이 아니나, 사형·무기 또는 단기 3년 이상의 징역이나 금고에 해당하는 사건(이를 필요적 변호사건)에 관해서는 변호인 없이 개정하지 못한다.[123] 단, 판결만을 선고할 경우에는 예외로 한다(제282조).

V. 공판기일의 절차

공판준비절차가 끝나면 수소법원은 지정된 공판기일을 열어 피고사건에 대한 실체심리를 하게 된다. 공판절차를 크게 나누어 살펴보면 모두절차, 사실심리절차, 판결선고절차로 나누어 볼 수 있다.

1. 모두절차
(1) 진술거부권의 고지

피고인은 진술하지 아니하거나 개개의 질문에 대하여 진술을 거부할 수 있다(제283조의2 1항). 재판장은 피고인에게 제1항과 같이 진술을 거부할 수 있음을 고지하여야 한다(동조 2항).

(2) 인정신문

재판장은 피고인의 성명·연령·본적·주거와 직업을 물어서 피고인임에 틀림없음을 확인하여야 한다(제284조). 이를 인정신문이라고 한다.

(3) 검사의 모두진술

검사는 인정신문이 끝나면 재판장은 검사로 하여금 공소장에 의하여 기소의 요지를 진술하게 할 수 있다(제285조).[124] 예컨대, 기소의 요지에는 공소사실, 죄명 및 적용법조

---

123) "원심이 3년 이상의 징역이나 금고의 형에 해당하는 본건을 심리함에 있어 변호인 없이 하였음은 변호인의 조력을 받을 권리를 보장한 헌법규정과 형사소송법의 규정에 배치되는 것이다"(대판 1966. 7. 19, 66도 577).
124) 상소심에서는 검사의 모두진술을 요하지 않는다. 검사의 모두진술은 사실심리에 들어가기 앞서 사건의 개요와 입증의 방침에 대한 것들을 분명히 함으로써 법원의 소송지휘와 피고인의 방어권보장

(4) 피고인의 진술

피고인은 검사의 모두진술이 끝난 뒤에 공소사실의 인정 여부를 진술하여야 한다(제286조). 이 것은 피고인 측의 주장, 청구 및 공소사실에 관한 임의적인 인부 등의 총괄적인 진술을 할 기회를 주기 위한 것이다. 다만, 피고인이 진술거부권을 행사하는 경우에는 그러하지 아니하다.

(5) 재판장의 쟁점정리 및 검사·변호인의 증거관계 등에 대한 진술

효율적인 심리를 위해서 재판장은 피고인 또는 변호인에게 쟁점의 정리를 위해 필요한 질문을 한다. 증거조사 절차에서 효율적인 심리를 하기위해 검사 및 변호인으로 하여금 공소사실 등의 증명과 관련된 주장과 입증계획 등을 진술하게 할 수 있다. 다만, 증거로 할 수 없거나 증거로 신청할 의사가 없는 자료에 기초하여 법원에 사건에 대한 예단 또는 편견을 발생하게 할 염려가 있는 사항은 진술할 수 없다(제287조 2항).

2. 사실심리절차

(1) 피고인신문

피고인신문에 있어서 검사와 변호인은 순차로 피고인에 대하여 공소사실과 그 정상에 관한 필요사항을 직접 신문할 수 있다. 검사 또는 변호인은 증거조사 종료 후에 순차로 피고인에게 공소사실 및 정상에 관하여 필요한 사항을 신문할 수 있다. 다만, 재판장은 필요하다고 인정하는 때에는 증거조사가 완료되기 전이라도 이를 허가 할 수 있다(제296조의2 1항). 재판장은 필요하다고 인정하는 때에는 피고인을 신문할 수 있다(동조 2항).

(2) 증거조사

1) 의의

증거조사는 법원이 피고사건의 사실인정과 형의 양정에 관한 심증을 얻기 위하여 증거방법을 조사하여 증거자료에 대한 내용을 인지하는 소송행위를 말한다. 사실의 인정은 증거에 의하여야 한다(제307조)고 하여 증거재판주의를 채용하고 있는 형사소송법하에서는 증거조사의 절차는 공판심리의 중심을 이루고 있다고 할 수 있다.

에 기여하기 위한 절차이기 때문이다.

2) 증거조사의 절차

① 당사자의 증거조사의 신청

검사, 피고인 또는 변호인은 서류나 물건을 증거로 제출할 수 있고 증인, 감정인, 통역인 또는 번역인의 신청을 할 수 있다(제294조).

가) 신청시기와 각하제도

증거조사 신청의 시기에 대해서는 제한이 없다. 공판준비에 필요하다고 인정할 때에는 공판기일 전에도 신청할 수 있다(제273조 1항). 다만 법원은 검사, 피고인 또는 변호인이 고의로 증거를 뒤늦게 신청함으로써 공판의 완결을 지연하는 것으로 인정할 때에는 직권 또는 상대방의 신청에 따라 결정으로 이를 각하 할 수 있다(제294조 2항).

나) 신청순서

공판기일에서는 거증책임이 있는 검사가 먼저 신청한 후에 피고인과 변호인이 신청을 한다(규칙 제133조).

다) 신청방법

증거신청은 서면 또는 구두에 의하여 할 수 있다(규칙 제176조).

② 증거결정 및 조사순서

법원은 증거신청에 대하여 결정을 하여야 한다(제295조). 이 경우 신청의 적법성, 증거조사의 가능성, 사건과의 관련성, 증거조사의 필요성 등이 고려의 대상이 된다. 법원은 증거결정을 내릴 때 필요시 그 증거에 대한 검사·피고인·변호인의 의견을 들을 수 있다(규칙 제134조 1항). 신청에 의한 조사의 경우 법원은 검사가 신청한 증거를 조사한 후 피고인 또는 변호인이 신청한 증거를 조사한다(제291조의2 1항). 법원은 제1항에 따른 조사가 끝난 후 직권으로 결정한 증거를 조사한다(동조 2항).

3) 증거조사에 대한 이의신청

검사, 피고인 또는 변호인은 증거조사에 관하여 이의신청을 할 수 있다(제296조 1항). 법원은 이의신청에 대한 결정을 하여야 한다(동조 2항). 증거조사에 관한 이의신청은 법령의 위반이 있거나 상당하지 아니함을 이유로 하여 이를 할 수 있다(규칙 제135조 전단). 이의신청은 구술로도 가능하다(규칙 제176조 1항).

4) 이의신청에 대한 법원의 결정

법원은 이의신청에 대하여 즉시 결정을 해야 한다(제296조, 규칙 138조). 법원의 결정에 대해서는 다시 이의신청을 할 수 없다(제140조).

> **관련판례** 당사자의 증거신청에 대한 선택은 법원의 재량에 의한 것이다. 그러므로 법원은 피고인이나 변호인이 증거로 신청한 것이 불필요한 것으로 인정될 경우에는 조사하지 않을 수 있다(대판 1995. 2. 24, 94도 252).

(3) 최종변론

1) 검사의 의견진술

피고인신문과 증거조사가 종료한 때에는 검사는 사실과 법률적용에 관하여 의견을 진술하여야 한다(제302조 본문). 이를 검사의 논고라고 한다. 논고에서는 형의 양정에 관한 의견, 즉 구형을 한다.[125)

2) 피고인과 변호인의 최후진술

재판장은 검사의 의견을 들은 후 피고인과 변호인에게 최종의 의견을 진술할 기회를 주어야 한다(제303조). 이를 최후진술이라 한다. 이와 같이 변론은 당사자의 공격과 방어의 의견을 진술함으로써 법관의 심증을 자기에게 유리하게 하는데 그 목적이 있다.

3. 판결의 선고

이상의 공판절차의 각 단계를 거쳐 공판절차로서의 변론은 종결되고 판결만을 기다리게 되는데 이를 '결심'이라고 한다. 그러나 법원은 필요하다고 인정할 경우에는 직권 또는 검사, 피고인이나 변호인의 신청에 의하여 결정으로 종결한 변론을 재개할 수 있다(제305조). 이를 변론의 재개라고 한다. 판결의 선고는 변론종결일로부터 14일 이내에 해야 하며 특별한 사정이 있는 때에는 21일을 초과하지 못한다(규칙 제146조). 판결은 공판정에서 재판서에 의하여 선고한다(제42조).

---

125) 그러나 법원의 경우 검사의 구형에 구속되지 않으므로, 검사의 구형을 초과해서 형을 선고할 수 있다(대법원 1965. 3. 30, 65도 3).

Ⅵ. 증인신문

1. 증인신문

(1) 의의

증인신문이란 증인이 체험한 사실을 내용으로 하는 진술을 얻는 증거조사를 말한다. 예컨대, 증인에 대한 증거조사

(2) 증인의 의무와 권리

증인신문은 증인으로서 조사할 것으로 결정한 자를 일정한 장소(통상은 공판기일에서의 법원)에 출석하게 하여 선서하게 한 후 신문에 따라 진술하게 하는 절차에 의한다. 이로 인해 증인은 출석, 선서 및 진술의 세 가지 의무가 인정된다. 그리고 비용청구권[126], 신변보호청구권[127], 증언거부권을 인정하고 있다.

Ⅶ. 국민참여재판절차

1. 의의

국민으로부터 신뢰를 받는 사법제도의 확립이 필요하다는 인식하에 일반국민도 일정한 요건을 갖추면 형사재판절차에 참여할 수 있도록 한 제도를 말한다(국민의 참여재판에 관한 법률 제1조). 2008년 1월 11일 시행하였다.

2. 대상사건

국민참여재판의 대상사건은 중죄사건이이다(동법 제5조 1항). 예컨대, 형법상 특수공무집행방해치사, 현주건조물 방화치사, 살인죄, 상해치사, 폭행치사, 강도살인·치사 등으로 한다. 또, 특정범죄가중처벌 등에 관한 법률상의 뇌물죄, 체포·감금치사, 강도강간 등, 특정경제범죄가중처벌 등에 관한 법률상의 배임수재, 성폭력범죄의 처벌 등에 관한 특례법상의 특수강도강간, 강간상해·치사 등의 중대사건의 경우.

---

126) 소환받은 증인은 법률이 규정한 바에 따라 여비, 일당과 숙박료를 청구할 수 있다. 단 정당한 사유없이 선서 또는 증언을 거부한 자는 예외로 한다(제168조).
127) 특정강력범죄사건의 증인은 피고인 기타의 사람으로부터 생명·신체에 해를 받거나 받을 우려가 있다고 인정된 경우에 검사에게 신변안전을 위한 필요한 조치를 취해 줄 것을 청구할 수 있다(특정강력범죄의 처벌에 관한 특례법 제7조 2항).

3. 배심원의 선정

배심원은 사건에 따라 5~9명의 배심원을 선정하고 5인 이내의 예비 배심원을 선정한다. ① 사형 무기징역 또는 무기금고에 해당하는 대상사건의 경우 9명, ② 그 외의 대상사건의 경우 7명, ③ 피고인 또는 변호인이 공판준비절차에서 공소사실의 주요내용을 인정하여 실질적 다툼이 없는 경우는 5명이다.

4. 배심원의 자격

배심원의 자격은 만 20세 이상의 대한민국 국민이고, 관할구역 내에 거주하는 자 중 무작위로 선발하는 방식을 채택하고 있다(동법 제16조). 즉 특별한 제한은 없다. 그러나 배심원의 업무수행의 난이도 및 공공성을 고려하고 공정한 재판을 할 수 있도록 하기 위해 배심원으로 선정될 수 없는 사유를 결격사유(동법 제17조), 직업에 따른 제외사유(동법 제18조), 제척사유(동법 제19조), 면제사유(동법 제20조) 등으로 구분해서 규정을 하고 있다.

5. 배심원의 권한

배심원은 국민참여재판을 하는 사건에 관하여 사실의 인정은 물론이고, 법령의 적용 및 형의 양정에 관한 의견을 제시할 권한이 있다(동법 제12조 1항). 배심원단의 유무죄에 대한 평결방법은 만장일치로 하며(제1차 평결), 만장일치가 되지 않을 경우 다시 평결할 수 있는데(제2차 평결), 이 경우 유죄의 평결방식은 만장일치가 아니라 다수결에 의하여 유죄의견이 과반수에 이르렀을 때 유죄평결을 할 수 있다. 그러나 이러한 배심원단의 평결과 의견은 법원을 기속하지 아니하고 권고적 효력만이 인정된다(동법 제46조 5항). 따라서 재판장은 판결 선고시 피고인에게 배심원의 평결결과를 고지하도록 하고, 배심원의 평결결과와 다른 판결을 선고하는 때에는 피고인에게 그 이유를 설명하며, 판결서에 그 이유를 기재하도록 하고 있다.

국민참여재판의 재판진행 순서

재판장의 사건호명 및 소송관계인의 출석확인

배심원과 예비배심원의 선서

배심원과 예비배심원에 대한 최초설명

재판장의 피고인에 대한 진술거부권의 고지

검사의 최초진술

피고인 및 변호인의 최초진술

재판장의 쟁점정리 및 검사·변호인의 주장 및 인증계획 진술

증거조사

피고인신문

검사의 의견 진술

피고인과 변호인의 최종의견 진술

재판장의 배심원에 대한 최종설명

배심원의 평의·평결

양형에 관한 토의

판결선고

위의 1~15번의 순서에 입각하여 진행을 한다.

제2절 증 거

I. 증거의 의의와 종류

1. 증거의 의의

형사재판의 궁극적 목적은 범죄가 성립하는가의 여부, 또 범죄가 성립한다면 범인에 대하여 어떠한 형벌을 과할 것인가를 명확히 하는 것에 있다. 그리고 이 목적을 위해서 형벌법규 적용의 전제로 될 사실관계를 인정해야 한다. 예컨대 갑이 병을 살해하였다는 관계. 이러한 사실관계를 인정하는 것에 사용되는 자료를 증거라 한다.

2. 증거의 종류

증거는 여러 가지 관점에 의해 이를 분류할 수 있다.

(1) 직접증거와 간접증거

이는 요증사실(증거에 의하여 인정함을 요하는 사실)과의 관련에 의한 분류이다. 직접증거는 요증사실을 직접으로 증명하는 증거를 말한다. 예컨대, 범행을 목격한 증인의 증언 등.

간접증거는 요증사실을 직접으로 증명하는 것은 아니나, 요증사실을 간접으로 추인케 하는 근거로 되는 사실을 증명하는 증거를 말한다. 정황증거라고도 한다. 예컨대, 야간에 살인한 사건

에 대하여 어떤 자가 사건이 있었던 밤에 범행현장을 배회하고 있었던 사실, 어떤 자가 피해자에 대하여 며칠 전부터 원한을 품고 있었던 사실, 범행현장에 남겨진 지문, 혈흔 등을 종합하면 그 어떤 자가 그 사건의 살인범이라는 것을 추측할 수가 잇을 것이다.

(2) 인적증거·물적증거·증거서류

인적증거(인증)는 사람의 진술내용이 증거로 되는 경우를 말한다. 구술증거라고도 한다. 예컨대 증언, 감정, 통역, 번역 등이 이에 속한다.

물적증거(물증)는 증거물이라고도 말하며 물건의 존재 또는 상태가 증거로 되는 경우를 말한다. 예컨대, 살인에 사용한 흉기, 절도의 장물, 범행현장에 남아있는 지문 등이다. 물적 증거를 직접 실험하는 것이 검증이다. 예컨대, 신체의 검시, 위조문서, 무고의 서명 등의 경우.

증거서류는 당해 사건에 있어 소송절차에 관하여 법원 또는 법관의 면전에서 법령에 의하여 작성된 소송서류로서 증거로 되는 것을 말한다. 서증이라고도 한다.

(3) 진술증거와 비진술증거

진술증거는 사람의 진술이 증거로 되는 경우로서 진술(예컨대, 피고인의 진술, 증인의 증언)과 진술이 기재된 서면(예컨대, 피의자신문조서, 진술조서)이 포함된다. 비진술증거는 단순한 증거물이나 사람의 신체상태 등이 증거로 되는 경우를 말한다.

(4) 본증과 반증

증거는 거증책임과 관련하여 본증과 반증으로 구별된다. 본증은 죄증이라고도 하며 거증책임을 지는 당사자가 그 책임을 다하기 위하여 제출하는 증거를 말한다. 예컨대 검사가 범죄사실의 존재를 증명하고 제출한 증거는 본증이 된다.

반증은 본증에 의하여 증명하려고 하는 범죄사실의 존재를 부정하기 위하여 제출되는 증거를 말한다. 예컨대 피고인측이 제출하는 증거는 반증이 된다.[128]

(5) 실질증거와 보조증거

실질증거란 주요사실의 존부를 직접·간접으로 증명하기 위하여 사용되는 증거를 말한다. 보조증거는 실질증거의 신용력이나 증명력을 다투기 위하여 사용되는 증거를 말한다. 보강증거와

---

128) 사실상의 추정은 자유심증주의의 한 작용이므로 그 추정을 깨기 위하여 제출하는 증거는 반증이다.

탄핵증거로 나눌 수 있다.

II. 증명의 기본원칙

1. 증거재판주의

(1) 의의

형사소송법 제307조는 사실의 인정은 증거에 의하여야 한다라고 규정하여 형사소송에서의 사실의 인정은 증거에 의하여야 한다는 증거재판의 원칙, 즉 증거재판주의를 선언하고 있다. 이 규정은 엄격한 증명에 관한 규정으로서, 공소사실 및 이와 관련된 중요한 사실에 관해서는 엄격한 증명을 요한다는 법리를 명시한 것이라고 해석되고 있다.

(2) 증명의 유형

법률상 증거능력이 있고 또 공판정에서 적법한 증거조사를 거친 증거에 의한 증명을 엄격한 증명[129]이라고 하고, 이러한 제한을 받지 않는 증거와 절차에 의한 증명을 자유로운 증명[130]이라고 한다. 이 두 증명은 증거능력의 유무와 증거조사의 방법에 차이가 있을 뿐이다.

2. 거증책임

소송에 있어서 어떤 사실에 관하여 법원의 직권에 의해서도 증명이 불가능한 경우에 어느 당사자(검사 또는 피고인)의 일방이 불이익한 사실의 인정을 받는 법률상의 지위를 말한다(입증책임). 거증책임은 다시 형식적 거증책임과 실질적 거증책임으로 나누어진다. 형사소송의 거증책임은 원칙적으로 원고측인 검사에게 있다. 검사는 공소범죄사실의 존부에 관해서 뿐만 아니라, 정당방위·긴급피난 등의 위법 또는 책임조각사유의 부존재, 형의 가중·감경사유의 존재 등의 사항에 대해서도 모든 거증책임을 부담한다.

> **관련판례** 법원이 검사에게 공소장 변경을 촉구하지 아니하였다고 하여 위법이라 할 수 없고 서증의 증거능력을 부여하기 위한 입증책임은 그러한 서증을 증거로 제출한 검사에게 있다고 할 것이다(대판 1970. 11. 24, 70도 2109).

---

129) 엄격한 증명의 대상으로는 공소범죄사실의 존부에 관한 사실, 처벌조건의 사실, 법률상 형의 가중·감면의 사유로 되는 사실, 간접사실, 경험법칙, 법칙 등.
130) 자유로운 증명의 대상으로는 정상에 관한 사실, 소송법적 사실, 보조사실 등.

3. 자유심증주의

자유심증주의는 법정증거주의[131]에 대응하는 것으로서 증거의 증명력 판단을 법의로 정하지 않고, 오로지 법관의 자유로운 판단력에 의해서 일임하는 주의를 말하며, 형사소송의 목적인 실체적 진실발견을 위한 합리적 증거법칙이라고 할 수 있다. 따라서 자유심증주의를 자유로운 증거평가주의라고도 한다. 현행 형사소송법의 경우도 구법과 같이 자유심증주의를 채용하여 제308조의 규정에 "증거의 증명력은 법관의 자유판단에 의한다"라고 규정하고 있다.

III. 자백배제법칙

자백백제의 법칙은 임의성이 의심되는 자백의 증거능력은 부정되어야 한다는 법칙을 말한다. 피고인이 자백을 설령 한 경우라도 이러한 자백이 고문, 폭행·협박 등의 부당한 방법으로 임의로 진술한 것이 아니라고 의심할 만한 이유가 있는 경우에는 증거능력이 부정된다. 이 법칙은 영미에서 발달하였다. 형사소송법 제309조 또는 헌법 제12조 ⑦항[132]에 근거하여 이 법칙을 선언하고 있다.

> **관련판례** ① 진술의 임의성이란 고문·폭행·협박·신체구속의 부당한 장기화 또는 기망 기타 진술의 임의성을 잃게 하는 사정이 있다는 것 즉 증거의 수집과정에 있어 위법성이 없다는 것을 말한다(대법원 1983. 3. 8, 82도3248).
> ② 피의자가 경찰에서 고문에 의하여 자백을 한 후 검사에게 동일한 자백을 한 경우에 있어서는 임의성이 없는 심리상태가 검사의 조사단계까지 계속 된 경우에는 검사 앞에서 행한 자백이 고문 등에 의하여 강요받은 바가 없다고 하여도 임의성이 없다고 할 수밖에 없다(대법원 1984. 84도 472).

---

131) 법정증거주의는 증거의 증명력에 차등을 두어 증거의 증명력의 판단에 법률적인 구속을 가하여 일정한 증거(예컨대, 피고인의 자백 등)가 있으면 반드시 유죄로 인정하여야 한다든가 또는 일정한 증거가 없는 경우에는 유죄로 할 수 없다든가 등의 증거에 대한 법관의 가치판단을 제약하려는 주의를 말한다. 이는 법관 판단의 개인적 차이를 배제함으로써 법적 안전성을 유지하는 점에 의미가 있다.
132) 헌법 제12조 ⑦항은 "피고인의 자백이 고문·폭행·협박·구속의 부당한 장기화 또는 기망 기타의 방법에 의하여 자의로 진술된 것이 아니라고 인정될 때 또는 정식재판에 있어서 피고인의 자백이 그에게 불리한 유일한 증거일 때에는 이를 유죄의 증거로 삼거나 이를 이유로 처벌할 수 없다"고 규정하고 있다.

Ⅳ. 위법수집증거 배제법칙

위법한 절차에 의하여 수집한 증거의 증거능력을 부정해야 한다는 법칙을 말한다. 적법한 절차에 따르지 아니하고 수집한 증거는 증거로 할 수 없다(제308조의2).

예컨대 영장주의에 반하여 수집한 증거, 진술거부권을 고지하지 않고 얻어낸 피의자의 진술, 선서 없이 행한 증인의 증언 등의 경우는 증거로 불가.

그러나 위법의 정도가 경미한 경우에 한해서는 증거능력은 부정되지 않는다. 위법수집증거의 배제법칙은 영미증거법의 기본원칙으로서 적정절차의 법리를 이론적 근거로 하고 있다.

Ⅴ. 전문법칙

고유한 의미에 있어서 전문증거[133]는 요증사실을 직접체험한 자의 진술을 내용으로 하는 타인의 진술(증언)을 말한다. 전문증거는 원칙적으로 이를 증거로 할 수 없고, 따라서 증거능력이 인정되지 않는다. 이러한 원칙을 전문법칙이라고 한다(제310조의2). 전문법칙의 예외란 전문법칙이 적용되어 원칙적으로 증거능력이 없는 전문증거가 예외적으로 증거능력이 인정되는 경우를 말한다. 형사소송법 제311조 내지 제316조에서 전문법칙의 예외 규정을 두고 있다.

Ⅵ. 당사자의 동의와 증거능력

검사와 피고인이 증거로 할 수 있음을 동의한 서류 또는 물건은 진정한 것으로 인정한 때에는 증거로 할 수 있다(제318조 1항). 동의의 대상인 증거는 증거능력 없는 서류나 물건, 서류의 등본, 사진 등은 물론 전문진술도 포함된다고 보아야 한다.

동의할 수 있는 자는 검사와 피고인이다. 동의의 대상이 되는 것은 증거능력이 없는 증거로서 형사소송법은 서류 또는 물건을 규정하고 있다.

동의한 서류(또는 진술)는 제311조 내지 제315조의 예외에 해당되지 아니하더라도 진정성이 인정되는 한 증거능력을 취득하게 된다.[134]

---

133) 전문증거의 예를 들어보면 피고인 갑이 을을 살해한 혐의로 기소된 사건에서, 병이 갑이 을을 살해하고 있는 현장을 목격하였을 경우에 병이 증인으로서 법정에 출석하여 나는 갑이 을을 살해하고 있는 현장을 보았다라고 증언하면 이는 보통의 증언이 되는 것이다. 그러나 병이 목격한 바를 정에게 말하고 정이 증인으로서 법정에 출석하여 나는 병으로부터 갑이 을을 살해하는 것을 보았다는 말을 들었다라고 증언하면 이 정의 증언이 바로 전문증거인 것이다.

134) 1심에서 증거로 함에 동의한 서류를 2심에서 동의하지 않을 경우에도 특단의 사유가 없는 한 증거능력은 상실되지 않는다(대판 12965. 6. 29, 65도 346; 대판 1994. 7. 29, 93도955).

Ⅶ. 탄핵증거

탄핵증거는 영미의 증거법에서 유래하는 것으로 증언의 신빙성을 감쇄하기 위하여 제출한 증거라는 의미를 갖는다. 우리 형사소송법 제318조의 2는 "제312조 내지 제316조의 규정의 의하여 증거로 할 수 없는 서류나 진술이라도 공판준비 또는 공판기일에서의 피고인 또는 피고인이 아닌 자의 진술의 증명력을 다투기 위해서는 증거로 할 수 있다"고 규정하고 있다. 이를 탄핵증거라고 한다. 탄핵증거는 전문법칙의 예외(제312조 내지 제316조)에 해당하지 않아 증거능력이 없는 전문증거(서류 또는 진술)라도 공판준비 또는 공판기일에서의 피고인 또는 피고인이 아닌자(증인 등)의 진술의 증명력을 다투기 위해서는, 즉 탄핵증거로는 이용할 수 있다는 것을 명시하고 있다.

Ⅷ. 증거의 증명력

증거의 증명력이란 증거가 증명의 대상으로 되어 있는 사실(요증사실)을 증명하는 힘, 즉 증거의 실질적 가치를 말한다. 증거의 증명력은 요증사실을 증명하는 증거의 실질적 가치이기 때문에 사실과의 관계에서 이를 개별적 판단에 의해야 한다. 법률은 그 판단을 함에 있어 법관에게 일임하고 있다.

1. 자유심증주의

법정증거주의에 대응하는 것으로서 증거의 증명력을 적극적 또는 소극적으로 법으로 정하지 아니하고, 이를 오로지 법관의 자유로운 판단에 일임하는 주의를 말한다. 자유로운 증거평가주의라고도 한다. 즉, 증명력의 판단에 관하여 외부적인 법률적 제한을 가하지 않는다는 것이다. 이는 법관의 자의에 일임한다는 것이 아니고, 법관의 자유로운 이성(理性)에 일임하는 것이다. 법관의 판단은 객관적으로 합리적이어야 한다. 현행 형사소송법도 구법과 같이 자유심증주의를 채용하여 제308조에 증거의 증명력은 법관의 자유판단에 의한다고 규정하고 있다.

2. 자백보강법칙

증거능력이 있고 신빙성이 있어도 법관이 유죄의 확실을 하는 경우에도 자백이 유일한 증거이고 다른 보강증거가 없을 경우에는 유죄로 인정할 수 없다는 증거법칙을 말한다. 자백보강법칙은 영미법에서 확립된 것으로서 헌법 제12조 ⑦항 후단과 형사소송법 제310조에서 "피고인의 자백이 피고인에게 불이익한 유일한 증거인 경우에는 이를 유죄의 증거로 하지 못한다"라고 규정하여 자백보강법칙에 대해서 선언을 하고 있다.

3. 공판조서의 증명력

형사소송법 제56조는 "공판기일의 소송절차로서 공판조서[135]에 기재된 것은 그 조서만으로 증명력을 인정한다[136]"고 규정하고 있다.

제5장 재 판

I. 재판의 의의와 종류

1. 의의

재판이란 협의의 재판은 피고사건에 법령을 적용하고 그 실체에 대하여 법원이 내리는 공권적인 판단(유죄나 무죄의 판결)을 말한다. 광의의 재판 또는 소송법적 의미의 재판은 소송법상의 용어로서 재판이라고 할 경우에는 법원 또는 법관의 의사표시적인 소송행위를 말한다.

2. 재판의 종류

재판은 여러 가지 관점에 따라 다음과 같이 분류할 수 있다.

(1) 종국재판과 종국전의 재판(재판의 기능에 의한 분류)

1) 종국재판

당해 소송을 그 심급에서 종결시키는 재판을 말한다. 유죄·무죄의 재판은 물론이고 관할위반의 재판, 공소기각의 재판 및 면소의 재판 등은 종국재판에 해당된다. 종국재판은 원칙적으로 상소가 허용된다.

2) 종국전의 재판

종국재판에 이르기까지의 절차상의 문제를 해결하기 위하여 하는 재판을 말한다. 정국전의 재판을 중간재판이라고도 한다. 명령의 전부와 결정의 대부분은 이에 해당된다. 종국전의 재판은

---

135) 공판조서란 공판기일의 소송절차를 기재한 조서를 의미한다.
136) 조서만으로 증명력을 인정한다는 말은 공판조서 기재 내용 그대로만 인정하고 그 이외의 다른 증거를 참작하거나 반증을 허용하지 않는다는 의미이다.

일반적으로 독자적인 의미를 가지지 않으므로 이에 대해서는 원칙적으로 상소가 허용되지 않는다(제403조 참조).

(2) 판결 · 결정 · 명령(재판의 형식에 의한 분류)

1) 판결

법원이 하는 종국재판의 원칙적 형식이며 재판 중 가장 중요한 형식이다. 판결에는 실체적인 재판, 예컨대, 유죄·무죄의 판결인 경우와 형식적인 판결, 예컨대, 관할위반의 판결, 공소기각의 판결인 경우 등.

판결은 법원이 하는 재판이므로 합의부의 심판일 경우에는 합의를 필요로 한다(법조법 제7조, 제66조). 판결은 원칙적으로 구두변론에 의거해야 한다(제37조 1항).

판결에는 반드시 이유를 명시해야 한다(제39조).

2) 결정

법원이 하는 종국전의 재판의 기본적 형식이다, 예컨대, 보석허가결정, 공소장변경허가결정, 공소기각 결정 등이 이에 해당된다. 결정도 법원이 하는 재판이므로 합의부의 심판일 경우에는 합의가 필요하다. 결정은 구두변론에 의거하지 아니할 수 있고(제37조 2항), 법원은 결정을 함에 필요한 경우에는 사실을 조사[137]할 수 있다(동조3항, 동조 4항, 규칙 제24조). 판결에 대한 상소방법은 항고이다.

3) 명령

법원으로서가 아니라 재판장, 수명법관, 수탁판사 기타 1인의 법관이 하는 종국전 재판의 형식이다. 예컨대 공판기일의 지정, 피고인에 대한 퇴정 등이 여기에 해당된다. 명령은 구두변론에 의거하지 아니할 수 있다(제37조 2항). 명령에 대해서는 일반적으로 상소의 방법이 없으며 특수한 경우에는 이의신청 또는 그 법관소속의 법원이 재판의 취소 도는 변경을 신청할 수 있다(제416조 준항고).

(3) 실체적 재판과 형식적 재판(재판의 내용에 의한 분류)

실체적 재판이란 피고사건의 실체적 법률관계를 판단하는 재판을 말한다. 형식적 재판이란 실

---

137) 사실의 조사는 부원에게 할 수 있고 다른 지방법원의 판사에게 촉탁할 수도 있다.

체적 재판이외의 재판, 즉 절차적·형식적 법률관계를 판단하는 재판을 말한다. 종국전의 재판은 예외 없이 모두 형식적 재판이다. 예컨대 종국재판 중 유죄(형의 선고, 형의 면제) 및 무죄의 재판은 실체적 재판이며 관할위반, 공소기각 및 면소의 재판은 형식적 재판에 해당된다. 따라서 실체적 재판은 예외 없이 모두 종국재판이이고 판결의 형식에 의한다.

Ⅱ. 종국재판

피고사건에 관하여 공판기일에서의 심리와 변론을 거친 후에 종국재판이 행해진다. 따라서 공판은 종국재판에 의하여 종결된다. 즉, 피고사건에 대한 당해 소송을 심급에서 종결시키는 재판을 말한다. 종국재판은 실체적 재판과 형식적 재판으로 나누어진다. 실체적 재판은 유죄·무죄의 판결이다. 형식적 재판은 사건의 실체 그 자체를 판단하지 않고 소송절차를 종결시키는 것을 말한다.

Ⅲ. 재판의 확정과 효력

재판이 통상의 상소방법에 의하여는 다툴 수 없게 되어 그 내용을 변경할 수 없게 된 상태에 이르렀을 때의 상태를 재판의 확정이라 하며, 이러한 상태에 있는 재판을 확정판결이라 한다. 재판은 원칙적으로 확정에 의하여 그 본래의 효력을 발생한다. 재판이 확정되면 소송계속이 종결되고, 유죄판결일 경우에는 형벌권의 범위를 명확히 하여 형집행의 근거로 된다.

제6장 상소 · 비상구제절차 · 특별절차

제1절 상 소

Ⅰ. 상소의 의의

미확정의 재판에 대하여 상급법원에 불급신청을 하여 구제를 구하는 절차를 말한다. 상소의 목적은 1차적으로 당사자의 구제이다. 2차적으로는 법령해석의 통일이다.

상소의 종류에는 항소, 상고, 항고의 세 종류가 있다. 항소 및 상고는 판결에 대한 상소방법이고, 항고는 결정에 대한 상소방법이다. 항소와 상고의 차이는 항소는 제1심 판결에 대한 상소방법(제357조)인데 대하여, 상고는 원칙적으로 제2심 판결에 대한 상소방법(제371조)이다. 이리하여 3심제도로 되는 것이다.

Ⅱ. 상소의 종류

1. 항소

제1심 판결에 불복하여 제2심 법원에 상소하는 것을 말한다. 제1심 법원의 판결에 대하여 불복이 있을 경우 지방법원단독판사가 선고한 것은 지방법원본원합의부에 항소할 수 있으며, 지방법원합의부가 선고한 것은 고등법원에 항소 할 수 있다(제357조). 항소를 하는 경에 항소의 제기기간 내에 항소장을 원심법원에 제출해야 한다(제359조, 제342조 1항). 항소의 제기의 기간은 7일로 한다(제358조).

2. 상고

제2심판결에 불복하여 대법원에 상소하는 것을 말한다. 재371조는 "제2심 판결에 대하여 불복이 있으면 대법원에 상고할 수 있다"고 규정하고 있다. 상고사건의 관할법원은 대법원인 것이다. 상고를 함에는 상고기간 내에 상고장을 원심법원에 제출하여야 한다(제375조, 제343조 1항). 상고의 제기기간은 7일로 한다(제374조).

3. 항고

결정에 대한 상소방법이다. 제1심법원의 결정에 의한 항고는 단독판사의 결정에 대해서는 지방법원본원 합의부네, 지방법원합의부의 결정에 대해서는 고등법원에 항고 할 수 있다. 항고에는 일반항고와 재항고의 두 종료가 있다. 일반항고는 다시 보통항고와 즉시항고로 구분할 수 있다. 재항고라 함은 소송법에 의하여 대법원에 즉시항고할 수 있는 것이 특히 허용된 항고를 말한다(제415조). 또한 즉시항고라 함은 단기(3일)의 제기기일(제405조)의 제한이 있고, 항고의 제기가 있는 경우에 재판의 집행이 정지되는 효력(제410조)이 있는 항고를 말한다. 보통항고는 즉시항고 할 수 있는 경우 외에 법원의 결정에 대하여 불복이 있으면 항고할 수 있다(제402조 본문).

제2절 비상구제절차

법률은 확정판결에 법령위반의 하자가 있는 경우에는 비상상고를, 사실오인이 있는 경우에는 재심을 각각 인정하고 있다. 이 양자는 상소와는 달리 미확정의 재판에 대한 통상구제절차가 아니고 확정판결에 대한 것이기 때문에 비상구제절차라고 한다.

I. 재심

확정판결에 대하여 주로 사실인정의 부당을 시정하기 위하여 인정된 비상구제절차이고, 법이 정하는 사실인정의 결함이 추정되는 일정한 사유가 있는 경우에 원심법원에 청구하여 다시 심리하는 일 또는 절차를 말한다. 본래 실체적 판결이 한번 확정된 경우에 다시 동일한 사건을 심판하는 것은 일사부재리의 원칙(헌법 제13조 1항 후단)에 반하기 때문에 피고인의 이익을 위한 재심만이 허용되는 것이고 불이익한 재심의 경우는 허용되지 않는다. 재심은 확정판결의 사실인정의 부당함을 시정하기 위하여 사건을 다시 심판하는 절차이다.

II. 비상상고

확정판결에 대하여 그 심판의 법령위반을 이유로 하는 비상구제절차를 말한다. 이는 재심과 함께 확정판결에 대한 비상구제수단이나, 사실인정의 오인을 이유로 하는 재심과는 다르다. 비상상고는 오로지 법령해석의 통일을 목적으로 하고 피고인의 구제는 2차적, 부수적으로 고려의 대상에 불과하다. 따라서 비상상고의 판결은 그 효력이 피고인에게 미치지 않는 것이 원칙으로 되어 있다(제447조).

제3절 재판의 집행과 형사보상

Ⅰ. 재판의 집행

재판(판결, 결정, 명령)의 내용인 의사표시를 국가의 강제에 의하여 구체적으로 실현하는 것을 말한다. 재판은 형사소송법의 특별한 규정이 없으면 확정한 후에 집행한다(제459조). 재판의 집행은 그 재판을 한 법원에 대응한 검찰청검사가 지휘한다(검사주의). 단 재판의 성질상 법원 또는 법관이 지휘할 경우에는 예외로 한다(제460조 1항). 예외의 경우로는 구속영장, 압수·수색영장에 관해서는 법관이 지휘할 수 있다(제81조 1항 단서, 제115조 1항 단서). 형의 집행은 사형, 자유형, 자격형, 재산형의 집행, 기타의 처분으로 나눌 수 있다. 집행형의 순서로는 2개 이상의 형의 집행은 자격상실, 자격정지, 벌금, 과료와 외에도 그 중한 형을 먼저 집행한다. 단 검사는 소속장관의 허가를 얻어 중한 형의 집행을 정지하고 다른 형의 집행을 할 수 있다(제462조).

Ⅱ. 형사보상

형사절체에서 억울하게 죄인의 누명을 쓰고 구금되거나 형의 집행을 받은 사람에 대하여 국가가 그 피해를 보상하여 주는 제도를 말한다. 헌법 제28조는 "형사피의자 또는 형사피고인으로서 구금되었던 자가 법률이 정하는 불기소처분을 받거나 무죄판결을 받은 때에는 법률이 정하는 바에 의하여 국가에 정당한 보상을 청구할 수 있다"고 규정하여 형사보상청구권을 국민의 기본권으로서 보장하고 있다.

형사보상은 무죄판결을 받거나 불기소처분을 받은 자가 구금 또는 형의집행을 받았을 것을 요건으로 한다(동법 제1조, 제26조). 형사보상의 청구권자는 무죄·면소 또는 소송기각의 재판을 받은 본인 또는 그 상속인(동법 제1조, 제2조, 제25조), 제26조 1항 단서에 규정된 경우 이외의 불기소처분을 받은 피의자(동법 제26조 1항)이다. 보상의 청구권은 양도·압류할 수 없다(동법 제22조). 보상의 청구는 무죄·면소 또는 공소기각의 재판이 확정되거나, 검사로부터 공소를 제기하지 아니하는 처분의 고지 또는 통지를 받은 날로부터 1년 이내에 하여야 한다(동법 제7조, 제25조, 제27조3항).

제4절 특별절차

I. 약식절차

지방법원의 관할에 속하는 사건에 관하여 공판절차를 거치지 아니하고 약식명령에 의하여 벌금, 과료 또는 몰수를 과하는 절차이다. 약식명령의 경우 공판절차를 거치지 않고 유죄의 선고를 하는 것이기 때문에 재판의 진행이 공개되지 아니하고 심리를 함에는 서면심리로 하게 된다. 지방법원은 그 관할에 속하는 사건에 대하여 검사의 청구가 있는 때에는 공판절차 없이 약식명령으로 피고인을 벌금, 과료 또는 몰수에 처할 수 있다(제448조 1항). 이 경우에는 추징 기타 부수적인 처분을 할 수 있다(동조 2항). 약식명령의 청구는 공소의 제기와 동시에 서면으로 하여야 한다(제449조).[138] 검사는 약식명령의 청구와 동시에 약식명령을 하는데 필요한 증거서류 및 증거물을 법원에 제출하여야 한다(규칙 170조). 약식명령은 그 청구가 있는 날로부터 14일 이내에 이를 하여야 한다(규칙 171조). 약식명령의 청구가 있는 경우에 그 사건이 약식명령으로 할 수 없거나 약식명령으로 하는 것이 적당하지 아니하다고 인정한 때에는 공개절차에 의하여 심판하여야 한다(제450조). 약식명령에는 범죄사실, 적용법령, 주형, 부수처분(예컨대, 추징 및 벌금 등에 대한 가납처분 등)과 약식명령의 고지를 받은 날로부터 7일 이내에 정식재판을 청구할 수 있음을 명시하여야 한다(제451조).

II. 즉결심판절차

즉결심판에 관한 절차법(1957. 2. 15. 법률 제439호; 1991. 11. 22 개정; 1994. 7. 27 개정)에 의한 형사절차를 말하며, 범증이 명백하고 죄질이 경미한 범죄건에 대하여 통상의 형사절차에 의하지 않고 신속히 심리·처리하기 위한 간략한 형사절차다. 즉결심판에 관한 절차법 제1조는 "이 법은 범증이 명백하고 죄질이 경미한 범죄사건을 신속·적정한 절차로 심판하기 위하여 즉결심판에 관한 절차를 정함을 목적으로 한다"라고 규정하고 있고, 제2조는 "20만원 이하의 벌금, 구료 또는 과료에 처할" 범죄사건에 대하여 즉결심판에 의할 것을 정하고 있다. 이 법은 20만원 이하의 벌금, 구류 또는 과료에 처할 경미한 범죄사건에 대해서만 적용되므로 주로 경범죄처벌법에 대한 절차법으로서 중요한 의미를 가지는 것이나, 형법상의 범죄도 경미한 경우에는 그 대상으로 한다. 경찰서장은 관할경찰서장과 관할해양경찰서장을 포함한다(즉결심

---

138) 따라서 공소가 취소되면 약식명령의 청구도 동시에 효력을 잃게 된다.

판에 관한 절차법 제3조 1항). 경찰서장은 즉결심의 청구와 동시에 즉결심판을 함에 필요한 서류 또는 증거물을 판사에게 제출해야 한다(동법 제4조). 지방법원 또는 그 지원의 판사는 소속 지방법원장의 명령을 받아 소속법원의 관할사무와 관계없이 즉결심판청구사건을 심판할 수 있다(동법 제3조의2). 판사는 즉결심판을 청구한 사건이 즉결심판을 할 수 없거나 즉결심판절차에 의하여 심판함이 적당하지 아니한다고 인정할 때에는 지체 없이 사건을 관할지방검찰청 또는 지청의 장에게 송치해야 한다(동법 제5조 1항·2항). 전술한 청구기각의 경우를 제외하고는 판사는 즉시 기일을 정하여 심판하고 심리와 재판의 선고는 경찰관서 이외의 장소에 설치된 공개된 법정에서 행하여야 한다(동법 제6조, 제7조1항).

기일의 심리에는 판사와 법원서기관, 법원사무관 법원주사 또는 법원주사보가 열석하여 개정한다(동법 제7조2항). 그러나 판사는 상당한 이유가 있는 경우에는 개정없이 피고인의 진술서와 경찰서장이 제출한 서류 및 증거물에 의하여 심판을 할 수 있다(동제3항). 이는 즉결심판의 신속한 진행을 위하여 서면심리를 허용한 것이다.

피고인이 기일에 출석하지 아니한 때에는 이 법 또는 다른 법률에 특별한 규정이 있는 경우를 제외하고는 개정할 수 없다(동법 제8조). 다만 벌금 또는 과료를 선고한 경우에는 피고인이 출석하지 않아도 심판할 수 있으며, 피고인 또는 즉결심판 출석통지서를 받은 자가 법원에 불출석심판을 청구하고 법원이 이를 허가 한 때에는 피고인이 출석하지 아니하더라도 심판할 수 있다(동법 제8조의2 제1항·2항). 판사는 피고인에게 피고사건의 내용과 형사소송법 제289조에 규정된 진술거부권이 있음을 알리고 변명할 기회를 주어야 하며(동법 제9조1항), 필요하다고 인정할 때에는 적당한 방법에 의하여 재정하는 증거에 한하여 조사할 수 있다(동조 2항). 변호인은 기일에 출석하여 위 증거조사에 참여할 수 있으며, 의견을 진술 할 수 있다(동조3항).

즉결심판절차에 있어서는 형사소송법 제310조(자백의 증명력의 제한)와 제312조 2항(사법경찰관작성의 피의자신문조서의 증거능력의 제한) 및 제313조(진술서 등의 증거능력의 제한)의 규정은 적용하지 아니한다(동법 제10조). 따라서 피고인의 자백만으로 유죄를 인정할 수 있고, 사법경찰관작성의 피의자신문조서도 검사의 그것과 같이 본인이 그 내용을 인정치 않더라도 증거능력을 가진다.

즉결심판으로 유죄를 선고한 경우에는 형, 범죄사실과 적용법조를 명시하고 피고인은 7일 이내에 정식재판을 청구할 수 있다는 것을 고지해야 한다(동법 제11조 1항). 즉결심에서 선고할 수 있는 형은 20만원 이하의 벌금이나 구류 또는 과료에 한하지만 이는 유죄를 선고하는 경우만을 의미하므로, 그 이외에 무죄를 선고할 수 있음은 물론이고 면소나 공소기각을 함이 명백하다고 인정할 때에는 이를 선고·고지할 수도 있다(동법 제11조 5항). 판사는 구류의 선고를 받은 피고인이 일정한 주소가 없거나 또는 도망할 염려가 있을 때에는 5일을 초과하지 않는 기간 동안 경찰서유치장에 유지할 것을 명령할 수 있다(동법 제17조 1항). 형사소송법 제334조의 규정은 판사가 벌금 또는 과료를 선고하였을 때에 이를 준용한다(동조3항). 즉결심판이 확정되면 확정판결과 동일한 효력이 생긴다. 즉결심판에 의한 형의 집행은 경찰서장이 하고, 그 집행결과를 지체없이 검사에게 보고하여야 한다(동법 제18조 1항). 형의 집행정지는 사전에 검사의 허가를 얻어야 한다(동조4항). 즉결심판을 받은 피고인이 정식재판을 청구하고자 할 때에는 즉결심판의 선고·고지를 받은 날로부터 7일 이내에 정식재판청구서를 경찰서장에게 제출해야 하며 이를 받은 경찰서장은 지체없이 판사에게 이를 송부해야 한다(동법 제14조 1항). 경찰서장은 무죄·면소 또는 공소기각의 판결이 있는 경우에는 그 선고·고지를 한 날로부터 7일 이내에 관할지방검찰청이나 지청의 검사의 승인을 얻어 정식재판청구서를 판사에게 제출하여야 한다(동조 2항). 판사는 정식재판청구서를 받은 날로부터 7일 이내에 경찰서장에게 정식재판청구서를 첨부한 사건기록과 증거물을 송부하고, 경찰서장은 지체없이 관할 지방검찰청 또는 지청의 장에게 이를 송부하여야 하며, 그 검찰청 또는 지청의 장은 지체 없이 관할법원에 이를 송부하여야 한다(동조3항).

Ⅲ. 형사사건의 피해자보호를 위한 절차

1. 배상명령제도

소송촉진 등에 관한 특례법 제25에 의하면 법원이 일정한 죄에 해당하는 사건에 대하여 유죄판결을 선고한 경우에 직권 또는 피해자나 그 상속인의 신청에 의하여 피고사건의 범죄행위로 인하여 발생한 직접적인 물적피해 및 치료비손해의 배상을 명할 수 있도록 하고 있는 절차를 말한다. 배상명령을 할 수 있는 피고사건은 원칙적으로 상해죄(형법 제257조 1항), 중상해죄(동법 제258조 1항 및 2항), 상해치사(동법 제259조 1항), 폭행치사죄(동법 제262조, 존속폭행죄는 제외) 및 과실사상의 죄(동법 제26장), 절도와 강도의 죄(동법 제38장), 사기와 공갈의 죄(동법 제39장), 횡령과 배임의 죄(동법 제40조), 손괴의 죄(동법 제42장)에 한한다(소송법 제25조 1항). 그러나 위에 열거한 죄 이외의 죄에 대한 피고사건에 있어서 피고인과 피해자 사이에 합의된 손해배상액에 관해서는 배상명령을 할 수 있다(소송법 제25조 2항).

배상명령은 피고사건의 범죄행위로 인하여 발생한 직접적인 물적피해 및 치료비손해에 한정된다(동법 제25조 1항). 따라서 정신적 손해에 대한 배상인 위자료나 간접손해에 대한 배상을 명할 수 없다.

법원은 다음 중 어느 하나의 사유에 해당하는 경우에는 배상명령을 해서는 안된다.(동조3항). 즉 배상명령의 예외사유에는 다음과 같다. ① 피해자의 성명·주소가 분명하지 아니한 때 ② 피해금액이 특정되지 아니한 때 ③ 피고인의 배상책임의 우무 또는 그 범위가 명백하지 아니한 때 ④ 배상명령으로 인하여 공판절차가 현저히 지연될 우려가 있거나 형사소송절차에서 배상명령을 함이 상당하지 아니하다고 인정한 때이다. 배상명령은 법원의 직권이나 피해자 또는 상속인의 신청에 의하여야 한다(동법 제25조 1항). 배상신청은 제1심 또는 제2심 공판의 변론종결시까지 사건이 계속된 법원에 서면으로 신청할 수 있으며, 이 경우에 상대방 피고인 수에 상응하는 신청서부본을 제출해야 한다(제261조 1항·2항). 신청인은 배상명령이 확정되기까지는 언제든지 배상신청을 취하 할 수 있다(제26조 6항). 배상신청이 있는 때에는 법원은 신청인에게 공판기일을 통지해야 한다. 그러나 신청인이 공판기일의 통지를 받고도 출석하지 아니한 때에는 그 진술없이 재판할 수 있다(제29조). 신청인 및 그 대리인은 공판절차를 현저히 지연시키지 않는 범위 안에서 재판장의 허가를 받아 소송기록을 열람할 수 있고 공판기일에 피고인 또는 증인을 신문할 수 있으며 기타 필요한 증거를 제출할 수 있다(제30조). 배상신청이 부적법한 때 또는 그 신청이 이유거나 배상명령을 함이 상당하지 아니하다고 인정될 때에는 결정으로 이를 각하하여야 하며, 유죄판결의 선고와 동시에 신청각하의 결정을 할 때에는 이를 유죄판결의 주문에 표시할 수 있다(제32조 1항·2항). 신청을 각하하거나 그 일부를 인용한 재판에 대하여 신청인은 불복을 신청하지 못하며, 다시 동일한 배상신청을 할 수 없다(동조3항).

2. 범죄피해자 구조제도

헌법 제30조는 "타인의 범죄행위로 인하여 생명·신체에 대한 피해를 받은 국민의 법률이 정하는 바에 의하여 국가로부터 구조를 받을 수 있다"고 규정하고 있으며, 이에 근거하여 제정된 것이 범죄피해자구조법(1987년 11월 28일, 법률 제3969)이다. 이후 2005년 12월 31일 "사람의 생명 또는 신체를 해하는 범죄행위로 인하여 사망한 자의 유족이나 중장해를 당한 자를 구조함을 목적"으로 범죄피해자보호법이 제정되었다. 범죄피해는 대한민국의 영역 안 또는 대한민국의 영역 밖에 있는 대한민국 선박 또는 항공기 안에서 행해진 사람의 생명 또는 신체를 해하는 죄에 해당하는 행위로 인한 사망 또는 중장해를 말한다. 중장해란 부상 또는 질병이 치유된 때의 신체상의 장해로서 대통령령이 정하는 경우를 의미한다(동법 제2조 2호). 생명 또는 신체를 해하는 범죄행위에 의한 피해이더라도 정당방위와 정당행위로 인한 경우와 과실범의 경우는 제외된다(동법 제2조 1호). 구조금은 유족구조금과 장애구조금으로 구분하며, 일시금으로 지급한다. 유족구조금은 피해자가 사망한 경우에 제1순위의 유족에게 지급하며 장해구조금은 당해 피해자에게 지급한다. 다만, 순위가 같은 유족이 2명 이상이면 똑 같이 나누어 지급한다. 피해자와 가해자간에 친족관계가 있거나 피해자가 범죄행위를 유발하였거나 피해발생에 관하여 피해자에게 귀책사유가 있는 경우, 기타 사회통념상 구조금을 지급하지 아니함이 상당하다고 인정되는 때에는 구조금의 전부 또는 일부를 지급하지 아니할 수 있다. 구조금의 지급에 관한 사무를 심의·결정하기 위하여 지방검찰청에 범죄피해자구조심의회를 두며, 구조금을 지급받고자 하는 자는 그 주소지·거주지 또는 범죄발생지를 관할하는 심의회에 범죄피해의 발생을 안 날로부터 1년 또는 범죄피해가 발생한 날로부터 5년 이내에 신청하여야 한다.

제12편
민사소송

김성태

숭실대학교 대학원 법학과 졸업(법학박사), (現) 숭실대학교 법학연구소 연구교수

Ⅰ. 민사소송법 개관

1. 민사소송의 제도적 의의

민사소송제도는 사적 법률관계에서 발생하는 분쟁을 해결하여 권리를 보호하는 가장 전형적인 수단으로 독촉절차, 재판상화해, 민사조정, 가사조정 등과 같이 법원의 판결로 분쟁을 종결짓는 민사소송보다 더 신속하고 적은 비용으로 분쟁을 해결하는 방법 또한 민사분쟁을 해결하기 위한제도로 마련되어 있다.

사적 분쟁해결 방법으로는 민사소송 외에도 다른 절차가 있음에도 불구하고, 그러한 방법으로 분쟁해결이 되지 않을 경우에는 결국 민사소송에 의하여 분쟁을 해결할 수 있기에, 민사소송을 사적 법률관계에서 발생하는 분쟁을 실체사법에 따라 해결하여 개인의 권리를 보호하고 실현시키는 제도라고 할 수 있다.

민사소송이 가지는 의미는 사법관계에서 발생한 분쟁을 해결하는 절차로서의 의미만 있는 것이 아니라 민사소송법에는 모든 종류의 분쟁해결절차에 공통되는 기본 원리가 규정되어 있다.[139]

2. 민사소송법의 4대 이상(理想)[140]

(1) 적정

법원이 사실을 인정할 때 정확성을 기하여 실체적 진실을 발견하고, 법률적용을 타당하게 함으로써, 권리 있는 자는 반드시 승소하게 하고 권리 없는 자나 의무 있는 자는 반드시 패소하게끔 하는 것으로 일반적으로 올바른 재판을 하는 것을 의미한다.

관련제도에는 대리인제도, 석명권 행사, 직권증거조사, 3심제도, 재심제도 등이 있다.

(2) 공평

소송의 심리에서 양 당사자에게 균등한 기회를 주어 그들을 동등하게 취급하는 것(무기대등의 원칙)으로, '법관에 의한 공평한 재판'과 '평등의 제도적 보장'을 의미한다.

관련제도에는 공개주의, 법관의 제척·기피·회피, 제3자의 소송참가 등이 있다.

---

139) 행정소송법과 가사소송법에는 민사소송과 달리 규율할 특별한 규정들만을 두고 이 법들에 규정이 없는 사항은 민사소송법에 의한다고 규정하고 있으며, 특허심판절차와 특허소송은 기본적으로 민사소송법과 대단히 유사한 구조를 가진다. 또한 2002년 개정으로 분리된 민사집행법의 분야도 넓은 의미에 있어서는 민사소송법의 영역에 속한다고 할 수 있다.
140) 민사소송법 제1조(민사소송의 이상과 신의성실의 원칙) ① 법원은 소송절차가 공정하고 신속하며 경제적으로 진행되도록 노력하여야 한다. ② 당사자와 소송관계인은 신의에 따라 성실하게 소송을 수행하여야 한다.

(3) 신속

신속한 재판이 이루어져야 권리보호가 실효성이 있기 때문에 재판이 신속하게 이루어져야 한다는 것으로, 관련제도에는 독촉절차, 제소전화해절차, 소액사건심판절차, 적시제출주의 등이 있다.

(4) 경제

소송에서 당사자와 법원의 비용과 노력을 최소한으로 줄이면서 최대한의 효과를 얻자는 것으로 흔히 소송경제라고 하는데, 관련제도에는 청구병합, 공동소송, 소송구조제도 등이 있다.

3. 소송의 주체
(1) 법원

구체적인 소송사건을 심리하고 재판하는 재판기관(합의부, 단독판사)을 말한다.[141]

1) 합의부

재판장과 합의부원(하급심에서는 보통 배석판사라 함)이 있는데, 경우에 따라 재판장이 합의부원 중 1인에게 준비절차, 화해의 권고, 법원 밖에서의 증거조사 등 일정한 사항의 처리를 위임할 수 있다(위임받은 법관을 수명법관이라 함)

2) 단독판사

제1심의 재판은 단독판사가 함이 원칙, 제1심에서는 신중한 재판보다는 신속한 재판이 더 중요하다고 보기 때문임, 단독판사는 신속, 경제적으로, 그리고 책임감 있게 재판할 수 있다는 장점이 있는 반면에 신중하고 공정한 재판을 하는 데에는 합의부의 재판을 따르기가 어렵기 때문에 단독판사에게는 주로 가벼운 사건이나 신속한 처리를 필요로 하는 사건을 담당시킨다.

3) 재판권

재판권은 법원이 가지는 사법권, 법원은 원칙적으로 일체의 법률상 쟁송을 심판, 재판권은 그 영역에 따라 일반법원이 아닌 다른 재판기관이 가지는 경우가 있다(헌법재판권-헌법재판소, 가사사건-가정법원, 행정사건-행정법원, 특허사건-특허법원).

---

[141] 법원의 조직은 대법원(대법관 14명), 고등법원(서울, 부산, 광주, 대구, 대전), 지방법원(서울중앙, 서울동부, 서울남부, 서울북부, 서울서부 등), 지원, 시·군법원으로 구성되어 있으며, 그 밖에 고등법원급으로 특허법원(대전), 지방법원급 : 가정법원, 행정법원 등이 있다.

4) 관할권

법원이 재판권을 가진다는 전제로 하여 특정 법원이 어느 사건을 담당하여 심판할 수 있는 권한을 의미하며, 법원의 계급에 따라서 어느 심급의 사건을 어느 법원이 담당하는지, 제1심 사건 중 어떤 것을 단독판사가 담당하고, 어떤 사건을 합의부가 담당하는지, 또 구체적인 사건을 어느 지역의 법원이 담당할 것인지 등을 정해 놓아야 한다.

① 전속관할

고도의 공익상의 이유, 또는 제도의 취지에 의하여 특정의 법원에만 배타적으로 인정되는 관할, 어느 사건의 전속관할법원이 정해져 있으면 다른 법원에서는 관할권이 인정될 수 없음, 합의관할이나 변론관할에 의하여 관할권 없는 법원에 관할권이 생기지 않음, 전속관할은 주로 직무관할에 인정되는데 대표적인 것이 심급관할, 가사소송과 가사비송사건은 모두 가정법원이 전속관할이다.

② 임의관할

당사자의 편의나 이익을 위하여 인정하는 관할, 임의관할의 경우에는 합의관할과 변론관할이 인정, 법규정에 전속관할이라고 명시하지 않은 경우에는 대부분이 임의관할이라고 할 수 있다.

③ 토지관할

전국 각지에 설치된 법원이나 그 지원은 각각 자기의 관할구역을 갖고 있는데, 토지관할은 재판적이 어느 법원의 관할구역 안에 있는가에 따라서 정해진다.

여기서 재판적이란 소송사건과 인적으로나 물적으로 관련이 있는 지점(인적재판적, 물적재판적, 보통재판적, 특별재판적)을 의미한다.

- 인적재판적 : 소송의 당사자(주로 피고)와 토지의 관계에서 결정되는 재판적, 주소, 영업소에 의하여 결정되는 경우, 보통재판적은 모두 인적재판적
- 물적재판적 : 소송상 청구(소송물)와 토지의 관계에서 결정되는 재판적, 불법행위지, 재산이 있는 곳, 부동산이 있는 곳에 의하여 결정되는 경우
- 보통재판적 : 사건의 종류나 내용을 가리지 않고 어느 특정인에 관련된 모든 소송에서 토지관할을 정하는 기준이 되는 곳, 소송은 일반적으로 원고가 피고를 불러서 하는 것이 아니라 피고에게 가서 하도록 하는 것(원고는 피고의 법정에 따른다), 소는 '피고'의 보통재판적이

있는 곳의 법원이 관할(자연인: 주소지, 법인과 권리능력 없는 사단·재단: 주된 사무소나 영업소가 있는 곳, 국가: 국가를 대표하는 관청이 있는 곳이나 대법원이 있는 곳 등)

- 특별재판적 : 특별한 종류나 성질의 사건에 관하여만 토지관할의 근거가 되는 곳(의무이행지: 재산권에 관한 소는 의무이행지, 불법행위지: 불법행위에 관한 소는 행위지, 부동산 : 부동산에 관한 소는 부동산이 있는 곳 등)

④ 사물관할

사물관할은 제1심 소송사건을 다루는 지방법원과 지원에서 단독판사와 합의부 사이의 사물(소송물)의 차이에 의하여 분배하여 정해진 관할을 말한다.

- 단독판사(사건을 혼자서 재판하는 1인의 법관) : 작고 간단한 사건에 적합
- 합의부(법관 3인으로 구성된 합의체) : 크고 복잡한 사건을 신중하고 공정하게 재판하는 데에 적합

    제1심의 경우에는 신중한 재판보다는 신속하고 경제적인 재판이 더 중요하다고 보아 원칙적으로 단독판사의 관할이다.[142]
- 합의부 사물관할 : 소송목적의 값이 2억 원[143]을 초과하는 사건, 재산권상의 소로써 소송목적의 값을 산출할 수 없는 경우(주주의 대표소송 등)
- 단독판사 사물관할 : 소송목적의 값이 2억 원을 넘지 않는 사건

⑤ 직무관할

법원의 직무의 차이에 따라 여러 법원 사이의 담당사건을 배분하여 정하는 관할(직분관할)로 수소법원의 관할, 집행법원의 관할, 지방법원 단독판사의 관할, 지방법원 합의부의 관할, 심급관할 등이 여기에 해당된다.

⑥ 합의관할

당사자의 합의에 의하여 생기는 관할로 이미 법정관할권이 있는 법원으로 합의를 하는 수도 있지만 관할권이 없는 법원으로 합의하는 경우도 있으며, 이러한 합의는 임의관할에 관하여서만

---

142) 법원조직법 제7조(심판권의 행사) ④ 지방법원 및 가정법원과 그 지원, 가정지원 및 시·군법원의 심판권은 단독판사가 이를 행한다.
143) 소송목적의 값이란 원고가 소로써 이루고자 하는 목적이 갖는 경제적 이익을 금전으로 평가한 금액으로 이러한 이익을 소로써 주장하는 이익을 말한다. 소송목적의 값은 사물관할을 정하는 기준되며, 소장이나 상소장 기타 소송상 신청서에 붙일 인지액을 정하는 기준이다.

인정되므로 전속관할에 관하여는 합의가 인정되지 않는다. 합의관할이 인정되기 위해서는 어디까지나 제1심 법원의 임의관할에 관하여 합의할 것, 합의의 대상인 법률관계가 특정되었을 것, 관할법원을 특정하였을 것, 서면으로 합의하였을 것 등이 요구된다.[144]

⑦ 변론관할

원고가 관할권 없는 법원에 소를 제기하였어도 피고가 관할위반의 항변 없이 본안에 관하여 변론하거나 변론준비기일에 진술함으로써 생기는 관할을 의미하며, 임의관할은 당사자의 편의를 위하여 규정한 것이므로 그에 위반하여 원고가 소를 제기하여도 피고가 아무런 이의를 제기하지 않으면 굳이 수소법원이 관할위반이라고 다른 법원에 이송할 필요가 없다고 해서 인정된 관할을 말한다. 변론관할이 인정되기 위해서는 원고가 관할권 없는 제1심 법원에 소를 제기하였을 것, 피고가 관할위반의 항변없이 본안에 관해 변론하거나 진술하였을 것, 피고가 관할위반의 항변을 하지 않았을 것 등이 요구된다.[145]

5) 관할권의 조사

수소법원에 관할권이 있어야 한다는 것은 "소송요건"으로, 법원은 관할권을 직권으로 조사할 수 있다.[146]

법원의 관할은 소제기 시점을[147] 기준으로 정하는데 소제기 이후에 피고의 주소, 재산이 있는 곳 등이 변경되더라도 관할에는 영향이 없다. 다만 사물관할에 관하여는 단독판사사건이 소송계속 중인데 합의부관할에 속하는 청구가 반소로 제기되거나 청구가 확장되어서 합의부사건이 된 경우에는 합의부로 이송할 가능성이 있을 뿐이다.

조사결과 관할권이 있다고 인정되면 법원은 심리를 계속하는 소송절차를 진행한다. 그러나 관할권이 없다고 확정된 경우에는 관할권 있는 법원으로 이송할 것이며,[148] 관할위반을 모르고

---

144) 민사소송법 제29조(합의관할) ① 당사자는 합의로 제1심 관할법원을 정할 수 있다. ② 제1항의 합의는 일정한 법률관계로 말미암은 소에 관하여 서면으로 하여야 한다.
145) 민사소송법 제30조(변론관할) 피고가 제1심 법원에서 관할위반이라고 항변하지 아니하고 본안(本案)에 대하여 변론(辯論)하거나 변론준비기일(辯論準備期日)에서 진술하면 그 법원은 관할권을 가진다.
146) 민사소송법 제32조(관할에 관한 직권조사) 법원은 관할에 관한 사항을 직권으로 조사할 수 있다.
147) 민사소송법 제33조(관할의 표준이 되는 시기) 법원의 관할은 소를 제기한 때를 표준으로 정한다.
148) 법원에 계속한 사건을 다른 법원으로 이전 송부하는 것을 "이송"이라 하는데, 원고가 어느 법원에 소를 제기하였을 경우에 관할위반인 경우도 있고, 수소법원에 관할권은 있지만 그 법원에서 심판하는 것이 적절하지 않은 경우도 있는데, 관할위반인 경우에 이를 소송요건 불비라고 하여 각하한다면 원고는 새로 관할법원에 소를 제기해야 하는데, 이렇게 되면 시간과 노력, 비용이 낭비되고 그 사이에 소멸시효가 완성하거나 제척기간이 도과하여 회복할 수 없는 손해가 생길 수도 있거나, 그 사건을 심판하기에 적절하지 않은 법원의 경우에 관할권이 있다고 하여 계속 심리하게 하는

지나친 경우에는 임의관할위반이면 제1심 본안판결로 그 흠이 치유되지만, 전속관할위반이면 상소심에서 계속 다툴 수 있다.[149]

6) 법관의 제척, 기피, 회피

민사소송 뿐만 아니라 모든 소송에서 법관이 갖추어야 할 가장 중요한 덕목이 중립성인데, 국가가 개인의 자력구제를 금지하고 소송제도를 마련하여 국민들로 하여금 이용하도록 한 마당에, 소송에서 법관이 어느 일방에 유리하게 편파적으로 재판을 하는 것은 소송제도 자체의 존재의의를 말살시키는 행위이기 때문에 법관의 중립성이 매우 중요하다고 할 수 있으며, 우리 민사소송법에서는 법관의 중립성을 지키기 위하여 "제척", "기피", "회피"제도를 두고 있다.

① 법관의 제척

- 제척원인 : 법관이나 그 배우자(또는 배우자였던 자)가 계속 중인 그 사건의 당사자와 일정한 관계에 있는 경우(이들이 사건의 당사자가 되거나 사건에 관하여 당사자와 공동권리·의무자의 관계가 있는 때, 법관이 당사자와 친족의 관계가 있거나 이러한 관계가 있었던 때 등), 법관이 일정한 형태로 계속 중인 그 사건에 관여한 경우(증언 또는 감정을 하였거나, 당사자의 대리인이었거나 대리인이 된 때 등)[150]
- 제척의 효과 : 제척원인이 있으면 그 법관은 법률상 당연히 법관으로서 그 사건에 관여할 수 없으며, 제척원인에 관하여 의문이 있을 때에는 법원이 그 유무를 확인하는 재판을 한다.

② 법관의 기피

법관에게 제척사유가 없더라도 기타 재판의 공정을 기대하기 어려운 사정이 있으면 당사자가

것보다는 그 사건을 심판하기에 적절한 법원으로 하여금 심판하게 하는 것이 필요하다. 따라서 원고가 관할권 없는 법원에 소를 제기하였을 때 수소법원이 관할권이 없다고 확정적으로 판단한 경우에는 결정으로 그 사건을 관할권 있는 법원으로 이송해야 한다.

149) 민사소송법 제34조(관할위반 또는 재량에 따른 이송) ① 법원은 소송의 전부 또는 일부에 대하여 관할권이 없다고 인정하는 경우에는 결정으로 이를 관할법원에 이송한다.

150) 민사소송법 제41조(제척의 이유) 법관은 다음 각호 가운데 어느 하나에 해당하면 직무집행에서 제척(除斥)된다.
    1. 법관 또는 그 배우자나 배우자이었던 사람이 사건의 당사자가 되거나, 사건의 당사자와 공동권리자·공동의무자 또는 상환의무자의 관계에 있는 때
    2. 법관이 당사자와 친족의 관계에 있거나 그러한 관계에 있었을 때
    3. 법관이 사건에 관하여 증언이나 감정(鑑定)을 하였을 때
    4. 법관이 사건당사자의 대리인이었거나 대리인이 된 때
    5. 법관이 불복사건의 이전심급의 재판에 관여하였을 때

기피를 신청할 수 있다. 당사자나 그 대리인과 법관 사이의 관계나 법관의 그들과의 행동 등 객관적인 사정이 있어서 공정한 재판을 기대하기 어려운 경우에 해당한다.

기피는 그 원인이 있음을 알았으면 지체없이 신청해야 하고, 본안에서 변론하거나 준비절차에서 진술하였으면 기피신청을 할 수는 없다.

기피신청이 있으면 그 법관 소속 법원의 다른 합의부에서 이에 대한 재판을 진행하고, 기피신청이 원인을 명시하지 않은 등 방식을 지키지 않은 경우와 소송지연을 위한 것임이 명백한 때에는 기피당한 법원이나 법관이 결정으로 그 신청을 각하한다.

③ 법관의 회피

법관이 스스로 제척이나 기피의 사유가 있다고 인정할 때는 감독권 있는 법원의 허가를 얻어 직무집행을 피할 수 있다.

(2) 당사자

소송에는 적어도 먼저 소송을 시작하는 적극적인 당사자와 그로부터 소송을 당하는 소극적인 당사자가 존재가 있어야 하는데, 민사소송에서는 적극적인 당사자를 원고라고 하고, 소극적인 당사자를 피고라 하며 일반적으로 실체법상의 권리의무의 주체가 당사자가 된다.

민사소송은 원고와 피고 양측 당사자가 대립하는 것을 전제로 하여, 원고가 없거나 피고가 없는 편면적 소송은 불가하다.

이것은 당사자대립구조를 통한 공평의 원칙을 지키기 위함으로 법원이 소송에서 양 당사자에게 대등한 기회를 주어야 한다(무기대등의 원칙). 만일 법원이 한 당사자에게만 주장·진술할 기회를 충분히 주고 상대방에게는 그 기회를 거의 주지 않은 채 판결을 한다면 아무도 그 판결이 정당한 것이라고 믿지 않을 것이고, 또한 법원이 별다른 이유 없이 원고가 제출한 증거만 조사하고 피고가 제출한 증거는 거들떠 보지도 않은 채 변론을 종결하고 판결을 한다면 그 판결 역시 정당하다고 할 수 없기 때문이다.

소송에서 특정인이 적법한 당사자로서 소송을 수행할 수 있기 위해서는 ① 당사자확정, ② 당사자능력, ③ 당사자적격이라는 3단계의 요건을 갖추어야 하는데, 법원은 계속 중인 소송에서 당사자로 기재된 이들에게 이 3가지 요건이 구비되었는지를 순서대로 심리하여야 한다.

그리고 이러한 당사자가 실제 소송을 단독으로 수행하기 위해서는 소송능력까지 갖추어야 한다.

1) 당사자확정

당사자확정이란 계속적인 소송에서 누구를 당사자로 삼을 것인지의 여부, 그 소송에서 당사자로 인정된 이와 실제 당사자로 활동하는 이가 같은 사람이어야 한다는 것으로 형식적으로(실체법상의 겉으로 보여지는 권리의무관계만 중시했을 경우) 당사자 개념에 따를 때 구체적으로 당사자를 확정하는 기준이 문제될 수 있다.

일반적으로 소장의 당사자에 원고와 피고로 기재된 이가 당사자로 확정될 것이나 경우에 따라서는 당사자에 기재된 당사자가 누구인지 불분명할 수 있고, 당사자의 기재와 청구원인의 기재가 서로 모순될 수도 있으며, 또한 이미 사망한 사람일 수도 있고 실제로 존재하지 않는 사람일 수도 있다. 또한 소송중에 당사자가 사망하였는데 상속인 전원이 제대로 파악되지 않는 경우도 발생할 수 있다.

그래서 이러한 여러 가지 경우 중에서 당사자의 표시 자체가 불분명하여 누구인지를 알 수 없게 되어 있는 경우는 소장심사 후에 재판장이 당사자 기재를 보정하라고 명할 사항이고, 이미 사망한 사람이나 존재하지 않는 사람인 경우는 당사자능력이 흠결된 경우 등도 있을 수 있다. 당사자가 확정되는 시점은 소송계속 발생시인 소장 송달시가 되며, 소장에 당사자를 기재하거나 그 소장을 제출하는 것만으로는 당사자가 확정되지 않는다.

2) 당사자능력

당사자능력이란 일반적으로 민사소송에서 당사자가 될 수 있는 소송법상의 능력, 민법상 일반적으로 권리의무의 주체가 될 수 있는 자격을 말하는 권리능력과 대응되는 것으로, 소송상의 권리능력이라 할 수 있다.

소송의 내용과는 관계없는 일반적·추상적 개념이라는 점에서 구체적 청구의 내용에 따라 달라지는 당사자적격과 구별된다.

민법상의 권리능력자가 소송법상 당사자능력자이며, 일반적으로 자연인과 법인에게 당사자능력이 인정된다.[151]

① 자연인

자연인 중 외국인도 특별한 금지조항이 없으면 당사자능력이 인정된다.

---

151) 민사소송법 제51조(당사자능력·소송능력 등에 대한 원칙) 당사자능력(當事者能力), 소송능력(訴訟能力), 소송무능력자(訴訟無能力者)의 법정대리와 소송행위에 필요한 권한의 수여는 이 법에 특별한 규정이 없으면 민법, 그 밖의 법률에 따른다.

태아는 원칙적으로 당사자능력이 없지만 민법에서 개별적 보호주의를 취하여 불법행위로 인한 손해배상청구, 상속, 유증 및 사인증여의 경우에는 이미 출생한 것으로 보아 권리능력을 인정하므로 그 한도에서는 당사자능력도 인정된다.

② 법인

법인은 종류 여하를 막론하고 당사자능력이 있으며, 법인이 해산되거나 파산선고를 받아도 청산과 파산의 목적 범위 안에서 권리능력이 있으므로 당사자능력도 있다. 다만, 법인의 청산절차가 종료되면 당사자능력이 소멸된다. 파산절차나 회생절차가 진행중이면 그 법인이나 회사에 당사자능력은 있지만 당사자적격이 없어서 소송당사자가 될 수는 없다(파산관재인과 회생절차의 관리인이 소송담당자로 당사자가 되기 때문).

실체법상 권리능력 없는 사단이나 재단이라도 실제로 거래활동을 하므로 타인과의 사이에 분쟁이 생겨 소송을 할 필요가 생기는 경우에도 그러한 사단, 재단이라도 대표자나 관리인이 있으면 당사자능력을 인정한다.[152]

③ 당사자능력의 흠결

당사자능력은 소송요건의 하나로 법원의 직권조사사항이다. 조사 결과 당사자능력이 없음이 밝혀지면 소송요건 불비가 되지만, 이때 소가 부적법하다고 해서 바로 각하할 것이 아니라 소송요건의 일반원칙에 따라 보정할 수 있으면 보정을 명하는 것이 타당할 것이고, 보정이 불가능하거나 원고가 보정하지 않으면 그 소는 부적법하고, 판결로 각하된다.

당사자능력이 흠결된 대표적인 경우가 바로 소장의 당사자로 기재된 자가 이미 사망한 사람인 경우인데 이때 사망한 사람은 당사자능력이 없으므로 그를 당사자로 한 소는 각하된다.

또한 제소시에는 당사자능력이 없었으나 변론종결시에 이미 능력을 갖춘 경우(발기인들의 모임에 불과하던 것이 뒤에 주식회사가 된 경우)에는 당사자능력을 갖춘 것으로 판단한다(당사자능력과 같은 통상의 소송요건 구비여부는 변론종결시를 기준으로 판단하기 때문).

한편 제소시에는 당사자능력이 있었으나 소송계속 중에 능력을 상실한 경우에는 승계인이 수계할 때까지 소송절차가 중단된다. 예를 들어 부재자나 실종자를 피고로 하는 소송이 계속 중에 이들에 대한 실종선고가 확정된 경우에는 소제기 이전에 사망한 것으로 되어 사망한 사람에 대해 소를 제기한 것으로 보는 것이 아니라, 실종선고의 소급효가 제한되어 소송계속 중에 당사

---

152) 민사소송법 제52조(법인이 아닌 사단 등의 당사자능력) 법인이 아닌 사단이나 재단은 대표자 또는 관리인이 있는 경우에는 그 사단이나 재단의 이름으로 당사자가 될 수 있다.

자가 사망한 경우와 마찬가지로 소송이 중단되며 실종자의 상속인 등이 이를 수계할 수 있다 (만약 승계가 불가능한 법률관계의 경우에는 당사자대립구조가 해소되어 소송이 종료됨).

3) 당사자적격

소송에서 경우에 따라서는 소송의 원고와 피고가 모두 당사자로 확정되고 당사자능력도 있다고 하더라도 그 중 한 사람이 그 사건의 내용과는 아무런 관계가 없는 엉뚱한 사람이어서 그가 당사자가 되는 것이 법적으로 전혀 의미가 없는 경우도 얼마든지 가능하기 때문에 어느 특정의 소송사건에서 어느 사람이 자기의 이름으로 원고나 피고, 당사자참가인 등의 당사자가 되는 것이 정당한지 여부를 판단하는 것을 당사자적격(정당한 당사자 또는 소송수행권)이라 한다.

당사자적격 또한 일반적으로 실체법상의 권리의무의 주체가 당사자가 되는데, 당사자적격이 있는지는 구체적인 소송에서 그 청구의 내용과 당사자의 관계에서 정해진다.

일반적으로 당사자적격은 그 소송상청구를 둘러싼 법률상의 이해관계가 서로 대립하는 당사자가 가지므로 일반적으로 ① 문제되는 권리, ② 법률관계의 주체(권리자와 의무자)가 정당한 당사자가 된다. 구체적으로 소송의 유형별로는 다음과 같다.

① 이행의 소

이행의 소에서는 자기의 실체법상 급부청구권을 주장하는 이가 원고적격자이고, 그로부터 의무자로 주장된 이가 피고적격자이다.

② 확인의 소

그 청구에 관하여 확인의 이익을 가지는 이가 정당한 원고이고, 이 원고와 반대의 이해관계를 가지는 이가 정당한 피고이다.

어느 권리나 법률관계의 존부 또는 부존재를 확정 받음으로써 상대방과의 사이에 존재하는 자신의 법률상의 불안·불이익이 곧 제거될 수 있는 경우에는 당사자적격이 인정되기 때문에 반드시 그 권리·법률관계의 주체가 자신일 필요는 없고 타인 사이의 법률관계라도 무방하여, 확인의 대상이 되는 권리·법률관계의 당사자가 반드시 당사자적격이 되는 것은 아니다. 다만, 이 경우에 타인 사이에 확인의 이익이 있어야 하는 것이 아니라, 그들 사이의 권리·법률관계의 존부 확정으로 원고의 법적 불안을 제거할 수 있는지를 기준으로 판단할 것이다.

③ 형성의 소

법률관계 변동의 효과가 생기는 데에 이익이 있는 자가 정당한 원고이고, 그 반대의 이해관계를 가진 자가 정당한 피고가 될 것이며, 형성의 소는 형성권의 행사를 권리자의 일방적 의사표시로는 할 수 없고 반드시 소의 방법에 의하여 하도록 되어 있는 경우이고, 누가 누구를 상대로 제소할 거신지는 대부분 실체법에 규정되어 있다. 예를 들어 중혼을 이유로 혼인취소청구를 할 수 있는 자는 당사자, 그 배우자, 직계존속, 4촌 이내의 방계혈족 또는 검사에 한정되어 있고, 주주총회결의 취소청구는 주주, 이사 또는 감사만 가능한 것이다.

4) 소송능력
① 소송능력의 개념

당사자로서 단독으로 소송행위를 하고 상대방이나 법원의 소송행위를 받을 수 있는 능력으로 스스로 소송행위를 할 능력이 없는 자를 보호하기 위한 제도로 소송무능력자의 능력을 보충하기 위하여 마련된 것이 법정대리제도이다.

소송능력은 소송상 자기의 이익을 스스로 충분히 주장·옹호할 수 있는, 즉 스스로 소송행위를 할 수 있는 능력을 말하는데, 실체법상 행위능력에 대응하는 개념이다.

당사자확정, 당사자능력, 당사자적격의 문제는 소송에서 당사자가 되느냐, 될 수 있느냐의 문제이지만 소송능력은 당사자로 된 이가 단독으로 소송행위를 하거나 이를 받을 수 있는가? 아니면 법정대리인을 통해야 하는 가의 문제이다.

일반적으로 한번으로 끝나고 그 행위의 결과를 예측하기 쉬운 사법상의 법률행위도 법정대리인의 동의가 필요한데, 당연히 당사자가 할 일들이 대단히 복잡하고 그 결과를 예측하기 아주 어려운 소송행위에서는 이러한 무능력자를 보호할 필요성이 더욱 크다고 할 수 있다.

소송능력은 원칙적으로 소송절차 내의 행위, 소송외의 행위, 소송개시 전의 행위(예: 소송대리권의 수여, 관할의 합의 등)에서 능동적인 행위 뿐만 아니라 수동적인 행위에도 모두 필요하며, 소송능력이 요구되지 않는 경우에는 ① 타인의 대리인으로 행위하는 경우(민법 제117조), ② 증거방법(증인, 당사자신문 등)이 되는 경우 등이 있다. 이러한 경우에는 소송행위의 효과가 무능력자에게 미치는 것이 아니어서 무능력자 본인을 보호할 필요가 없기 때문에 소송능력이 요구되지 않는 것이다.

② 소송능력이 필요한 자

소송능력은 민법에서의 행위능력에 대응되는 것이므로, 소송능력, 소송무능력자의 법정대리와 소송행위에 필요한 수권은 민법이 정한 바에 의하여 민법상의 행위능력자는 소송법상으로 소송능력자이다. 따라서 미성년자, 피성년후견인, 피한정후견인 모두가 법정대리인이 소송행위를 대리하여야 하는 소송법상 소송무능력자이다.

③ 소송무능력자의 소송행위

사법상의 법률행위와 달리 소송절차는 대단히 복잡하고 소송행위의 결과를 예측하기 어렵기 때문에 아무리 법정대리인의 동의가 있어도 소송행위를 미성년자나 피한정후견인에게 맡겨 놓으면 그가 불이익을 받을 가능성이 높기 때문에 취소제도를 마련해 놓았지만, 소송에서 이처럼 소송무능력자의 행위를 취소할 수 있도록 하면, 수많은 소송행위들이 고리처럼 연결되어 조성되어 가는 소송절차가 그 중 어느 행위가 취소될지 여부가 불분명하고, 취소를 해도 그 취소된 행위 이후의 부분은 모두 무효가 되어 절차의 안정을 기할 수가 없기 때문에 민사소송법은 소송무능력자의 소송행위는 취소할 수 있는 것이 아니라 아예 무효로 취급한다는 것이 민법상의 행위능력제도와 다른 특징이라고 할 수 있다.

소송무능력자가 스스로 단독으로 소송행위를 할 수 있는 아주 예외적으로 미성년자나 피한정후견인이 독립하여 법률행위를 할 수 있는 경우뿐이다.

④ 소송능력의 법적성격

소송능력이 없는 당사자의 개별적 소송행위는 무효이므로 소송능력은 소송행위의 유효요건이기 때문에 소송능력이 없는 당사자에 대한 개별적 소송행위는 무효이다(예: 법정대리인이 아닌 무능력자에 대한 기일통지나 송달은 무효이므로 판결정본이 무능력자에게만 송달되면 상소기간은 진행하지 않음).

법정대리인을 통하여 소가 제기되어 적법하게 소송계속이 생겼으면, 이 소송 중의 개개의 소송행위도 법정대리인이 대리해야만 한다.

소송능력의 유무에 관하여 당사자에게는 처분권이 없으므로 민법상의 행위능력과 달리 당사자가 소송무능력을 문제삼지 않겠다고 하더라도 소송행위가 유효로 되는 것은 아니다.

소송능력은 그 소를 적법하게 하는 소송요건이므로 법원의 직권조사사항으로 무능력자의 소제기 행위는 보정되지 않는 한 무효이므로 소가 부적법하다고 할 수 있어서 소송능력이 없는 이가 제소하면 법원이 보정명령을 발하고 변론 종결시까지 여전히 무능력이 보정되지 않으면 그 소는 부적법하여 각하된다.

⑤ 소송능력의 취득과 상실

소송 중에 미성년자가 성년이 되든가, 제한능력자에게 후견종료의 심판이 내려지거나, 법정대리권이 소멸하여 당사자에게 소송능력이 생길 경우에는 비록 능력을 갖게 될 때까지의 행위는 본래 무효이지만 그 당사자가 그 행위를 추인하면 무효인 소송행위들이 유효가 된다. 이때 추인은 그때까지의 소송행위 전체에 대하여 해야 하고, 일부추인은 허용되지 않는다.

한편 당사자가 소제기 시에는 소송능력이 있었으나, 소송진행 중에 무능력자가 되는 경우(소송 중에 성년후견이나 한정후견 개시의 심판을 받거나, 특정후견 개시의 심판을 받고 후견인에게 대리권이 수여되는 경우)에는 당사자가 능력을 상실하기 전에 한 소송행위가 여전히 유효하지만, 장래에 향해서는 단독으로 소송행위를 할 수 없으므로 소송능력을 보충하기 위한 조치가 필요하기 때문에 법정대리인이 절차를 수계하는 동안은 소송절차가 중단된다.

4. 소송의 객체

(1) 소송물의 개념

법원을 향한 청구의 근거인 원상회복청구권이나 매매대금청구권이 아니라, 법원을 상대로 한 청구 그 자체(소송상청구), 소송의 대상이라는 의미에서 소송물이라 하는데, 법원은 원고가 소로써 청구한 것이 이유 있는지 여부를 심판하므로 결국 소송물은 원고의 소송상청구가 되는데, 소송물은 원고가 특정하는 것이고 피고가 방어방법으로 제출하는 주장에 영향을 받지 않는다.

한편 청구의 목적물 혹은 계쟁물(다툼의 대상) 자체는 소송물이 아니다(예: 토지인도소송에 있어서 토지, 건물철거소송에 있어서 건물).

(2) 소송물과 민사소송의 관계

소송물은 민사소송의 각 단계에서 여러 가지를 결정하는 기준이 되는 핵심적 개념이다.

1) 소송의 개시단계

① 소송절차의 기준

소송이 시작되는 단계에서 어떤 소송절차에 의할 것인가는 소송물에 따라서 좌우되는데, 소송물의 내용이 공법상의 법률관계를 대상으로 하면 그 소송은 행정소송이 되고, 사법상의 법률관계를 대상으로 하면 민사소송(법률관계가 재산관계이면 통상의 민사소송이 되고, 가족관계이면 가사소송)절차로 진행된다.

② 관할의 기준

사물관할은 기본적으로 소송물가액에 의하여 정하여지고, 토지관할을 정하는 기준이 되는 특별재판적 중에서 어음금청구나 부동산에 관한 청구의 특별재판적 등은 소송물의 내용에 따라 정해진다.

③ 소의 적법 기준

소송물이 특정되어야 비로소 소송절차가 진행된다고 할 수 있다.

2) 소송의 진행단계
① 청구의 병합

청구병합인지 여부는 소송물의 개수에 따라 정해진다.

② 청구의 변경

청구변경은 소송물의 변경이므로 청구변경 여부의 기준관할의 기준이 된다.

③ 중복소제기의 판단

중복소제기는 전소송과 후소송의 소송물이 동일해야 하므로 후소가 중복된 소인지 여부의 기준이 된다.

④ 법원의 심판 한계

처분권주의에 의하여 법원의 심판의 한계는 그 소송의 소송물에 한정되므로 법원은 그 소송물과 다른 소송물이나 그 소송물의 범위를 벗어난 사항에 대하여는 심판할 수 없다.

3) 소송의 종료단계

기판력의 범위를 정하는 기준으로 볼 수 있으며(다수설), 또한 재소 여부를 판단하는 기준이 된다.

(3) 소송물에 관한 학설

1) 구실체법설(구소송물이론)

실체법상의 권리 또는 법률관계의 주장을 소송물로 보고, 실체법상의 권리마다 소송물이 별개로 된다는 견해이다(판례).

하나의 목적을 위한 판결신청이라도 여러 개의 청구권·형성권이 경합된 경우에 하나의 목적의 청구에 대하여 다음과 같이 판단한다.

① 경합된 A, B 두 개의 권리를 동시에 주장하면 청구의 병합으로 본다.

② A권리에서 B권리로 바꾸면 청구의 변경으로 본다.

③ A권리에 관한 소송의 계속 중 B권리에 기하여 신소를 제기하여도 중복소송이 아니다.

④ A권리에 기한 소가 패소확정된 뒤에 B권리에 기하여 신소를 제기하여도 기판력에 저촉되지 않는다.

⑤ A권리에 기하여 청구하여온 경우에 B권리에 기하여 심판하면 처분권주의에 위배된다.

구실체법설은 사회적·경제적으로 1개의 분쟁임에도 실체법상의 권리마다 별개의 소송으로 나누어서 소송을 여러 차례 누행·반복할 수 있기 때문에 ① 분쟁의 신속한 해결 저해하고, ② 피고에 대한 여러 차례의 응소강제와 여러 차례의 재판권 발동에서 오는 손실이 발생하고, ③ 원고가 한 소송에서 모든 소송자료를 제출해 놓고 총력전을 펴는 집중심리주의적인 소송운영에 지장이 있으며, ④ 법원은 원고 주장의 권리와 관계없이 원고청구를 받아들일 수 있는 법률적 관점의 선택의 자유가 없어 원고가 권리주장을 잘못하면 패소될 위험발생이 발생한다는 비판이 있다.

2) 소송법설(신소송물이론)

실체법상의 권리 또는 법률관계의 주장을 소송물로 보지 않고 소송법적 요소, 즉 신청만으로 또는 신청과 사실관계로 소송물이 구성된다는 주장으로, 청구취지에 의한 판결신청이나 그와 더불어 이를 이유있게 하는 청구원인인 사실관계를 소송물이라고 하여, 구소송물이론처럼 실체법상의 권리는 소송물의 요소가 아니며, 소송물이 이유 있는가를 가리는 데 전제가 되는 관점 내지는 공격방어방법에 지나지 않는 다는 견해이다(다수설). 소송법설은 다시 이분지설(이원설), 일분지설(일원설)로 구분된다.

① 이분지설(이원설)

신청과 사실관계라는 2가지 요소에 의하여 소송물이 구성된다는 견해로, 청구취지와 청구원인 2가지가 소송물의 요소라는 입장이다. 다만 여기의 사실관계라는 것은 실체법상의 권리의 발생원인 사실, 즉 개개의 법규의 요건사실로 좁혀서 보기보다는 이보다 넓은 것으로 사회적·역사적으로 볼 때 1개라고 할 일련의 생활사실관계를 의미한다.

예를 들어 A가 어느 날 기차에 승객으로 탔다가 사고로 부상을 당하여 철도공사 상대의 손해배상청구를 하는 경우처럼 사실관계는 하나이지만, A와B 2개의 청구권이 경합적으로 생겼을 때(계약불이행과 불법행위) 소송물은 하나로 보는 것이다. 왜냐하면 사실관계(철도사고)가 1개이기 때문이다. 그래서 사실관계가 1개인 경우에는 다음과 같이 판단한다.

- 경합된 A, B 두 개의 권리를 동시에 주장해도 청구의 병합이 아니다.
- A권리에서 B권리로 바꾸어도 청구의 변경이 아니다.
- A권리에 관한 소송의 계속 중 B권리에 기하여 신소를 제기하게 되면 중복소송된다.
- A권리에 기한 소가 패소확정된 뒤에 B권리에 기하여 신소를 제기하면 기판력에 저촉된다.
- A권리만을 주장하였다 하여도 B권리에 기하여 청구를 인용할 수 있으면 그것은 처분권주의의 위배가 아니다.

또한 A는 B에게 물건매도의 사실이 있었고 한편 B는 이 매매대금의 지급을 위하여 A에게 어음발행을 해준 사실도 있음을 들어 대금상당의 금전청구를 하는 경우와 같이 2개의 사실관계에 기하여 청구를 한다면 소송물은 2개가 된다고 보는 것이다. 왜냐하면 사실관계가 2개이기 때문이다. 그래서 사실관계가 2개인 경우에는 다음과 같이 판단한다.

- 구실체법설과 같이 A와 B 경합하는 권리(매매대금채권과 어음채권)를 문제삼기보다 사실관계를 2개라고 하여 소송물이 2개라고 한다.
- 같은 절차에서 위와 같은 2가지 사실을 함께 주장했으면 청구의 병합으로 본다.
- 원인관계인 매매사실에서 어음발행의 사실로 사실관계를 바꾸면 청구의 변경이 된다.
- 한 가지 사실에 기한 소송계속 중 다른 사실에 기한 새로운 소를 제기할 때에는 중복제소가 되지 않는다.
- 한 가지 사실에 기해 청구했다가 패소확정된 뒤 다른 사실에 기하여 같은 취지의 신소를 제기할 때에도 기판력에 저촉되지 않는다.

이러한 이분지설의 경우에는 사실관계라는 모호한 개념을 소송물의 구성요소로 함으로써 그 한계획정이 어려워 사실관계가 하나인지 둘인지, 같은지 다른지 구별하기가 힘들고, 또 자칫 이를 좁게 해석하면 권리의 발생원인사실과 같아져서 구실체법설과 결론이 다를 바 없어지며, 신이론을 채택하는 의미가 상실할 수 있다는 비판이 있다.

② 일분지설(일원설)

원고가 소로써 달성하려는 목적이 신청(청구취지)에 선명하게 나타나므로 신청 그 한가지가 분쟁의 진실한 대상이고 소송물의 구성요소라는 입장으로, 청구의 취지만이 소송물이 하나인가 둘인가, 다른가의 식별기준이라고 보는 청구취지일원설로서 소송물의 범위를 가장 넓게 보고 있으며, 청구취지에서 1개의 판결을 신청했으면 A와 B 2개의 권리(예: 계약불이행에 기한 청구권과 불법행위)에 기하여 청구하던지, A와 B의 2가지 사실관계(예: 매매사실과 어음발행사실)에 기하여 청구하든 소송물은 1개라고 하는 견해이다.

다만 이 이론에서는 청구원인의 사실관계를 청구취지와 같은 소송물의 구송요소로 보지 않지만, 예외적으로 금전지급·대체물인도청구소송에 있어서는 청구취지에서 손해금인지 대여금인지 명시하지 않고 금액만 밝히는 등 단순하고 간단하여 판결신청이 1가지뿐인지 2가지 합산한 것인지, 또 같은 내용인지 아닌지의 해석을 위해 청구권인의 사실관계를 참작해야 하며, 이 경우에는 청구원인의 사실관계의 보충을 받아 비로소 소송물이 특정된다(사실관계는 구성요소가 아닌 보충적요소라고 보는 것임). 그래서 사실관계를 소송물의 요소에서 배제함으로써 매우 간명하고 분쟁해결의 1회성에 가장 철저한 것이 일분지설이라 할 수 있다.

(4) 소송물에 관한 판례의 태도

판례는 구실체법설인 구소송물이론의 입장에 서서 청구원인에 의하여 특정되는 실체법상의 권리관계를 소송물로 보며, 청구원인에 의하여 동일성이 식별되는 것으로 본다.

예를 들어 ① 상법 제148조에 의한 손해배상청구권과 불법행위에 의한 손해배상청구권을 동시에 주장하면 선택적 병합이라 하였고, 수치인이 목적물을 멸실함으로써 계약상의 반환의무의 불이행뿐만 아니라 불법행위에 해당한다고 주장하는 경우도 청구의 병합이 된다고 보며, ② 어음·수표채권에 기한 청구와 원인채권에 기한 청구도 별개의 소송물임을 전제로 이를 동시에 주장하면 청구의 병합이 되고, 그 중 어느 하나를 주장하다가 다른 것으로 바꾸는 것은 소의 변경이라 할 것이며, ③ 이혼소송에서는 각 이혼사유마다 소송물이 별개이며, 재심의 소의 소송물은 각 재심사유마다 별개가 된다는 입장이다.

5. 소송요건

(1) 소송요건의 개념

원고가 소장을 제출하면 원고와 법원 사이에 일정한 법률관계가 성립되는데, 원고는 법원에 소송비용을 지급할 의무를 부담을 가지며, 법원은 소장의 송달 등 심리를 개시할 조치를 취할 의무를 부담한다. 이후 법원이 소장을 피고에게 송달하면 비로소 원고, 피고, 법원 사이에 소송법상 법률관계가 성립하여 법원이 그 소송사건을 심리할 수 있게 되는데(소송계속), 소송요건이란 바로 소송상의 법률관계가 성립하기 위해서 갖추어야 하는 요건으로 "소제기로 성립된 소송이 적법해져서 본안재판을 받을 수 있기 위한 요건"(본안재판요건)이다.

(2) 소송요건의 중요성

소송요건이 불비인 경우 원고는 바로 패소(넓은 의미)할 수 있다는 부담을 갖는다.

예를 들어 ① 소장의 필수적 기재사항이 소장에 제대로 기재되어서 원고가 제출한 소장은 적식이어야 한다. 만약 부적식(소장에 기재해야할 사항이 누락된 경우)이면 보정을 명하고, 보정하지 않으면 명령으로 각하된다. 즉, 소송을 통하여 판결을 원하는 원고의 입장에서는 소장의 적식요건을 갖추지 못하는 경우 판결서조차도 받아보지 못하고 소장심사단계에서 더 이상 소송을 진행해 나갈 수가 없는 것이다. ② 소송이 진행될 수 있도록 소가 적법해야 하는데 이 요건을 소송요건이라 하는데, 실체법과 별도로 소송법이 본안에 대하여 재판을 하기 위한 요건을 정한 것이 있는데, 이 요건이 불비되면 그 소는 부적법하여 법원은 본안에 대한 재판을 하지 않고 판결로 소를 각하한다. ③ 원고의 주장이 그 자체로 보아 청구를 이유 있는 것으로 하는 내용이어야 한다. 원고의 주장 자체로 보더라도 청구가 이유 없으면 이 소에 대하여 법원이 굳이 본격적으로 본안 심리를 할 필요가 없기 때문에 청구를 기각한다. ④ 소송절차가 잘 진행되어 본안 심리까지 마치고 나면 원고의 청구가 실체법상 법률요건을 모두 갖추고 있어 이유가 있는 것으로 판단되어야 하며, 그렇지 않으면 법원은 판결로 청구를 기각한다.

이러한 4단계 요건 중 하나라도 불비되면 원고는 바로 패소에 이르게 되는 것이다.

(3) 소송요건의 종류

소송요건은 매우 다양하며, 사실상 민사소송법에서 규율하는 대부분의 내용의 바로 소송요건을 규정한 것이라고 할 수 있다. 내용별로 구체적으로 구분하면 다음과 같다.

1) 법원에 관한 것

① 피고에 대해 재판권이 있고, 국제관할권이 있을 것

② 민사소송사항일 것

③ 법원에 관할권이 있을 것

2) 당사자에 관한 것

① 당사자능력이 있을 것

② 당사자적격이 있을 것

③ 소송능력이 있거나 법정대리인이 대리할 것

④ 소제기의 방식과 소장송달이 적법, 유효할 것

⑤ 소송비용에 필요한 담보가 제공되었거나 불필요할 것

3) 소송물에 관한 것

① 소송물의 특정

② 권리보호의 자격이 있을 것

③ 권리보호의 이익(필요)이 있을 것

4) 특수소송에 관한 것

① 소송중의 소, 공동소송, 참가 등에서는 각 제도가 요구하는 요건을 구비해야 함

② 제소기간이 정해진 경우에는 그 기간을 지킬 것

③ 선행절차가 필요한 경우에는 그 절차를 거칠 것

(4) 권리보호요건(소의 이익)

1) 권리보호요건의 개념

개인이 국가기관인 법원에 권리보호를 청구할 때에 그가 주장하는 권리 자체가 보호할 의미가 있는 것이어야 보호를 받을 수 있다. 즉, 국가가 보호해 줄 의미가 없는 경우에 이를 보호하는 것은 법원의 시간과 노력을 낭비하는 것이기 때문이다. 그래서 법원이 정작 힘을 기울여 보호해

주어야 할 다른 사람의 사건을 그만큼 소홀하게 다루게 될 가능성 발생할 수도 있기 때문이다. 한편 소송의 상대방 당사자도 쓸데 없는 소송에 시달리는 피해를 입게 되는데, 이와 같은 폐단을 막기 위하여 요구되는 것이 바로 권리보호요건이라고 할 수 있다.

따라서 원고의 소송상 청구가 보호할 의미가 있다고 판단되려면 ① 우선 그 청구의 내용이 본안판결을 받기에 적합한 일반적인 자격(권리보호자격)을 갖추어야 하고, ② 다음으로 그 청구가 그러한 형태의 소, 즉 이행의 소, 확인의 소 또는 형성의 소로써 주장할 구체적 이익 내지 필요가 있는 것(권리보호이익·필요)이어야 한다.

2) 권리보호자격

권리보호자격이란 각종의 소에 공통된 소의 이익이라고도 하는데, 권리보호이익과는 달리 이행의 소, 확인의 소, 형성의 소를 묻지 않고 일반적으로 소송제도를 이용할 수 있도록 하는 자격을 의미한다.

공통된 소의 이익으로 ① 구체적 권리·법률관계에 관한 청구일 것, ② 법률상·계약상 제소가 금지되지 않았을 것, ③ 제소장애사유가 없을 것 등이 요구된다.

① 구체적 권리·법률관계에 관한 청구일 것

청구가 소로써 구할 수 있는 구체적인 권리·법률관계에 관한 것이어야 권리보호의 자격이 있다. 즉 소로써 재판을 구할 수 있는 청구이어야 하는데 예를 들어 약혼의 강제이행을 구하는 소, 자연채무의 이행을 구하는 소, 입법행위의 소구 등의 경우에는 권리보호자격이 부정되며, 그 밖에 종교단체나 대학에서의 내부 분쟁과 같이 법률이 간섭할 수 없는 생활영역에 속하는 분쟁도 권리보호자격이 부정된다고 할 수 있다.

또한 권리·법률관계에 관한 청구이어야 하는데, 소송이란 법률적 쟁송을 의미하고, 이러한 것만이 법원의 재판을 받을 수 있는데, 청구의 내용이 권리·법률관계에 관한 것이 아니면 법원이 심리할 사항이 아니라 할 수 있다. 판례가 사실관계에 관한 청구에 불과하므로 부적법하다고 판시한 예로는 족보에 특정인을 등재하는 것을 금지하거나, 족보 기재사항의 변경이나 삭제를 청구하는 경우, 종교단체가 특정 종교나 종파에 속하는지의 확인을 구하는 사건에 대하여 권리보호자격이 없다고 하였다.

다만, 예외적으로 사실관계의 확정을 구하는 소로서 허용되는 경우는 "증서진부확인의 소" 등이 있다.[153]

② 법률상 · 계약상 제소가 금지되지 않았을 것

청구가 소로써 구할 수 있는 구체적인 권리 · 법률관계에 관한 것이어야 권리보호의 자격이 있는데, 법률상 제소가 금지되어 있으면 제소하더라도 법원이 이 청구에 관하여 본안재판을 해 줄 수 없다(예: 중복소제기의 금지, 재소금지 등).

또한 계약상 제소금지되는 경우에도 마찬가지 있는데 계약상 제소금지사유는 당사자가 소를 제기하지 않기로 계약을 한 경우에도 계약상 제소금지가 존재한다고 할 수 있다(부제소특약). 그리고 부제소특약과 마찬가지로 취급되는 것으로 중재합의, 소취하계약, 불상소합의 등도 포함된다.

부제소특약이 인정된 사례로는 회사로부터 퇴직금을 수령하면서 근로관계 종료와 관련하여 어떠한 이의도 제기하지 않겠다는 서약서를 제출한 경우, 등기말소소송에서 소를 취하하고 그 토지에 관하여 일절 소송을 하지 않기로 합의한 경우, 교통사고 후에 보험자가 피해 차량의 손괴부분을 수리 등 일체의 배상을 하여 주고 이 사고와 관련하여 상호 일체의 권리를 포기하기로 합의하면서 여하한 사유가 있어도 민사소송을 하지 아니하기로 합의한 경우 등이 있다.

③ 제소장애사유가 없을 것

소제기가 법률상, 계약상 금지되어 있지는 않더라도 원고가 직접적, 경제적으로 권리를 실현할 수 있는 절차를 택하지 않고 우회적이거나 비경제적인 절차를 택하였으면 그 소는 권리보호를 받을 자격이 없다. 즉, 민사소송 이외에 더 직접적이고 간편한 절차의 존재가 있음에도 불구하고 원고가 절차를 잘 못 선택하면 그 소는 부적법한 것이다.

3) 권리보호이익(필요성)

각종의 소에 공통된 권리보호자격과는 달리 이행의 소, 확인의 소, 형성의 소에서 각기 요구하는 제소의 이익(필요)이 서로 다르다고 할 수 있는데 이를 "권리보호이익(필요)"라고 한다.
각종의 소에 특유한 소의 이익이라고 볼 수 있다.

① 이행의 소

현재이행의 소에서는 사실심 변론종결시에 이행기가 도래한 것이므로 별다른 이익이 요구되지는 않고, 원고가 이행청구권의 존재를 주장하면 그 자체로 권리보호이익은 인정된다. 다만, 원고가 승소판결을 받아 그 내용대로 이행되어도 실익이 없는 경우에는 이 이익이 부정된다고 할

---

153) 민사소송법 제250조(증서의 진정여부를 확인하는 소) 확인의 소는 법률관계를 증명하는 서면이 진정한지 아닌지를 확정하기 위하여서도 제기할 수 있다.

수 있다.

장래이행의 소로서 조건부나 기한부 채권의 경우에는 사실심 변론종결시까지 이행기가 도래하지 않았거든 조건이 성취되지 않았으면 본래 실체법상 이행청구는 할 수 없다. 그러나 제소를 허용하지 않으면 채권자에게 손해가 생기는 수가 있기 때문에 이런 경우를 위하여 일정한 경우에는 미리 제소할 수 있도록 하였는데, 이 경우 "미리 청구할 필요"가 있어야 한다.154) 다만, "미리 청구할 필요"에 대해서는 구체적인 상황에 따라 결정될 수 밖에 없다.

② 확인의 소

장래이행의 소와 같이 확인의 소의 권리보호이익에 관해서는 민사소송법에 규정이 없기 때문에, "즉시 확정의 법률상 이익"이 있으면 확인의 이익이 있다고 할 수 있다. 즉, 권리나 법률관계의 존부에 관하여 법적 불안이 존재하고 법원이 그 존부를 판결로 확정하면 불안이 즉시 제거될 수 있는 경우에는 확인의 이익이 존재한다고 봐야한다.

③ 형성의 소

형성의 소는 소로써 법률관계의 변동을 구할 수 있는 경우에만 인정되는 것이고, 어떤 경우가 형성의 소를 제기할 경우인가, 어떠한 요건이 갖추어져 있어야 제기할 수 있는가는 실체법에 규정되어 있기에 원고가 실체법상 일정한 요건을 갖추고 있다고 주장만 하면 형성의 이익은 인정된다.

(5) 소송요건의 조사

소송요건은 조사의 방법에 따라 항변사항과 직권조사사항으로 구분된다.

1) 항변사항

항변사항은 상대방 당사자가 소송요건이 불비되었다고 주장하여야, 즉 항변이 있어야 법원이 조사하는 사항으로 이러한 항변사항은 공익과는 무관하여 대체로 당사자가 임의로 처분하여도 관계없고 오히려 당사자의 처분에 맡기는 것이 더 타당한 사항이라고 할 수 있다. 예를 들어 임의관할, 각종의 소송상계약, 소송비용의 담보제공 등이 항변사항이라고 할 수 있다.

---

154) 민사소송법 제251조(장래의 이행을 청구하는 소) 장래에 이행할 것을 청구하는 소는 미리 청구할 필요가 있어야 제기할 수 있다.

2) 직권조사사항

직권조사사항은 소송요건은 당사자의 처분에 맡길 수 없는 사항으로서, 주로 법적 안정성이라든가 능력 없는 당사자의 보호 등을 위한 사항이라고 할 수 있는데, 이러한 사항에 대해서는 당사자의 주장이나 항변 등을 기다릴 필요 없이 항상 법원이 직권으로 조사하여야 한다.

절차의 잘못이 있을 때 당사자가 행사할 수 있는 절차이의권도 포기가 허용되지 않으며, 자백도 효력이 없다고 할 수 있다.

판례는 직권조사사항은 당사자 주장에 구속되지 않고 직권으로 조사하여야 한다고 하였고, 직권조사사항이라도 그 판단의 기초자료가 되는 사실과 증거에 관하여 소송자료에 나타난 것 외에 직권으로 탐지할 필요가 없다고 하였다.

6. 처분권주의

(1) 처분권주의의 개념

처분권주의란 ① 당사자가 요구할 때에만, ② 당사자가 요구하는 사항과 범위에 관하여서만, ③ 그리고 요구할 때까지만 법원이 심판할 수 있다는 원칙을 말한다.

당사자에게 소송절차에서의 주도권을 주어 절차는 당사자의 신청이 있어야 개시되고, 법원의 심판의 대상과 범위 및 모습은 당사자의 신청에 의하여 결정되고, 당사자의 의사에 따라 소취하, 청구의 포기·인낙, 재판상 화해 등 행위를 통하여 절차를 종료시킬 수 있도록 한 원칙이다.

사적자치의 원칙이 반영된 결과로 민사소송은 원칙적으로 개인간의 사적분쟁을 해결하려는 절차이므로 소송에서도 개인에게 주도권이 주어진 것이다.

(2) 처분권주의의 한계

처분권주의는 소송의 개시 단계에만 적용되는 원칙이 아니고 소송의 진행 단계에서도 법원이 어느 범위에서 심판할 수 있는 가를 정하는 원칙이다.

1) 양적 한계

처분권주의 때문에 그 범위내에서만 소송계속이 생기기 때문에 법원은 당사자가 요구 내지 신청한 양의 소송물만큼만 심리하여 재판할 수 있다.

법원의 심판범위가 원고가 신청한 금액에 제한된다는 것은 하나의 소송물의 범위안임을 전제로 하며, 청구를 병합한 경우에 여러 개의 소송물의 청구금액을 모두 합산하여 범위를 넘었는지 여부를 판단하는 것은 아니다.

법원은 원고가 청구한 범위보다 양적으로 적은 내용의 판결을 할 수 있는데(예: 1억원의 지급을 청구한 데 대하여 5천만원만 인용하고 나머지 5천만원은 기각하는 경우), 이것은 청구의 일부기각은 일부인용으로 볼 수 있으며, 금액의 일부만이 아니라 청구의 내용에 대한 일부인용도 가능하다.

2) 질적 한계

법원은 원고가 특정하여 재판을 구한 소송물과 다른 소송물에 대하여 재판해서는 안된다. 그 이유는 처분권주의 때문에 원고가 특정한 소송물에 대해서만 소송계속이 생기기 때문이다. 따라서 원고가 정한 소의 종류를 벗어난 재판을 해서는 안된다.

한편 처분권주의는 원고가 정한 청구의 순서에도 적용되어 법원은 그 순서와 달리 재판할 수 없다.

또한 상소심의 심판에서도 처분권주의가 적용되어 불복이 있는 당사자가 상소를 제기하지 않으면 상소심의 심판은 이루어지지 않으며, 상소심의 심판범위도 상소인이 결정하므로 상소법원은 상소인이 불복한 범위 안에서만 심판할 수 있고, 그 범위를 넘는 부분에 대해서 심판해서는 안된다.

(3) 처분권주의와 소송의 종료

소송의 종료에도 처분권주의가 적용되어, 당사자들이 판결 전이라도 소송을 종료하기를 원하면 그로써 소송은 종료하고, 소송계속이 소멸한다.

7. 변론주의
(1) 변론주의의 개념

변론주의란 소송자료(사실자료와 증거자료)의 수집 및 제출은 당사자에게 맡기고, 법원은 당사자가 제출한 자료만을 기초로 재판을 하도록 하는 원칙을 말한다.

처분권주의는 어떠한 내용의 소송물, 어떠한 범위의 소송물을 법원의 심판 대상으로 하는 가를 당사자가 정하도록 하는 원칙이고, 변론주의는 변론에서 어떤 내용, 어떤 범위의 소송자료를 마련하고 법원이 어떤 소송자료를 기초로 하여 재판할 것인가를 당사자가 정하도록 하는 원칙으로 처분권주의는 소송물 결정에 관한 원칙이고 변론주의는 그 바탕이 되는 소송자료 결정에 관한 원칙이라 할 수 있다.

민사소송의 대상은 사법상의 법률관계로서, 이 영역에서는 사적자치가 지배하여 소송물에 관하여는 처분권주의가 지배함, 만일 그럼에도 불구하고 소송자료에 관하여 당사자의 지배가 인정되지 않고, 당사자들이 원하지 않는 사실관계까지 법원이 스스로 탐지하여 이를 재판의 기초로 삼을 수 있다면 소송은 당사자들이 원하지 않고 예측하지 않은 방향으로 진행될 수 있기 때문에 사적자치의 원칙과 처분권주의는 유명무실해지게 되어 이런 의미에서 변론주의는 사적자치의 결과이며 동시에 사적자치를 뒷받침하는 역할을 담당한다.

(2) 사실자료
1) 사실주장의 법원에 대한 구속력
변론주의에 의하여 사실자료는 당사자가 수집·제출해야 하고, 법원은 당사자가 수집·제출한 자료만으로 재판해야 한다. 따라서 당사자가 어떤 사실을 주장했을 때 법원은 그 사실이 존재하는지, 진실인지 여부를 심리하는 것이지, 당사자의 주장이 진실되지 않다고 판단했다고 해서 당사자가 주장한 것과 다른 사실을 스스로 탐지해서 인정하여서는 안 된다.

당사자가 승소에 필요한 사실이 있더라도 이를 변론에서 주장하지 않으면 법원은 그 사실이 존재한다는 것을 다른 경로를 통해서 알았다 하더라도 이 사실을 인정할 수 없다.

당사자가 승소하기 위하여 필요한 사실을 주장하지 않으면 변론주의 때문에 패소하게 되는 위험부담을 주장책임이라 한다.

2) 주장책임
변론주의에 의하여 당사자가 사실을 주장할 책임을 부담한다고 하지만 당사자가 주장하는 모든 사실들이 해당하는 것은 아니며 주요사실에 한하여 주장책임을 부담하는데, 변론주의가 적용되는 것은 "주요사실"에 한하고, 간접사실이나 보조사실에는 적용되지 않는다. 간접사실과 보조사실은 주요사실을 증명할 수단에 불과하기 때문에 굳이 이런 사실들에까지 변론주의를 적용할 필요가 없는 것이다.

3) 주요사실, 간접사실, 보조사실
① 주요사실
일반적으로는 법률효과가 발생하기 위한 요건사실, 즉 법률요건사실을 말하는데, 예를 들어 일반적으로 원고가 주장하는 등기의 이전, 계약체결, 계약의 주요내용, 가해행위 등의 청구원인 사실과 피고가 주장하는 변제사실과 같은 항변사실 등이 주요사실에 해당한다.

② 간접사실

주요사실의 존부를 추측하게 하는 사실로 징빙이라고도 하는데, 예를 들어 등기이전의 경위, 계약체결 경위, 변제기일, 차량충돌의 경위 등이 간접사실에 해당한다.

③ 보조사실

제출된 증거방법의 증거능력이나 증거력을 판단할 자료가 되는 사실을 말하는데, 예를 들어 증인이 사기전과범이라는 사실, 서증이 위조되었다는 사실, 감정인이 원고의 약혼자라는 사실 등이 보조사실이라 할 수 있다.

4) 자백의 구속력

주요사실 중에 당사자 사이에 다툼이 없는 것은 증거조사를 할 필요 없이 그대로 사실로 인정하여야 하는데, 당사자가 적극적으로 자백한 사실과 명백히 다투지 않은 사실이 포함되는데, 후자는 자백한 것으로 보기 때문에 결국 법원은 당사자의 자백에 구속된다.

당사자가 어떤 사실을 주장하고 상대방이 이를 자백하면 주장된 사실과 반대되는 사실은 주장된 바가 없으므로 법원은 그 반대사실을 인정하기 위하여 증거조사를 할 수 없다.

(3) 증거자료

증거자료에 변론주의가 적용되므로 원칙적으로 당사자가 신청한 것을 조사하여 사실 인정에 사용해야 한다.

다만, 민사소송법은 증거에 관하여는 변론주의를 약간 후퇴시켜 당사자가 신청한 증거를 조사하여도 그로써 심증을 얻지 못하거나 기타 필요한 경우에는 예외적으로 직권으로 증거를 조사할 수 있도록 하였다.[155]

한편 소액사건심판법상의 소액사건의 경우에는 증거조사에 관하여 직권주의를 채택하고 있다.[156]

---

155) 민사소송법 제292조(직권에 의한 증거조사) 법원은 당사자가 신청한 증거에 의하여 심증을 얻을 수 없거나, 그 밖에 필요하다고 인정한 때에는 직권으로 증거조사를 할 수 있다.
156) 소액사건심판법 제10조(증거조사에 관한 특칙) ① 판사는 필요하다고 인정한 때에는 직권으로 증거조사를 할 수 있다. 그러나 그 증거조사의 결과에 관하여는 당사자의 의견을 들어야 한다.

(4) 변론주의의 적용범위

변론주의는 민사소송에서 주요사실에만 적용되는데, 직권판단사항과 직권조사사항에 관해서는 변론주의가 적용되지 않거나 불완전하게 적용된다.

1) 직권판단사항

당사자의 주장이나 항변과 관계없이 법원이 스스로 판단해야 할 사항을 말하는 것으로, 사실문제가 아닌 법률의 해석이나 적용에 관한 사항을 말한다.

당사자의 주장, 입증으로 확정한 사실관계에 대하여 법원이 어떠한 법규정을 적용할 것인지, 그 사건에 적용할 구체적 법규정을 어떻게 해석할 것인지, 당사자의 주장이나 행위를 법적으로 어떻게 평가할 것인지는 법원이 직권으로 판단한다. 이러한 법률문제는 어디까지나 당사자가 처분할 사항이 아니기 때문이다. 그래서 변론주의가 적용되지 않는다.

다만 판례에 따르면 법원이 직권으로 판단해야 할 사항으로 신의칙이나 권리남용 등 강행규정 위반, 과실상계, 가집행선고, 사실인 관습, 권리의 소멸시효 기간 등이 있다.

2) 직권조사사항

당사자의 신청이나 이의에 관계없이 법원이 스스로 문제 삼아 조사하여 처리할 사항으로, 주로 공익에 관계되는 사항으로 항변사항과 대립구조를 이루고 있다.

직권조사사항이라고 하여 그 기초가 되는 사실과 증거까지 직권으로 탐지하여 수집해야 한다는 의미는 아니므로, 자료수집이라는 점에서 변론주의가 적용되어 이 점에서 직권탐지와 구별된다고 할 수 있다.

항변사항을 제외하고 대부분의 소송요건이 바로 직권조사사항에 해당된다.

직권조사사항에 관하여 당사자가 주장을 하였더라도 이는 직권조사를 촉구하는 의미밖에 없으므로 법원이 판결에서 직권조사사항에 대한 판단을 빠뜨렸어도 판단누락이라는 상고이유가 될 수는 없다.

(5) 변론주의의 보충(석명권)

1) 법관의 석명

변론주의를 취하여 소송자료의 수집·제출책임을 당사자에게 부과하였으므로 법원은 당사자의 자료수집활동에 간섭하지 못하고, 제대로 소송자료를 수집, 제출하지 못한 당사자는 패소할 위험을 부담하는 것이 원칙이지만, 당사자가 제출한 소송자료의 내용이 명료하지 않은 경우에 법원이 이를 탓하여 그 당사자를 패소시킨다면 오히려 법원의 심리가 부실하게 되고, 경우에 따라서는 부당한 결과가 되는 경우가 발생할 가능성이 있을 뿐만 아니라 한 당사자의 주장, 입증이 명료하지 못하면 상대방 당사자가 이에 대하여 적절히 대응할 수가 없으므로 심리가 제대로 이루어질 수가 없다는 문제점이 발생한다.

그래서 경우에 따라서는 당사자들이 제대로 소송을 수행하여 사실관계와 법률관계가 명료하게 되도록 법관이 영향력을 행사하여야 할 필요성이 있는데, 법관의 석명권은 변론주의의 혜택을 누리지 못하는 당사자에 대하여 제대로 소송자료를 제출하도록 돕는다는 의미에서 변론주의가 올바르게 작용하도록 이를 보충하는 역할을 담당한다.

2) 석명권의 행사

석명권은 사건을 심판하는 법관에게 부여된 권한이므로, 합의부 법원인 경우에 일차적으로 소송지휘를 하는 재판장이 대표하여 행사하고, 합의부원은 재판장에게 고하고 행사할 수 있으며, 경우에 따라서는 변론준비절차에서도 법관은 석명권을 행사할 수 있다.

당사자는 직접 상대방에게 석명을 할 수는 없으나 상대방에게 석명을 구할 것이 있으면 재판장에게 이를 요구할 수 있고(구문권), 재판장이나 법관의 석명에 이의를 하면 합의부가 이에 대하여 결정으로 재판하도록 하여 당사자가 영향을 미칠 수 있다.[157]

3) 석명의 내용

석명은 소송관계를 명료하게 하기 위하여, 사실상의 사항과 법률상의 사항에 관하여, 당사자에게 질문, 지적을 하거나 입증을 촉구하는 것이기에 석명권을 행사하려면 우선 소송관계가 불분명해야 한다. 여기서 '불분명'하다는 것은 ① 당사자의 진술의 취지가 불분명하거나, ② 당사자가 전후 모순된 진술을 하거나, ③ 사실주장은 하였지만 입증할 필요가 있는데도 입증을 하지 않은 경우 등이 해당한다.

또한 석명권을 행사하기 위한 석명의 대상이 되는 것은 사실상의 사항(당사자의 사실 주장)과 법률상의 사항(사실상의 사항과 밀접히 연결되어 있는 법적 주장)이어야 한다.

---

157) 민사소송법 제136조(석명권(釋明權) · 구문권(求問權) 등) ① 재판장은 소송관계를 분명하게 하기 위하여 당사자에게 사실상 또는 법률상 사항에 대하여 질문할 수 있고, 증명을 하도록 촉구할 수 있다. ② 합의부원은 재판장에게 알리고 제1항의 행위를 할 수 있다. ③ 당사자는 필요한 경우 재판장에게 상대방에 대하여 설명을 요구하여 줄 것을 요청할 수 있다.

4) 석명권의 한계

① 일반적 한계

석명권은 변론주의를 보충하는 역할을 하므로 법관의 석명권 행사로 변론주의를 위반하는 결과가 발생되어서는 안된다.

변론주의에 따라 사실자료는 전적으로 당사자가 제출할 책임을 부담하고(주장책임), 증거자료는 일차적으로 당사자들이 제출할 책임을 부담하므로(직권증거조사의 보충성), 석명권의 행사도 그 한계 안에서 이루어져야 하는 것이다.

석명권의 의의가 불분명한 소송관계를 명확하기 하여 진실을 발견하자는 데에 있지, 소송수행을 잘못하는 당사자를 도와 그를 승소시키는 데에 있는 것이 아니기 때문에 법관이 석명권을 행사할 때에는 양 당사자의 입장을 모두 고려해야 한다(편파적으로 진행해서는 안됨).

때로는 불분명한 소송관계를 밝히는 것이 결과적으로 어느 한 당사자에게 불리하더라도 그러한 당사자도 적절한 방어의 기회를 가지게 되기에 도움이 되는 경우도 있다.

② 소극적 석명

변론주의 원칙상 석명권의 행사는 당사자가 밝힌 소송관계의 범위 안에서 이루어져야 하는데, 당사자가 밝힌 소송관계의 불명료, 모순, 불완전한 것이 있을 경우에 비로소 법원이 질문이나 지적을 하여 이를 분명하게 할 수 있을 뿐이라는 한계가 있다.

③ 적극적 석명

사실자료에 관하여 소송관계가 명료한 경우에는 비록 어느 당사자가 승소하기 위하여 주장할 것을 하지 않고 있다고 하여 법관이 당사자가 생각지도 않은 새로운 주장을 하도록 권하는 것과 같이 적극적 석명은 변론주의를 침해하고 불공평한 소송지휘가 되어서 허용되지 않는다.

5) 석명의무의 위반

법관의 석명권은 동시에 의무로서의 성격도 가지므로 석명권을 행사하여야 할 경우에 행사하지 않거나, 그 한계를 넘어 행사한 경우에는 이를 기초로 한 재판은 법적 의무 위반으로 위법한 재판이 되는데, 이러한 석명의무 위반은 법률문제로서 상고이유가 된다.[158]

---

158) 석명권을 행사하지 않았거나 그 행사를 잘못하면 모두 석명의무 위반이 되는가 여부에 관련해서는 아직까지 학설상 대립이 있다.

6) 석명적 처분

법원은 소송관계를 명료하게 하기 위하여 석명권의 행사 이외에도 당사자 본인의 출석을 명하거나, 문서 기타 물건의 제출·유치를 명할 수 있고, 현장검증이나 감정을 명하고, 공무소 등에 필요한 조사를 촉탁할 수도 있다.[159]

사실관계를 명료하게 하기 위한 것으로 증거조사와는 다르며, 비록 검증, 감정, 조사촉탁 등의 동일한 용어를 사용하더라도 그 성격은 어디까지나 다르다고 할 수 있다.

8. 심리의 기타 제원칙

(1) 공개심리주의

소송의 심리와 판결의 선고를 일반인이 방청할 수 있는 상태에서 해야 한다는 원칙이다.

일반인에게 공개하는 것은 소송의 심리, 즉 넓은 의미의 변론과 판결의 선고이므로 여기에 해당하지 않는 재판의 합의, 변론준비절차, 중재, 조정, 비송사건, 변론 없이 결정을 재판하는 절차 및 심리불속행사유나 상고이유서불제출에 의하여 선고가 필요 없는 상고기각판결 등에는 적용되지 않는다.

공개할 사항이라도 국가의 안전보장, 안녕질서 또는 선량한 풍속을 해칠 우려가 있는 경우에는 법원이 결정으로 심리의 공개를 정지할 수 있으며, 이때는 그 이유를 개시하여 선고하여야 한다. 한편 공개주의를 지나치게 확대하여 심리를 방송으로 중계하는 것은 재판장의 허가 없이는 허용되지 않는다.

(2) 구술심리주의

변론과 증거조사를 모두 구술로 행한다는 원칙으로(서면심리주의와 서로 상반되는 장단점을 가짐), 구술로 심리하는 것은 당사자의 의사를 파악하기 쉽고, 신선한 인상을 얻을 수가 있으며 의문 나는 점이 있으면 즉시에 해결할 수가 있어서 적정한 재판과 집중심리를 하기에 적합하다. 다만, 당사자들과 법관이 망각하기가 쉽고, 복잡한 사건에서는 오히려 사안의 정리가 어려워지

---

159) 민사소송법 제140조(법원의 석명처분) ① 법원은 소송관계를 분명하게 하기 위하여 다음 각호의 처분을 할 수 있다.
　　1. 당사자 본인 또는 그 법정대리인에게 출석하도록 명하는 일
　　2. 소송서류 또는 소송에 인용한 문서, 그 밖의 물건으로서 당사자가 가지고 있는 것을 제출하게 하는 일
　　3. 당사자 또는 제3자가 제출한 문서, 그 밖의 물건을 법원에 유치하는 일
　　4. 검증을 하고 감정을 명하는 일
　　5. 필요한 조사를 촉탁하는 일

며, 상급심에서 하급심의 재판의 적정성을 검토하는 데에 어려움이 있다는 단점이 있다.

한편 서면심리주의 경우에는 심리가 열릴 때마다 법원에 출석해야 하는 번거로움이 없고, 어떠한 주장과 진술을 했는지가 뚜렷하며, 법원도 심리한 것을 망각할 위험이 적지만, 소송서류가 방대해지면 그것을 일일이 작성, 전달, 검토하는 것이 대단히 번거롭게 시간이 많이 소모되어, 합의부 재판의 경우에는 주심법관 이외의 법관들은 기록을 모두 검토하지 않은 상태에서 주심법관의 보고만 듣고 재판을 하여 합의부의 관할사건으로 한 의미를 퇴색할 우려가 있다는 특징이 있다.

그래서 우리 민사소송절차에서는 구술주의를 원칙으로 하고, 서면주의를 보충적으로 채택하고 있다. 우선 당사자는 소송에 관하여 법원에서 구술변론을 해야 하며, 증인신문도 구술로 하는 것이 원칙이다. 그리고 판결도 구술변론에 관여한 법관만이 할 수 있으며, 선고를 할 때도 주문을 낭독하고, 필요한 때에는 이유의 요지를 설명할 수 있도록 하여 판결의 선고도 구술도 한다.

그러나 중요한 소송행위에서는 그 내용의 명확성을 확보하기 위하여 서면주의를 택하고 있는데, ① 소장의 작성과 제출, ② 기타 청구취지의 변경, ③ 상소제기, ④ 재심의 소의 제기, ⑤ 소취하, ⑥ 관할의 합의, ⑦ 소송고지 등이 여기에 해당한다.

상대방과 법원에게 변론의 내용을 미리 알리는 역할을 하는 준비서면을 제출하도록 요구하고 있는 것도 서면주의의 한 모습이라 할 수 있다.

(3) 직접심리주의

직접 변론을 듣고 증거조사를 한 법관이 재판을 해야 한다는 원칙인데,[160] 판결은 그 기본이 되는 변론에 관여한 법관이 해야 하며, 그 사건의 심리에 관여하지 않은 법관이 재판의 내용을 결정하는 것은 적정하지 않은 재판을 할 우려가 있기 때문이다.

이 원칙을 철저하게 관철하면 사건을 심리 중에 법관이 바뀐 경우에 새로 사건을 심리하는 법관을 위하여 이제까지 진행된 변론을 반복해야 하는 번거로움이 생길 수 있기 때문에 이러한 문제를 적절하게 해결하기 위하여 이때에는 당사자가 종전의 변론의 결과를 진술하도록 하여 직접주의를 완화하였음(변론의 갱신).

(4) 쌍방심리주의

소송의 심리에서 당사자 쌍방에게 공격·방어방법 제출의 기회를 동등하게 부여해야 한다는 원칙으로 민사소송의 이상 중 공평의 원칙을 달성하기 위한 것으로 절차상의 기회균등 내지 무기

---

160) 민사소송법 제204조(직접주의) ① 판결은 기본이 되는 변론에 관여한 법관이 하여야 한다. ② 법관이 바뀐 경우에 당사자는 종전의 변론결과를 진술하여야 한다.

대등의 원칙이라고도 한다.

민사소송법이 당사자들은 소송에 관하여 법원에서 변론하도록 규정한 것은 양 당사자를 대석시켜 쌍방을 심리하는 필요적 변론절차에 의할 것을 전제로 하고 있다.

쌍방심리주의를 관철하기 위하여 우리 민사소송법에서는 소송절차의 중단제도와 대리권 흠결이 없도록 보장하는 제도를 마련하고 있다.

다만 임의적 변론에 의하거나 변론이 열리지 않는 사건은 반드시 쌍방심리주의를 관철하지 않고 있다(예: 강제집행절차, 독촉절차, 보전절차 등).

(5) 적시제출주의

당사자가 공격·방어방법을 소송의 정도에 따라 적절한 시기에 제출해야 한다는 원칙이다(2002년 개정전에는 수시제출주의).[161]

당사자는 소송의 정도에 따라 공격·방어방법을 적절한 시기에 내도록 규정하면서, 종전부터 인정되던 실기한 공격·방어방법의 각하 이외에 변론준비기일의 종료 뒤에는 새로운 공격·방어방법을 제출할 수 없는 것을 원칙으로 하고, 재판장이 일정한 사항에 관한 주장이나 증거신청을 할 기간을 정할 수 있도록 하고(재정기간) 그 기간 안에 제출하지 않은 것은 뒤에 제출하지 못하도록 하는 규정을 신설하여 공격·방어방법의 제출시기를 광범위하게 제한하는 것이다.[162]

그래서 당사자가 고의나 중대한 과실로 시기에 늦게 공격·방어방법을 제출하면 법원은 결정으로 이를 각하할 수 있다.

이 규정은 당사자가 공격·방어방법을 제출할 책임을 부담한다는 점을 전제로 하므로 변론주의 절차에만 해당하고, 직권탐지주의 절차나 직권조사사항에는 적용이나 준용되지 않는다.

변론준비절차가 열리면 그 과정에서 변론준비기일이 열릴 수가 있는데, 이 기일이 종료하고 나면 새로운 공격·방어방법은 제출할 수가 없음이 원칙이고, 이러한 실권효는 항소심에서도 유지된다.

그래서 실기한 공격·방어방법의 각하 규정이 적용되는 것은 사실상 ① 그 제출로 인하여 소송을 현저히 지연시키지 아니하는 때, ② 중대한 과실 없이 변론준비절차에서 제출하지 못하였다

---

161) 민사소송법 제146조 (적시제출주의) 공격 또는 방어의 방법은 소송의 정도에 따라 적절한 시기에 제출하여야 한다.
162) 민사소송법 제285조 (변론준비기일을 종결한 효과) ① 변론준비기일에 제출하지 아니한 공격방어방법은 다음 각호 가운데 어느 하나에 해당하여야만 변론에서 제출할 수 있다.
   1. 그 제출로 인하여 소송을 현저히 지연시키지 아니하는 때
   2. 중대한 과실 없이 변론준비절차에서 제출하지 못하였다는 것을 소명한 때
   3. 법원이 직권으로 조사할 사항인 때

는 것을 소명한 때, ③ 법원이 직권으로 조사할 사항인 때 등 이외의 경우 또는 변론준비기일이 열리지 않은 사건에 한정된다고 할 수 있다.

9. 재판

(1) 재판의 개념

소송에서 당사자들의 변론과 법원의 증거조사 등으로 사실관계를 확정할 수 있을 정도로 심리가 무르익으면, 법원은 변론을 종결하고 확정된 사실관계에 실체법 규범을 적용하여 판결을 선고하는데, 판결은 법원이 하는 재판의 일종(판결, 결정, 명령)으로, 소송에서 변론을 거친 심리 끝에 법원이 내리는 판단이다.

재판은 재판기관(법원, 재판장, 수명법관, 수탁판사 등)이 민사소송에 관하여 내리는 판단 내지는 의사표시로서, 이것으로 일정한 법률효과가 발생되는 넓은 의미의 법률행위로서의 성질을 가진 소송행위이다.

(2) 재판의 종류

1) 판결

수소법원이 소나 상소에 대하여 변론을 거쳐 종국적인 판단을 하거나 그 결론을 좌우하는 주요 사항에 관한 중간적 판단을 하는 재판을 판결이라 한다.

판결을 하려면 원칙적으로 반드시 변론을 거쳐야 하며(필수적 변론), 일정한 형식의 판결서를 작성하여야 하고, 선고라는 엄격한 방법으로 고지하여야 한다.

수소법원은 일단 판결을 선고하면 그것을 함부로 바꾸거나 취소할 수 없으며(기속력), 판결에 대한 불복은 판결을 한 법원에 대하여 하는 것이 아니라 상급법원에 하여야 한다(항소, 상고).

2) 결정

절차의 진행에 관한 사항이나 절차에 파생되는 사항, 부수적인 사항, 또는 강제집행에서 발생하는 사항에 관하여 법원의 판단이 필요할 대에 수소법원이 하는 재판이다.

주로 신속한 판단을 요하는 경우에 결정을 활용하며, 결정을 함에 변론에 의할 것인가는 임의적이다(임의적 변론).

결정에는 판결과 같은 기속력이 없어서 그 법원이 스스로 고칠 수가 있고, 결정에 대한 불복도 그 결정을 한 법원을 상대로 이의를 제기하는 방법으로 진행한다.

3) 명령

재판의 주체가 법원이 아닌 재판장, 수명법관, 수탁판사 등의 개별법관이라는 점에서 결정과 차이가 있다(예: 재판장의 소장각하명령 등).

4) 종국적 재판

소송사건에 대하여 그 심급을 마무리 짓는 판단을 하는 재판으로, 판결로는 종국판결이 있고, 결정으로는 소나 상소각하결정, 명령으로는 소장각하명령 등이 있다.

5) 중간적 재판

종국적 재판을 위한 전제문제에 관하여 심리중에 별도로 하는 재판으로, 판결로는 중간판결이 있고, 결정으로는 증거채부의 결정 등이 있다.

(3) 판결의 종류

판결은 그 판결로써 당해 심급이 종료되느냐에 따라서 중간판결과 종국판결로 나뉘고, 종국판결은 다시 여러 가지 기준에 의하여 분류된다.

1) 중간판결

중간판결이란 종국판결을 하는 준비로서 실체법상이나 소송법상의 부분적인 다툼에 관하여 내리는 판결을 말한다.[163)]

심리가 복잡해질 때에는 별도로 판단할 수 있는 부분들을 일부씩 미리 판단하여 정리하여 둘 필요가 있는 경우에 할 수 있는데, 중간판결을 할 수 있는 사항으로 다음과 같은 경우이다.

① 독립한 공격, 방어방법

다른 공격·방어방법과 분리·독립하여 심판할 수 있고, 그것만으로써 실체법상의 법률효과를 좌우할 수 있는 경우이다.

---

163) 민사소송법 제201조(중간판결) ① 법원은 독립된 공격 또는 방어의 방법, 그 밖의 중간의 다툼에 대하여 필요한 때에는 중간판결(中間判決)을 할 수 있다. ② 청구의 원인과 액수에 대하여 다툼이 있는 경우에 그 원인에 대하여도 중간판결을 할 수 있다.

② 중간의 다툼

독립한 공격 · 방어방법을 제외한 기타의 소송상의 다툼, 즉 소송의 개시, 진행, 종료에 관한 다툼으로 이를 해결하지 않으면 본안에 관한 판단을 할 수 없는 경우이다.

③ 청구의 원인

청구의 원인과 수액에 관하여 모두 다툼이 있을 때 먼저 원인의 존재를 긍정하는 판결(중간판결)을 할 수 있다.

독립한 공격 · 방어방법을 심리하여 그로써 심리가 종결되는 경우는 중간판결이 아니고, 종국판결이 되므로 심리가 계속되는 경우에만 중간판결이 가능하다.

중간판결은 기속력이 있어서 그 판결을 선고한 법원이 이를 바꾸지 못하고, 종국판결을 할 때도 중간판결을 전제로 하여야 한다.

중간판결을 위한 변론이 종결될 때까지 제출할 수 있었던 공격 · 방어방법은 판결 후에는 제출할 수 없으나, 중간판결은 종국판결이 선고될 때까지만, 즉 그 심급에서만 효력이 있기 때문에 항소심에서는 실기한 공격 · 방어방법이라고 하여 각하되지 않는 한 제출이 허용된다.

중간판결은 독립하여 불복의 대상이 되지 않으며, 중간판결에 대하여 불복이 있으면 그것을 전제로 한 종국판결에 대하여 항소, 상고하여야 한다.

2) 종국판결

종국판결이란 소나 상소에 의한 소송사건의 전부나 일부에 대하여 그 심급을 완결하는 판결을 말하며, 법원은 소송의 심리가 충분히 성숙하여 판결을 할 수 있는 상태가 되면 바로 종국판결을 해야 한다.[164]

종국판결의 종류에는 소송을 완결하는 범위를 기준에 따른 분류(전부판결, 일부판결, 추가판결)와 내용에 따른 분류(소송판결, 본안판결)가 가능하다.

① 전부판결

같은 절차에서 심리되는 사건을 한꺼번에 완결시키는 종국판결로써 청구가 하나일 때에 전부판결을 하는 것이 보통이고, 청구병합, 반소, 변론의 병합 등으로 여러 개의 청구를 같은 절차에서 심리한 경우에 이들에 대하여 동시에 재판하면 이것도 전부판결이 된다.

---

164) 민사소송법 제198조 (종국판결) 법원은 소송의 심리를 마치고 나면 종국판결(終局判決)을 한다.

② 일부판결

같은 절차에서 심리되는 사건의 일부를 분리하여 먼저 완결하는 종국판결로써 청구가 여러 개인 경우가 보통이겠지만, 하나의 청구라도 그것이 가분적이면 수액이 확정된 부분에 대하여도 가능하며, 일부판결 뒤에 남은 부분에 대한 판결을 잔부판결(결말판결)이라 한다.

③ 추가판결

법원이 전부판결을 하였지만 객관적으로는 청구의 일부에 대하여 판단을 빠뜨린 경우에 이 누락부분에 대하여 하는 종국판결(일부판결을 한 뒤에 잔부에 대하여 하는 잔부판결과는 구별됨)을 말한다.

④ 소송판결

소송요건(상소요건 포함)의 흠결을 이유로 소나 상소를 부적법하다고 하여 각하하는 종국판결을 말하는데, 본안에 관하여는 판단하지 않는 것이 특징이라 할 수 있다.

⑤ 본안판결

원고의 소송상청구가 실체법상 이유가 있는지를 판단하는 종국판결로, 청구가 이유 없으면 청구기각판결을 하고, 이유 있으면 청구인용판결을 한다.

(4) 판결의 선고

법원이 판결을 선고하기 위해서는 먼저 판결의 내용을 결정하고, 다음에 판결서를 작성하며, 이 판결서에 기하여 법원이 판결을 선고한다.

판결의 내용은 직접 그 사건의 기본적인 변론에 관여한 법관이 정하여야 한다.[165]

법관이 인사이동 등을 사유로 바뀌는 경우에는 변론을 재개하여 당사자로 하여금 변론의 결과를 진술하도록 한 다음에야 판결할 수 있다.[166]

판결의 내용이 결정되면 법원은 선고 전에 판결서를 작성하며 판결서에는 필수적 기재사항을 기재하여야 한다.[167]

---

165) 민사소송법 제204조(직접주의) ① 판결은 기본이 되는 변론에 관여한 법관이 하여야 한다.
166) 민사소송법 제204조(직접주의) ② 법관이 바뀐 경우에 당사자는 종전의 변론결과를 진술하여야 한다.
167) 민사소송법 제208조(판결서의 기재사항 등) ① 판결서에는 다음 각호의 사항을 적고, 판결한 법관이 서명날인하여야 한다.

변론을 종결하면 가급적 조속한 시일 안에 판결을 선고하여야 하는데, 판결의 선고는 당사자를 심문하는 것이 아니므로 당사자가 출석해야 할 수 있는 것은 아니다.[168]

판결을 선고하였으면 즉시 판결서를 법원사무관 등에 교부하여야 하고, 이들은 판결서를 영수한 날로부터 2주일 내에 판결정본을 당사자에게 송달하여야 한다.[169]

판결이 송달되면 그날로부터 상소기간이 진행된다.

(5) 판결의 효력

판결이 선고되면 각 단계에 따라 효력 발생하는데, 판결이 확정되지 않았더라도 기속력은 발생한다. 판결의 기속력이란 법원이 판결을 선고하고 나서 스스로 이를 고칠 수 있다고 한다면 재판의 신용이 떨어지고, 판결을 받은 당사자나 제3자의 법률관계가 불안해지므로 판결이 확정되기 전이라도 일단 선고된 판결은 혹시 그 속에 잘못된 판단이 있어도 이를 함부로 철회하거나 변경할 수 없도록 해야 하는 효력을 말한다.

일반적으로 판결이 확정된 뒤에는 ① 형식적 확정력, ② 실체적 확정력(기판력), ③ 집행력, ④ 형성력 등이 발생한다.[170]

판결의 불복은 그 판결을 한 법원에 대하여 하여도 아무런 소용이 없고 상급법원에 대하여 하여야 한다(상소제도).

Ⅱ. 제1심 소송절차

1. 소의 제기

(1) 소(訴)의 개념

소(訴)는 판결절차의 개시를 요구하는 당사자의 신청, 즉 원고가 피고를 상대로 하는 특정 청구의 당부에 관해 일정한 법원에 심판을 요구하는 소송행위를 말하며, 민사소송에서는 소가 제기

---

1. 당사자와 법정대리인
2. 주문
3. 청구의 취지 및 상소의 취지
4. 이유
5. 변론을 종결한 날짜. 다만, 변론 없이 판결하는 경우에는 판결을 선고하는 날짜
6. 법원

168) 민사소송법 제207조(선고기일) ① 판결은 변론이 종결된 날부터 2주 이내에 선고하여야 하며, 복잡한 사건이나 그 밖의 특별한 사정이 있는 때에도 변론이 종결된 날부터 4주를 넘겨서는 아니 된다. ② 판결은 당사자가 출석하지 아니하여도 선고할 수 있다.

169) 민사소송법 제210조(판결서의 송달) ① 법원사무관등은 판결서를 받은 날부터 2주 이내에 당사자에게 송달하여야 한다.

170) 이와 관련하여 자세한 사항은 "Ⅳ. 소송의 종료"에서 후술한다.

되어야 비로소 절차가 시작한다. 그래서 판결절차는 소로 시작되어 판결의 확정으로 종료된다. 소는 그 자체가 판결을 신청하는 행위이며(소송행위), 소는 피고에 대한 청구가 아니라 법원에 대한 신청(판결을 신청하는 행위)으로, 법원을 상대로 일정한 내용의 판결을 해달라고 신청하는 행위이자, 피고에 대한 사법상의 청구가 아닌 법원에 대한 판결의 청구 내지 신청이라 할 수 있다.

(2) 소장의 작성

소를 제기하려는 원고는 원칙적으로 법원에 소장을 작성하여 제출하여야 하며, 단순히 법원에 가서 구술로 소제기의 의사표시를 하는 것으로는 부족하다.[171] 소장에는 원고가 누구를 피고로 하여 어떠한 내용의 재판을 구하는지를 분명히 알 수 있게 기재하여야 한다.

즉 소송의 주체(당사자)와 소송의 객체(소송상 청구 = 소송물)를 명확히 해야 한다는 것이다.

필수적 기재사항으로 소장에는 ① 당사자, ② 법정대리인(당사자가 무능력자인 경우), ③ 청구의 취지, ④ 청구의 원인을 기재하여야 한다.[172]

한편 필수적 기재사항 외에도 더 상세한 사실인 공격방법, 증거방법 등을 기재하고 첨부하기도 하는데, 이러한 경우 준비서면(당사자가 변론에서 진술하려고 하는 사항을 기재하여 법원에 제출하는 서면)의 역할을 한다.

마지막으로 소장에는 소송물 가액에 따라 산출된 가액의 인지를 붙인다.

1) 당사자

당사자에는 원고와 피고가 누구인지를 타인과 구별할 수 있을 정도로 표시하는데, 자연인의 경우 성명을 기재(가족관계등록부상의 성명)하면 되고, 법인 기타 사단, 재단의 경우에는 그 명칭, 상호 등을 기재하면 된다.

한편 일정한 자격에 기하여 당사자가 된 자의 경우(소송담당)에는 그 자격을 함께 기재한다(예: 파산관재인, 선장 등).

그리고 실무상 주소도 기재하며 자연인의 경우 주민등록번호도 기재한다.

2) 법정대리인

당사자가 소송을 스스로 수행할 능력이 있으면 법정대리인이 없으므로 이를 기재할 필요가 없

---

171) 민사소송법 제248조(소제기의 방식) 소는 법원에 소장을 제출함으로써 제기한다.
172) 민사소송법 제249조(소장의 기재사항) ① 소장에는 당사자와 법정대리인, 청구의 취지와 원인을 적어야 한다.

으나 당사자가 소송무능력자이면 반드시 법정대리인을 기재해야 한다.

한편 당사자가 법인 기타 사단이나 재단인 경우에는 그 대표자나 관리인을 반드시 기재해야 한다. 법정대리인을 기재하는 것은 실제 소송수행자가 누구인지를 명확히 하기 위함으로 실무상 소장에 원고 소송대리인도 기재하는 것이 보통이나 필수적 기재사항은 아니다.

3) 청구의 취지

청구취지는 원고가 소로써 바라는 법률효과를 적는 소의 결론부분으로, 판결의 결론인 주문에 대응하는 부분이라 할 수 있다.

청구취지에서 원고가 어떤 종류의 판결을 구하는가, 어떤 내용과 범위의 판결을 구하는가를 명확히 해야 하는데, 청구취지가 분명하지 않은 경우에는 소장심사단계에서 재판장이 그 보정을 명한다.

이행의 소에서는 청구하는 급부를 명확히 밝혀야 하고(예: "법원이 적당하다고 인정하는 금액의 지급을 구한다"라고 하는 것은 청구취지를 명확하게 기재한 것이 아님), 확인의 소에서는 확인을 구하는 권리나 법률관계를 다른 것과 구별할 수 있을 정도로 특정하여 기재해야 하며, 형성의 소에서는 판결의 내용을 법원이 재량으로 정하므로 청구취지는 법원의 재량권 행사의 기초가 나타나 있으면 충분하다고 할 수 있다.[173)

4) 청구의 원인

소장 중 원고의 청구를 이유 있게 하는 사실을 기재하는 부분으로 원고는 청구취지에서 자신이 청구할 내용을 명확하게 기재하고, 청구원인에서 왜 그러한 청구를 하게 되었는지 그 사유를 밝혀야 한다.

'원고의 청구를 이유 있게 하는 사실'이란 원고가 소로써 주장하는 권리 · 법률관계가 인정되기 위한 전제가 되는 사실관계를 말하는데, 예를 들어 원고가 손해배상을 청구하면 손해배상청구권

---

173) 예를 들어 ① 이행의 소 : "피고는 원고에게 금 5,000만원을 지급하라는 판결을 구한다", "피고는 원고에게 서울특별시 종로구 세종로 5번지 소재 빌딩을 인도하라는 판결을 구한다"라는 식으로 피고에 대한 이행명령을 구하는 취지를 표시, ② 확인의 소 : "서울특별시 종로구 세종로 5번지 소재 빌딩의 소유자가 원고임을 확인한다는 판결을 구한다", "피고는 원고에 대하여 2016년 1월 1일에 체결한 소비대차계약에 기한 금 1,000만원의 채무를 부담하고 있음을 확인한다는 판결을 구한다"라는 식으로 특정 권리나 법률관계의 존부 확정을 구하는 취지를 표시, ③ 형성의 소 : "원고와 피고는 이혼한다는 판결을 구한다", "피고회사의 2016년 1월 10일자 주주총회 결의를 취소한다는 판결을 구한다"라는 식으로, 권리 · 법률관계의 변동을 구하는 취지를 표시한다. 실무상 통상 청구취지 말미에 "소송비용은 피고의 부담으로 한다"는 취지도 기재하지만 본래 소송비용의 재판은 법원이 직권으로 하는 것이므로 이론상 반드시 기재하여야 하는 것은 아니다.

의 성립요건에 해당하는 사실들, 즉 가해행위, 고의·과실, 손해발생, 인과관계의 존재 등에 해당하는 사실들이 청구원인이 될 것이고, 원고가 소유권 확인을 구하면 소유권을 취득하게 된 원인이 된 사실관계, 즉 매수나 증여, 선의취득 등에 해당하는 사실들이 청구원인이 될 수 있다.

(3) 소장의 심사

소장이 법원에 접수되면 각 재판부에 사건이 배당되는데, 이후 그 사건을 담당한 재판부의 재판장 등이 소장을 심사한다. 여기서 소장의 심사 대상에는 필수적 기재사항의 기재여부와 인지 첨부여부 등이다.[174)

소장에 필수적 기재사항이 기재되어 있지 않거나 인지가 제대로 붙어 있지 않으면 재판장은 상당한 시간을 정하여 그 기간 내에 흠결을 보정하라고 명하는데, 원고가 보정명령에 응하여 보정을 하면 그 흠결은 치유되지만 원고가 흠결 있는 소장을 보정하지 않으면 재판장은 명령으로 소장을 각하한다.

(4) 소장송달과 답변서의 제출

소장이 적식이면 법원은 소장부본을 피고에서 송달하며,[175) 이때 피고가 원고의 청구를 다투면 소장부본을 송달받은 날부터 30일 이내에 답변서를 제출하여야 한다.[176)

만일 이 기간 내에 답변서를 제출하지 않거나 원고의 주장을 모두 자백하는 내용의 답변서를 제출하면 법원은 변론 없이 판결할 수 있다.

답변서는 원고의 소장에 대한 피고의 대답으로 법원의 입장에서는 소장과 답변서를 비교하면 그 사건의 쟁점이 무엇인지를 파악이 가능하다고 할 수 있다.

답변서에는 당사자와 대리인, 사건을 표시하고, 방어방법, 원고의 청구와 공격방법에 대한 진술(청구취지에 대한 답변, 청구원인에 대한 구체적인 진술), 이를 증명하기 위한 증거방법, 작성날짜, 법원의 표시 등을 기재하면 된다.

피고의 답변서가 제출되면 재판장은 무변론판결을 할 경우를 제외하고는 원칙적으로 바로 변론기일을 정하여야 한다.

---

174) 민사소송법 제254조(재판장등의 소장심사권) ① 소장이 제249조제1항의 규정에 어긋나는 경우와 소장에 법률의 규정에 따른 인지를 붙이지 아니한 경우에는 재판장은 상당한 기간을 정하고, 그 기간 이내에 흠을 보정하도록 명하여야 한다. 재판장은 법원사무관등으로 하여금 위 보정명령을 하게 할 수 있다.
175) 민사소송법 제255조(소장부본의 송달) ① 법원은 소장의 부본을 피고에게 송달하여야 한다.
176) 민사소송법 제256조(답변서의 제출의무) ① 피고가 원고의 청구를 다투는 경우에는 소장의 부본을 송달받은 날부터 30일 이내에 답변서를 제출하여야 한다.

(5) 소제기의 효과

1) 실체법상의 효과

원고의 소제기는 실체법상 권리행사의 한 방법이므로 제소를 하면 실체법상의 권리를 행사하였다는 효과가 발생한다. 그래서 소(訴)는 형식적으로만 보면 원고의 법원에 대한 재판의 신청이라는 하나의 소송행위 뿐만 아니라 소제기는 내용상으로 실체법상의 권리행사의 한 방법이라 할 수 있다.

실체법상의 효과로서 소멸시효 또는 취득시효의 중단, 제척기간의 준수 등이 있으며, 소제기로 시효가 중단되는 시점은 소가 제기된 때이다.[177]

2) 소송법상의 효과

법원이 특정 소송상청구에 관하여 심리를 하려면 법원과 원고 및 피고 3자 사이에 그 청구에 관한 소송상 관계가 성립되어야 하기에 소가 제기되면 소송법상으로는 소송계속[178]의 효과가 생기며, 소송계속이 생기면 그로부터 다시 중복소제기 금지의 효과가 발생하며,[179] 그 이외에 소송참가, 중간확인의 소, 반소 등 소송중의 소를 제기할 기회도 발생한다.

당사자는 이미 법원에 계속 중인 소송과 동일한 사건에 대하여 다시 소를 제기하지 못하는데(중복소제기금지), 일반적으로 중복소제기를 금지하는 취지는 같은 사건에 대하여 다시 제소를 허용하는 것은 소송제도의 남용이고, 법원과 당사자들에게 이중의 부담을 주어 소송경제에 위배되며, 판결이 서로 모순·저촉될 우려가 있기 때문이다.

(6) 특수한 소제기의 유형

민사소송법상의 소장의 제출 이외의 방법으로 소를 제기할 수 있는 경우에는 ① 소제기 자체의 방법을 달리하는 구술 소제기, ② 민사소송에 대한 사전절차의 의미를 갖는 절차에서 그 목적이 달성되지 않아 민사소송으로 넘어가게 되어 소를 제기한 것으로 취급되는 경우(소제기로 보는 경우), ③ 다른 소송이 계속 중에 새로운 청구를 하는 서면을 제출하여 그 청구 자체로 보면 소를 제기한 것과 같은 의미를 갖게 되는 경우(서면 제출) 등이 있다.

---

177) 민사소송법 제265조(소제기에 따른 시효중단의 시기) 시효의 중단 또는 법률상 기간을 지킴에 필요한 재판상 청구는 소를 제기한 때에 그 효력이 생긴다.
178) 특정한 소송상청구에 대하여 법원이 판결절차로써 심리할 수 있는 상태, 소송계속이 생기는 것은 소송상청구, 즉 소송물 자체에 한하고, 그 범위도 소송상청구에서 정한 범위에 한정한다.
179) 민사소송법 제259조(중복된 소제기의 금지) 법원에 계속되어 있는 사건에 대하여 당사자는 다시 소를 제기하지 못한다.

1) 구술 소제기

소액사건심판법상의 소액사건에서는 구술에 의한 소제기가 가능하다.[180] 또한 원고가 일방적으로 제소하는 경우이나, 양 당사자가 임의로 법원에 출석하여 구술에 의한 진술로써 제소하고 변론도 가능하다.[181]

2) 소제기로 보는 경우

제소전화해절차에서 화해가 성립되지 않은 경우에 당사자가 소제기신청을 하면 화해를 신청하였을 때 소를 제기한 것으로 본다.[182]

한편 독촉절차에서도 지급명령에 대한 채무자의 이의신청이 있으면 지급명령 신청시에 소를 제기한 것으로 보며,[183] 그 밖에 민사조정절차에서 조정을 하지 않기로 결정하거나, 조정이 성립되지 않았거나, 조정에 갈음하는 결정에 이의신청이 있으면 조정신청을 한 때에 소가 제기된 것으로 본다.

3) 소장 이외의 서면제출

당사자참가, 소송중의 소에서는 소장에 준하는 신청서 등을 제출하면 그 청구에 관하여는 소제기의 효력이 생긴다.[184]

2. 소송절차의 진행
(1) 법원의 소송지휘권

크게 소송의 진행은 ① 기술적·형식적 측면(변론준비기일과 변론기일의 지정, 증거조사 기일

---

180) 소액사건심판법 제4조(구술에 의한 소의 제기) ① 소는 구술로써 이를 제기할 수 있다. ② 구술로써 소를 제기하는 때에는 법원서기관·법원사무관·법원주사 또는 법원주사보의 면전에서 진술하여야 한다. ③ 제2항의 경우에 법원사무관등은 제소조서를 작성하고 이에 기명날인하여야 한다.
181) 소액사건심판법 제5조(임의출석에 의한 소의 제기) ① 당사자쌍방은 임의로 법원에 출석하여 소송에 관하여 변론할 수 있다. ② 제1항의 경우에 소의 제기는 구술에 의한 진술로써 행한다.
182) 민사소송법 제388조(소제기신청) ① 화해가 성립되지 아니한 경우에 당사자는 소제기신청을 할 수 있다. ② 적법한 소제기신청이 있으면 화해신청을 한 때에 소가 제기된 것으로 본다.
183) 민사소송법 제472조(소송으로의 이행) ② 채무자가 지급명령에 대하여 적법한 이의신청을 한 경우에는 지급명령을 신청한 때에 이의신청된 청구목적의 값에 관하여 소가 제기된 것으로 본다.
184) 민사소송법 제79조(독립당사자참가) ① 소송목적의 전부나 일부가 자기의 권리라고 주장하거나, 소송결과에 따라 권리가 침해된다고 주장하는 제3자는 당사자의 양 쪽 또는 한 쪽을 상대방으로 하여 당사자로서 소송에 참가할 수 있다.
민사소송법 제72조(참가신청의 방식) ① 참가신청은 참가의 취지와 이유를 밝혀 참가하고자 하는 소송이 계속된 법원에 제기하여야 한다. ② 서면으로 참가를 신청한 경우에는 법원은 그 서면을 양쪽 당사자에게 송달하여야 한다.

의 실시 등 소송절차가 외면적으로 진행되는 것으로 법원에 의하여 좌우됨)과 ② 내용적 측면 (당사자들의 공격과 방어 및 입증 등으로 심리가 내용적으로 성숙해 가는 것으로 당사자들에 의하여 좌우됨)이라는 2가지 측면에서 이루어진다.

때로는 법원이 심리가 내용적으로 충실하게 이루어지도록 하기 위하여 당사자들의 소송활동에 개입할 권한을 갖는 경우도 있다고 할 수 있는데, 법원에 주어진 이러한 권한을 법원의 소송지휘권이라 한다.

(2) 소송서류의 송달

송달이란 당사자나 기타 소송관계인(참가인, 대리인 등)에게 사법기관이 일정한 방식에 따라 소송상의 서류를 교부하거나 그 내용을 할 수 있는 기회를 제공하고 이를 공증하는 행위를 말한다.

송달은 재판권의 작용에 속하고 당사자나 기타 소송관계인에게는 재판청구권을 보장해 주는 중요한 방법이 되는데, 송달은 주로 통지를 목적으로 하는 경우도 있지만 소송행위의 효력을 좌우하기도 하고, 기간 진행의 요건이나, 강제집행의 요건이 되는 경우도 있다고 할 수 있다.

송달은 직권으로 하는 것이 원칙이고, 당사자의 신청이 필요는 없다(공시송달의 경우에는 당사자의 신청권을 인정).

송달사무는 법원사무관이 담당하며, 송달실시기관으로는 집행관, 우편집배원(우편집배원에 의한 송달이 원칙) 등이 있다.

일반적으로 송달장소에는 송달을 받을 이의 주소, 거소, 영업소 또는 사무소가 되며, 법인에 대한 송달은 법정대리인에 준하는 그 대표자에게 하여야 하므로 그 대표자의 주소, 거소, 영업소 또는 사무소 등이 된다.[185]

송달의 방법으로 교부송달, 보충송달, 유치송달, 우편송달, 공시송달 등이 있는데 교부송달이 원칙이다.[186]

1) 교부송달

송달을 받을 이에게 직접 서류의 등본이나 부본을 교부하는 방법으로 송달은 원칙적으로 교부송달의 방법으로 한다.

---

185) 민사소송법 제183조(송달장소) ① 송달은 받을 사람의 주소 · 거소 · 영업소 또는 사무소에서 한다. 다만, 법정대리인에게 할 송달은 본인의 영업소나 사무소에서도 할 수 있다.
186) 민사소송법 제178조(교부송달의 원칙) ① 송달은 특별한 규정이 없으면 송달받을 사람에게 서류의 등본 또는 부본을 교부하여야 한다.

송달은 꼭 이러한 장소가 아니라도 송달 받을 이가 거부하지 않으면 그를 만나는 장소에서 교부가 가능하며,[187] 대부분의 경우에 우편집배원이 송달받을 이에게 교부하는 것이 일반적이라 할 수 있다.

2) 보충송달

송달을 받을 이를 만나지 못한 때에 그의 사무원, 피용자 또는 동거인[188]으로서 사리를 변식할 지능 있는 이에게 서류를 교부하는 것으로 특히 근무장소에서 송달할 사람을 만나지 못한 때에는 그 근무장소에 주소를 둔 사람이나 그 법정대리인, 피용자 또는 종업원이 수령을 거부하지 않으면 그에게 교부할 수도 있다. 다만, 일반 등기우편물과 달리 소송서류의 송달은 매우 민감한 문제이므로 송달의 편의만을 생각하여 그 범위를 넓히는 것은 사실상 타인 사이의 분쟁에 휘말리는 사람의 범위를 넓힌다는 의미가 있고, 자칫 사정을 모르는 우편집배원이 소송 상대방에게 송달할 위험이 있으므로 신중해야 할 것이다.

3) 유치송달

송달장소에 송달할 서류를 놓아두는 방법의 송달으로 이는 송달받을 자 또는 사무원, 피용자, 동거인이 정당한 사유 없이 송달받기를 거부할 때에 할 수 있다. 다만, 근무장소에서의 유치송달은 송달받을 사람이 받기를 거부하는 때에만 허용된다.

4) 우편송달

법원사무관 등이 소송서류를 등기우편 등 대법원규칙으로 정한 방법으로 송달장소로 발송하는 송달(발송송달이라고도 함)이다. 이 방법은 보충송달이나 유치송달을 할 수 없는 경우에 이용할 수 있는데, 우편송달을 하면 소송서류를 발송한 때에 송달된 것으로 본다(발신주의).
우편송달의 경우 결국 우편집배원이 배달을 할 것이지만, 이는 법원사무관 등이 발송하기만 하면 송달의 효과가 생기는 것으로, 통상 우편집배원이 하는 교부송달 등과는 전혀 다른 것이다.

5) 공시송달

공시송달은 법원사무관 등이 송달서류를 보관하고 그 사유를 법원게시장에 게시하여 두고 일정

---

187) 민사소송법 제183조(송달장소) ④ 주소등 또는 근무장소가 있는 사람의 경우에도 송달받기를 거부하지 아니하면 만나는 장소에서 송달할 수 있다.
188) 여기서 동거인이란 판례에 따르면 송달을 받을 이와 동일 세대에 속하여 생계를 같이 하는 이를 말한다.

한 기간이 지나면 송달의 효력이 발생한 것으로 보는 방법으로, 당사자의 행방을 알 수 없는 경우에 이용된다.

당사자의 주소, 거소, 영업소, 사무소, 근무장소 등 송달장소를 알 수 없는 경우 또는 외국에서 그 나라에 주재하는 외교관이나 그 나라의 관할 공무소에 촉탁할 수 없거나 촉탁해도 송달의 효력이 없을 경우이어야 한다.

실제 공시송달은 실제로 송달되지 않았음에도 불구하고 송달한 것으로 간주하는 것이므로 이 요건은 엄격하게 해석해야 하며, 이를 함부로 인정하는 것은 재판청구권의 침해가 될 수 있기에 공시송달은 직권이나 당사자의 신청에 의하여 재판장이 명령으로 한다.

최초의 공시송달은 송달을 실시한 날로부터 2주일이 경과하면 효력이 발생하고 2번째 공시송달부터는 실시한 다음 날부터 효력이 발생한다.

2주 또는 송달을 실시한 다음 날부터 바로 송달이 유효이므로 판결이 공시송달 된 경우 당사자가 상소기간 내에 상소를 하지 않으면 판결은 확정되어 기판력이 발생한다.

(3) 기일과 기간
기일과 기간은 모두 소송절차를 진행시키는 중요한 시간적 요소이다.

① 기일
기일은 법원, 당사자 기타의 소송관계인이 모여서 소송행위를 하기 위하여 정한 일시(변론기일, 변론준비기일, 증거조사기일 등)를 말한다.

절차의 진행은 법원의 직권조사사항이므로 기일도 소송지휘권을 가진 재판장이 직권으로 정하는 것이 원칙이다. 재판장은 기일을 지정하고 당사자, 기타 소송관계인에게 통지하여 출석을 명한다.

- 기일의 변경 : 변론절차와 변론준비절차의 첫 기일은 당사자가 합의 하면 변경할 수 있는데, 변경신청을 함에는 그 사유를 명시하고 이를 소명하여야 하며, 변경의 허가여부의 재판에 대하여는 불복이 허용되지 않는다.
- 기일의 불준수 : 기일의 준수를 게을리한 것은 당사자가 변론기일에 불출석하거나 출석했어도 변론을 하지 않은 경우, 또는 발언금지 등의 사유로 불출석한 것과 같은 효과가 발생한다.
- 진술간주 : 당사자 일방이 변론기일에 불출석하거나 출석하더라도 본안에 관하여 변론하지 않으면 그가 제출한 소장, 답변서, 기타 준비서면에 기재한 사항을 진술한 것으로 보고 출

석한 상대방에게 변론을 명할 수 있다.
- 자백간주 : 당사자 일방이 불출석하면 상대방이 주장한 사실을 자백한 것으로 본다. 다만 공시송달에 의한 기일통지를 받은 경우에는 이러한 불이익을 주지 않는다.
- 소(상소)취하 간주 : 변론기일에서 당사자 쌍방이 2회 불출석하거나 변론하지 않고 1월 이내에 기일지정신청을 하지 않거나 기일지정신청 후의 기일에 다시 출석 또는 변론을 하지 않으면 제1심에서는 소취하가 있는 것으로 보며, 상소심에서는 상소취하가 있는 것으로 본다.

② 기간

기간이란 두 시점 사이의 시간의 경과를 말하는데, 당사자들에게 소송행위를 준비하고 숙고하도록 일정한 기간을 허용하거나, 소송의 지연을 막기 위하여 소송행위를 일정한 시간적 범위 안에서 하도록 정한다.
- 행위기간 : 소송지연을 막기 위하여 특정의 소송행위를 그 사이에 하도록 정한 기간으로, 고유기간(당사자의 행위에 관한 기간으로 이 기간을 어기고 도과하면 실권의 불이익 발생, 상소기간, 재심기간 등)과 직무기간(법원의 행위에 관한 기간, 판결선고기간, 판결송달기간 등)이 있다.
- 유예기간 : 당사자나 소송관계인이 준비를 하거나 숙고를 할 말미를 주는 것으로 당사자 등의 이익을 보호하기 위한 기간(예: 공시송달의 효력발생기간, 제척·기피원인의 소명기간 등)이다.
- 법정기간 : 법률에 의하여 정해진 기간으로 여기에는 불변기간(법률이 불변기간이라고 규정한 것으로 재판기관이 부가기간은 정할 수 있지만, 그 기간 자체를 신축할 수가 없음, 상소기간, 재심기간 등)과 통상기간(불변기간 외의 기간으로 재판기관이 신축할 수 있음, 제척·기피원인 소명기간, 쌍방 2회 불출석의 경우에 하는 기일지정신청기간 등)이 있다.
- 재정기간 : 재판기관이 각 사안에 따라서 적절히 정한 기간으로, 법규정에 기간을 정하지 않고 법원이나 재판장으로 하여금 기간을 정하도록 한 경우이다(예: 소송능력 보정기간, 소장 보정기간 등).
- 기간의 불준수 : 기간을 지키지 않았다는 것은 당사자 기타 소송관계인이 행위기간 중에 그 소송행위를 하지 않고 기간을 도과시킨 것을 말하는데, 기간을 지키지 않았으면 앞으로는 그 행위를 할 수 없게 되는 불이익을 받음, 특히 불변기간을 지키지 않으면 판결이 확정되거나 재소가 불가능해지는 결정적인 불이익을 받는다.

3. 변론

민사소송법에서 변론은 4가지 의미로 널리 사용되고 있다. 우선 가장 넓은 의미로 소송주체가 각종 기일에 하는 일체의 소송행위로, 당사자의 소송행위, 법원의 소송지휘, 증거조사, 재판 등을 다 포함하는 의미(예: 변론이 제한, 변론조서 등), 다음으로 넓은 의미로 당사자의 소송행위와 법원의 소송지휘, 증거조사를 포함하는 의미(예: 변론의 재개, 변론의 종결, 변론의 속기, 녹취, 직접주의 등), 좁은 의미로 당사자의 소송행위와 법원의 증거조사를 포함한 의미(예: 변론의 지휘, 본안변론 등), 가장 좁은 의미로 당사자의 소송행위, 즉 신청, 공격과 방어를 하는 절차로 민사소송의 핵심단계를 의미하며, 여기서 이루어지지 않은 소송행위는 재판에서 고려의 대상이 되지 않다.

(1) 변론의 종류

변론은 구술변론이 원칙이며, 재판을 할 때 반드시 요구되는가 여부에 따라 필수적 변론과 임의적 변론으로 구분된다.

1) 필수적 변론

재판을 함에 있어서 반드시 변론을 열어야 하는 절차에서 변론을 말하는데, 판결절차는 필수적 변론에 의하며, 여기서의 변론이란 구술변론을 의미한다.

2) 임의적 변론

법률이 굳이 변론을 열 것을 요구하지 않은 경우에 법원이 재량으로 열 수 있는 변론을 말하는데, 주로 결정으로 재판할 사항이 여기에 해당하며, 이 변론은 반드시 구술로 할 것을 요구하지는 않는다.

(2) 변론의 준비

우리 민사소송법은 변론의 집중, 즉 집중심리주의 선언하고 있어서 변론을 준비해야 한다.[189]

심리의 집중은 소송을 효율적으로 진행하고 적정한 재판이 이루어지도록 하기 위하여 필수적이기 때문에, 변론을 열기 전에 법원과 당사자들이 준비를 철저히 하지 않으면 변론기일이 여러

---

189) 민사소송법 제272조(변론의 집중과 준비) ① 변론은 집중되어야 하며, 당사자는 변론을 서면으로 준비하여야 한다. ② 단독사건의 변론은 서면으로 준비하지 아니할 수 있다. 다만, 상대방이 준비하지 아니하면 진술할 수 없는 사항은 그러하지 아니하다.

차례 공전하게 되어 변론이 부실하여지고, 심리의 집중이 이루어질 수 없기 때문에 이러한 의미에서 변론의 충실한 준비는 효율적이고 적정한 소송에 대단히 중요하다고 할 수 있다.

변론을 준비하는 방법 : ① 서면에 의한 준비, ② 구술에 의한 준비 2가지가 있다.

1) 준비서면

당사자가 변론에서 진술하고자 하는 사항을 기재하여 기일 전에 미리 법원에 제출하는 서면을 준비서면이라 한다.

법원과 상대방이 미리 사안을 파악하고 준비를 하도록 하기 위하여 인정되는 것으로 합의부 사건의 당사자는 변론을 서면으로 준비하여야 하고, 단독사건의 경우도 상대방이 준비를 하지 아니하면 진술할 수 없는 사항에 대하여는 준비서면을 제출해야 한다.

소장도 임의적 기재사항을 적으면 준비서면을 겸하는 것이 된다.

피고의 답변서는 소송의 진전방향을 가늠할 수 있는 자료로서 매우 중요한 역할을 한다.

2) 준비서면의 기재사항

자기가 제출할 공격 또는 방어방법과 상대방의 공격 또는 방어방법에 대한 진술이 중요한데(이들이 쟁점과 증거의 정리에 결정적 기준이 됨), 사실주장, 증거신청 및 법률상이 주장, 증거항변 등이 여기에 해당한다.

3) 준비서면의 제출시기

재판장이 제출시기를 정하였으면 그때까지 제출해야 하고, 제출시기를 정하지 않았어도 그 기재한 사항에 대하여 상대방이 준비할 기간을 두고 제출하여야 하고, 제출된 준비서면 부본은 법원이 상대방에게 송달해야 한다.[190]

과거에는 실제로 변론기일 직전이나 당일에 제출하는 일도 많았기 때문에 상대방과 법원이 그에 대한 대비를 하지 못한 상태에서 변론기일이 열리므로 기일이 공전하는 폐단이 발생하기도 했었다.

준비서면은 변론의 예고에 불과한 것으로, 그 자체로는 소송자료가 아니므로 준비서면에 기재하여 제출한 사실도 구술변론에서 진술하지 않으면 주장하지 않은 것으로 되지만, 준비서면에 기재하지 않은 사실은 상대방이 결석하였을 때 변론에서 주장할 수가 없다.[191] 만약 이를 주장

---

190) 민사소송법 제273조(준비서면의 제출 등) 준비서면은 그것에 적힌 사항에 대하여 상대방이 준비하는 데 필요한 기간을 두고 제출하여야 하며, 법원은 상대방에게 그 부본을 송달하여야 한다.

할 수 있다면 상대방은 알지도 못하는 사실에 대하여 자백간주의 불이익을 받게 된다(상대방에게 기습적인 공격을 가하는 것을 방지하려는 취지).

(3) 변론준비절차

변론준비절차는 넓은 의미로는 변론준비기일을 포함하여 변론을 준비하기 위한 절차 전체를 의미하며, 좁은 의미로는 변론준비기일을 제외한 서면에 의한 준비절차만을 말한다.

1) 서면에 의한 변론준비절차

변론준비절차를 여는 경우에는 소가 제기되어 피고가 답변서의 제출 등 실질적으로 방어의 의사를 표시하면 재판장은 바로 변론기일을 정하여야 하나, 사건이 복잡하여 미리 쟁점과 증거를 정리하는 것이 필요한 경우에는 사건을 변론준비절차과정을 거치도록 한다.

변론준비절차는 변론기일을 열기 이전에 거치게 되겠지만, 필요에 따라서는 변론 중이라도 반소, 중간확인의 소 등 소송 중의 소가 제기될 경우에는 그 심리를 위하여 변론준비를 할 필요가 있을 것이므로 변론기일을 연 뒤에도 변론준비절차를 열 수가 있다.

증거조사는 본래 변론기일에 하여야 할 것이지만, 그 이전에도 증거조사를 할 수 있으며,[192] 변론기일 전 증거조사는 어디까지나 예외이므로 쟁점정리에 필요하거나 또는 감정 등과 같이 그 조사에 많은 시일을 요하는 경우에 주로 이용된다.

2) 변론준비기일

변론준비절차 중에 주장과 증거를 정리하기 위하여 필요하면 변론준비기일을 열어 당사자들을 출석하게 할 수 있다(구술에 의한 기일방식의 변론준비절차).[193]

변론준비기일은 어디까지나 변론기일에서의 심리를 준비하는 것에 불과하므로 법적 성격은 변론기일과 전혀 다르다.

변론준비기일에서도 당사자의 주장과 증거를 정리하는 선에서 그쳐야지 본안심리를 본격적으로

---

191) 민사소송법 제276조(준비서면에 적지 아니한 효과) 준비서면에 적지 아니한 사실은 상대방이 출석하지 아니한 때에는 변론에서 주장하지 못한다. 다만, 제272조제2항 본문의 규정에 따라 준비서면을 필요로 하지 아니하는 경우에는 그러하지 아니하다.
192) 민사소송법 제281조(변론준비절차에서의 증거조사) ③ 재판장등은 제279조제1항의 목적을 달성하기 위하여 필요한 범위 안에서 증거조사를 할 수 있다. 다만, 증인신문 및 당사자신문은 제313조에 해당되는 경우에만 할 수 있다.
193) 민사소송법 제282조 (변론준비기일) ① 재판장등은 변론준비절차를 진행하는 동안에 주장 및 증거를 정리하기 위하여 필요하다고 인정하는 때에는 변론준비기일을 열어 당사자를 출석하게 할 수 있다.

하여 소송관계를 뚜렷이 하는 데까지 나아가서는 안 된다.

변론준비기일이 열리면 당사자는 기일이 끝날 때까지 변론의 준비에 필요한 주장과 증거를 정리하여 제출하여야 하고, 재판장 등은 변론의 준비를 위한 모든 처분을 할 수 있다.

3) 변론준비절차의 종결

변론준비가 마무리되면 변론준비절차를 종결하고 바로 변론기일을 정한다.[194]

사건이 변론준비절차에 부쳐진 뒤 6월이 지난 경우, 당사자가 정해진 기간 내에 준비서면 등을 제출하지 아니하거나 증거의 신청을 하지 아니한 경우 및 당사자가 변론준비기일에 출석하지 아니한 때에는 변론준비를 계속할 상당한 이유가 인정되지 않는 한 변론준비절차를 종결해야 한다.

변론준비기일을 거친 사건에서는 그 기일에 제출하지 않은 공격 · 방어방법은 변론준비절차 종결 후에는 제출하지 못함이 원칙이며, 예외적으로 ① 제출하더라도 소송을 현저히 지연시키지 않을 때, ② 중대한 과실 없이 변론준비절차에서 제출하지 못하였다는 것을 소명한 때, ③ 법원의 직권조사사항인 때, ④ 소장이나 변론준비절차 전에 제출한 준비서면에 기재한 사항인 때 등과 같은 경우에는 제출하는 것이 허용된다.

4. 증거

(1) 증거의 개념

증거는 법규적용의 대상이 되는 사실을 인정하기 위한 자료를 말하는데, 공격 방어방법 중에서 한 당사자가 주장하는 사실을 상대방이 다투거나 부지라고 진술하면 그 사실의 진술이 진실임을 나타내기 위한 객관적 자료를 제출해야 하는데 이 객관적 자료를 보통 증거라고 한다. 그러나 증거라는 용어를 써도 그것이 증거방법을 뜻하는 경우도 있고, 증거자료나 증거원인을 뜻하는 경우도 있으므로 주의해야 한다.

- 증거방법 : 법관이 5관의 작용에 의하여 조사할 수 있는 유형물을 말하는데, 증인, 감정인, 당사자본인, 문서, 검증물 및 정보수록물 등이 여기에 해당한다.
- 증거능력 : 이 유형물이 증거방법이 될 수 있는 자격으로 민사소송법에서는 증거능력에 대한 제한이 문제되는 경우가 많지는 않다.
- 증거자료 : 법원이 증거방법을 조사한 결과 얻은 자료(증인이라는 증거방법에서 얻은 증거자

---

194) 민사소송법 제258조(변론기일의 지정) ② 재판장은 변론준비절차가 끝난 경우에는 바로 변론기일을 정하여야 한다.

료가 "증언", 감정인에게서 "감정의견", 당사자본인에게 "진술", 문서에서는 "기재된 내용", 검증물에서는 "그 물건을 검증한 결과")를 의미한다.

- 증거력(증명력) : 증거자료가 법관의 심증을 형성하게 되는데, 심증에 미치는 효력의 정도를 말한다.
- 증거원인 : 법관이 사실 인정에서 확신을 가지게 된 원인을 의미한다.
  법관은 증거자료와 변론 전체의 취지를 참작하여 자유롭게 형성한 심증에 따라 판단한다(자유심증주의).

1) 인적증거
구체적으로 증거가 되는 것에는 증인, 감정인, 당사자본인, 문서, 검증물 및 정보를 담은 문서 아닌 물건(정보수록물)이 있다.

- 증인 : 구체적 사실을 경험하여 그 경험한 것을 법원에서 진술하는 사람(예: 교통사고의 목격자, 계약체결의 현장에 동석했던 사람 등)
- 감정인 : 일정 분야에 전문 지식을 갖고 있어서 소송에서 문제된 사항에 대하여 그 전문지식을 전공하여 판단하는 사람(예: 사람의 사망원인을 부검하는 의사, 출판물의 음란 여부를 판단하는 법학교수 등)
- 당사자본인 : 소송의 주체이지 조사의 객체가 아니지만, 경우에 따라서는 증거조사 절차에서 증인처럼 선서를 하고 신문을 받을 수가 있으며, 이런 경우에는 당사자도 증거가 된다.

2) 물적증거
구체적으로 증거가 되는 것에는 증인, 감정인, 당사자본인, 문서, 검증물 및 정보를 담은 문서 아닌 물건(정보수록물)이 있다.

- 문서 : 문자, 보호, 기호 등으로 일정한 사상을 담은 물건으로 그 기재된 내용이 일정한 사실을 밝히는 것을 말한다(예: 계약서, 영수증, 등기부등본 등).
- 검증물 : 그 존재 자체가 일정 사실을 밝혀 주는 것을 의미한다(예: 피해자의 신체, 가해행위에 사용된 물건, 불법행위 현장의 상황 등).

3) 직접증거와 간접증거
직접증거란 다툼이 된 법률관계의 요건사실 등 주요사실을 증명할 수 있는 증거를 말하는데 반하여 간접증거는 주요사실 이외의 사실(간접사실, 보조사실)을 증명하는 증거이며, 이로써 간접사실 등이 입증되면 주요사실을 추측할 수 있다.

4) 본증과 반증
① 본증
입증책임을 부담하는 당사자가 그 주장사실이 진실임을 밝히기 위하여 제출하는 증거로, 주로 원고는 청구원인사실(권리발생사실)을, 피고는 항변사실에 대하여 각기 입증책임을 부담하므로 이를 증명하기 위하여 제출하는 증거가 본증이며, 본증이 성공하려면 입증사실을 법관이 확신하도록 하여야 하며, 법관의 심증이 확신에 이르지 못하면 본증은 실패하게 된다.

② 반증
상대방이 입증할 사실을 부인하는 자가 제출하는 증거로 이는 상대방의 주장사실이 진실이라는 확신을 법관이 갖는 것을 방해하거나 동요시키는 것이 목적으로, 반증에서 법관에게 상대방 주장사실이 진실이 아님을 확신시킬 필요는 없으며, 진실 여부에 관하여 확실치 못하다는 심증만 형성시키면 상대방의 본증이 실패하므로 그로써 충분하다.

(2) 증명의 방법
일반적으로 증명의 방법에는 크게 엄격한 증명과 자유로운 증명 2가지로 나눌 수 있다.

1) 엄격한 증명
법률에 정해진 증거방법에 의하여 법률로 정해진 절차에 의하여 행하는 증명으로, 증거조사에는 여러 가지 엄격한 규율이 정해져 있는데 특히 증거방법에는 증인, 감정인, 당사자본인, 서증, 검증물 및 정보수록물이 있고 그 밖의 증거방법은 허용되지 않고, 각 증거방법의 조사절차도 "증인은 선서를 하여야 한다는 것"과 같이 증거방법의 조사절차도 엄격한 형식이 갖추어져 있다. 이러한 형식적 절차를 거쳐서 하는 엄격한 증명은 주로 소송물의 당부를 판단함에 필요한 사실 및 소송요건, 상소요건 등을 심리하는 경우에 사용되는 방법이다.

2) 자유로운 증명
증거방법과 절차에서 법률규정의 구속을 받지 않는 증명으로, 이는 주로 법규의 존재 · 해석에 관한 사항, 소송목적의 값 산정, 전문적 경험법칙의 인정 등의 경우에 사용되는 방법으로 전문적 경험법칙의 인정을 본래의 방법인 감정인의 감정을 거치지 않고 공무소에 조사를 촉탁하든가, 공무소의 의견을 조회하는 경우로 사용되는 방법이다.

(3) 증명의 대상

1) 사실

증명의 대상은 원칙적으로 "사실"이다. 증명은 한 당사자가 주장한 사실을 다른 당사자가 다투기 때문에 그 사실을 주장한 당사자가 법관에게 그 사실주장이 진실임을 밝히기 위하여 필요한 것이므로 증명의 대상이 되는 것은 원칙적으로 "사실"만을 증명의 대상으로 한다.

증명의 사실확정의 한 방법으로 경우에 따라서는 확정된 사실에 적용할 법규나 경험법칙도 그 존부나 내용이 불분명하면 증명의 대상이 될 수 있다.

사실에는 앞에서 설명한 주요사실, 간접사실, 보조사실 등이 있다.

2) 법규

확정된 사실에 적용하여 소송물의 당부 판단에 도달할 수 있는 규범을 법규라고 하는데, 법규의 조사는 원래 직권사항이므로 당사자에게 주장·입증책임이 있는 것은 아니지만, "외국법", "상관습법", "지방관습법", "조례", "규칙" 등과 같이 법원이 불명한 경우에는 법원이 잘못된 법규를 적용할 우려가 있으므로 이 경우에 당사자가 스스로 이를 증명하여 불이익을 면할 수 있으므로, 이러한 의미에서는 법규도 증명의 대상이 될 수 있다.

법규에 관하여 법원이 직권으로 조사하고, 전문가의 감정에 의함이 원칙이지만 공무소 등에 조사를 촉탁하는 등의 자유로운 증명도 허용된다.

3) 경험법칙

경험법칙이란 인과관계, 사물의 성상 등에 관한 사실판단의 법칙으로, 일상경험을 통하여 일반인이 승인하고 있는 것을 말하는데, 여기에는 ① 상식적인 법칙, ② 전문과학상(專門科學上)의 법칙이 있다.

상식적인 경험법칙은 보통 증거에 의하지 않고 인정이 가능한데 반하여 전문과학상의 법칙은 판결 내용의 객관성을 보장하기 위하여 반드시 증거에 의하여(주로 감정으로) 인정하여 사실인정에 이용해야 한다. 다만 조사방법은 조사촉탁 등의 자유로운 증명으로 하는 수가 많다고 할 수 있다. 법관이 개인적 경험으로 알게 된 경험칙도 그것이 일반에게 널리 알려져 있지 않은 한 객관성을 보장하기 위하여 증거에 의해야 한다.

4) 불요증사실

당사자들이 주장하는 사실들 중에서 "현저한 사실"과 "다툼 없는 사실"은 증명을 할 필요가 없다(불요증사실).[195]

"현저한 사실"의 경우 증거조사에 의하지 않고 사실을 인정해도 판단의 객관성이 보장되기 때문에 굳이 입증할 필요가 없는 것이고, "다툼없는 사실"의 경우 당사자들이 다투지 않는 사실은 그와 반대되는 사실이 주장된 바가 없으므로 법원은 그 반대 사실을 인정할 수가 없기 때문에 변론주의로 인하여 법원이 구속되어 증명이 불필요하게 되는 것이다.

변론주의로 인하여 입증이 필요 없는 다툼 없는 사실에는 ① 당사자가 적극적으로 승인하는 사실(재판상 자백한 사실)과 ② 상대방이 주장한 것을 다투지 않는 사실(다툼 없는 사실)이 있다.

① 현저한 사실

현저한 사실이란 적어도 재판기관인 법원이 명확하게 알고 있어서 의심하지 않는 사실을 말하는데, 여기에는 공지의 사실(통상의 지식과 경험을 가진 일반인이 진실이라고 믿어 의심하지 않는 사실)과 법원에 현저한 사실(공지의 사실은 아니지만 법관이 직무상 경험으로 명확하게 알고 있는 사실) 등이 있다.

대부분 현저한 사실은 주요사실로서가 아니고 간접사실이나 보조사실로 문제가 되므로 변론주의가 적용되는 일이 적다고 할 수 있다.

② 재판상자백

재판상자백이란 변론, 변론준비절차, 증거조사절차 등에서 당사자가 상대방이 주장한 사실 중 자기에게 불리한 사실을 진실인 것으로 승인하는 진술을 말한다.

재판상자백이 성립하면 법원과 당사자는 그 자백에 구속되는데(자백의 구속력), 법원이 구속된다고 함은 자백한 사실에 대하여는 증거조사 없이 자백한 내용대로 사실을 인정해야 한다는 의미로써 법원은 자백의 진실 여부를 증거조사로써 심리, 판단할 필요가 없고, 자백의 내용대로

---

195) 민사소송법 제288조(불요증사실) 법원에서 당사자가 자백한 사실과 현저한 사실은 증명을 필요로 하지 아니한다. 다만, 진실에 어긋나는 자백은 그것이 착오로 말미암은 것임을 증명한 때에는 취소할 수 있다.

사실을 인정해야 하고, 설사 법원이 허위자백이라는 심증을 얻었어도 자백에 반하는 사실을 인정해서는 안된다. 또한 당사자가 구속된다고 함은 자신이 한 자백을 함부로 취소하지 못한다는 것이다.

③ 다툼 없는 사실

당사자가 비록 적극적으로 자백하지는 않더라도 상대방이 주장한 사실에 대하여 다툴 의사가 없는 것으로 보일 때에도 그 사실의 진위를 밝히기 위하여 굳이 증거조사를 할 필요는 없으므로 당사자가 상대방의 주장을 명백히 다투지 않거나, 변론기일에 출석하지 않으면 그 사실은 다툼 없는 사실로 불요증사실이 된다.[196]

다툼 없는 사실을 불요증사실로 한 것은 소송자료에 대한 당사자의 처분권을 바탕으로 한 것이므로 변론주의 절차에만 적용되고, 다툼 없는 사실을 자백간주한 사실이라고도 한다.

다툼 없는 사실에 대하여는 증거조사가 필요 없고(불요증사실) 법원은 그 사실을 인정하여 재판의 기초로 삼아야 한다.

재판상자백의 경우와는 달리 당사자에 대한 구속력은 없으므로 당사자는 사실심 변론종결 전에는 언제나 이를 다툼으로써 번복할 수 있다. 변론기일에 출석하여 명백히 다투지 않은 경우뿐만 아니라 결석하여 자백간주가 성립된 경우에도 마찬가지여서 당사자는 뒤에 출석하여 다투어서 자백간주를 번복할 수 있다.

(4) 자유심증주의

자유심증주의란 사실인정에서 법관이 증거방법의 제한이나 증명력을 법으로 정하는 등 증거법칙의 제한 없이 증거자료와 변론 전체의 취지를 참작하여 자유로이 그 확신에 따라 판단할 수 있다는 원칙이다.[197]

자유심증주의에 반대되는 개념으로 법정증거주의가 있는데, 이는 증거능력이나 증거력을 법률로 정하여 사실 인정에서 반드시 이러한 증거법칙에 따라야 하는 원칙(예: 증언과 서증의 내용이 상충될 때에는 서증을 믿어야 한다든가, 계약의 존재나 변제는 서증으로 증명하여야 한다든가, 일정 수 이상의 증인의 증언이 일치하면 믿어야 한다는 것 등)을 말한다.

---

196) 민사소송법 제150조(자백간주) ① 당사자가 변론에서 상대방이 주장하는 사실을 명백히 다투지 아니한 때에는 그 사실을 자백한 것으로 본다.
197) 민사소송법 제202조(자유심증주의) 법원은 변론 전체의 취지와 증거조사의 결과를 참작하여 자유로운 심증으로 사회정의와 형평의 이념에 입각하여 논리와 경험의 법칙에 따라 사실주장이 진실한지 아닌지를 판단한다.

1) 증거원인

법원은 증거조사에서 2단계를 거쳐 증거방법을 평가한다. 먼저 증거능력의 유무를 판단하는데, 증거능력이 없는 증거방법에 대하여는 증거조사를 하여서는 안된다. 다음으로 증거능력이 인정될 때 증명력을 판단한다.

자유심증주의는 법관이 사실인정에서 ① 증거방법의 제한이나 증거력의 법정 등 증거법칙의 제한 없이, ② 증거자료와 변론 전체의 취지를 참작하여 자유로이, ③ 그 확신에 따라 판단할 수 있다는 원칙으로 자유심증주의에서는 증거원인과 심증의 정도가 핵심이라 할 수 있다.

변론 전체의 취지는 증거조사의 결과 이외의 것으로 변론에서 나타난 일체의 상황을 의미하는데, 당사자의 주장 태도, 변론의 청취에서 얻은 인상, 공격·방어방법의 제출시기 등 모두를 포함한다.

또한 자유심증주의는 증거조사의 결과를 법률상 제한 없이 증거자료로 사용할 수 있다는 것을 의미하는데(증거방법의 무제한), 원칙적으로 증거능력에 제한이 없다는 것을 뜻하며, 법률상 증거능력을 제한한 경우에 그 법규정에 따른 제한을 받는 것은 어쩔 수 없으나, 이러한 법적 제한이 없는 경우에 해석상 증거능력에 일정한 제한을 가하는 것이 허용되지 않는다는 것을 말한다.

2) 심증의 정도

법관이 사실을 인정함에 있어서는 확신에 따라 심증을 형성하여야 하며, 확신에 이르지 아니한 정도의 심증으로 사실을 인정하여서는 안된다. 여기서 확신이란 고도의 개연성의 믿음, 십중팔구의 확신, 실제 생활에 적용될 수 있는 정도의 정확성, 의심에 침묵을 명할 수 있을 정도의 확실성(비교적 고도의 확실성을 말하는 것이고, 통상인이면 의심을 품지 않을 정도일 것을 필요로 함)을 말하는데, 법관이 증거조사의 결과 어떤 사실이 진실이라는 확신도 서지 않고, 진실하지 않다는 확신도 서지 않으면, 이는 진위불명이 되고, 이 경우에는 입증책임 분배의 원칙을 적용하여 사실을 확정하는 수밖에 없다.

3) 입증정도의 완화
① 표현증명

경험칙이 의심의 여지가 없을 정도의 고도의 개연성이 있는 것이어서 일정한 사실이 있으면 그 결과 다른 사실을 인정하는 것이 정형적이라고 생각되는 경우에는 단순히 주요사실의 존부를 추측하는 것이 아니라 아예 일단 입증이 된 것으로 보아도 무방하다(예: 이러한 것이 주로 문제되는 경우에는 불법행위의 요건인 인과관계나 과실의 유무가 다투어질 때에 가해행위가 있고 손해가 있으면 당연히 가해자의 과실이나 인과관계가 있음이 일단 입증된 것으로 보는 것이 표현증명).

② 간접반증

표현증명의 법리를 적용하여 불이익을 받는 당사자는 자신의 과실이나 인과관계를 부정할 수 있는 별개의 사실을 주장, 입증하여 그 불이익을 면할 수 있다.

4) 자유심증의 한계

법관이 증거자료와 변론 전체의 취지를 고려하여 자유롭게 그 확신에 따라 심증을 형성한다는 원칙은 법관이 자의적으로 사실을 인정해도 된다는 의미는 결코 아니기 때문에 자유심증주의에도 일정한 한계가 있는데, 법관의 자유심증에 따른 사실인정이 아무리 그 확신에 따라서 한 것이라도 논리와 경험칙에 맞지 않다면 이는 법관의 자의적인 판단으로 볼 것이다.

자유심증주의는 사실인정에 적용되는 원칙이므로 사회정의라든가 형평의 이념과 같은 추상적이고 규범적인 원칙과는 관계가 없어 보이지만 법관이 그 확신에 따라 사실을 인정했더라도 그것이 사회정의나 형평에 위반되는 경우에는 자유심증주의가 제한될 수 있다.

(5) 입증책임(증명책임)

1) 주관적 입증책임

변론주의 절차에서 다툼이 있는 사실을 주장한 당사자가 증거를 제출하지 않으면 증거가 없는 것으로 되고 따라서 주장 사실이 진실이 아닌 것으로 인정될 위험을 말하는데(증거제출책임), 양 당사자가 모두 증거를 제출하였을 때에는 문제되지 않는다.

2) 객관적 입증책임

소송에서 증거조사의 결과 어느 사실의 존부가 확정되지 않을 때(진위불명 또는 입증불능) 그 사실이 존재하지 않는 것으로 취급하게 되는 당사자 일방의 불이익 내지 위험을 말하는데, 보통 입증책임이라고 하면 이 객관적 입증책임을 의미하며, 진위불명의 상태는 변론주의 절차뿐만 아니라 직권탐지주의 절차에서도 생길 수 있으므로 입증책임은 모든 절차에서 적용되는 원칙이다.

3) 입증책임의 분배

기본적으로 각 당사자는 자기에게 유리한 법규의 요건사실에 대하여 입증책임을 부담한다는 견해(법률요건분류설)에 따라 소송요건에 관해서는 그것이 직권조사사항이면 그 존재가 원고의 소를 적법하게 하므로 원고에게 유리한 것이어서 원고가 그 요건이 구비되었다는 점에 관하여 입증책임을 부담한다.

이에 반하여 관할위반, 중재계약의 존재와 같은 항변사항이면 이를 피고가 주장하여야 비로소 법원이 조사할 수 있으므로 그러한 사유가 존재한다는 점에 대하여 피고가 입증책임을 부담한다.

① 권리발생사실

권리를 주장하는 당사자는 그 권리를 발생시키는 요건사실, 즉 권리발생사실에 대하여 입증책임을 부담한다.

예를 들어 소비대차계약에 기한 대여금반환청구를 하는 채권자는 그 청구권의 발생원인 사실인 계약체결 사실을 주장, 입증하여야 한다. 또한 불법행위에 기한 손해배상 청구를 하는 피해자는 그 청구권의 발생요건 사실인 가해행위, 고의, 과실, 손해발생, 인과관계 등에 대하여 입증책임이 있다.

② 항변사실

권리를 주장하는 당사자의 상대방 당사자는 권리행사에 응할 수 없음을 주장하므로 권리주장에 반대되는 사실을 주장하고 그에 대하여 입증책임을 부담한다.

권리를 무효로 만드는 사실로 권리불발생사실은 상대방이 이를 주장하고 그 진실임에 입증책임을 부담하는 것이다. 예를 들어 불공정한 법률행위, 선량한 풍속위반, 통정허위표시 등이 여기에 해당한다.

일단 발생한 권리를 소멸시키는 사실로 권리소멸사실도 이를 권리주장자의 상대방이 주장하고 그 진실임에 입증책임을 부담한다. 예를 들어 변제, 대물변제, 법률행위의 취소 등이 여기에 해당하는데 이러한 사항은 모두 그 주장자에게 유리한 법규의 요건사실들이기 때문에, 이러한 사실들에 입증책임을 부담하는 것은 일반적으로 피고가 된다.

③ 법규범에 따른 분배

구체적인 경우에 법률이 어느 당사자에게 유리·불리를 따지지 않고 정책적으로 입증책임을 분배하도록 규정하는 경우이다.

불법행위에 기한 손해배상청구권을 주장할 경우에는 가해자의 고의·과실에 대한 입증책임은 피해자인 채권자가 부담하지만, 계약불이행에 기한 손해배상청구권을 주장할 경우에는 채무자가 자기에게 고의·과실이 없다는 점에 대하여 입증책임을 부담한다.

또한 같은 불법행위라도 서로 입증책임을 달리하는 경우가 있다. 예를 들어 민법 제750조(불법행위의 내용) vs 민법 제756조(사용자의 배상책임), 제758조(공작물 등의 점유자, 소유자의 책임), 제759조(동물의 점유자의 책임)에 있어서 일반 불법행위와는 달리 사용자책임, 공작물 점유자의 책임, 동물 점유자의 책임에서는 고의·과실이 단서에 규정되어 있고, 이는 바로 사용자, 점유자 등에게 입증책임이 있음을 규정하고 있다.

4) 입증책임의 전환

입증책임의 전환이란 일정한 요건사실에 대하여 일반적인 입증책임은 정하여져 있지만, 그에 대한 예외를 인정하여 반대사실에 대한 입증책임을 상대방이 부담하도록 하는 것으로, 입증책임은 입법에 의하여 전환하는 것이 원칙이다.

입법에 의한 입증책임의 전환에는 ① 법률상의 추정에 의한 것, ② 특별한 규정에 의한 것 등이 있다.

① 법률상의 추정

추정이란 어느 사실에서 추측하여 다른 사실을 인정하는 것을 말하는데, 법률상의 추정은 경험칙을 입법에 반영하여 법규범으로 되어 있는 것을 적용하여 추정하는 것을 말한다. 여기에는 사실추정과 권리추정이 있다.

사실추정은 어떤 전제되는 사실이 있으면 법규정에 의하여 다른 사실이 추정되는 것으로 예를 들어 민법 제198조에 의하여 두 시점 동안 점유가 계속된 것으로 추정되는 경우, 부의 친생자 추정, 상호의 부정목적 사용의 추정, 배서시기의 추정 등이 해당된다.

권리추정은 어떤 전제사실이 있으면 일정한 권리가 있거나 권리가 일정한 상태에 있는 것으로 추정하는 것으로 예를 들어 부부가 소유한 물건이지만 누구의 재산인지가 분명하지 않으면 부부의 공유로 추정, 점유자 권리의 적법 추정, 건물 공용부분의 공유 추정, 공유지분의 균등 추정 등이 해당된다.

② 특별규정

입증책임의 전환은 특별규정에 의하여도 발생한다. 예를 들어 사용자책임,[198] 공작물 등의 점유자[199] 및 동물의 점유자의 책임[200] 등이 여기에 해당한다.

(6) 증거조사절차

증거조사는 통상 당사자가 증거신청을 하면 법원이 그 채부를 결정하고, 채택된 증거에 대하여 조사를 하여 심증을 형성하는 순서로 진행한다. 따라서 직권으로 증거조사를 할 때에는 당사자의 신청과정은 없다고 보아야 한다.

여기서 증거신청이란 당사자가 일정한 사실을 증명하기 위하여 특정 증거방법을 적시하여 조사할 것을 법원에 신청하는 소송행위를 말하는데, 변론주의 절차에서는 당사자의 증거신청이 없으면 다툼 있는 사실에 대하여 증거가 없는 것으로 인정될 수 있기 때문에 증거신청은 소송의 승패를 가름하는 중요한 소송행위이다.

1) 증거신청 방법과 시기
① 증거신청 방법

증거를 신청할 때는 입증하려는 사실(입증사항), 특정 증거방법 및 입증사항과 증거방법의 관계(입증취지)를 구체적으로 명시하여야 하는데, 이는 증거신청의 남용을 막고 바로 증거조사에 착수할 수 있도록 하기 위한 조치로써, 증인과 당사자신문의 경우에는 "신문사항", 감정의 경우에는 "감정사항"을 기재한 서면을 제출하여야 한다.

② 증거신청 시기

증거신청은 실기한 공격·방어방법으로 각하되거나 준비절차 종결의 효과로 제출하지 못하는 경우를 제외하고는 "변론종결시"까지 가능하며, 이 신청은 변론기일 전에도 할 수 있으며, 주

---

198) 민법 제756조(사용자의 배상책임) ① 타인을 사용하여 어느 사무에 종사하게 한 자는 피용자가 그 사무집행에 관하여 제삼자에게 가한 손해를 배상할 책임이 있다. 그러나 사용자가 피용자의 선임 및 그 사무감독에 상당한 주의를 한 때 또는 상당한 주의를 하여도 손해가 있을 경우에는 그러하지 아니하다.
199) 민법 제758조(공작물 등의 점유자) ① 공작물의 설치 또는 보존의 하자로 인하여 타인에게 손해를 가한 때에는 공작물점유자가 손해를 배상할 책임이 있다. 그러나 점유자가 손해의 방지에 필요한 주의를 해태하지 아니한 때에는 그 소유자가 손해를 배상할 책임이 있다.
200) 민법 제759조(동물의 점유자의 책임) ① 동물의 점유자는 그 동물이 타인에게 가한 손해를 배상할 책임이 있다. 그러나 동물의 종류와 성질에 따라 그 보관에 상당한 주의를 해태하지 아니한 때에는 그러하지 아니하다.

로 변론준비절차나 변론준비기일에 한다.

2) 증거신청의 철회와 상대방의 증거항변
① 증거신청 철회
증거신청은 증거조사가 시작되기 전이면 자유로이 철회가능하며, 증거조사가 시작된 뒤에는 상대방도 유리하게 원용할 이익을 가지므로 상대방의 동의를 얻어야 하고, 증거조사가 끝난 뒤에는 이미 심증이 형성되었기 때문에 철회가 불가하다.

② 상대방의 증거항변
증거신청이 있으면 상대방 당사자에게 의견을 진술할 기회를 주어야 하며, 이때 상대방은 신청된 증거에 대하여 실기, 무가치, 불필요, 부적법 등의 증거항변을 할 수 있다.

3) 증거결정
증거결정은 당사자가 증거신청을 하면 법원이 그 증거방법을 조사할 것인지 여부를 결정하는 것을 말한다.

당사자는 다툼 있는 사실에 대하여 입증을 할 정당한 이익이 있으므로 법원은 증거신청을 받아들이는 것이 원칙이며, 다만 증거능력이 없거나 부적법한 증거, 불필요하거나 조사가 불가능한 증거는 조사하여서는 안 될 것이므로 증거결정을 함에는 그 증거가 적법한지, 방식에 맞는지 및 그 증거방법을 조사하는 것이 필요한지 그리고 가능한지 여부 등을 고려하여 판단한다.

법원이 증거신청을 채택하면 이를 채택한다는 증거결정을 하고, 증거신청을 배척하면 각하결정을 하는 것이 원칙이다.

다만, 증거결정은 법원의 직권에 속하는 재량사항이지만 신청된 증거방법이 "유일한 증거"일 경우에는 이를 조사해야 한다.[201] 여기서 유일한 증거란 주요사실에 관하여 당사자가 신청한 단 하나뿐인 증거방법으로, 그 증거를 조사하지 않으면 그 주요사실에 대하여 아무런 증거방법이 없게 되는 것을 말하며, 사건 전체를 기준으로 유일한 증거인지 여부를 가리는 것은 아니다.

---

201) 민사소송법 제290조(증거신청의 채택여부) 법원은 당사자가 신청한 증거를 필요하지 아니하다고 인정한 때에는 조사하지 아니할 수 있다. 다만, 그것이 당사자가 주장하는 사실에 대한 유일한 증거인 때에는 그러하지 아니하다.

4) 보충적 직권증거조사

변론주의 소송에서는 증거조사도 당사자의 신청이 있어야 하는 것이 원칙이므로 직권으로 증거를 조사하는 것은 허용되지 않으나 변론주의가 시행된다고 하여 실체적 진실발견의 목표를 포기하고 형식적 진실로서 만족해서는 안 되므로 변론주의의 약점을 조절하기 위하여 현행법은 보충적으로 직권증거조사를 가능하게 하였다.

직권증거조사는 보충적으로 할 수 있으므로 당사자가 신청한 증거의 조사를 마친 뒤에 직권조사 여부를 결정하는데, 법원은 당사자의 입증이 충분하지 못한 때에는 석명권을 행사하여 입증을 촉구할 수 있지만 그것으로도 부족할 때, 즉 당사자가 신청한 증거로 심증을 얻지 못하거나 기타 필요한 경우에는 보충적으로 직권증거조사를 할 수 있다.

5) 증거조사의 실시

증거조사는 수소법원의 법정에서 변론기일이나 별도로 정해진 증거조사기일에 실시하는 것이 원칙이지만(변론기일이 동시에 증거조사기일이 되는 것이 일반적임), 변론기일 전에도 변론준비절차에서 증거조사를 할 수 있고, 경우에 따라서는 법정 외에서의 증거조사도 가능하다.

변론준비기일에 증거조사를 하였으면 변론준비기일조서에, 변론기일에 증거조사를 하였으면 변론조서에 이를 기재하고, 별도로 증거조사를 하였으면 증거조서에 기재한다.

6) 개별적인 증거방법의 조사
① 증인신문

증인은 소송에서 과거에 자기가 경험한 사실을 법원에 진술하는 제3자를 말하는데, 증인의 이러한 진술을 "증언"이라 하고, 증언으로부터 증거자료를 얻는 증거조사를 "증인신문"이라 한다. 증인은 소송에서의 제3자이어야 하므로 당사자는 증인이 될 수 없고, 소송상 당사자와 같이 취급되는 당사자의 법정대리인이나 대표자, 관리인은 증인이 될 수 없으며 이들 이외의 사람은 누구나 증인이 될 수 있다.

우리나라 법원의 재판권에 복종하는 사람이면 누구나 증인으로 신문에 응할 공법상의 의무를 부담하며, 출석요구를 받은 증인은 지정된 일시와 장소에 출석할 의무가 있으며, 증인은 증언함에 있어서 선서를 하여야 하고, 증인은 신문에 대하여 진술할 의무가 있다.

② 감정

감정이란 법관의 지식과 경험을 보충하기 위하여 특별한 학식과 경험을 가진 제3자에게 그 전문지식을 이용하여 법규, 관습, 경험법칙의 존부와 이를 적용하여 얻은 자기 판단과 의견을 보고하게 하는 증거조사를 말한다.

감정인은 과거의 경험이 아니라 법원의 명령을 받고 감정을 한 후 그 결과를 보고한다는 점에서 증인과 다르다.

감정사항에 관하여 학식과 경험을 가진 사람이면 되고, 특정의 사실에 관하여 경험한 것을 보고하는 증인과 다르므로 대체성이 있으므로 감정인은 법원이나 법관이 지정하고, 결격사유도 정해져 있으며, 감정인에 대한 기피절차도 마련되어 있다.202)

감정사항은 법규, 관습 및 경험법칙의 존부나 해석에 관한 것 등이 있으며, 사실판단에 대한 감정도 가능하다(예: 혈액형, 화재의 원인, 필적의 동일성 등).

③ 서증

문서의 기재내용을 증거자료로 삼으려는 증거조사를 서증이라 하는데, 민사소송에서는 문서는 문자나 기호, 부호 등에 의하여 작성자의 일정한 사상을 표현한 유형물을 말한다(예: 편지, 계약서, 등기부, 영수증, 위임장 등).

문서의 종류에는 공문서(공무원이 그 직무상의 권한에 기하여 작성한 문서로, 공무원이 작성하였어도 직무상 권한에 기하여 작성한 것이 아니면 공문서가 아니고, 공무원이 발급한 고지서 등은 공문서에 준해서 취급할 수 있음, 그 밖에 공문서 중에 공증권한을 가진 이가 작성한 문서를 공정증서라 함)와 사문서(공문서 이외의 문서로 공문서와 사문서의 차이점은 공문서는 진정성립이 추정되나, 사문서는 제출자가 그 진정성립을 입증해야 함)가 있다.

문서가 작성 명의인의 의사에 의하여 작성된 것이고 타인에 의하여 위조된 것이 아니라는 것을 "진정성립"이라고 하는데, 명의인이 직접 작성한 것이 아니라도 명의인의 승낙 하에 타인이 작성한 것이어도 진정성립을 인정할 수 있다.

서증이 제출되면 재판장이 상대방에게 그 문서의 진정성립을 인정할 것인지를 묻고, 이때 상대방의 답변 태도를 ① 인정, ② 침묵, ③ 부지, ④ 부인의 4가지로 나누어서 상대방이 인정한다고 진술하거나 침묵하면 재판상자백이나 자백간주의 법리가 적용되어 그 문서의 진정성을 인정(판례)하고, 상대방이 부인이나 부지로 답하면 제출한 당사자는 그 문서의 진정성립을 증명해

---

202) 민사소송법 제336조(감정인의 기피) 감정인이 성실하게 감정할 수 없는 사정이 있는 때에 당사자는 그를 기피할 수 있다.

야 하며, 이때 입증책임은 그 문서를 제출한 당사자가 부담한다.

문서가 공문서로 인정되면 진정성립이 추정되고,[203] 사문서의 경우에는 입증자가 그 성립의 진정을 증명해야 한다.[204]

④ 검증

검증이란 법관이 직접 오관의 작용으로 사물의 성질, 상태 또는 현상을 검사하여 얻은 인식을 증거자료로 하는 증거조사이며, 그 대상이 되는 사물을 검증물이라 한다.

토지나 건물의 현상을 파악하거나, 사고현장이나 사고차량 등을 직접 관찰하는 경우에 검증을 이용하며, 검증도 당사자의 신청에 의함이 원칙으로, 당사자는 검증의 목적을 표시하여서 신청하여야 한다.[205]

⑤ 당사자신문

당사자신문은 당사자본인을 증인과 같은 증거방법으로 하여 그 경험 사실을 진술케 하여 이를 증거자료로 하는 증거조사를 말하는데, 본래 당사자는 소송주체이므로 당사자의 진술은 증거자료가 아니라 사실자료가 되지만, 필요에 따라서는 당사자의 진술을 증거자료로 하기 위하여 선서를 시키고 신문할 수 있다.

당사자가 소송주체로서 하는 진술과 당사자신문을 당하여 하는 진술을 구별해야 한다. 즉, 당사자신문에서 상대방의 주장을 시인하는 진술을 해도 이는 증거자료이지 사실자료가 아니기 때문에 재판상자백이 성립하는 것이 아니고, 법원이 석명하여 당사자에게 진술시키는 것도 당사자신문과 모습이 비슷하지만 이것 역시 소송주체로서의 주장을 보충하는 것이지 증거자료는 아니며, 당사자신문에서 당사자로서 한 주장사실과 모순되는 진술을 해도 전에 한 진술을 고친 것은 아니다.

⑥ 정보수록물

컴퓨터 자기디스크나 광디스크, 그 밖에 이와 비슷한 정보저장매체에 기억된 문자정보에 대하여 증거조사를 할 경우에는 그 내용을 직접 인식하는 것은 일반적으로 불가능하고 화면이나 종

---

203) 민사소송법 제356조 (공문서의 진정의 추정) ① 문서의 작성방식과 취지에 의하여 공무원이 직무상 작성한 것으로 인정한 때에는 이를 진정한 공문서로 추정한다.
204) 민사소송법 제357조 (사문서의 진정의 증명) 사문서는 그것이 진정한 것임을 증명하여야 한다.
205) 민사소송법 제364조(검증의 신청) 당사자가 검증을 신청하고자 하는 때에는 검증의 목적을 표시하여 신청하여야 한다.

이에 인쇄하여 출력하여 그 내용을 파악하는 수밖에 없으므로 문자나 그 밖의 기호, 도면, 사진 등에 관한 정보에 대한 증거조사는 그 전자문서를 모니터나 스크린 등을 이용하여 열람하여 가능하다.

녹음, 녹화테이프, 컴퓨터용 자기디스크, 광디스크, 그 밖에 이와 비슷한 방법으로 음성이나 영상을 녹음 또는 녹화하여 재생할 수 있는 매체에 대한 증거조사는 이들 전자문서를 청취하거나 시청하는 방법으로 실시한다.

도면, 사진 등은 문서가 아니고, 그 수록 기술도 다양하기 때문에 도면, 사진 그 밖에 정보를 담기 위하여 만들어진 문서 아닌 물건이 증거자료가 될 때에는 그 조사방법에 관하여는 각기 대상물과 입증의 목적에 따라 감정, 서증, 검증의 조사에 관한 절차에 따른다.

Ⅲ. 상소제도

1. 상소제도의 의의

재판이 확정되기 전에 당사자가 상급법원에 대하여 그 재판의 취소 · 변경을 구하는 것을 상소라고 하는데, ① 불복 있는 재판을 다시 검토하여 올바른 재판을 받을 수 있도록 당사자의 이익을 보장(권리구제), ② 법령의 해석 통일(전국 법원의 법령해석을 통일)을 목적으로 한다.

판결에 대한 불복방법에는 항소, 상고가 있고, 결정과 명령에 대한 불복 방법에는 항고, 재항고가 있다.

상소제도는 소송비용의 증가, 법원의 업무 가중, 절차의 종결을 지연(정작 권리 있는 당사자의 권리보호를 지연), 각 심급마다 서로 모순되는 재판을 하는 경우에는 사법부의 신뢰를 저하시키는 등의 문제점도 발생할 수도 있다.

상소의 효력에는 ① 재판의 형식적 확정력을 뒤로 미루는 효과, ② 상소제기시 원재판의 확정이 정지, ③ 기판력이 불발생 등과 같은 연기적 효력과 ① 소송을 한 단계 높은 심급으로 이전시키는 효과, ② 원재판 전부에 대하여 이심효과가 발생(다만 심판범위는 전부가 아님)하는 등의 이심의 효력이 있다.

2. 항소심

(1) 항소심의 구조

항소심은 제1심 판결이 정당한지 여부에 대하여 심리함과 동시에 제1심절차와 항소심절차 사이의 관계를 어떻게 하느냐에 따라 항소심 절차의 내용이 달라질 수 있다. 여기에는 복심제(항소심에서 제1심의 소송진행이나 소송자료와는 관계없이 독자적으로 절차를 처음부터 새로이 진행)와 사후심제(항소심에서 제1심의 판결이 정당한지를 심리하는 것에 국한), 그리고 속심제(복심제와 사후심제의 절충, 항소심에서 제1심의 심리를 계속 이어서 하는 것으로, 제1심의 소송자료를 바탕으로 하되 새로운 소송자료도 제출받아 함께 심리하는 형태, 제1심에서의 소송행위는 그 효력이 그대로 유지+당사자는 새로운 공격·방어방법 제출 가능+제1심에서의 주장·진술의 변경 가능)의 형태가 있는데 우리 민사소송법은 '속심제'의 모습에 실기한 공격·방어방법의 각하하는 형태로 항소심 구조를 유지하고 있다.

(2) 항소요건

항소요건이란 당사자가 한 항소를 적법한 것으로 보아 법원이 이를 수리하여 본안심리를 하는 데 있어서 필요한 조건으로 구체적으로는 ① 불복하는 판결이 항소할 수 있는 판결이어야 하고, ② 항소제기의 방식이 맞고 항소기간 준수해야 하며, ③ 항소의 이익도 있어야 하고, ④ 항소인이 항소권을 포기하지 않았고, 당사자 간에 불항소의 합의가 없어야 한다. 또한 ⑤ 항소의 당사자적격이 있어야 하는 등의 요건이 필요하다.

이러한 항소의 요건이 흠결인 경우에는 부적법각하된다.

(3) 항소의 제기

1) 항소의 제기의 방식

항소장의 제출해야 하는데, 항소의 제기는 원심인 제1심 법원에 항소장을 제출하여야 한다.

항소장에는 당사자, 법정대리인, 그리고 제1심 판결의 표시와 그 판결에 대한 불복의 뜻의 항소의 취지를 기재해야 한다.[206]

2) 항소장의 심사

① 원심재판장에 의한 심사

먼저 원심재판장이 항소장을 심사하는데, 항소장에 필요적 기재사항의 기재여부, 소정인지의 납부여부를 심사하여 흠이 있을 때에는 상당한 기간을 정하여 항소인에게 보정명령을 한다.

항소인이 그 기간 내에 보정하지 않거나, 항소장 송달비용을 예납하지 않으면 항소장각하명령

---

[206] 민사소송법 제397조 (항소의 방식) ① 항소는 항소장을 제1심 법원에 제출함으로써 한다. ② 항소장에는 다음 사항을 적어야 한다.
  1. 당사자와 법정대리인
  2. 제1심 판결의 표시와 그 판결에 대한 항소의 취지

을 한다.

② 항소심재판장에 의한 심사

원심재판장이 항소장이 적식이라고 판단하면 이후 항소기록이 상소심을 송부된 다음 다시 항소
심재판장에 의하여 항소장을 심사한다.

마찬가지로 항소장의 흠을 발견할 때에는 보정명령을 할 것이고, 항소인이 보정하지 않으면 항
소장각하명령을 한다.

3) 항소제기의 효력

항소인이 항소를 제기하게 되면 제1심판결의 확정은 차단되며, 사건의 계속은 항소심으로 이전
된다. 또한 항소장부본은 피항소인에게 송달된다.

4) 항소의 취하

항소의 취하는 항소인이 항소의 신청을 철회하는 소송행위인데, 항소를 제기하지 않았던 것으로
소 자체를 철회하는 원고의 소취하나 항소할 권리를 소멸시키는 항소권의 포기와는 구별된다.

① 항소취하의 요건

취하기간은 항소제기 후 항소심의 종국판결선고 전으로 소의 취하가 종국판결의 확정시까지 가
능한 것과 구별되며, 항소인이 항소심에서 부대항소 때문에 제1심판결보다 더 불리한 판결을
선고받았을 때에 항소를 취하하여 보다 유리한 제1심 판결을 선택함으로써 제2심판결을 실효시
키는 것을 방지하기 위함이다.

항소의 제기는 항소불가분의 원칙에 의해 전청구에 미치기 때문에 항소취하범위는 청구의 전범
위이며, 항소의 일부취하는 허용되지 않아 소의 취하와 구별된다.

항소의 취하는 항소인의 의사표시만으로 되는 단독적 소송행위이므로 소의 취하와 달리, 어느
때나 상대방의 동의는 필요하지 않다(주의: 증권관련집단소송에서는 항소의 취하에 법원의 허
가 필요).

② 항소취하의 효과

만약 항소인이 항소를 취하하게 되면 항소는 소급적으로 그 효력을 잃고, 항소심절차는 그대로

종료된다.

원판결을 소급적으로 소멸시키는 원고의 소취하와 달리 항소의 취하는 원판결에 영향을 미치지 않으며 그에 의해 원판결은 확정된다.

항소취하 후라도 상대방은 물론 항소인도 항소기간만료 전이면 또 다시 항소를 제기할 수 있다. 한편, 2회에 걸쳐 항소심의 변론기일에 양쪽 당사자가 출석하지 아니한 때에 1월 내에 기일지정신청이 없거나 그 신청에 의하여 정한 기일에 출석하지 아니한 때에는 항소취하가 있는 것으로 본다.

(4) 부대항소

1) 부대항소의 의의 및 필요성

부대항소는 항소권이 없는 피항소인이 항소인의 항소에 의하여 개시된 항소심절차에서 항소심의 심판범위를 자기에게 유리하게 확장하려는 피항소인의 신청을 말하는데,[207] 제1심 판결의 결과 양 당사자 모두 판결 결과에 대해 불만을 가질 가능성이 있음에도 불구하고, 항소한 항소인만이 제1심판결을 유리하게 변경시킬 가능성을 가지고, 항소하지 않은 피항소인은 방어만을 할 수 있기 때문에 더욱 불리해지거나 기껏해야 제1심 판결과 같은 판결을 받게 될 뿐이지 피항소인에게 유리하게 판결을 변경시킬 가능성이 없다는 것은 민사소송법 4대 이상 중에서 공평의 이상에 위반되므로 항소하지 않은 당사자에게도 그러한 기회를 주기 위함이다.

부대항소는 항소의 일종이 아니라 그와 다른 독자적 성격의 제도라고 보는 것이 통설과 판례태도인데, 항소의 일종이라면 항소권이 소멸한 뒤에는 부대항소를 제기할 수 없을 것이나, 항소권의 포기, 항소기간의 도과 등으로 항소권이 소멸한 당사자도 제기할 수 있으므로 항소와는 다른 성격을 지닌다고 할 수 있다.

2) 부대항소의 요건

피항소인이 부대항소를 하려면 우선 주된 항소가 적법하게 계속되어야 하고, 주된 항소의 피항소인이 항소인을 상대로 부대항소를 제기하여야 한다. 당연히 당사자 양쪽이 모두 주된 항소를 제기한 경우에는 그 한쪽은 상대방의 항소에 부대항소를 할 수 없다.

또한 항소심의 변론종결 전이어야 한다.

한편 피항소인은 항소권의 포기나 항소기간의 도과로 자기의 항소권이 소멸된 경우에도 부대항

---

207) 민사소송법 제403조(부대항소) 피항소인은 항소권이 소멸된 뒤에도 변론이 종결될 때까지 부대항소(附帶抗訴)를 할 수 있다.

소를 제기할 수 있으나, 부대항소권까지도 포기한 경우에는 부대항소를 제기할 수 없다.

3) 부대항소의 효과

① 불이익변경금지의 원칙 배제

부대항소의 효과로 가장 큰 특징은 우선 불이익변경금지의 원칙이 배제된다.

부대항소에 의하여 항소법원의 심판의 범위가 확장되면 피항소인의 불복의 정당여부도 심판되기 때문이다.

원래 항소심의 변론은 항소인이 제1심 판결의 변경을 구한 불복의 범위에 한하며, 항소인에게 제1심 판결 이상으로 불이익한 판결을 할 수 없으며, 만약 일부패소한 원고만이 항소하였을 경우에 항소심에서 일부패소의 내용에 문제 있다는 결론을 내리더라도 제1심판결의 원고승소부분을 취소가 불가했지만 피고(피항소인)으로부터 부대항소가 있었으면 심리결과에 따라 얼마든지 원고승소부분에 대한 취소가 가능하다.

② 부대항소의 종속성

부대항소는 상대방의 항소에 의존하는 것이기 때문에, 주된 항소의 취하 또는 부적법각하에 의하여 그 효력을 잃는다. 왜냐하면 부대항소는 어디까지나 주된 항소가 취하·각하될 것을 해제 조건으로 한 예비적 항소이기 때문이다.

그래서 일부패소한 원고가 항소하고 피고가 부대항소하였을 경우에 항소심에서 일부패소의 내용에 문제 있다는 심리 결과가 나오면(원고에게 불리한 판단), 원고(항소인)는 항소로 인하여 원고승소부분을 유지하기 힘들다고 판단할 것이고 이러한 경우에 원고는 주된 항소의 취하함으로서 피고의 부대항소를 실효시켜 원고가 일부승소한 부분을 유지하는 것이 가능하다.

그러나 만약 부대항소인이 독립하여 항소할 수 있는 기간 내에 제기한 부대항소는 독립항소로 보기 때문에 항소의 취하·각하에 영향을 받지 않는다.[208]

(5) 항소심의 심리

항소심에서는 ① 항소심은 항소장이 알맞은 방식인가?, ② 항소기간을 준수했는가?, ③ 항소가 적법한가?, ④ 항소 또는 부대항소에 의한 제1심 판결에 대한 불복이 이유 있는가? 등의 내용을 심리대상으로 하여 순서상 심리를 진행한다.

---

208) 민사소송법 제404조 (부대항소의 종속성) 부대항소는 항소가 취하되거나 부적법하여 각하된 때에는 그 효력을 잃는다. 다만, 항소기간 이내에 한 부대항소는 독립된 항소로 본다.

이때 항소장의 심사와 항소기간의 준수여부는 항소장 심사단계에서 진행이 된다.

1) 항소의 적법성 심리

항소가 적법한지 여부에 대하여 직권조사하여야 하는데, 직권조사결과 부적법한 항소로서 그 흠을 보정할 수 없는 경우임이 판명되면 변론 없이 판결로써 항소각하한다. 예를 들어 불항소의 합의가 있는데 제기한 항소, 항소의 이익이 없는 항소, 판결선고 전에 제기한 항소, 사망자 상대의 판결에 대한 항소 등이 부적법항소의 흠이라고 할 수 있다.

2) 본안심리 – 제1심판결에 대한 불복심리

① 심리절차

항소가 적법하면 불복의 당부, 즉 항소가 이유 있느냐의 여부에 관하여 본안심리를 하는데, 제1심의 소송절차에 준하여 변론기일을 중심으로 진행한다.

항소심의 심리도 바로 변론기일을 열어 행하는 것을 원칙으로 하고, 이에 대하여 피항소인은 항소의 각하·기각의 신청을 할 수 있으며, 경우에 따라서 부대항소를 신청할 수 있다.

변론에 앞서 필요한 경우에는 변론준비절차에 부쳐 항소장이나 항소심에 처음 제출하는 준비서면에서 밝힌 항소이유를 토대로 쟁점정리도 가능하다.

변론에서는 항소인이 먼저 제1심 판결의 변경을 구하는 한도(불복의 범위)를 명확히 진술해야 한다.

② 변론의 범위(항소심판의 대상)

항소심에서의 변론은 항소인이 제1심판결의 변경을 청구하는 한도 즉 불복신청의 범위 안에서 하며, 그 불복의 한도 안에서 항소심의 판결을 한다(처분권주의).

항소심의 심판의 범위를 제약하는 것이 불복의 한도이기 때문에 불복의 표시가 항소장의 필요적 기재사항은 아니지만, 실무상 전부불복인지 일부불복인지를 밝혀야 하며, 불복의 범위가 불분명하면 법관의 석명권의 행사로 명확히 해야 한다.

불복의 범위는 항소심의 변론종결시까지 변경하는 것이 가능하며, 피항소인도 부대항소에 의하여 불복의 범위를 확장하는 것이 가능하다.

③ 제1심의 속행으로서의 변론

항소심은 제1심 변론의 속행으로서 제1심에 있어서의 자료와 항소심에서의 새로운 자료를 바탕으로 심리를 진행한다.

따라서 당사자는 제1심의 자료를 항소심에 상정할 필요가 있으며 이를 위해 불복신청을 하는데 필요한 한도에서 제1심의 변론결과를 진술해야 한다(변론의 갱신).

제1심의 변론준비·증거조사 그 밖의 소송행위는 항소심에서도 그 효력이 있다.

또한 얼마든지 당사자는 항소심의 변론종결시까지 종전의 주장을 보충·정정하고, 이에 나아가 제1심에서 제출하지 않은 새로운 공격방어방법을 제출하는 것이 가능하다(변론의 갱신권).

(6) 항소심의 종국적 재판

항소심에서는 항소장각하(재판장의 명령), 항소각하(항소가 부적법할 경우), 항소기각(항소가 이유없을 경우), 항소인용(항소가 이유 있어 이를 인용할 경우에 자판, 환송, 이송)의 재판이 가능하다.

① 항소장각하

항소장의 부적식, 항소기간의 도과, 항소장의 송달불능 등의 항소장 각하 사유가 발생하면 항소장각하명령을 한다.

② 항소각하

불항소의 합의가 있는데 제기한 항소, 항소의 이익이 없는 항소, 판결선고 전에 제기한 항소, 사망자 상대의 판결에 대한 항소 등과 같이 항소요건에 흠이 있어 항소가 부적법한 때에는 항소법원은 판결로써 항소를 각하한다.

부적법한 항소로서 그 흠을 보정할 수 없을 때에는 무변론으로 항소를 각하한다.

③ 항소기각

항소법원이 변론을 거쳐 당사자가 제출한 새로운 공격·방어방법까지 참작하여 판단한 결과 제1심 판결이 정당하다고 인정한 때에는 항소(또는 부대항소)를 기각하여야 한다.

또한 항소법원의 심리결과 제1심 판결의 이유가 부당하더라도 다른 이유에 의하여 결과적으로 원판결이 정당한 것으로 되면 원판결을 취소하여서는 안되고 항소를 기각하여야 한다.[209]

---

209) 민사소송법 제414조(항소기각) ① 항소법원은 제1심 판결을 정당하다고 인정한 때에는 항소를 기각하여야 한다. ② 제1심 판결의 이유가 정당하지 아니한 경우에도 다른 이유에 따라 그 판결이 정당하다고 인정되는 때에는 항소를 기각하여야 한다.

그런데 주의해야 할 것은 제1심 판결이 결과적으로 정당하다고 해서 B의 항소를 기각하여서는 안 되는 경우도 있는데, 그 이유는 항소기각으로는 원판결이 취소되지 않고 그대로 유지되기 때문에 그 판결이 확정되면 법원이 판단한 심리의 내용이 기판력을 가지므로 때로는 이것을 분명히 하기 위하여 항소법원은 원판결을 취소하고 심리에서 발견한 다른 이유로 하는 청구기각 판결을 해야 한다.

④ 항소인용

원판결이 부당하다고 인정하는 때, 원판결의 성립과정에 잘못이 있어 그 존재 자체에 의심이 있을 때 등과 같이 항소가 이유 있을 때에는 항소법원은 원판결을 취소하는 판결을 해야 한다. 이후 원판결을 취소한 항소법원의 조치에는 자판(항소심은 사실심리고 속심이므로 항소법원은 원판결의 내용에 잘못이 있을 경우에 스스로 재판하는 것으로 자판이 원칙임), 환송(항소법원이 제1심 법원으로 하여금 변론과 재판을 하도록 사건을 되돌려 보내는 재판), 이송(제1심 재판이 관할위반 된 경우, 본래 항소심에서는 관할위반을 주장하지 못하는데, 제1심에서 관할위반의 항변을 하지 않았으면 수소법원에 변론관할이 생기기 때문)을 한다.

3. 상고심
(1) 상고제도의 의의와 목적

하급법원의 종국판결에 당사자가 불복하면 대법원에 그 당부의 판단을 구하는 상소제도인데, 상고심에서는 오직 법률적인 관점에서만 심사하는 것이 원칙이다(법률심, 사후심).

그래서 당사자는 항소심의 경우처럼 새로운 청구, 새로운 사실주장이나 새로운 증거방법을 제출하는 것이 불가하다. 따라서 사실확정에 관한 심리는 항소심까지로 제한하고, 상고법원은 원판결의 적법한 사실인정에 기속된다.[210] 다만, 예외적으로 직권조사사항(소송요건, 상소요건의 존부 등)을 판단함에 있어서는 새로운 사실을 참작하는 것이 가능하고, 경우에 따라서는 필요한 증거조사도 할 수 있다.

상고제도의 목적은 잘못된 항소심 판결에 대한 당사자의 권리구제와 법령해석의 통일로 전국의 각 법원에서의 통일적인 법의 해석·적용에 있다.

---

210) 민사소송법 제432조(사실심의 전권) 원심판결이 적법하게 확정한 사실은 상고법원을 기속한다.

(2) 상고심절차

상고심 절차에는 항소심 절차에 관한 규정이 준용되는데, 항소심 판결이 선고된 뒤에 패소한 당사자는 상고기간 안에 상고장을 항소법원에 제출해야 한다.

항소법원의 재판장은 상고장을 심사하여 적식이면 이를 소송기록과 함께 대법원에 송부하고, 대법원의 법원사무관 등은 기록을 송부 받으면 바로 그 사유를 당사자에게 통지한다.

상고장에 상고이유를 기재하는 것이 일반적이지만, 만일 기재하지 않았으면 상고인은 앞의 통지를 받은 날부터 20일 이내에 상고이유서를 제출해야 한다.

대법원은 상고이유서의 부본이나 등본을 상대방에게 송달하고, 이를 송달 받은 상대방은 10일 이내에 답변서를 제출 할 수 있다. 이후 답변서가 제출되면 대법원은 이를 상고인에게 송달한다.

상고심에서의 심리는 임의적 변론에 의하기 때문에 일반적으로 변론을 여는 일은 매우 드물고 상고장, 상고이유서, 답변서, 기타 소송기록에 의하여 서면심리 한다.

심리에서는 우선 상고인이 주장하는 상고이유가 『상고심절차에 관한 특례법』 제4조(법률해석)에 규정된 상고이유에 해당하는지를 심리하여 그에 해당하지 않다고 판단되면 심리를 속행하지 않고 판결로 상고를 기각한다.

상고이유가 이 규정의 상고이유에 해당한다고 판단되면 민사소송법 제423조(법령위반), 424조(절차위반)의 상고이유가 있는지 심리한다.

(3) 상고심과 상고이유

상고심은 원심의 사실 인정을 기초로 하여 원판결이 법령을 위반하였는지 여부만을 심사하는 것이 원칙이기 때문에 상고를 제기하기 위해서는 원판결에 대한 불복과 상고이유(법령위반)를 주장해야 한다.

법령위반을 주장하지 않거나 아예 상고이유를 주장하지 않으면 부적법하며, 법령위반의 주장이 상고의 적법요건으로, 만약 항소법원이 사실인정을 잘못했다고 주장하여 상고하는 것은 부적법하다.

상고이유에는 민사소송법 제423조에서 규정하는 일반적 상고이유와 민사소송법 제424조에서 규정하는 절대적 상고이유가 있으며, 『상고심절차에 관한 특례법』 제4조 제1항에서 심리불속행의 재판을 받지 않기 위한 상고이유를 규정하고 있다.

1) 일반적 상고이유

상고심은 법률심이므로 상고이유로 되는 것은 일반적으로 원판결의 법령위반인 경우만이고, 사실인정의 과오는 상고이유가 될 수 없다.

모든 법령위반이 바로 상고이유는 아니며, 현행 민사소송법상 상고이유가 되는 것은 "판결에 영향을 미친 헌법·법률·명령 또는 규칙의 위반"이 있는 경우이다.

2) 절대적 상고이유

일반적 상고이유는 판결의 결과를 좌우하는 것이어야 하는데, 절차규정의 위배는 그로 인하여 판결의 결과에 영향을 미쳤는지가 분명하지 않은 경우가 많다고 할 수 있다.

그러나 중대한 사항에 위배가 있을 때에도 이처럼 절차상의 과오가 판결의 결론과의 사이에 인과관계가 있을 것을 요구한다면 중대한 잘못이 있는 판결이 인과관계가 인정되지 않는다고 하여 그대로 확정될 가능성이 발생한다.

그래서 이러한 위험을 방지하기 위하여 절차법에 중대한 위반이 있으면 굳이 판결의 결과에 영향을 미치지 않았더라도 상고이유가 있는 것으로 규정하였는데 이러한 사항이 절대적 상고이유이다.

민사소송법 제424조에서 규정하고 있는 절대적 상고이유는 ① 법률에 따라 판결법원을 구성하지 아니한 때, ② 법률에 따라 판결에 관여할 수 없는 판사가 판결에 관여한 때, ③ 전속관할에 관한 규정에 어긋난 때, ④ 법정대리권·소송대리권 또는 대리인의 소송행위에 대한 특별한 권한의 수여에 흠이 있는 때, ⑤ 변론을 공개하는 규정에 어긋난 때, ⑥ 판결의 이유를 밝히지 아니하거나 이유에 모순이 있는 때 등이다.

3) 심리불속행제도

이 제도는 상고를 제기하는데 있어서 실질적으로 법률심으로서의 상고심에 걸맞는 상고이유를 주장하지 않을 때에는 심리를 계속하지 않고 이유를 기재함이 없이 판결로 상고를 기각할 수 있도록 함으로써 무익한 상고로 인한 대법원의 부담을 감경시키기 위함이다.[211]

상고심의 재판형식에는 ① 상고에 관한 형식적인 절차가 제대로 갖추어져 있지 않기 때문에 상고를 각하하는 경우와 ② 상고이유가 구체적으로 타당한지의 여부를 판단하여 타당할 경우에는 원판결을 파기하고, 타당하지 않은 경우에는 상고를 기각하는 경우 등과 같이 2가지의 재판형식이 있지만, 실제 상고의 형식과 내용을 살펴보면, ① 제1유형(형식적인 상고의 요건을 갖추

---

211) 상고심절차에 관한 특례법 제1조 (목적) 이 법은 상고심절차(上告審節次)에 관한 특례를 규정함으로써 대법원이 법률심(法律審)으로서의 기능을 효율적으로 수행하고, 법률관계를 신속하게 확정함을 목적으로 한다.

지 못한 부적법한 상고), ② 제2유형(상고의 형식적인 요건은 갖추고 있으나 법률상 정하여진 상고이유가 실질적으로는 포함되어 있지 않은 상고), ③ 제3유형(상고로서의 형식적인 요건도 갖추고 있고, 법률상 정하여진 상고이유의 주장도 갖추고 있는 실질이 있는 상고) 등과 같이 3가지 유형이 존재한다.

그래서 상고의 형식과 내용은 3가지인데 재판의 형식은 2가지이기 때문에 실질적 상고이유의 주장이 포함되어 있지 않은 상고에 대하여도 실질이 있는 상고와 같은 형식으로 재판했던 것이다. 즉, 그 동안 제2유형의 외형상의 상고에 대하여도 제3유형의 상고에 대한 재판 형식인 상고기각판결을 한 것이다.

그러나 상고기각의 판결을 하더라도 거기에는 법률상 정하여진 상고이유가 포함되어 있지 않은 경우와 그 상고이유는 포함되어 있으나 그 이유가 타당하지 않은 경우가 섞여 있을 수 있는데, 그동안 이 모든 사건에 대하여 상고심리 기록을 검토하고 판결서에 이유까지 기재하며 판결하였기 때문에 대법원의 업무 부담이 과중 되었던 것이다.

따라서 대법원이 기록을 검토하고 판결이유까지 기재하여 판결을 선고할 필요가 있는 사건은 제3유형의 사건이고, 제2유형의 사건에는 그럴 필요성이 없는 사건이 대부분으로, 이러한 제2유형의 상고에 대하여 상고심리 할 수 있는 재판의 유형을 새로이 창안해 낸 것이 바로 심리불속행제도이다. 그래서 상고이유에 법률이 정한 상고이유가 실질적으로 포함되어 있지 않을 경우에 심리를 더 이상 계속하지 않고 판결로 상고를 기각하는 것이다.

이러한 판결에는 이유를 기재하지 않아도 되고, 선고도 할 필요 없이 송달만 하면 효력이 생기도록 하여 대법원의 부담이 경감된다고 할 수 있다.

그래서 상고심절차에 관한 특례법 제4조의 규정에 의하여 대법원이 심리를 진행(속행)해야 할 사건에는 ① 원심판결(原審判決)이 헌법에 위반되거나, 헌법을 부당하게 해석한 경우, ② 원심판결이 명령·규칙 또는 처분의 법률위반 여부에 대하여 부당하게 판단한 경우, ③ 원심판결이 법률·명령·규칙 또는 처분에 대하여 대법원 판례와 상반되게 해석한 경우, ④ 법률·명령·규칙 또는 처분에 대한 해석에 관하여 대법원 판례가 없거나 대법원 판례를 변경할 필요가 있는 경우, ⑤ 위의 규정 외에 중대한 법령위반에 관한 사항이 있는 경우, ⑥ 민사소송법상의 절대적 상고이유 중에서 판결이유에 잘못이 있는 경우를 제외한 사유가 있는 경우 등의 사유가 포함되어야 한다.

한편, 상고한지 상당한 기간이 지나면 당사자에게 대법원이 심리를 할 것이라는 기대가 생기므로 이를 보호하기 위하여 심리불속행을 이유로 한 상고기각판결은 대법원이 원심법원으로부터 상고기록을 송부받은 날로부터 4월이 지난 뒤에는 하지 못한다.

(4) 상고심의 판결

상고심도 소의 취하, 청구의 포기 · 인낙, 화해와 종국적 재판에 의하여 종료될 수 있다.

상고심의 판결에도 불이익변경금지가 적용되어 피상고인이 부대상고를 하지 않은 한 상고인에게는 원판결보다 불리한 재판을 할 수 없다.

상고심은 3심제의 마지막 역할을 담당하기 때문에 판결은 그 내용이 어떠하든 선고와 동시에 확정 된다.

상고심의 종국적 재판은 판결이 원칙이며, 예외적으로 명령에 의하는 경우가 있다.

상고심의 재판에는 ① 상고장각하명령, ② 상고각하, ③ 상고기각, ④ 상고인용(원판결의 파기)이 있다.

① 상고장각하명령

상고장이 적식을 갖추지 못하였거나 보정하지 않은 경우와 상고가 상고기간을 경과하여 제기된 경우에는 상고장각하명령을 한다.

② 상고각하

상고가 상고요건을 갖추지 못하여 부적법한 경우에는 변론 없이 상고를 각하하는 판결을 한다.

③ 상고기각

상고가 이유 없다고 인정할 때에는 상고기각의 본안판결을 해야 한다. 또한 소정기간 내에 상고이유서의 제출이 없을 때에도 상고기각판결을 해야 한다.

그리고 상고이유에 관한 주장이 심리불속행사유에 해당되면 더 이상 심리를 속행하지 않고 끝낸다는 의미에서 상고기각판결을 해야 한다.

게다가 상고이유대로 원판결이 부당하다 하여도 다른 이유에 의하여 결과적으로 정당하다고 인정할 때에는 상고기각을 해야 한다.

④ 상고인용(원판결의 파기)

상고이유에 해당할 때, 직권조사사항에 관하여 조사한 결과 원판결이 부당한 때에는 상고법원은 상고가 이유 있다고 인정하여 항소심 판결이 잘못 된 것이므로 원판결을 파기해야 한다.

사안에 따라서 원심법원으로 환송하거나 원심과 동등한 다른 법원에 이송하는 것이 일반적이고, 예외적으로 일정한 요건이 갖추어지면 스스로 재판한다(자판).

Ⅳ. 소송의 종료

1. 일반적 소송종료 사유

법원의 종국판결에 대하여 더 이상 다툴 방법이 남아 있지 않게 되면 그 판결은 확정되고, 소송은 종료 된다. 그러나 판결이 확정되기 전이라도 당사자 쌍방이나 어느 일방이 소송을 종료시키기를 원하면 소송이 종료될 수 있다. 예를 들어 원고가 소를 취하하거나 청구를 포기하면 소송은 종료되며, 피고가 원고의 청구를 인낙하면 소송은 종료 되고, 원고와 피고가 소송 중에 화해를 하여도 소송은 종료 된다.

2. 판결의 확정

법원의 종국판결에 대하여 상소 없이 상소기간이 도과하는 경우, 또는 상고심에서 판결이 선고되는 경우에는 더 이상 그 판결에 대하여 불복할 방법이 남아 있지 않게 되는데, 이처럼 종국판결이 취소·변경될 가능성이 없게 된 상태를 판결이 확정되었다고 한다.

판결이 확정되면 ① 형식적 확정력, ② 실체적 확정력(기판력), ③ 집행력, ④ 형성력 등의 효력이 발생한다.

① 형식적 확정력

법원의 종국판결이 당해 절차에서 더 이상 불복할 방법이 남아 있지 않게 되면 그 판결은 그 절차 안에서는 취소·변경될 가능성이 없어서 판결이 확정되었다고 하는데, 이는 그 자체로는 판결의 구체적 내용에 따른 효력이 아니고 단지 취소나 변경될 수 없다는 형식적 효력이므로 "형식적 확정력"이라고 한다.

판결의 확정시기의 유형으로는 종국판결은 경우에 따라 선고와 동시에 확정되는 경우, 상소기간이 만료한 때에 확정되는 경우, 상소기간이 경과하기 전에 확정되는 경우, 다른 판결이 확정된 때에 확정되는 경우 등이 있다.

② 실체적 확정력(기판력)

형식적 확정력은 법원의 종국판결에 대하여 더 이상의 불복방법이 남아 있지 않은데도 소송이 끊임없이 계속되는 것을 방지하는 역할을 하지만, 형식적 확정력은 기본적으로 당해 절차 안에서 불복하는 것을 차단하는 효력이므로 그것만으로는 당사자들이 새로운 소송으로써 또 다시 분쟁을 하는 것은 막지 못한다.

만일 한번 소송을 하여 그 소송이 형식적으로 확정된 판결로써 종료되었는데도 불구하고 다시 소송을 제기하여 법원이 새로이 재판을 하게 된다면 이는 법적 안정성에 문제가 발생하는 것이다. 그리고 행여 모순되는 재판이 발생할 염려도 있는 것이다.

그래서 이러한 폐단을 방지하기 위해 기판력제도를 마련하였는데, 청구인용이든 기각이든 관계없이 본안판결이 확정되면 기판력이 생긴다.

따라서 기판력이란 형식적으로 확정된 판결이 주로 후소송 법원에 대하여 가지는 구속력을 말하는 것으로 항상 형식적 확정력을 전제로 한다.

판결에 기판력이 생기면 그 판결의 정당성에 대하여 어느 당사자도 더 이상 다툴 수 없으며, 만일 후소가 전소송 확정판결의 기판력에 저촉되면 후소는 소송요건 불비가 되어 부적법해지고, 판결로 각하당하게 된다.

일반적으로 패소한 당사자는 그 판결을 뒤집기 위하여 새로운 증거자료를 찾았다거나 다른 이유를 들어 다시 소송을 하려고 할 것이지만, 법원이 이를 받아들여 본안심리를 하여 새로이 재판한다면 소송이 끊임없이 반복되고 우리의 법적 생활은 영원히 안정되지 않게 되어 이를 막기 위하여 어느 정도의 사유는 새로이 소송을 하여 확정된 판결을 뒤집지 못하도록 하는 것이 기판력의 일반적 효력이다.

재판은 아니지만 확정판결과 동일한 효력이 있어 기판력이 인정되는 경우에는 청구의 포기, 인낙 및 화해조서, 민사조정조서, 확정된 조정을 갈음하는 결정, 가사조정조서, 중재판정 등이 있다.

기판력은 판결의 주문에서 판단한 것만 생기고, 판결의 이유 중에는 생기지 않는 것이 원칙이다.

③ 집행력

집행력이란 판결주문에서 피고에게 명하여진 이행의무를 국가의 집행기관을 통하여 강제적으로 실현할 수 있는 효력을 말한다.

판결이 선고되더라도 상소로 인하여 그 판결의 효력이 소멸할 가능성이 있기 때문에 판결이 확정되기 전에는 이로써 집행할 수는 없다.

재산권상의 소송에서 이행판결에는 원칙적으로 가집행선고를 붙이도록 하여 미확정판결에도 집행력이 광범위하게 인정되어 있는데, 일반적으로 이행판결의 경우에 집행력이 인정 된다.

④ 형성력

형성의 소를 인용한 형성판결이 확정되면 판결의 내용대로 권리·법률관계가 변동하는 효과가 발생하는데 이를 형성력이라 한다.

3. 소취하

민사소송은 반드시 법원의 확정판결로만 종료되는 것이 아니라 소송사건에 관하여 법원의 판결이 확정되기 이전에라도 어느 일방 당사자나 쌍방 당사자가 더 이상 소송을 수행하기를 원치 않으면 소송은 종료되는데, 원고가 소송수행을 원치 않는 유형 중에 소취하가 있다.

소취하란 원고가 제기한 소의 전부나 일부를 철회하는 법원에 대한 단독적 소송행위로써 원고가 소를 취하하면 소송계속이 소급적으로 소멸하여 소송은 종료된다.212)

소취하는 원고가 제기한 소, 즉 재판의 신청을 철회하는 행위이므로 재판의 신청을 철회하는 것에 의미가 있을 뿐이지 소로서 주장하였던 실체법상의 청구권과는 아무런 관련이 없다.

소취하는 하나의 소송물의 전부나 일부에 대하여 할 수 있고, 수개의 소송물 중 일부에 대하여도 할 수 있다. 다만, 일부취하의 경우 나중에 취하한 부분을 청구하는 재소가 가능하지만, 일부포기인 경우에는 재소가 불가능하다.

소취하는 소송이 계속하는 중이면 언제든지 취하할 수 있는데, 제1심 뿐만 아니라 상소심에서도 취하가 가능하다.

원고의 소취하는 법원에 대한 단독행위이지만 그렇다고 하여 피고는 아무런 영향을 미칠 수가 없다고 하면 그 소송의 승패에 중대한 이해관계를 가진 피고가 본안판결을 받는지 여부가 일방적으로 원고에 의하여 정해지기 때문에 부당함이 발생한다.

그래서 우리 민사소송에서는 피고도 본안판결을 받을 이익을 갖게 되어(피고의 이익을 보호하기 위하여) 피고가 본안에 관하여 응소하였으면, 즉 준비서면을 제출하였거나 변론준비기일에서 진술하였거나 변론을 한 경우에는 피고의 동의가 없으면 소취하는 효력이 없다.213)

소가 취하되면 처음부터 소송계속이 없었던 것으로 되어 소송이 종료되어, 법원은 소송을 더 이상 진행시켜서는 안 되며 판결도 해서는 안 된다.

재판상의 청구, 즉 제소를 전제로 했단 시효중단의 효력도 소급적으로 소멸된다.

---

212) 민사소송법 제267조(소취하의 효과) ① 취하된 부분에 대하여는 소가 처음부터 계속되지 아니한 것으로 본다.
213) 민사소송법 제266조(소의 취하) ② 소의 취하는 상대방이 본안에 관하여 준비서면을 제출하거나 변론준비기일에서 진술하거나 변론을 한 뒤에는 상대방의 동의를 받아야 효력을 가진다.

그리고 소취하로 소송계속이 소급적으로 소멸하므로 취하 이전에 있었던 판결도 없었던 것으로 된다.

4. 재판상화해

재판상의 화해는 법관의 면전에서 양당사자가 소송물에 관하여 상호 일부씩 양보하여 합의한 결과를 진술하는 행위이며, 재판상화해가 성립하면 법원이 화해조서를 작성하여 확정판결과 같은 효력이 발생한다.

사법상의 화해계약도 당사자들이 상호 양보하여 합의한다는 점은 같으나 법원 밖에서 사인 사이에 체결하는 것이므로 집행력이 없고 그 내용에 따른 권리를 실현시키려면 이행의 소를 제기할 수밖에 없다는 점에서 구별된다.

재판상화해에는 소송계속 전에 당사자들이 지방법원 단독판사 앞에서 하는 제소전화해와 소송계속 중에 수소법원에서 하는 소송상화해가 있다.

5. 청구의 포기와 인낙

청구의 포기는 원고가 변론이나 준비절차에서 법원에 대하여 자기의 소송상 청구가 이유 없음을 자인하는 일방적 진술임에 반하여 청구의 인낙은 피고가 변론이나 준비절차에서 법원에 대하여 자기에 대한 원고의 청구가 이유 있음을 자인하는 일방적 진술을 말한다.

이러한 진술을 조서에 기재하면 이로써 소송은 종료하고 확정판결과 동일한 효력이 발생한다.

청구의 포기·인낙은 법원에 대한 진술이므로 소송 밖에서 상대방이나 타인에게 이러한 의사표시를 하여도 실체법상의 효과는 생길 수 있지만, 소송법상의 효과는 발생하지 않는다.

청구의 포기·인낙은 소송상청구 자체를 불리하게 처분하는 진술이므로 법원은 더 이상 심리할 필요 없이 바로 소송을 종결시키는 점에서 소송상청구에 대하여는 아무런 처분을 함이 없이 소송을 종료시키는 소취하와 구별된다.

청구의 포기·인낙은 일방적 진술인 단독행위로, 원고가 일방적으로 완전히 양보한 것이 포기이고, 피고가 일방적으로 완전히 양보한 것이 인낙이기 때문에 양 당사자가 상호 양보하여 합의한 소송상화해와도 구별된다.

V. 복수의 소송

1. 복수의 소송유형

복수의 소송이라 함은 "소송물"이나 "소송주체"가 복수인 경우를 말하는데, 소송물이 복수인 경우에는 청구의 병합, 소의 변경, 중간확인의 소, 반소 등이 있고, 소송주체가 복수인 경우에는 각종 공동소송과 참가, 당사자 변경 등이 있다.

복수의 소송물은 원고, 피고가 한사람씩이고 소송물만 복수인 경우도 있고, 당사자가 복수이기 때문에 자연스럽게 소송물도 복수가 되는 경우도 있다.

복수의 소송형태는 소송 개시 때부터 복수인 경우도 있고, 소송계속 중에 후발적으로 복수가 되는 경우도 있다.

청구의 병합과 공동소송은 처음부터 복수의 소송으로 개시되는 경우가 많지만, 소송 중에 다른 형태의 복수소송이 생겨 결과적으로 병합되는 경우도 많다고 할 수 있다.

청구의 병합은 청구변경, 중간확인의 소 등으로 후발적으로 생길 수가 있고, 공동소송도 제3자가 기존 당사자 중의 어느 일방에 공동소송인으로 참가하면 후발적으로 발생한다.

2. 청구의 복수

(1) 청구의 병합(소의 객관적 병합)

1) 의의

청구의 병합은 원고가 여러 개의 청구를 하나의 소로써 제기하는 것으로 여러 개의 소송상 청구를 하면서 하나의 소를 제기하므로 하나의 절차로 심리가 진행된다.

청구는 소의 객관적 측면이므로 청구의 병합을 소의 객관적 병합이라고도 한다.

청구의 병합을 인정하면 기왕에 발생한 당사자들 사이의 법적 분쟁을 하나의 절차로 해결할 수 있어 소송경제를 기여 할 수 있으며, 병합된 청구들 사이에 서로 일정한 관계가 있으면 하나의 절차로 심판하여 서로 모순된 재판이 나오는 것을 방지하는 역할도 가능하다.

2) 청구병합의 발생원인

청구병합은 원고가 처음에 제소시부터 복수의 청구를 하나의 절차에 묶는 원시적 병합이 일반적 모습이지만, 그 밖에 이미 계속 중인 소송에서 새로운 청구가 추가되는 후발적 병합도 발생한다(예: 법원이 변론을 병합한 경우, 청구의 추가, 중간확인의 소, 당사자참가 등).

3) 청구병합의 유형

① 단순병합

원고가 여러 개의 청구를 병합하여 각 청구에 대하여 다른 청구와 아무런 관련 없이 무조건적으로 재판할 것을 구하는 모습의 병합으로, 병합된 한 청구에 대한 재판 결과가 다른 청구에 아무런 영향을 주지 않는 것이 일반적이다.

단순병합 중에는 병합된 청구가 서로 일정한 관련이 있는 경우도 발생하는데(예: 소유권확인청구와 소유권에 기한 목적물인도청구를 병합하거나 매매계약무효확인청구와 인도목적물의 반환청구를 병합한 경우에는 뒤의 청구는 앞의 청구가 인용될 것을 전제로 하는 경우임), 이러한 경우는 서로 연결되어 있지만 두 청구 중 하나만 청구하는 것이 아니므로 선택적 병합이나 예비적 병합은 될 수가 없고 단순병합으로 본다.

② 선택적 병합

양립할 수 있는 여러 개의 청구를 병합하여 그 중 어느 하나라도 인용되면 원고가 만족하겠다는 모습의 병합으로, 원고가 병합된 여러 개의 청구들 사이에 심판순서를 정하지 않고, 어느 한 청구가 인용되는 것을 해제조건으로 여러 개를 청구하여 이들을 병합한 것이다.

주로 경제적으로 동일한 목적을 가진 양립 가능한 여러 개의 청구를 병합한 경우에 발생한다(예 : 동일물의 인도를 소유권 및 점유권에 기하여 청구하는 경우, 손해배상청구를 불법행위와 계약불이행으로 구하는 경우, 이혼소송에서 부정행위와 악의의 유기를 주장하는 경우 등).

③ 예비적 병합

각 청구가 법률상 양립하지 않고, 오히려 서로 배척되는 관계에 있는 경우에 제1차(주위적) 청구가 인용되지 않을 것을 염려하여, 그 인용을 해제조건으로 하여 제2차(예비적) 청구에 대하여도 미리 심판을 신청하는 경우의 병합으로, 병합된 청구 사이에 기초되는 사실관계가 전혀 관련이 없는 경우에는 예비적 병합은 원칙적으로 인정될 수 없다(예: A가 B에게 중고차를 팔았는데, B는 매매계약의 무효를 이유로 매매대금을 지급하지 않으므로 A가 하나의 소송절차에서 매매계약의 유효함을 전제로 매매대금의 지급을 청구하면서, 매매가 무효라고 인정되는 경우를 염려하여 이미 인도한 자동차의 반환을 청구하기를 원하는 경우).

(2) 청구의 변경(소의 변경)

소의 변경은 최초의 소에 의하여 개시된 소송절차를 이용하여 원고가 소송계속 중에 청구의 취지 또는 원인을 바꾸어 동일 피고에 대한 심판의 대상(소송물)을 변경하는 것을 말한다.[214]

---

214) 민사소송법 제262조(청구의 변경) ① 원고는 청구의 기초가 바뀌지 아니하는 한도 안에서 변론을 종결할 때(변론 없이 한 판결의 경우에는 판결을 선고할 때)까지 청구의 취지 또는 원인을 바꿀

소는 법원, 당사자, 청구(소송물)를 요소로 하므로 넓은 의미에서는 이러한 요소 가운데 하나라도 변경하면 소의 변경이 되지만, 현재 소의 변경은 법원과 당사자의 동일성을 전제로 한 뒤에 심판의 대상인 청구에 변경이 있는 경우이다.

소의 변경의 형태로는 교환적 변경(종래의 청구에 대신하여 신청구에 대하여 심판을 구하는 경우)과 추가적 변경(당초의 청구를 유지하면서 신청구에 대하여도 심판을 구하는 경우)이 있다.

(3) 반소

피고가 소송계속 중에 그 소송절차를 이용하여 원고에 대하여 제기하는 소를 반소라 한다.

원고에게 소의 변경이 인정되는 것에 대하여 반소를 통하여 피고에게도 본소절차를 이용하여 원고에 대한 청구를 심판받을 수 있게 하는 것이 공평하며, 나아가 서로 관련이 있는 청구인 경우에는 심판의 중복을 피하기 위한 소송경제 및 판단의 모순저촉의 회피라는 재판운영의 이상에 가깝기 때문이다.

본소의 원고를 반소에서는 반소피고, 본소의 피고를 반소에서는 반소원고라고 한다.

반소는 피고가 자기의 신청에 대하여 판결을 구하는 정식의 독립적인 소이고, 단순히 본소를 물리치기 위한 방어방법과는 구별된다.

피고는 본소에 대한 응소만으로도 본소청구기각을 기대할 수 있기 때문에 반소의 대상이 실질적으로 본소청구기각을 구하는 것과 같은 정도에 그친다면 반소로서의 이익이 없고, 반소의 이익이 있기 위해서는 본소의 방어방법 이상의 사항에 대하여 적극적으로 심판을 신청할 필요가 있다.

피고가 반소에 의할 것인가, 별소에 의할 것인가는 원칙적으로 피고의 자유이며, 반소에 의할 수 있는 청구를 별소로 제기하였더라도 중복제소로 보아 그 별소를 금지할 방법은 없다고 할 것이다.

(4) 중간확인의 소

중간확인의 소는 소송진행 중에 쟁점이 된 법률관계(본래의 청구의 판단에 대하여 선결관계에 있는 법률관계)의 존부의 확정을 위하여 그 소송절차에 병합하여 따로 소를 제기하는 것을 말한다. 예를 들어 소유권에 기한 목적물의 인도청구의 본소에 대하여 피고는 목적물이 자기 소유에 속한 것의 확인의 소를 원고에 대하여 중간확인의 소로 제기할 수 있다.[215]

　　수 있다. 다만, 소송절차를 현저히 지연시키는 경우에는 그러하지 아니하다. ② 청구취지의 변경은 서면으로 신청하여야 한다. ③ 제2항의 서면은 상대방에게 송달하여야 한다.

215) 민사소송법 제264조(중간확인의 소) ① 재판이 소송의 진행 중에 쟁점이 된 법률관계의 성립여부에 매인 때에 당사자는 따로 그 법률관계의 확인을 구하는 소를 제기할 수 있다. 다만, 이는 그 확인청구

중간확인의 소는 선결성(쟁점이 된 선결적 법률관계의 확인을 구할 것)을 요건으로 하므로 청구의 기초의 동일성이나 반소의 관련성의 요건은 당연히 구비되어 있다고 볼 수 있다.

중간확인의 소는 본래의 청구와 같은 종류의 절차에서 심판되어야 하는 것으로, 다른 법원의 전속관할에 속하지 않는 한 본래의 청구가 사실심 계속 중에 제기할 수 있고, 피고가 항소심에서 제기하는 경우에도 원고의 동의는 필요하지 않다.

3. 당사자의 복수(다수당사자소송)

(1) 의의

다수당사자소송은 3인 이상의 사람이 동시 또는 이시에 절차에 관여하는 소송으로, 여러 사람 사이의 분쟁을 하나의 다수당사자소송으로 해결하는 것은 당사자에게 편리한 것 이외에 공통의 쟁점에 대한 통일적인 심판을 할 수 있어 판결의 모순저촉을 회피할 수 있고 소송경제에도 도움이 된다.

이러한 다수당사자소송의 유형에는 ① 공동소송(원고 또는 피고 측에 2인 이상의 당사자가 공동으로 관여하는 소송), ② 당사자의 변경(소송계속 중에 당사자가 교체되는 경우), ③ 제3자의 소송참가(다른 사람 사이에서 행하여지고 있는 소송에 제3자가 관여하는 소송)의 형태가 있다.

(2) 공동소송

공동소송은 하나의 소송절차의 당사자의 일방 또는 쌍방 측에 여러 사람의 당사자가 있는 소송 형태로서 소의 주관적 병합이라고도 한다.

공동소송에 있어서 원고 또는 피고 측의 여러 사람을 공동소송인이라 하며, 공동소송에 있어서는 근본적으로 ① 분쟁의 일회적 해결의 요청과 ② 소송복잡화 방지의 요청이라는 2가지 원리의 대립이 존재한다.

형성원인에 따라 공동소송을 분류하면 시기의 점에서 소의 제기시부터 공동소송이 되는 경우(원시적 공동소송)와 소의 도중에 공동소송이 되는 경우(후발적 공동소송)가 있다.

1) 원시적 공동소송(고유의 소의 주관적 병합)

애초부터 공동으로 소를 제기하거나 제기당하는 경우로써 이러한 경우에는 각 청구에 대하여 심판의 신청에는 순위가 없고, 법원은 그 전체에 대하여 심판할 필요가 있는 단순병합의 경우

가 다른 법원의 관할에 전속되지 아니하는 때에 한한다. ② 제1항의 청구는 서면으로 하여야 한다. ③ 제2항의 서면은 상대방에게 송달하여야 한다.

및 그 밖에 공동소송인의 또는 이에 대한 각 청구를 예비적으로 병합하는 경우(주관적·예비적 병합)와 선택적으로 병합하는 경우(주관적·선택적병합)가 있다.

나아가 단순병합은 공동소송인 사이에 합일확정을 필요로 하는지 여부에 따라 통상공동소송과 필수적공동소송으로 구분된다.

① 통상공동소송

개별적으로 소송을 하여도 무방하나, 공동으로 소송을 하여도 무방한 경우이다.

② 고유필수적 공동소송

공동으로 소송을 할 수 밖에 없는 경우(모든 사람이 공동으로 원고 또는 피고가 되어야 비로소 당사자적격이 인정되는 경우)이다.

③ 유사필수적 공동소송

개별적으로 소송을 하여도 무방하나(공동소송이 강제되지는 않음), 공동으로 소송을 하는 경우에는 고유필수적공동소송의 절차가 적용되는 경우이다.

2) 후발적 공동소송

소송계속 중에 제3자 스스로 당사자로 가입하거나, 종전의 원고 또는 피고가 제3자에 대한 소를 추가적으로 병합제기하는 것에 의한 공동소송형태로써, 당사자 또는 제3자의 의사에 따라 후발적으로 공동소송이 성립하는 경우이다.

제3자가 스스로 당사자로 가입한 경우(예: 참가승계, 공동소송참가 등)와 종래의 당사자가 제3자를 소송에 끌어들이는 경우(예: 고유필수적 공동소송인의 추가, 예비적·선택적 공동소송인의 추가, 인수승계 등), 그리고 법원 주도형(예: 다른 당사자 사이의 소에 있어서 법원이 그 변론을 병합한 경우에 소의 후발적 병합) 등과 같은 유형이 있다.

3) 예비적·선택적 공동소송

공동소송인 가운데 일부의 청구가 다른 공동소송인의 청구와 법률상 양립할 수 없거나 또는 공동소송인 가운데 일부에 대한 청구가 다른 공동소송인에 대한 청구와 법률상 양립할 수 없는 경우에 심판에 순서를 붙여서 예비적 공동소송의 형태로, 또는 청구에 순위를 붙이지 않고 선

택적 공동소송의 형태로 병합하여 소를 제기할 수 있다.[216]

예를 들어 대리인과 계약을 하였지만 무권대리의 의심이 있는 때에는 제1차적으로 본인에게 이행을 청구하고, 이것이 기각될 경우에 대비하여 제2차적으로 대리인에 대한 손해배상청구도 병합하여 제기하는 경우와 공작물의 설치·보존의 하자를 이유로 한 손해배상청구에서 점유자를 주위적 피고로, 그것이 인용되지 않을 경우를 대비 소유자를 예비적 피고로 하는 경우가 여기에 해당한다.

4) 선정당사자

예를 들어 어느 공장의 인근 주민 100명이 그 공장에서 발생하는 소음에 의하여 받은 정신적 손해의 배상을 구하여 공동으로 소를 제기하는 경우와 같이 공동소송인이 100명 이상과 같이 상당히 여럿이라면 송달사무 및 변론이 복잡할 뿐만 아니라, 이러한 관계가 필수적 공동소송의 경우에는 어느 당사자의 사망 또는 능력의 상실에 의하여 소송절차가 중단됨으로써 소송의 원활한 진행이 방해되므로 여러 사람 가운데 대표자(한 사람 또는 여러 사람)를 선출하여 그 사람에게 소송수행권을 수여하고, 모두를 위하여 소송당사자로서 소송을 수행시켜 다수당사자소송을 단순화하고 신속한 권리구제를 위한 방법으로 선정당사자제도를 이용할 수 있다.[217]

여러 사람 가운데에서 선출되어 모두를 위하여 그들에 대신하여 소송당사자가 되는 사람이 선정당사자이고, 선정당사자와 선정당사자의 관계는 대리관계가 아니라, 선정자의 소송수행권을 선정당사자에게 신탁시킨 신탁관계이다.

선정당사자제도는 선정자의 의사(선정)에 의하여 선정당사자에게 소송수행권이 인정되는 것이므로 임의적 소송담당의 일종으로, 선정당사자와 일반의 임의적 소송담당의 차이는 선정당사자는 원래 적격이 있는 사람에 대하여 수권이 있는 것에 대하여, 후자는 원래 적격이 없는 사람에 대하여 수권이 있다는 점에서 차이가 있다고 할 수 있다.

(3) 당사자의 변경

1) 일반적으로 당사자의 변경은 소송계속 중에 제3자가 종래의 당사자와 함께하거나(당사자의

---

216) 민사소송법 제70조(예비적·선택적 공동소송에 대한 특별규정) ① 공동소송인 가운데 일부의 청구가 다른 공동소송인의 청구와 법률상 양립할 수 없거나 공동소송인 가운데 일부에 대한 청구가 다른 공동소송인에 대한 청구와 법률상 양립할 수 없는 경우에는 제67조 내지 제69조를 준용한다. 다만, 청구의 포기·인낙, 화해 및 소의 취하의 경우에는 그러하지 아니하다. ② 제1항의 소송에서는 모든 공동소송인에 관한 청구에 대하여 판결을 하여야 한다.

217) 민사소송법 제53조(선정당사자) ① 공동의 이해관계를 가진 여러 사람들은 그 가운데에서 모두를 위하여 당사자가 될 한 사람 또는 여러 사람을 선정하거나 이를 바꿀 수 있다.

추가), 또는 종래의 당사자에 대신하여(당사자의 교체) 새로운 당사자가 되는 것을 의미하는데, 그 가운데 임의적 당사자변경은 실체관계에 변동이 없음에도 불구하고 당사자의 의사에 따라 절차상 당사자를 바꾸는 것을 말한다.

이러한 임의적 당사자변경은 소송계속 중에 당사자가 될 사람을 잘못 지정한 것이 판명되거나 또는 어느 일부의 사람을 누락한 때에 이를 보정하기 위한 것으로, 임의적 당사자변경을 완전히 자유롭게 무제한으로 허용하게 되면 소송계속 중에 당사자가 되는 사람의 절차보장이 힘들기 때문에 어느 정도 제한을 두어야 한다.

2) 소송승계

소송계속 중에 소송목적인 권리 또는 의무의 실체관계(당사자적격)가 변동한 결과, 이에 맞추어 절차상으로도 당사자가 변경되는 것을 말한다.

실체관계의 변동의 결과 법률상 당연히 당사자의 지위가 변경되는 경우(당연승계)와 종전의 당사자 내지는 제3자의 절차적 행위가 있어서 당사자의 지위가 교체되는 경우(특정승계, 참가승계와 인수승계)가 여기에 해당한다.

(4) 제3자의 소송참가

제3자의 소송참가는 소송 밖의 제3자가 현재 계속중인 다른 사람 사이의 소송에 가입하는 것으로, 일반적으로 소는 이미 계속중의 소송과는 관계없이 새롭게 제기되어 절차가 개시되는 것이 원칙이지만, 소송계속 중의 소송의 결과에 일정한 이해관계가 있는 제3자를 위하여 소송에 참가하는 길을 열어 두는 것은 분쟁의 일회적·통일적 해결을 위하여 의미가 있다고 할 것이다.

제3자의 소송참가 유형에는 ① 보조참가, ② 공동소송적 보조참가, ③ 독립당사자참가, ④ 공동소송참가 등의 형태가 있다.

1) 보조참가

보조참가는 다른 사람 사이의 소송계속 중에 소송의 결과에 이해관계가 있는 제3자가 당사자의 한 쪽의 승소를 보조하기 위하여 소송에 관여하는 것이다.[218]

당사자 한쪽의 승소시키기 위하여 소송에 관여하는 것에 따라 자기 이익을 지킬 기회를 부여하

---

218) 민사소송법 제71조(보조참가) 소송결과에 이해관계가 있는 제3자는 한 쪽 당사자를 돕기 위하여 법원에 계속중인 소송에 참가할 수 있다. 다만, 소송절차를 현저하게 지연시키는 경우에는 그러하지 아니하다.

고자 하는 것이 보조참가의 주목적으로, 보조참가인은 자기의 이름으로 판결을 구하는 것이 아니며, 다만 당사자의 한쪽의 승소를 위하여 소송에 관여하는 것이므로 진정한 의미의 당사자라고는 할 수 없다(관행상 다수당사자소송에서 표현함).

2) 공동소송적 보조참가

공동소송적 보조참가란 본 소송의 재판의 효력이 제3자에게도 미치는 경우에 그 제3자가 보조참가를 하는 경우로, 그 참가인과 피참가인에 대하여 필수적 공동소송의 특칙(소송목적이 공동소송인 모두에게 합일적으로 확정되어야 할 공동소송의 경우에 공동소송인 가운데 한 사람의 소송행위는 모두의 이익을 위하여서만 효력을 가진다)이 준용된다.

참가인에게도 판결의 효력이 미치는 경우에는 참가인의 이해관계가 크므로 자기의 이익을 해치는 본 소송의 진행을 견제할 수 있도록 그것에 어울리는 지위를 참가인에게 보장할 필요가 있다(참가인의 절차권 보장). 통상의 보조참가인보다도 강한 필수적 공동소송인에 준한 소송수행 권능을 부여하려는 것에 공동소송적 보조참가의 의의가 있다고 할 것이다.

3) 독립당사자참가

독립당사자참가는 다른 사람 사이의 소송계속에 제3자가 새롭게 독립한 당사자로 소송절차에 가입하는 제도이다.[219]

제3자가 당사자의 지위를 취득하는 점에서 보조참가와 구별되고, 종래의 당사자 어느 쪽과도 공동소송관계에 서는 것이 아니고 독립한 지위를 가지는 점에서 공동소송참가와 구별된다.

4) 공동소송참가

소송계속 중 당사자 사이의 판결의 효력을 받는 제3자가 원고 또는 피고의 공동소송인으로 소송에 참가하는 것이다(예 : 주주 1인이 소집절차의 흠을 이유로 주주총회결의취소의 소를 제기한 경우에 다른 주주가 공동원고로 소송에 참가하는 경우 등).[220]

판결의 효력을 받는 제3자가 당사자적격을 갖지 않는 경우에는 공동소송인으로의 공동소송참가는 허용되지 않고, 다만 보조참가인으로 참가하는 공동소송적 보조참가가 된다.

---

219) 민사소송법 제79조(독립당사자참가) ① 소송목적의 전부나 일부가 자기의 권리라고 주장하거나, 소송결과에 따라 권리가 침해된다고 주장하는 제3자는 당사자의 양 쪽 또는 한 쪽을 상대방으로 하여 당사자로서 소송에 참가할 수 있다.
220) 민사소송법 제83조(공동소송참가) ① 소송목적이 한 쪽 당사자와 제3자에게 합일적으로 확정되어야 할 경우 그 제3자는 공동소송인으로 소송에 참가할 수 있다.

Ⅵ. 재심제도

1. 재심제도의 개념

재심이라 함은 확정된 종국판결에 재심사유에 해당하는 중대한 흠이 있는 경우에 그 판결의 취소와 이미 종결되었던 사건의 재심판을 구하는 비상의 불복신청방법으로, 판결이 확정되면 기판력이 생기고 법적 안정성이 확보되는데 판결에 중대한 절차상의 흠·판결기초에 잘못이 있는 경우에도 법적 안정성이라는 일반적인 정의에 집착하면 재판의 적정과 위신을 지킬 수 없을 뿐만 아니라 당사자의 권리구제라는 구체적 정의에도 반하게 되므로 법적 안정성과 구체적 정의와의 상반되는 요청을 조화시키기 위해 마련된 것이 재심제도이다.

재심제도는 확정판결에 중대한 흠이 있는 경우에 당연무효로 하는 것이 아니라 ① 재심사유를 제한적으로 열거하고, ② 다시 일정한 시간적 제약(재심기간)하에, ③ 소의 방식에 의한 확정판결의 취소를 주장하게 하는 것이다.

재심의 소는 선고된 판결의 취소와 그와 다른 내용의 재판을 구하는 소라는 점에서 소송상 형성의 소이고 이점에서는 상소와 비슷함, 다만 확정판결의 취소를 구한다는 점과 이심의 효력이 없다는 점에서 상소와 구별된다.

중국의 경우 2심제에 의하므로 재심제도가 3심의 역할을 하고 있지만, 우리나라는 3심제임에도 불구하고 재심사건이 많이 폭주되고 있어서 판결불신·지나친 승부욕 등이 그 원인으로 지적되기도 한다.

2. 재심의 소의 요건

재심의 소가 적법하기 위해서는 일반적인 소송요건을 갖추어야 함은 물론이고, 그 밖에 재심의 소에 있어서는 ① 재심이 대상적격, ② 재심의 당사자적격, ③ 재심 제소기간의 준수, ④ 적법한 재심사유의 주장, ⑤ 재심의 보충성 등 필요하다. 특히 민사소송법 제451조에서 규정하고 있는 재심사유(① 법률에 따라 판결법원을 구성하지 아니한 때, ② 법률상 그 재판에 관여할 수 없는 법관이 관여한 때, ③ 법정대리권·소송대리권 또는 대리인이 소송행위를 하는 데에 필요한 권한의 수여에 흠이 있는 때, ④ 재판에 관여한 법관이 그 사건에 관하여 직무에 관한 죄를 범한 때, ⑤ 형사상 처벌을 받을 다른 사람의 행위로 말미암아 자백을 하였거나 판결에 영향을 미칠 공격 또는 방어방법의 제출에 방해를 받은 때, ⑥ 판결의 증거가 된 문서, 그 밖의 물건이 위조되거나 변조된 것인 때, ⑦ 증인·감정인·통역인의 거짓 진술 또는 당사자신문에 따른 당사자나 법정대리인의 거짓 진술이 판결의 증거가 된 때, ⑧ 판결의 기초가 된 민사나 형사의 판결, 그 밖의 재판 또는 행정처분이 다른 재판이나 행정처분에 따라 바뀐 때, ⑨ 판결에 영향을 미칠 중요한 사항에 관하여 판단을 누락한 때, ⑩ 재심을 제기할 판결이 전에 선고한 확정판결에 어긋나는 때, ⑪ 당사자가 상대방의 주소 또는 거소를 알고 있었음에도 있는 곳을 잘 모른다고 하거나 주소나 거소를 거짓으로 하여 소를 제기한 때 등)에 해당하여야 한다.

제13편
가사소송

김성수

서울시립대학교 법학전문대학원 졸업, (現) 법무법인 조율 변호사

제1장 의의

가사소송은 혼인, 친자, 입양, 이혼 등의 기본적인 신분관계에 관한 분쟁 및 그와 관련된 재산관계에 관한 분쟁 중 가사소송법이나 동규칙 또는 다른 법률의 규정에 의하여 가정법원의 권한에 속하는 사건을 대심적 구조의 소송절차에 의하여 처리하는 재판절차를 말한다. 가사소송은 사인 간의 신분관계에 관한 분쟁을 대상으로 하고, 그 절차는 기본적으로 민사소송법에 의하므로(가사소송법 제12조 본문) 특별민사소송절차에 해당하고, 이 점에서 가정법원의 권한에 속하는 사건 중 비송사건절차법이 준용되는 가사비송과 구별된다.

가사소송은 객관적 진실 발견이 필요하다는 이유로 변론주의를 수정하여 원칙적으로 직권주의(소송의 자료의 수집에 대하여 법원에게 그 주도권을 인정)를 취하고 있다. 즉 사실관계의 직권탐지(사실조회, 촉탁, 수검명령 등), 자백배제, 직권증거조사 등으로 법원의 권능과 책임을 강조하는 것이다. 그러나 예외적으로 다류 가사소송은 민사소송의 원칙인 변론주의(당사자주의)를 따르고 있다.

이와 같이 가사소송이 변론주의를 수정하는 이유는 실체적 진실의 발견도 중요하나, 그보다 당사자의 의사가 제일 먼저 고려되어야 하는 가사사건의 특성 때문이다. 가사소송에서는 당사자 본인이 가장 중요한 증거방법이 되는 경우도 많아, 일반적인 민사소송과 달리 심리 과정에 당사자 본인이 출석하도록 강제하고 있다.

당사자 또한 일반 민사소송과 달리 법에 의하여 정해지고 경우에 따라서는 검사(국가소송담당)가 직무상 당사자가 되는 경우가 있다. 사건의 관할은 원칙적으로 전속관할이며, 본인출석주의와 수검명령 등의 특별한 절차가 있다. 가사조사관제도를 두어 사실조사를 위임하기도 하며, 조정전치주의를 채택하고 있다는 점도 특징이다. 당사자에 대한 이행명령 및 그 위반에 대한 제재 등 특별한 이행확보제도를 가지고 있으며, 판결은 대세적 효력을 가진다.

제2장 혼인관계 소송

제1절 사실상혼인관계존부확인의 소

사실혼은 주관적으로는 혼인의사를 가지고 객관적으로는 부부공동생활의 실체를 갖추고 있으면서도 혼인신고를 하지 아니하여 법률혼으로 인정받지 못하는 상태에 있는 남녀의 결합관계를 의미한다. 남녀가 사회적으로 부부관계를 공시하면서도 법률상 혼인관계가 성립되지 않고 있으면 상대방(주로 여자)의 희생이 클 뿐만 아니라 출생자는 혼인 외의 자로 취급 받을 수밖에 없게 된다. 따라서 가사소송법 제2조 제1항에서 나류 사건 제1호로 사실상혼인관계존부확인 사건을 규정하고, 가족관계의 등록 등에 관한 법률 제72조는 사실상 혼인관계 존재확인의 재판이 확정된 경우에 소를 제기한 사람은 혼인신고를 하여야 한다고 규정하여 일정한 경우 사실혼 관계에 있는 당사자의 일방적 신고에 의하여 사실혼이 법률혼으로 격상될 수 있는 길을 열어주고 있는 것이다. 따라서 사실상 혼인관계 존부 확인의 소 제도의 주안점은 주로 그 존재 확인의 소에 있고 그 부존재 확인의 소는 부수적으로 규정된 것이라 할 수 있다. 그러나 혼인신고를 하려고 하는 것이 아니라 사실혼관계를 청산하고 그로 인한 손해배상이나 위자료를 청구하려면 사실상혼인관계존부확인 소송이 아니라 가사소송법 제2조 제1항 다류 사건의 제1호(약혼 해제 또는 사실혼관계 부당파기로 인한 손해배상청구 및 원상회복의 청구)에 따라 처리하여야 한다. 사실상 혼인관계 존재 확인의 소에 대하여 판례는 형성의 소가 아니라 확인의 소라는 입장을 취하고 있으므로, 확정판결이 있더라도 혼인관계가 형성되는 것은 아니고 가족관계의 등록 등에 관한 법률에 의한 신고가 있어야 혼인이 성립하게 된다.

사실상혼인관계존부확인의 소의 당사자적격에 관하여는 특별한 규정이 없으므로 확인소송의 일반원칙에 따라 사실상혼인관계의 존부에 관하여 확인의 이익을 가지는 자에게 원고적격이 있고, 반대의 이익을 가지는 자에게 피고적격이 있다. 부부의 일방이 다른 한 쪽을 상대로 소를 제기하는 것이 일반적이다.

제2절 혼인무효·이혼무효의 소

혼인의 무효는 혼인성립 이전의 단계에서 그 성립요건의 하자로 인하여 유효한 혼인이 성립하지 않은 것을 말한다. 무엇이 혼인을 무효로 하는 성립요건의 하자인가에 관하여는 다툼이 있지만 민법 제815조는 혼인무효의 사유로서 ① 당사자 간에 혼인의 합의(법률상 유효한 혼인을 성립케 하기로 하는 합의를 말한다)가 없는 때, ② 당사자 간에 8촌 이내의 혈족(직계혈족과 방계혈족, 부계혈족과 모계혈족도 포함한다), ③ 당사자 간에 직계 인척관계(배우자의 직계혈족 중 존속, 즉 처의 어머니, 남편의 아버지 등을 말한다)가 있거나 있었던 때, ④ 당사자 간에 양부모계의 직계혈족관계가 있었던 때의 4가지를 규정하고 있다. 이는 어느 것이나 혼인의 성립에 관한 실체상의 하자라고 할 수 있으며, 크게 당사자 사이에 혼인의 합의가 없는 때(①)와 근친일 때(②~④)로 구분된다. 따라서 혼인신고를 하지 않고 남녀가 동거하는 경우는 혼인의 불성립일 뿐이고 혼인무효의 사유는 아니다.

혼인무효를 인용한 확정판결은 제3자에게도 효력이 있어 어느 누구도 혼인의 유효를 주장하지 못하나, 청구를 기각한 확정판결에 대해서는 그 소송의 변론에 참가하지 못한 데에 정당한 사유가 있는 사람에게는 미치지 아니하여 그 사람이 다시 소를 제기할 수 있다. 혼인이 무효가 되면 혼인당사자는 처음부터 부부가 아닌 것으로 된다(소급효).

이혼의 무효는 혼인이 이혼에 의하여 해소된 것으로 가족관계등록부에 기재가 이루어져 있으나, 그 이혼이 성립요건의 하자로 인하여 혼인 해소의 효력이 발생하지 않은 것을 말한다. 예를 들면 부적법한 이혼 신고, 이혼의 의사가 없이 이혼신고만을 한 경우 등이 있다. 이혼 무효의 소에 관하여는 민법에는 규정이 없고 가사소송법에 규정을 두고 있다(가사소송법 제2조 제1항 가류 2호). 재판상 이혼의 무효는 있을 수 없으며 이혼무효는 항상 협의이혼의 무효만을 의미한다.

이혼무효의 소의 성질에 관해 혼인무효의 소에서와 같이 형성소송설과 확인소송설의 대립이 있으나 실무상 확인소송으로 취급하고 있다.

제3절 혼인의 취소·이혼의 취소

혼인의 취소는 혼인의 성립과정에 일정한 하자가 있는 경우에 그 혼인의 효력을 장래를 향하여 소멸시키는 것을 말한다. 혼인은 부부생활이라는 사실관계가 매우 중요하기 때문에 취소원인이 존재하더라도 소로 그 효력을 소멸시킬 때까지 여전히 존재한다. 따라서 혼인은 취소의 소의 판결이 없는 이상 유효하게 존속하고 그 청구를 인용하는 판결이 확정되더라도 소급효는 인정되지 않고 장래를 향하여 소멸한다. 통상 취소라 함은 소급효를 가지는 것이 일반적이나, 혼인의 취소는 특별히 장래효만을 지니는 것이다.

혼인 취소의 사유로는 ① 만 18세가 되지 않은 자가 혼인한 경우(민법 제807조, 제816조 제1호), ② 미성년자가 부모 또는 후견인의 동의를 받지 않고 혼인한 경우(민법 제819조), ③ 무효혼에 해당하는 경우 이외의 근친혼(민법 제817조), ④ 배우자가 있는 자가 다시 혼인을 한 때(중혼, 민법 제816조 제1호), ⑤ 사기 또는 강박으로 인한 혼인인 경우(민법 제816조 제3호), ⑥ 혼인당사 당사자 일방에 부부생활을 계속할 수 없는 악질 기타 중대한 사유가 있음을 알지 못한 때(민법 제816조 제2호) 등이 있다.

혼인 취소의 소가 확정되면 그 확정판결은 제3자에게도 효력이 있기 때문에(가사소송법 제21조 제1항) 혼인은 확정적으로 해소된다. 다만 앞서 설명한 바와 같이 혼인의 취소에는 소급효가 없으므로 그 때까지 발생한 신분관계에는 영향을 미치지 않는다.

이혼의 취소는 협의상 이혼의 성립과정에 하자가 있는 경우에 그 이혼의 효력을 소급하여 소멸시키는 것을 말한다. 재판상 이혼은 재판절차를 거쳐 판결로 선고된 것이므로 상소나 재심에 의하지 아니하고는 그 취소를 요구할 수 없으므로 여기서 이혼취소는 항상 협의이혼의 취소만을 의미한다. 가사소송법상 나류 제3호 소송사건으로서 조정의 대상이 되나 임의처분이 허용되지는 않는다. 이혼의 취소는 가정법원에 청구하여서만, 즉 소에 의하여서만 주장할 수 있는 것으로서 형성의 소이다. 이혼의 취소는 혼인의 취소와는 달리, 그 소급효를 제한하는 규정은 없으므로 이혼취소의 판결이 확정되면 이혼은 당초부터 그 효력이 없었던 것으로 된다.

이혼취소의 사유는 사기 또는 강박으로 인하여 이혼의 의사표시를 한 때뿐이다(민법 제838조). 그 밖의 협의이혼 성립요건상의 흠은 경우에 따라 이혼무효의 사유로 될 수 있을 뿐 이혼취소의 사유로는 되지 않는다.

이혼취소의 청구를 인용한 확정판결은 제3자에게도 효력이 있다(가사소송법 제21조 제1항). 그 청구를 기각한 판결은 이혼취소의 소에 다른 제소권자가 있을 수 없으므로 그 확정과 동시에 대세적 효력을 가지는 결과로 된다.

제4절 재판상 이혼

1. 협의상 이혼과 재판상 이혼

이혼은 배우자 쌍방이 장래를 향하여 혼인을 종료, 해소시키는 제도이다. 우리나라 현행법이 인정하는 이혼의 형태는 협의상 이혼, 조정이혼, 재판상 이혼의 3가지이다. 그 중 협의이혼은 법률상 혼인 관계에 있는 부부가 이혼의사 및 재산분할에 관한 의사 합치, 미성년의 자녀가 있는 경우 친권행사자 및 양육자에 관한 의사의 합치가 있는 경우 혼인 당사자의 협의에 의해 이혼하는 것을 말한다.

협의이혼을 위해 당사자는 등록기준지 또는 주소지를 관할하는 가정법원에서 협의이혼 의사의 합치에 관한 확인을 받아야 한다. 가정법원은 협의이혼의사 확인신청서가 접수되면 협의이혼의사 확인을 위한 기일을 지정하고, 지정된 기일에 당사자 쌍방이 법원에 출석하여 판사 앞에서 이혼의사의 합치 및 위 협의 사항에 관한 의사합치를 확인받게 되며, 판사는 당사자들의 의사를 확인한 후 이혼의사의 확인 결정을 한다. 협의이혼의사 확인이 끝나면 당사자는 확인서 등본을 교부받은 날로부터 3월 이내에 등록기준지, 주소지 등의 구청 등에 신고함으로써 이혼이 성립된다.

재판상 이혼은 법이 정한 이혼의 원인이 있는데도 불구하고 당사자 사이에 이혼의 합의가 이루어지지 않는 경우 법원의 판결에 의해 이혼의 효과를 발생시키는 것을 말한다. 재판상 이혼은 소로써만 청구할 수 있고 그 청구를 인용하는 판결이 확정됨으로써 당사자 간의 혼인이 해소되는 효과가 발생하는 것으로 형성의 소이다. 이혼소송은 항상 재판상 이혼이라고 말할 수 있는데 왜냐하면 협의상 이혼의 경우 당사자가 협의로 하는 이혼이어서 특별히 이혼원인이 없더라도 이혼하기로 당사자끼리 합의만 하면 이혼이 가능하기 때문이다.

〈표〉 협의상 이혼과 재판상 이혼의 차이

구분	협의이혼	재판상 이혼
이혼사유 필요여부	불필요	필요
법원의 관여	이혼의사의 존부확인	이혼사유의 존부확인
관할	등록기준지, 주소지	주소지
사건의 종류	가족관계등록비송사건	가사소송사건(나류)

이혼신고	창설적 신고	보고적 신고
불복	이혼무효, 이혼취소	상소, 재심
제소기간	규정없다	6월, 2년(사유별로 규정)
본인출석여부	필요	불필요
이혼철회	가능	불가
재산분할청구기간	신고일로부터 2년	확정일로부터 2년
이혼신고기간	확인서 교부, 송달일로부터 3개월(제척기간)	판결확정일부터 1개월 (훈시기간)
신고기간위반시	확인서 효력상실(이혼효력상실)	과태료 5만원(이혼효력 유지)

2. 재판상 이혼사유

민법 제840조는 재판상 이혼의 원인으로 ① 배우자에 부정한 행위가 있었을 때(1호), ② 배우자가 악의로 다른 일방을 유기한 때(2호), ③ 배우자 또는 그 직계존속으로부터 심히 부당한 대우를 받았을 때(3호), ④ 자신의 직계존속이 배우자로부터 심히 부당한 대우를 받았을 때(4호), ⑤ 배우자의 생사가 3년 이상 분명치 아니한 때(5호), ⑥ 기타 혼인을 계속하기 어려운 중대한 사유가 있을 때(6호) 등 6가지를 들고 있다.

재판상 이혼사유를 어떻게 규정할 것인가, 즉 혼인의 파탄에 원인을 제공한 유책배우자가 재판상 이혼을 청구할 수 있도록 할 것인지 여부에 관하여는 유책주의(일방에게 귀책사유가 있어야 이혼을 인정하는)와 파탄주의(객관적인 혼인파탄의 사실이 있으면 이혼을 인정하는)로 나뉜다.

우리 민법 제840조가 규정하고 있는 재판상 이혼사유 중 제1호 내지 제5호는 개별적 구체적 이혼사유로서 유책주의적 이혼사유를 규정하고 있는 반면, 제6호는 '혼인을 계속하기 어려운 중대한 사유'라고만 규정함으로써 파탄주의적 요소를 포함하고 있는 것으로 보인다. 이에 대하여 우리 민법이 유책주의적 태도인지 파탄주의적 태도인지에 관하여 견해가 대립되고 있으나, 우리 법원은 유책배우자의 이혼 청구를 받아들이지 않는 입장을 일관되게 유지하고 있다.

다만 우리 법원은 "유책배우자의 이혼청구를 부정하는 이유가 혼인의 파탄을 자초한 자에게 재판상 이혼청구권을 인정하는 것은 혼인제도가 요구하고 있는 도덕성에 근본적으로 배치되고 배우자 일방의 의사에 의한 이혼 내지는 축출이혼을 시인하는 부당한 결과가 되므로 혼인의 파탄에도 불구하고 이혼을 희망하지 않고 있는 상대 배우자의 의사에 반하여 이혼을 할 수 없도록 하려는 것일 뿐, 상대배우자에게도 그 혼인을 계속할 의사가 없음이 객관적으로 명백한 경우에까지 파탄된 혼인의 계속을 강제하려는 취지는 아니라"고 함으로써, 상대배우자도 혼인생활을 계속할 의사가 없음이 명백한데도 불구하고 다만 오기나 보복적 감정에서 이혼에 응하지 않는 다는 점이 인정될 만한 예외적 경우에는 비록 혼인의 파탄에 관하여 주된 책임이 있는 배우자라 할지라도 재판으로 이혼을 구할 수 있다는 태도를 취하고 있다.

가. 부정한 행위(민법 제840조 제1호)

부정한 행위란 간통을 포함하되 그보다 넓은 개념으로 간통까지는 아니 하나 부부의 정조의무에 충실하지 아니한 일체의 부정한 행위를 말한다. 다만 외형적으로 혼인의 순결성을 해치는 행위가 있어야 하고, 그것이 내심적으로 자유로운 의사에 따라 행하여져야 한다.

나. 배우자의 악의의 유기(민법 제840조 제2호)

배우자가 정당한 이유 없이 서로 동거, 부양하고 협조하여야 할 민법상의 기본적 의무를 저버리고 다른 한쪽을 버린 것을 의미한다. '악의'라 함은 적극적으로 그 결과를 의욕하거나 인용하고 있어서 사회적으로 비난 받을 만한 윤리적 요소를 포함한 심리상태를 의미하는 것으로 합의에 의한 별거는 악의가 아니다. '유기'란 상대방을 내쫓거나 두고 나가 버리든가 상대방으로 하여금 나가게 만든 다음 돌아오지 못하게 함으로써 동거에 응하지 않는 것을 말한다.

다. 배우자 또는 그 직계존속에 의한 심히 부당한 대우(민법 제840조 제3호)

혼인 당사자의 한 쪽이 배우자 또는 배우자의 직계존속으로부터 혼인관계의 지속을 강요하는 것이 가혹하다고 여겨질 정도의 폭행이나 학대 또는 중대한 모욕을 받았을 경우를 말한다. 그 개개의 사실은 간접사실로서 당사자가 일일이 꼬집어 주장하지 아니하였다 하더라도 법원은 이를 인정할 수 있다. 혼인관계의 지속을 강요하는 것이 가혹하다고 여겨질 정도인지는 구체적 사안에 따라 그 정도와 사회통념, 신분, 지위 등을 모두 참작하여 평가하여야 한다.

라. 자기의 직계존속에 대한 배우자의 심히 부당한 대우(민법 제840조 제4호)

혼인 당사자 한 쪽의 직계존속이 상대방 배우자로부터 혼인관계의 지속을 강요하는 것이 가혹하다고 여겨질 정도의 폭행이나 학대 또는 중대한 모욕을 받았을 경우를 말한다. 예를 들어 남편이 처에게 지참금을 가지고 오지 아니하였다는 이유로 불만을 품고 계속 구타하여 상처를 입힌 일이 있을 뿐 아니라 처의 아버지에게까지 행패를 부린 행위는 배우자 및 그 직계존속을 심히 부당하게 대우한 경우에 해당한다.

마. 배우자의 생사가 3년 이상 분명하지 아니한 때(민법 제840조 제5호)

배우자의 생사가 3년 이상 분명하지 아니한 때에는 이미 혼인은 파탄된 것으로 봄이 상당하므로 상대방 배우자는 이혼을 청구할 수 있다. 배우자가 3년 이상 생사 불명인 것과 동시에 현재도 생사불명이어야 한다.

바. 혼인을 계속하기 어려운 중대한 사유가 있을 때(민법 제840조 제6호)

부부간의 애정과 신뢰가 바탕이 되어야 할 혼인의 본질에 상응하는 부부공동 생활관계가 회복할 수 없을 정도로 파탄되고 그 혼인생활의 계속을 강제하는 것이 한쪽 배우자에게 참을 수 없는 고통이 되는 경우를 말한다. 이를 판단할 때에는 그 파탄의 정도, 혼인계속의사의 유무, 파탄의 원인에 관한 당사자의 책임 유무, 혼인생활이 유지된 기간, 자녀의 유무 등 제반사정을 두루 고려하여야 한다.

3. 재판상 이혼의 확정판결

재판상 이혼청구를 인용한 확정판결은 원고가 내세우는 이혼청구권의 존재를 확정하고 혼인을 장래를 향하여 해소시키는 효력이 있다. 따라서 부부 사이의 모든 권리, 의무관계가 소멸하고 혼인으로 배우자의 혈족과의 사이에 발생한 인척관계도 소멸한다(민법 제775조 제1항). 소멸하는 시점은 인용판결의 확정시인데 이 점이 가족관계의 등록 등에 관한 법률에 따라 신고하여야 효력이 생기는 협의상 이혼과 다른 점이다. 따라서 이혼청구를 인용한 판결이 확정되고 나서 이혼신고를 하지 않고 있는 사이에 당사자 일방이 사망하였다고 하더라도 상대방은 그 재산을 상속할 수 없다. 그러나 부모와 자녀의 관계에는 아무런 영향이 없어 친자 사이의 부양의무, 상속 등은 모두 인정된다.

반면 이혼청구를 기각한 판결이 확정되면 당사자 사이의 혼인관계는 유지되므로 서로 동거, 부양, 협조하여야 할 부부로서의 의무를 계속 부담하여야 한다.

제5절 손해배상청구와 원상회복청구

1. 약혼의 해제 또는 사실혼관계 부당파기로 인한 손해배상청구 및 원상회복청구

약혼이 당사자의 일방 또는 제3자의 과실로 인하여 해제되거나 사실혼이 당사자의 일방 또는 제3자의 책임 있는 사유로 인하여 파기된 경우에 상대방이 그로 인한 손해배상을 청구하거나 혼인을 전제로 하여 교부하였던 예물 등의 물건의 반환을 구하는 것을 말한다. 손해배상청구는 제3자에 대한 것을 포함하지만, 원상회복은 당사자 사이의 것에 한정된다.

약혼은 장차 혼인하여 부부가 되기로 하는 남녀 간의 합의로써, 재산상 청구와 달리 약혼 당사자는 그 약혼의 강제이행을 청구할 수도 없는 것(민법 제802조)이어서 당사자의 일방은 약혼해제 사유(민법 제804조)의 유무에 관계없이 언제든지 상대방에 대한 의사표시로써 이를 해제할 수 있으나(민법 제805조), 그 해제에 과실이 있는 때에는 상대방에 대한 손해배상의 책임을 지게 된다(민법 제806조). 또 약혼을 할 때 그 증표로 반지나 시계 등의 예물을 교환하거나 예식을 거행하여 그 의사를 명백히 하는 경우가 많은데 약혼이 해제되면 그 예물을 반환하여야 한다.

사실혼 역시 당사자가 언제든지 해소할 수 있으나 사실혼의 파기 내지 해소가 부당한(정당한 사유가 없는) 때에는 혼인파탄에 준하여 유책당사자(과실 있는 당사자)에게 상대방이 손해배상을 청구할 수 있고 경우에 따라 예물 등의 반환을 청구할 수도 있다. 즉 사실혼관계의 해소는 부부 일방이 아무런 제약 없이 자유로이 할 수 있으며 그에게 유책사유가 있다고 하여 사실혼 관계를 해소할 수 없는 것은 아니다.

2. 그 외의 손해배상청구 또는 원상회복 청구

약혼해제로 인한 손해배상청구에 관한 규정(민법 제806조)은 혼인의 무효 또는 취소의 경우(민법 제825조)와 재판상 이혼의 경우(민법 제843조)에 각각 준용된다. 협의상 이혼이나 이혼의 무효 또는 취소의 경우에는 명문의 규정은 없으나 마찬가지로 보아야 할 것이고, 원상회복의 청구 또한 같다.

또한 약혼해제로 인한 손해배상청구에 관한 규정(민법 제806조)은 입양의 무효 또는 취소의 경우(민법 제897조)와 재판상 파양의 경우(민법 제908조)에도 각각 준용된다. 파양의 무효 또는 취소의 경우나 협의상 파양의 경우 민법에 규정은 없으나 동일하게 취급되어야 할 것이다. 따라서 선의의 당사자는 입양무효, 입양취소, 파양무효, 파양취소, 파양을 원인으로 하는 손해배상 및 원상회복의 청구를 할 수 있다. 손해배상의 경우 제3자에 대하여 청구를 할 수 있는 경우도 있다.

제3장 친자관계 소송

제1절 친생부인의 소

친생부인은 혼인 중에 처가 포태한 자녀로서 부의 친생자로 추정을 받는 자(혼인성립의 날로부터 200일 후 또는 혼인관계 종료의 날로부터 300일 내에 출생)가 실제로는 친생자가 아닌 경우에 부 또는 처가 소송에 의하여 그 친생추정을 번복하여 법률상의 부자관계를 부정하는 것을 말한다.

모자관계는 분만이라는 자연현상으로 당연히 성립되지만 법률상의 부자관계는 자녀의 출산으로 당연히 성립되지는 않고 인지, 입양 등 법률요건이 구비되어야 한다. 그러나 혼인 중에 출생한 자녀는 부와 혈연관계 있는 자녀일 가능성이 높을 뿐만 아니라 그 부자관계를 미확정인 상태로 방치한다거나 함부로 누구나 그 자녀와 부자관계가 있음을 주장하도록 허용하였다가는 자녀의 이익을 심각하게 해하고 가정의 평화와 가족 간의 화해를 저해하는 결과를 초래하기 때문에, 민법은 일정한 경우에 혼인 중 처가 출산한 자녀를 남편의 친생자로 추정하고(법률상 부자관계 당연 성립), 그 추정을 번복시키려면 반드시 친생부인의 소로써만 할 수 있도록 제한하고 있다.

다만 판례는 혼인성립의 날로부터 200일 후 또는 혼인해소 후 300일 이내에 태어난 자라도 남편이 실종선고를 받아 실종 중에 있는 것과 같이 실질적으로 남편의 자가 아님이 외관상 명백한 경우에는 친생자추정이 미치지 아니하므로 부는 친생부인의 소에 의하지 않고도 친자관계 부존재확인 소송을 제기할 수 있다고 하고 있다.

친생부인의 소를 제기할 수 있는 원고로는 친생추정의 효과를 받는 부부의 일방(부 또는 처)이 원고적격을 가진다. 당초 남편에게만 제소권이 인정되었으나 2005년 민법 개정을 통해 생모 또한 친생부인의 소를 제기할 수 있도록 그 제소권자의 범위를 확대하였다. 친생부인의 소를 제기하고자 하는 부 또는 처는 그 자 또는 다른 일방을 상대로 소를 제기하여야 한다. 자가 사망한 경우에도 그 직계비속이 있는 때에는 그 모가, 모가 없는 경우에는 검사가 상대방이 된다. 친생부인의 소는 그 사유가 있음을 안 날로부터 2년 이내에만 제기할 수 있다.

친생부인의 청구를 인용한 확정판결은 제3자에게도 효력이 있어 자녀는 부의 친생자가 아닌 것으로 대세적으로 확정된다. 따라서 그 생부가 인지하는 등에 의하여 새로운 부자관계를 형성할 수 있다. 다시 말하면 친생부인의 청구를 인용하는 판결이 확정되기 이전까지 그 어느 누구도 자를 인지할 수 없다.

제2절 인지청구의 소

인지청구는 가정법원의 확정판결에 의하여 혼인 외의 자와 법률상의 부모자 관계를 형성하거나 확인할 것을 구하는 것을 말한다. 생부가 인지를 한 경우(임의인지) 굳이 인지청구를 할 필요가 없으나, 생부가 인지를 하지 않는 경우 자식이 생부를 상대로 인지청구를 하여 승소판결을 받아 인지를 강제하는 제도가 인지청구의 소이다(민법 제863조).

인지청구의 소는 자와 그 직계비속 또는 그 법정대리인이 제기할 수 있다(민법 제863조). 혼인 외의 자가 인지청구를 하는 것이 일반적이지만, 혼인 중의 자라도 인지를 청구할 수 있는 경우가 있다. 민법 제844조에 따라 친생추정을 받는 자녀는 친생부인의 소에 의해 친생추정을 깨지 않고서는 인지청구를 할 수 없다. 모가 부에 의해 포태하는 것이 불가능함이 외관상 분명하거나, 생부와 생모가 가족관계등록부상의 부모와 다른 사실이 객관적으로 분명한 경우에도 친생자 추정을 받지 않기에, 그 자는 생부모를 상대로 인지청구를 할 수 있다.

인지청구의 소의 상대방은 부 또는 모이며, 상대방으로 될 부 또는 모가 사망한 때에는 검사가 피고적격을 가진다. 생존중인 부 또는 모를 상대로 한 인지청구의 제소기간에는 특별한 제한이 없으나, 부 또는 모가 사망하여 검사를 상대로 소를 제기해야 할 때에는 그 사망사실을 안 날로부터 2년 내에 하여야 한다.

인지청구를 인용한 확정판결은 제3자에게도 효력이 있다(가사소송법 제21조 제1항). 부에 대해서는 형성적인 성격을 가지고 모에 대해서는 확인적인 성격을 가지므로 부자관계는 확정판결에 의해 형성되지만 그 형성의 효과는 자녀의 출생 시에 소급하여 발생하고, 모자관계는 확정 판결에 의해 이미 출생 시에 형성되어 있는 모자관계가 확인, 확정된다. 따라서 피인지자는 출생 시부터 상속권을 갖는다.

제3절 친생자관계존부확인의 소

친생자관계존부확인의 소는 특정인 사이의 친생자관계의 존부의 확인을 구하는 소로서 어떤 사람들 사이에 법률상의 친생자라는 신분관계가 있는지 없는지를 확정하는 것을 목적으로 민법 제865조의 규정에 의하여 제기하는 소를 말한다. 즉 법원에 의한 아버지의 결정(민법 제845조), 자녀의 친생부인(민법 제846조, 제848조, 제851조), 인지에 대한 이의(민법 제862조), 인지청구(민법 제863조) 및 인지의 무효에 해당하지 아니하는 다른 사유를 원인으로 하여 친생자관계의 존재 또는 부존재의 확인을 구하는 소이다. 따라서 어떤 사람들 간에 법률상의 친생자관계의 유무, 즉 ① 친생자 관계가 있다는 친생자관계존재확인의 소(자기 아이가 남의 아이로 등재된 경우)와 ② 친생자 관계가 없다는 친생자관계부존재확인의 소로 구분되는데 실무상 친생자관계부존재확인의 소가 대부분을 차지하고 있다(혼인 외의 자를 혼인 중의 출생자로 신고되어 있거나, 업둥이를 혼인 중의 출생자로 신고된 경우 등 친생자 추정을 받지 못함에도 불구하고 이미 가족관계등록부에 친자식으로 등재된 경우이다). 친생자관계존부확인의 소는 현재존재하는 친생자관계의 존재 또는 부존재의 확인을 구하는 것으로서 그 성질은 확인의 소이다. 친생자관계는 자연의 혈연으로 정하여지므로 공적인 장부의 기재 여하에 관계없이 친생자관계의 존부를 주장할 수 있고, 반면에 가족관계등록부에 기재되어 있어도 자연적인 혈연관계가 없으면 입양을 제외하고는 법률상 친자관계가 발생하지 아니한다.

판례상 나타난 친생자관계 존부 확인의 사유는 ① 허위의 출생신고가 있는 경우(혼인 외의 자가 가족관계등록부상 본처의 친생자로 기록되어 있는 경우), ② 가족관계등록부에 생부모 아닌 사람들 사이에서 출생한 것으로 기록된 경우, ③ 친생자 추정을 받지 못한 혼인 중의 출생자, 즉 혼인성립의 날로부터 200일 전에 출생한 자에 대한 경우, ④ 외형상 친생자로 추정을 받는 것으로 보이지만 남편의 해외출장, 병원입원, 교도소 수감 등 기타 사정으로 아내가 남편의 아이를 포태할 수 없는 것이 외관상 명백한 경우 등이 있다.

인지의 무효나 인지에 대한 이의는 인지신고에 의하여 발생된 신분관계를 부정하기 위한 것이므로 인지신고에 의하지 아니하고 출생신고에 의하여 가족관계등록부상 등재된 친자관계를 다투기 위해서는 그 출생신고에 인지로서의 효력이 인정되더라도 인지에 대한 이의나 인지무효의 소를 제기할 것이 아니라 친생자관계존부확인의 소를 제기하여야 한다. 반대로, 인지신고에 의하여 가족관계등록부상에 등재된 친생자관계를 부정하기 위하여는 인지무효의 소 또는 인지에 대한 이의의 소를 제기할 것이지 친생자관계부존재확인의 소를 제기할 것이 아니다.

법원에 의한 부의 결정(민법 제845조, 자, 모, 모의 배우자 및 전배우자), 자의 친생부인(민법 제846조, 제848조, 제850조, 제851조, 부 또는 처, 부 또는 처의 후견인, 부 또는 처의 유언집행자, 부 또는 처의 직계존속이나 직계비속), 인지에 대한 이의(민법 제862조, 자, 이해관계인), 인지청구(민법 제863조, 자, 자의 직계비속, 자의 법정대리인)의 소를 제기할 수 있는 사람이 친생자관계존부확인의 소의 원고가 되어, 가족관계등록부 기재상 친생자관계가 있는 일방의 당사자가 소를 제기할 때에는 타방의 당사자를 상대방으로, 제3자가 소를 제기할 때에는 가족관계등록부 기재상 친생자관계가 있는 당사자의 일방 또는 쌍방을 상대방으로 하여 소를 제기하게 된다.

친생자관계존부확인의 소를 제기할 이익이 존재하는 한 당사자가 생존하는 경우는 언제든지 소를 제기할 수 있기 때문에 제소기간에 관한 제한이 없다. 다만 당사자의 일방이 사망하여 검사를 상대방으로 하여 소를 제기할 때에는 그 사망사실을 안 날로부터 2년 이내에 소를 제기해야 한다(민법 제865조 제2항). 친생자관계존부확인의 대상이 되는 당사자 쌍방이 모두 사망한 경우에도 당사자 쌍방 모두가 사망한 사실을 안 날로부터 2년 이내에 소를 제기하여야 한다.

법원은 당사자 사이의 혈족관계의 존부를 확정할 필요가 있는 경우에 다른 증거조사에 의하여 심증을 얻지 못한 때에는 검사를 받을 자의 건강과 인격의 존엄을 해치지 아니하는 범위 내에서 혈액채취에 의한 혈액형의 검사 등 유전인자의 검사, 기타 상당하다고 인정되는 방법에 의한 검사를 받을 것을 명할 수 있다(가사소송법 제29조). 법은 이와 같이 유전자 검사를 보충적인 방법으로 정하고 있으나, 실무상으로는 법원에 따라 소 제기 시 유전자 검사 자료가 제출되지 않으면 보정명령을 하는 경우가 많아 사실상 필수적인 절차로 자리 잡아 가고 있다. 유전자 감식은 혈액뿐만 아니라 머리카락, 타액 등으로도 검사가 가능하면 면봉을 이용한 입안 상피세포 검사나 머리카락으로도 할 수 있고 손바닥 세포만으로도 가능하지만 보다 확실한 검사결과를 위해 혈액검사의 방법을 병행한다.

친생자관계존부확인의 재판이 확정되면 가족관계등록부상 부 또는 모와 자녀 사이의 친생자관계의 존재 또는 부존재가 확인되는 효과가 생기며, 그 효력은 제3자에게도 미친다. 판결이 확정된 때에는 가정법원 사무관 등은 당사자 또는 사건본인의 등록기준지의 가족관계등록사무를 처리하는 자에게 그 뜻을 통지하여 가족관계등록부를 정정한다.

제4절 양친자 관계에 관한 소송

1. 양자제도

양자제도는 혈연관계가 없는 당사자(양부모와 양자) 사이에 양친자관계를 설정하는 가족법상의 법률행위(신분계약)이다. 즉 혈연관계가 전혀 없는 사람들 사이에 친자관계(법정혈족)를 법이 만들어 주는 제도이다.

양자제도는 가를 위한 양자에서 양친을 위한 양자로, 다시 자를 위한 양자로 변화되어 왔는데, 1990년 개정 가족법은 양자제도에 대한 일부가 폐지(사후양자제도, 서양자제도, 유언양자제도 등)되었고, 2005년 개정법에서는 양자를 양친의 친생자로 보는 친양자제도가 도입되어 양자의 종류는 보통양자와 친양자제도의 두 가지가 남게 되었다.

입양을 위해서는 당사자 사이에 입양의 합의(양친자로서 신분적 생활관계를 형성하려는 의사)가 있어야 한다. 뿐만 아니라 입양에는 엄격한 요건이 갖추어져야 하는데, 예를 들면 양친이 되려는 자는 성년자이어야 하고, 배우자가 있는 자가 양자를 하려면 부부가 공동으로 하여야 한다. 또한 양자가 될 사람이 13세 이상의 미성년자인 경우 법정대리인의 동의를 받아 입양을 승낙하여야 하며 13세 미만인 경우에는 법정대리인이 대신하여 입양을 승낙한다. 미성년자의 입양, 즉 양자가 될 자가 미성년자인 경우 친생 부모의 동의를 받아야 하며, 양자가 될 사람이 성년자인 경우에는 부모의 동의를 받아야 하며, 피성년후견인이 입양을 하거나 양자가 되려면 부모의 동의 이외에 피성년후견인의 동의에 더하여 가정법원의 허가가 있어야 한다. 양자가 될 사람이 양부모가 될 사람의 존속이나 연장자인 경우에는 입양을 할 수 없다.

입양신고에 의하여 양자와 양친 사이에는 법정혈족관계가 발생하고 양자는 양친의 혈족, 친족과의 사이에서도 친족관계가 발생한다(민법 제772조 제1항). 양자가 미성년자인 경우에는 친생 부모의 친권을 벗어나 양부모의 친권행사에 따라야 하고, 양자와 양친 사이는 물론이고 그 혈족 사이에는 서로 상속관계 및 부양의무가 있다. 양자가 친양자가 아닌 보통양자라면 양자의 친가와 종래의 친척관계는 그대로 유지된다. 즉 친생부모와의 친자관계 및 그 혈족, 인척 사이의 친족관계에 아무 변화가 일어나지 않는다. 따라서 양자는 친생부모의 재산을 상속받을 수 있고 부양의무를 진다.

2. 양친자 관계에 관한 소송

당사자의 신고로 이루어진 입양이 실체상 또는 절차상 하자(민법 제883조)로 인하여 입양으로서의 완전한 효력이 발생하지 않는 경우 입양은 무효가 되며, 이미 이루어진 입양에 일정한 하자가 있음을 이유로 이를 취소하여 양친자 관계를 장래를 향하여 소멸시키고자 할 경우(민법 제894조) 입양 취소의 소송을 제기할 수 있다.

입양에 있어서 가장 문제가 되는 것은 사실은 입양을 하였으나 그 외관만은 친생자인 것처럼 출생신고를 한 경우 입양으로서의 효력이 있는지가 문제이다. 판례는 "당사자가 입양의 의사로 친생자 출생신고를 하고 거기에 입양의 실질적 요건이 구비되어 있다면 그 형식에 다소 잘못이 있더라도 입양의 효력이 발생하고, 이 경우의 허위의 친생자 출생신고는 법률상의 친자관계인 양친자 관계를 공시하는 입양신고의 기능을 하게 되는 것인데, 여기서 입양의 실질적 요건이 구비되어 있다고 하기 위해서는 입양의 합의가 있을 것, 15세 미만자는 법정대리인의 승락이 있을 것, 양자는 양부모의 존속 또는 연장자가 아닐 것 등 민법 제883조 각호 소정의 입양의 무효사유가 없어야 함은 물론 양친자로서의 신분적 생활사실이 반드시 수반되어야 하는 것으로서, 입양의 의사로 친생자출생신고를 하였다 하더라도 위와 같은 요건을 갖추지 못한 경우에는 입양신고로서의 효력이 생기지 아니한다."고 하면서, "친생자출생신고 당시 입양의 실질적 요건을 갖추지 못하여 입양신고로서의 효력이 생기지 아니하였더라도 그 후에 입양의 실질적 요건을 갖추게 된 경우에는 무효인 친생자출생신고는 소급적으로 입양신고로서의 효력을 갖게 된다."고 판시하고 있다.

즉 허위의 출생신고가 입양신고로서의 효력을 가지게 된 경우 그 양친자관계를 해소할 필요가 있는 등 특별한 사정이 없는 한 그 호적기재 자체를 말소하여 법률상 친자관계의 존재를 부인하게 하는 친생자관계부존재확인 청구의 소는 허용되지 않는다는 것이 법원의 입장이다.

제14편
민사집행법

김성태

숭실대학교 대학원 법학과 졸업(법학박사), (現) 숭실대학교 법학연구소 연구교수

I. 민사집행법 개관

1. 민사집행의 의의와 법원(法源)

민사집행은 국가의 집행기관이 채권자를 위하여 사법상의 청구권을 국가권력을 가지고 강제적으로 실현하는 법적 절차를 말한다.

舊민사소송법(2002. 1. 26. 전문개정 전) 제7편에서 강제집행에 관하여 규정하고 있었는데, 관련 규정들이 전문개정되면서 민사집행법(2002. 1. 26. 법률 제6627호)이라는 단행 법률로 분리·제정되어 2002년 7월 1일부터 시행되고 있는 민사집행법은 총칙(1편), 강제집행(2편), 담보권실행 등을 위한 경매(3편), 보전처분(4편)으로 구성되어 있다.[221]

2. 민사집행의 종류

(1) 강제집행

강제집행은 집행권원에 표시된 사법상의 이행청구권을 국가권력을 가지고 강제적으로 실현하는 법적 절차를 의미한다.

강제집행은 사법상(私法上)의 이행청구권을 실현하는 절차로 행정상 강제집행과 구별되며, 집행권원이 있어야만 개시된다는 점에서 임의경매와 구별될 수 있다.

사법상 권리의 실현에 국가기관이 협력하는 것으로 소송절차의 형태로서 행하여지는 법적 절차라는 특징이 있다.

강제집행절차는 권리의 실현을 목적으로 하는 절차임에 반하여 판결절차는 권리의 확정을 목적으로 하는 절차로 별개의 독립된 기관이 하는 독립된 절차이다. 다만 모든 강제집행에 앞서 반드시 재판절차가 전제되는 것이 아니며, 모든 소송이 강제집행을 수반하는 것도 또한 아니다. 강제집행절차와 판결절차가 병행하여 진행될 수 있으며, 강제집행을 계기로 다시 판결절차가 개시되는 경우도 있다.

(2) 담보권실행의 경매(임의경매)

국가의 공권력을 행사하여 저당권·가등기담보권·질권·전세권 등 담보권에 내재된 환가권(경매권)을 실행하여 피담보채권의 만족을 얻는 절차로서 실무상 임의경매라고 한다. 청구권의 강

---

221) 민사집행법 제1조 이 법은 강제집행, 담보권 실행을 위한 경매, 민법·상법, 그 밖의 법률의 규정에 의한 경매 및 보전처분의 절차를 규정함을 목적으로 한다.

제적 만족을 목적으로 하는 절차이며, 본질적으로는 강제집행과 공통적 요소가 많다.

(3) 형식적 경매

형식적 경매라 함은 유치권에 의한 경매, 민법·상법 그 밖의 법률이 규정하는 바에 따른 경매를 의미하는데, 이를 유치권 등에 의한 경매라고 한다. 일반적으로 형식적 경매는 담보권실행을 위한 경매의 예에 의하여 절차를 진행한다(민사집행법 제274조).

(4) 보전처분

보전처분이라 함은 장래의 집행에 대비하는 절차로서, 가압류·가처분절차를 의미하는데, 가압류·가처분재판절차와 그 집행절차를 통틀어 집행보전절차라 한다. 일반적으로 가압류절차는 금전채권의 집행보전절차를 말하며, 가처분절차는 그 밖의 권리 내지 법률관계의 집행보전절차를 의미한다.

3. 민사집행의 3요소

국가기관인 집행기관과 집행절차에 관여하는 집행당사자인 채권자와 채무자의 3면적 법률관계로 구성되어 있는데, 흔히 민사집행의 3요소로 민사집행의 주체 '집행기관', '집행당사자', 민사집행의 객체 '책임재산'으로 구성되어 있다.

(1) 민사집행의 주체

1) 집행기관

권리의 실행을 자력구제에 맡기지 않고 이를 금지하는 대신에 국가구제에 의하므로 강제집행권은 국가가 갖게 되는데, 그 행사를 관장하는 국가기관을 집행기관이라 하는데, 이러한 집행기관에는 집행관, 집행법원, 제1심법원으로 3원화되어 있다(비집중주의).

① 집행관

집행관은 지방법원 및 그 지원에 배치되어 재판의 집행, 서류의 송달 그 밖의 사무에 종사하는 독립된 단독제 국가기관(법원조직법 제55조 제2항, 민사집행법 제2조)으로 본인의 판단과 책임하에 독립하여 권한을 행사하는 것이므로 법원이나 법관의 단순한 보조기관이 아니지만, 집행기관인 집행법원의 절차상의 감독과 지방법원장이나 감독관의 직무상 감독을 받는 상대적 독립기관이다(집달리 → 집달관 → 집행관).

집행관은 임명 받은 지방법원본원 또는 지원의 관할구역 내에서만 그 직무수행하는 것이 원칙이며, 특히 유체동산에 대한 강제집행·담보권실행 등을 위한 경매, 유체동산에 대한 가압류집행, 동산·부동산·선박의 인도집행 등에 대한 업무를 담당한다.

집행관은 채권자로부터 집행개시를 구하는 강제집행신청인 '집행위임'을 받아 직무수행하는데, 채권자를 위한 임의변제수령권을 가지며, 채권자의 임의대리인으로서의 업무를 수행한다. 실무상 집행관은 현장에서 집행개시 전에 채무자 측에 임의이행을 촉구하기도 하며, 집행실시의 절차상 강제권 : 직무집행을 하는 중에 집행저항을 받았을 때에는 그 저항을 배제하기 위하여 경찰 또는 국군의 원조를 요청할 수도 있다.

② 집행법원

지방법원이 원칙적으로 강제집행에 관하여 법원의 권한을 행사하는 법원이며, 민사집행법에서 규정한 집행행위에 관한 법원의 처분이나 그 행위에 관한 법원의 협력사항을 관할하는 집행법원은 법률에 특별규정을 제외하고는 집행절차를 실시할 곳이나 실시한 곳을 관할하는 지방법원이 전속관할이 된다.

집행법원의 업무는 지방법원 단독판사(재산명시신청절차, 선박·항공기에 대한 집행절차, 강제관리, 가압류·가처분 등) 또는 사법보좌관(집행절차의 상당 부분의 업무담당(2005. 7.1. 법원조직법 개정), 집행문부여, 재산조회, 일정한 경우를 제외한 '부동산강제경매', 담보권실행 등의 경매절차, 유치권 등에 의한 경매, 제소명령절차, 가압류 등 집행취소절차 등)이 담당한다.

③ 제1심 법원

민사집행을 실시할 권한을 가진 집행기관은 원칙적으로 집행관 및 집행법원이고, 특별한 경우에 한하여 제1심 법원도 집행실시권을 가지는데 그 이유는 제1심 법원이 사건 내용을 잘 알고 있으며, 소송기록을 갖고 있는 법원으로 하여금 신중하게 처리하게 하기 위해서라고 할 수 있다. 주로 비금전채권집행에서의 대체집행, 간접강제, 외국에서 강제집행을 할 경우의 촉탁 및 증권관련집단소송에서의 금전분배절차 등의 업무를 담당한다.

2) 집행당사자

민사집행절차에 있어서 대립하는 당사자로 집행채권자(집행당사자 가운데 능동적으로 민사집행을 요구하는 자)와 집행채무자(집행당사자 가운데 수동적으로 그 집행을 요구받는 자)로 나눌 수 있다. 강제집행절차에 있어서 집행력 있는 정본(집행문이 부여된 집행권원의 정본)이 누구를 위하여 누구에 대하여 부여되었는가의 표시에 의하여 확정(집행문 부여로 확정)된다. 또한 민사집행에 관여하는 자는 대리인을 내세워 집행행위 가능하며 집행관이 실시하는 집행절차에는 임의대리인의 자격에 제한이 없으나 집행법원이나 제1심법원 관할의 집행절차에는 변호사만이 대리인이 되고, 법무사는 민사집행법에 의한 경매사건, 국세징수법이나 그 밖의 법령에 의한 공매사건에서 매수 또는 입찰신청을 대리할 수 있다.

(2) 민사집행의 객체

일반적으로 집행의 대상이 되는 것은 집행개시 당시의 채무자에 속하는 총재산(물건 또는 권리)인데, 이를 책임재산이라 하며, 집행의 객체가 된다. 책임재산은 채무자의 일반재산이어야 하고, 집행개시 당시의 재산이어야 하며, 압류금지재산이 아니어야 한다.

채무자에게 귀속하는 금전적 가치가 있는 모든 재산은 책임재산이 된다고 할 수 있으나, 집행권원 또는 집행문에 표시되지 않는 실체법상의 채무자나 제3채무자의 재산 등은 집행의 대상이 되지 않는다. 또한 법률상 금전으로 현금화 할 수 없는 물건이나 권리(예: 아편, 위조통화 등)도 마찬가지로 집행의 대상이 될 수 없다.

채무자의 책임재산 가운데 어떤 종류의 것을 어떤 순서로 집행할 것인가는 오로지 채권자의 선택, 다만 유체동산에 관하여 채권자는 유체동산이 있는 장소만 선택이 가능하다.

한편 강제집행의 개시 당시 채무자에 속하는 재산만이 집행의 대상이 되며 집행개시전에는 채무자의 소유이었으나 집행개시 당시 이미 유효하게 처분한 재산(과거재산) 등은 집행의 대상이 되지 않지만, 집행개시 당시에는 취득하지 못했으나 기한부채권, 조건부채권 등 장래의 채권에 있어서 그 기초가 되는 법률관계가 구체적으로 확정되어 있고 가까운 장래에 발생할 것임이 상당한 정도 기대되는 경우에는 집행의 대상이 될 수 있다.

4. 집행권원

(1) 의의

집행권원이란 사법상의 일정한 급부청구권의 존재와 범위를 표시함과 동시에 강제집행으로 그 청구권을 실현할 수 있는 법률상 집행력을 인정한 공문서를 말하는데, 집행권원에 의하여 집행력의 주관적·객관적 범위 결정된다. 집행권원에 기하여 발생한 집행청구권 발생을 위해서는 집행문을 부여 받아야 하고, 강제집행은 집행문이 있는 집행권원 정본(집행력이 있는 정본)이 있어야 한다.

(2) 집행권원의 종류

재판	판결	1. 확정된 종국판결(민사집행법 제24조) 2. 가집행선고 있는 판결(민사집행법 제24조) 3. 집행판결(민사집행법 제26조, 제27조, 중재법 제37조)
	결정·명령	1. 항고로만 불복할 수 있는 재판(민사집행법 제56조 제1호) 2. 확정된 지급명령(민사집행법 제56조 제3호) 3. 이행권고결정(소액사건심판법 제5조의 3) 4. 화해권고결정(민사소송법 제225조 이하) 5. 조정에 갈음하는 결정(민사조정법 제30조) 6. 가압류·가처분명령(민사집행법 제291조, 제301조)
공정증서		집행증서(민사집행법 제56조 제4호)
확정판결과 동일한 효력을 가지는 것		1. 재판상 화해조서(민사소송법 제220조) 2. 청구인낙조서(민사소송법 제220조) 3. 조정조서(민사조정법 제28조, 가사소송법 제59조) 4. 파산채권자표, 개인회생채권자표 및 회생채권자표, 회생담보권자표의 기재(통합도산법 제168조, 제460조, 제603조)
검사의 집행명령		형사소송법 제477조

(3) 집행문의 의의

집행문이란 집행권원에 집행력이 현재 있다는 것과 누가 집행당사자인가를 공증하기 위하여 집행문부여기관이 집행권원의 정본의 끝에 덧붙여 적는 공증문언(민사집행법 제29조 제1항)을 말하는데, 판결이 집행권원이 되는 경우 : 판결문 뒤에 "이 판결정본은 피고 B에 대한 강제집행을 실시하기 위하여 원고 A에게 준다"고 적고 법원사무관 등이 기명날인 한다.

일반적으로 집행문이 붙은 집행권원의 정본을 집행력 있는 집행권원의 정본 또는 집행력 있는 정본(집행정본)이라 한다.

Ⅱ. 강제집행

1. 강제집행의 진행

(1) 강제집행의 적법요건

강제집행의 진행이 적법하기 위해서는 권리보호이익이 있는 집행채권자가 민사집행법의 적용범위내의 집행사항에 대하여 관할기관에 직접 강제집행을 신청해야 한다.[222)]

강제집행을 신청할 때에는 집행권원과 집행문이 필요하다고 할 수 있으며, 강제집행을 하기 위하여 집행개시전에 또는 집행개시와 동시에 집행권원 등이 채무자에게 송달되어야 하는데, 집행권원 등이 송달되면 집행기관이 집행개시가 가능하다. 채무자에게 집행권원을 송달하도록 한 것은 집행권원의 존재와 내용을 미리 채무자에게 알려주어 방어의 기회를 주기 위함이다(주의 : 판결이나 지급명령 등 미리 직권송달된 경우는 예외).

(2) 위법집행과 부당집행

강제집행절차에 있어서는 채권자와 채무자 및 제3자 사이에 상충하는 이해관계를 조정할 필요성이 있는데, 현실의 강제집행에 있어서는 그 정당성이나 적법성이 제대로 지켜지지 아니하여 받아들일 수 없는 집행이 있는데 이를 널리 위법집행(실체법상 위법은 없어 집행의 실체적 정당성은 확보되어 있지만 집행기관의 집행행위가 집행법상 위법인 경우의 집행, 민사집행법을 위반한 경우) 또는 부당집행(집행법상으로 적법하나 실체법상 위법이기 때문에 집행의 실체적 정당성이 침해된 경우의 집행, 민법 등 실체법을 위반한 경우)이라 한다.

① 위법집행의 구제방법

국가작용인 민사집행처분은 절차규정에 위배가 있어도 원칙적으로 "유효"하기 때문에, 집행기관이 판단을 잘못하여 해야 할 처분을 하지 아니하거나(부작위), 해서는 안 될 처분을 한 경우(작위)에는 당사자나 이해관계인에게 그 시정 또는 구제수단이 필요하다.

집행절차에 관한 집행법원의 재판에 대하여는 특별한 규정이 있어야만 즉시항고(卽時抗告)를 할 수 있는데, 위법집행에 대해서도 즉시항고를 통하여 권리를 다툴 수 있다. 다만, 집행법원의 처분 중에서 판사가 아닌 사법보좌관[223)]이 처리한 경우에는 즉시항고에 앞서 이의신청절차

---

222) 민사집행법 제4조 (집행신청의 방식) 민사집행의 신청은 서면으로 하여야 한다.
223) 사법보좌관의 담당업무 : ① 집행문부여명령절차, ② 채무불이행자명부등재, ③ 재산조회절차, ④ 부동산에 대한 강제집행절차, ⑤ 자동차·건설기계에 대한 강제경매절차, ⑥ 유체동산집행 중 압류물의 인도명령 및 특별현금화명령, ⑦ 채권 그 밖의 재산권에 대한 강제집행절차, ⑧ 동산집행의 배당절차, ⑨ 담보권실행 등의 경매절차, ⑩ 유치권 등에 의한 경매절차, ⑪ 제소명령절차, ⑫

를 거쳐야 한다.

또한 집행법원의 집행절차에 관한 재판으로서 즉시항고를 할 수 없는 것과, 집행관의 집행처분, 그 밖에 집행관이 지킬 집행절차에 대하여서는 법원에 이의를 신청할 수 있는데, 집행이의 신청은 집행관의 집행처분이나 해태에 관한 유일한 불복신청수단이다.

② 부당집행의 구제방법

집행채권의 존부나 집행대상재산의 권리귀속관계 등 실체상의 문제가 있어 부당집행이 될 수 있는 경우에는 집행절차상의 문제와는 달리 절차 내의 즉시항고, 집행이의 등 간단한 절차가 아니라 정식으로 별도의 소를 제기하여 판결절차(청구이의의 소, 제3자이의의 소)로 구제해야 한다. 한편 부당집행이 끝난 뒤에는 부당이득·손해배상의 구체방법이 가능하다.

(3) 강제집행의 정지와 취소

1) 강제집행의 정지

강제집행의 정지란 집행기관이 집행절차를 더 이상 진행시키지 아니하는 것을 의미하는데, 채무자나 제3자가 법에 정한 집행정지서류를 집행기관에 제출하여 정지시키는 것이 원칙으로 강제집행의 신청과 반대로 법정정지서류를 집행기관에 제출하면 된다.

강제집행의 정지원인으로는 민사집행법 제49조의 집행정지서류 제출하거나,224) 회생절차개시, 파산선고 등과 같이 집행장애사유가 발생하여 강제집행을 진행하기에 곤란한 경우 직권으로 집행을 정지하여야 한다.

2) 강제집행의 취소

강제집행절차의 진행 중에 집행기관이 이미 실시한 집행처분의 전부나 일부를 제거하는 것을 취소라고 하는데, 집행취소서류가 제출된 경우(2호, 4호 제외), 강제집행신청의 취하(민사집행법 제93조), 집행비용의 미납(민사집행법 제18조), 부동산의 멸실, 남을 가망이 없는 경우(민사

가압류·가처분의 집행취소신청절차 등

224) 민사집행법 제49조상의 집행정지서류 : ① 집행할 판결 또는 그 가집행을 취소하는 취지나, 강제집행을 허가하지 아니하거나 그 정지를 명하는 취지 또는 집행처분의 취소를 명한 취지를 적은 집행력 있는 재판의 정본(1호), ② 강제집행의 일시정지를 명한 취지를 적은 재판의 정본(2호), ③ 집행을 면하기 위하여 담보를 제공한 증명서류(3호), ④ 집행할 판결이 있은 뒤에 채권자가 변제를 받았거나(변제수령증서), 의무이행을 미루도록 승낙한 취지를 적은 증서(변제유예증서)(4호), ⑤ 집행할 판결, 그 밖의 재판이 소의 취하 등의 사유로 효력을 잃었다는 것을 증명하는 조서등본 또는 법원사무관등이 작성한 증서(5호), ⑥ 강제집행을 하지 아니한다거나 강제집행의 신청이나 위임을 취하한다는 취지를 적은 화해조서(和解調書)의 정본 또는 공정증서(公正證書)의 정본(6호)

집행법 제102조)에는 집행처분을 취소해야 한다.

(4) 강제집행의 집행비용과 담보의 제공

1) 집행비용

강제집행에 필요한 비용은 채무자가 부담하고 그 집행에 의하여 우선적으로 변상을 받으며, 민사집행을 신청하는 때에는 채권자는 민사집행에 필요한 비용으로서 법원이 정하는 금액을 미리 내야 한다. 채권자가 예납한 비용을 채무자로부터 추심함에 있어서 금전집행의 경우 별도의 집행권원을 필요로 하지 아니하며 당해 강제집행의 배당절차에서 금전집행과 함께 집행비용을 추심하는데, 이 경우 집행비용은 매각대금 등의 배당절차에서 최우선 배당된다.

집행비용은 민사집행에 필요한 비용으로 집행준비비용과 집행실시비용을 합한 금액이다.

2) 담보의 제공

담보의 제공은 채권자가 집행을 실시하거나, 채무자 또는 제3자가 집행의 정지 내지 취소를 구하든지 집행을 면하기 위한 경우 등에 있어서 상대방이 입은 손해를 담보하기 위해서 인정되는 제도로서 담보의 제공은 채권자나 채무자의 보통재판적이 있는 곳의 지방법원 또는 집행법원에 선택적으로 할 수 있으며, 담보제공의 방법은 금전의 공탁 또는 법원이 인정하는 유가증권의 공탁 이외에 지급보증위탁계약서의 제출로도 가능하다.

(5) 강제집행의 종료

집행권원과 집행문을 바탕으로 강제집행은 채권자가 집행채권 및 집행비용을 완전히 만족할 수 있는 경우에는 강제집행이 종료된다. 일반적으로 집행절차(압류 → 현금화 → 배당)가 끝난 경우, 즉 배당이 끝났을 경우(예: 유체동산·부동산집행 : 매각대금을 채권자에 배당시)에 집행절차가 종료된다고 할 수 있다. 또한 집행권원이 목적물인도의 판결인데 목적물이 이미 멸실된 경우(집행불능), 집행권원이 가옥명도판결인데 집행목적물이 채무자 아닌 제3자에게 점유이전된 경우(집행불능) 등에도 집행절차가 종료된다.

2. 강제집행의 종류

(1) 금전채권을 기반으로 하는 강제집행(금전집행)

금전채권의 강제적 실현을 위한 절차로서 대부분이 금전집행에 속한다고 할 수 있으며, 금전집행 방법으로는 직접강제(채무자의 재산, 집행기관에 의한 채무자 재산의 압류 → 현금화 → 배당), 재산명시절차 등이 있다.

(2) 금전채권 이외의 채권에 기초한 강제집행(비금전집행)

금전채권 이외의 모든 청구권(인도청구권, 작위·부작위청구권, 의사표시청구권 등)의 강제적 실현을 위한 절차를 말하며, 이러한 비금전집행 방법에는 직접강제(인도청구권의 경우 채무자의 목적물에 대한 점유를 빼앗아 채권자에게 인도), 대체집행, 간접강제 등이 있다.

3. 금전채권을 기반으로 하는 강제집행(금전집행)

(1) 재산명시절차

재산명시절차는 채무자가 일정한 집행권원에 기한 금전채무를 이행하지 아니하는 경우에 법원이 그 채무자로 하여금 강제집행의 대상이 되는 재산관계를 명시한 재산목록을 제출하게 하여 이를 공개하고 그 진실성에 관하여 선서하게 하는 법적절차를 말한다. 다른 강제집행절차에 선행하거나 보조적·부수적인 절차가 아니라 그 자체가 독립적인 절차로서, 재산명시절차를 개시하기 위하여 다른 강제집행의 신청의 경우와 마찬가지로 집행력 있는 정본과 집행개시의 요건을 갖추어야 한다. 재산도피자를 좇는 제도적 장치(주로 재산조회제도가 큰 의미)로서의 역할이 크다고 할 수 있다.

재산명시절차에는 ① 재산명시선서(일정한 집행권원에 의한 금전채무를 채무자가 재산을 감추면서 이행하지 아니한 때에 채무자로 하여금 법원에 나와 그 재산관계를 명시하고 선서하게 함), ② 재산조회(재산명시절차에서 명시신청을 한 채권자의 신청으로 개인의 재산·신용에 관한 전산망을 관리하는 공공기관·금융기관·단체 등에 채무자 명의의 재산을 찾기 위해 조회하고 그 결과를 채무자 제출의 재산목록에 준하여 관리하는 제도), ③ 채무불이행자명부등재(집행권원이 생긴 뒤 일정 기간 내에 채무를 이행하지 아니하거나 명시기일 불출석·재산목록 불제출·선서거부, 허위 재산목록 제출 등의 행위를 하는 악성채무자를 Black List에 등재하고 이를 일반인이 열람케 하여 일반인의 거래안전을 도모하는 한편, 채무자에게 신용불량자로 각인되는 불이익을 주어 채무의 이행을 간접강제 제도) 등이 있다.

(2) 책임재산이 "부동산"인 경우

강제집행의 대상이 부동산인 경우에는 "강제경매"와 "강제관리"의 방법으로 강제집행을 할 수 있다.[225] 강제경매의 경우 부동산의 매각을 목적으로 하며 사법보좌관의 업무이며, 강제관리의 경우 수익을 목적으로 하며 지방법원 단독판사의 업무이다.

부동산의 매각을 목적으로 하는 강제경매의 경우에는 특히 부동산은 실제 그 가치가 매우 크기 때문에 책임재산의 대상에 부동산이 되는 경우 일반적으로 부동산 위에 용익권(전세권, 지상권, 지역권)이나 담보권(유치권, 저당권) 등이 많이 설정되어 있어서 법률관계가 복잡한 경우가 발생하는데, 부동산이 강제경매에 의하여 매각되는 경우 부동산 위에 존재하는 용익권이나 담보권의 부담을 소멸시켜 매수인이 아무 부담 없이 부동산을 취득하게 되는지 아니면 그와 같은 부담이 그대로 매수인이 부담하는지 여부에 대한 문제(권리분석)가 중요하다고 할 수 있다.

실무상 경매를 진행하는 단계에서 "권리분석"이 매우 중요한데, 강제경매의 경우 가급적 비싼 값으로 매각하기 위해 부동산 위의 부담을 소멸시키는 소멸주의(부동산 위의 부담을 매각에 의하여 소멸시키고, 매수인으로 하여금 부담 없는 깨끗한 부동산을 취득하게 함)를 원칙으로 하고 있으며, 인수주의(부동산 위의 부담을 소멸시키지 않고 그대로 매수인에게 떠안겨 인수시킴)와 잉여주의(매각대금으로 집행비용과 압류채권자의 채권에 우선하는 채권(저당권 등)을 변제하고 남을 것이 있으면 매각하고 그래도 부족하면 그 부동산의 매각을 허용하지 아니하는 원칙)에 따라 강제경매 절차가 진행된다.

1) 강제경매

실무상 부동산에 대한 강제집행 방법으로 강제경매의 경우가 많은데, 저당권(담보물권)의 실행과 맞물려 절차가 매우 중요하다고 할 수 있다.

일반적인 강제경매 절차의 모습은 ① 강제경매신청 → ② 경매개시결정 → ③ 강제경매의 개시(압류) → ④ 매각준비절차 → ⑤ 매각기일 및 매각결정기일의 공고 → ⑥ 매각실시절차 → ⑦ 대금납부절차 → ⑧ 인도명령절차 → ⑨ 배당절차 순서로 진행된다.

① 강제경매신청

강제경매를 신청하기 위해서는 채권자·채무자와 법원의 표시, 부동산의 표시, 경매의 이유가

---

225) 민사집행법 제78조(집행방법) ① 부동산에 대한 강제집행은 채권자의 신청에 따라 법원이 한다.
　② 강제집행은 다음 각호의 방법으로 한다.
　1. 강제경매
　2. 강제관리
　③ 채권자는 자기의 선택에 의하여 제2항 각호 가운데 어느 한 가지 방법으로 집행하게 하거나 두 가지 방법을 함께 사용하여 집행하게 할 수 있다.

된 일정한 채권과 집행할 수 있는 일정한 집행권원 등 3가지를 기재한 강제경매신청서를 작성하여 관할 법원에 제출하여야 한다. 이때 부동산에 대한 집행법원은 그 부동산이 있는 곳의 지방법원의 전속관할이다.

② 경매개시결정

집행법원의 사무를 처리하는 사법보좌관은 채권자가 신청한 강제경매신청이 적법하여 강제경매개시결정을 하게 되면, 강제경매개시결정과 동시에 그 부동산의 압류를 명하여야 한다(강매개시결정 = 부동산에 대한 압류).

경매개시결정을 채무자에게 반드시 송달해야 하고 또한 등기부에 기입(압류등기)한다.

③ 압류

채권자의 금전채권을 만족시키기 위하여 금전집행의 제1단계로서 집행기관이 대상재산에 대하여 채무자의 처분을 금지하고 그 교환가치를 유지하는 조치를 말한다(舊 '차압').

압류의 본질적인 효력은 목적부동산에 대한 처분권을 국가가 거두고 그 소유자인 채무자의 처분을 금지시키는 것으로 압류된 후에는 채무자가 부동산의 양도나 용익권 · 담보권의 설정을 할 수 없고, 이에 저촉되는 채무자의 처분은 효력이 없다.

④ 매각준비절차

매각실시에 앞서 그 준비로 집행법원은 배당요구의 종기결정 · 공고, 채권신고의 최고, 보전처분 이외에 3가지 서면을 작성 · 비치 · 열람케 해야 한다. 일반적으로 공고는 대법원 경매정보사이트(http://www.courtauction.go.kr) 또는 법원게시판에 게시된다.

배당요구의 종기결정 및 공고는 압류의 효력이 생긴 때부터 1주일 이내에 하여야 하며, 특별한 경우가 아니면 배당요구의 종기는 연기 불가하다.

집행법원은 경매개시결정을 한 뒤에는 바로 집행관에게 부동산의 현상 · 점유관계 · 차임 또는 보증금의 액수, 그 밖의 현황에 관하여 조사하도록 명하여야 하고, 감정인을 선임하여 부동산을 평가시켜야 한다(이후 감정인의 평가액을 참작하여 최저매각가격을 정함).

⑤ 매각기일 및 매각결정기일의 공고

매각기일과 매각결정기일을 정한 때에는 집행법원은 이를 법원게시판 게시, 관보 · 공보 또는 신문 게재, 전자통신매체를 이용하여 공고한다. 그리고 매각기일과 매각결정기일은 이해관계인에게 통지해야 한다.

⑥ 매각실시절차

매각준비작업이 종료되고 매각조건이 정하여지면, 강제경매의 본래 목적인 매각이 실시되는데 이때에는 자유경쟁의 원리가 최대한 존중되어 매각절차가 진행된다.

매각기일은 집행관이 주재하는데, 매각기일은 소위 경매법정에서 집행관의 개시선언, 즉 출석한 이해관계인과 일반매수희망자에 대하여 매각을 개시하는 취지를 선언함에 따라 개시 되며, 입찰은 입찰의 개시를 알리는 종을 울린 후 집행관이 입찰표의 제출을 최고하고 입찰마감시각과 개찰시각을 고시하면서 시작된다.

부동산의 매각은 집행법원이 정한 매각방법에 따르는데, 매각방법에는 호가경매(호가경매기일에 남의 매수신청가액을 알면서 그 가액을 서로 올려가는 방법, 집행관은 매수신청액 가운데 최고의 가격을 3회 부른 후 그 신청한 사람을 최고가매수신고인으로 정함), 기일입찰(매각기일 당일에 출석한 자에게 입찰표를 집행관에게 제출하게 하고 입찰을 한 사람의 참여하에 입찰표를 개봉하는 방법), 기간입찰(특정한 매각기일에 입찰을 실시하는 기일입찰과 달리 일정한 입찰기간을 정하여 그 기간 내에 입찰표를 직접 또는 등기우편으로 법원에 제출하게 하면서 법원이 정한 최저매각가격의 1할을 법원의 은행계좌에 납입한 뒤 그 입금표를 첨부하게 하거나 또는 보증서를 첨부하는 방법) 등의 3가지 방법이 있다.

매각방법에 따라 최고의 가격으로 매수신고를 한 자를 "최고가매수신고인"으로 정하며(다음 순위의 차순위매수신고인도 정함), 매각실시가 끝난 뒤에는 그로부터 1주일 내로 정해진 매각결정기일에 매각허부를 결정하는 절차가 열어서 매각기일에 결정된 최고가매수신고인을 놓고 그에게 매각을 허가할 것인지 여부에 대하여 이해관계인으로부터 진술을 듣고 법이 정한 이의사유가 있는지를 조사하는 순서로 진행하는데, 최고가매수신고인은 매각허가결정을 받아야 "매수인"의 자격을 얻는다. 이후 매수인으로서 대금납부절차를 진행하면 된다.

한편, 매각허가·불허가결정에 대하여서는 이해관계인은 그 결정에 따라 손해를 볼 경우에만 즉시항고를 할 수 있는데, 사법보좌관이 한 매각허가·불허가결정에 대한 즉시항고에 앞서 사법보좌관의 처분에 대한 이의신청절차를 거쳐야 한다. 또한 천재지변, 그 밖에 책임질 수 없는 사유로 부동산이 현저하게 훼손된 사실 또는 부동산에 관한 중대한 권리관계가 변동된 사실이 경매절차의 진행 중에 밝혀진 경우에는 매각불허가결정을 해야 한다.

⑦ 대금납부절차

매각허가결정이 확정되었을 때에는 매수인 등이 대금지급의 준비를 할 수 있는 기간을 부여하기 위해서 법원은 매각대금의 지급기한을 정하고 매수인과 차순위매수신고인에게 통지한다.

보통 대금지급기한은 매각허가결정이 확정된 날로부터 1월내의 날로 정하고, 매수인은 지급기한까지는 어느 때라도 매각대금을 현금으로 집행법원에 지급할 수 있는데, 매각대금 지급은 일시에 전액현금납부하여야 하며 분할납부는 안 된다.

특별지급방법으로 매수인은 배당표의 실시에 관하여 매각대금의 한도에서 관계채권자의 승낙을 얻어 대금납부에 갈음하여 채무자의 채권자에 대한 채무를 매수인이 인수하고 그 채무액만큼 매각대금을 덜 납부할 수 있거나, 매수인이 매각대금에서 배당을 받을 채권자인 경우에는 매각결정기일이 끝날 때까지 자기 몫의 배당금액을 제외한 나머지의 금액을 납부하겠다는 신고를 하고, 배당기일에 이를 납부하는 방법도 있다.

물론 매각대금을 납부하기 전까지는 채무자는 채무변제를 할 수 있는데, 변제하였을 때에는 강제경매에서는 청구이의의 소로 집행을 취소할 수 있다(후술하는 "임의경매"에서는 경매개시결정에 대한 이의신청으로 가능).

매수인이 매각대금을 모두 지급한 때에는 소유권과 인도명령신청권을 취득하며, 법원(법원사무관 등)은 매수인의 대금지급시 여러 가지 등기(매수인 명의의 소유권이전등기, 소멸주의에 의한 소멸되는 권리에 관한 말소등기, 압류등기의 말소등기 등)를 촉탁한다.

한편 매수인이 채산성이나 현금조달능력이 없는 등 매각대금을 지급하지 아니한 때에는 매각허가결정은 실효되고(이 경우에 매수인은 매수신청인의 보증금을 돌려줄 것을 요구할 수 없음), 차순위매수신고가 있었을 때에는 집행법원은 그 신고에 대한 매각허가여부를 결정한다. 다만 매수인이 매각대금을 부지급하고, 차순위매수신고인도 없는 경우 법원은 "재매각"절차를 진행한다.

⑧ 인도명령절차

매수인이 매각대금을 납부하여 소유권을 취득하였으면 경매부동산을 매수인에 인도하는 것이 자연스러운 절차이지만 점유하는 채무자, 소유자 또는 대항력이 없는 점유자 등이 임의로 인도하지 아니하고 버티는 경우가 발생하기도 하는데, 이러한 경우에 매수인은 그들 상대로 다시 소송을 하는 대신에 집행법원으로부터 인도명령을 받아 이에 기하여 부동산의 인도·명도의 강제집행이 가능하다.

집행법원은 매수인이 대금을 낸 뒤 6월 이내에 신청하면 채무자·소유자 또는 부동산 점유자에 대하여 부동산을 매수인에게 인도하도록 명할 수 있고, 6월이 경과된 후에는 매수인이 점유자를 상대로 별도의 인도소송을 제기하여야 한다. 경우에 따라서 매수인이 인도청구권을 보전하기 위하여 매각허가결정 후 인도받기까지 매수인 또는 채권자의 신청에 의하여 법원이 선임하는 관리인에게 그 부동산을 관리하게 할 수도 있다.

⑨ 배당절차

채권자가 1명만 존재하고 그 밖에 채무자에게 금전지급을 요구하는 자가 일체 존재하지 않는다면 강제경매절차를 통하여 매수인이 법원에 납부한 금액을 채권자가 만족스럽게 배당받을 것으로 예상되지만, 만약 강제경매절차를 진행함에 있어 저당권자 그 밖의 채권자 등이 경합하는 경우도 발생할 수 있는데 이러한 경우에 어떻게 처리할 것인지가 강제경매에 있어서 중요한 영역이라 할 수 있다. 이와 관련하여 우선 우리 민사집행법에서는 다수 채권자들 보호하기 위하여 압류채권자 외 다른 채권자가 강제경매절차의 진행 중에 "이중강제경매신청"(이미 강제경매결정을 한 부동산에 대하여도 다른 채권자가 강제경매신청을 할 수 있으며, 이때에는 법원은 다시 경매개시결정을 함)을 할 수 있으며, 또한 압류채권자 외 다른 채권자가 강제경매절차의 진행 중에 "배당요구"(다른 채권자에 의하여 개시된 집행절차에 참가하여 동일한 부동산의 매각대금에서 만족을 얻기 위하여 하는 채권자의 신청)도 가능하도록 하여 채권자들을 보호하고 있다.

배당에 참가하기 위해서는 배당요구를 하여야 하는 배당이 가능한 경우(집행력 있는 정본을 가진 채권자, 압류등기된 뒤에 가압류등기를 한 채권자, 법정우선채권자, 첫 경매개시결정등기 뒤에 등기된 저당권자 등)와 배당요구를 하지 않아도 되는 배당이 가능한 경우(경매신청권자, 압류등기 전에 가압류등기를 한 채권자, 첫 경매개시결정등기 전에 등기된 저당권자 등)로 나눌 수 있다.

매수인으로부터 대금이 납부되면 법원은 배당절차를 밟아야 하는데, 매각대금으로 채권자가 1인이든 수인이든 각 채권자의 채권 및 집행비용의 전부를 변제할 수 있으면 각 채권자에게 대금을 교부함으로써 배당절차는 완료되고, 매각대금으로 배당에 참가한 모든 채권자를 만족하게 할 수 없는 때에는 우선수위에 따른 배당절차가 개시된다. 이 경우 집행비용을 먼저 제외한 나머지 금액을 민법, 상법, 그 밖의 법률에 의한 우선순위에 따라 배당하여야 하며, 강제집행에 필요한 비용은 채무자가 부담하고 그 집행에 의하여 우선적으로 변상을 받는다. 실제 배당순위는 압류부동산에 담보권이 설정되어 있는지 여부 및 담보권이 조세채권보다 우선하는지 여부 등에 따라 각각 달라질 수 있다.[226]

2) 강제관리

부동산 강제관리는 채권자로부터 부동산의 소유권을 박탈하지 않고 그 부동산의 수익을 가지고 금전채권의 만족을 얻는 부동산에 대한 강제집행방법으로 채무자 소유의 부동산으로부터 생기는 천연과실이나 법정과실 등의 수익을 집행대상으로 한다.

즉, 강제관리는 목적부동산을 압류하고 국가가 채무자의 관리·수익기능을 박탈하여, 관리인으로 하여금 그 부동산을 관리하게 하고 그 수익을 추심·현금화하여 변제에 충당하는 강제집행 절차이기 때문에 건물의 경우 강제경매는 건물의 매각으로 인한 현금화를 목적으로 하나, 강제관리는 건물의 임대수익을 수취하여 배당에 충당하는 것을 목적으로 한다. 그래서 부동산에 한하여 강제관리가 인정되며, 부동산강제경매에 관한 규정이 준용되는 선박, 자동차·건설기계·소형선박 및 항공기에 대한 집행방법으로는 강제관리가 인정되지 않는다.

일반적으로 강제관리는 부동산강제경매 절차 중에서 매각에 관한 규정을 뺀 나머지를 그대로 준용된다.

강제관리는 목적부동산의 가격이 오를 가능성이 있어 당장 강제경매를 하기보다는 강제관리를 하여 수익을 거두면서 부동산의 가격이 오르게 되는 때를 기다려 강제경매를 신청하여 현금화할 수 있는 점과 부동산의 수익에 대한 집행으로 부동산 자체를 매각하는 것이 아니므로 강제경매에는 적합하지 아니한 양도가 금지된 부동산 또는 다수의 담보권의 설정으로 남을 가망이 거의 없어 경매할 수 없는 부동산도 강제관리의 대상이 될 수 있는 점이 장점이라 할 수 있으나, 상대적으로 소액인 부동산의 수익으로 다액의 채권자의 채권을 만족시키기 어려운 점과 전문 관리인의 확보가 반드시 용이한 것만은 아니며, 관리인의 보수를 지급하여야 하는 등 특별한 비용을

---

226) ① 1순위(타법에 의한 우선특권) : 최종 3개월 분의 임금채권과 재해보상금채권(근로기준법), 최종 3년간의 퇴직금채권(근로자퇴직급여 보장법), 임차주택의 소액보증금채권(주택임대차보호법), 임차상가건물의 소액보증금채권(상가건물임대차보호법), ② 2순위 : 조세 중 매각부동산에 부과된 국세·지방세와 가산금(예: 경매에 오른 부동산 그 자체에 부과된 재산세 등과 같은 "당해세"), ③ 순위 : 담보권에 앞서는 일반조세(당해세 외 조세채권), ④ 4순위 : 조세채권에 뒤지는 담보권(저당권·가등기담보권·전세권, 이들 사이에서는 등기의 선후에 따라 우선순위가 정해짐), 확정일자를 갖춘 주택 내지 상가건물의 임대차보증금채권, ⑤ 5순위 : 최종 3개월분의 임금채권과 최종 3년간의 퇴직금채권을 제외한 임금 또는 퇴직금, 그 밖의 근로관계로 말미암은 채권(근로관계채권), ⑥ 6순위 : 법정기일 등이 저당권, 전세권의 설정보다 이후인 그 밖의 조세채권, ⑦ 7순위 : 국세 및 지방세의 다음 순위로 징수하는 공과금 중 국민건강보험료, 국민연금보험료, 고용보험료 및 산업재해보상보험료 등, ⑧ 8순위 : 일반채권자의 채권 등

요한다는 단점이 있어서 강제집행방법으로 강제경매의 경우처럼 많이 이용되지 않는다.

(3) 책임재산이 "선박, 항공기, 건설기계, 자동차 등"인 경우

선박, 항공기, 건설기계, 자동차가 채무자의 책임재산인 경우에는 민법상의 부동산이라고 할
수는 없지만, 민사집행법에서는 부동산에 준하여 취급하여 "부동산의 강제경매절차"를 준용하
여 강제집행을 하기 때문에 이들에 대한 집행을 "준부동산집행"이라 한다.227)

(4) 책임재산이 "유체동산"인 경우

민사집행법에 의한 동산의 개념에는 채권까지 포함하기 때문에 이와 구별하여 "유체동산"이란
용어를 사용하지만 엄격하게는 유체동산은 민법의 동산228)을 기본으로 한다.

유체동산에 대한 집행은 채권자의 집행채권을 실현하기 위하여 집행관 주관하에 먼저 목적물인
유체동산을 압류하고, 이를 현금화한 다음 이에 의하여 얻은 금전을 채권자에 배당하는 방법으
로 절차가 진행한다(압류 → 현금화 → 배당)

부동산집행의 경우에 비하여 비교적 단순한 절차이지만, 청구권의 직접 실현보다는 채무자에
대한 압박용 내지 변제의 간접강제수단으로 많이 이용되는데, 채무자가 애착을 갖는 주관적 가
치의 동산을 압류함으로써 채무자에게 심리적 압박을 가하고 변제를 촉구하는 데에 더 큰 의미
를 부여할 수 있다.

① 압류절차

유체동산의 압류는 법원으로부터 별도의 압류명령 없이 집행권원을 가진 채권자가 유체동산집
행을 신청한다. 이때 유체동산집행신청서에는 채권자 · 채무자와 집행권원의 표시 그리고 집행
목적물인 유체동산이 있는 장소를 적고, 집행력 있는 집행권원을 첨부하여 압류할 유체동산 소
재지에 집행관에게 제출하면 된다.

다만 채권자는 부동산집행의 경우처럼 신청서에 압류할 목적물까지 특정할 필요는 없으며 어떠
한 유체동산을 압류할 것인지는 어디까지나 채권자의 이익을 해치지 아니하는 범위 안에서 채

---

227) 민사집행법 제172조(선박에 대한 강제집행) 등기할 수 있는 선박에 대한 강제집행은 부동산의
    강제경매에 관한 규정에 따른다. 다만, 사물의 성질에 따른 차이가 있거나 특별한 규정이 있는
    경우에는 그러하지 아니하다.
228) 토지 및 정착물 이외의 물건은 가재도구 · 사무실의 비품 · 서화 · 도자기 · 상점의 상품 · 가전제품 ·
    금은붙이 · 동물 · 상품권과 같은 무기명채권 · 현금 등을 말하며, 등기나 등록으로 공시되는 선박 ·
    자동차 등은 경제적 가치가 커서 부동산과 마찬가지로 압류등기에 의할 수 있으므로 여기의 동산에
    해당하지 않는다.

무자의 이익을 고려해야 하는 집행관의 선택이다.

집행채권자로부터 유체동산집행의 신청을 받은 집행관은 그 채권자를 위하여 채무자로부터 변제를 수령할 권한을 법률상 가지므로, 채무자가 동산집행의 개시나 계속 진행을 피하고자 할 때에는 채무액 상당의 금액을 임의변제로서 집행관에게 제공하는 것이 가능하다.

채무자가 점유하고 있는 유체동산의 압류는 집행관이 그 물건을 사실상 점유함으로써 압류를 진행하는데, 다만 채권자의 승낙이 있거나 운반이 곤란한 때에는 봉인, 그 밖의 방법으로 압류물임을 명확히 하여 채무자에게 보관시킬 수 있다.

집행관은 압류 후 그 압류가 집행력 있는 정본에 적은 청구금액의 변제와 집행비용의 변상에 필요한 한도를 넘는 사실이 분명하게 된 때에는 넘는 한도에서 압류를 취소해야 하고, 또한 압류물을 현금화하여도 압류채권자의 채권에 우선하는 채권과 집행비용을 변제하면 남을 것이 없겠다고 인정하는 때에는 압류를 취소해야 한다.

유체동산을 압류하는데 있어서 특히 문제가 되는 것은 생활을 같이 하는 배우자가 있는 경우 채무자 소유와 배우자 소유의 유체동산을 구별하기가 쉽지 않다는 점이다.

이러한 경우 채무자와 그 배우자의 공유로서 채무자가 단독점유 또는 공동점유하는 유체동산인 경우에는 채무자 단독소유의 점유물처럼 압류하고, 공유지분을 주장하는 배우자는 배당요구의 절차에 준하여 매각대금에서 자기의 지분 상당액을 받도록 하며, 부부공유물을 매각하는 경우에는 배우자가 부동산 공유자의 경우처럼 매각기일에 출석하여 우선매수권을 행사할 수 있도록 하였다. 이때 배우자에는 사실혼관계의 배우자도 포함한다는 판례가 있다.

한편 채무자의 최저한의 생활보장 · 사회문화적 고려 · 공공이익의 유지 등의 견지에서 압류금지 물건을 민사집행법 제195조에서 16가지를 규정하고 있다.[229]

---

229) 민사집행법 제195조(압류가 금지되는 물건) 다음 각호의 물건은 압류하지 못한다.
　　1. 채무자 및 그와 같이 사는 친족(사실상 관계에 따른 친족을 포함한다. 이하 이 조에서 "채무자등"이라 한다)의 생활에 필요한 의복 · 침구 · 가구 · 부엌기구, 그 밖의 생활필수품
　　2. 채무자등의 생활에 필요한 2월간의 식료품 · 연료 및 조명재료
　　3. 채무자등의 생활에 필요한 1월간의 생계비로서 대통령령이 정하는 액수의 금전
　　4. 주로 자기 노동력으로 농업을 하는 사람에게 없어서는 아니 될 농기구 · 비료 · 가축 · 사료 · 종자, 그 밖에 이에 준하는 물건
　　5. 주로 자기의 노동력으로 어업을 하는 사람에게 없어서는 아니 될 고기잡이 도구 · 어망 · 미끼 · 새 끼고기, 그 밖에 이에 준하는 물건
　　6. 전문직 종사자 · 기술자 · 노무자, 그 밖에 주로 자기의 정신적 또는 육체적 노동으로 직업 또는 영업에 종사하는 사람에게 없어서는 아니 될 제복 · 도구, 그 밖에 이에 준하는 물건
　　7. 채무자 또는 그 친족이 받은 훈장 · 포장 · 기장, 그 밖에 이에 준하는 명예증표
　　8. 위패 · 영정 · 묘비, 그 밖에 상례 · 제사 또는 예배에 필요한 물건
　　9. 족보 · 집안의 역사적인 기록 · 사진첩, 그 밖에 선조숭배에 필요한 물건
　　10. 채무자의 생활 또는 직무에 없어서는 아니 될 도장 · 문패 · 간판, 그 밖에 이에 준하는 물건
　　11. 채무자의 생활 또는 직업에 없어서는 아니 될 일기장 · 상업장부, 그 밖에 이에 준하는 물건

② 현금화절차

유체동산을 현금화하는 경우에는 일반적으로 동산의 가격이 낮다는 점 등을 고려하여 부동산집행에서와 같은 최저매각가격제도 등과 같은 절차는 없으며, 집행관이 압류물을 적정한 가격으로 매각한다. 다만, 집행관은 필요하다고 인정할 때에는 적당한 감정인을 선임하여 그의 평가를 참고하여 현금화하면 되고, 감정인의 평가서는 집행관 사무실 등에 비치하여 누구든지 볼 수 있도록 하여야 한다.

유체동산 중에서 상대적으로 값이 비싼 물건(예: 귀금속·서화·골동품 등)에 대해서는 감정인으로 하여금 평가하게 하여야 한다.

집행관은 압류물의 가치를 보존하기 위하여 즉시 매각하지 아니하면 값이 크게 떨어질 염려가 있거나 보관에 지나치게 많은 비용이 드는 경우에 긴급매각하여 매각대금을 공탁해야 하는 등과 같이 적당한 처분을 해야 한다.

현금화의 방법은 입찰 또는 호가경매의 방법에 따라 진행하는데, 미분리과실은 충분히 익은 다음이 아니면 매각할 수 없으며, 각 동산마다 개별매각이 원칙이지만 집행관이 동일인에게 일괄매각함이 알맞다고 인정하는 때에는 일괄매각도 가능하며, 금전을 압류한 경우는 내국통화이면 집행관은 바로 변제에 충당하여야 하며, 외국통화일 때에는 외국환거래법에 의하여 내국통화로 환전해야 한다. 특히 금·은붙이와 같은 귀금속은 시장가격 이상의 금액으로 매각해야 한다.

③ 배당절차

압류채권자·이중압류채권자 및 배당요구를 한 우선변제청구권자는 압류물의 매각대금·압류금전·압류어음 등의 지급금에서 배당을 받을 수 있으며 집행관에 의하여 배당이 진행된다.

채권자가 한 사람인 경우나 채권자가 여러 사람이고 매각대금으로 각 채권자의 채권 및 집행비용의 전부를 변제할 수 있는 경우에는 집행관은 채권자에게 채권액을 교부하며 그래도 남는 금액이 있으면 채무자에게 교부한다.

두 사람 이상의 채권자가 있고 매각대금으로 각 채권자의 채권과 집행비용의 전부를 변제할 수

---

12. 공표되지 아니한 저작 또는 발명에 관한 물건
13. 채무자등이 학교·교회·사찰, 그 밖의 교육기관 또는 종교단체에서 사용하는 교과서·교리서·학습용구, 그 밖에 이에 준하는 물건
14. 채무자등의 일상생활에 필요한 안경·보청기·의치·의수족·지팡이·장애보조용 바퀴의자, 그 밖에 이에 준하는 신체보조기구
15. 채무자등의 일상생활에 필요한 자동차로서 자동차관리법이 정하는 바에 따른 장애인용 경형자동차
16. 재해의 방지 또는 보안을 위하여 법령의 규정에 따라 설비하여야 하는 소방설비·경보기구·피난시설, 그 밖에 이에 준하는 물건

없는 경우, 배당에 관하여 각 채권자 사이에서 협의가 이루어진 때에는 그 협의에 따라 배당을 실시한다.

(5) 책임재산이 "채권"인 경우

채무자의 책임재산에 있어서 채권이 부동산 다음으로 높은 재산적 가치를 가지는 경우가 많이 발생하기 때문에 최근에 채권에 대한 강제집행신청 건수의 폭발적인 증가하고 있다.

채권에 대한 강제집행은 집행법원이 집행기관이 되며, 법원의 압류명령에 의하여 절차가 시작되며, 일반적으로 압류 → 현금화 → 배당으로 진행되는 집행과정에서 압류 이후의 절차에서는 집행법원의 관여도가 낮아지고, 채권자와 제3채무자가 협력으로 이후의 절차가 진행되는 모습을 보인다.

[그림1] 채권에 대한 강제집행의 구조

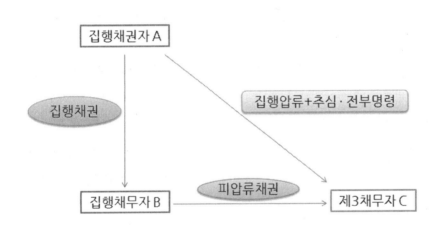

① 압류절차

금전채권에 대한 압류명령의 신청은 서면으로 채권자가 신청하는데, 압류명령신청은 현금화를 위한 추심명령이나 전부명령신청과 병합하여 함께 신청하는 것이 일반적이다.

신청서에는 채권자 · 채무자 · 제3채무자 및 집행권원을 표시하는 것 외에 특별히 압류할 채권의 특정을 위하여 압류할 채권의 종류와 액수를 기재하여 강제집행의 요건 및 강제집행의 개시요건(집행권원, 집행문, 송달 등)을 갖추었음을 증명하는 서류도 첨부서로 제출해야 한다.

이후 집행법원은 채권자의 압류명령신청이 방식에 맞는가, 압류금지채권이 아닌가, 초과압류가 아닌가 등을 심사하여 적법하다고 인정할 때에는 사법보좌관은 압류명령을 한다.

피압류채권이 실제로 존재하는지, 채무자에게 귀속하는지 등은 채권자가 주장을 해야하지만 심사하지 아니하며, 채무자와 제3채무자를 심문하지 않고 압류명령을 발하는 것이 압류절차에서의 큰 특징이라고 할 수 있다(압류한다는 사실을 알아차린 채무자가 미리 채권을 처분하는 것을 방지하기 위함). 마찬가지로 압류명령이나 압류신청을 기각·각하한 재판에 대해서는 즉시항고가 가능하며 이 경우에는 추후 채무자심문의 기회가 주어진다.

압류명령을 통하여 집행법원은 제3채무자에게는 채무자에 대한 지급을 금지시키고(압류명령을 송달받은 뒤에는 채무자에 대해 변제하거나 감소시키는 행위를 할 수 없으며, 그와 같은 행위는 압류채권자에게 대항할 수 없음), 채무자에게는 채권의 처분과 영수를 금지시키는데(처분이나 영수하더라도 압류채권자에게 대항할 수 없음), 지급금지명령은 채권압류의 본질적 요소라고 할 수 있다.

압류명령은 그 즉시 채무자와 제3채무자에게 송달되어야 하고, 제3채무자에 송달된 때에 압류의 효력이 발생한다. 이 경우 압류명령이 내려진다는 사실을 알게 된 채무자가 압류의 효력이 발생하기 전에 제3채무자로부터 변제 받으려고 하기 때문에, 송달이 제때 이루어지는 것이 중요하다고 할 수 있다.

제3채무자는 압류발효시에 집행채무자에 대하여 갖는 모든 항변사유로써 압류채권자에게 대항할 수 있고, 채권자는 압류의 효력에 의하여 그 후 채무자가 채권을 처분하거나 제3채무자가 변제를 하더라도 이를 무시하고 강제집행을 속행할 수 있다.

채권에 대한 강제집행에 있어서 가장 중요한 것은 압류명령을 받는 것만으로 당연히 압류된 채권의 추심권이 생기는 것은 아니고 다만 기대권이 생긴다고 할 수 있어서 채권자는 압류된 채권을 행사하려면 별도의 추심명령 또는 전부명령을 받아야 한다.

한편 압류금지채권에 대해서는 민사집행법 제246조에서 규정하고 있다.[230]

---

230) 민사집행법 제246조(압류금지채권) ① 다음 각호의 채권은 압류하지 못한다.
  1. 법령에 규정된 부양료 및 유족부조료(遺族扶助料)
  2. 채무자가 구호사업이나 제3자의 도움으로 계속 받는 수입
  3. 병사의 급료
  4. 급료·연금·봉급·상여금·퇴직연금, 그 밖에 이와 비슷한 성질을 가진 급여채권의 2분의 1에 해당하는 금액. 다만, 그 금액이 국민기초생활보장법에 의한 최저생계비를 감안하여 대통령령이 정하는 금액에 미치지 못하는 경우 또는 표준적인 가구의 생계비를 감안하여 대통령령이 정하는 금액을 초과하는 경우에는 각각 당해 대통령령이 정하는 금액으로 한다.
  5. 퇴직금 그 밖에 이와 비슷한 성질을 가진 급여채권의 2분의 1에 해당하는 금액
  6. 「주택임대차보호법」 제8조, 같은 법 시행령의 규정에 따라 우선변제를 받을 수 있는 금액
  7. 생명, 상해, 질병, 사고 등을 원인으로 채무자가 지급받는 보장성보험의 보험금(해약환급 및 만기환급금을 포함한다). 다만, 압류금지의 범위는 생계유지, 치료 및 장애 회복에 소요될 것으로 예상되는 비용 등을 고려하여 대통령령으로 정한다.
  8. 채무자의 1월간 생계유지에 필요한 예금(적금·부금·예탁금과 우편대체를 포함한다). 다만,

② 현금화절차

채권에 대한 압류명령 이후 현금화절차에는 "추심명령"과 "전부명령"이 있다.

우선 추심명령은 압류채권자에게 피압류채권을 추심할 수 있는 권능을 수여하는 집행법원의 이부명령(압류에 의하여 국가가 걷어들인 압류금전채권의 처분권을 압류채권자에게 부여하는 집행법원의 처분)으로 피압류채권의 추심권을 국가가 행사하지 않고 압류채권자에게 수권하여 그로 하여금 현금화하게 한다는 특징이 있다. 원래 채권자는 채무자의 제3채무자에 대한 권리를 채권자대위권에 의하여 행사할 수 있지만, 추심명령을 받으면 대위절차를 밟지 않고 채권자가 바로 피압류채권의 지급을 받을 수 있기에, 채권 자체는 압류채무자에게 그대로 둔 채 채권의 추심권한만을 부여한다는 점에서 채권의 귀속 자체가 변경되는 전부명령과 구별된다고 할 수 있다.

추심명령은 압류채권자의 집행법원에의 서면신청의 의하는데, 압류명령신청과 동시에 신청하는 것이 일반적이며, 압류명령을 전제로 하기 때문에 압류명령에 따른 압류의 효력이 발생하지 않는 경우 그에 따른 추심명령도 효력이 없다. 또한 추심명령도 압류명령처럼 제3채무자와 채무자에게 송달하여야 하며, 제3채무자에게 송달하면 그 효력이 발생한다.

다음으로 전부명령은 압류된 금전채권을 집행채권의 지급에 갈음하여 압류채권자에게 이전시키는 집행법원의 명령으로 피압류채권으로 집행채권을 대물변제를 받게 하되 피압류채권의 권면액(=액면액)만큼 집행채권이 변제된 것으로 하는 제도이다.

당사자의 의사에 의하여 채권이 다른 사람에게 양도되는 것이 민법상의 채권양도라면, 법원의 명령으로 채권이 압류채권자에게 양도되는 것이 전부명령이라 할 수 있다.

전부명령이 확정되면 법원에 의하여 전부명령이 제3채무자에게 송달된 때에 채무자가 채무를 변제한 것으로 보는데, 피압류채권에 의한 대물변제와 같은 효과가 생기기 때문에 압류채권자로서는 제3채무자가 무력일 경우의 위험을 부담하여야 하나, 그 반면에 이에 의하여 곧바로 집행절차가 종료하여 독점적을 채권의 만족을 얻을 수 있는 장점이 있다. 그래서 전부명령은 한 사람의 채권자에게 배타적·독점적인 만족을 주는 것이기 때문에 압류의 경합 또는 배당요구가 없어야 가능하다.

압류명령을 받고나서 전부명령을 신청할 수 있지만 추심명령과 마찬가지로 압류명령과 전부명령을 병합신청할 수도 있으며, 압류채권자로서는 우선변제를 받으려면 다른 채권자가 나타나기 전에 빨리 손을 쓰는 것이 유리하므로 병합신청을 하는 경우가 일반적이라 할 수 있다.

그 금액은 「국민기초생활 보장법」에 따른 최저생계비, 제195조제3호에서 정한 금액 등을 고려하여 대통령령으로 정한다.

③ 배당절차

압류된 채권이 조건 또는 기한이 있거나 반대의무의 이행과 관련되어 있거나 타인의 우선권의 목적이 되어 있는 등 그 밖의 사유로 추심하기 곤란한 경우에는 양도명령(압류된 채권을 집행법원이 정한 값으로 집행채권의 지급에 갈음하여 압류채권자에게 양도하는 명령), 매각명령(추심에 갈음하여 집행법원이 정한 방법으로 압류채권을 매각하도록 집행관에게 하는 명령), 관리명령(집행법원이 관리인을 선임하여 채권의 관리를 명하는 재판으로, 그 관리수익을 갖고 집행채권의 변제에 충당하는 방법), 그 밖의 적당한 방법에 의한 현금화명령을 통하여 절차를 진행한다.

4. 비금전채권을 기반으로 하는 강제집행(비금전집행)

비금전집행은 금전집행의 일반적인 강제집행 절차인 "압류 → 현금화 → 만족(배당)"의 3단계 절차를 거치지 않고, 채권이 무엇을 목적으로 하는 것인가에 따라 그 집행절차의 구조를 달리한다.

주로 "주는 채무"(유체물(부동산, 동산)의 인도를 목적으로 한 채권)의 경우 채무자의 목적물에 대한 점유를 빼앗아 채권자에게 인도하는 "직접강제"의 방법으로 강제집행을 하며, "하는 채무"(채무자에 일정한 작위·부작위 혹은 의사표시를 구하는 채권)의 경우에는 그 성질상 직접강제의 방법이 없으며 "대체집행"(대체적 작위·부작위 채무), "간접강제"(부대체적 작위·부작위 채무) 등의 방법으로 강제집행이 가능하다.

Ⅲ. 담보권실행의 경매(임의경매)

담보권실행 등을 위한 경매를 흔히 "임의경매"라고 하는데, 담보권실행 등을 위한 경매에는 강제경매의 경우와 같이 집행권원과 집행문이 필요하지 않고 담보권실행의 경매에서는 담보권의 존재를 증명하는 서류만 제출하면 가능하다.

그래서 담보권실행의 경매에서는 채무자 등은 담보권의 부존재·소멸 또는 변제기의 연기를 경매개시결정에 대한 이의신청 등과 같은 간단한 절차로 다툴 수 있다.

실제 부동산담보권에는 전세권·가등기담보권도 있어 저당권이 전부를 이루는 것은 아니지만, 그 중요성이나 이용률에 의하면 "저당권"이 압도적으로 많다고 할 수 있다.[231]

---

231) 2014년도 전국 민사집행 접수건수 비교 : 강제경매 36,336건 vs 담보권실행경매 69,240건(사법연감 2015년)

1. 부동산담보권의 실행

부동산담보권의 실행에는 부동산의 강제경매에 관한 규정을 상당수 준용하여 "경매신청 → 압류(경매개시결정) → 현금화 → 배당"의 절차로 진행한다.

담보권의 실행은 담보권자가 집행법원에 서면으로 채권자·채무자·소유자 이외에 담보권·피담보채권, 실행대상 재산 및 피담보채권의 일부에 대한 실행인 경우에는 그 취지와 범위를 적시할 뿐만 아니라 피담보채권의 변제기도래의 사실까지도 기재하여 경매신청을 해야 시작된다. 경매신청이 요건을 충족하였는가의 여부를 심사하여 집행법원의 사법보좌관이 경매개시결정을 하고, 경매개시결정이 내려지면 강제경매의 경우처럼 등기부에 압류등기가 기입되며 직권으로 채무자에게 송달되며, 강제경매와 마찬가지로 이중경매개시결정이 허용된다.

현금화절차에서도 집행법원은 매각물건명세서 작성까지의 시간을 고려하여 배당요구의 종기를 정하여 공고하며, 그 때까지 배당요구가 없어도 배당받을 가압류채권자·담보권자·조세 등을 주관하는 공공기관 등에 채권신고를 최고한다.

부동산매각에 앞서 집행관의 현황조사와 감정인의 평가가 진행되며, 최저매각가격이 정해지는데, 강제경매의 경우와 마찬가지로 호가경매, 기일입찰, 기간입찰에 의하여 최고가매수신고인을 정하고, 이후 배당절차가 진행되는 등 일련의 절차가 부동산강제경매 절차에 준하여 행하여진다.

2. 유체동산담보권의 실행

민법상 동산질권 등을 통한 유체동산에 대한 담보권실행의 경매는 목적물을 점유하는 채권자가 이를 제출하거나 그 목적물을 제3자가 점유하는 때에는 점유자가 압류를 승낙한 때에 절차가 시작된다. 그 이유는 집행관이 목적물에 대한 점유를 확보하지 아니한 상태에서 경매절차가 실시되면 절차가 불안정해질 수 있기에 절차의 안정을 목적으로 하기 때문이다.

유체동산에 목적물의 확보가 충족되면 집행관은 목적유체동산의 점유를 거두어 압류를 실시하며, 이후 현금화절차와 배당절차는 강제경매절차를 준용하여 진행한다. 다만, 정당한 이유가 있으면 담보권자가 담보목적물로 변제충당하거나 매각충당할 수 있도록 특칙도 있다.

3. 채권에 대한 담보권의 실행

채권 그 밖의 재산권을 목적으로 하는 담보권실행을 위한 경매는 담보권을 증명하는 서류가 제출된 때에 개시되는데, 이러한 담보권의 존재를 증명하는 서류는 채권에 대한 강제집행에 있어서 집행권원에 해당하는 것으로 담보권실행의 요건사실을 제대로 증명할 수 있는 것이어야 함 채권 그 밖의 재산권을 목적으로 하는 담보권실행의 경매는 채권에 대한 강제집행에 준하여 절차가 진행된다.

채권 그 밖의 재산권담보, 즉 권리질 중에서 제대로 활용되고 있는 것은 금전채권에 대한 질권인 채권질이라 할 수 있는데, 이러한 채권질에 대하여서는 민법 제353조에서 집행기관의 도움없이 직접청구라는 실현방법을 규정하고 있다. 예를 들어 A가 가지고 있는 B은행의 예금채권에 대하여 C가 질권을 잡고 있는 경우 C는 자기 채권액한도에서 B은행에 직접 자기에게 지급하라고 청구하고 변제에 충당할 수 있다.

그 밖에 채권질의 경우가 아닌 그 밖의 재산권, 예를 들면 특허권·저작권·예탁유가증권 등에 대한 질권의 경우에는 활용가치가 다르기 때문에 질권자가 금전채권이 아니라 민법 제353조에 의하여 직접청구 할 수 있는 것이 아니므로 여기에는 민사집행의 방법에 따른다. 즉, 경매법원은 질권의 목적인 "그 밖의 재산권"에 대한 압류명령이후에 추심명령·특별현금화명령 등으로 현금화하여 배당절차에 이른다.

Ⅳ. 형식적 경매

형식적 경매는 청구권의 만족·보존을 목적으로 하지 않지만, 담보권실행으로서의 경매의 예에 의하는 현금화 절차를 진행한다.[232]

형식적 경매의 종류에는 크게 유치권에 의한 경매와 민법·상법, 그 밖의 법률이 규정하는 바에 따른 경매로 나눌 수 있다.

1. 유치권에 의한 경매

유치권에 의한 경매의 신청은 유치권의 존재를 증명하는 서류를 집행기관에 제출해야 하는데, 부동산의 경우에는 집행법원, 동산의 경우에는 집행관이 각각 집행기관이 된다.

유치권의 존재를 증명하는 서류에 의하여 유치권의 성립이 추정되면 경매개시하는데, 유치권에는 우선변제권은 없기 때문에, 유치권자는 경매대금의 우선변제를 받을 수 없다는 특징이 있다.

유치권에 의한 경매도 강제경매나 담보권실행을 위한 경매와 마찬가지로 목적부동산 위의 부담을 소멸시키는 것을 법정매각조건으로 하여 실시되고 우선 채권자뿐만 아니라 일반채권자의 배

---

232) 민사집행법 제274조 (유치권 등에 의한 경매) ① 유치권에 의한 경매와 민법·상법, 그 밖의 법률이 규정하는 바에 따른 경매는 담보권 실행을 위한 경매의 예에 따라 실시한다.

당요구도 허용되며, 유치권자는 일반채권자와 동일한 순위로 배당을 받을 수 있다.

다만 집행법원은 부동산 위의 이해관계를 살펴 위와 같은 법정매각조건과는 달리 매각조건변경 결정을 통하여 목적부동산 위의 부담을 소멸시키지 않고 매수인으로 하여금 인수하도록 정할 수도 있다.

2. 민법·상법, 그 밖의 법률이 규정하는 바에 따른 경매

민법·상법, 그 밖의 법률이 규정하는 바에 따른 경매를 좁은 의미의 형식적 경매라고 하며, 대표적으로 공유물분할, 부부공유재산분할, 상속재산분할 등과 같이 공유분할을 위한 경매와 변제자의 변제공탁을 위한 경매, 상사매매에 있어서 목적물의 경매 등과 같이 특정물의 인도의무를 부담하는 자가 그 인도의무를 면하기 위하여 물건을 현금화하는 것을 목적으로 하는 것을 위한 경매 등이 있다.

V. 보전처분

보전처분에 대하여는 민사소송법의 강제집행편에 포함시킨 경우와 민사소송법에서 분리된 민사집행법에 규정된 경우, 그리고 민사집행법에서조차 분리시켜 민사보전법이란 독자적인 단행법화한 경우 등 3가지 유형의 입법례가 있는데, 우리의 경우에는 처음에는 민사소송법에 포함시켰다가, 2002년 새 민사집행법을 제정하면서 민사소송법에서 분리된 입법체계를 구성하고 있다.

일반적으로 보전처분이라하면 "가압류"와 "가처분"의 재판과 그 집행절차를 의미하는데, 본안재판이 오래가면서 뒤에 본안판결이 나와도 권리실현이 어렵게 될 위험·손해를 방지하기 위하여 본안재판이 나기 전에 신속하게 취하는 잠정적인 처분절차이며, 비록 민사집행법에서 규정하였지만, 이는 엄밀히 말하면 집행절차가 아닌 소송절차(가압류·가처분의 신청은 집행권원을 얻으려는 소제기와 같은 것이고 그 자체가 집행행위가 아니기 때문)라고 할 수 있다.

1. 보전처분의 특성

(1) 잠정성

보전처분은 소송물인 권리 또는 법률관계의 확정을 목적으로 하는 것이 아니고, 판결의 확정시까지 현재의 권리 또는 법률관계를 잠정적으로 확보해 두거나 이에 대하여 임시적인 규율을 하는 조치라고 할 수 있다.

(2) 긴급성

장래의 권리실현에 대비하는 긴급 내지 급박한 조치로 서둘지 아니하면 판결을 받아도 권리실현이 어려워지거나 회복할 수 없는 손해발생의 우려가 있기에 가능한 응급조치이다.

(3) 밀행성

채무자측의 집행방해에 대비하여 채무자에게 알려지기 전에 비밀리에 진행하는 것이 합목적적이라는 것으로 변론 없이 채무자의 심문도 없이 서면심리로 끝내게 한 것이라든가, 보전처분의 채무자 송달전에 집행할 수 있도록 한 것은 밀행성 특성을 내포하고 있다고 할 수 있다.

(4) 부수성

권리관계를 확정하는 본안소송의 존재를 예정한 부수적 절차로서 본안소송에 대한 부수성 때문에 채무자의 본안의 제소명령신청제도, 3년간의 본안 제소기간의 도과로 인한 보전처분의 취소제도를 마련하고 있다.

(5) 자유재량성

심리에 있어서 임의적 변론절차에 의함으로써 서면심리 · 심문심리 · 변론심리 중 어느 것이든 재량으로 선택할 수 있으며, 담보제공의 여부와 그 제공의 방법 및 액수도 재량사항으로 되어 있다는 특징이 있다.

2. 가압류

(1) 의의

가압류란 금전채권이나 금전으로 환산할 수 있는 채권에 대하여 부동산 또는 동산(유체동산, 채권 그 밖의 재산권)에 대한 강제집행이 불가능하게 되거나 곤란하게 될 경우를 예방하기 위하여 채무자의 재산을 압류하여 현상(現狀)을 보전하고, 그 변경을 금지하여 장래의 강제집행을 보전하는 절차를 말한다.

(2) 가압류의 목적

가압류의 목적은 금전채권자가 장차의 강제집행에 대비하여 미리 채무자의 책임재산을 동결시켜 잠정적으로 그 처분권을 빼앗는데 있는데(처분금지효), 채권자가 실체법상 채권을 갖고 있어도 바로 강제집행을 개시할 수 있는 것이 아니라 집행권원의 취득·집행문의 부여가 있어야 하고, 집행권원의 송달, 기한의 도래 등 그 밖의 집행개시의 요건을 갖추어야 하는데 이를 위해서는 적지 아니한 시일을 필요로 하기 때문에 그 사이에 채무자에게 그 재산의 자유처분을 허용하게 되면, 그 뒤에 강제집행을 개시하고자 하여도 강제집행할 재산이 없어 곤란한 경우가 발생하므로 여기에서 채무자 재산의 현상을 유지하여 잘못 되는 것을 방지하려는 취지에서 재산을 일단 붙들어 매놓는 가압류제도가 마련된 것이다(채무자의 재산동결제도). 그래서 금전채무불이행자에 대한 이행압박의 간접강제의 효과가 있다고 할 수 있다.

(3) 가압류의 요건

① 피보전권리

가압류는 장래에 금전채권의 강제집행을 보전하는 것이므로, 그 피보전권리는 금전채권이나 적어도 금전으로 환산할 수 있는 채권이 아니면 안된다.

피보전권리는 판결절차에서 이행의 소로써 심리할 금전채권 등으로 가압류의 본안소송은 집행권원이 이행판결일 것임에 비추어 주로 이행의 소인 경우가 많은데, 피보전권리는 강제집행할 수 있는 청구권이어야 한다. 따라서 피보전권리가 부존재하는 경우는 그 권리에 대한 가압류는 무효이다.

② 보전의 필요성

보전의 필요성이란 가압류의 해야만 하는 "이유"이며 가압류를 하지 아니하면 나중에 판결의 집행불능·집행곤란에 이를 경우이어야 한다.

판결 등 집행권원이 허사가 될 경우이며, 집행불능·곤란의 사유는 채무자에게 있음을 요하고, 채무자의 보증인 또는 연대채무자에게 있는 것만으로는 보전의 사유가 될 수는 없고, 채무자가 재산을 낭비·헐값으로 매도·훼손·은닉·명의신탁을 하거나, 도망이나 해외이주 또는 재산의 해외도피나 책임재산에 대한 과대한 담보권의 설정 등으로 인하여 그 책임재산을 감소시켜 강제집행을 곤란하게 만들 수 있는 경우에 보전의 필요성이 인정된다.

일반적으로는 가압류의 이유가 인정되는 경우라도 국내에 충분한 재산을 보유하고 있는 경우, 채권자가 피보전권리에 대하여 충분한 물적담보를 확보하고 있는 경우, 가압류 아닌 본압류의 강제집행을 할 수 있는 확정판결 등 집행권원을 갖고 있는 경우는 보전의 필요성이 없지만 초과가압류는 원칙적으로 허용되지 않는다.

(4) 가압류절차의 구조

가압류 절차의 기본 구조는 가압류소송절차와 가압류집행절차로 구분할 수 있는데, 가압류소송절차는 가압류명령을 구하는 절차로서 법의 편제상 민사집행법에 속해있지만 강제집행의 절차가 아니고 소송절차이기 때문에 보전소송은 민사소송의 일환으로 대립당사자 구조를 가지고 있다. 한편 가압류집행절차는 가압류명령을 집행권원(보전명의)으로 하여 그 집행을 구하는 절차로서 엄밀한 의미의 강제집행절차라고 할 수 있다. 이러한 양 절차는 가압류의 긴급성·잠정성 때문에 서로 밀접한 관계에 있으며 혼재되어 있다.

① 가압류명령절차

가압류명령은 가압류할 물건이 있는 곳을 관할하는 지방법원·본안의 관할법원에 전속하므로 가압류명령신청서를 관할법원에 제출해야 하므로 채권자는 임의로 물건소재지나 본안법원 중 어느 하나를 선택하여 신청이 가능하다.

가압류신청을 하게 되면 소송법상 가압류소송이 계속되는 효과가 발생하며, 가처분신청과 마찬가지로 이의신청에 대한 재판이 있기 전까지 얼마든지 취하 또한 가능하다.

가압류신청에 대한 재판은 변론 없이도 할 수 있는데, 가압류재판에 있어서 신청을 이유 있게 할 사실, 즉 피보전권리의 존재, 가압류의 이유에 관한 사실(보전의 필요성의 존재), 채무자의 항변사실에 대하여는 가압류의 잠정성·신속성에 비추어 판결절차에서와 같은 증명이 아니라 "소명"[233]으로 충분하다(관할·당사자능력·대리권 등의 소송요건에 관하여는 증명이 필요).

최종 "결정"의 방식으로 재판의 진행되기 때문에 결정에는 특별한 경우가 아니면 이유를 적을 필요가 없다.

가압류의 요건이 제대로 소명되지 아니한 때에는 신청을 기각할 것이고, 신청이 적법하고 가압류의 요건을 갖추었으면 가압류명령을 한다.

가압류요건에 대하여 소명이 없어도 가압류로 생길 수 있는 채무자의 손해에 대한 담보제공이 있는 때에는 신청을 인용할 수 있는데, 그 이유는 담보는 채무자가 가압류로 입은 손해를 쉽게 회복하기 위한 목적이다.

② 가압류집행절차

가압류집행절차는 가압류결정(보전권원)의 실현을 목적으로 하는 절차로, 집행권원의 실현인

---

233) 진실에 대한 고도(高度)의 개연성에 이른 확신인 증명에 비하여 그보다는 심증 정도가 늦은 저도(低度)의 개연성, 즉 법관이 일응 확실할 것이라는 추측을 얻은 상태를 말한다.

강제집행(본집행)에 대응하는 것으로 가압류의 집행에 대하여는 예외가 없는 한 강제집행의 규정을 준용한다.

집행권원격인 가압류결정은 있어야 하지만, 집행문과 집행권원의 송달은 필요 없다는 점에서 송달이 반드시 필요로 하는 본집행과는 구별되는 특징이 있다(이는 신속처리를 사명으로 하는 간이소송 즉 약식소송인 성격에서 유래).

유체동산의 경우라도 가압류결정기관은 법원인 법관이 하지만 그 집행기관은 본집행과 마찬가지로 집행관이 담당하고, 부동산 및 준부동산과 채권 그 밖의 재산권에 관하여는 가압류명령의 발령법원이 집행기관이다.

가압류결정의 집행은 본집행과 달리 채권자에게 결정서를 고지한 날부터 2주 내에 착수해야만 하는데, 집행기간을 정한 취지는 본래 가압류가 급박한 상황하에서 응급조치로 행하여지기 때문에 즉시 집행토록 하는 것이 제독의 목적에 부합하기 때문이다.

금전채권을 피보전권리로 하는 가압류집행은 금전집행과 흡사하지만, 어디까지나 집행보전을 목적으로 하는 것이므로, 본집행에 있어서의 "압류 → 현금화 → 배당" 3단계 중에서 첫째인 압류의 단계에 머무는 것이 원칙이며 이후 절차인 현금화절차까지는 진행되지 않는다.

가압류가 집행되면 채무자는 목적물을 처분해서는 안되는 처분금지효가 생기는데 이것은 본압류의 효력과 같다고 할 수 있다.

가압류집행 후 채권자가 본안소송에서 승소하여 집행권원을 취득하거나 본집행의 조건·기한을 갖춘 때에는, 채권자가 본집행신청을 함으로써 가압류로써 된 집행처분은 그 단계에서 본집행으로의 집행처분이 된다. 그래서 가압류의 처분금지의 효력은 본집행으로 인계되고 가압류집행 결과를 이용하여 본집행을 실시할 수 있다(가압류의 본압류로의 이행(이전)이라 함).

가압류집행이 본집행으로 이전하기 위한 요건으로 ① 채권자가 본안에서 집행권원을 갖추어야 하고, ② 양자 사이에 사건이 동일한 경우(당사자의 동일과 집행될 권리내용의 동일)이어야 한다. 한편 본집행으로의 이행시점은 채권자의 본집행(압류)신청시로 본다.

3. 가처분

(1) 의의

금전채권 이외의 특정급여청구권을 보전하기 위하거나, 또는 다툼이 있는 권리관계에 관하여 임시의 지위를 정함을 목적으로 하는 보전절차이다.

채무자의 재산을 확보해 금전채권을 보전하고자 하는 것이 가압류제도인데, 이러한 필요성은 금전채권 이외의 특정급여청구권의 보전을 위해서도 있을 수 있는데, 민사집행법에서는 먼저 가압류에 대하여 규정하여 놓고, 그 규정의 많은 것을 가처분에 준용하는 방법을 취하였다. 그래서 민사집행법에서 가처분절차의 많은 것이 가압류절차와 공통적이고, 가압류절차의 규정을 대부분 준용하며 11개의 조문만 별도로 가처분에만 관계된 규정이다.

가처분에 의하여 보전되는 권리 즉 피보전권리는 주로 금전채권 이외의 것으로, 가압류에서는 어떠한 경우에나 보전의 방법으로 채무자의 재산처분을 금지하는 압류의 형태를 취하지만, 가처분의 경우에는 보전할 권리의 종류와 가처분의 필요성이 다양하다고 할 수 있다.

가처분은 크게 기본적으로 ① 다툼의 대상에 관한 가처분과 ② 임시지위를 정하기 위한 가처분으로 구별된다.

(2) 다툼의 대상에 관한 가처분

현상이 바뀌면 당사자가 권리를 실현하지 못하거나 이를 실행하는 것이 매우 곤란할 염려가 있을 경우에 발령하는 가처분으로 가압류가 금전채권의 보전처분이라면, 가처분은 금전채권 외의 특정물에 대한 이행청구권 즉 비금전채권의 보전처분을 의미한다.

다툼의 대상에 관한 가처분의 대표적인 것으로 ① 점유이전금지가처분(특정물의 점유상태의 현상유지를 목적으로 점유이전을 막는 가처분), ② 처분금지가처분(특정물의 권리상태의 현상유지를 목적으로 처분을 막는 가처분으로 소유권자 그 밖의 권리자로부터 그 처분권을 박탈하는 가처분) 등이 있음.

① 피보전권리

다툼의 대상에 관한 가처분의 피보전권리는 금전채권 이외의 특정물에 대한 이행청구권으로 다툼의 대상(계쟁물)은 금전 이외의 특정 물건·권리를 말하는데, 채권자나 집행관이 목적물을 특정할 수 있으면 대체물이라도 그에 대한 가처분이 가능하다.

본안소송은 주로 금전지급 이외의 이행소송이 되며, 피보전권리가 비금전청구권인 이상 급여의 내용이 금전지급이 아닌 물건인도(명도)·물건에 관한 작위·부작위·의사표시·인용 등도 가능하다. 다만, 피보전권리가 특정물의 이행청구권이므로 그 다툼의 대상물은 명확히 특정해야 한다.

② 보전의 필요성

다툼대상가처분의 보전의 필요성은 대상물의 현상을 바꾸면 장래의 권리(집행)실행불능 혹은 곤란의 염려가 있을 경우인데, 현상을 바꾸는 것에는 "대상물건의 물리적 상태의 변경"(채무자에 의한 계쟁물의 훼손·개조·재건축·양도·은닉·명의신탁 등)과 ② 법률적 상태의 변경(채무자에 의한 계쟁물의 점유이전·등기이전, 담보설정 등)이 있다.

집행권원을 얻어도 즉시집행이 불가능한 경우에도 보전의 필요성 인정한다.

다만, 채권자가 이미 즉시 본집행 가능한 집행권원을 확보했는데도 이를 게을리 한 경우, 법률상 다른 구제수단이 인정되어 있는 경우, 부작위채권자가 자기의 권리침해를 장기간 방치하였을 경우, 가처분신청이 권리남용으로 인정될 경우, 본안의 청구범위를 초과하여 가처분을 구하고 있는 경우에는 보전의 필요성이 조각된다.

(3) 임시지위를 정하기 위한 가처분

다툼 있는 권리관계 특히 계속하는 권리관계에 대하여 본안재판이 끝날 때가지 채권자에게 끼칠 현저한 손해를 피하거나 급박한 위험을 막기 위하여, 또는 그 밖에 필요한 이유가 있을 경우에 한하여 응급적·잠정적으로 발행하는 가처분을 의미한다.

임시지위를 정하기 위한 가처분은 가압류나 다툼대상가처분과 달리 장래의 강제집행의 보전용이 아니라, 다툼 있는 권리관계에 관하여 본안판결이 날 때까지 채권자에게 생길 현재의 위험 및 지위의 불안정을 잠정적으로 배제할 목적의 가처분으로 현재의 위험에 대한 보전수단이다.

따라서 장래의 집행불능·곤란(가압류)이 아니라 본안판결까지의 당면한 위험인 점(가처분)에서 근본적인 차이가 있어, 판결이 확정되기 전의 위험을 대비한다는 측면이 크다고 할 수 있다.

임시지위를 정하기 위한 가처분은 피보전권리의 종류를 불문하는 점에서 가압류나 다툼대상가처분과 다르며, 피보전권리는 금전채권이나 특정물의 이행청구권에 한하지 아니하며, 강제집행에 친하지 아니한 청구권도 피보전권리가 될 수 있다.

또한 임시지위를 정하기 위한 가처분은 본안소송이 확정되기까지 채권자와 채무자의 법적 지위를 임시로 형성하여 잠정적인 법적 평화를 도모하는 것이기 때문에, 급한 불을 끄고 보자는 취지의 잠정적인 처분을 하는 것으로, 본안승소판결의 확정과 동시에 그 목적달성이 되어 당연히 효력을 상실하게 된다.

① 피보전권리

임시지위를 정하기 위한 가처분의 피보전권리는 널리 "다툼이 있는 권리관계"이고 그 내용은 불문한다.

주로 현재 다툼이 있어 그 확정이 되지 아니한 권리관계를 피보전권리라고 할 수 있다. 권리관계는 "현존"의 다툼일 것을 요하는데, 이 가처분은 장래의 집행보전이 아닌 현존하는 위험방지를 위한 것이기 때문으로 다툼 있는 "권리관계"는 개개의 청구권도 포함되지만 널리 채권자·채무자 간의 권리관계이어야 한다(임대차·고용·위임·리스계약과 같이 권리관계가 계속적일 경우가 통례이지만, 이에 한하지 않고 치료비·보험료·퇴직금·배상금 등 1회적 관계라도 가능함).

"다툼" 있는 권리관계이어야 하는데, 이는 권리관계에 관하여 당사자의 주장이 대립되기 때문에 소송에 의한 권리보호가 요구되는 것으로 침해가 없어도 상대방이 권리관계의 존재를 부인하거나 의무를 인정하더라도 이행하지 않는 경우, 또는 침해의 위험이 가까워진 것도 다툼 있는 경우에 포함되고, 다툼이 없으면 가처분의 대상이 될 수 없다(다툼의 유형으로 단체의 대표권 다툼, 회사의 영업권·경영권에 관한 다툼, 업무방해·알권리에 관한 다툼, 근로관계에 대한 다툼 등).

② **보전의 필요성**

임시지위를 정하기 위한 가처분에 있어서는 다툼 있는 권리관계에 대하여 손쓰지 않으면 채권자에게 생길 "현저한 손해 또는 급박한 위험"을 피하기 위한 것이 그 필요성이라고 할 수 있다.

결국 권리관계에 대한 다툼이 있음으로써 현저한 손해 혹은 급박한 위험에 직면하게 되며 본안소송으로 권리관계의 확정을 기다리자면 소송목적을 이룰 수 없게 되고 중대한 불이익을 받게 되어, 일응 응급적·잠정적인 법적 상태를 만들어 놓아야 할 경우로, 그대로 놓아두면 회복할 수 없는 손해가 생길 경우이다.

(4) 가처분절차의 구조

가처분명령절차의 구조 또한 원칙적으로 가압류제도와 유사하다.

① **가처분명령절차**

가처분명령의 신청은 원칙적으로 가압류명령의 신청에 준하여 적용된다.[234]

소송에서의 소가 아니라 관할법원에 신청으로 개시되며, 가처분소송구조는 채권자와 채무자의 대립당사자구조이다.

---

[234] 민사집행법 제301조 (가압류절차의 준용) 가처분절차에는 가압류절차에 관한 규정을 준용한다. 다만, 아래의 여러 조문과 같이 차이가 나는 경우에는 그러하지 아니하다.

가처분 신청의 취지는 채권자가 결론적으로 구하는 가처분명령의 내용으로서, 소장에서의 청구의 취지에 해당하고, 채권자는 신청하면서 가처분의 방법을 구체적으로 지정하는데, 보전할 권리·권리관계의 특정은 소장의 청구원인에 해당한다고 할 수 있다.

가처분명령절차에서는 가압류절차에서와 마찬가지로 변론 없이 심리할 수 있지만(임의적 변론), 임시지위가처분의 재판에 있어서는 변론기일 또는 채무자가 참석할 수 있는 심문기일을 열어 심리하여야 한다.

실무상 일반적으로 가처분절차에서는 먼저 피보전권리를 심리하고, 그 뒤 보전의 필요성을 심리하며, 가압류의 경우와 마찬가지로 피보전권리의 존재와 보전의 필요성을 뒷받침할 사유에 대해서는 변론이나 심문을 열든 열지 아니하든 "소명"을 해야 한다.

신청인에게 소명에 갈음하거나 그와 더불어 담보제공(보증)을 하게 할 수 있는데, 담보제공은 소명을 대신하지만 채무자의 손해에 대한 담보의 성격을 가진다.

가처분신청에 대한 재판은 변론하는 경우이든 변론을 열지 아니하는 경우이든 결정의 형식으로 재판하며, 신청이 이유 있다고 볼 경우에는 가처분명령을 발령하지만, 소송요건에 흠이 있거나, 피보전권리나 보전의 필요성에 대하여 소명이 없는 경우, 법원이 명한 담보제공을 하지 아니한 때에는 신청배척의 재판을 하는 것은 가압류의 경우와 마찬가지이다.

② 가처분집행절차

가처분명령이 있는 경우에는 원칙적으로 가압류명령의 집행 또는 강제집행의 예에 따라 진행된다.

가처분의 집행요건으로 우선 가처분명령은 그 고지에 의하여 즉시 집행력이 생기고 확정이 필요 없기 때문에 승계집행문 이외의 집행문을 필요로 하지 아니하고, 또한 가처분명령의 송달 전이라도 집행할 수 있으며, 마지막으로 2주의 집행기간의 제한이 있는 것은 가압류의 경우와 동일하다.

가처분명령의 집행은 가처분명령이 집행군원의 일종이 되므로 원칙적으로 본집행과 같은 방법으로 행하며, 그 집행의 구체적 방법은 각 가처분의 내용에 따라 달라진다고 할 수 있다.

일반적으로 가처분이 효력은 가처분명령에 의하여 정해진 임시적인 법상태에 당사자가 구속되는 것을 내용으로 하는데, 예를 들어 건물의 점유이전금지가처분의 효력은 목적부동산을 가처분 당시의 원상 그대로 유지하는데 있다고 할 수 있다.

여러 개의 가처분도 내용적으로 저촉되지 아니하는 한 각기 완전한 효력을 가지며 병존하는 특징이 있다. 예를 들어 이중매매에 있어서 A가 부동산의 제1매수인으로 그 부동산에 대하여 처분금지가처분을 한 뒤에 제2매수인 B도 또한 같은 부동산에 처분금지가처분을 하는 등 동일한 다툼대상에 대해 여러 채권자에 의한 가처분이 경합되어도 효력에는 문제가 없으며, 다만 제2의 가처분은 무효가 되는 것은 아니고 제1의 가처분의 피보전권리의 실현을 방해하지 아니하는 한도에서 효력을 가질 뿐으로 선행 제1의 가처분채권자인 A의 가처분이 우선한다.

찾아보기

자

저자약력

김동근 - 행정법, 행정소송법
숭실대학교 법학과 졸업
숭실대학교 대학원 법학과 졸업(법학박사)

현, 숭실대학교 초빙교수
    공인행정사협회 법제위원회 법제위원장
    공인행정사협회 행정심판전문가과정 전임교수
    중앙법률사무교육원 교수
    YMCA병설 월남시민문화연구소 연구원
    내외일보 논설위원

저서, 핵심재개발·재건축분쟁실무(진원사), 부동산소송(진원사), 건축분쟁실무(진원사), 건축법 이론
및 실무(진원사), 주택법 이론 및 실무(진원사), 국토계획법 이론 및 실무(진원사), 도시개발법
이론 및 실무(진원사), 주택상가임대차보호법 분쟁실무(법률출판사), 민사소송준비부터 가압류·
강제집행까지(법률출판사), 민법총칙(진원사), 요건사실론(진원사), 답변서·준시서면 총서(진원
사), 신종합법률실무대전 Ⅰ.Ⅱ.Ⅲ.(진원사), 민법의 이해와 실무(개정판) (중앙법률사무교육원),
이혼소송에서 위자료 재산분할까지(진원사), 유형별 가사분쟁실무(진원사), 이혼소송준비부터 가
압류 강제집행까지(법률출판사), 가사소송법실무(진원사), 가사소송실무Ⅰ.Ⅱ.(진원사), 상속분할
과 유류분청구(진원사), 미성년·성년후견소송(진원사), 조문별 핵심판례 도시및주거환경정비법
(상,하)(진원사), 유형별 민사집행법 판례정리집(상,하)(진원사), 누구나 쉽게할 수 있는 민사소송
(진원사), 나홀로 하는 민사소송실무(진원사), 나홀로 하는 형사소송실무(진원사), 나홀로 하는
가사소송실무(진원사), 나홀로 하는 보전소송실무(진원사), 나홀로 하는 민사집행실무(진원사),
나홀로 하는 어음수표소송(진원사), 나홀로 하는 교통사고 손해배상소송(진원사), 나홀로 하는
부동산소송실무(진원사), 나홀로 하는 소장작성례(진원사), 나홀로 하는 가족관계사건등록절차(진
원사), 사건유형별 행정소송 이론 및 실무(법률출판사), 사건유형별 행정심판 이론 및 실무(진원사),
한권으로 끝내는 운전면허취소·정지구제 행정심판(법률출판사), 한권으로 끝내는 공무원·교원
소청심사청구(법률출판사), 한권으로 끝내는 영업정지·취소 구제행정심판(법률출판사), 비송사
건절차법 이론 및 실무(법률출판사), 토지수용보상실무(법률출판사), 출입국관리법 이론 및 실무
(법률출판사)

김성태 - 민법, 민사소송법, 민사집행법
숭실대학교 법학과 졸업
숭실대학교 대학원 법학과 졸업(법학박사)
일본국제교류기금 연수생
서강대학교 법학연구소 Post-Doc
숭실대학교, 한국방송통신대학교, 서울디지털대학교, 성신여자대학교, 인하대학교 등 강의
(現) 숭실대학교 법학연구소 연구교수

이기원 - 형법, 형사소송법

숭실대학교 대학원 법학과 {법학박사(형사법)}

현 조선대학교 초빙교수

    월남시민문화연구소 연구위원

    한국교회신간 기자

    한국교정학회 회원

    광운대학교 외래교수

    경찰중앙학교 외래교수

김민규 - 헌법, 헌법소원

서울대학교 인문대학 독어독문학과 졸업

서울시립대학교 법학전문대학원 졸업

(現) 법무법인 조율 변호사

정동근 - 경제법

서울대학교 법학부, 경제학부

서울대학교 대학원 법학과

(現) 법무법인 조율 변호사

(前) 법무법인 주원(유한) 구성원 변호사

(前) 법무법인 태한 구성원 변호사

(前) 부산지방법원 조정위원

(前) 의정부지방검찰청 고양지청 검사직무대리

(前) 사법연수원 40기

저서, 부동산소송(진원사)

    건축분쟁소송실무(진원사)

    건축법 이론 및 실무(진원사)

    주택법 이론 및 실무(진원사)

    핵심 재개발 · 재건축분쟁실무(진원사)

김성수 – 가사소송법
서울대학교 법학과 졸업
서울시립대학교 법학전문대학원 졸업
(現) 법무법인 조율 변호사
(前) 서울북부지방법원 실무
(前) 국회사무처 입법실무

저서, 민사소송준비부터 가압류·강제집행까지(법률출판사)
　　　주택법 이론 및 실무(진원사)
　　　증거수집 및 증거신청절차(진원사)

최한결 – 국제법, 노동법
고려대학교 법과대학 조기 졸업·최우등 졸업
서울대학교 법학전문대학원 졸업
(現) 법무법인 조율 변호사
사회안전범국민포럼 법률고문 등

김수진 – 사회복지법
–고려대학교 불어불문학과
–서울시립대학교 법학전문대학원
(現) 법무법인 조율 변호사
(前) 법무부 국제법무과
(前) 아세아 경제 부동산 전담 기자

[개정판]
법학개론

2019년 9월 5일 1판 1쇄 인쇄
2019년 9월 10일 1판 1쇄 발행

저   자   김동근 · 김성태 · 이기원 · 정동근
          김민규 · 김성수 · 최한결 · 김수진
발 행 인   김용성
발 행 처   법률출판사
          서울시 동대문구 휘경로2길 3, 4층
          ☎ 02) 962-9154 팩스 02) 962-9156
등 록 번 호 제1-1982호
ISBN   978-89-5821-354-3   13360
e-mall :   lawnbook@hanmail.net
Copyright ⓒ 2019
정 가   30,000원